CHARLES MAURRAS

ŒUVRES & ÉCRITS
VOLUME I

L'*ACTION FRANÇAISE*
& LA POLITIQUE

1896-1939

CHARLES MAURRAS
(1868-1952)

Œuvres & écrits
Volume I

*L'Action Française
& la politique*
1896-1939

Publié par
Omnia Veritas Ltd

www.omnia-veritas.com

LETTRES DES JEUX OLYMPIQUES	13
Première lettre	15
Deuxième lettre	20
Troisième lettre Le Stade panathénaïque	23
Quatrième lettre Le Stade Panathénaïque	27
Cinquième lettre	31
Sixième lettre Clôture des Jeux olympiques	34
LE NATIONALISME INTÉGRAL	37
Le Nationalisme intégral	38
LE BIEN DE TOUS	42
Le Bien de tous	43
« LA POLITIQUE » ARTICLE QUOTIDIEN	47
Le vrai complice de Rochette	48
LE PARASITE ÉLIMINÉ	50
Le Parasite éliminé	51
« LA POLITIQUE » ARTICLE QUOTIDIEN	55
Le Gonfalonnier de la République	56
LENDEMAIN D'ÉLECTIONS	59
CONTRE LES FAUX SAGES	64
Contre les faux sages	65
LES GENS TRISTES	69
Les Gens tristes	70
LA BARQUE ET LE DRAPEAU	74
PLOUTOCRATIE ET LIBERTÉ	81
Ploutocratie et liberté	82
L'EXODE MORAL	87
L'Exode moral	88
LA QUERELLE DES HUMANITÉS DÉMOCRATIE ET LATIN	
DÉMOCRATIE ET PEUPLE	93
I	94
II	100
MONSEIGNEUR LE DUC D'ALENÇON	106
LES CASSAGNAC	112
Les Cassagnac	113
L'HOSPITALITÉ	117
L'Hospitalité	118
CHEZ LE PÈRE DE L'HISTOIRE	124
Chez le Père de l'histoire	125
LAMARTINE ET CHATEAUBRIAND	131
L'HISTORIEN DE FRANÇOIS VILLON	138
LE MORAL	146
Le Moral	147

APRÈS VINGT ANS : PAIX OU GUERRE ? LA VIE ET LA MORT DE M. JEAN JAURÈS — 152
Après vingt ans : paix ou guerre ? — 153
La vie et la mort de M. Jean Jaurès — 153
DEVANT L'ENNEMI — 159
Devant l'ennemi — 160
LA VÉRITÉ — 163
Devant l'ennemi — 164
RAGE DE CYCLOPE — 168
Rage de Cyclope — 169
Pour un incident personnel — 170
Les angoisses de nos amis — 171
ERREURS QUI AFFAIBLISSENT — 173
Erreurs qui affaiblissent — 174
MAGGI ET L'AVANT-GUERRE — 177
Maggi et L'Avant-Guerre — 178
ALSACE ET LORRAINE — 180
Alsace et Lorraine — 181
UNE SOUVERAINE RESTAURÉE — 183
Une souveraine restaurée — 184
LES ORDRES DU ROI — 187
Les Ordres du roi — 188
Les étrangers à Paris et dans la Woëvre — 190
LE FÉDÉRATEUR ALLEMAND — 192
Le fédérateur allemand — 193
Une lettre du général Mercier : le canon de 75 — 196
LE TRAVAIL NATIONAL — 198
Le travail national — 199
La République et la paix — 201
LA NATURE ALLEMANDE — 203
La nature allemande — 204
EN AVANT LES CIVILS ! — 207
En avant les civils ! — 208
Pas d'anarchie — 211
VERS STRASBOURG — 214
Vers Strasbourg — 215
Le canon de 75 — 216
LES NOUVELLES D'HIER — 219
Les nouvelles d'hier — 220
L'ALLEMAGNE AU-DESSOUS DE TOUT — 222
L'Allemagne au-dessous de tout — 223
M. LAVISSE RETROUVÉ — 226

M. Lavisse retrouvé	227
DEUIL PROVENÇAL	**231**
Deuil provençal	232
CONTRE LES MURMURES	**236**
Contre les murmures	237
L'EMBUSQUÉ	**240**
L'Embusqué	241
LA DÉFENSE DE LA LANGUE FRANÇAISE	**246**
La Défense de la langue française	247
APRÈS LA MORT D'HENRI VAUGEOIS	**250**
Après la mort d'Henri Vaugeois	251
LES TROIS ASPECTS DU PRÉSIDENT WILSON LA NEUTRALITÉ L'INTERVENTION L'ARMISTICE	**258**
Prologue Aux Américains de Paris	259
Première partie La neutralité	266
Le spectateur impartial	*266*
Les idéals	267
Au grand tribunal de l'opinion du monde	267
Ni vainqueurs ni vaincus	*268*
Souvenir singulier	269
La morale utilisée	270
Les intérêts et les principes	271
« Je n'ai pas confiance »	272
De Le Chapelier en Wilson	272
Idéalismes dangereux	*274*
Les Français ne varient pas	275
Celui qui a changé	276
Kant et M. Wilson	*277*
Moralistes libéraux	277
Le kantisme wilsonien	278
Le réel et l'idéal	279
Oppositions de mots	280
L'erreur vérifiée	281
Le mauvais signe	281
Le pacifisme kantien contre la paix	*283*
L'ignorance utile	283
Les fables utiles	284
Deuxième partie L'intervention	286
M. Wilson recourt aux armes	*286*
L'autocrate d'outre-mer, I	*287*
Un président démocratique	288
Allemagne, Amérique et Angleterre vraies	289
L'autocrate d'outre-mer, II	*290*
Pour que les Français voient	290

Le pouvoir personnel élu	291
Le contact des réalités	*292*
M. Wilson et l'Allemagne	293
Le géant et les nains	294
Le message à M. Gompers	*295*
Démocratie et organisation sociale	296
L'ordre du jour des cheminots	297
Un bon portrait de M. Wilson	*298*
Inventions et expériences coûteuses	298
Un homme et un État	299
Valeur du formulaire wilsonien	*301*
En France et hors de France	302
La paix par la victoire	*303*
La tradition américaine	*304*
Une ode au passé et aux morts	305
Trois contrastes	306
Nos trois principes	306
La révolution américaine et la nôtre	307
Politique et morale	309
Le gouvernement personnel de M. Wilson	310
Les progrès de M. Wilson	*311*
Intelligence, volonté	312
M. Wilson soldat du droit	*313*
Risques de guerre et Société des nations	*314*
La pensée américaine	315
TROISIÈME PARTIE L'ARMISTICE	316
Au fait par le droit	*316*
La Belgique et le wilsonisme	*318*
Wilsonisme ou anti-wilsonisme ?	319
Société des nations ou politique d'équilibre ?	*320*
M. Wilson devant les faits	321
M. Wilson contre les hommes de désordre	322
Il faut expliquer M. Wilson à la France	*324*
La patrie et la nation des Américains	325
Morale et religion américaines	326
Il faut expliquer la France à M. Wilson	*326*
Nos hommes malades	328
Sachons causer avec M. Wilson	329
M. Wilson et le pape	*330*
Concurrence ou complément ?	331
Utilité de la visite	332
À Paris	*334*
M. Wilson et M. Poincaré	335
Guerre et démocratie	337
Politique et morale	*338*

À l'église	339
Pour et contre les quatorze articles	*341*
Passions, intérêts, religions	342
Médecine chinoise	342
Le monde vu de Londres par un homme moral	*343*
L'âme du wilsonisme	344
Le wilsonisme religieux	345
Le jugement moral du monde	346
Vers la tour de Babel	347
M. Wilson à Rome	*348*
Capitole romain et Capitole américain	348
Roosevelt et Wilson	*350*
L'humanité nouvelle et la France	351
M. Wilson au Sénat	*352*
Que les idées de M. Wilson soient les bienvenues !	353
Il faut défendre l'Europe contre la Germanie	*354*
L'Europe est-elle condamnée ?	355
Intentions et résultats	*356*
M. Wilson à la Chambre et notre indépendance	*358*
La visite de Reims	359
Le « noli timere » de M. Wilson	362
De Franklin à Wilson	*363*
M. Wilson, chef et prêtre	364
Les précédents du pacifisme	365
Du rêve à la réalité	*366*
Les deux vagues de l'idéalisme	367
Pourquoi pas de troisième vague	368
De la famille à la patrie, de la patrie à l'humanité	368
L'altération des idées wilsoniennes	369
Valeur, prévision, prudence	*371*
Nul n'attaque M. Wilson	373
Épilogue ou Vertige de la puissance	375
Au peuple américain	*375*
STENDHAL CONTEMPORAIN PRÉFACE À *ROME, NAPLES ET FLORENCE* DE STENDHAL	**389**
HENRI V	**411**
La Politique	412
I Henri V	*412*
II Le siècle du piétinement ou du recul	*413*
III L'honnête homme	*413*
IV La fusion	*414*
« LA POLITIQUE » ARTICLE QUOTIDIEN	**416**
I M. Balfour et le désarmement	417
II Axiomes sur le désarmement	418

III « L'État échoue partout »	420
LA POLITIQUE GÉNÉRALE	**424**
La Politique générale	425
QU'IL Y A DEUX PAUL VALÉRY	**434**
« LA POLITIQUE » ALEXANDRE RIBOT ARTICLE QUOTIDIEN	**439**
I Alexandre Ribot	440
II M. Ribot et la guerre	441
III M. Ribot et la paix	442
IV Né au siècle de Trafalgar	444
« LA POLITIQUE » ARTICLE QUOTIDIEN	**447**
I L'Angleterre est une île	448
II Un esprit public homogène	449
III Les aristocraties : leurs succès, leurs échecs	449
IV L'isthme français n'est pas une île	452
LETTRE À SCHRAMECK	**455**
I Lettre ouverte à M. Morain, préfet de police	456
II Lettre ouverte à M. Abraham Schrameck, ministre de l'Intérieur	459
LA POMPE À L'HUILE	**465**
LA CUISINE	466
Quelques pâtisseries de nos provinces	*466*
Provence – La Pompe à l'huile	*466*
RENÉ DE MARANS	**468**
René de Marans	469
« LA POLITIQUE » ARTICLE QUOTIDIEN	**471**
I Sur le dictateur espagnol	472
II La mosquée	473
III La campagne d'Alsace	474
IV La propagande générale	476
« LA POLITIQUE » ARTICLE QUOTIDIEN	**479**
I « La loi d'un an et le Conseil supérieur de la Guerre »	480
II Pour fêter la victoire	481
III Toujours la guerre des dogmes	482
IV Sur un conte	483
V Courses d'un rat empoisonné	486
VI La quête d'avant-hier soir	487
« LA POLITIQUE » ARTICLE QUOTIDIEN	**489**
I De l'alliance électorale	490
II Vers le Sud-Est	492
III L'union des Corporations et l'Action française agricole	493
IV Le conte bleu	494
« LA POLITIQUE » ARTICLE QUOTIDIEN	**497**
I Idées réactionnaires de bons républicains	498

II Le tardif repentir	498
III Vérités rétablies	499
« LA POLITIQUE » ARTICLE QUOTIDIEN	**502**
I Les finances Poincaré	503
II Devant les monopoles	504
III Pour un « canoniste »	505
IV Une déclaration solennelle	507
L'ÉCOLE LAÏQUE CONTRE LA FRANCE	**509**
L'École laïque contre la France	510
Un système d'abêtissement	*510*
Une religion d'État	*512*
L'histoire de France à l'école	*513*
Les instituteurs et l'État	*515*
Que chacun paie les frais de son culte	*517*
RÉFLEXIONS ET SOUVENIRS LES HUMANITÉS CLASSIQUES	**520**
Les humanités classiques Réflexions et souvenirs	521
Dans l'ancienne France	*521*
Les restaurations enrayées	*522*
L'affaire Dreyfus et la réforme de 1902	*523*
Souvenirs, souvenirs...	*524*
Hardi !	530
« LA POLITIQUE » ARTICLE QUOTIDIEN	**531**
I Les institutions corruptrices	532
II Démocratie, ploutocratie	533
III Le pouvoir qui ne naît pas de l'argent	535
IV Cessons de labourer la mer	537
V Briand	538
VI Coté en bourse !	538
SUR LES COMMÉMORATIONS DE RONSARD	**540**
I. Le monument de Tours	541
II. Le cinquième centenaire	542
III. L'exposition Ronsard	543
LOUIS XIV ET LA FRANCE	**545**
***MARIANNE* SE PLAINT**	**552**
Marianne se plaint – Voleurs et voleurs – Le bon renom de la Patrie	553
Où Romains va trop fort	*555*
Ses livres !	*556*
Patriotisme renversé !	557
Principe	558
De qui cela dépend-il ?	560
Ambassades	561

Force et faiblesse	562
Le Vrai seul	563
DISCOURS AU DÎNER DES AMIS DE L'A.F. AU PALAIS	**565**
LA POLITIQUE	**569**
I L'enthousiasme	570
II Encore le nationalisme « exagéré ou mal compris » ?	571
III Le nationalisme français est un nationalisme défensif	573
« LA POLITIQUE » ARTICLE QUOTIDIEN	**576**
I La paix gagnée — et comment !	577
II L'esprit public	578
III Mais réfléchissez, prenez garde !	580
IV Ce que gagne Hitler	581
V Alerte !	582
LA POLITIQUE	**584**
I La Revue universelle	585
II Mise en minorité !	585
III Raisonnons, tâchons de voir clair	587
IV Les idées vagues	588
V Le démocrate Hitler	590
VI Réponse	591
VII Censuré	592
VIII Censuré	592
IX L'esprit des médecins français	592
X Persévérons	594

Lettres des Jeux olympiques

1896

Ces Lettres des Jeux olympiques *sont les articles que Charles Maurras, envoyé à Athènes par* La Gazette de France, *écrivit sur les premiers jeux modernes, ressuscités par Pierre de Coubertin en 1896.*

*Révisées parfois assez considérablement, ces lettres formeront en 1901 l'essentiel du premier livre d'*Anthinéa, *puis seront encore remaniées par la suite,* Anthinéa *ayant eu ses propres vicissitudes ultérieures.*

Nous donnons ici les lettres telles que parues dans La Gazette de France *entre le 15 et le 22 avril 1896.*

Première lettre

Mon cher directeur[1],

Ne demandez pas de nouvelles des Jeux olympiques. Je vous écris au milieu de la mer Ionienne. Les officiers à qui je demande où nous sommes me promettent de me répondre exactement demain. Ce qui est certain, c'est que, hier, lundi, à pareille heure, c'est-à-dire à sept heures du soir, nous achevions de franchir le détroit de Messine. Les feux de Messine brillaient à notre main droite ; et, peu après, s'allumait sur la gauche l'illumination symétrique de Reggio. Il est probable que nous serons demain à Athènes. Le vent est fort, mais favorable. Il ne faut pas s'inquiéter du ciel qui est terriblement gris, ni de la danse que fait le bateau à chaque effort de la machine. Tout cela, loin d'y nuire, sert, paraît-il, notre voyage. Il faudrait qu'un dieu ennemi se mêlât de nos affaires pour que cette lettre ne fût pas jetée à la boîte dès Le Pirée, dans la nuit, la soirée ou peut-être l'après-midi de demain.

Je vous dirai dans une autre lettre en quoi auront consisté ces Jeux olympiques, qui ont sans doute commencé aujourd'hui, mardi 7 avril[2]. Peut-être même tarderai-je un peu à faire avec exactitude ce beau métier d'informateur. C'est que je serai tout d'abord préoccupé de vous dire mes impressions d'arrivée à Athènes. Arriver à Athènes ! Je n'y veux pas penser. Il me semble que, d'ici là, il y a le temps de mourir et aussi de revivre pour une vie nouvelle. Quoi qu'il en soit, je serai certainement sobre de démonstrations, comme je me sens aujourd'hui sobre de pensées. Je ne pense point à Athènes, mais je savoure goutte à goutte tout le délice de la mer ; douce ou violente, elle est divine ; sombre ou claire, il nous faut presque l'adorer, tant il y a de force et de charme dans ses spectacles.

Puis, mon cher directeur, la belle vie qu'on mène à bord ! Si, comme c'est mon cas, vous avez un ami d'esprit inquiet, de cœur docile, enfin qui soit doué pour la vie monastique, dont il soit détourné par l'incrédulité, n'hésitez pas, je vous en prie : conseillez-lui la vie du bord. C'est un couvent laïque et flottant que le paquebot. Aisance, liberté, spiritualité, c'est toute la joie du couvent. Au milieu d'étrangers, en général peu sympathiques et à qui néanmoins l'on prodigue des témoignages de déférence, on est tout entier à

---

[1] Gustave Janicot (1830-1910), directeur de *La Gazette de France*. (Comme celle-ci les notes suivantes sont des notes des éditeurs.)
[2] Ils ont en fait commencé le 6 avril 1896.

soi-même. Non à ce « moi » un peu mesquin qui règle trop sur la vie quotidienne. Je pense à un moi supérieur, presque affranchi de la matière, seulement soucieux de se développer dans les hautes voies de l'esprit. Le son d'une cloche règle l'heure des deux repas que l'on prend en commun sous la présidence et, faut-il même dire, la surveillance des officiers. Ce dernier bruit du monde qui consiste à choisir un menu, à acquitter le prix d'un repas, s'est évanoui. L'on est aux mains du commandant, du commissaire, du maître d'hôtel. Avec le prix du passage, on s'est remis en eux de tout soin temporel. On n'a qu'à faire son salut, c'est-à-dire, je pense, à bien voir le paysage en concevant à ce propos les plus belles pensées.

J'ai pour cellule la terrasse supérieure du bateau, qu'on appelle, je crois, en terme de marine, la seconde passerelle. Le commandant de l'Ortégal a bien voulu me la concéder. C'est un lieu interdit, pour l'ordinaire, aux passagers ; le personnel du paquebot y monte rarement pour quelque besoin du service. De cette solitude, se découvre d'abord tout ce qui paraît sur la mer. On voit changer le temps, pointer la crête des flots, fumer la cheminée ou blanchir l'extrême voilure des vaisseaux éloignés. Ce que j'aime surtout d'y voir, c'est ce cercle parfait de l'eau, lorsque le ciel est pur et la mer sans aucun rivage.

Rien de moins monotone, quoi qu'on ait prétendu : cet azur ne cesse de varier d'un instant à un autre instant, presque comparable à l'azur profond d'une pierre bleue ; hier, en vue de la Sicile, tout s'était attendri, subtilisé, évaporé. L'eau semblait du nuage ; le nuage de la clarté ; et, la clarté elle-même nous devenait de l'esprit pur : les vagues et les côtes, tout perdait son relief, tout semblait peint ou dessiné, mais en lignes de feu, et ces lignes, il est vrai, d'une simplicité et d'une élégance divines.

Ce qui, en effet, me frappe tous les jours dans les aspects de cette mer, c'est la perfection de ses lignes. On dit qu'une mer sans rivages est un reflet de l'infini. Je comprends de moins en moins la comparaison. En vérité, rien n'est plus fini que la mer. La séparation d'un ciel pâle d'avec cette mer plus foncée donne, tout au contraire, la pensée de la plus exacte des figures géométriques, qui est, sans doute, le cercle. La circonférence de ce cercle m'enchante justement par sa parfaite pureté. Ce beau disque d'azur est tout à fait géométrique. Il est vrai que deux artistes supérieurs, le vent et le soleil, ne s'arrêtent jamais d'en peindre ni d'en modeler la face étincelante ; ils donnent une vie divine à cette beauté si humaine.

Pour sortir des généralités, toujours un peu vaines, laissez-moi, mon cher directeur, détacher le plus beau feuillet de mes souvenirs. Passé les bouches de Bonifacio, nous sommes entrés pleinement dans le cœur du monde classique, patrimoine du genre humain. J'ai senti là un de mes plus vrais battements de cœur. Cela m'a disposé l'imagination au merveilleux. C'est dans un tel état que l'on a chance de bien voir. J'ai vu ainsi, comme notre vaisseau le traversait, cet archipel admirable des Lipari. D'abord, sur la droite, deux îles, Alicudi et Filicudi, comme des cônes émergent, l'un après l'autre, de la mer, le dernier flanqué d'un îlot de rocher abrupt ; puis une troisième île, la plus belle de celles qui se montrent de ce côté, Salina, formée de deux mamelons si gracieusement accouplés que l'œil ne peut se détacher de la courbe souple et délicate qui joint leurs cimes ; un hameau, composé de quelques douzaines de petites maisons semées en un charmant désordre, descend des flancs de ces collines et semble glisser à la mer au milieu d'un bocage dont la verdure est toute sombre.

Comme nous cinglons au sud-est dans la direction de Messine, Alicudi, Filicudi et Salina sont laissées sur la droite ; mais, à gauche, le Stromboli fumeux est apparu depuis longtemps ; sa notoriété lui vaut un grand succès parmi mes compagnons de route. On nous vante l'effet de sa fumée rougeâtre et de sa flamme étincelante quand on passe ici dans la nuit ; on ajoute que, par les jours clairs, sur un ciel bleu, cette fumée opaque fait une tache singulière. Et je le crois puisque je ne le vois pas. Par malheur, il ne fait pas nuit, il fait même plein jour ; mais c'est un petit jour grisâtre, sous lequel le panache du Stromboli ne semble qu'un nuage de plus parmi les nuages qui tachent le ciel.

Pendant, donc, qu'on admire si vainement le Stromboli, je fais mes dévotions aux beautés secrètes et méconnues de Panaria. Panaria est un joyau. Nous en rasons de près deux faces successives. En effet, les flancs ouest et nord de cette petite île paraissent de loin fort sauvages et je crois qu'ils sont tels dans la réalité ; on s'en convainc dès qu'on avance. Mais on observe en même temps que la forme de l'île est d'une grâce extrême. C'est une espèce d'agrément auquel je ne puis me défendre d'être sensible plus qu'à tout. De plus, comment offrir aux vagues un rivage plus ingénieusement arrondi que ces bords de Panaria ? Enfin, cette île est toute verte du côté du nord. Ses pentes plus rudes se trouvent tapissées d'une molle verdure, sorte d'herbage plus touffu, et plus vivace que le gazon et moins pâle que la bruyère et c'est d'une fraîcheur qui doit plaire au toucher comme elle charme l'œil.

Je n'ai pu me tenir d'y concevoir en cet avril tardif la bienvenue et comme le salut lointain du printemps napolitain.

Grata vice Veris...[3]

À un brusque détour se découvre le bord méridional de Panaria. Là, le printemps semble passé. C'est l'été ou même l'automne. La jolie herbe a disparu. Des massifs d'arbres d'un gris pâle, des oliviers sans doute ; entre les oliviers, quelques maisons riantes. Le vaisseau qui s'éloigne d'elles semble fuir les emblèmes de la félicité.

Une ondée de pluie tiède tombe tout à coup sur le pont : nous nous retournons vers la droite, où paraît Lipari, puis Vulcano, à la suite de la charmante Salina, mais il est vrai, moins belles, sans ensemble, sans élévation.

La pluie cesse. Le vent fraîchit. Mais ce n'est plus le vent froid et dur de Marseille ou du littoral de la Corse. À la lettre, c'est le Zéphyr. Si des terres fleuries étaient proches de nous, il en porterait le parfum. La douce chose ! En voici de plus douces : l'air éclairci, de gros nuages couvrent pourtant le paquebot et tiennent le centre du ciel ; mais tout le bord circulaire de l'horizon céleste et marin semble fait d'une lame d'argent incandescent, baignée d'une brume dorée : sur ce beau cercle se profilent, comme des formes sans matière, comme d'angéliques substances, les coupes variées du Stromboli, de l'îlot de Baziluzzo qui touche Panaria, de Panaria elle-même, de Salina, de Lipari et de Vulcano, toutes pétries et dessinées dans la lumière. Les couchers de soleil de Claude le Lorrain, aux dégradations insensibles et infinies, aux vaporeuses poudres d'or levées de la mer dans le ciel, donnent seuls l'idée de ces lumières-là ; elles semblent spiritualiser les confins du monde.

Je ne finirai point de conter en détail cette journée d'hier.

Aujourd'hui fut moins beau. Le cap Spartivento, au sud-est italien, n'a pas volé son nom. Il a jeté sur nous le nuage et le vent. Mais cela devait être. Le vieil Homère, dont je ne me sépare jamais et qui est mon prophète, *mio dottore*, m'a prévenu depuis longtemps de la malice de ce passage. Ulysse en souffrit avant nous. Aussi ce grand homme a-t-il appelé ce point « une mer

---

[3] « Au doux retour du printemps » ; Horace, *Odes*, I, 4.

si difficile et si dangereuse que les meilleurs et les plus forts navires, accompagnés du vent le plus favorable, ne la passent qu'avec beaucoup de danger ». Pour les Anciens, la mer Ionienne ne cédait en furie qu'à l'Adriatique elle-même. Je vois qu'ils ne se trompaient guère. L'équipage m'assure que, pour le lieu et la saison, il fait délicieux. Pourtant le paquebot bondit comme un chevreau, sur l'onde. Je n'en suis que plus aise de me voir le cœur si dispos. Mais les trois quarts des passagers n'ont pas dîné. Les paysages pâlissent. La mer a la couleur du plomb. Le ciel est gris. Les étoiles se cachent ; or, nous ne sommes peut-être pas à cinq heures de la presqu'île de Pélops !... *(À suivre.)*

Charles Maurras.[4]

P.-S. : Mon cher directeur, laissez-moi ouvrir ma lettre. Beaucoup de choses s'accomplissent pendant la nuit. C'est encore une vieille maxime que je tiens d'Homère. Nous avons fait, pendant la nuit, presque tout le tour de la côte du Péloponnèse. On en voit maintenant les dernières montagnes. Aux nuages a succédé une lumière claire et douce. Mes chers amis de France, si vous saviez combien tout cela nous est fraternel.

---

[4] Lettre parue dans *La Gazette de France* le 15 avril 1896.

Deuxième lettre

Mon cher directeur, abrégeons. Puisque me voici à Athènes, à l'occasion des Jeux olympiques, je vous dois tout d'abord une chronique de ces Jeux. Je ne vous dirai donc qu'un mot de tout le reste, de ce ciel et de cette terre, le plus profond, le plus vénérable du monde.

Il faisait presque froid, il faisait un temps aigre, mêlé de pluie, de vent et de soleil, quand nous sommes entrés dans les eaux de l'Attique. Vers Éleusis, vers Égine, vers Salamine, les sévères collines qui hérissent la côte occidentale étaient recouvertes de l'ombre de grosses nuées noires. Et le rocher de l'Acropole se dessinait à peine, tant le jour était faible dans cet après-midi d'avril. Mais l'accueil se fit agréable quand, du côté de l'orient, apparurent les anses de Phalère et de Munychie. D'ailleurs, ce caprice du temps ne peut être appelé une désillusion. Il était bon que l'Attique nous avertît dès son abord qu'elle n'avait rien de commun avec les vers de MM. Leconte de Lisle et de Heredia ni avec le golfe de Naples. Ce n'est pas de la pierre peinte que l'Attique ; c'est une personne vivante, si l'on veut une femme : belle, douce, nullement impassible ni marmoréenne. Aux flancs du Pentélique brillent des carrières de marbre que nous avons admirées de la haute mer ; mais sur cette blancheur divine flottait tantôt un blanc nuage et tantôt un nuage noir ou encore la claire lumière de l'azur.

Dans Le Pirée, une surprise. C'est le visage ami du consul de France, M. Arène. M. Jules Arène est le frère de l'auteur[5] de Jean des Figues et de Domnine. Il a bien voulu nous attendre. Grâce à lui, un grand nombre de maux nous sont épargnés, tant à la douane qu'à l'hôtel. Avec une amitié et une brusquerie également remarquables, il rend simple et aisé notre débarquement. Oserai-je le dire ? Eh bien, je l'oserai ! Je comptais sur la venue de M. Arène, mon Homère m'en avait fait la prédiction. Peu avant d'aborder, j'étais en train de lire, au second chant de l'Iliade, l'éloge de l'« aimable Arène ». Il est vrai que l'Arène homérique est une ville : mais si près du Pirée il m'était bien permis de prendre le nom d'une ville pour celui d'un homme.[6]

---

[5] Paul Arène, poète, membre du Félibrige, 1843–1896.
[6] Allusion à la Fable bien connue d'Ésope *Le Singe et le Dauphin*, reprise par La Fontaine, *Fables*, IV, 7.

Ce n'est pas aujourd'hui le temps des descriptions, ni même des impressions. Qu'il nous suffise de savoir que, embarqués sur le chemin de fer qui conduit à Athènes, je n'eus pas la patience d'attendre la fin du voyage. Au Thésèion, devant le temple de Thésée, et presque au pied de l'Acropole, je sautai au bas du wagon, commençai mon pèlerinage.

Il devait être près de six heures du soir. L'air s'était réchauffé, les nuages enfuis. Le Parthénon brillait sur la colline sainte, au milieu des autres débris. J'ai fait le tour de l'Acropole, mais je n'ai pas osé franchir la grille de la porte Beulè. Ceci se passait avant-hier. Et j'ai recommencé, hier, la même tentative, sans réussir à vaincre cette timidité. Mon courage se brise à l'approche de la merveille. J'y pense tout le jour, et il me semble que je n'y ai point assez pensé pour le goûter et le comprendre dignement. Je pressens un état de grâce, de ferveur, d'exaltation secrète, où je ne désespère pas d'atteindre, d'ici peu ; ce jour-là seulement, je passerai les Propylées.

En attendant, je contemple le rocher et le temple qu'il supporte sous leurs aspects les plus divers. Deux fois déjà j'ai vu le soleil se coucher, je l'ai vu deux fois se lever en avant ou en arrière de l'Acropole. Aujourd'hui, j'irai voir l'effet de ces marches en plein midi. Il fait une journée magnifique. Le ciel est à la fois très pur et divinement nuancé. On voit, on peut presque compter tous les flocons de l'air. De flocon en flocon, l'œil gravit l'Empyrée ; là, il se perd dans une sorte d'abîme heureux. Les Jeux qui auront lieu dans l'après-midi ne pourront manquer d'être infiniment agréables. Hier, la bise gâtait un peu le divertissement. Mes amis athéniens étaient fort en colère contre les nuées de leur ciel. Néanmoins, nous nous sommes fort divertis dans le spectacle. Le Stade est très majestueux. Vous devez savoir que c'est l'ancien Stade, revêtu de marbre par Hérode Atticus, puis ruiné et presque détruit, qui a été restauré grâce aux munificences d'un marchand grec d'Alexandrie, M. Averof. En pareille occasion, les Athéniens de la décadence eussent décerné à leur bienfaiteur quelque trois cents statues d'or massif ; on s'est contenté de lui en ériger une seule, en marbre fin. Elle s'élève sur un côté de l'entrée du Stade. Nos Athéniens ne perdent pas une occasion de crier Vive Averof ! Ce cri est devenu en peu de temps aussi populaire que Vive le Roi ! ou même Vive le diadoque ! (Le diadoque est l'héritier présomptif du trône, leur dauphin.)

Mais revenons aux Jeux. Je vous dirai qu'ils sont fort beaux. Mais j'ai eu hier la douleur d'assister à trois victoires de gymnastes allemands. Trois fois le drapeau blanc et noir a été hissé sur le Stade. La première, je dois le dire, cela n'a point été sans huées : le peuple entier était debout ; tout le monde criait *adika ! adika !* (injustice, injustice !). Il paraît que les juges avaient mal jugé ; la palme décernée à l'équipe allemande aurait dû revenir à l'équipe hellénique. Pourtant le beau travail de deux ou trois de ces barbares germains a fini par conquérir l'admiration générale. C'est qu'ils n'avaient point de concurrents français devant eux. Cette réflexion faite, j'ai pu m'abandonner au sentiment commun.

Un Hellène, de qui je suis le voisin du Stade, et avec lequel je converse en mauvais anglais (car il ne sait pas le français, ce que j'ai de grec, prononcé à l'érasmienne, ne m'est d'aucun secours), un Hellène, dis-je, me fait entendre que, dans la course de cycles, la première de toutes, c'est un de mes compatriotes, M. Flamand, qui a obtenu le prix. Je vois sur son visage qu'il est certain de me causer un extrême plaisir. Je l'en remercie de mon mieux dans l'idiome de Shakespeare, que j'ai bien soin d'estropier. Hélas ! même écorché, qu'ont pu dire les Muses oyant ce jargon au pied de leur colline !

Comme Athènes ressemble assez bien à Capharnaüm en ce moment, on n'est pas étonné d'y trouver le Père Didon. Il a prêché le jour de Pâques. Il a été fort éloquent. Il a dit les louanges de l'internationalisme, de la force physique, de quantité d'autres belles choses sur lesquelles nous reviendrons. Le Père Didon n'a même pas oublié les gloires antiques d'Athènes ; et il a eu un rapprochement fort ingénieux d'Athènes et de Paris, unies par la naissance et l'apostolat de saint Denys l'Aréopagite.

Charles Maurras.[7]

---

[7] Lettre parue dans *La Gazette de France* le 17 avril 1896.

Troisième lettre
Le Stade panathénaïque

Aujourd'hui encore, mon cher directeur, je continuerai mon office de chroniqueur. Athènes est allé au Stade ; je suis allé au Stade avec toute la ville. Et ce Stade est fort beau. Et la compagnie était belle. Figurez-vous, au flanc du mont Hymette, un monument de forme antique, dont la matière neuve, le marbre fraîchement coupé et poli, répond d'un éclat doux, point aveuglant, mais net au ciel varié de l'Attique. C'est à peine si la dixième partie des gradins est achevée. Ce qui manquait a été suppléé, non sans habileté, non sans art, non sans goût avec des planches employées à l'état brut ou couvertes d'un enduit blanc. Bref, l'œil n'est pas choqué. C'est, je pense, l'essentiel.

Les traités d'archéologie ont une phrase assez exacte pour définir le Stade : c'est, disent-ils, une sorte de large avenue fermée, arrondie à une extrémité. Je dirai, à mon tour, que c'est un U couché au sol et renversé. Tapissez de gradins les branches parallèles et la boucle du fond de l'U. Appuyez cette boucle et ces branches à un amphithéâtre de collines violettes et grises, presque sans herbe, mais d'où viennent de légères brises parfumées de lavande. Enfin, faites couler devant l'ouverture de l'U un petit fleuve aux ondes lentes et timides entre des massifs de lauriers-roses encore défleuris, et que cette onde rare s'appelle l'Illisus. Vous avez le Stade d'Athènes.

C'est le Stade moderne. Les érudits affirment qu'il nous reproduit trait pour trait la figure du Stade ancien. S'il en est ainsi, que penser des écrivains qui ont accusé l'art antique de manquer de magnificence ou qui ont tenu que la grandeur, en architecture, fut le privilège de Rome !

Ce Stade athénien contenait aujourd'hui près de quatre-vingt mille spectateurs ; je dis près de quatre-vingt mille ! De la longue chaussée sur laquelle se font les exercices athlétiques jusqu'au faîte de l'édifice, j'ai compté soixante gradins, soixante étages ; ils règnent sur toute la longueur du Stade. Ils sont divisés en tribunes, traversés par des escaliers qui rendent fort aisée la circulation. Bien qu'on fût très serré, l'on pouvait cependant, grâce à la largeur des degrés, se mouvoir et même trépigner sans difficulté. Les nouveaux Athéniens sont des gens expansifs ; mais je n'ai point remarqué d'accident, ni qu'il y ait eu lieu d'en craindre. Hier comme aujourd'hui, l'on a seulement souffert de la bise lorsqu'elle soufflait du nord, du soleil quand il nous mordait. C'est l'inconvénient de tous les spectacles en plein air. Nous n'y sommes point endurcis. Joignez que la saison est fraîche. D'ailleurs, en août comme en avril, c'est l'immobilité au grand air qui est pénible. Je me souviens d'avoir tout ensemble sué et grelotté aux représentations du théâtre antique d'Orange ; et elles avaient lieu en pleine canicule.

De ces quatre-vingt mille spectateurs, un bon quart était fort heureux : c'étaient tous ceux — nous en étions — dont les places étaient marquées un peu haut, du côté de l'Orient. Nous avions sous les yeux un abrégé des plus grandes merveilles de l'Attique. Sans nous déranger et presque sans quitter du regard la suite des jeux célébrés, et pendant que la vue des autres spectateurs se bornait autour de la piste ou se brisait contre le rideau, d'ailleurs admirable, des grands pins et des beaux cyprès qui dérobent le Zappion, nous, privilégiés, c'était la porte d'Adrien, puis les hautes colonnes corinthiques de Jupiter olympien, ou, plus loin, les ruines charmantes du temple de Bacchus, ou encore et surtout, les champs libres, légers et célestes de la lumière, qui menaient nos pensées jusqu'aux pentes de l'Acropole suspendue dans l'air devant nous.

Pourtant, le roi des Grecs a pris sa place sur l'un des trônes taillés, au fond du Stade, au milieu du premier gradin ; sur l'autre, il vient de faire asseoir son hôte Alexandre, roi de Serbie. À la gauche du roi Georges, la princesse royale, femme du diadoque (et sœur de l'empereur d'Allemagne). C'est une fort belle personne à cheveux blonds qui semblent naturellement ondulés, qui brillent d'un éclat singulier à l'air de la Grèce. Ses deux enfants, vêtus en matelots comme tous les petits garçons de l'univers, s'appuient languissamment aux genoux de leur gouvernante. On dirait deux myosotis. À la droite du jeune roi de Serbie, la princesse Marie, fille du roi de Grèce, une vraie petite Gretchen, dont les fiançailles ont été célébrées la semaine dernière avec le grand-duc Georges de Russie ; celui-ci est placé à la droite de sa fiancée. C'est un grand homme à fortes moustaches châtaines. Les Athéniennes sont unanimes à regretter qu'il se cache le front sous la visière d'une casquette horrible ; il en faudra tomber d'accord avec elles : nos amis russes gagneraient à sacrifier ce petit fromage rose et vert qu'ils s'enfoncent au sinciput.

Après le grand-duc, toujours sur la droite, se tiennent les derniers infants de Grèce, vêtus, eux aussi, en marins. Le teint transparent, les yeux d'un bleu pâle, tous deux font songer comme leur sœur aux gouffres de l'océan hyperboréen, au feuillage de la forêt hercynienne. Patience.

Je gage que tout ce monde sera vite hellénisé. Pour deux motifs : ce peuple hellène absorbe et digère tous les barbares qu'il lui plaît, et cette famille régnante semble absolument disposée à tout admettre, à tout permettre, à tout souffrir. Il n'est aucune fantaisie hellénique à laquelle le roi Georges, fort bonhomme de nature et d'aspect ne se prête de bonne grâce. Ses trois fils aînés, qui circulent dans le Stade, paraissent populaires.

L'héritier présomptif est président des Jeux. C'est un président effectif. Aucun détail ne lui échappe. Sanglé à la prussienne dans son uniforme d'officier général de l'infanterie, le diadoque Constantin veut tout surveiller de lui-même. Il est secondé de fort près par son frère le prince Georges, en capitaine de vaisseau. Ces deux princes doivent suggérer à la presse grecque des souvenirs délicieux. Elle doit les comparer amoureusement soit aux fils de Nestor dans la belle Pylos, soit encore au prince Polydamas, ordonnateur des Jeux dans l'île de Schérie, que son père, le sage Alcinoüs gouverne, selon l'ordre de Jupiter. Ils sont fort actifs et de chaque côté du trône, on les prendrait pour les deux colonnes de la dynastie. Mais j'aurai honte d'oublier leur frère, le prince Nicolas. C'est, je crois, le troisième. Il porte l'uniforme de capitaine d'artillerie. On le dirait moins empressé que ne le sont ses deux aînés à juger les graves querelles qui s'élèvent à tout propos entre les champions.

Mais achevons, puisque nous l'avons entreprise, la revue de la cour.

On me montre toujours sur le premier gradin, et toujours sur la droite du roi de Serbie, immédiatement après les petits princes, avant le corps diplomatique, assis nonchalamment et occupé à tordre ses longues moustaches, le colonel Pappadiamantopoulos, aide de camp du roi de Grèce, et qui est, si je ne me trompe, le cousin germain d'un poète français, né athénien, dont l'œuvre et la personne me sont chères, Monsieur Jean Moréas. Au-delà, sur le même rang, plusieurs ambassadeurs et de belles ambassadrices. Les membres du cabinet grec sont placés avec leur famille, du côté opposé, sur la gauche du roi, à la suite de la princesse royale et des enfants de celle-ci. Tel est ce premier gradin de la tribune centrale, rempli d'un bout à l'autre par des personnages de sang royal ou revêtus des premières charges de l'État. Je ne parlerai pas des autres. Qu'il suffise de savoir que les gradins secondaires de la même tribune se trouvent occupés par messieurs les députés, par mesdames les députées et mesdemoiselles leurs filles.

Plusieurs de ces dernières sont d'une vraie beauté ; il en est beaucoup de jolies. Les anciens historiens comme les voyageurs modernes s'accordent à médire des Athéniennes ; on leur concède de l'esprit et de la vertu. Je ne sais pas trop pourquoi on leur refuse si généralement la beauté. Celles que j'ai aperçues avaient, au moins, beaucoup de grâce ! Et les beaux yeux ! Vifs et mouillés, aigus et tendres. On ne nous parle pas assez des beaux yeux de l'Athénienne.

Ces beaux yeux m'ont mis en retard. Le courrier va partir. Souffrez, mon cher directeur, que j'ajourne la suite de ma chronique du Stade. J'ai dit jusqu'ici l'aspect et la physionomie du monument. Les Jeux eux-mêmes vous seront exposés dans le prochain courrier. Qu'il me suffise de compléter l'impression d'ensemble. Le Stade est plein. Les collines environnantes sont couvertes de peuple. Il y a bien en tout cent mille spectateurs réunis en ce point du monde. Le froid ni le chaud n'y font rien. On crie, on se tait, on gesticule.

Il me faut ajourner la suite de mes tableaux du Stade. Çà et là un cosmétôr place les gens ; un époptès, coiffé d'un casque grand panama rouge, affublé d'un justaucorps rouge, fait sa ronde ; un médecin, sous le poteau indicateur, (iatros), attend qu'on réclame ses soins. Et la foule hurle et trépigne. Une remarque : cette foule est trop noire. Il faudrait désormais aller au Stade en vêtements clairs. Tous ces chapeaux noirs sont horribles.

Charles Maurras.[8]

---

[8] Lettre parue dans *La Gazette de France* le 18 avril 1896.

Quatrième lettre
Le Stade Panathénaïque

Nous avons fait la revue des spectateurs ; venons au spectacle lui-même. Venons à ces Jeux olympiques restaurés qui sont célébrés pour la première fois à Athènes (ils avaient été abolis par Théodose à Olympie en 394) et qui désormais auront lieu de quatre ans en quatre ans dans une des capitales de l'Europe.

Quand la première idée en fut publiée, j'avoue que je l'ai blâmée de toutes mes forces. Cette internationale nouvelle, l'internationale du sport me déplaisait. J'y voyais la profanation d'un beau nom. J'y voyais de plus un anachronisme ; des olympiades grecques étaient possibles quand il existait une Grèce. Il n'y a pas, du moins il n'y a plus d'Europe : comment verrions-nous des olympiades européennes ? Enfin, ce mélange de peuples risquait, à mon sens, d'aboutir non point à un intelligent et raisonnable classement des nations modernes, mais aux pires désordres du cosmopolitisme.

Or, je vous prie, à qui reviennent tous les bénéfices du cosmopolitisme ? Au moins cosmopolite des peuples, à la plus nationaliste des races. Je dis aux Anglo-Saxons. L'ère qui va s'ouvrir à Athènes ne fera qu'apporter un nouvel élément de vitalité et de prospérité à nos ennemis éternels. Le vocabulaire du sport contribuera à propager une langue dont la planète entière est déjà infestée.

Ainsi, raisonnais-je, et non point, je crois, sans vraisemblance ; je reçus là-dessus les vives remontrances de M. Pierre de Coubertin, le zélateur de l'entreprise. Elles glissèrent sur mon esprit sans y faire de l'impression. Pourtant, la réflexion à laquelle je pus me livrer pendant deux années (juin 1894–mars 1896) ne laissa pas de nuancer ce premier sentiment. Le choix d'Athènes inclinait à plus de bienveillance. Il me semblait que sous l'Acropole, certaines barbaries ne pourraient se donner carrière, et que la suite des représentations athlétiques garderait l'influence de ce point de départ. Enfin, quand je bouclai ma valise, la bienveillance l'emportait. Puisque j'allais juger l'affaire de mes yeux, ne fallait-il pas qu'elle bénéficiât de mes doutes ?

L'expérience à laquelle j'ai assisté a consommé une conversion. Mes premières raisons ne manquaient point de fondement, mais elles étaient incomplètes. J'avais négligé deux grands traits. Pour ce qui est du cosmopolitisme, je ne voyais pas qu'il n'y aurait rien à craindre de ce côté, pour la bonne raison que, *quand plusieurs races distinctes sont mises en présence, obligées à se fréquenter, bien loin de s'unir par la sympathie, elles se détestent et se combattent au fur et à mesure qu'elles croient se connaître mieux.* Paul Bourget a fait avant moi cette observation ; mais j'en donnerai des images.

Pour ce qu'est la prépondérance anglo-saxonne, j'avais oublié de noter qu'elle n'est si forte que parce qu'elle a procédé avec une lenteur savante, un mystère, un silence profondément gardé : les progrès n'ont pas été, comme ceux des Prussiens, d'une brusquerie foudroyante. Même aujourd'hui, quand les Anglo-Saxons sont les maîtres partout, on ne sait pas assez, on ne mesure pas quelle est leur vraie puissance. Elle est fondée en partie sur notre peu de savoir. Ces terribles envahisseurs bénéficient, dans une mesure fort large, de ce que nous ne savons au juste ni ce qu'ils sont, ni ce qu'ils font, ni ce qu'ils rêvent de faire. Les modernes olympiades auront l'avantage de montrer aux peuples latins le nombre, la puissance, l'influence, les prétentions insolentes, les ridicules de ces hardis prétendants à l'empire du monde. Il est possible que cela nous puisse procurer un quart d'heure d'angoisse. Nous serions le dernier des peuples si nous avions peur d'avoir peur. Voyant à nu ce grand péril, nous aurons une chance de moins d'y succomber.

Les deux ordres de réflexion que je viens de noter m'ont été suggérés, je dois le redire, par mes journées passées au Stade. Je vous ai raconté comment l'ombre d'un avantage fait aux gymnastes allemands aux dépens des gymnastes grecs, souleva l'autre jour une véritable tempête. En revanche, la course de Marathon, dont les sept premiers arrivants étaient Hellènes (le huitième était un Français) a excité, hier, par tout le peuple de Cécrops, une ivresse de joie, une force d'enthousiasme que je ne saurais peindre. Nénikikamen ! Nous avons vaincu ! Lorsque le maillot blanc et bleu de M. Spiro Louys a été signalé, toutes les cigales attiques firent monter au ciel leur sèche et perçante chanson. — *Ô nikitos ! Ô nikitos !* — *Zitô !* (Le vainqueur ! Le vainqueur ! Vive !...). Il n'était pas un bon Hellène qui ne fût en l'air, en criant : *Ô marathonomachos ! Ô marathonomachos !* (Le marathonomaque). Le drapeau national frémissait dans toutes les mains. Puis, le vainqueur rendu au terme, quels baisers et quelles étreintes de compagnons, d'amis, d'inconnus. On lui fait boire du café. On lui jette mille présents. On se cotise pour lui acheter quelques arpents de terre dans son village. Une dame de Smyrne lui offre, séance tenante, une chaîne d'or. Je connais bien ce peuple-là ; je l'ai vu aux arènes d'Arles et aux Naumachies de Martigues... Notez que rien n'était plus légitime ni plus sensé que le triomphe de cet Hellène aux pieds légers. M. Louys distançait de beaucoup ses autres concurrents : il a franchi, en un temps fort court, la distance fort longue d'Athènes à Marathon. Je ne songe point à sourire de cette grande joie populaire, ni à m'en étonner ; j'en note simplement le caractère très national. On s'attriste si l'Hellène, sautant à la perche, manque la barre ou s'il risque d'exécuter moins parfaitement le rétablissement aux anneaux ; on fronce le sourcil si l'Allemand ou l'Américain ont plus d'adresse et de bonheur. De tels sentiments ne nuisent en rien à la justice. On admire ce qu'il est équitable d'admirer, toutefois on le fait de plus ou moins bon cœur suivant les honneurs engagés.

À la lutte (*Pôli*), deux incidents tout à fait caractéristiques. Un Grec et un Danois sont aux prises : M. Jensen, du Rowing-club de Copenhague, et M. Christopoulos de la Société gymnastique de Patras. Celui-ci, souple, et de beaucoup inférieur pour la force musculaire à son concurrent. Pour M. Jensen, il est juste de dire qu'il n'a rien du « géant du Nord » ; c'est un athlète de la taille la plus moyenne, si trapu, il est vrai, qu'il en paraît presque bref... Il a tout l'air d'une vraie brute, brute savante et méthodique autant que vigoureuse. Pendant un grand quart d'heure il est loisible d'admirer ses biceps, qui sont énormes, ses reins, ses jarrets inflexibles, ses poignets tendus comme deux branches de métal : et tout cet étalage ne peut venir à bout de la ruse, de la souplesse et de l'agilité de M. Christopoulos. C'est même celui-ci qui, un moment, a le dessus. Pourtant, le Scandinave ne touche pas le sol. On est forcé de séparer les adversaires. Mais toute la Grèce sourit. De quel cœur on embrasse M. Christopoulos ! Le champion de Patras peut rêver, cette nuit, qu'il est devenu le subtil et prudent Ulysse de l'athlétisme... Au fond, n'est-ce pas vrai ? N'est-ce pas par la résistance que le civilisé diffère du barbare ?

On met ensuite aux prises un Allemand et un Anglais. En un clin d'œil M. Schumann a fait mordre la poussière à M. Eliott ; mais voici qu'avec une mauvaise foi toute britannique, celui-ci se démène, se roule, se débat, comme s'il n'avait pas touché terre des deux épaules. Le bon Germain est tout émerveillé de tant d'audace. Ce qu'Athènes s'amuse. On siffle, on chante. Il faut que le diadoque et le prince Georges prennent sur eux de renvoyer M. Eliott à son club. À ce moment les organisateurs ont la mauvaise idée d'engager un combat entre M. Christopoulos et un autre Grec... Ah ! le magnifique tumulte. Non, non ! *Oki, Oki, Oki !* J'ai beaucoup admiré ce soulèvement national. Il s'en produit ainsi, du même ordre, à tous les instants. Bien loin d'étouffer les passions patriotiques, tout ce faux cosmopolitisme du Stade ne fait que les exaspérer. Je suis loin de m'en plaindre.

Ne pensez pas d'ailleurs que les vieux peuples aient le monopole de cette passion. Les plus violents, les plus bruyants nationalistes du Stade, savez-vous qui ils sont ? Ce ne sont pas les Grecs peut-être. Ce sont gens de l'Amérique. Venus en nombre, ces Yankees paraissent encore plus nombreux qu'ils ne sont en réalité : toutes les fois qu'une victoire américaine est proclamée, les drapeaux de l'Union claquent au vent ; les chapeaux, les bérets s'envolent ; des bans secouent les gradins de bois. Ces braves gens ignorent profondément ce que le monde hellénisé connaît de plus précieux, et c'est la mesure. Ainsi quels beaux sourires sur les lèvres des Athéniens ! Quel large rire sur la face des Attiques, à toutes les fautes de goût de ces pauvres Américains. Les journaux grecs parlent avec une indulgence ironique des « manifestations exubérantes des gais et excentriques Yankees ». Ces étrangers se rendent parfaitement insupportables. On dit que M. Connolly, vainqueur pour le saut triple, a noblement télégraphié à ses nationaux : « Les Hellènes ont vaincu l'Europe ; moi, j'ai vaincu le monde entier. » Ce bulletin de victoire fait le tour des cafés d'Athènes.

On le voit, les patries ne sont pas encore détruites. La guerre, non plus, n'est pas morte. Jadis les peuples se fréquentaient par ambassadeurs. C'étaient des gens solennels, pondérés, mesurés, lents et pleins de prudence. Il fallait toute la perfidie et tout le génie d'un Bismarck pour créer des situations analogues à celles que détermina la dépêche d'Ems. Maintenant les peuples se vont fréquenter directement, s'injurier de bouche à bouche et s'en...ler[9] cœur à cœur. La vapeur qui les a rapprochés ne fera que rendre plus faciles les incidents internationaux. Les Bismarck à venir ont encore de la carrière.

Charles Maurras.[10]

---

[9] « S'engueuler » très probablement. La version de la même lettre pour *Anthinéa* dira : « s'accabler ».
[10] Lettre parue dans *La Gazette de France* le 19 avril 1896.

Cinquième lettre

On m'a promis des déceptions. Je n'en ai pas encore senti une seule. Au risque d'être montré du doigt de tous nos modernes comme un écrivain dépourvu d'imagination, j'en fais l'aveu d'un cœur allègre. Non, notre antique Athènes, notre Athènes éternelle ne m'a pas semblé inférieure à tout ce que l'on nous fait rêver sur ce nom divin. Mais il se trouve simplement que la parole manque un peu (*Ô, quanto è corto il dire !*[11]) pour exprimer et ordonner des impressions si fortes. Je ne désespère pas tout à fait de pouvoir vous conduire un de ces jours après réflexion au pied du Parthénon, ou parmi les stèles dorées du Céramique. Mais, en attendant, descendons à des objets plus simples, ce que rend le langage avec plus de facilité.

Les fêtes ont un peu chômé depuis vendredi. Le roi doit présider aujourd'hui mardi la cérémonie de la clôture. Je vous écris une heure avant le départ du courrier. Quelques lignes vous apprendront bientôt ce qui se sera fait dans le Stade. Tous ces jours-ci les concours se donnaient ailleurs, au vélodrome du nouveau Phalère, au champ de tir établi non loin du vieux Phalère. Il est fort agréable d'aller prendre l'air de la mer en ces divers endroits. Je dois convenir qu'ils me plaisent médiocrement. Il m'indigne d'apercevoir les Propylées et la colonnade de Parthénon dessinés dans le ciel entre deux pavillons chinois.

Soyons juste, pourtant. Ces petits bourgs modernes, bâtis en avant des grandes villes de la Méditerranée, ces « escales » comme disent les matelots, ont leur charme particulier. On y goûte, pour ainsi dire, la senteur âcre et douce des voyages lointains. Ces mâts, prêts à partir, qui oscillent dans l'air plus pâle ; ces cheminées fumantes ; ces vaisseaux haletants ; ces portefaix, ces crieurs, ces changeurs, dont les pièces d'or et d'argent miroitent à la lumière ; enfin ces cordages roulés en cercles ; ces ancres couchées sur le sable et dont l'épais goudron pleure lentement au soleil ; ces sacs, ces caisses, ces ballots, tout cela me compose un paysage amical, un accord de parfums, de lignes, de rumeurs dont je fus touché dès l'enfance : c'est Marseille, c'est même Port-de-Bouc et Saint-Louis du Rhône — à peine plus orientaux —, que ce Phalère et ce Pirée m'ont fait revoir.

---

[11] Dante, *Paradis*, XXIII, 121.

Un homme, en ce moment, est la coqueluche d'Athènes ; c'est M. Spiro Louys ; c'est ce petit garçon du Péloponnèse qui a vaincu la Grèce, l'Europe et l'Amérique à la course de Marathon. On n'entend que son nom, et on ne voit que ses images. Il était chez le roi, dimanche soir, en blanche fustanelle, au milieu des habits et des uniformes brodés. On va lui acheter un champ au village natal. Tout lui rit, cependant il a causé un gros chagrin, cet heureux marathonomaque, à une jeune et jolie fille, la plus jolie, dit-on, de la bourgeoisie athénienne.

Mademoiselle Y... est aussi patriote que belle ; mais elle entend le patriotisme à l'antique. La veille de la course, elle promit publiquement de donner son cœur et sa main au vainqueur, si c'était un Hellène. Mademoiselle Y... pouvait se permettre, sans de trop grands risques, un engagement de ce genre : on savait que le plus grand nombre des champions, tous beaux garçons de bonne mine, appartenait à d'excellentes familles : on citait des étudiants, des militaires... Et c'est un mauvais petit paysan qui a gagné.

La jeune dame grecque qui me contait ce trait en faisait les plus grands éclats. Elle m'a avoué pourtant, au milieu des larmes que lui donnait le rire, que personne à Athènes ne savait comment se dénouerait l'aventure. Mademoiselle Y... paraît assez embarrassée de son lauréat, et toutefois elle a horreur de violer un serment deux fois sacré puisqu'il fut juré sur l'autel de la Patrie.

Samedi, comme je rentrai au milieu de la nuit, le garçon de l'hôtel affichait une feuille télégraphique dans le vestibule : elle portait ces simples mots : *M. Tricoupis est mort à Cannes, à six heures du soir.* Le lendemain, tous les journaux athéniens ont rendu hommage à l'orgueilleux, énergique et imprudent patriote grec. On n'a pas oublié que M. Charilaüs Tricoupis[12] est le principal auteur, sinon le seul, et en tout cas le plus directement responsable des maux qui ont précipité la Grèce dans les plus grandes difficultés financières. Il fut l'homme de la banqueroute, il faillit être l'homme de l'insurrection. Sans se détacher de souvenirs qui sont des exemples, les anciens amis comme les anciens adversaires de M. Tricoupis ont tenu à l'ensevelir avec honneur. Dithyrambe et apothéose, c'est

---

[12] Hariloas Tricoupis, 1832–1896, homme politique grec qui a été plusieurs fois Premier ministre. Son ambitieux programme de grands travaux et de réforme financière fut démantelé par l'accroissement des crédits militaires alors qu'il n'était provisoirement plus au pouvoir (1885–86). Il démissionna en 1895.

aujourd'hui, sur ce sujet, le ton de toute la presse athénienne ; on dirait un deuil national.

Charles Maurras.[13]

---

[13] Lettre parue dans *La Gazette de France* le 20 avril 1896.

Sixième lettre
Clôture des Jeux olympiques

Mon cher directeur,

Ceux qui sont venus à Athènes pour goûter Athènes et son ciel doivent être fort satisfaits. Les Jeux olympiques sont clos. Ils devaient l'être mardi soir. Une légère onde a tout fait renvoyer. Et c'est seulement ce matin que le Roi, entouré de ses fils et de ses petits-fils, a pu distribuer les prix. Il faisait un air délicieux, le ciel rafraîchi souriait, tout semblait plus fin et plus clair. J'ai beaucoup admiré de grands cyprès plantés au milieu de jardins ; à travers leur feuillage (moins opaque, il me semble, que celui de nos noirs cyprès occidentaux) et par les grandes déchirures que l'âge, le vent, la poussière, le soleil ont pratiquées dans la masse de ces beaux arbres, il était plus charmant que je ne peux le dire de regarder transparaître l'azur nouveau. Tout ce que ces mots de matinée de printemps ont gardé d'agrément, rêvez-le ; et vous rêverez notre matinée d'aujourd'hui.

Tels sont les lendemains de pluie dans ce pays. On se plaint seulement qu'ils soient rares. Je crois vous avoir dit que, même proportionnellement à sa latitude, Athènes est un des lieux du monde où il tombe le moins de pluie. C'est aussi, du reste, le cas de Paris. Mais, comme à Paris, le ciel d'Athènes est d'une variété extrême. Je n'ouvre jamais ma croisée sans quelque angoisse. Ce matin, il faisait très beau ; et néanmoins de légères flottilles de nuages, entraînées par le vent, couvraient quelquefois le soleil. Cela n'a rien ôté à la solennité de la cérémonie. L'enthousiasme populaire s'est montré comme vendredi. On poussait des zitô. On lâchait des colombes. On agitait dans l'air les petits drapeaux bleu de ciel.

Le roi, sur son estrade, placée à cette extrémité du Stade que je vous ai décrite, celle-là même que les Anciens appelaient la Fronde, parce qu'elle est assez brusquement arrondie, le roi, dis-je, gardait fort bien son sérieux. Il était grave et solennel. On eût dit un bon colonel procédant à une distribution des prix. Les lauréats montaient les gradins et s'inclinaient profondément ; le roi répondait par le salut militaire, donnait une poignée de main ; nouveau salut de notre athlète qui recevait en sus du prix et du diplôme une petite branche de ce même olivier sauvage dont on couronnait autrefois les olympionices.

Ces oliviers attiques m'enchantent ; ils ressemblent à ceux de la Provence occidentale, aux environs d'Arles et d'Aix ; un peu plus élancés peut-être, ils montrent le même feuillage clairsemé et ténu qui fait que la lumière se mêle plus subtilement à leur ombre grise. J'ai vu des oliviers plus touffus que ceux-là. Ils sont, à mon avis, moins dignes de Minerve.

J'ai fort aimé aussi les lauriers que le roi mêlait judicieusement aux rameaux d'olivier. Il faut que le laurier ait de grandes feuilles vigoureuses et fermes, d'un beau vert sombre et reluisant. Il exprime la victoire enlevée de vive force et par un brusque élan. Et toutefois, cette énergie est gracieuse encore. Il y a une nymphe, une femme, jeune et charmante, emprisonnée dans le laurier, surtout dans les lauriers d'Athènes.

> Daphné que poursuivait Apollon Loxias
> Aux diadèmes d'or

Ce mystique laurier ou le grave olivier au poing, les vainqueurs ont dû faire le tour du Stade immense. Je crois bien qu'ils l'ont fait deux fois. Ils passaient au milieu des acclamations. Le petit paysan de Maroussi, vainqueur de Marathon, Spiro Louys, toujours vêtu de sa chère fustanelle, marchait en tête de la théorie internationale, serrant contre son cœur son diplôme avec son rameau, jetant d'une main à la foule de grands baisers et de l'autre agitant un petit drapeau grec. Il était fort joyeux, fort glorieux et un peu ivre de triomphe. Peut-être nous le laissait-il voir à l'excès.

Depuis hier, Athènes commence à murmurer contre le nouveau Miltiade. Il manque de goût, songe-t-elle. Louys devrait prendre garde à cette accusation car elle est terrible à Athènes. (C'est elle qui perdit Aristide et Socrate : l'un avait cultivé l'ironie, l'autre la justice, mais tous deux sans mesure.)

Toutefois, ce matin, Spiro Louys n'a pas laissé que de bénéficier de la comparaison qui lui fut très avantageuse, avec ses collègues les athlètes barbares. Les sottes gens ! Anglais, Germains, surtout Yankees, on n'a point idée du farouche ramage que faisait leur voix, rauque ou perçante, poussant des hoch ou des hourras. Sans doute on les supporte, on leur fait fête, il le faut bien. Mais tous les spectateurs désintéressés en ont le cœur levé. Il faut bien convenir que de pareilles langues s'accordent mal avec un air si facile et si doux. Dans l'ancienne Athènes, tous ces Scythes n'eussent servi qu'à faire des sergents de ville.

Plusieurs Américains ont tenu la conduite la plus étrange. On ne voyait que leur drapeau. On n'entendait que leur patois. Beaucoup songeaient, au

Stade panathénaïque, qu'il est vrai que le nationalisme est une belle passion. Encore faut-il la nuancer de civilité ! Les Athéniens ont du reste la bonne grâce de ne s'apercevoir de rien. Ces hôtes si gracieux sont encore d'habiles gens. En ce moment, ce qu'ils demandent, c'est avoir de fréquentes occasions d'exercer une tolérance semblable. Pour une foule de motifs assez divers, mais dont plusieurs ont de la noblesse, nos Athéniens voudraient que les olympiades, au lieu de rouler (comme on l'annonce) de capitale en capitale, ne fussent désormais célébrées qu'à Athènes. Il y aurait des avantages. Je crois à ce peuple nouveau assez de génie et du goût pour sauvegarder, en ce cas, la majesté, la dignité et la beauté de son passé. Cette Athènes moderne, ainsi devenue le centre de l'athlétisme, aurait enfin trouvé un rôle, vivant et actif, en Europe. Son nom sortirait de l'oubli.

En ce moment, Athènes a partout la réputation d'une belle morte.

— On dit qu'elle est morte,

Mais je sais, moi, qu'elle est vivante.

Ce propos d'un poète, les Athéniens se l'approprient à chaque instant. Ils souhaitent qu'il leur soit possible de faire la démonstration régulière, périodique, de leur existence et de leur développement. Ce vœu est sur toutes les lèvres. Le roi y a fait allusion dans un toast public. Je ne sais ce qu'en pourront dire les directeurs des sociétés athlétiques de qui dépend l'affaire. Je ne sais même pas si M. Pierre de Coubertin, notre représentant dans les conseils de l'athlétisme, est favorable au vœu d'Athènes. Mais ce que je sais, ce que je veux et dois dire, c'est que les laideurs que je redoutais ici du mélange de l'antique avec le moderne, je ne les ai point vues ; c'est encore que cette solennité d'origine cosmopolite est devenue, en dépit des protestations officielles et des creuses oraisons de nos philanthropes, le champ de bataille de nos nationalités, des races et des langues ; c'est enfin que j'ai regretté d'y voir figurer en si petit nombre mes compatriotes français.

Charles Maurras.[14]

---

[14] Lettre parue dans *La Gazette de France* le 22 avril 1896.

LE NATIONALISME INTÉGRAL

Par : Henri Vaugeois, Léon Daudet, Charles Maurras, Léon de Montesquiou, Lucien Moreau, Jacques Bainville, Louis Dimier, Bernard de Vesins, Robert de Boisfleury, Paul Robain, Frédéric Delebecque, Maurice Pujo.

1908

Ce texte a paru dans le premier numéro de *L'Action française quotidienne*, le 21 mars 1908.

Le Nationalisme intégral

Obscurément, mais patiemment, avec la persévérance de la passion, voilà bien des années que L'Action française travaille : elle n'a jamais cessé de redire qu'elle s'adresse au Peuple français tout entier.

Elle l'a dit dans sa Revue. Elle l'a enseigné dans son Institut. Elle l'a crié dans ses réunions et sur ses affiches. En tête du journal destiné à propager quotidiennement sa pensée, *L'Action française* a le devoir de répéter qu'elle n'a jamais fait appel à un parti. Vous sentez-vous Français ? Traitons des affaires de France au point de vue des seuls intérêts du pays. Voilà le seul langage que nous ayons tenu. Ce sera notre langage de tous les jours. Il ne s'agit pas de mettre en avant nos préférences personnelles, nos goûts ou nos dégoûts, nos penchants ou nos volontés. Nous prenons ce qu'il y a de commun entre nous — la patrie, la race historique — et nous demandons au lecteur de se placer au même point de vue fraternel.

Ni les rangs sociaux, ni la nuance politique ne nous importent. La vérité se doit d'avancer dans tous les milieux. Nous savons qu'il y a partout du patriotisme et que la raison peut se faire entendre partout. Quelles que soient les différences des mœurs ou des idées, il existe des principes supérieurs et des communautés de sentiment plus profondes : là disparaît l'idée de la lutte des classes ou de la lutte des partis. Toutes nos conclusions politiques dérivent de ce principe fondamental : il faut que notre France vive, et de cette question posée non point par nous mais par les circonstances : *comment la préserver de toutes ces forces de mort ?*

Assurément, comme nos camarades de la presse nationaliste et conservatrice, nous mènerons de notre mieux la guerre à l'anarchie. Si tout patriote français nous est ami, si toute idée sérieuse nous paraît digne d'examen et de discussion, nous ne ferons aucun quartier aux idées, aux hommes, aux partis qui conspirent contre l'intérêt du pays. Vive l'unité nationale ! Périssent donc tous les éléments diviseurs ! Nous n'épargnerons ni cette anarchie parlementaire qui annule le pouvoir en le divisant, ni l'anarchie économique dont l'ouvrier français est la plus cruelle victime, ni l'anarchie bourgeoise qui se dit libérale et qui cause plus de malheurs que les bombes des libertaires.

Nous combattrons, comme nous le fîmes toujours, cette anarchie cosmopolite qui remet à des étrangers de naissance ou de cœur le gouvernement de la France, l'anarchie universitaire qui confie l'éducation des jeunes français à des maîtres barbares, les uns juifs, d'autres protestants, lesquels, avant d'enseigner parmi nous, devraient eux-mêmes se polir au contact de la civilisation, de l'esprit et du goût de la France. Nous montrerons dans la clarté qui suffit à leur faire honte, les plaies d'anarchie domestique, tuant l'autorité des pères ou l'union des époux, et, la pire de toutes, l'anarchie religieuse acharnée à dissoudre l'organisation catholique ou tentant de refaire contre l'Église une unité morale en la fondant sur des Nuées.

Allons au fond du vrai : parce que, au fond, ce qui nous divise le plus est le régime républicain et parce que cet élément diviseur par excellence est aussi celui qui organise, qui règle et qui éternise l'exploitation du pays qu'il a divisé, *L'Action française* appelle tous les bons citoyens contre la République.

Mais, dit-on, quelques-uns croient encore à la République. — Possible : ils se font rares. Ces derniers croyants perdront vite leur foi dès qu'ils nous auront accordé quelques minutes de l'attention et de la réflexion qu'un électeur doit accorder à la chose publique. Sans y passer huit heures par jour, comme Louis XIV, tout Français intelligent comprendra bien que ce qu'il y a de mieux à faire est de donner sa démission de souverain et de se décharger des besognes d'État sur quelqu'un de plus apte et de plus compétent. L'évidence lui fera dire, comme à l'un des plus grands amis de *L'Action française* : « quand je songe que j'ai été républicain, je me battrais. »

Ce regret si noble est d'un ancien radical qui lutta contre le second Empire et la politique du maréchal.[15] Et nous pourrons citer des regrets du même ordre émanant d'anciens libéraux, ou d'anciens collectivistes, ou d'anciens démocrates plébiscitaires. Ne les appelez pas convertis de L'Action française : ils sont des convertis du bon sens français. Nos vérités politiques ne sont tirées d'aucun fonds d'imagination qui nous soit personnel. Elles vivent dans l'âme de nos auditeurs et de nos lecteurs. La seule chose dont on puisse se prévaloir ici, c'est d'avoir obligé le lecteur patriote à découvrir au

---

[15] De Mac Mahon. (n.d.é.)

fond de ses propres pensées et de ses propres sentiments élevés au maximum de la conscience lucide... — Quoi donc ? — *La nécessité d'un recours au Roi.*

Qui veut bien quelque chose en veut la condition. La condition de ce qu'on veut quand on réclame le respect de la religion, ou la paix sociale, ou la restitution de la France aux Français, cette condition préalable, c'est le Roi. Pas de Roi, pas de puissance nationale, pas de garantie pour l'indépendance de la nation. Pas de Roi, pas d'anti-maçonnisme efficace, pas de résistance à l'étranger de l'intérieur, pas de réformes bien conduites ni sérieusement appliquées.

C'est en cela précisément que réside le nationalisme intégral. Il met en ordre les problèmes français, il permet de les comprendre, et ce qu'ils peuvent offrir de contradictoire sans lui s'accorde en lui parfaitement ; par exemple, un Pouvoir central très fort et des Villes, des Provinces, des Corporations entièrement libres, au lieu de se détruire comme en République, se prêtent un appui réciproque et se consolident par l'opération de la monarchie.

C'est un fait ; nous le ferons voir. Mais c'est un autre fait que beaucoup de gens en sont frappés. C'est un troisième fait que, en tout temps, nos Princes, du fond de leur exil, ont senti cet accord et l'ont inscrit dans leur programme, qui n'a pas été fait pour les besoins de nos polémiques de 1908. Nos querelles du mois courant seraient réglées par l'application d'un principe posé, posé voici dix, vingt ou quarante ans, dans une lettre du comte de Chambord, du comte de Paris ou de Monseigneur le duc d'Orléans.

Les Français à qui cette évidence deviendra claire feront honneur à la vivacité d'esprit de leur race. Ensemble, diront-ils, nous avons fait une sottise noire en nous séparant de nos Rois : puisque rien de sérieux ne saurait se faire sans eux, le plus simple est de nous dépêcher de les rappeler, et avec eux, de nous remettre le plus tôt possible au travail.

À ce langage de bon sens, on n'objecte que la prudence des timides, ceux qui tremblent que la monarchie ne signifie « pour le public » le gouvernement des nobles et des curés (simple sottise de primaires), ou ceux qui (moins ignorants et plus imprudents) savent combien ce préjugé est faux, mais qui en craignent la puissance. Nous ne craignons, pour notre part, aucune puissance d'erreur. Notre devoir est de les réduire l'une après l'autre en leur opposant l'évidence. Mais une évidence militera, dès l'abord, en notre faveur : c'est le recrutement du personnel de L'Action française.

Ceux que le *nationalisme intégral* rallia nous sont venus de toutes les classes et de tous les mondes. Ces hommes qui, depuis des années, travaillent, sans un désaccord, à la même œuvre de reconstitution nationale, sont le produits d'éducations et de milieux aussi différents que les Jésuites et la Sorbonne, le barreau et l'armée, *l'Union pour l'Action morale* et la *Gazette de France*. On pourrait dire qu'ils ne s'accordent sur rien, hors de la politique, et que, en politique, ils s'accordent sur tout. Car non seulement leur politique économique ou militaire, mais leur politique morale, leur politique religieuse est une. On a remarqué, dans leurs rangs, des hommes étrangers à la foi du catholicisme. On n'en signale pas un seul qui n'ait mille fois déclaré que la politique religieuse de notre France est nécessairement catholique et que le catholicisme français ne peut être soumis à un régime d'égalité banale, mais y doit être hautement et respectueusement privilégié. De sorte que l'accord intellectuel et moral déterminé par le nationalisme intégral de *L'Action française* peut être envisagé tout à la fois comme le dernier mot de la tolérance et comme le triomphe du Syllabus.

Et ces deux aspects ne sont pas contradictoires. Nous apportons à la France la Monarchie. La Monarchie est la condition de la paix publique. La Monarchie est la condition de toute renaissance de la tradition et de l'unité dans notre pays. C'est pour l'amour de cette unité, de cet ordre, que commence aujourd'hui notre guerre quotidienne au principe de la division et du mal, au principe du trouble et du déchirement, au principe républicain. À bas la République ! et, pour que vive la France, vive le Roi !

Le Bien de tous

1908

Ce texte a paru dans *L'Action française* du 24 mars 1908.

LE BIEN DE TOUS

Nous sommes nationalistes : par conséquent préoccupés de la santé, de la vigueur de nos éléments sociaux. Nous sommes royalistes et par conséquent syndicaux : le roi est le président-né de toutes les républiques professionnelles ou locales dont se compose la nation. Enfin, sachant un peu d'histoire et de géographie, nous servant aussi de nos yeux, nous ne pouvons nous empêcher de voir ce qui est : il va falloir régler la question ouvrière ou retomber dans une complète barbarie.

Nos opinions ont été claires dès notre premier mot. Mon collaborateur Criton[16] en a eu la preuve par une intéressante lettre arrivée dès samedi soir[17] et qu'il me communique. Elle est signée d'un « abonné de L'Humanité ». Ce citoyen, qui n'a pas le cerveau perclus, a coutume d'acheter « les premiers numéros de tous les journaux paraissant », dans l'espoir, toujours déçu, déclare-t-il, d'y trouver une idée neuve. Nous aurions dû le décevoir un peu plus que les camarades, ne nous étant jamais flattés d'émettre des idées neuves et les idées justes nous suffisant.

Et (tant il est vrai qu'en cherchant la vérité et la justesse, on a le reste par surcroît) nous avons procuré au lecteur de M. Jaurès la petite secousse que recherchait sa curiosité ou son blasement. Mais réussirons-nous ? Il en doute d'abord. Puis il avoue que nous arrivons « dans un moment absolument opportun, le peuple commençant véritablement à être dégoûté de la République qui ne fait absolument rien pour lui ». Donc, sans nous approuver, tout en maugréant, et soit par acquit de conscience, soit pour céder à quelque obscur élan du désir français qui s'ignore, il poserait bien ses questions.

Elles se ramènent à une seule : — Est-ce sérieux ?

Quelle méfiance excellente ! En temps normal, et quoi qu'en ait pu dire ce demi-juif, le plus mol oreiller de l'esprit, c'est la foi. La foi est l'instrument naturel d'une bonne vie. Mais, quand on est en république, rien n'est plus

---

[16] Criton est le pseudonyme dont Maurras lui-même signait alors la revue de presse de *L'Action française*.
Les notes sont imputables aux éditeurs.
[17] C'est le samedi 21 mars 1908 qu'était paru le premier numéro de *L'Action française* sous sa forme quotidienne.

naturel, ni normal, tout s'invertit. C'est le doute au contraire qu'il faut recommander à un peuple obsédé par les républicains. Doute, bon peuple ! Doute, tu ne peux rien faire de mieux en écoutant la promesse des imposteurs. Doute, même de nous. Tu ne nous connais pas. Tu ne connais pas notre Roi. Tu ne sais pas que nous sommes Toi, c'est-à-dire ta condition, ta fortune, ton avenir, ton salut même. Doute. Tu te rendras à l'évidence quand il faudra. Mieux vaut commencer par douter que t'exposer à prendre un blagologue à la Viviani pour quelqu'un de sérieux ou pour un ami vrai quelque Briand numéro deux.

Notre correspondant demande donc avec un hochement incrédule si, « par le plus grand des hasards », notre roi serait « le digne successeur d'Henri IV ». Nous répondons que le « hasard de la naissance » fait de ces coups. Mais ce roi voudrait-il « s'intéresser au peuple, s'inquiéter de ses souffrances et de ses besoins, mettre en œuvre les moyens de satisfaire ses aspirations légitimes » ? Nous répondons qu'à cet égard, ce n'est pas la volonté du roi qui est en faute, c'est l'information du citoyen qui s'adresse à nous. Le roi s'est enquis des besoins du peuple, il a écrit ce qu'il en pense, on peut lire les lettres qu'il a publié cet automne à la Librairie nationale. Dix fois, cent fois, le roi a promis son « appui » au peuple. Notre correspondant en est encore à le demander !

Qu'il se renseigne un peu ! Notre jeune ami Georges Valois publie son enquête sur « la révolution sociale ou le roi », et, par l'énoncé même de sa question, il montre que, pour nous (pour nous tous qui savons que la société se compose de familles, de groupes, d'organisations et non d'individus), il y a plus qu'un droit syndical, il existe un devoir de fraternité syndicale. Quand l'abonné de *L'Humanité* sera au courant, il pourra comparer à ce programme si complet les vœux et les doléances que sa lettre nous exposait ; alors, en connaissance de cause, il prononcera.

Quelles sont ses demandes ? La poule au pot lui paraissant un trop grand rêve, notre correspondant déclare qu'on se contenterait « d'un menu comme celui que le docteur Landouzy a déclaré indispensable à l'entretien de la machine humaine » : « on se vêtirait proprement, on habiterait dans des logements hygiéniques et on laisserait à l'ouvrier économe la possibilité de se constituer une propriété individuelle. » Puis, salaire ne tombant pas au-dessous d'un certain minimum, travails n'excédant pas un certain maximum ; assurance contre les risques de chômage et de maladie, retraites en cas d'invalidité et de vieillesse... »

Cet « en cas de vieillesse » paraîtra au lecteur attentif une note d'une intense mélancolie. Notre correspondant sait que les prolétaires appartiennent à un monde

> ... où l'on ne vit guère
> Plusieurs fois vingt ans.[18]

Cette mélancolie est sans doute ce qui le rend inique à notre égard : il nous soupçonne de considérer les réformes qu'il énumère comme autant d'« abominations ». Eh ! bien, citoyen, non. Mais alors, dit-il, placez votre programme social comme manchette permanente « en tête de votre journal ». Non plus.

Citoyen, nous faisons consister notre dignité à publier la vérité sans charlatanisme. Nous n'avons pas envie d'être pris pour des démocrates. Leurs bas procédés, qui nous humilieraient, ne seraient pas moins injurieux pour vous, honnête homme, et qui nous parlez dans votre lettre de la « patrie ».

Vers le milieu du siècle, lorsque l'idée républicaine était semée par les agents de la juiverie et de l'étranger pour nous affaiblir et nous appauvrir, un chansonnier provençal[19] faisait ainsi parler un vaurien fainéant et glouton des quais de Marseille : « Aujourd'hui chacun fait de la politique. Je ne m'en mêle pas, je n'y comprends rien. Mais si, en faisant la République, le pauvre avait toujours de l'argent ; si, sans travailler, il avait toute l'année bon vin, bon lit, bon ragoût, bon pain blanc, je dirais vite : — Donnez-moi un fusil, écrasons les rois, t... de D..., et que la République dure, je suis le premier de ses ruffians. » La République est faite. Elle a trompé jusqu'aux fainéants qui ont pris le fusil pour elle. Nous appelons aussi aux armes, mais non les fainéants : les bons travailleurs. Nous ne pouvons pas les appeler au nom d'un intérêt particulier. Notre appel ne se justifie qu'au nom d'un intérêt supérieur à tous, où chacun du reste a sa part, eux comme nous, nous autant qu'eux : l'intérêt du travail, l'intérêt de la société et de la nation.

---

[18] Vers extraits de *L'Agonie*, poème excessivement déclamatoire de Sully-Prudhomme, qui commence et finit ainsi :
> Vous qui m'aiderez dans mon agonie,
> Ne me dites rien ;
> Faites que j'entende un peu d'harmonie,
> Et je mourrai bien.

[19] Victor Gelu.

La nation passe avant tous les groupes de la nation. La défense du tout s'impose d'abord aux parties. Voilà le principe évident. Nos amis Vaugeois et Daudet, comme le maître illustre[20] qui a bien voulu appuyer notre effort nouveau, auraient le plus grand tort de m'attribuer l'invention de ces idées simples qui sont à la portée de tout homme sensé, réfléchissant un peu sur l'état de la France. Elles sont dignes de M. de la Palisse. Elles n'en sont pas moins la formule du bien de tous.

---

[20] Jules Lemaitre, qui donna un entretien intitulé « De la Patrie française à l'*Action française* » pour le premier numéro, le 21 mars 1908.

« La Politique »
Article quotidien

L'Action Française du 25 mars 1908

Le vrai complice de Rochette

Il est bon, raisonnable, salutaire et satisfaisant que la loi sur la réhabilitation des faillis ait été votée le jour même de l'arrestation d'un financier qui venait d'escroquer 80 millions.[21] Entre les amis, les conseils et, dit-on même, les complices de M. Rochette, on cite un vice-président de la Chambre, un ministre. On ne cite pas le gouvernement. Cependant la loi qu'il a fait voter hier dit très haut : — Ne l'oubliez pas.

Il ne s'agit pas du personnel du régime, mais de son élément générateur, de son essence : démocratie, république, prépondérance du principe d'en-bas. Le dix-huitième siècle a plaidé pour l'adoucissement des pénalités ; le dix-neuvième y a travaillé avec une persévérance que rien n'a lassée et, toutes les fois que l'idée libérale démocratique ou républicaine a fait un pas en avant, la législation en a fait un autre pour absoudre les crimes, excuser les fautes et en recouvrir toute trace. La loi d'hier semble toucher et même déborder un peu la limite idéale de cette évolution. Elle ne se contente pas de rendre aux faillis leurs droits électoraux, elle y ajoute la faveur du privilège : le commun des mortels doit demander à être inscrit sur les listes électorales, pour ces enfants chéris de la République, l'inscription se fera d'office. Les réhabilités reçoivent un petit cadeau.

Faudra-t-il une loi nouvelle pour que le cadeau devienne une prime ? La criminalité ne peut que monter lorsque la répression descend. Quand l'historien des mœurs examine les traditions de probité scrupuleuse et d'honneur délicat qui distinguèrent l'ancien négoce français, il ne craint pas de les expliquer par bien des causes : religion, race, esprit, entraînement des

---

[21] L'affaire Rochette est l'un des nombreux scandales financiers de la troisième République où de petits épargnants furent ruinés par des financiers véreux : à chaque nouveau scandale, on découvrait la complicité de quelque homme politique ou de quelque fonctionnaire important ; ce fut l'un des motifs principaux de l'anti-parlementarisme. Rochette venait d'être arrêté alors qu'il avait monté une série d'escroqueries que l'on appellerait aujourd'hui un Ponzi, payant les intérêts importants promis à ses souscripteurs avec le capital à lui confié par de nouveaux épargnants. Les bilans grossièrement maquillés auraient dû rapidement alerter les autorités, pourtant Rochette fit au total disparaître environ cent-vingt millions de francs. L'affaire Rochette à ceci de particulier qu'elle provoqua plus que d'autres une fugitive communauté de sentiments entre la droite anti-parlementaire et les socialistes ; Jean Jaurès a pu parler dans L'Humanité du « régime malsain qui laisse les aigrefins prospérer ». L'Action française du 25 mars 1908 comporte, outre le présent article de Maurras, de longs développements sur l'affaire. (n.d.é.)

bons exemples administrés de haut dans un monde bien constitué. Tout cela convenu, il reste aussi qu'on châtiait dur. Avouons qu'un châtiment rigoureux n'a pas seulement la vertu d'atteindre le coupable : en inspirant l'horreur du crime ou de la faute, il les raréfie.

À élargir le champ de l'indulgence et du pardon, on a fabriqué des consciences plus larges. Il en résulte plus de victimes et plus de deuils.

L'humanitairerie, en matière pénale, est l'ennemie du genre humain.

LE PARASITE ÉLIMINÉ

1908

Ce texte a paru dans *L'Action française* du 26 mars 1908.

Le Parasite éliminé

Avec nos deux Chambres, nos ministres parlementaires et leur président soliveau, nous finirons par être les provinciaux de l'Europe, et nous serons en retard sur tous les États. L'universel dégoût du parlementarisme ne s'accuse pas seulement chez les peuples de premier rang, fortement rassemblés autour de chefs de guerre appelés empereurs ou rois. Voici le petit peuple portugais, qu'on nous peignait aspirant à la République et qui vaque de son air le plus ennuyé à la fastidieuse opération du scrutin. Voici, au Parlement italien, les députés qui se déshabituent d'aller aux séances et qu'il faut menacer d'inscription à *l'Officiel*. Sans doute la mystérieuse Angleterre renonce difficilement au préjugé qui lui valut tant de profits et elle continue d'offrir aux diverses nations la contrefaçon malfaisante de son régime. Mais l'exportation devient de plus en plus lointaine. Il lui faut courir jusqu'en Perse. Comme la Chine de la maladie de l'opium, l'Europe se relève du mal des parlements. Il y a cinquante ans que les gens informés le savent. Tout le monde, aujourd'hui, le voit.

Seulement, tant la force des habitudes est ensorcelante, tous ceux que le mirage anglais a fourvoyés se demandent avec inquiétude s'il est possible de détruire le parlementarisme sans mettre quelque chose à sa place ! C'est le sens d'une jolie lettre que m'adresse un collaborateur du Monde hellénique, journal français qui paraît à Athènes : « La question, dit-il, est de grand intérêt pour moi. Je vis et lutte dans un pays qui, heureusement, est en royauté, mais qui, malheureusement, souffre des méfaits du parlementarisme. » Et carrément, M. Spyridon Pappas demande : « Dans une royauté, par quoi doit-il être remplacé ? »

La première réponse qui viendra à l'esprit sera certes ce cri du cœur : « Par rien du tout ». Ou tout au plus par un grand « ouf », par un robuste « enfin », par un vigoureux soupir de soulagement.

Voilà du moins le sentiment de pas mal de Français. J'ignore celui des électeurs d'Athènes et l'on aurait honte de trancher de leurs intérêts ou de leurs sentiments au petit bonheur. Lorsqu'en 1764, l'officier corse qui répondait au nom sympathique de Butta Foco, ou Boutefeu, demandait à l'auteur du Contrat social une constitution pour son île, Rousseau, qui était

Rousseau, se récusait pourtant sur sa grande ignorance de l'état des lieux ou des mœurs, et regrettait de ne pouvoir faire ce beau voyage. Le loisir d'une promenade en Grèce manque désormais aux rédacteurs de *L'Action française*. Les Français de notre génération sont obligés de surveiller de près ce qui se fabrique chez eux.

Cette excuse pourra sembler un peu piteuse à ceux-là d'entre nous dont les grand-pères furent à Navarin.[22] On pourra crier de nouveau à « l'humble rétraction du nationalisme »[23]. Cependant, si les grands seigneurs qui nous

---

[22] La bataille navale de Navarin (autre nom de Pylos, dans le Péloponnèse), le 20 octobre 1827, épisode de l'indépendance grecque, opposa les flottes des puissances européennes à la flotte ottomane qui fut écrasée par la supériorité technique des européens, pourtant inférieurs en nombre. Les forces européennes comprenaient les patriotes grecs, dans les rangs desquels s'étaient engagés des volontaires, dont de nombreux Français.
Les notes sont imputables aux éditeurs.

[23] Allusion à la réponse faite par Eugène-Melchior de Vogüé au discours de réception de Maurice Barrès à l'Académie, en janvier 1907 :

> (...) Tout autres sont les sentiments de leurs aînés, sortis du collège avant 1870. Ceux-ci ont vu l'arrogante splendeur de l'ancienne France : oui, si proche, et déjà ancienne. Nous y gémissions, c'était chose entendue, sous le plus affreux des gouvernements : à vingt ans, on a toujours un affreux gouvernement. Malgré cet inconvénient, notre seule qualité de Français nous conférait la prééminence sur tout le genre humain : pas un de nous qui n'en fût persuadé ; cet axiome ne se discutait pas. Nous ne vîmes d'abord dans le grand écroulement qu'un accident très fâcheux, mais réparable, comme tant d'autres qui l'avaient précédé ; la superbe confiance de ce roi de l'univers, un jeune Français, ne s'abattait pas pour si peu. Je constate, je ne défends pas notre préjugé ; nous l'avions sucé avec le lait, il était dans notre sang, dans l'air que nous respirions. Rien n'efface ces premières impressions.
>
> Elles expliquent notre indifférence aux périls dont s'alarme, non sans raison peut-être, la prudence de nos cadets. Nous ne redoutons en littérature aucune influence étrangère, nous souvenant que notre plus grand siècle littéraire fut un grand emprunteur. Corneille était l'élève des Espagnols, beaucoup de ses contemporains avaient tout appris de l'Italie ; ils firent avec ces importations le royal esprit français, ils lui donnèrent la suprématie dont l'Europe allait subir l'ascendant incontesté. Nous pensons qu'il faut suivre l'exemple héréditaire dans un monde agrandi. Tous ses trésors nous tentent ; nous les recevons comme un tribut. Ne sommes-nous pas ceux, vous le disiez à l'instant, qui refrappent à leur effigie l'or des tributaires ? Vaines controverses, au surplus, et qui se résolvent toujours en une question de physiologie. Rien n'est malsain pour l'organisme sain : il s'assimile tous les aliments qu'il transforme. Rien ne peut sauver un organisme trop débilité : le jeûne lui est aussi funeste que l'indigestion ; tandis que ce valétudinaire vit de régime, d'autres cueillent dans les vastes jardins de l'univers les beaux fruits qu'il leur abandonne, et ceux-là grandissent aux dépens du chétif.

trouvent peu généreux s'étaient montrés un peu plus avares de leur bien et du nôtre envers l'Étranger et le Juif, il nous resterait plus de temps pour regarder à la fenêtre et donner des conseils aux peuples amis. La besogne de recueillement national à laquelle nous nous livrons nous est imposée. Il faut se replier pour refaire ses forces. Ce n'est pas le moment de jouer au prodige en se laissant tailler en morceaux par Shylock.[24]

C'est donc pour nous, chez nous, que nous envisageons avec un grand sang-froid l'hypothèse où les deux Chambres, balayées dans une journée de justice et de colère, ne seraient jamais remplacées. De grands docteurs en droit constitutionnel m'ont parfois expliqué le rôle d'un Parlement dans un État normal. Ce rôle m'a toujours paru inutile et parasitaire. Le député, de quelque façon qu'on l'entende, est un intermédiaire du genre le plus absurde. On s'en rend compte en comparant sa situation à celle du fonctionnaire.

Quand il veut se faire représenter quelque part auprès des citoyens, l'État ne se contente pas d'envoyer un monsieur ceint d'une écharpe, muni d'une médaille, investi d'une autorité sans direction définie : l'État varie son choix selon que l'envoyé est chargé de recouvrer les impôts, de recruter les troupes ou de gouverner un lycée. Les représentants d'un État, même détestable, sont, en général, des spécialistes. L'État procède comme un fabricant lorsqu'il expédie des voyageurs chez le débitant : ces représentants de commerce n'offrent pas indifféremment des verres de montre ou des draps, des roues de carrosse ou des livres. Étant spécialisés, ils sont compétents ; compétents, ils rendent service.

Mais les parlementaires ! Envoyés par les gouvernés au gouvernement, ils représentent, disent-ils, un pays, tout un pays, c'est-à-dire les cris confus exhalés à travers une circonscription par une majorité inorganique et

---

De même dans l'ordre économique et dans les rapports sociaux : notre confiance native dans nos forces nous fait ouvrir facilement nos portes à tous. Nous dirions volontiers à nos concurrents : « Venez, employez chez nous vos talents ; aucune lutte ne nous effraie, vous ne prévaudrez pas contre nous, puisqu'un décret providentiel nous a imparti toutes les supériorités. » Présomption ingénue, je le confesse encore ; mais pli de l'âme indélébile. Ceux qui en sont marqués demeurent également rebelles à l'humble rétraction du nationalisme et aux folles abdications de l'internationalisme. (...)

[24] L'usurier juif du *Marchand de Venise* de Shakespeare, qui exige une livre de la chair du marchand Antonio. Personnage ambigu, Shylock a pu être lu et interprété de manières contradictoires.

incohérente : simple cohue de localités, de métiers, d'intérêts et de sentiments, quelque chose qui se détruit en se posant et qui s'annule en s'affirmant ; il n'en demeure à l'analyse qu'un bruit de mots.

Représentant de ce vil commerce de mots, je crois bien que le règne parlementaire est fini ! Et c'est pourquoi j'estime qu'il sera bon de le laisser périr de lui-même. Une suppression radicale et brusque risquerait de le rendre intéressant ou de faire croire qu'il n'a pas épuisé sa sève honteuse. Inutile de supprimer ni Chambre, ni Sénat. Quand on aura fait prendre aux parlementaires un sérieux bains de Seine, il sera bon de les replacer humides à leurs bancs. On leur donnera quelque chimère juridique ou fiscale à dévider pour un quart de siècle et on les laissera. Toutes les fois que le pouvoir royal devra se renseigner sur une mesure déterminée, il s'adressera aux vraies Chambres, aux assemblées spéciales et compétentes des divers corps intéressés : s'il s'agit des affaires intérieures de l'Église, aux assemblées d'évêques ; s'il s'agit du travail industriel, aux corporations qui le représentent ; s'il s'agit de commerce ou d'agriculture, aux associations où les différents intérêts agricoles et commerciaux sont représentés. En cas de conflit entre deux grandes catégories d'intérêts, une Conférence ! En cas de conflit plus général, un Congrès ! Les intéressés avertis par les procédés de l'État envers eux agiront de même envers lui. Des représentants professionnels ou locaux iront tout droit à lui sans se soucier du parasite politique placé dans l'entre-deux. Le régime du chêne de Vincennes n'est pas très difficile à moderniser !

Pendant ce temps, les Chambres parleront, dormiront, ou tourneront les pouces, à leur choix. Elles pourront aussi faire semblant d'examiner la gestion des assemblées provinciales. Comme leur incompétence proverbiale empêchera qui que ce soit de prendre garde à leur verbiage et que, d'autre part, les anciens « quinze mille »[25] ne toucheront plus un sou, on les oubliera peu à peu, le tapage diminuera dans les deux palais qu'ils occupent ; les jours passant, les années s'écoulant, un silence profond s'étendra peu à peu sur de folles mémoires, et les banquettes de velours décoloré finiront par montrer aux curieux, aux touristes, quelques pincées de cendre, quelque marque de fémurs et de tibias desséchés, traces dernières, ultime monument de ce parlementarisme français que l'esprit politique de la monarchie nationale aura laissé mourir lentement, de sa belle mort, la seule sûre et définitive.

---

[25] Allusion aux sommes alors perçues par les parlementaires, non à leur nombre.

« La Politique »
Article quotidien

L'Action française du 27 mars 1908

Ce texte a paru dans *L'Action française* du 27 mars 1908.

LE GONFALONNIER DE LA RÉPUBLIQUE

Notre éminent ami et confrère Ernest Judet, directeur de *L'Éclair*, a une idée parfaite.

Les élections municipales de Paris prenant toujours un tour politique et moral, il propose de les faire en mai prochain sur Zola[26] : « Êtes-vous pour ? Êtes-vous contre ? Vive Zola ? À bas Zola ?... » Le thème est d'une simplicité éclatante. Il va permettre aux patriotes et aux gens propres de se compter. Aux alentours de l'Élysée et des synagogues[27] (et rue Cadet[28] encore !), on flaire une grosse menace parisienne. M. Ranc[29], le rusé doyen, fronce le sourcil et demande qui diantre avait besoin de changer de place ce mort : « Faut-il l'avouer, Zola n'irait pas au Panthéon, que cela me serait parfaitement égal. »

— Trop verts !

---

[26] La polémique autour de l'entrée prochaine au Panthéon des cendres de Zola battait alors son plein. Le numéro de *L'Action française* du 27 mars 1908 comporte en tête un article de Léon Daudet consacré à la question.
Les notes sont imputables aux éditeurs.

[27] Rappelons que si Maurras n'aimait pas beaucoup Zola pour des raisons toutes littéraires, l'animosité à son égard de ceux qui se retrouveront à *l'Action française* date surtout de l'affaire Dreyfus.

[28] Siège du Grand Orient de France.

[29] Arthur Ranc, 1831–1908. En décembre 1851, il combat sur les barricades pour s'opposer au coup d'État de Louis-Napoléon Bonaparte. Il est condamné à la déportation en Algérie en 1854. Il réussit à s'évader et à rejoindre l'Italie, puis la Suisse. Il rentre à Paris après l'amnistie de 1859 et collabore au journal Le Réveil de Charles Delescluze, puis à La Rue de Jules Vallès. Il est condamné à de multiples amendes et peines de prison pour incitation à la guerre civile. Après la proclamation de la République le 4 septembre 1870, il est nommé maire du IXe arrondissement. Pendant le siège de Paris, il rejoint Léon Gambetta à Tours. Le 8 février, il est élu député de l'Assemblée nationale, mais en démissionne le 2 mars pour protester contre la signature des préliminaires de paix avec les Allemands. Le 26 mars, il est élu au Conseil de la Commune par le IXe arrondissement. Il démissionne le 6 avril pour protester contre le décret sur les otages que vient de prendre la Commune.
Après la Semaine sanglante, il se présente en juillet 1871 aux élections municipales de Paris, mais la presse l'attaque et il doit s'enfuir en Belgique. Il est condamné à mort par contumace par le conseil de Guerre en octobre 1873.
Il revient en France après l'amnistie de 1880, puis est élu député de gauche de la Seine en 1881, et sénateur en 1891. En 1908, à la fin de sa vie, il est donc l'un des vieux sénateurs piliers du régime, gardien de la République et de ses principes.

Tous nos compliments à M. Judet. Nous n'avons plus qu'à adopter son cri. À bas Zola, à bas ! En touchant cette cible, on amène les deux drapeaux de l'armée ennemie : on amène du coup Dreyfus et Soleilland[30], le drapeau des crimes contre la patrie et le drapeau des crimes contre L'Humanité, symboles jumeaux du régime. La tristesse de M. Ranc donne la mesure de la satisfaction royaliste.

À bas Zola, à bas les traîtres ! À bas Zola, à bas les c... pourceaux ! Ce fils de vénitien est le digne auteur des « Géorgiques de la crapule » ; ce métèque est le digne calomniateur de la justice militaire ; sa naissance le désignait pour défendre les Droits de l'individu insurgé contre l'ordre, contre la Patrie et contre l'État. Zola résume un monde, synthétise l'esprit et le personnel d'un gouvernement.

Sa représentation de la République était, dès 1898, chose si pure, si générale et si parfaite, que le nom de Zola finit par rallier jusqu'à ces

---

[30] 5 L'affaire Soleilland fut célèbre car elle intervint au moment des débats sur la peine de mort et torpilla le projet d'abolition. Fin janvier 1907, l'ébéniste Albert Soleilland se présente chez ses amis Erbelding : il vient chercher Marthe, leur fille, pour l'emmener au Bataclan. Il en reviendra seul... Le 8 février, on retrouve le corps de la fillette de 11 ans dans une consigne de la gare de l'Est : elle a été violée et écorchée vive. Soleilland est jugé et condamné à mort le 24 juillet par les assises de la Seine. Le caractère odieux du meurtre provoque un grand émoi qui atteint son paroxysme lorsque le président Fallières gracie le coupable, le 13 septembre, poursuivant sans ciller la politique de grâces automatiques alors en vigueur et qui était la principale illustration de la campagne abolitionniste. Les caricatures montrant Soleilland au bagne et sur l'échafaud sous titrées « là où il est et là où il devrait être » resteront fameuses. L'émotion sera telle que les débats tourneront court au parlement, une large majorité refusant l'abolition. L'affaire Soleilland est souvent citée comme l'exemple d'une émotion prenant le pas sur la raison à propos d'un grand sujet de société. Cette représentation simpliste est fausse : si l'on échangea des deux côtés des arguments raisonnables, on échangea aussi des arguments purement émotifs. Le principal discours de Jaurès à la tribune au moment des débats est entièrement construit dans un registre émotif, le partage des rôles jouant à plein avec Briand, qui resta lui dans un rationalisme sec.
Zola était déjà mort, mais un débat secondaire eut lieu sur le fait que des représentations de crimes abjects par les auteurs naturalistes avaient pu favoriser la recrudescence de crimes horribles, d'où le fait que Maurras mêle ici les deux aspects sans plus s'en expliquer : les contemporains faisaient spontanément le rapprochement.
Enfin le personnel politique en faveur de l'abolition étant largement dreyfusard, la confusion joua entre les deux positions, les défenseurs de la grâce accordée à Soleilland se trouvant être presque exclusivement des partisans, souvent en vue, de Dreyfus.

protestants rigides qui avaient passé leur vie à brûler du sucre[31] sur son passage : quand il eût fait J'accuse ! c'est de l'encens que lui brûlèrent les Monod. Il s'était mis du bon parti. Soleilland, plus tard, fit de même et l'ignoble assassin de la petite Marthe fut de même récompensé.

Que les bénéficiers du régime en soient donc les gonfalonniers. Qu'ils le soient sur la route du Panthéon, dans la boîte à voter, partout. Dreyfus et Soleilland, Soleilland et Dreyfus, République anarchique, démocratie barbare, votre nom commun est Zola.

Il n'y a qu'à voter pour flétrir tout cela. Votez, je vote, votons tous. La devise de notre *Action française* est d'agir, d'avancer, de manifester « par tous les moyens », même légaux.

---

[31] Dans le jargon des théâtres du temps, l'expression signifie « être applaudi », mais le sens paraît ici contraire. Sans doute Maurras l'emploie-t-il parce que le sucre était alors brûlé pour « assainir l'air », c'est-à-dire principalement pour masquer les mauvaises odeurs.

Lendemain d'élections

1908

Ce texte a paru dans *L'Action française* du 28 mars 1908.

Oublions un moment, entre bons citoyens, nos diversités de pensée, et, si le miracle est possible, figurons-nous que nous ne sommes plus que des citoyens de Paris. L'intérêt de la ville nous a réunis. Il nous anime seul. Nous voilà tous sur la grand'place. On va défiler devant l'urne, d'où la victoire jaillira. Placés sur la question « Zola » ou « pas Zola », les élections municipales peuvent réussir.[32] Paris peut renommer un conseil patriote.

Fort bien. Après ?

La question ne se pose pas pour des royalistes. Ils sont fixés sur les lendemains d'élections. Mais, par hypothèse, nous ne sommes pas royalistes. Nous avons oublié le *b-a ba* de la vérité politique. Nous exerçons une des fonctions du souverain. On nous concédera que le souverain a bien le droit de dire : « et après ? » Il en a même le devoir. Or, pour le dire utilement, pour bien y réfléchir, il suffit au souverain, au corps électoral, de se souvenir.

L'année 1900 n'avait pas mal commencé. Les élections sénatoriales du 28 janvier avaient montré qu'un courant d'opinion résolument hostile à Loubet, à Waldeck-Rousseau, à tous les complices du condamné de Rennes existait et pouvait grandir. Les électeurs sénatoriaux de la Seine avaient rejeté M. Ranc. M. Thévenet avait eu le même sort dans le Rhône. L'élection du Général Lambert avait été significative et, par-dessus tout, l'entrée du général Mercier au Sénat. Le Sénat venait d'exiler André Buffet, le comte Eugène de Lur-Saluces, Guérin, Marcel Habert et Paul Déroulède[33] pour faire sa cour à Dreyfus. De son pas mesuré et calme, l'accusateur et le justicier de Dreyfus prenait siège dans ce Sénat. Les royalistes de la Loire-Inférieure, faisant comme toujours leur métier de Français aussi bien que les autres, peut-être parfois un peu mieux, avaient donné à la nomination du général Mercier[34] le sens d'une revanche contre les Prussiens de l'intérieur. On pouvait espérer que ce serait la première d'une série.

---

[32] C'est alors le transfert au Panthéon des restes de Zola qui agitait les esprits, avec en toile de fond l'affaire Dreyfus.

Les notes sont imputables aux éditeurs.

[33] Tous condamnée à dix ans de bannissement pour leur participation à une tentative de coup d'État organisée par Paul Déroulède en 1899.

[34] Auguste Mercier (1833–1921), premier accusateur de Dreyfus et principale figure de l'accusation lors du procès de Rennes.

La grande houle qui soulevait les fonds de Paris venait d'abord, comme toujours, comme aujourd'hui, des crimes et des folies de l'ennemi public. « Il en a trop fait » devait dire plus tard Jules Lemaître. Cela n'aurait jamais suffi sans la vivacité, la précision et la justesse des accusations que les tribuns nationalistes lançaient chaque soir contre un gouvernement criminel. Le ministère et le régime recevaient très exactement leur fait. On ne disait pas tout, on n'allait pas jusqu'au bout de la vérité, mais ce qu'on en voulait dire était lancé tout pur, sans atténuations ni affadissement. Et c'était très exactement ce qu'il fallait pour attirer à soi tous les éléments vigoureux du grand cœur de Paris, demeuré, tout au fond, si fidèle à la France ! On lançait un programme de fidélité patriote intransigeant et radical.

C'est ce programme qui vainquit aux élections municipales de mai.

Et l'on fut vaincu aussitôt qu'on lâcha, qu'on diminua ce programme. Était-ce chose inévitable que cet abandon ? J'ai entendu des gens sérieux le soutenir. Une opposition doit être radicale, concédaient-ils. Un gouvernement ne peut l'être, moins encore une administration. À moins de consentir d'avance à être évincé par quelques commission nommée place Beauvau, comment le Conseil municipal de Paris eût-il refusé de remplir ses devoirs administratifs ? Comment eût-il dérogé aux soins de sa charge, manqué à sa magistrature, à ses fonctions d'édile et de gérant ? Non, non, demander à ce Conseil, une fois élu, de traiter les Loubet, les Waldeck[35] et tous leurs sous-verges comme il les traitait avant d'être élu, c'était vouloir l'absurde, souhaiter l'impossible.

Je ne sais pas si l'on demandait l'impossible : mais en ce cas, l'effondrement était fatal.

Un jour fut posée la question de savoir si l'on se compromettrait, — oui ou non, — avec le pouvoir. Le Conseil municipal parisien, nationaliste en majorité, devait-il avoir quelque rapport avec Loubet ? Ce fut, s'il m'en souvient, une pauvre petite question de bal présidentiel ou de soirée ministérielle qui décida de ce principe. Les fortes têtes municipales croyaient

---

[35] Émile Loubet (1838–1929), président de la République de 1899 à 1906, au plus fort de l'affaire Dreyfus. C'est au moment de son élection que Déroulède tente le coup d'État mentionné supra en note. Pierre Waldeck-Rousseau (1846–1904) président du Conseil de 1899 à 1902, là aussi au plus fort de l'Affaire, constitue en 1899 le ministère de « défense républicaine », bientôt baptisé par ses adversaires « ministère Dreyfus », lequel ouvre la voie à un nouveau raidissement idéologique de la Troisième République d'où sortiront l'anticléricalisme du gouvernement Combes, de nouvelles persécutions contre les congrégations ou encore la loi de Séparation.

ne discuter qu'une simple généralité sans portée pratique. C'était une question de vie ou de mort politique. Naturellement, le principe fut sacrifié. Il ne réclama point. On se mit en habit pour aller parader chez le grâcieur de Dreyfus.

Politique fort médiocre, mais connaisseur en hommes, Waldeck, ce jour-là, dit : « je les tiens. »

C'était vrai : ce petit geste avait découvert les cœurs, les esprits. Le premier ministre savait ce qu'il devait savoir. Il savait que les nationalistes du Conseil préféraient décidément *l'être* à *la raison d'être*, la vie et la durée personnelle au principe et au programme qui les avaient tirés du néant.

Les élus du 6 mai tombaient à la merci de qui pouvait les dissoudre. Ces lions, des moutons, que Waldeck fit paître à sa guise, en agitant le risque de la dissolution dans d'obscures feuilles à sa solde. L'honnête majorité put d'ailleurs tirer ses trois ans sans encombre ni gloire. Ses mérites de bonne administration ne furent même pas à compter pour elle. N'ayant pu réussir à se faire réélire, elle vit son œuvre anéantie par ses successeurs et les affaires de Paris tomber, tout naturellement, un peu au-dessous de leur état de 1900.

Savourons ce beau fruit de tant de sagesse, de modération et d'esprit conciliateur ! Le génie de la finasserie et de la manœuvre n'avait réussi qu'une chose : décourager Paris. Les orateurs nationalistes candidats aux élections législatives de 1902 furent dès lors beaucoup moins écoutés, beaucoup moins crus. Ce qu'ils disaient d'ailleurs était beaucoup moins net que le langage tenu deux ans plus tôt : « Surtout ne réveillez pas l'affaire Dreyfus ! » conseillaient les parlementaires municipaux, du haut de leurs sièges, et, parés du prestige de leur écharpe, ils démoralisaient le candidat à peu près au même degré que l'électeur. Quand on voudra savoir comment fut perdu ce magnifique Paris, si vibrant, des années 1898, 1899 et 1900, il faudra voir le détail de ce triste compte.

Qu'avait voulu Paris ? S'il avait eu une envie de traiter, de négocier, de s'accorder avec le pouvoir, les candidats officiels ne manquaient pas. Il voulait autre chose que l'accommodement. Il voulait à l'Hôtel de Ville des représentants obstinés de sa colère et de son dégoût, et, le cas échéant, pour les jours où la mesure eût été comblée, de vraies têtes d'insurrection. L'Hôtel de Ville parisien en a vu, de ces têtes, au dix-neuvième siècle : pourquoi pas au siècle suivant ?

Or, si l'indignation d'il y a neuf ans reparaît, si l'ardente bonne volonté patriote est en train de se reconstituer parmi nous, il importe essentiellement de nous rappeler comment le mandat, — méconnu ou trahi, — ne fut pas exécuté en 1900. Aux citoyens, au souverain de choisir le meilleur moyen d'assurer l'accomplissement d'une volonté de salut et d'imposer au personnel choisi par lui la fermeté irréductible, l'énergie qui ne traite pas.

Oui ou non veut-on faire de l'Hôtel de Ville la citadelle de la Révolution nationale ?

Ceux qui optent pour la négative se fient au Bloc, n'en parlons pas. Mais je répète aux autres : — Réfléchissez, vous avez un mois devant vous.

Charles Maurras

Contre les faux sages

30 mars 1908

Article paru dans *L'Action française* du 30 mars 1908.

CONTRE LES FAUX SAGES

Ceux qui n'admettent pas de coïncidences fortuites, ceux qui pensent que tout est réglé, voulu et conduit de très haut doivent triompher : au moment même où notre journal entre en ligne[36], l'agitation nationaliste reprend et Paris s'émeut.

Paris s'émeut comme toujours sur une question de désintéressement et d'honneur, sur une question nationale.[37] Le vrai terrain de l'opposition est donc là. Nous le disions alors que cette preuve éclatante n'était pas faite encore. L'intérêt des idées que nous soutenons et qui sont de salut public, nous fait un devoir de surmonter les scrupules et les réserves de bon goût pour rappeler, sans grâce mais avec vérité, que nous l'avions bien dit, et souvent, et toujours. Aux sérieux et solides avantages de la raison, nous joignons aujourd'hui ce luxe : l'apparence de la raison.

Que voilà de rares étrennes ! Nous n'avons pas toujours été si bien lotis. Certes, les patriotes républicains étaient habitués à compter *sur L'Action française* comme sur un refuge pour les heures désespérées. Ils se retournaient volontiers de notre côté, vers notre infime poignée d'hommes résolus à tout, quand ils n'apercevaient aucun autre salut. Mais au plus petit avantage, dès que le commun adversaire paraissait plier et faiblir, nous redevenions pour le monde parlementaire et dans les conseils des ligues amies, le groupe des gêneurs, des comprometteurs ou des maladroits.

Et cependant, nul ne peut dire qu'il ait perdu un siège ou un portefeuille, ou même une voix par notre faute ; chacun a pu agir ou s'agiter suivant sa fantaisie ou ses intérêts. Aux défaites inévitables, on est venu se plaindre à nous, on ne s'est jamais plaint de nous.

On nous plaignait, plutôt on déplorait nos illusions, notre aveuglement, notre faible notion des réalités et des contingences : « Était-il possible de se tromper à ce point sur des faits tangibles ? »

---

[36] *L'Action française* était devenue hebdomadaire le 21 mars 1908.
Les notes sont imputables aux éditeurs.
[37] La translation au Panthéon des cendres d'Émile Zola était le sujet politique de cette fin mars 1908, entre souvenirs de l'affaire Dreyfus et batailles sur le naturalisme littéraire.

Jamais plainte n'eut plus de vogue qu'au moment où la Ligue d'Action française fut fondée. Si jamais nous parûmes fous, absurdes, aventureux, ce fut bien alors :

> *La Ligue d'Action française a été fondée le 14 janvier 1905, jour de la chute du ministère Combes.*
>
> *La Ligue d'Action française n'a attaché aucune importance à cet incident qui n'en avait, en effet, aucune.*

Ainsi parle notre manifeste d'alors. Pourtant, le seul but des campagnes menées par les nationalistes républicains et par les républicains conservateurs venait d'être touché. Ils avaient visé un homme, un personnel, la guerre qu'on faisait au clergé catholique, l'espionnage qu'on organisait contre nos officiers.

Or, le « défroqué » de l'Intérieur[38] disparaissait, la tribune retentissait des déclarations ministérielles les plus hostiles au système du général André[39] Que souhaiter de plus ? Sans aller jusqu'à faire chanter des Te Deum, les gens raisonnables avaient bien des satisfactions : le nom du successeur de Combes, — M. Rouvier, — signifiait accord, et transaction avec les intérêts, c'est-à-dire avec telle ou telle fraction de la droite. Nos amis n'étaient pas des fous. Ils mirent bas les armes. La publication des fiches fut arrêtée. Toutes les autres hostilités furent suspendues. Pendant que nous nous obstinions à montrer le poing en énergumènes, nationalistes et conservateurs tendirent les mains.

Et dans ces mains tendues, grandes ouvertes, rappelez-vous ce qui tomba !

Ceux qui mettaient au-dessus de tout la défense de l'Église reçurent de ce cabinet conservateur la loi de Séparation et les fusillades des inventaires ; ceux qui mettaient l'intérêt français avant tout eurent, pour leur partage, la dure alerte de Tanger et la honteuse démission du chef de nos services extérieurs[40] sur la simple injonction de l'Empereur allemand ! La patrie et la

---

[38] Émile Combes.
[39] Le général André, ministre de la guerre, le promoteur du fichage des officiers catholiques qui avait fait scandale.
[40] Théophile Delcassé.

religion n'avaient pas reçu de plus cruelles atteintes depuis la constitution civile du clergé ni depuis l'entrée des Prussiens dans Paris.[41]

Certes de tels déboires ne sont pas pour refroidir ni pour éclairer des esprits nés parlementaires. Ils recommenceront. Ils seront de nouveau trompés. On ne guérit pas sa nature. Aussi n'est-ce point à ces pauvres que nous parlons. C'est aux Français intelligents, énergiques, à ceux qui se soucient d'agir en vue d'aboutir. Et nous leur disons :

« Vous nous trouvez trop intransigeants ou trop calculateurs. Mais nos calculs sont justifiés, mais notre intransigeance est approuvée et vérifiée par l'événement. Ce que nous disions a été. Ce que nous prévoyions s'est réalisé point par point. On voulait renverser un ministère, on l'a renversé. On voulait avoir un cabinet moins avancé, on l'a eu. Résultat : le successeur de M. Combes a fait pis que lui. Ce que M. Combes s'était contenté de dire, M. Rouvier l'a opéré. Pouvions-nous avoir raison plus complètement ? »

Lorsque nous annoncions que l'Église de France et la grandeur française étaient plus menacées par Rouvier que par Combes, ces pronostics n'éveillaient que des sourires supérieurs. Nous ne nous trompions pas alors ! Sûrs des mêmes principes, éclairés des mêmes clartés, nous sommes bien certains de ne pas nous tromper aujourd'hui quand nous prévenons les conducteurs du mouvement qu'il va leur falloir se résigner à manquer le but ou rectifier le tir au plus tôt.

Ou le passé n'est rien, la mémoire n'est rien, l'expérience ne doit être consultée sur rien, et nous sommes livrés comme des animaux à la pure impulsion de nos nerfs et de notre sang, ou nous devons choisir avec réflexion le point précis de notre visée. Or, la moindre réflexion conseille, ordonne même de viser beaucoup plus haut que le retrait d'une mesure édictée par le ministère, plus haut que le ministère même, plus haut même que la politique générale dont il procède. Visons le régime ou allons-nous-en.

Admettons, ce qui n'est pas sûr, que Zola n'aille pas au Panthéon en juin. Les ministres et leur parti, qui peuvent tout, prendront la revanche de l'égout et de la trahison sous une forme plus secrète, moins émouvante et moins insultante, qui sera d'autant plus pernicieuse pour le pays qu'il subira le mal sans être mis à même de réagir et d'éliminer. Admettons qu'on renverse le

---

[41] Durant la Révolution française pour la constitution civile du clergé, durant la guerre de 1870 pour l'entrée des Prussiens dans Paris. Rappelons que Maurras, né en 1868, a grandi avec les conséquences durables de la défaite de 1870.

ministère, ceux qui sont les maîtres de la situation feront, comme en 1905, accomplir par de moins mauvais une besogne pire, tandis qu'empoisonnée par les fausses satisfactions, endormie par le vain retour à un état de sécurité mensongère, l'émotion du pays sera tombée à plat.

Agiter de braves cœurs d'hommes, les soulever, leur demander des sacrifices, quelquefois héroïques, pour le décevant résultat d'empirer la situation, est-ce là une politique ? Je le demande aux bons citoyens. Je ne crois certes pas à l'habileté de tel meneur conservateur qu'il convient de ne pas nommer. La mentalité de l'avocat libéral est tombée au-dessous de celle du simple sauvage. On ne lui fera pas comprendre qu'on ne guérit pas l'ictérique en lui raclant la peau, et l'on pourrait citer plus d'un orateur ou d'un rhéteur nationaliste aussi vain que le plus vain des conservateurs. Mais un patriote comme Déroulède ! un théoricien du nationalisme comme Barrès !

Les Gens tristes

1910

Texte paru dans *L'Action française* du 1ᵉʳ janvier 1910.

LES GENS TRISTES

... Voilà donc qu'au chevet de l'année naissante, le ciel et la terre sont de nouveau remplis de gémissements et de pleurs. Écoutez, lisez, regardez. Tout ce monde-là fond en larmes. Élite et foule, troupe et soldats, chacun s'inquiète, doute, plaint. Les drôles ne sont pas contents et c'est tant mieux, j'aime à voir sur leurs mines blafardes le reflet du petit frisson intérieur. Mais nos honnêtes gens sont aussi désolés que les pires coquins. Ni paix ni confiance. C'est partout le « malheur à moi » du siège de Jérusalem.[42]

Cependant ils ont fait le bien toute leur vie. Ils ont servi jusqu'au sacrifice des causes qu'ils estimaient les justes, les vraies, les invincibles. Ce n'est pas la mauvaise conscience qui les torture. Alors que signifient ces regards égarés et ces faces de désespoir ? Une telle tristesse ne peut monter du cœur, ils ont su le conserver pur. Quelques maux qui aient fondu sur la patrie, la société, la civilisation ou la religion, la part de responsabilités qui leur en revient n'est pas lourde. Personne n'étant sans reproches, il est toujours permis d'élever un soupir dès que l'on songe à soi : oui, les choses auraient été mieux si, dans telle occasion, ils avaient montré plus d'énergie ou de persévérance, s'ils avaient osé davantage, s'ils avaient tenté plus, ou tenu plus longtemps à la brèche du mur qu'ils ont cru trop vite ruiné. Fautes vénielles, d'ailleurs très discutables. Ce n'est pas de quoi assombrir un premier de l'an.

Regardez de plus près et vous sentirez tout ce que signifie de courage cette tristesse universelle, tout ce qu'il y a des ressources ardentes et d'élan contenu dans le mal de désespérer. Quand les passions sont fortes leur direction n'est qu'une modalité qui se corrige, le moraliste qui sait son métier les connaît pour ce qu'elles sont : un signe de vitalité. Acceptons-en le témoignage. Mieux vaudrait sans doute la marche confiante vers un avenir défini. À son défaut, les concerts des lamentations ne sont pas seulement émouvants, mais utiles. Ils crient la volonté d'un pays qui veut vivre et, ne le pouvant pas, en ayant perdu les conditions, développe un regret d'une magnifique violence.

Les conditions de la vie d'un peuple, nous les connaissons, nous en savons la teneur et, j'ose écrire, la formule. Nos pères ont méprisé ce grand

---

[42] Allusion aux Lamentations de Jérémie.
Les notes sont imputables aux éditeurs.

générateur historique, le Temps, qui a pour expression politique la loi de l'hérédité ; voici leur châtiment, ce vertige de tous au bord de l'avenir. Mais la peine a assez duré, nous sommes quelques-uns qui associons à la connaissance abstraite de la vérité politique une telle notion de l'organe vivant du salut national que notre confiance et notre sécurité sont intactes dans le trouble ou la langueur de tous les partis. L'évidence pure nous a guéris. Du jour où nous avons vu clair, nous avons cessé d'éprouver le commun supplice des puissances et des forces inemployées. Tout s'est organisé, tout s'est ordonné vers ce terme royal qui, avant de résoudre les questions en réalité, nous rend déjà cet incomparable service de montrer clairement qu'il est la solution et qu'il n'existe pas de solution hors de lui.

Je n'ai pas à compter l'Étranger de l'intérieur ni les parasites qui prospèrent sur notre ruine, mais si l'on met à part ces quatre États Confédérés (juif, protestant, maçon, métèque), dont l'âpre joie dissimulée ne se compose que de nos deuils, ce qu'il y a d'esprits patriotes et d'honnêtes gens dans les sphères républicaines est obligé de s'avouer que tout se détraque, ministère par ministère ; aucun service ne tient plus, ni au militaire, ni au civil. Le judiciaire n'est qu'une honte. Le personnel parlementaire, épuisé ou déshonoré, le personnel administratif est découragé. La révolution seule avance, mais avec quelle incertitude, dans quel doute poignant. M. Jaurès lui-même ne peut pas expliquer nettement ce qu'il veut. Pendant que le rhéteur universitaire s'attache à détruire au profit d'Israël, ses compagnons semblent hantés de la destruction pure et simple. Encore les plus intelligents et les plus dévoués se demandent-il si la Maçonnerie installée parmi eux ne va pas exploiter, plus tyranniquement que les capitalistes, les peines et le sang de la révolution à venir ! Ceux d'entre nous qui assistent aux réunions anarchistes ou socialistes ont l'impression d'une force butée contre un mur. Pas de brèche. Pas de lueur. Aucun but. Autant que parmi nous la vitalité est ardente. Mais qu'en faire ? Où aller ? On sait plus ou moins nettement que désirer : mais pour satisfaire ce désir connu, que vouloir ? Plus de bien-être, de sécurité, d'équité, sans doute. Mais le moyen d'y atteindre ? Voilà ce qu'on ignore, ce que l'on se sent ignorer. D'où bien des tristesses.

Le parti libéral ne croit pas à ces élections[43] par rapport auxquelles il a tout ordonné, tout sacrifié, tout perdu. Il sent que les dernières forces d'une

---

[43] Avec la chute du gouvernement Clemenceau en juillet 1909 s'était ouvert un temps d'incertitude : les majorités, instables mais continues, celles de Défense républicaine puis du

administration moribonde sont, en un régime électif, les forces électorales, et cette science certaine ne lui apprend rien d'utile, car, s'il l'utilisait, tout s'effondrerait aussitôt de ce qu'il a si follement déclaré intangible. La manie démocratique à laquelle M. Thierry se rallie, à laquelle M. Charles Benoist[44] fait les concessions les plus vaines, pose son dilemme en termes très nets : tue-moi ou je tue le pays. Ils ne la tueront pas pour ne pas se désavouer, ils ne feront qu'un geste sans foi. Mais on les voit punis par l'espèce d'enfer moral où ils se plongent. Quelque plaisir que leur annonce l'espérance d'être réélus, quelque divertissement que leur apporte la petite agitation de la Proportionnelle, ni M. Thierry ni M. Charles Benoist ni M. Déroulède[45], ni M. Piou n'ont confiance. Tristes, plaintifs, ils pleurent la décadence nationale qu'en petit comité ils avouent sans recours.

Leurs discours seront autres ? Ce seront des discours ! Leur propos comme le langage de la presse qu'ils inspirent rend leur désespoir trop public. On n'a jamais saisi parmi nous ce contraste entre la parole et la confidence privée. Mais notre vérité les unifierait comme nous. En les éclairant, elle leur donnerait la force qui permet de vouloir. Vérité de méthode : sous un pouvoir ainsi centralisé, l'élection n'est qu'un leurre, c'est

---

Bloc des gauches, semblaient bien avoir définitivement pris fin avec un certain apaisement des grands affrontements idéologiques simplistes, en particulier anticléricaux. Le « parti libéral » dont parle Maurras, libéral au sens du temps, c'est l'Action Libérale Populaire d'Albert de Mun et Jacques Piou. Fondé en 1901 au nom du Ralliement, il est le parti de droite le plus influent. Mais la perte du soutien inconditionnel de Rome en 1908 et les violentes polémiques avec l'Action française le condamneront à une doctrine politique fade et à un rôle modeste dans un système politique fermement tenu par les radicaux et où ce sont les socialistes qui progressent dans la représentation parlementaire. En 1909–1910 l'A. L. P. avait adopté un programme de réformes institutionnelles modérées – élections à la proportionnelle en particulier – et s'efforçait d'entretenir l'agitation autour de ses propositions qui n'avaient aucune chance d'aboutir au regard des forces politiques en présence. Les élections eurent lieu en avril 1910 : les radicaux-socialistes et radicaux-indépendants l'emportèrent, mais le résultat fut jugé confus car l'abstention fut inhabituellement élevée et plusieurs députés de gauche furent élus avec des voix de droite sous une étiquette radicale alors qu'ils étaient en fait des modérés. Une quinzaine de socialistes furent même élus avec des voix catholiques pour battre localement des radicaux jugés sectaires – ce fut le cas pour l'élection de Marcel Cachin à Alais (il sera finalement invalidé). Le résultat politique des élections fut de conforter Briand.
[44] Charles Benoist se rapprochera ensuite de *l'Action française*.
[45] Paul Déroulède, qui avait renoncé à la carrière politique en 1906, figurait à l'époque comme la caution nationaliste de l'A.L.P.

le Coup qu'il faut préparer, et pour faire le Coup, la propagande de la pensée monarchique.

Vérité de doctrine : cette doctrine-là débrouille chacun des problèmes où s'empêtre nécessairement le malheureux politique républicain ; la royauté peut décentraliser, donc s'affranchir, donc économiser ; la royauté peut rendre en même temps à l'État central sa direction et son ressort, son autorité et sa responsabilité, rétablir la liaison entre les services, l'ordre dans les programmes et la suite dans les desseins.

Ces formules ne sont même plus contestées. Tout ce qu'on peut leur opposer reste dilatoire : — Oui, ce sera beau pour demain, mais aujourd'hui ? Aujourd'hui, vous avez précisément l'emploi, l'emploi utile et défini de toutes vos activités. La propagande par les faits, si l'activité des Camelots du roi vous agrée. La propagande par l'idée, si vous préférez notre Institut. Les deux si vous aimez les deux ! Du seuil de l'année qui recommence, je peux vous promettre une chose : plus vous travaillerez et plus vous aurez envie de travailler ; plus vous agirez et plus les effets rapides de votre action vous feront redoubler d'effort et plus vous sentirez cette saine joie de l'action heureuse, de l'action qui sert et produit, de l'action qui réalise et crée à vue d'œil. « joie intellectuelle » et cependant sensible dont un grand poète disait qu'elle « passe toute douceur »...[46]

---

[46] Dante, Paradis, XXX.

La Barque et le Drapeau

1911

De vive voix, ou bien par lettre, beaucoup de royalistes me demandent où découvrir un certain portrait de Monseigneur le duc d'Orléans[47] dont j'avais tenté de donner l'impression exacte dans un article paru dans l'*Action française* du 4 février 1911. Et vraiment cette image, qu'une main amie m'avait communiquée, forme la plus vivante et la plus éloquente des allégories de l'exil :

> J'ai sous les yeux, écrivais-je, un admirable portrait du roi de France, du duc d'Orléans, de Philippe VIII. Je n'en connais pas de plus beau. La photographie, me dit-on, a été faite il y a deux ans, ou peut-être quatre, sur la côte de Norvège. Le prince est seul, assis à l'arrière d'une petite barque. À sa gauche, un peu après lui, très obliquement incliné et comme en berne, flotte le drapeau national. Soit que l'observation de l'horizon de la mer, qui semble crisper les muscles de son visage, ait produit matériellement cet effet, soit que, plutôt, une âpre tristesse soudaine ait vraiment traversé sa pensée à cet instant-là : l'attitude, le port de la tête, le regard du prince marin semble résumer à souhait toutes les amertumes et toutes les mélancolies de l'absence et de l'exil. C'est, comme dit très bien notre Vaugeois[48], la tragédie de l'Interrègne... Je voudrais qu'il devînt possible de tirer aujourd'hui cette belle image à des millions d'exemplaires, car elle saurait dire au peuple de France une multitude de choses que la parole ne dit pas ; aux vérités matérielles que nous rétablissons, elle ajouterait une vérité morale que l'analyse du langage traduit toujours insuffisamment. Par l'éloquence de l'image, on voit et l'on sent, on touche et l'on comprend...

---

[47] Louis Philippe Robert d'Orléans, duc d'Orléans, prétendant au trône de France de 1894 à 1926 comme Philippe VIII, né le 6 février 1869 à Twickenham, au Royaume-Uni, décédé le 28 mars 1926 à Palerme, en Sicile. (n.d.é.)

[48] Henri Vaugeois, 1864-1916, cofondateur de la *Revue d'Action française* (1899) avec Maurice Pujo. (n.d.é.)

Il ne m'était pas très facile de renseigner les royalistes qui voulaient se procurer, pour le répandre, un témoignage si pathétique. On me l'avait communiqué avec quelque secret, et je dus soutenir de petites batailles pour empêcher de mettre en carte postale cette image du prince à la barque et au drapeau. Mais tous ceux auxquels j'ai causé une peine involontaire ont désormais satisfaction : le portrait qu'ils convoitent, le voici ; il a paru tout d'abord dans ce nouveau livre de Monseigneur le duc d'Orléans, *Chasses et Chasseurs arctiques*, que la librairie Plon vient de publier en un petit volume de format léger, accessible à tout Français sachant lire. Il n'y a qu'à l'ouvrir : la première des vingt-cinq gravures, au frontispice, montre « le duc d'Orléans à la barre de sa vedette ». Vers la fin du livre, une autre image familière, « carré de la *Belgica* : ma cabine », montre le prince à sa table de travail et sans doute en train de rédiger un journal de bord. Ce second portrait, qui est aussi d'une ressemblance très remarquable, n'est pas moins significatif. Il manifeste bien la personne morale du roi de France par l'attention et la réflexion. Mais, j'en suis convaincu, c'est au premier portrait que voleront nécessairement tous les cœurs. Nous les avons réunis tous deux sous la même brochure. La beauté et la force expressives de la seconde image corrigeront, compléteront ce que la première pourrait présenter d'un peu trop sommaire.

Au surplus, son portrait vrai et complet, le prince en personne le trace. Il parle, il se trahit, il se livre, dès cette belle et claire introduction, dont je voudrais pouvoir fournir ici un aperçu, car c'est là que semble rassemblée, concentrée, l'âme qui conduit le reste du livre. Elle fait éclater tout d'abord, avec le goût passionné de la réalité et de la vérité, un culte ardent, une piété profonde pour toutes les formes de l'héroïsme. Et ensuite, et en même temps, quelle passion du nom français ! Traitant de trois siècles d'histoire maritime, avec quelle fière complaisance le prince s'arrête devant cet Iberville et ses dix frères, « petits-fils d'un hôtelier de Dieppe qui fit souche de héros » ! « Les yeux, dit-il, se mouillent de larmes en voyant tous ces enfants d'une même famille donner successivement leur santé ou leur vie pour l'honneur de la mère-patrie. » Et l'amitié royale apparaît exactement la même quand elle s'attache à des exploits moins éloignés de nous. Avec quelle tendresse est accueilli le nom de ce « jeune capitaine français », notre contemporain, Rallier du Baty, qui a conduit à l'île Kerguélen un simple cotre de pêche de Boulogne, puis, des abords du pôle sud, est allé vendre sa cargaison jusqu'en Australie, « traversant ainsi l'Atlantique et l'Océan

Indien ». Ce ne sont pas là simples impressions. Cette admiration pour l'initiative personnelle et l'énergie heureuse correspond à la vue distincte d'un type et d'une loi. Monseigneur le duc d'Orléans écrit, en effet :

> Ne fût-ce que pour le bénéfice moral qu'elle en retire, une nation doit pousser par tous les moyens ses enfants vers les carrières maritimes.
> La mer restera toujours la meilleure école d'énergie et de discipline ; en Norvège, où l'on peut dire que tous les hommes commencent par être marins, l'empreinte bienfaisante qu'en garde leur caractère est nettement visible.
> C'est à la mer que j'ai éprouvé les émotions les plus saines de ma vie, que j'ai senti le plus nettement la présence et la protection de Dieu, que je me suis rendu compte qu'au moment du danger les distinctions sociales s'effacent et que celui qui veut commander doit s'en être montré le plus digne.
> Si la lecture de ces pages pouvait réveiller, chez quelques jeunes Français, le goût de la mer trop négligé maintenant, j'en serais profondément heureux.

Et le prince revient sur les hautes leçons que lui laissa l'expérience de la mer :

> Je ne me suis jamais embarqué pour ces mers polaires, qui m'attirent tant, sans un véritable serrement de cœur à la pensée de quitter, pour une période dont je ne pouvais prévoir la durée, tous ceux qui me sont chers et aussi ces communications fréquentes avec le pays, qui sont la vie de l'exilé.
> Chaque fois, c'est avec une angoisse croissante que j'ai vu arriver le moment du départ ; mais le déchirement accompli, quand je me suis trouvé seul avec mes compagnons, voguant vers de nouvelles aventures, il n'y a plus eu de place dans mes pensées que pour une sorte d'exaltation à l'idée des luttes qui nous attendaient.
> C'est que, pour le vrai marin, rien ne peut être comparé aux campagnes dans les mers du nord, avec l'incertitude de la glace, des atterrissages inconnus, de la brume et de la tempête.
> Le temps change en une heure, dans les régions boréales, et avec

lui les impressions.

À une journée de brume et de glaces menaçantes, où l'on se sentait triste et préoccupé, succède un jour clair avec une banquise ouverte, et la joie renaît. Un rayon de soleil peut tout changer et transformer un champ de mort en un paysage féerique !

Je ne crains pas les responsabilités et je n'en connais pas de plus belle que celle de commander un navire ; aussi, dans mes voyages, en m'entourant des avis les plus compétents des hommes du métier qui m'accompagnaient et sans lesquels tout travail scientifique eût été impossible, j'ai toujours voulu garder le commandement et être tenu au courant, de jour comme de nuit, de tous les incidents qui pouvaient se produire à bord.

C'est ainsi qu'il faut pratiquer la chasse du nord ; alors on se sent l'âme de ce groupe d'hommes résolus, fidèles, unis par le danger ; alors on jouit de la lutte de cette admirable machine souple et forte qu'est le navire baleinier avec la glace, avec la brume, avec le vent, et, les vieux instincts primitifs reparaissant, on vit les voyages des premiers navigateurs.

Le temps des découvertes maritimes n'est plus ; ce n'est que par un bonheur inespéré à notre époque, qu'avec l'aide de Dieu j'ai pu planter le drapeau de mon pays sur une terre nouvelle ; mais l'attrait des grandes solitudes du nord reste toujours le même et, en prenant le chemin du retour à l'automne dernier, ce n'est pas sans un serrement de cœur que j'ai vu disparaître là-bas dans la brume ces régions arctiques, où, depuis six ans, je suis venu chercher l'oubli de l'éternelle angoisse de l'exil.

Depuis six ans j'ai passé dans ces régions bien des moments intéressants, ressenti bien des émotions diverses, violentes ou douces.

J'ai eu la grande consolation de sentir que je servais mon pays et le bon renom de la France en employant dans ces voyages lointains ce que j'ai de force et d'activité.

Parfois aussi la tristesse de l'isolement m'a gagné : j'ai connu les désillusions et les jours de désespérance.

Dans ces mers glacées que j'avais appris à connaître, que j'aimais tout en les redoutant, je laisse un peu de ma vie errante de proscrit, un peu de mon « moi » intime !

C'est donc, dans l'adieu que je leur ai dit, une partie de mon existence qui finit ! Quel que soit l'avenir que la Providence me réserve, ces luttes répétées contre les glaces et la mer n'ont pas été inutiles : elles ont au moins servi à me faire comprendre et aimer ces humbles matelots qui chaque jour risquaient si simplement leur vie pour moi ; elles ont, je l'espère, formé et mûri l'homme que je voudrais être, pour me trouver à la hauteur de la lourde tâche qui m'attend, s'il plaît à Dieu, à la barre d'un vaisseau plus grand et plus difficile à conduire que ma vieille *Belgica*.[49]

Ces grandes pages portent une image de roi.
Elles iront droit au cœur de la jeune France. Particulièrement la marine française, que la République a ruinée, y trouvera peut-être de nouvelles raisons de tourner ses regards du côté du prince marin. La belle image que nous en avons désormais éveille d'autres sentiments que la mélancolie de l'exil d'aujourd'hui : elle parle aussi de demain, quand la même navigation, sous le même pilote, se fera sur les mers de l'histoire, à bord du vaisseau de la France. Assis dans la barque audacieuse et légère, le prince affronte, à notre tête, cette part d'aventure inhérente à tout avenir, mais le drapeau qui flotte à sa portée, et qu'il est bien seul à pouvoir maintenir et garder, rappelle les puissantes, les inépuisables réserves du passé national qu'il personnifie.

L'idée familière et profonde qu'il veut bien nous donner de lui est de celles qui inspirent le courage et la confiance.

Sentiment de la responsabilité, de l'autorité et du devoir ; notion calme, froide et intrépide du risque ; amour violent (Henri IV disait violente, mais le sexe du mot a changé, sans changer le sens), violent amour des grandeurs âpres, des objets difficiles, des bonheurs que l'on n'obtient pas sans y tendre l'effort entier de sa pensée et de son cœur : tels sont les caractères du chef que l'histoire de la patrie et son droit national désignent aux Français de 1911. Une fois de plus, l'hérédité et la tradition nous auront accordé et choisi le plus digne.

---

[49] Rachetée en 1905 par Philippe d'Orléans, la *Belgica* est un ancien baleinier norvégien nommé *La Patria*, construit en 1884. Il avait entre temps été racheté par le commandant Adrien de Gerlache de Gomery, qui le rebaptisa *Belgica* en vue d'une expédition polaire belge en Antarctique. Dans ce but, il subit quelques modifications dont des renforts de coque et de gouvernail afin de résister à la glace. Ce fut le premier bateau à hiverner en Antarctique, de 1897 à 1899.

Ploutocratie et liberté

9 mars 1911

Article paru dans *L'Action française* du 9 mars 1911.

Ploutocratie et liberté

Comme l'a dit Pujo avec sa clarté racinienne, comme l'a dit avec sa couleur et sa force Léon Daudet, la patrie et la race sont les conditions de la langue, condition elle-même des lettres et des arts. C'est donc grande folie que vouloir séparer la feuille de sa tige, la branche du tronc nourricier. Mais enfin la folie comme la raison est dans la nature et ce qui est n'est pas toujours ce qui doit être. Les lettres et les arts peuvent très bien s'isoler des puissances génératrices, se déclarer indépendants ou libres, faire tous les efforts pour le devenir en effet. Mais qu'arrive-t-il en ce cas ?

L'un des avantages du mouvement de L'Action française est de n'être jamais pris au dépourvu par les cas de conscience politique et sociale qui se présentent. Nos dix ans d'un labeur obscur, conduit et exécuté en commun avec une bonne foi que j'oserai nommer implacable, ont arrêté des solutions quasiment prêtes pour la plupart des difficultés que nous réserve la surprise de notre chemin. C'est ce qui se produit pour ce problème de la liberté de l'art. Il est évident que nous l'avons établi socratiquement l'autre jour (mais c'était un luxe), il est clair que cette liberté n'est pas Dieu, qu'elle a des limites et qu'elle doit prendre son numéro d'ordre comme à l'autobus de la place de la Comédie. Quel numéro ? Pour se persuader que, de toute façon, ce n'est pas le numéro un, il suffit de considérer ce qui arrive quand le hasard de la loterie ou le méfait des révolutions assigne ce numéro-là au monde qui fait profession de rêver et de penser : la liberté de l'art, la liberté des lettres, la liberté de l'intelligence abandonnée à elle-même produit des maux de toute sorte, notre vieux groupe d'études l'a établi depuis longtemps, et l'intérêt de notre analyse est de faire toucher du doigt que ces maux-là tombent directement sur la pensée sur les arts, sur les lettres : l'artiste et l'écrivain usurpent-ils la souveraineté et la primauté, seule forme réelle de la Liberté ? ils se suicident.

Je rougis un peu de ce terme qui, à ce bout de phrase, prend des airs d'un de ces mots que l'on destine à provoquer chez les lecteurs un mouvement prolongé ou une sensation, comme on dit à *l'Officiel*. Pourtant, de ces lecteurs, les plus anciens, les plus amis, savent que de leur part, je ne puis escompter ici le moindre mouvement de surprise. Ils savent comment je rabâche cela depuis longtemps. Mes vingt années de réflexion, d'analyse et de polémique, si elles ont un sens général, représentent l'étude des conditions de ce suicide et des suicides pareils. Qui fait de l'amour un Dieu ou seulement une idée première, un principe, une règle de la vie aboutit au suicide de l'amour : l'amour de l'amour tue l'amour, c'est le sujet de mon examen du cas des *Amants de Venise*, cas privilégié et pourtant d'une haute généralité historique, puisque c'était le cas de Musset et de George Sand. Qui fait de la liberté politique ou sociale un Dieu ou seulement un critérium, un guide souverain aboutit à contraindre ces libertés au même suicide : c'est le sujet de mon Enquête sur la monarchie et des innombrables études sur la décentralisation, le régionalisme et la démocratie. Enfin qui prétend se réfugier dans la vie intellectuelle pure, qui décrète le règne de la seule intelligence prépare tous les éléments du suicide de la pensée et de l'art : c'est le thème de mes interminables discussions du symbolisme et du romantisme, c'est la substance du recueil que j'ai intitulé *L'Avenir de l'Intelligence*.

Dans ce petit livre, il ne m'a pas suffi de montrer par un résumé des critiques de Comte ou par l'étude des derniers ouvrages de nos poétesses et romancières que ni l'esprit pur ni la sensibilité pure ne se suffisent pour le bien de la vie intellectuelle ni pour la beauté de l'œuvre d'art : afin de serrer la question de plus près, j'ai posé le problème du pain quotidien de l'artiste ou de l'écrivain et aussi de leur indépendance personnelle. J'ai demandé : « Qui vivra le plus dignement, l'artiste, l'écrivain rattaché à l'ordre de sa Cité par les lois du sang et du fer ainsi rangé à la discipline héréditaire de la coutume, de la tradition, de l'utilité nationale, et recevant les biens et les maux intérêts à cette organisation, ou le même artiste, le même écrivain flottant et suspendu dans une sorte de Laputa[50] parisienne, et, là, ne dépendant ni d'une société historique, ni d'une organisation politique bien établie, croyant être son maître, se figurant ne servir personne et en réalité assujetti à ceux qui possèdent la plus forte pile de ces papiers qui signifient des piles d'or ? »

Le problème de la discipline et de la liberté se traduit par le choix entre l'or et le sang, entre le banquier et le Prince, entre la balance du changeur ou l'épée du roi.

---

[50] Île volante imaginaire des *Voyages de Gulliver de Swift*. Cette citation de *L'Avenir de l'Intelligence*, sans doute issue d'un remaniement d'une des nombreuses rééditions du texte, ne figure pas dans notre édition.
Les notes sont imputables aux éditeurs.

On ne peut résumer cent pages en deux cents lignes, mais le lecteur se rend bien compte de l'itinéraire parcouru par la République des Lettres et des Arts, quand elle se détache du corps de la Cité et se donne pour but elle-même à elle-même. L'art y devient industriel, et industrielle la littérature. La maxime « chacun pour son art », aboutira d'un cours assez rapide à la formule « chacun pour soi », et l'idée la plus générale que l'on puisse garder en commun sera par la force des choses, l'idée de l'intérêt matériel commun. Ne dites pas : et l'intérêt moral ? L'intérêt moral varie beaucoup trop d'homme à homme pour s'imposer facilement entre des personnes diverses dont chacune tend au maximum d'originalité et de « quant à soi ». L'intérêt moral reste le plus haut, le plus noble, le plus pur, le plus digne des intérêts en cause, mais il est le sacrifié, suivant son destin. Il faut être badaud comme Gaston Deschamps[51] pour ne pas comprendre que la libre addition des égoïsmes littéraires et artistiques doit constituer un art tout industriel. Les observations impartiales de Sainte-Beuve, en 1869, méritent d'être éternellement rappelées : il n'y avait pas 42 ans que la loi « libérale » de M. de Martignac avait affranchi la presse[52] de mille incommodités politiques, et déjà une servitude économique s'attachait à elle : elle devenait le principal agent de ce système de littérature industrielle dont le fameux article du grand critique dénonçait le régime naissant. Régime nouveau, en effet, dans lequel l'homme qui écrit, l'homme qui pense, cessant de plus en plus d'être une valeur devient une simple force, force numérable et calculable en argent, simple élément industriel voué comme les autres aux conflits brutaux. La loi de l'offre et de la demande a vite fait de la pensée humaine une fille.

Le pouvoir matériel de cette industrie ne saurait suffire à imposer le respect ni à garder l'autonomie. L'industrie littéraire est une petite, une très petite industrie. Il n'y a pas de comparaison économique possible entre les Zola et les Georges Ohnet du coton ou du sucre et les Meunier et les Géraudel du drame et du roman. L'activité de ces derniers est donc subordonnée à celle des premiers : dans l'ordre économique, le sucre prend le pas sur la littérature. De plus, s'il faut pour monter un théâtre ou fonder

---

[51] Gaston Deschamps (1861–1931), archéologue, écrivain, journaliste, il succède à Anatole France à la prestigieuse rubrique de critique littéraire du *Temps* en 1893 et accumule les distinctions. Il est député du Bloc national de 1919 à 1924.

[52] C'est en effet le ministère Martignac, successeur du ministère Villèle, qui abolit la censure de la presse sous Charles X. Ce sera l'ultime tentative libérale de la Restauration, le ministère Polignac et le raidissement de Charles X débouchant sur les Trois Glorieuses peu de temps après.

un journal des capitaux incomparablement supérieurs à ce que représente l'épargne disponible des artistes, des dramaturges ou des hommes de lettres les plus favorisés, ceux-ci ne sont pas seulement condamnés à la simple infériorité, ils sont voués à un état de sujétion et d'asservissement par rapport au capital mobilier et à la classe qui le détient. Ils ont grand besoin d'elle, non seulement pour vivre, mais pour être, pour manifester cet art et cette pensée dont ils font tant de cas, pour réaliser leurs beaux songes et pour donner du corps à leurs chères idées. On voit d'ici le sort des pauvres Graeculi ![53] Car le nombre croissant des artistes et des littérateurs permet à la ploutocratie de faire son choix : elle n'accorde le privilège de ses tréteaux et de ses presses qu'à des favoris capables de la servir. L'intelligence est amenée ainsi à remplir un rôle indigne et cruel : *ancilla ploutocratiae* ![54] Et, par un détour mérité, comme, de notre temps, la ploutocratie est conduite par les enfants de Sem, il se trouve que, bruyamment affranchie de l'ordre français, pompeusement émancipée de la cité française, l'Intelligence française se trouve tout de même servir une cité (seulement elle est étrangère), se plier à un ordre (seulement il est juif) !

Certes, l'Intelligence ne se doute pas encore du maître qu'elle sert. Mais elle ne se fait plus grande illusion sur l'indépendance. Sans savoir par qui ni comment elle sait bien que la presse est tenue en bride. Exemple : Paris, la France entière ont suivi avec passion les émeutes du Théâtre-Français, et l'Intelligence française s'étonne que nos plus grands illustrés — *L'Illustration* en tête — ne conservent aucun souvenir visible de ce grand mouvement.[55] Elle saisit sur ce point vif la différence entre les faits qui sont et les faits qu'on lui dit. Si bien qu'elle se sent trahie, d'abord comme française et aussi et surtout comme intelligence. Or, ce dernier point l'humilie, si le premier l'effraie. Le cri est général ! L'intelligence sent passer le vent de sa ruine. Une espèce de désolation la remplit. Elle voit qu'on se moque d'elle et qu'elle est écartée du Vrai, son objet. Aussi, de temps en temps, parfois jusque dans des régions semi-officielles, un gémissement étrange s'élève. C'était hier M.

---

[53] « Petits grecs », référence d'abord aux Grecs d'Italie du sud formant un petit peuple de gens instruits mais sans pouvoir politique dans la Rome républicaine, puis aux esclaves instruits des lettres grecques et chargés de besognes intellectuelles.

[54] « Servante de la ploutocratie », la formule est formée sur la maxime scolastique *philosophia ancilla theologiae* : « la philosophie est servante de la théologie ».

[55] Du 23 février au 2 mars 1911, l'Action française manifesta avec retentissement à Paris contre le dramaturge Henry Bernstein. On trouve une relation précise des événements par Maurice Pujo dans *l'almanach de l'A.F.* pour l'année 1912.

Adolphe Brisson dans cet honnête et grave article sur le théâtre de Bernstein, qu'il juge exactement comme notre Ergaste[56] ou comme M. Lépine. C'est aujourd'hui le cri de dégoût de « cousine Yvonne »[57] qui est, si je ne me trompe, proche parente de M. Adolphe Brisson. Des regrets plus anciens nous attestent que la critique littéraire et la critique dramatique sont mortes ou si bien bâillonnées qu'elles ne savent plus qu'élever d'inutiles soupirs. Déjà, dans *L'Avenir de l'Intelligence*, j'enregistrai les plaintes de M. Paul Brulat (lequel est bien capable d'avoir signé la protestation pour les libertés suicides). On peut lire à ces plaintes vaines : « La combinaison financière a tué l'idée ; la réclame a tué la critique ». « La plupart dont la plume est l'unique gagne-pain se résignent, deviennent valets... » « Les éloges vendus, les silences achetés... » J'appelle vaines des pensées qui ne remontent point aux causes et s'égarent sur l'accident au lieu de saisir l'essentiel.

L'art jaillit du foyer et du temple, il naquit de la cité et de ses remparts, de la société, de ses lois et de ses défenses. On peut admettre qu'il s'insurge dans un cas donné ou qu'il participe à un moment à cette insurrection : s'il n'aboutit point à coopérer à l'érection d'une cité plus forte et plus belle, s'il se retranche et se circonscrit dans l'absurde et prétentieuse ambition de se suffire en ne subsistant que de lui, son sort est tout écrit, c'est le sort que nous lui voyons. *L'Action française* a le droit de gémir parce qu'elle sait comment réagir, améliorer, reconstruire. Mais le peuple a raison de dire : tu l'as voulu, ne te plains pas, au malfaiteur élégiaque qui pleurniche devant le cadavre de sa victime. Il faut se résigner au lieu de se plaindre quand on s'obstine à construire et propager des formules stupides, grotesques, ou abjectes qui nous empoisonnent. Vous avez opté pour la liberté. La liberté c'est la concurrence. La concurrence, c'est le plus fort. Le plus fort, c'est le plus riche. Le plus riche, quand la richesse est devenue en partie anonyme, mobilière, c'est le moins responsable, et le moins noble et le moins sûr. C'est souvent le plus grossier, le plus vicieux. Il faut renverser ce maître indigne ou l'accepter avec ses conséquences. Venez vous battre contre lui ou fichez-nous la paix.

---

[56] Pseudonyme du critique dramatique de *L'Action française*.
[57] Pseudonyme transparent d'Yvonne Sarcey, la fille du critique dramatique Francisque Sarcey, elle-même critique dramatique et femme du critique littéraire Adolphe Brisson.

L'Exode moral

1911

Article paru dans *L'Action française* du 28 mars 1911.

L'EXODE MORAL

Donc, selon notre loi, pour la question juive comme pour les autres questions, nous disons : politique d'abord. Et pour apprécier, juger et régler le compte de la juiverie, nous commençons par séparer la juiverie de l'État. Car nous n'avons pas la simplicité d'espérer que M. le substitut Seligmann défère au tribunal de M. le président Dreyfus, flanqué de M. le vice-président Katz, cet immense litige soulevé entre la nation française et ce peuple dont MM. Seligmann, Dreyfus et Katz sont les plus solides piliers. Nous leur éviterons l'ennui d'être juges et partie dans une cause. Rendus à l'indépendance de la vie privée, si leur passé public ne leur reproche rien, ils n'auront rien non plus à redouter de l'avenir : la France est généreuse et ne s'attarde pas sur l'ennemi vaincu.

Tout de même, ce sera un beau branle-bas quand tous les Juifs d'administration civile ou militaire devront, en recouvrant leur nationalité, dire adieu à la nôtre et quitter le poste public qu'ils occupaient dans notre État ! La masse, qui ne voit que l'ensemble des choses ou leurs points culminants, et qui a d'ailleurs grandement raison de s'en tenir là, ne retient guère de notre pénétration pacifique par le peuple juif que le scandale de la nomination de Mardochée Valabrègue[58] au commandement de Rouen, mais il y a deux autres Valabrègue dans notre corps d'officiers, il y a trente-six Dreyfus, Dreyfuss ou Dreyfous, il y a six Lippmann, sept Klotz, dix Aron, onze Koch ou Kock ; il y a jusqu'à cent Lévi ou Lévy et vingt-sept Cahen, Kohn ou Kahn ou Kaan. Donc, à l'heure où les plumes blanches s'envoleront du bicorne de Mardochée, des centaines d'épées et de sabres tomberont en sonnant, sur la terre de la patrie et, vraiment, cette opération de vérité et de justice, quelle qu'excellente et nécessaire qu'elle soit dans son principe et dans sa fin, ne laissera pas de serrer plus d'un cœur français. Oui,

---

[58] Né à Carpentras en 1852, Mardochée-Georges Valabrègue fait une brillante carrière militaire avant de devenir en 1904, alors que l'affaire Dreyfus bat encore son plein, chef de cabinet du très dreyfusien général André. De grands discussions eurent lieu à son propos entre ceux qui faisaient valoir ses états de service pour expliquer cette promotion politique et ceux qui préféraient l'attribuer à son implication dans la défense de Dreyfus.
Les notes sont imputables aux éditeurs.

oui, mieux aurait valu qu'il en fût autrement et que les Juifs émancipés sous le règne nominal de Louis XVI et au nom des idées de la Révolution eussent pris le parti de se fondre dans notre ensemble ou, tout au moins, se fussent gardés de la folle ambition de conquérir ! S'il n'eussent pas été perdus par l'esprit de l'outrance, ces orientaux ne nous auraient pas acculés à leur imposer ce nouvel exode moral.

La solution peut paraître dure, mais étant générale et impersonnelle, elle économise la multitude des griefs individuels ; elle évite toute injustice particulière. Nos bons Juifs ne peuvent même dire qu'ils paient pour les mauvais, puisque la loi nouvelle ne leur reprochera aucunement d'être mauvais : elle se bornera à constater qu'ils sont Juifs, non des Français, et leur restituera leur titre véritable. Il n'y a pas le moindre déshonneur à être Prussien ou Turc. Mais il resterait toujours désavantageux pour la France de compter pour Français des Turcs ou des Prussiens.

De même est évitée ou, si l'on veut, tournée, l'irritante question du patriotisme de Jacob ou de Samuel, Jacob et Samuel ayant la manie de faire valoir la solidité de leur fibre patriotique. Le je suis aussi patriote que vous ou j'ai plus de raisons que vous d'être patriote abonde sur les lèvres de nos doubles français. Eh ! il ne s'agit pas de patriotisme, il s'agit de nationalité. Que les Juifs soient un peuple, que leur profonde solidarité ethnique soit éclatante, que la désorganisation de la société française leur ait permis d'établir leur règne au-dessus de notre république et de notre démocratie, que la centralisation financière, défendue par la centralisation administrative et politique, soit aujourd'hui leur principal instrument de règne, ce sont des vérités que tout établit ou confirme. Sous des ministres prête-noms, Mardochée Valabrègue règne sur l'armée, Grunebaum-Ballin[59] légifère sur les églises, Joseph Reinach[60], même turlupiné par les Chambres, est maître du gouvernement. Ce sont ces règnes-là qui doivent commencer par finir, si l'on veut que le reste prenne fin et si l'on tient à voir le terme des influences de Rothschild sur la finance ou d'Arthur Meyer[61] sur la presse. Il y a des

---

[59] Paul Grunebaum-Ballin (1871–1969), chef de cabinet d'Aristide Briand en 1904, nommé en 1911 président du Conseil du département la Seine. Il contribuera ensuite aux lois sociales du Front populaire, et sera, avant comme après la Seconde Guerre mondiale, le principal instigateur des programmes de H.L.M.

[60] Joseph Reinach (1856–1921) journaliste et homme politique fortement engagé pour Alfred Dreyfus, il fut l'une des cibles principales des anti-dreyfusards.

[61] Arthur Meyer (1844–1924), directeur du *Gaulois*, grand journal conservateur de la bonne société qui se voulait royaliste mais refusait toute remise en cause de l'ordre. Meyer était juif,

coupables et des innocents, là comme partout ; mais avant d'en venir aux distributions juridiques, appliquons-nous à rendre la justice possible. Ôtons de la France civique et politique les gens qui ne sont pas de notre cité. Dira-t-on qu'ils ont fait des frais pour la France ? Ou que la France a pris des engagements envers eux ? Mais elle a pris des engagements avec les rentiers, et cela n'a jamais empêché les conversions de la rente. Quelque grand frais qu'un homme ait pu faire pour sa maison, on ne se prive pas de l'exproprier pour l'utilité publique. La procédure d'indemnité n'existe pas pour rien, et les écumeurs d'Israël, appréhendés par une police impartiale et nationale, traités selon les règles de l'usage historique et du droit commun, fourniront largement aux indemnités légitimes.

Ainsi la solution que Gustave Théry[62] appelle un maximum est celle qui produit le minimum de peines. Qu'il y ait des froissements malgré tout, c'est chose inévitable inhérente à l'imperfection de L'Humanité. N'étant point charlatans nous l'avouons avec une extrême clarté. Pour moi, je ne songe pas sans pitié à l'histoire de ce pauvre petit lieutenant, Cahn, aujourd'hui capitaine, et dont la conduite fut si bonne au moment de l'affaire Dreyfus. Vous en verrez le récit page 245 du *Précis de l'Affaire Dreyfus* de Dutrait-Crozon.[63] Le grand rabbin l'avait fait venir pour lui demander au nom « d'une tierce personne qu'il ne pouvait nommer » et à titre de renseignement confidentiel, si Esterhazy était allé aux manœuvres d'automne de 1894. Le lieutenant Cahn refusa de répondre et en rendit compte à son colonel. Il a porté depuis douze ans le poids de cette faute. Chaque valet de Juifs le lui a fait sentir, le lieutenant de Boisfleury a raconté ici dans quelles circonstances véritablement pathétiques ! Comme le capitaine Cahn est au-dessus des flatteries et des compliments, je ne lui dirai pas qu'il s'était conduit en Français, car il n'était pas plus Français qu'un nègre n'est blanc. Mais c'était un soldat et c'était un homme. Le jour où l'on rendra Israël à ses lois, je prierai le capitaine Cahn de recevoir avec mes condoléances un salut d'estime et de respect. Son départ nous causera une peine sensible et nous donnerons cours aux regrets de notre bon cœur. Mais

---

mais s'était converti au catholicisme en 1901 et faisait depuis preuve d'un antisémitisme certain.

[62] Gustave Théry (1836–1928), avocat, originaire d'une famille légitimiste du Nord et défenseur du « catholicisme intégral ». C'est surtout avant-guerre qu'il est une figure de l'Action française.

[63] Jules Cahn, l'épisode est brièvement mentionné page 204 de l'édition du *Précis* de Dutrait-Crozon à la Nouvelle Librairie nationale en 1924.

la raison qui sépara Tite de Bérénice ne peut être étrangère aux relations de l'État français et du capitaine Cahn. Avant que d'être bonne et généreuse, il faut bien que la France soit.

Ainsi je prévois et calcule les petits dommages et les cuisants ennuis qui accompagneront la rentrée des Français dans la vieille maison qu'on leur a volée. Mais ce retour au droit s'accompagne aussi d'avantages occasionnels dont aucun esprit politique ne peut se désintéresser. Israël, en quittant notre cité française, créera des centaines et des milliers de vides dans les emplois publics. Ces vacances précieuses tombent d'autant plus à propos qu'il est question et qu'il est besoin de diminuer le nombre des fonctionnaires, d'alléger le personnel de nos administrations. On se demandait comment faire ? Eh ! bien, l'allégement et la diminution se produisent ici à point nommé. Un gouvernement sérieux, animé de vues d'ensemble et résolu à les réaliser, pourra saisir au vol ce moyen d'opérer des réformes sans léser nulle part ni en rien aucun citoyen français, et même en les intéressant en grand nombre au succès de cette opération délicate : un « mouvement » bien fait, je veux dire fait avec un profond scrupule de justice, attentif à respecter toutes les règles de l'avancement, n'introduisant aucune créature du pouvoir, récompensant les mérites, les talents, les services, permettra de bien pourvoir les fonctions nécessaires en supprimant les autres à la satisfaction commune des fonctionnaires, des contribuables et de l'État. On serrerait les rangs en faisant avancer ; on supprimerait par en bas. Dans l'ordre judiciaire, pour ne citer qu'un exemple, un immense progrès serait accompli de ce chef et la diminution du nombre des officiers de justice, avocats, avoués et autre, en leur offrant plus de besogne, rendrait enfin possible la réduction de leurs frais, qui sont une des grandes hontes de notre pays.

De façon générale, à tous les degrés de fonctionnariat, et aussi dans ces professions libérales dont le statut exige la nationalité française des exerçants, la carrière serait désencombrée, la voie déblayée, et les débouchés naturels se rouvriraient à la jeunesse des classes moyennes. Pendant ce temps, le peuple des villes et des campagnes recevrait, tant en espèces qu'en nature, sous forme de patrimoine corporatif ou de communaux et pour ses caisses de retraites régionales et professionnelles, une juste part du produit des restitutions imposées à la juiverie spéculatrice. Par conséquent, à notre libération nationale et sociale s'ajouterait un ensemble de mouvements à la faveur desquelles la France entière avancerait, gagnerait et prospérerait.

Suivant une des plus pénétrantes vues de Drumont[64], cet antisémitisme que quelques-uns s'obstinent à considérer comme un nid de difficulté comporte donc, avec la solution de la question juive, des adjuvants et des commodités de toutes sortes aussitôt qu'on aura la volonté de s'y attaquer. Loin d'être une charge pour un gouvernement nouveau, ces idées, ce programme lui procurent, avec la popularité et l'enthousiasme public, l'instrument du progrès et le moyen de la paix intérieure. Il le met sur la voie des économies et des réformes : il lui fournit enfin des places et de l'or. Tout cela sans l'ombre d'oppression pour les consciences, sans le soupçon d'aucune atteinte à la liberté d'opinion ! Quelle guerre européenne ou coloniale, quel voyage des Argonautes et quelle croisade à Golconde aurait organisé ainsi à ce degré l'accord de la Nation et l'accroissement des ressources de l'État ? Tout paraît impossible ou affreusement difficile sans cette providence de l'antisémitisme. Par elle, tout s'arrange, s'aplanit et se simplifie. Si l'on n'était antisémite par volonté patriotique, on le deviendrait par simple sentiment de l'opportunité.

---

[64] Édouard Drumont (1844–1917), journaliste, écrivain et homme politique. C'est lui qui dénonça le scandale de Panama. Il reste surtout connu et cité comme le principal théoricien et propagandiste de l'antisémitisme sous la troisième République.

La Querelle des Humanités
Démocratie et Latin
Démocratie et Peuple

1911

Texte paru dans L'*Action française* des 11 et 13 mai 1911, sous les titres « *Démocratie et Latin* » et « *Démocratie et Peuple* », *repris dans le* Dictionnaire politique et critique.

I

Monsieur Eugène Montfort[65], directeur des *Marges*, ne se console pas de l'accueil que lui a fait M. le ministre de l'Instruction publique. Il apportait au Grand Maître de l'Université une pétition revêtue de nombreuses signatures de gens intéressés et de gens compétents en vue d'obtenir la révision des absurdes programmes de l'enseignement secondaire. Ces programmes de 1902, ayant tué l'étude du latin, n'ont pas amélioré celle du français, au contraire. Or, non seulement M. Steeg[66] n'a pu cacher qu'il était hostile à la révision de ce précieux programme, mais il s'est montré tout à fait ignorant du péril que couraient l'esprit français et la langue française. De quoi M. Montfort s'étonne. Il aurait pu s'expliquer cette indifférence par les origines prussiennes de M. Steeg et par cette sensibilité protestante que les monuments de l'intelligence et de l'art français ne mettent jamais bien à l'aise.

M. le ministre Steeg, qui peut être animé d'un vif sentiment d'amitié pour la France, imagine et aime la France autre qu'elle n'est et surtout qu'elle n'a été. Il est pour « la France idéale », celle qui n'est pas ou n'est pas encore et qui probablement ne sera jamais, faute de pouvoir exister. Si mes

---

[65] Eugène Monfort, alias Philoxène Bisson (1877–1936) fut un des fondateurs en 1895 de l'école dite naturiste. Puis il lance en 1903 la revue *Les Marges*, qu'il animera jusqu'à sa mort et qui disparaîtra ensuite. *Les Marges* se définissait comme « une revue vivante et combative, pour la liberté de pensée, pour la tradition de Rabelais, de La Fontaine, de Voltaire, de Stendhal ». En 1908, Montfort fut le premier directeur de la NRF, mais la quitta dès après la parution du premier numéro, à la suite d'une dispute avec André Gide, lequel publia alors un « second » numéro 1. En 1911, il crée la Ligue des Amis du Latin, ce qui provoquera la réaction de Maurras.
Les notes sont imputables aux éditeurs.
[66] Théodore Steeg (1868–1950), ministre de l'instruction publique et des Beaux-Arts dans le gouvernement Ernest Monis, au moment où est écrit cet article. Il retrouva plusieurs fois le même portefeuille par la suite, puis passa à l'Intérieur, puis à la Justice, avant de devenir président du conseil en 1930. Protestant et professeur de philosophie, il était le fils de Jules Steeg (1836–1898), pasteur, député de la Gironde, proche collaborateur et disciple de Jules Ferry.

explications lui semblent ténébreuses, M. Eugène Montfort pourra les mieux comprendre en effectuant autour du protestantisme français un voyage de circumnavigation dans le goût de son intéressant périple méditerranéen : *En flânant de Messine à Cadix*.[67] Je l'engage à flâner de Calvin à Monod ; il verra clair dans ce qui tient lieu de pensée aux Steeg, aux Buisson[68] et aux Seignobos[69], il ne pourra plus être surpris de la folle ignorance ni de la méconnaissance haineuse que l'on témoigne à toutes les choses françaises dans les huguenotières de la rue de Grenelle et lieux circonvoisins.

La réponse du ministre portait sur un deuxième point et là, M. Eugène Montfort a éprouvé une telle stupeur qu'il a ressenti le besoin d'ouvrir une enquête nouvelle sur les paroles du ministre, M. Steeg s'étant déclaré convaincu « qu'un mouvement comme celui qui se produit aujourd'hui pour reformer l'enseignement devait nécessairement avoir des raisons politiques ». J'imagine que tant d'horreur de la politique chez ce ministre en fonction, ce politicien de carrière, a dû estomaquer le directeur des *Marges*. Il aurait pu être tenté de répondre : — *Politicien ? pas tant que vous !* Soit spontanément, soit par réflexion, il a adopté une position moins révolutionnaire. Il s'est contenté d'envoyer une circulaire nouvelle. Les écrivains et les artistes signataires de la première pétition ont reçu d'Eugène Montfort une demande ainsi conçue : « Ne jugez-vous pas qu'on puisse, sans arrière-pensée politique, désirer que soit rétabli l'enseignement du latin ? Le but n'est-il pas idéal et supérieur à toute politique ? »

Question sage, trop sage. Et par trop de sagesse Eugène Montfort a péché. Il a laissé le sombre fanatique prendre barre sur lui, avoir raison sur lui. Car la question ainsi rédigée ne signifie plus grand'chose. D'abord, comme le lui dit fort bien Marcel Boulenger[70], « le but que vous poursuivez est idéal et supérieur à la politique, oui. Mais c'est comme si l'on disait que la victoire est supérieure au canon. Rien ne compte, rien n'arrive que par la politique ». Cela, c'est la politique-moyen. Mais il y a la politique-objet, la politique-idée. Elle est présente, elle est vivante dans les profondeurs de la

---

[67] Livre publié en 1910.
[68] Ferdinand Buisson (1841–1932), disciple de Jules Ferry, fut de tous les combats pour la laïcité et le pacifisme. Fondateur et président de la Ligue des droits de l'Homme, il fut aussi président de la Libre pensée et prix Nobel de la paix en 1927.
[69] Charles Seignobos (1854–1942), historien, collaborateur d'Ernest Lavisse, par ailleurs protestant et membre de la Ligue des droits de l'Homme.
[70] Marcel Boulenger (1873–1932), romancier prolixe, par ailleurs médaillé de bronze en escrime aux Jeux olympiques de 1900.

question du latin. Il se peut qu'on veuille rétablir cet enseignement sans arrière-pensée politique, mais on peut nourrir cette volonté innocente sur l'excitation d'autres volontés qui ne le seraient pas : volontés politiques cachées, dissimulées, embusquées. Il se peut même, à la rigueur, que nulle volonté politique ne soit mêlée à nul degré, aux campagnes pour le latin ; en sera-t-il moins vrai que le retour intensif à cet enseignement puisse avoir des répercussions politiques, et, dès lors, la préoccupation du ministre ne devient-elle pas aussi naturelle que raisonnable et sensée ? Après tout, cet homme a le devoir de faire attention. Où vous ne voyez que la renaissance de Virgile et de Cicéron, il a raison d'examiner si l'on ne cache pas un portrait de Philippe VIII. Vous savez trop de latin, Montfort, pour ignorer la vieille formule qui s'impose au consul Steeg : « Que la République ne reçoive point de dommage ! »[71]

— Un dommage à la République ? À la Chose publique ! Mais n'y a-t-il mille avantages à ce que les esprits soient plus développés, mieux trempés et plus exercés ? les âmes mieux polies ? les caractères éprouvés sur les beaux modèles antiques ? N'est-il pas d'intérêt public que la langue commune soit mieux parlée ? Les bienfaits du latin sont faits pour rejaillir de degrés en degrés sur toute la nation...

— N'en doutez pas ! Seulement vous parlez un sale langage, un langage de ci-devant. Des degrés ! Une hiérarchie, par Steeg ! Et le mot de nation n'est guère plus catholique. Petit malheureux, votre intérêt national est une chose et l'intérêt républicain, ou plutôt l'intérêt démocratique, en est une autre qui ne coïncide pas du tout avec la première et qui est même tout opposée.

Pourquoi ? C'est ce qu'un sage correspondant de M. Eugène Montfort, Paul Acker[72], aurait dit parfaitement bien si, au lieu de parler de nos gouvernants, il avait parlé de notre gouvernement. « Leur démocratie », écrit-il (nous dirions : la démocratie) « ne souffre pas d'élite, elle ne souffre même pas une culture élevée, elle arrête tout par le bas. » Mais c'est qu'elle « doit » l'arrêter ! Son dieu ou son démon, son principe le « veut » !

---

[71] Au temps de la République romaine, les pleins pouvoirs pouvaient être dévolus aux consuls sans contrôle du Sénat, mais pour un temps limité. Ce « *senatus consultum ultimum* » était prononcé sous la réserve suivante : *viderent operam consules ne quid respublica detrimenti caperet* (les consuls doivent prendre garde à ce que la République ne souffre aucun dommage).
[72] Paul Acker (1874–1916), journaliste et auteur de romans populaires.

Je prie le lecteur, je prie Montfort de considérer ce principe en lui-même et non dans les têtes diverses qui se flattent de le contenir ou que l'on félicite de l'avoir reflété. *Je suis démocrate et je suis partisan du latin*, propos à demi honorable pour celui qui le tient, ne prouve rien en faveur du latin devant la Démocratie ; ou cela prouve seulement qu'il y a dans les bons esprits des contradictions bienheureuses. Ils n'en vaudraient d'ailleurs que mieux s'ils ne se contredisaient de la sorte. Ajouter que Maximilien Robespierre ou l'abbé Sieyès, ou le comte de Mirabeau, ou Jean-Jacques Rousseau, furent copieusement abreuvés des sources grecques et romaines, cela fait-il que leur principe ne tende à dessécher les sources mêmes où ils avaient bu ? Je ne suis pas chargé de rendre ces gens-là conséquents. Mais j'ai l'office de montrer à quoi conduit directement, et par sa force intime, le principe qu'ils ont posé, prêché, vulgarisé.

On se demande seulement comment il peut être nécessaire de le montrer, car cela est trop clair. Il est trop clair que M. Steeg a raison. L'enseignement secondaire fondé sur le latin et le grec, en raison de la culture générale qu'il détermine, est un principe de différenciation sociale. Il superpose aux différences qui naissent de l'inégalité des familles et de l'inégalité des biens une troisième inégalité, plus strictement personnelle que les deux autres, mais très sensiblement distincte du mérite personnel. Cette éducation d'un certain genre élève, ennoblit l'homme même et lui ajoute quelque chose qu'il ne peut se donner tout seul, qu'il tient de la société, que la société ne peut donner à tous et dont personne ne veut faire bon marché. De la meilleure foi du monde, le démocrate peut mépriser la fortune et faire fi de la naissance, mais il ne peut traiter de la même manière un certain dressage attentif, long, patient, méthodique de la sensibilité et de la raison, du goût et de l'intelligence. Cela suppose du loisir et des traditions, un capital, si modeste soit-il, et une famille ou, ce qui serait encore pire, l'Église ! Nulle supériorité n'est plus insultante pour le moraliste insurgé, car elle est morale et cependant liée à des causes d'ordre matériel et d'ordre charnel.

La monarchie et l'Église catholique discernaient parfaitement qu'il y avait là, néanmoins, un germe d'injustice et d'appauvrissement social. Car enfin pourquoi les fils des riches et des patriciens auraient-ils ce monopole de la culture ? Et pourquoi des aptitudes naturelles puissantes ne recevraient-elles pas l'éducation qui leur convient ? On répondait à ces deux questions en rendant l'enseignement secondaire extrêmement accessible à toutes les bonnes volontés. Les classes des Jésuites, par exemple, étaient ouvertes à tout venant, dans la nuit de l'ancien régime ; les bourses étaient innombrables, et les établissements où l'on pouvait apprendre beaucoup de latin et un peu de bon grec étaient extrêmement répandus. On en trouvait au fond des campagnes les plus lointaines, sans parler du curé que l'on trouvait partout. Bref, la carrière restait ouverte, les facilités d'accès permettaient aux talents d'atteindre à leur rang intellectuel et moral, en bénéficiant de mainte fondation due précisément à la fortune et à la naissance, l'or et le sang ayant la charge de rétablir l'équilibre autour d'eux, et, pour ainsi dire, contre eux. C'était leur service public.

Et le service apportait donc un correctif utile, un tempérament nécessaire. Mais je vous prie, à quel principe ? *À celui de l'inégalité.* Le principe de l'égalité démocratique n'était pas satisfait et ne demandait pas à l'être, car il n'était pas posé.

Mais un jour il le fut et la situation changea complètement. Elle changea d'abord dans la tête des politiques. Ces messieurs, ou pour parler avec justesse, ces citoyens virent très grand. Ils projetèrent de détruire les différences de classe, non en détruisant le latin, le signe des supériorités, mais en l'étendant à tout le monde. Beau plan qui finit par recevoir le nom d'instruction intégrale. Il ne fallut pas de longs jours pour sentir que, tel quel, on ne le réaliserait pas. Ce n'était pas possible, parce que ce n'était pas possible. Tout manquait, notamment le loisir et le capital. Dix ou quinze ans d'études désintéressées supposent l'indépendance matérielle. Elle n'existe pas pour quarante millions d'êtres, qu'on les nomme des citoyens ou des sujets. On renonça alors au système primitif, mais on entreprit d'en réaliser le simulacre dégradé. Au lieu d'appeler l'universalité du peuple à recevoir une éducation générale qui comprît nécessairement le latin, on prit le parti d'éliminer le latin de l'éducation générale. Oui, l'éducation sera la même pour tous ; il n'y aura d'inégalité que par rapport au passé, dont les témoins, en grande majorité, ne protesteront pas, puisqu'ils seront morts. L'homme sera moins élevé et moins instruit, mais il n'y aura plus des secondaires et des primaires, des latinistes et des « épiciers ». Tous seront épiciers, et tant pis si plus tard l'épicerie elle-même y perd quelque chose !

Des moralistes vertueux s'en indignent. Ils déclament contre cette égalité par en bas. Ont-ils le moyen de l'établir par en haut ? Non, n'est-ce pas. Alors, qu'ils se taisent. Ou, s'ils veulent élever une voix raisonnable, qu'ils s'attaquent au principe démocratique. C'est lui dont la logique exige la disparition des différences sociales, qu'elles soient de classe, de région ou de métier. Pas de démocratie sans égalité, pas d'égalité sans niveau. L'égalité de citoyens souverains comporte un type aussi uniforme que possible. Un homme, un suffrage, une classe, une formation. L'idéal est là. Protestez tant qu'il vous plaira, que vous n'en voulez point. *Primo*, vous devez en vouloir, et *secundo*, vos résistances de détail ne signifient rien. Le courant de vos lois, la connexité de vos institutions vous emportent, et leur force profonde voudra, à votre place, ce contre quoi vous vous débattez, et, finalement, vous l'imposera.

— Alors, c'est la destruction de notre pays ? Alors, l'élite nationale va perdre de ses qualités régulatrices et directrices ? Et, alors, la foule française sera frustrée des bienfaits qu'elle en recueillait ? Alors, l'opération va se solder par une dépréciation générale de toutes nos valeurs ?

— Je ne dis pas. C'est bien possible. Nous n'avons jamais soutenu ni admis que démocratie voulût dire démophilie. Mais Steeg, petit-fils d'un Prussien, a peu de raison de tenir particulièrement aux valeurs du peuple de France. Il en a de nombreuses, de puissantes et de décisives de tenir aux idées de la démocratie. Car, par elle, il est quelque chose, et, sans elle, il ne serait rien. C'est l'histoire de tous les métèques, de tous les protestants, de tous les Juifs et de tous les francs-maçons au pouvoir. Ces parasites de la France mourraient de faim le jour où la France éliminerait le microbe du *morbus democraticus* !

Comment Eugène Montfort ne voit-il donc pas le soleil ?

11 mai 1911.

II

Des publicistes radicaux me répondent à mots couverts et en grondant que je les diffame. Ces messieurs n'en veulent aucunement au latin. Ces messieurs veulent soutenir les humanités. Il n'est personne au monde à qui la culture générale soit plus précieuse qu'à ces messieurs. Leur volonté m'est affirmée en termes exprès. Je réponds qu'ils font beaucoup de cas de leur volonté, mais cette illusion qu'ils se forment sur la puissance d'un « je veux » ou d'un « je ne veux pas » ne fait qu'ajouter au péril des institutions établies et maintenues par eux. Ils ont aménagé tout ce qu'il faut pour détruire un corps de nation, un ensemble social dont quelques parties leur restent chères, et ils ne se doutent pas de la vertu maligne inhérente à ces explosifs puisqu'ils se croient capables de l'arrêter ou de la modérer à volonté.

Ah ! vous ne voulez pas supprimer le latin ? Eh ! bien, je le répète, la démocratie, la République, le veulent pour vous. Elles le veulent, les idées dirigeantes du vieux parti républicain ! Si vous en doutez, donnez-vous seulement la peine de jeter un coup d'œil sur la suite et l'enchaînement des programmes du baccalauréat depuis la victoire de la république républicaine.

Voilà une courbe instructive ! Sans être un très vieil homme puisque, comme dit la ballade de Paul Verlaine,

> Je n'ai que quarante-trois ans[73],

il m'est possible d'apporter mon témoignage. Les rhétoriciens qui avaient deux ou trois ans d'avance sur nous devaient apprendre à écrire en latin. Pour la génération qui précédait immédiatement la nôtre, cet exercice était facultatif. Nous en fûmes complètement dispensés, et la Faculté nous tint quittes pour une version, conformément au programme de 1884. Cette dose fut jugée excessive encore puisque, quatre ou cinq ans plus tard, un jeune bachelier qui me tenait de près[74] n'était pas soumis à la moitié des exercices scolaires que nous avions connus pour le grec et pour le latin ; ce n'était

---

[73] Quarante-trois ans : c'est l'âge qu'avait Maurras quand il écrivait cette chronique. « Je n'ai que quarante-trois ans », vers de Verlaine revenant à la fin de chacune des quatre strophes d'un poème composé en décembre 1887 à l'attention d'Anatole France, intitulé *Ballade touchant un point d'histoire*.
[74] Il s'agit du frère cadet de Charles Maurras, né le 3 septembre 1872.

cependant qu'en 1888–89. Donc on préparait la grande réforme déjà conçue, et qui ne devait aboutir que douze ou treize années plus tard ; l'alphabet grec était abordé avec un retard ridicule, les langues vivantes prenaient toute la place des anciens textes et de leur analyse grammaticale ou logique, dernier vestige des « argumentations » de l'âge ténébreux où l'on croyait qu'avant de mettre en mouvement un esprit il fallait d'abord le former.

Histoire en main, tout cela coule, comme de source, de la République. À degré divers et dans des mesures diverses, tous les hommes d'État du régime étaient persuadés de la nécessité de la Démocratie et de la perversité de la Hiérarchie. Ils étaient résolus à supprimer les différences, ils étaient résolus à niveler les conditions. À ces degrés divers, ils étaient donc pour le niveau et dans ces mesures diverses, selon les tempéraments que leur inspiraient leur goût, leur caractère ou leur sens de l'opportunité, ils ont promené ce niveau sur un Enseignement que la folie du peuple avait mis dans leur dépendance. Ils l'ont fait dès qu'ils ont été les maîtres. Ou il faut d'autres maîtres, des maîtres pénétrés d'un autre principe, réglés sur d'autres lois, ou il faut s'attendre à l'application plus ou moins rapide et brutale, mais régulière et constante du principe, de la loi de nivellement. Les humanités forment une classe d'élite et le latin, en somme, délimite cette classe ; il faut la supprimer ou il faut renoncer à supprimer les classes d'élite, ainsi que le commandent l'esprit et le génie, la passion et le culte de la démocratie.

Bientôt donc il faudra choisir ; les intelligences lucides et les volontés logiques se répartiront en deux groupes. Il y aura d'un côté les gens qui estiment que, la démocratie étant Dieu, il convient de lui sacrifier toute chose et toute personne, individuelle ou collective ; en général la France et, en particulier, chaque Français. De l'autre côté, il y aura ceux qui feront valoir l'importance sociale, nationale, ou religieuse de victimes sacrifiées si légèrement à un autel au moins discutable.

À la société de l'enseignement supérieur, le docteur Raoul Blondel[75] a plaidé la cause des humanités latines et grecques à son point de vue. Ce point de vue médical a bien son prix, un prix que je n'appellerai pas démocratique, car cela ne signifie rien, mais démotique et universel. La diminution intellectuelle du corps médical serait une plaie dont tout le monde aurait à souffrir et les pauvres plus que les riches, puisque les riches garderaient le

---

[75] Raoul Blondel (1867–1944), personnage éclectique, qui disserta sur maints domaines *a priori* étrangers à la médecine, comme la musique ou la gastronomie.

droit de s'adresser à des hommes supérieurs ayant accompli un cycle d'études complètes. Mais les autres ! À ne prendre que les moyennes, du seul fait qu'il sera permis de devenir docteur en médecine sans latin ni grec ou avec un latin-grec très réduit, cette route du moindre effort sera vite choisie par les jeunes étudiants. Le niveau professionnel en décroîtra. Nos médecins tomberont au-dessous de leurs confrères anglais, allemands, italiens. Et ce ne sera pas une infériorité purement relative. Nos praticiens se trouveront encore au-dessous de leur objet, au-dessous de leur tâche. Comme le dit très bien le docteur Raoul Blondel, « l'étude des humanités représente pour la culture préalable du futur médecin une gymnastique véritablement nécessaire. La science, a-t-on dit, n'est qu'une langue bien faite. À langue claire, science claire. Les opérations intellectuelles qu'engendre le travail de traduction de nos idées en langage parlé et surtout écrit retentissent sur le cerveau tout entier et sur le mode même de classement de nos idées, en un mot sur notre façon de réfléchir. C'est à sa langue et à sa connaissance du latin qu'exige la parfaite pénétration de l'équilibre de celle-ci que le Français doit ses conceptions nettes, son aptitude à dégager l'essentiel et à laisser chaque idée accessoire à sa place. »

Voilà pour l'esprit pur. La démocratie l'humilie, la démocratie l'abrutit. Par elle, on saura moins et l'on saura moins bien. Mais, de plus, la science sera appliquée avec moins de souplesse et moins d'autorité ; ce que la médecine comporte d'art et de talent, ce que Pascal eût appelé son « esprit de finesse » devra en être diminué forcément. Les plus délicates prérogatives de l'exercice médical, celles qui se rapportent au commerce direct du malade, subiront aussi une perte sèche du fait de la démocratie. Le docteur Blondel a bien tort de s'excuser d'entrer dans cet ordre d'idées, l'importance en est capitale et non pas seulement pour le médecin : « J'ai gardé pour la fin un argument d'ordre moins élevé, purement professionnel, mais qui a aussi sa force. Il est légitime pour le médecin d'espérer non seulement devenir savant, mais rencontrer le succès auprès de sa clientèle. Or, il y faut des qualités très distinctes de celles que la science pure peut donner ; il faut de l'éducation, du tact, de l'autorité, un flair psychologique, dirai-je, à côté des vertus d'humanité, de compassion et de patience qui sont l'honneur de notre profession. Cela ne s'apprend point à la faculté, encore moins à l'hôpital, où vraiment le jeu est trop aisé. Cela s'acquiert avant tout dans le milieu familial et dans la pratique de la vie. Mais qui ne voit toute l'avance que donne ici, pour cette adaptation, la culture des humanités sur le primaire non dégrossi. »

Mais, si l'éducation de la famille et l'éducation de l'école osent se liguer pour créer de nouveaux éléments de différences dans la Cité, l'idée démocratique, le droit démocratique en seront blessés manifestement. Il est vrai que le peuple en bénéficiera avec une clarté non moins manifeste, et cela confirme notre vieille thèse : l'intérêt du peuple est aux antipodes de l'intérêt de la démocratie. Voulez-vous de bons médecins, voulez-vous de bons généraux, de bons juges, de bons administrateurs, de bons gouvernants ou de bons artistes ? Désirez pour eux la préparation, l'éducation convenable, quelque distinction qu'elle entraîne chez eux ; même au besoin, félicitez-vous de cette distinction-là ! Au contraire, vous moquez-vous de la manière dont sera exercé le métier pourvu qu'il soit accessible à chacun et que chacun se puisse costumer en docteur, en juge, en général ou en président de la République, la démocratie en sera tout à fait heureuse, mais c'est le peuple qui paiera. À vous de choisir. Pour ma part, j'ai choisi le peuple, et, comme il s'agit du peuple français, qui n'est pas une bête, c'est encore pour le peuple que je parie.

« Il y a entre l'école latine et l'Église un lien intime... », dit M. Ferdinand Brunot[76], professeur en Sorbonne. C'est ce lien que la démocratie, en tant que laïciseuse, voudrait briser. Et là encore nous sommes quelques-uns qui voyons les bienfaits généraux de l'Église et, là devant, l'honneur que l'on rend à la démocratie ne pèse pas lourd. Sans doute, le latin « sent l'Église » et ce n'est pas l'arôme favori de M. Steeg ou de M. Reinach.[77] Mais ce qu'on justifie au point de vue de l'antique rancune juive ou de la haine huguenote perd toute valeur au point de vue français. Les questions de foi mises à part, l'Église représente tant d'éléments de notre passé moral, organique et constitutif, qu'il ne nous viendrait pas à l'esprit de la séparer de la France. Le républicain qui soutient que, le Pape parlant latin, il faut mettre en interdit la langue du Pape, vaut le démocrate qui veut que tout le monde ne pouvant savoir le latin, personne ne doit le savoir...

---

[76] Ferdinand Brunot (1860–1938), philologue, auteur d'une *Histoire de la langue française des origines à 1900* en onze volumes, par ailleurs militant de la Ligue des droits de l'Homme.
[77] Joseph Reinach (1856–1921) commença sa carrière politique comme collaborateur de Gambetta. Républicain engagé, il devient l'un des principaux chefs dreyfusards et, à ce titre, l'une des cibles privilégiées de Charles Maurras. Il laisse une monumentale *Histoire de l'Affaire Dreyfus*, œuvre de combat plus que d'historien.

Le « lien » que le latin représente est aussi linguistique. Philologue fervent de l'école classique, néo-latiniste orthodoxe. M. Brunot admet que nous parlons un simple latin évolué. Il devrait tenir d'autant plus vivement à cette trace brillante de nos origines antiques, comme aux titres de noblesse de notre langue. Mais que parlons-nous de semblables titres ! La langue elle-même lui semble peu de chose devant la majesté de l'électeur et de l'éligible. Le docte professeur en Sorbonne rabaisse la langue de Ronsard et celle de Lamartine devant les perles qui tombent de la bouche du premier voyou venu décoré du nom de « jeune Français de 1911 ». Le beau, le pur français de nos poètes, n'est rien ; ses règles, sa cadence, et ses rythmes divins ne méritent point d'audience. M. Brunot n'accorde de respect qu'aux oracles de la démocratie vivante, à ses fantaisies argotiques, à ses déformations et à ses licences. Il ne se rend d'ailleurs aucun compte que les gens qu'il dépouille, frustre et appauvrit, ce ne sont pas les morts immobilisés et cristallisés dans la gloire, mais très précisément les vivants de 1911, ces malheureux Français qu'il sépare et retranche de prédécesseurs magnifiques. Il leur interdit de puiser, comme à une fontaine immortelle, tout ce que les grands peuples demandent à leurs grands poètes, un souvenir, une espérance, une consolation, une joie de l'ordre sublime. Le régime de M. Brunot n'abolit ni les rimes ni les chansons, il les prescrit de qualité inférieure. Là encore il faut donc opter entre la démocratie et ce grand art, cette poésie souveraine qui ont bien leur puissance et dont il ne sera pas commode de nous détacher.

Dans *Paris-Journal*, M. Charles Morice[78] avait généralisé la question du latin. Le latin, disait-il, rappelle quelque chose, et le latin rappelle tout, le latin est un des meilleurs symboles de cette idée que nous sommes des héritiers, qu'on a rassemblé avant nous un bien spirituel, que nous l'avons reçu et que nous devons le transmettre. Le latin est traditionnel. Et les études latines « en permettant aux générations vivantes de comprendre les générations mortes, en perpétuant la tradition », signifient « un danger », signifient « un désastre » pour la démocratie qui, elle, est révolutionnaire et que la tradition, fût-elle à peine énoncée, dissoudrait. Il est important pour la démocratie « d'interrompre les relations entre jadis et aujourd'hui » ; non seulement parce que, comme le dit bien M. Charles Morice, l'histoire du monde doit « commencer en 1789 », mais encore parce qu'il n'y a point d'histoire du monde qui soit valable, utilisable, pour la démocratie.

---

[78] Charles Morice (1860–1919), poète et critique, connu pour ses traductions de Dostoïevski. Voir l'opinion que Maurras s'en faisait en 1894 dans sa *Défense du système des poètes romans*.

L'histoire, la tradition, le passé, nos démocrates les détestent et doivent les détester par définition. De là et non d'ailleurs, dérive en effet l'élément de différenciation et d'inégalité diversité des sangs, diversité des races, diversité des caractères et des biens matériels ou moraux ainsi hérités. L'égalité des hommes ne serait qu'une moitié d'utopie s'ils naissaient tous à la même heure et s'ils ne se succédaient point dans le temps.

Le capital du genre humain n'arrive aux nouveau-nés ni en bloc ni en parts également taillées. Des ruisseaux innombrables, variés à l'infini, font affluer à doses non moins diverses tout ce que nos prédécesseurs ont fait ou rêvé avant nous. La valeur de tout effort personnel est dominée par cet immense coefficient historique en vertu duquel, selon le beau mot de Comte, les vivants sont de plus en plus et nécessairement gouvernés par les morts, et comme l'a dit Maurice Barrès, chaque vivant par ses morts particuliers. Cette nécessité bienfaisante est la source de la civilisation. Mais il y a longtemps que la démocratie s'est insurgée contre cette condition d'un ordre civilisé ; elle a choisi la barbarie qui peut se recommencer tout entière à chaque individu qui vient au monde, sauvage et nu. C'est à cette humanité des cavernes que la démocratie veut nous ramener.

13 mai 1911.

Monseigneur le Duc d'Alençon

1911

Ce texte a paru dans l'Almanach de l'Action française pour l'année 1911.

S. A. R. le duc d'Alençon, oncle de Monseigneur le Duc d'Orléans, est mort le 29 juin, à Wimbledon (Angleterre).

C'est beau, les idées, les principes et ces vérités générales qui ont raison pour l'éternité ; mais nous servons assez passionnément la cause pour être crus sans grand-peine quand nous disons qu'il est au monde quelque chose de plus sublime : c'est l'incarnation de l'idée vive dans un homme vivant, la vérification brillante du principe par le Prince de chair et d'os.

Il y avait près de sept ans que je bataillais, pour ma part, en l'honneur du principe et pour les idées de mon Roi quand une circonstance fortuite me fit un devoir d'aller lui présenter pour la première fois mon hommage. C'était dans le courant de mai 1902. Vaugeois, dont j'étais cependant l'aîné en royalisme, avait eu l'honneur d'être introduit l'année précédente auprès de Monseigneur le Duc d'Orléans. Il avait donc voulu me piloter à Gênes où mouillait la *Maroussia*. Ce que fut ce voyage, je l'ai conté alors dans la *Gazette de France*, puis dans notre vieille *Revue*, mais j'ignore bien si je suis parvenu à rendre la tristesse qui assaillit subitement les deux voyageurs quand ils sortirent de Provence et entrèrent en Italie.

Tout ce que nous voyions sur la côte ligure portait l'empreinte de nos glorieuses forces passées, le stigmate de notre décadence présente. Les erreurs, les fautes, les crimes accumulés par les gouvernements républicains et libéraux du siècle qui venait de finir nous étaient, pour ainsi dire, criés par les spectacles de la prospérité italienne. Nous ne sommes pas les ennemis des nations. Mais entre toutes, il en est une dont nous sommes les amis ardents et que nous préférons résolument à toutes les autres. C'est la nôtre, c'est notre France. Il n'est pas agréable de songer au doge de Gênes et à Louis XIV quand on a sous les yeux la Gênes du roi d'Italie et de l'empereur des Français ! Des détails insignifiants en apparence, mais hautement significatifs pour l'observateur vigilant, nous montraient au passage d'Oneille ou de Savone, entrevues du haut des wagons, puis, au hasard des flâneries à travers les fraîches ruelles de Gênes, comment les idées ou les mœurs ou le langage tendaient, d'ores et déjà, à remplacer dans ce pays la vieille primauté provençale et française par les influences nouvelles du foyer florentin et du centre romain. Les hommes de l'Italie Une ont particulièrement évité de brusquer la nature génoise en la soumettant à une centralisation desséchante : c'est sur une ville autonome et même sur un port franc que l'influence de la capitale politique a fait sentir l'autorité de son bienfait.

Non, non, nous n'étions pas contents. Nos yeux ombrageux de Français, nos cœurs jaloux de patriotes, ne pouvaient éviter de faire les différences ni de dresser le bilan des pertes subies. Nous l'avions bien tenté cent fois, la plume à la main, dans Paris, en pesant et en comparant les idées des choses : ici c'étaient les choses mêmes qui s'imposaient à nous. Déjà en 1896, au retour d'un voyage en Grèce, la vue de cet étroit pays peu florissant, mais ayant en Europe un défenseur accrédité, une diplomatie entendue, active et habile, m'avait causé de singuliers serrements de cœur. Comme le mal se précisait ! Comme on touchait du doigt la puissante rivalité économique, maritime, militaire, à l'égard de laquelle nous nous sentions effroyablement dénués. M. Loubet n'avait pas encore annoncé son absurde voyage à Rome, mais nous savions déjà que le jeune royaume avait contribué à nommer nos ministres[79] et qu'il en profitait pour nous passer au meilleur compte ses soieries, ses victuailles et ses vins aux dépens des producteurs de notre nation.

Telles étaient nos mélancolies frémissantes. Le lecteur aura deviné quelle magnifique espérance réussit bientôt à les apaiser. La présence et l'accueil de notre Roi et de notre Reine, toutes les promesses, si brillantes et si douces, qui naissaient d'elles-mêmes, à ce double aspect, devaient opérer ! Et cependant les choses ne se passèrent pas absolument ainsi dans cette chaude et pure journée d'un inoubliable soleil sur les claires eaux d'Italie. Réunis sur le pont de la *Maroussia*, nous attendions avec quelques autres Français l'apparition de Monseigneur et de Madame. Le moment du repas n'était pas arrivé encore. Le jeune médecin du bord, le docteur Henri P..., auteur d'une thèse sur la Sicile, nous montrait le golfe sinueux de la ville superbe dressée sur les montagnes, en majestueux éventail ; mais, dévoré de mes inquiétudes de patriote, je ne pouvais m'empêcher de les communiquer telles que le voyage me les assénait, durement, explicitement, à voix trop haute peut-être...

Une voix bienveillante, mais singulièrement énergique, m'interrompit :

---

[79] Allusion à l'influence politique importante que divers auteurs, dont Maurras, ont prêtée à l'Italie au moment de l'affaire Dreyfus. Voir par exemple l'appendice VII de *Kiel et Tanger*. (n.d.é.)

« Non, ne craignez pas... » disait-elle. Nous nous étions retournés, le docteur et moi. Un Français de stature élevée nous souriait avec amitié et douceur. Il portait cette barbe en pointe comme on en voit dans les portraits d'Henri IV jeune et qui le font paraître plus Valois que Bourbon. Quelques-uns des portraits de Philippe VIII m'avaient aussi donné l'idée de cette physionomie si ouverte et si fine. Mais elle était touchée et sillonnée des traits que la vie, l'âge, l'expérience et surtout la douleur savent graver sur les plus pures médailles humaines. Bien que je n'eusse pas entendu dire qu'aucun prince du sang se trouvât auprès du chef de la Maison de France, il n'était pas possible de m'y tromper, tous les signes de la race des lions éclataient dans ce beau visage d'ascète et de soldat. Jamais un simple gentilhomme, de si bon sang fût-il, n'eût trouvé le secret de cette grâce simple, unie à tant d'autorité dans les quelques mots de bienvenue presque évangélique par lesquels le prince venait de se mêler à la conversation. « Non, il ne faut pas craindre pour notre France », et le développement qu'il donnait aussitôt à cette pensée n'était pas seulement l'expression d'une foi pu d'une espérance mystique dans notre avenir national : on y trouvait aussi la certitude positive d'un grand Européen qui sait que la France est une organisation nécessaire au battement du cœur du monde, au bon fonctionnement de la pensée de l'univers, et qui n'ignore pas non plus le secret naturel de la restauration de ce grand pays né et formé royaume et qui doit redevenir le royaume des lys s'il aspire à se relever.

Mais, à ce moment, se montrèrent le roi et la reine, comme pour ajouter leur gage aux assurances qui nous étaient magnanimement prodiguées. C'est alors qu'il suffit de les voir et de les entendre pour sentir avec une amertume profonde à quel point leur exil exilait aussi les conditions de l'influence et de la force de notre patrie. Tous les esprits qui ont coutume de vivre des choses passées ne se défendent pas de les refaire en rêve quand la circonstance s'y prête. Ah ! ce petit navire balançant sur les eaux étrangères notre fortune, me représentait tout notre dix-neuvième siècle tel qu'il aurait été, tel qu'il aurait dû être sans le malheur des choses et la folie des hommes artistement combinés pour notre péril !

À moi, Nemours ! À moi d'Aumale ! À moi Joinville !
Certes, c'eût été beau, ce cri dans notre ville...[80]

---

[80] Alfred de Musset, *Le Treize Juillet*. (n.d.é.)

Aux vieux vers de Musset, répondaient le regard enthousiaste du comte de Chambord à la vue de cette gerbe de jeunes princes, la plus belle et la plus brillante d'Europe, et qui eût assuré à la vie nationale de jeunes chefs résolus, audacieux et sages, menant tous nos progrès dans l'ordre de leur Roi !

Le prince d'âge mûr, au bienveillant visage argenté, qui m'avait assuré qu'il ne fallait pas craindre, avait pris place à table à la droite de Madame la duchesse d'Orléans. Le repas terminé, comme la Reine de France, qui préparait son voyage de Lourdes et de Paris, avait bien voulu m'adresser quelques questions sur les premiers efforts de notre propagande qui commençait, je pris mon courage à deux mains et c'est à elle-même que j'osai demander, en m'excusant de n'avoir pu le saisir aux présentations, le nom de mon noble interlocuteur du matin. La Princesse, chez qui la grandeur s'allie à une simplicité fière et charmante, répondit en souriant : « Mais c'est mon oncle d'Alençon. »

On peut croire tous ceux qui le disent et l'écrivent, c'est plus qu'un parent affectionné, c'est son confident et son conseiller le plus cher que Monseigneur le Duc d'Orléans vient de perdre dans l'auguste fils du duc de Nemours. Il ne faut pas écouter les esprits superficiels qui affirment que Monseigneur le Duc d'Alençon, frappé d'un deuil tragique, s'était éloigné, à quelque degré que ce fût, du souci de ses fonctions et de ses droits de prince. Quelque refuge consolateur que lui eût accordé la vie religieuse et à quelque degré de sainteté et de noblesse qu'il eût élevé les espérances de sa piété, son regard ferme et droit n'a jamais délaissé la terre de France et les intérêts de la royauté sur le sol français. On nous dit qu'il a représenté ces intérêts à Rome le jour de la béatification de Jeanne d'Arc. Mais je sais pertinemment qu'il les a également suivis à Paris même, point par point et dans leur détail, particulièrement ces dernières années. Notre grand ami le baron Tristan Lambert, qui eut le grave honneur d'être admis dans la familiarité du duc d'Alençon, ne me donnera là-dessus aucun démenti.

Voilà donc une double dette de reconnaissance qu'un membre de l'Action française acquitte aujourd'hui en déposant sur son cercueil l'encouragement que le Prince daigna lui confier, il y a huit ans : « Ne craignez pas... » Sa jeunesse avait participé au grand œuvre de la fusion qui, assurant la continuité de la succession monarchique, prit un gage solide sur l'avenir. Ses dernières années devaient assister à la renaissance de l'idée, de la tradition, du souvenir de la royauté dans la fleur de notre jeunesse française. Ce réveil ne pouvait pas étonner celui qui, dès les débuts, avait exhorté l'un de nous à avoir confiance, à ne pas craindre et à compter sur la destinée, sur la mission de la patrie. Que ne puis-je mieux dire la gratitude ardente dont m'enivre aujourd'hui le souvenir, le deuil du prophète royal !

Les Cassagnac

1912

Article paru dans *L'Action française* du 23 février 1912.

LES CASSAGNAC

Les directeurs de *L'Autorité*[81] sont de plus en plus furieux. Quand ils se sont vu reprocher leurs procédés de lâche brutalité à l'égard de notre confrère Hervé de Rauville[82], ils ont répondu en indiquant le mot de Cambronne. Quand ils ont vu citer et commenter leur entente aussi cordiale que publique avec ce vieux coquin de traître juif Arthur Meyer[83], ils ont élevé de grands cris qui tendaient à insinuer qu'on les mouchardait. Enfin, comme depuis avant-hier on a précisé l'urgente nécessité politique de faire connaître au public nationaliste et royaliste le louche va et vient des directeurs de *L'Autorité*, ces messieurs écrivent les mots

---

[81] Journal bonapartiste que les frères Paul et Guy Granier de Cassagnac ont hérité de leur père, prénommé lui aussi Paul, député du Gers, lui-même fils d'une figure importante du bonapartisme au dix-neuvième siècle et fidèle de Napoléon III. En 1912 le journal se veut toujours bonapartiste mais tient en fait une ligne fluctuante, au gré des impératifs financiers de sa survie. Cet article suit diverses polémiques entre *L'Action française* et *L'Autorité*, qui regardaient la sincérité des convictions anti-républicaines des frères Cassagnac et leurs rapports avec Arthur Meyer, du Gaulois.
Les notes sont imputables aux éditeurs.
[82] Écrivain et collaborateur de *L'Action française*.
[83] Arthur Meyer (1844-1924), directeur du *Gaulois*, journal conservateur qui se voulait royaliste mais était surtout le quotidien des gens riches et de la bonne société. Juif, Arthur Meyer se convertit au catholicisme et fit ensuite preuve d'un antisémitisme d'autant plus déconcertant qu'il s'accompagnait d'une grande animosité vis-à-vis de personnages que certains raccourcis historiques nous font sembler proche des thèses antisémites de Meyer ; ainsi ses passes d'armes, au propre comme au figuré, avec Drumont. Mondain, au carrefour de toute la vie parisienne, mais souvent décrit comme un homme dur et un arriviste forcené par ses contemporains, il avait des détracteurs comme des amis partout, ce qui nous le rend difficilement classable aujourd'hui. En 1912, le Gaulois est un journal conservateur qui se veut royaliste de manière modérée et responsable, ami de l'ordre, fût-il républicain. C'est par excellence le journal des royalistes bien nés, finalement très intégrés financièrement et socialement au régime qu'ils prétendent contester, ceux-là mêmes qui ont en aversion l'agitation dont fait preuve l'Action française. Tout le début de 1912 fut marqué par une propagande agressive au Quartier Latin sur le thème « les nouveaux anarchistes de l'Action française », menée par divers groupes conservateurs en tête desquels des sillonnistes et des bonapartistes. L'Action française voyait derrière ces derniers la main de Briand, relayée par Arthur Meyer via ses relations avec les frères Cassagnac et leur journal, L'Autorité. C'est à ces épisodes que Maurras fait sans doute allusion quand il parle, plus bas, de « la campagne que nous menons ».

qu'ils ont sur le cœur. Je fais de ces injures de cocher le cas que l'on pense. Elles font rire de pitié. Cependant, elles signifient une grande colère. Il est intéressant de savoir dans quels intérêts moraux ou matériels, cruellement lésés sans doute, ces grandes fureurs prennent source.

Quel intérêt ont donc MM. Paul et Guy de Cassagnac, directeurs de *L'Autorité*, à ce qu'on n'aille pas « moucharder » aux lecteurs de *L'Action française* ce qui est écrit en toutes lettres dans *L'Autorité* et dans *Le Gaulois*, et ce que chacun peut savoir par conséquent, moyennant une dépense de quatre sous ?

Tous les Français ont le plus grand intérêt à savoir si nos gens sont pour Meyer ou contre Meyer. La campagne que nous menons exige essentiellement que nous soyons fixés sur la qualité d'auxiliaires ou d'alliés que nous sommes exposés à trouver à droite ou à gauche. Ceux qui fréquentent la Maison de la Trahison – *Le Gaulois*, – ne sont point de la même qualité que ceux qui n'y fréquentent point ; ceux qui vont chez Meyer, en invités, en maîtres, représentent plus de sécurité morale que ceux qui y rappliquent en clients et en obligés. Les directeurs de *L'Autorité* en font, là-dessus, à leur guise. Nous relevons leurs faits et gestes tels qu'ils étincellent dans leur journal et dans le journal allié. Ce relevé les met en colère. Pourquoi ?

Sans doute, ces lumières ont quelque chose de gênant. On le comprendra mieux si l'on veut bien se rappeler que l'essentiel de la carrière de ces deux jeunes gens est d'ores et déjà d'avoir échoué en tout.

Ils ont tenté de prendre la tête de mouvements politiques, de fonder des ligues, et d'orienter les esprits. Ils ont essayé d'imprimer une direction rajeunie au journal qu'ils avaient en héritage et dont on annonce périodiquement la mise en vente depuis sept ou huit ans. Ils n'ont su conduire personne. Leur littérature politique, dont je m'accuse d'avoir admis quelques temps la sincérité, cette littérature de négrillons ne les a menés à rien. Ils se sont bornés, depuis qu'ils écrivent, à répéter fort mal ce qu'ils avaient compris tout de travers ou à contredire rageusement ce qu'ils n'avaient pas compris du tout. Il a fallu finir par le leur faire entendre. Et c'est alors que la vanité grandiloquente d'une part, et, d'autre part, la rage d'usurper quelque importance, peut-être aussi de se démontrer leur existence à eux-mêmes, a conduit les deux directeurs de L'Autorité à rôder mystérieusement sur les lisières de tous les groupements et de tous les partis, comme pour pirater ou braconner à la ronde, promenant partout de gros yeux cupides et jaloux, mais partout tenus à distance, en raison même de la grossière qualité de leurs ruses et de leurs serments, promettant ici un concours aux royalistes, là, laissant entrevoir un vieux fonds consacré de bonapartisme héréditaire et sachant étaler ailleurs des trésors de liberté d'esprit qui donnaient raison au juif contre le Français, à l'adversaire contre l'ami prétendu. Quant au sort des campagnes patriotiques auxquelles des messieurs feignaient de s'associer, ils n'en avaient d'autre souci que celui de leur amour-propre ulcéré des succès d'autrui et que les services rendus à la patrie commune humiliaient encore au regard de leur impuissance. Il est certain que Pujo, Daudet et quelques autres ont obtenu à force de dévouement, de courage, de sagesse et d'esprit politique, la confiance d'un grand nombre de bons Français. Il n'est pas moins certain que MM. de Cassagnac ne sont parvenus à réaliser rien de tel. « Pourquoi eux ? et pourquoi pas nous ? » C'est la question dont ils cherchent encore la réponse. Ils n'ont pas encore compris, et cette inintelligence désespérée voilée d'épais bagout est ce qui a fini par les conduire jusqu'à Meyer, jusqu'à Briand, jusqu'à Bernstein.[84] C'est ce qui les mènera, on peut en être sûr, infiniment plus loin qu'on ne croirait dans la voie des compromissions.

Notre devoir sera de ne laisser glisser personne ni rien sur cette pente inavouable. Nous devons en sauver non seulement nos lecteurs les nationalistes et les royalistes de *L'Action française*, mais les éléments sains, les fractions honnêtes et sincères de l'ancien monde conservateur. Notre devoir est de montrer comment, chez ces prétendus alliés, l'idée des véritables trahisons est née et peut renaître du simple mouvement de leur dépit, de leur envie ou encore des flatteries intéressées qu'un subtil intrigant du type Arthur Meyer sait leur adresser à propos. Notre devoir est de couvrir et d'éclairer notre mouvement. Nous avons inscrit en marge de *L'Autorité* les trois mots caractéristiques : abus de confiance, exploitation et trahison.

Ce ne sont là ni mots en l'air ni ridicules coqs à l'âne, ni vains appels de pied comme les matamores de L'Autorité en ont affecté ces jours-ci. Je leur énonce en termes nets des vérités de fait qui sont connues et démontrées, qui restent toujours démontrables. Indépendantes de ma personne, elles ont pourtant ma personne pour garante. Il n'est pas au pouvoir des directeurs de

---

[84] Un an plus tôt l'Action française avait mené campagne contre le dramaturge Henri Bernstein, accusé de désertion durant son service militaire. L'agitation autour de cette affaire avait durablement enflammé les rues de Paris et contribué à la chute du gouvernement Briand.

L'Autorité de me causer aucune offense. Mais ils n'ont pas besoin d'être prévenus que je prends toute la responsabilité de ce que j'écris.[85]

---

[85] La polémique avec les Cassagnac avait surtout été menée dans la revue de presse de *L'Action française*, signée par Maurras de son pseudonyme bien connu de Criton. C'est pourquoi il prend la peine d'ajouter ce dernier paragraphe, sans doute pour que l'on n'imagine pas qu'il refuserait de répondre de ses écrits. Cela d'autant que les Cassagnac, comme leur père avant eux, étaient très portés sur le duel. La rencontre eut bien lieu le 26 février 1912, à Neuilly : Maurras fut blessé au bras.

L'Hospitalité

L'Action Française du 6 juillet 1912

L'Hospitalité

Que le Juif de crottes de chien[86] auquel Léon Daudet a dit des vérités si pures soit un ancien homme de génie, aujourd'hui dévoré par le cafard et par l'araignée, ou qu'il faille réduire son histoire au charlatanisme de la science, de la réclame et de la juiverie, c'est une question de petit intérêt. La vraie question, celle qui se pose vraiment, c'est la vie ou la mort d'une quarantaine de millions de Français.

Il s'agit de savoir si nous sommes chez nous en France ou si nous n'y sommes plus ; si notre sol nous appartient ou si nous allons perdre avec lui notre fer, notre houille et notre pain ; si, avec les champs et la mer, les canaux et les fleuves, nous allons aliéner les habitations de nos pères, depuis le monument où se glorifie la cité jusqu'aux humbles maisons de nos particuliers. Devant un cas de cette taille, il est ridicule de demander si la France renoncera aux traditions hospitalières d'un grand peuple civilisé. Avant d'hospitaliser, il faut être. Avant de rendre hommage aux supériorités

---

[86] La formule est une allusion à un article de Léon Daudet dans *L'Action française* du 21 juin précédent, sous-titré « un Juif de crottes de chien ». Cet article s'en prenait à Élie Metchnikoff (1845–1916), juif d'origine ukrainienne, découvreur des phagocytes et de la phagocytose en 1883. Il partagea un prix Nobel avec Paul Ehrlich : tous deux sont considérés comme les fondateurs de l'immunologie. Malgré des capacités médicales bien réelles donc, et à côté de travaux universellement jugés sérieux et importants, Metchnikoff semble ne s'être curieusement jamais départi d'un intérêt certain pour la pharmacopée de l'immonde usant de substances excrémentielles ou corrompues, qu'on appelle du nom allemand de Dreckapotheke et qui relève aujourd'hui du charlatanisme ou de l'ethnologie. Il faut préciser à sa décharge que ses travaux étaient fondés sur l'étude des bactéries de l'intestin. Aussi a-t-il évoqué dans de très sérieuses communications scientifiques les vertus du lait rance absorbé en grande quantité, recommandé pour rester jeune et en bonne santé diverses substances à des stades variés de pourrissement, ainsi que l'usage comme médicaments de divers excréments. Daudet réagissait à une communication à l'Académie des sciences sobrement résumée par lui : « Moyen de supprimer la vieillesse et de retarder indéfiniment la mort en avalant des crottes de chiens » ; comme l'affirme Daudet, Metchnikoff semble bien avoir essayé de s'enrichir en exploitant la vente de tels produits. Maurras hésite donc dans ce court paragraphe introductif : Metchnikoff est-il un vieux fou au passé scientifique glorieux ou un juif d'Europe de l'est dont on souligne d'autant plus l'origine que l'antisémitisme largement partagé alors lui associe spontanément un caractère d'escroc cupide, voire d'empoisonneur ? Cette pharmacopée étrange amena plusieurs articles dans l'A. F. à l'époque, et l'indignation était d'autant plus grande que Metchnikoff, par ailleurs savant reconnu, bénéficiait d'une sorte de caution que lui fournissait son poste à l'Institut Pasteur.
Les notes sont imputables aux éditeurs.

littéraires ou scientifiques étrangères, il faut avoir gardé la qualité de nation française. Or il est parfaitement clair que nous n'existerons bientôt plus si nous continuons d'aller de ce train. Comme l'a dit dans une ferme réponse Henri de Varigny[87], « les étrangers tiennent déjà beaucoup de place – et de places – dans le monde scientifique, il ne faut pas en augmenter le nombre ». Voilà le bon sens même. Ce pays-ci n'est pas un terrain vague. Nous ne sommes pas des bohémiens nés par hasard au bord d'un chemin. Notre sol est approprié depuis vingt siècles par les races dont le sang coule dans nos veines. La génération qui se sacrifiera pour le préserver des barbares et de la barbarie aura vécu une bonne vie. Pour notre part, voilà vingt ans que nous ne servons pas d'autre cause, en littérature et en politique.

Les deux questions se tiennent de très près pour les hommes de notre formation. En général, d'ailleurs, la crise nationaliste débute souvent par une crise professionnelle. Le jeune médecin s'aperçoit que tout est pris, conquis par des étrangers. Le jeune ouvrier, le jeune employé prennent garde que l'Allemand, l'Italien, le Suisse, le Belge, le Polonais, le Juif leur font la guerre économique dans les rues de Paris, ou sur les chantiers de Marseille, dans les campagnes du Nord ou dans les usines de l'Est, tantôt en travaillant à des salaires de famine inabordables pour eux, et tantôt, au contraire, en occupant les sinécures les plus grassement rétribuées. Par en haut, par en bas, le Français est bloqué. Il ne perd plus beaucoup de temps à se plaindre, car si haut que puisse monter sa réclamation, il voit qu'elle est soumise, avant d'être écoutée, à quelques délégués des quatre États confédérés, – juif, protestant, maçon, métèque – avec qui s'identifie nécessairement le pouvoir réel.

Eh bien ! ce qui se voit partout, aujourd'hui, se voyait déjà, il y a vingt ans, dans les Lettres. Mais plus encore que les intérêts de carrière, les idées, le goût, l'esprit français étaient compromis. Certes, l'étranger savait déjà prendre notre bon compatriote par la faim : Institut, Université, *Revue des deux mondes*, maisons d'édition, toutes les portes étaient soigneusement gardées et surveillées par les hommes de confiance de la barbarie et de la métèquerie. Des directeurs et des libraires qui se croyaient et se disaient loyaux patriotes avaient autour d'eux une bonne garde de secrétaires et de « lecteurs » devant qui rien d'un peu national ne pouvait circuler en paix.

---

[87] Henry de Varigny (1855-1934) était journaliste et a longtemps tenu une rubrique hebdomadaire dans le *Journal des Débats*. Il reste surtout connu pour avoir été un partisan et un vulgarisateur des théories darwiniennes.

Un professeur d'histoire devait passer sous la férule de Gabriel Monod et des tudesques ou se résigner à moisir dans les bas grades. Un professeur de philosophie subissait un contrôle analogue exercé par des juifs étrangers ou des protestants dénationalisés, mais tout cela aurait compté pour peu de chose si la tyrannie du barbare n'avait tenté de pousser jusqu'à cette âme de notre âme qui est l'architecte et l'ouvrière de l'idée, de l'art, de l'action. Là, barbares et métèques ne se bornèrent plus à nous dépouiller et à régner sur nous. Ils voulurent régner en nous, et ce fut leur perte. Nous frémîmes de voir utiliser leurs grandeurs insolentes pour imposer et propager un mépris brutal ou une indulgence ironique à l'égard de notre héritage. Des milliers de jeunes Français sans défense étaient littéralement abrutis d'esthétique wagnérienne, de morale ibsénienne, de politique tolstoïte, et c'est la vue de ces massacres d'innocents qui nous irrita et qui nous arma. Mais qu'elles qu'aient été nos campagnes des années 1892–1900, il était trop tard. L'essence du toxique put donner son effet. On eut la génération lamentable des intellectuels de l'Affaire Dreyfus, arrière-faix du romantisme et de la Révolution.

La jeune France d'aujourd'hui est en réaction complète et profonde contre ce double mal. Elle rentre chez elle. Ses pénates intellectuels, ses pénates matériels seront reconquis. Il faut que l'ouvrier français, le savant, l'écrivain français soient privilégiés en France. Il faut que les importations intellectuelles et morales soient mises à leur rang et à leur mérite, non au-dessus de leur mérite et de leur rang. L'étiquette étrangère recommande un produit à la confiance publique : c'est à la défiance du pays que doit correspondre au contraire la vue de tout pavillon non français. Qu'une bonne marque étrangère triomphe par la suite de cette défiance, nous y consentons volontiers, n'ayant aucun intérêt à nous diminuer par l'ignorance ou le refus des avantages de dehors, mais l'intérêt primordial est de développer nos produits en soutenant nos producteurs. Le temps de la badauderie à la gauloise est finie. Nous redevenons des Français conscients d'une histoire incomparable, d'un territoire sans rival, d'un génie littéraire et scientifique dont les merveilles se confondent avec celles du genre humain. Notre profession de fierté nationale est écrite tout au long dans un excellent livre de 1903, qui fut l'un des premiers échos répondus à notre pensée, l'Enquête de Jacques Morland sur l'influence allemande. On trouvera cette profession à la page où le biologiste René Quinton[88] répondait :

> Les principales sciences biologiques sont : la chimie, l'anatomie comparée, la paléontologie, la zoologie, l'embryogénie, l'histologie, la microbiologie. Or, un homme fonde la chimie : Lavoisier ; un homme fonde l'anatomie comparée et la paléontologie : Cuvier ; un homme fonde la zoologie philosophique : Monet de Lamarck ; un homme fonde l'embryogénie : Geoffroy Saint-Hilaire ; un homme fonde l'histologie : Bichat ; un homme fonde la physiologie : Claude Bernard ; un homme fonde la microbiologie : Pasteur. À Lavoisier, nous devons toutes les connaissances que nous avons sur la constitution fondamentale du monde ; à Cuvier les méthodes et les lois qui ont permis la classification des êtres aujourd'hui vivants et la reconstitution de ceux qui peuplaient le monde aux époques disparues ; à Lamarck la grande pensée de l'évolution ; à Geoffroy Saint-Hilaire, la notion du parallélisme entre les transformations embryonnaires et les transformations antérieures des espèces ; à Bichat la révélation des tissus organiques ; à Claude Bernard l'introduction du déterminisme organique dans les phénomènes physiologiques ; à Pasteur la conception de la maladie, en même temps que la découverte, par la seule induction, de tout un univers invisible. Ainsi, les conceptions fondamentales sur lesquelles repose notre conception même du monde vivant ont une origine qui est française.

Ces fiers propos, dont on pourrait étendre la portée à d'autres sciences que la biologie, aux arts, aux Lettres, aux industries telles que l'aviation ou l'automobilisme n'élèvent pourtant pas de muraille de Chine. Elles n'excluent personne d'utile ni rien de bon. Elles mettent un terme à cette fausse modestie que nous affections autrefois pour notre patrie. Si nous avons le goût d'être modestes, soyons-le pour notre compte personnel. Nous n'avons pas à l'être sur le dos de nos frères et de nos aïeux. Ce n'est pas ce juste orgueil d'être nés Français qui nous empêchera d'imiter, quand il le faudra, nos pères romains que Montesquieu loue très justement d'avoir

---

[88] René Quinton (1866–1925), naturaliste, physiologiste et biologiste. Il est le créateur du « sérum de Quinton ».

changé d'épée « quand ils connurent l'épée espagnole », qui « n'oublièrent rien pour avoir des chevaux numides, des archers crétois, des frondeurs baléares et des archers rhodiens ». La bonne internationale est celle qui est mise au service de la nation. Mais la nation commence à examiner si l'on n'a pas mieux ou tout aussi bien sur le territoire de la patrie c'est ainsi qu'on accueille Mazarin ou les Broglie, c'est ainsi qu'on se délivre des Concini. La valeur de la sélection dépend de son principe. Il ne faut pas qu'elle soit livrée au hasard. Il ne faut pas non plus qu'elle dépende d'un principe anti-national comme le gouvernement de nos Quatre États confédérés. Avec le principe nationaliste de l'intérêt public, l'hospitalité est féconde. Sans quoi c'est la dépossession.

La suppression des Concini, l'accueil fait à Mazarin et aux Broglie ont heureusement coïncidé avec le puissant effort d'intégration nationale marqué par Louis XIII et le ministère de Richelieu. Ni l'intelligence, ni la modération, ni le discernement du bien et du mal n'y manquèrent. Ce n'est pas à ces bons français qu'on eût fait croire qu'il n'y a point de différence entre bons Métèques et mauvais Métèques.[89] On ne leur eût pas fait admettre le raisonnement singulier en vertu duquel un étranger qui ne nous a fait que du mal, Rousseau, par exemple, doit nous conduire à méconnaître les étrangers amis et les étrangers bienfaisants. J'ai eu la confusion de voir un lettré comme Téry[90] commettre cette confusion. Elle a été naturellement reprise et adoptée, à ma grande joie, par l'homme à la conscience dans le tiroir[91], par les gens du Sillon, toute canaille parlementaire qui se moque de la poésie et de l'art comme de la patrie et qui n'a d'autre rêve que d'ajouter au déchirement des factions pour contenter ses vanités ou se remplir les poches. Mais, très précisément, la renaissance nationaliste à laquelle nous avons pris part, celle que Barrès a puissamment favorisée, tire une partie de son mérite et de son honneur de ce qu'un hôte de la France respectueux de notre langue et de notre goût, nous ayant apporté de profondes raisons nouvelles de comprendre et d'aimer le chœur de nos poètes, nous l'avons écouté, suivi et fait suivre de notre mieux. Aucun cosmopolite n'a rendu plus

---

[89] Rappelons qu'au-delà de la dénomination, le mot renvoie avant tout pour Maurras à l'institution antique.
[90] Gustave Téry (1871–1928), normalien, journaliste, il reste connu surtout pour son soutien au Sinn Fein irlandais, pour ses dénonciations virulentes de plusieurs scandales et, ensuite, pour son pacifisme. Il fut le premier éditeur du Feu de Barbusse.
[91] Allusion à un épisode des polémiques contre le Sillon.

que nous et nos nationalistes justice pleine et généreuse à « l'Athénien honneur des Gaules Moréas ».

C'est que Jean Moréas n'était pas un parasite de la France, ni un perturbateur du repos national. Rien n'égalait sa discrétion et sa réserve pendant nos plus dures querelles. Bien que le secret de ses yeux fut pour l'armée, pour l'ordre, pour la monarchie, il en trahissait peu de choses. Il vivait presque uniquement du revenu de sa maison de Patras. Il n'entretenait ni ambition ni cupidité. Un désir fier et sans intrigue lui faisait concevoir, au bout du chemin, l'entrée de son Iphigénie aux Français, plus tard sa propre réception à l'Académie. C'était le seul terrain sur lequel il voulut concourir et rivaliser, non par une brique quelconque, mais à coups d'œuvres, de services et de bons avis.

J'ai confiance que l'on mettra quelque jour son œuvre critique au même prix que celle du bon Malherbe. On verra ainsi ce qu'il a ajouté à la musique du vers français, non seulement dans les Stances de sa maturité, dans le Bocage et l'Ériphyle de sa perfection, mais dans les essais, dans les tâtonnements, dans les gammes incomparables de son Pélerin passionné. Éternel « homme grec » dont parlait Lucrèce, il est l'artisan d'une renaissance dont nous lui savons gré : preuve que nous ne fermons pas notre porte à quiconque n'est pas Français naturel, comme essaient de le faire croire les Juifs Étrangers, mais parent très proche par l'adoption et par le sang, en tout cas bienfaiteur, nous pouvons établir toutes les raisons de notre gratitude profonde, preuve que notre règle légitime comporte une exception qui ne dépend ni du hasard, ni du caprice, ni de lubies inconséquentes comme voudraient l'insinuer une poignée de diffamateurs envieux. Ce que nous admettons, ce que nous excluons, se justifie au nom du même principe, la France.

Chez le Père de l'histoire

1912

Texte paru dans L'Action française[92] *en 1912.*

CHEZ LE PÈRE DE L'HISTOIRE

Quand sur un mot de M. Flourens ou sur un silence de M. Poincaré, sur un aveu de Marcel Sembat ou sur une nouvelle bassesse de Jaurès, on vient de saisir quelque témoignage nouveau de l'infamie ou de la sottise, de l'impuissance ou de la débilité du régime démocratique, il est véritablement doux, il est lumineux et fortifiant de rattacher ces dures sensations de la vie d'aujourd'hui aux réalités du passé. Rouvrir un des vieux écrivains qui nous apprirent à sentir, et retrouver chez eux la vérification d'un jugement sur les choses contemporaines, il n'y a pas beaucoup de satisfactions d'esprit comparables. L'armée innombrable des hommes qui ont vécu et qui sont morts en des conditions infiniment dissemblables des nôtres se lève de sa cendre ou de ses charniers pour redire d'une voix ferme que nous avons parlé avec exactitude ou conformément aux intérêts les plus clairs de leurs descendants, successeurs, continuateurs. Et l'intelligence inondée de la lumière du présent trouve alors l'assurance de ne pas céder aux impressions fugaces de son siècle ; selon le splendide mot de Bonald, elle se sent « marcher », ou plutôt se reposer « avec tous les siècles ».

Qu'il soit remercié, le lecteur inconnu qui m'a fait penser à rouvrir le vieil Hérodote afin d'y relire l'antique débat politique d'Otanès, de Mégabyse et de Darius ! De ces moments fort agréables, les meilleurs auront peut-être été ceux où j'ai dû conférer les traductions à l'original. Sans y être grand clerc, je n'ai pas encore perdu mon amitié d'enfance pour la vivacité et la fraîcheur extrême des textes grecs. Ils ne sont pas précisément la jeunesse du monde, mais c'est la jeunesse de la pensée humaine conservée et perpétuée par un charme. Il ne faut pas croire que cela soit le privilège des vieux hellènes tels que l'auteur de l'*Histoire* : Aristote, qui est plus récent, donnera aussi cette sensation de légèreté et de promptitude dans l'ordre. Je crois que c'est inimitable. Il ne faut pas songer à traduire cela. Songeons plutôt à respirer cette belle sagesse afin de la comprendre et de l'utiliser. Les Grecs, qui ont été l'absurdité et l'anarchie faites peuple dans leur politique réelle, ont vu à peu près tout ce qu'il fallait voir en matière de politique

---

[92] *L'Action française*, numéro du 29 août 1912, texte repris dans le *Dictionnaire politique et critique*, article « Hérodote ».

théorique. S'ils n'ont pas su mettre de l'ordre dans leurs cités, ils l'ont fait régner dans leur pensée et dans leur langage, c'est déjà bien joli.

Nous voici donc au troisième livre de l'*Histoire* par excellence, celui dont Hérodote a fait hommage à la spirituelle Thalie, muse des comédiens. L'usurpateur du trône de Perse, le faux Smerdis, est massacré. Les sept grands seigneurs persans, dont la conjuration a parfaitement réussi, délibèrent sur le gouvernement à adopter. Avant tout, l'historien spécifie que ses rapports seront difficilement crus des sceptiques Hellènes. Mais il dit ce qu'il a appris, comme on le lui a dit.

Le seigneur qui avait eu l'initiative de la conspiration, Otanès, exhorta ses interlocuteurs à mettre l'autorité en commun. « Je crois », dit-il, « que l'on ne doit plus désormais confier la direction de l'État à un seul homme. Cela n'est pas fort agréable, et ce n'est pas très bon. Le monarque fait ce qu'il veut sans rendre de compte à personne et (ici je résume ce qui traîne dans le discours) bien qu'un tyran qui jouit de toutes les sortes de biens puisse et doive être exempt d'envie, le fait est que tout lui porte ombrage, ses sujets ne le savent que trop ! Il n'est bien qu'avec les plus méchants, il bouleverse les lois de la patrie, il n'a aucun respect pour les mœurs ni pour les formalités établies… » Réquisitoire ancien comme le monde, mais qui a le tort de se borner aux mauvais princes sans oser prendre garde que les tyrannies collectives n'en sont pas exemptes, bien au contraire ; une assemblée peut être tout aussi envieuse, avide, immorale et méchante qu'un seul tyran et avec moins d'effort ou de retenue ; donc plus facilement, les responsabilités étant divisées et par conséquent annulées…

Otanès devient beaucoup plus intéressant quand il ajoute, pour louer la démocratie : « Il n'en est pas de même du gouvernement du peuple. Premièrement, on l'appelle isonomie (égalité). **C'est le plus beau de tous les noms.** Secondement, il ne s'y commet aucun de ces désordres qui sont inséparables de l'état monarchique. Le magistrat s'y choisit au sort (!), il est comptable de ses actes, toutes les délibérations s'y font en commun. Je suis donc d'avis d'abolir le gouvernement monarchique et d'établir le démocratique, **parce que tout se trouve dans le peuple.** » Tel fut, dit Hérodote, le langage d'Otanès, digne précurseur des dévots du « peuple » comme Rousseau et Michelet.

Mais Mégabyse qui parla après Otanès conseilla d'établir le gouvernement du petit nombre, « l'oligarchie ». « Je pense avec Otanès, » dit-il, « qu'il faut abolir le gouvernement d'un seul et j'approuve tout ce qu'il a dit à ce sujet. Mais quand il nous engage à remettre la puissance souveraine entre les mains du peuple, il s'écarte du bon chemin. Rien de plus insensé et de plus insolent qu'une multitude pernicieuse. En voulant éviter l'insolence du tyran, on tombe sans la tyrannie d'un peuple effréné. Y a-t-il rien de plus insupportable ? Si un roi forme quelque entreprise, **c'est du moins avec connaissance**. Le peuple au contraire n'a ni intelligence ni même raison (qui lui soit commune). Il se précipite inconsidérément à travers les affaires publiques et les roule en tumulte, semblable à quelque fleuve grossi par l'hiver. **Puissent nos ennemis user de la démocratie !** Pour nous, faisons le choix des hommes les plus vertueux, mettons la puissance entre leurs mains, **nous serons nous-mêmes** de ce nombre et, suivant toutes les apparences, des hommes aussi sages et aussi éclairés ne formeront jamais que des desseins excellents. »

« Nous en serons nous-mêmes ! » Voyez-vous cet ambitieux qui couve et qui s'élève dans le subliminal de la conscience du conservateur libéral ? Au rebours d'Otanès, qui avait opiné avec l'optimisme naïf du Quarante-huiteux ivre du nom d'égalité et qui, non content d'aimer ou de servir le peuple, voudrait le prendre pour oracle et pour conducteur (tout pour le peuple et par le peuple !), le seigneur Mégabyse a de l'intelligence. Mais, si j'ose dire, il a l'intelligence bête, ou bestiale. Raison : elle est intéressée. Elle ne lui servira, en somme, qu'à gagner sa vie. Les rapports supérieurs lui échappent. Il sera du gouvernement avec tous ses meilleurs amis : gouvernement parfait ! C'est à peu près ainsi qu'on raisonna en 1883 autour du duc Albert de Broglie, du duc Decazes et du duc d'Audiffret-Pasquier, lorsque ces messieurs eurent renoncé à ramener le roi « ficelé comme un saucisson ». C'est de même façon que raisonne encore le conservateur libéral. Trop bien mis, bien trop fat pour douter de lui, mais trop bien appris pour vouloir le règne de la foule.

Darius, reprend Hérodote, parla le troisième. Je propose sa méthode en modèle. Les préopinants ont fait luire des préférences personnelles. Lui, le premier, émet une idée et, par là, ce personnage de l'historien grec se comporte en Grec véritable, c'est-à-dire en héraut de l'intelligence. Il ne compare par les **abus** d'un régime à l'**essence** d'un autre comme ont fait Otanès et Mégabyse. Ce qu'il compare, on va le voir, ce sont les comparables : « Les trois sortes de gouvernement étant aussi parfaites qu'elles peuvent l'être, la démocratique, l'oligarchique, la monarchique étant toutes les trois à leur meilleur point » (et il est trop clair, comme on l'a vu dans l'*Enquête sur la monarchie*, que comparer le mauvais roi à la bonne république ou la mauvaise république au bon roi ne peut mener à rien), « je dis », affirme Darius, « que l'État monarchique l'emporte beaucoup sur les deux autres. »

Entre autres raisons de la supériorité monarchique, il donne celle-ci, que MM. de Selves et Caillaux auront pu apprécier après Agadir[93] : « Les délibérations sont secrètes, les ennemis n'en ont aucune connaissance. Mais il n'en est pas de même en oligarchie... » Et la critique des oligarchies est de la plus fine justesse : « Ce gouvernement étant composé de plusieurs personnes qui s'appliquent à la **vertu** en vue du bien public » (donc bien intentionnées, donc patriotes, donc honnêtes à l'origine), « il naît ordinairement entre elles des inimitiés **particulières et violentes**. Chacun veut être le premier, chacun veut que son opinion prévale : de là, les haines réciproques et les séditions ; des séditions on passe aux meurtres, et, des meurtres, **on revient ordinairement à la monarchie**, ce qui prouve combien le gouvernement d'un seul est supérieur à celui de plusieurs. »

La remarque va loin. Nous savons par l'enseignement de Fustel de Coulanges que les républiques durables et prospères furent toutes à base d'aristocratie. Mais Hérodote nous avertit de la plaie éternelle des aristocraties : c'est la lutte civile. Et cette lutte est naturellement engendrée par les rivalités, par les compétitions — les rivalités, les compétitions des meilleurs. Si donc quelques rares aristocraties ont réussi à durer et à dominer, si l'histoire du monde mentionne avec respect le nom du sénat de Rome et du sénat de Carthage, du patriciat vénitien et de ce Parlement anglais (qui est l'accord des Communes, de la pairie et du roi), ces réussites exceptionnelles s'expliquent par une autre raison que l'organisation aristocratique : ces aristocraties ont été placées dans certaines conditions privilégiées. Ces conditions tiennent à la simplicité et à l'homogénéité d'un intérêt public évident qui, à Rome, à Carthage, à Venise, à Londres, réconcilia toujours les factions sur les sujets vitaux. Au contraire, l'échec de l'aristocratie athénienne, l'échec de toutes les aristocraties qui ont tenté de gouverner la Gaule et la France, s'expliquent par l'absence de cet élément

---

[93] Le 1er juillet 1911, l'Allemagne avertit le ministre français des Affaires étrangères de sa décision d'envoyer le croiseur *Panther* dans la rade d'Agadir. Devant cette manœuvre d'intimidation, et contrairement aux recommandations de l'Angleterre, le Président du Conseil Joseph Caillaux choisit de court-circuiter son ministre, de négocier et de céder. Le 4 novembre 1911, le droit français au protectorat sur le Maroc était « échangé » contre la cession à l'Allemagne de vastes territoires au Congo. (n.d.é.)

unificateur et pacifiant : l'extrême complexité de l'intérêt général athénien et français, déchaînait et légitimait à Athènes, comme elle le fait en France, les conflagrations et les déchirements sans limite. Les aristocraties française et athénienne n'ont jamais pu s'unir que sous la botte de l'Étranger : trop tard.

Après avoir si bien vu le défaut général des aristocraties où la « vertu » même devient un facteur de désordre, Darius dit son mot sur la démocratie : là encore, avec une clairvoyance et une originalité singulières. Quant au peuple, dit-il, quand il gouverne, « la corruption ne tarde pas à s'établir ; une fois établie, cette corruption **ne produit pas de haine entre les méchants** : elle les **unit**, au contraire, par les liens d'une étroite amitié, car ceux qui perdent l'État agissent de concert et se soutiennent mutuellement ». Distinction très intelligente.

C'est, selon la frappante expression de Frédéric Le Play, c'est l'erreur des honnêtes gens qui fait le malheur des aristocraties, car, à la suite de l'erreur, la division et les haines éclatent parmi elles.

En démocratie, c'est tout le contraire ; le mal y naît de la puissance des coquins, de leur entente spontanée et naturelle, des cadavres qu'ils mettent entre eux, et par lesquels leur association se fortifie et se perpétue. C'est pourquoi, dit le personnage d'Hérodote, « ils continuent à faire le mal, jusqu'à ce qu'il s'élève quelque grand personnage qui les réprime et prenne l'autorité sur le peuple. Cet homme se fait admirer, et cette admiration fait le roi. **Ce qui peut servir à montrer encore que la monarchie est le meilleur gouvernement »**, puisqu'elle est le terme naturel et du gouvernement des pires et du gouvernement des meilleurs.

L'élégant dialecticien insiste : à ces raisons de la raison, il veut, en terminant, ajouter les éloquentes suggestions de l'histoire : « Pour tout dire en peu de mots », s'écrie-t-il, « d'où nous est venue notre indépendance ? De qui la tenons-nous : du peuple ? de l'oligarchie ? ou d'un seul chef ? D'un seul. Puisqu'il est vrai qu'un seul nous délivra de l'esclavage, il faut nous en tenir à lui. Et j'estime d'ailleurs qu'il ne faut pas renverser les lois de la patrie quand elles ont donné de bons résultats, car cela n'aurait rien de sage... » C'est l'argument traditionnel, l'argument de l'Empirisme organisateur, celui qui est tiré du bon service des constructeurs de la patrie. Les quatre autres Perses, qui avaient écouté leurs collègues en silence, se rangèrent au sentiment de Darius, qui mérite encore de l'emporter...

Et cette belle vérité eût été plus sensible encore si je m'étais borné à la traduire mot pour mot. Tant il est vrai que le père de l'histoire ancienne mériterait d'être appelé le père de la politique, car il enseigne comme Homère, père de toute poésie : « Le gouvernement de plusieurs n'est pas bon ; qu'il y ait un seul chef, un roi ! » Tant il est vrai que l'école républicaine se moque de nous en annonçant du nouveau à tout bout de champ ! Combien d'hommes sont morts, et que de peuples se sont succédés depuis Hérodote !

Les éléments, pareils à son fleuve grossi par l'hiver, *cheimarrô potamô*, n'ont pas cessé de se remplacer avec une indifférente et mélancolique vitesse ; mais les rapports de ces mobiles si divers sont restés immuables. Cela n'a pas bougé. Nous vérifions chaque jour leur loi immortelle. Cesserons-nous de la vérifier à nos dépens ?

LAMARTINE ET CHATEAUBRIAND

1912

Entre les critiques adressées au Chateaubriand de Jules Lemaitre, il faut retenir l'objection dite de Lamartine : — *Et Lamartine, alors ?*

Lemaitre, au sixième volume des *Contemporains*, a fait un Lamartine qui déborde d'admiration, de sympathie, de piété ; Lamartine est un romantique, Chateaubriand en est un autre. Pourquoi deux poids et deux mesures ? Pourquoi deux traitements si contraires, si différents ?

Tous les lettrés, s'il nous en reste, ont déjà répondu que c'est bien différent en effet ! Mais, par ces temps où chacun parle à tort et à travers de l'art classique et du romantisme, il n'est pas mauvais d'éclaircir la différence entre ces deux hommes qui, à vrai dire, ne présentent aucun rapport essentiel, personnel et profond. Lamartine est un tout autre homme que Chateaubriand. Et d'abord, c'est un homme ! Ce n'est pas une vanité. Non qu'il ne fût point vain par les côtés secondaires de sa nature. Non que sa personnalité n'ait pas été gâtée ni altérée en mille endroits. On ne peut pas aller chercher dans un âge aussi trouble que le dernier siècle un modèle d'homme ni une perfection de poète ou d'artiste. Les défauts, les abus, surtout le fatras sont immenses chez Lamartine comme chez tous. Mais lui, est plus fort et plus grand.

En effet, si, de cette œuvre mélangée, l'on se donne la peine d'extraire le noble et le pur, le solide et l'harmonieux, si l'on va au centre vivant de cette grande âme et de ce magnifique génie, on découvre de quoi former une anthologie sans pareille, qui rattache à la tradition éternelle le caractère du poète et le sens de sa poésie ; on se rend compte que *Le Lac* est composé comme une ode d'Horace et que la méditation sur *La Gloire* se mesure en vers malherbiens :

> Au rivage des morts avant que de descendre
> Ovide lève au ciel ses suppliantes mains
> Aux Sarmates grossiers il a légué sa cendre
> Et sa gloire aux Romains...

Et l'on comprend que, si la matière de cette poésie fut, la plupart du temps, le triste ramas de tous les vague-à-l'âme, de toutes les mollesses et de toutes les dissolutions que le souvenir de Jean-Jacques et le mal de René inspirèrent à bien des cœurs, son rythme descend de plus haut dans chaque cas de réussite parfaite. L'enfant qui apprit à lire dans *Mérope* est à peu près le seul de nos poètes, avec Racine, capable de continuer le *chorus aequalis*[94] des chants virgiliens :

> À la molle clarté de la voûte sereine,
> Nous chanterons ensemble assis sous le jasmin...[95]

Son enchantement de l'oreille se produit sans effort, s'exhale sans recherche, il s'engendre naturellement d'un accord, d'un « rapport », comme disait madame de Sévigné, entre tous les membres de la composition. Cet homme si distrait et si négligent, cet ignorant qui passait pour ne savoir que son âme, savait pourtant ce qu'il faisait quand il appelait « harmonies » des strophes où la pensée et l'émotion, la cadence et le vocabulaire s'enlacent et s'étreignent d'un mouvement si tendre et si complet. Parle-t-il de sa Muse, divinité sereine, et supérieure à l'insulte :

> Non, non, je l'ai conduite au fond des solitudes,
> Comme un amant jaloux d'une chaste beauté.
> J'ai gardé ses beaux pieds des atteintes trop rudes
> Dont la terre eût blessé leur tendre nudité.
> J'ai couronné son front d'étoiles immortelles,
> J'ai parfumé mon cœur pour lui faire un séjour,
> Et je n'ai rien laissé s'abriter sous ses ailes
> Que la prière et que l'amour.[96]

Le plus beau est qu'il disait vrai. Ces splendeurs limpides et justes sont l'aveu sincère de ce grand cœur, et l'expression de cette belle vie. Il eut dans son orgueil et même dans sa vanité quelque chose de généreux qui emporta et domina le reste. Il eut le droit de crier à des ennemis :

---

[94] Référence à Virgile, *Géorgiques*, IV, 460 : « *at chorus aequalis Dryadum clamore supremos implerunt montes* » ; le chœur (*chorus*) des Dryades, qui sont « du même âge » (*aequalis*) qu'Eurydice – dont Virgile parle ici – emplit les montagnes de sa clameur. Il faut comprendre dans le texte de Maurras *aequalis* au sens d'égal en dignité : Lamartine fait chœur avec ses plus grands prédécesseurs, Virgile ou Racine. *Comme celle-ci les notes suivantes sont des notes des éditeurs.*
[95] Alphonse de Lamartine, *Méditations poétiques*, Ischia.
[96] *Odes politiques, À Némésis*.

> Mais moi j'aurai vidé la coupe d'amertume
> Sans que ma lèvre même en garde un souvenir,
> Car mon âme est un feu qui brûle et qui parfume
> Ce qu'on jette pour le ternir.[97]

Autant on distingue toujours un résidu de mesquinerie et de petitesse dans ceux des actes de Chateaubriand qui lui firent le plus d'honneur, autant celui que Chateaubriand lui-même appela « ce grand dadais » laisse transparaître de fière et haute simplicité jusque dans les enfantillages et les naïvetés (car il fut très naïf, quoique avisé, rusé et lucide comme un poète). Il ne se guindait pas, il ne s'apprêtait guère. Le noble, le splendide et le magnanime, qu'ils fussent de pensée, de conduite ou de pure attitude, lui allaient comme son vêtement naturel. Peu de génies ont mieux porté leur sceau de naissance et bien peu d'héritiers du vieil ordre français haussèrent ce don de nature au même degré de vigueur. Il se sentait taillé pour parler, au nom de toute une race, aux villes, aux peuples, aux éléments :

> Et toi, Marseille, assise aux portes de la France
> Comme pour accueillir ses hôtes dans tes eaux...[98]

Il faut insister sur le point (que Lemaitre est, je crois bien, le premier à avoir mis tout à fait en lumière) : on croit Lamartine efféminé, langoureux, comme on a cru longtemps (sur la foi de Renan) la pensée hellénique ou même le paysage hellénique étriqués et mesquins. Tous ceux qui ont vu le Pentélique[99] élever et serrer entre ses bras nerveux les champs de la plaine d'Athènes, tous ceux qui ont su prendre garde à la manière dont le Parthénon sort de terre, se rendent compte de l'extravagance de cette opinion en ce qui concerne les Grecs. Elle n'est pas moins insoutenable pour Lamartine. Il abonde en vers, en strophes et en poèmes qu'il faudrait appeler « doriques » pour la mâle énergie et la sobriété. Lemaitre, après avoir cité quelques-unes de ces fermes beautés, s'écrie en souriant : « Voilà comme cette longue main féminine et languissante sait frapper le vers. » C'était, dit-il encore, « une nature robuste et superbement équilibrée », donnant « à tous ceux qui l'ont approchée une impression de puissance ».

---

[97] *Idem.*
[98] *Adieu. Hommage à l'académie de Marseille.*
[99] Monticule de l'Attique, d'où fut extrait le marbre utilisé pour la construction de l'Acropole.

« Dans sa vie rustique, il avait l'allure et le geste d'un chef de clan, d'un conducteur de tribu, beau et fort. Dans ses amours très nombreuses, il n'avait rien du tout de languissant. Le formidable travail de sa vieillesse n'était point d'un anémié. Les imaginations féminines s'obstinèrent assez longtemps à voir en lui une colombe gémissante. Or, il ressemblait physiquement, vers la fin, à un vieil aigle, et c'était la véritable figure de son âme. »

Le grand homme et le bon poète, très bon et très grand ! Par le meilleur de son œuvre, il se rattache à cette lignée de nos beaux orateurs en vers, si mal compris de Taine et de la critique tainienne, mais qui forment certainement le sublime de l'art poétique français. Dans la pièce aux Bardes gallois[100], par exemple, le poète vibre et frémit de la tête aux pieds comme la statue de l'orateur romain qui est au Louvre.

Et, sans conteste, cet admirable poète-là se trouve fréquemment gâté par la matière défectueuse qu'il magnifie. C'est la honte et la douleur du XIXe siècle que des rythmes incomparables aient pu accompagner les conceptions délirantes d'une *Marseillaise de la Paix*. Quand il aura cessé d'en souffrir, l'esprit national rougira d'une telle profanation qui fait du chef-d'œuvre de l'éloquence et de la poésie le véhicule des plus abominables pétitions de principe et des plus amères contradictions de l'anarchisme et du pacifisme, tous sophismes nés du déchirement entre un cœur divinement noble et les plates folies du temps. Dites-moi néanmoins si cette chanson ne garde pas un fond religieux et guerrier :

> Roule, libre et tranquille, entre tes larges rives,
> Rhin, Nil de l'Occident, fleuve des nations...
> Il ne tachera plus le cristal de ton onde,
> Le sang rouge du Franc, le sang bleu du Germain.
> Ils ne crouleront plus sous le caisson qui gronde,
> Ces ponts qu'un peuple à l'autre étend comme une main.
> Les bombes et l'obus, arcs-en-ciel de batailles,
> Ne viendront plus s'éteindre en sifflant sur tes bords.
> L'enfantine verra plus du haut de tes murailles
> Flotter ces poitrails blonds qui perdent leurs entrailles
> Ni sortir du flot ces bras morts...[101]

---

[100] *Recueillements poétiques, Toast porté dans un banquet national des Gallois et des Bretons.*
[101] Première strophe de *La Marseillaise de la Paix*. Manquent les vers 3 et 4.

Radieux et farouche tableau de batailles, mais plus radieux que farouche et tel que devait le sentir cet enfant d'une race de gentilshommes laboureurs. Je crois que les mauvais Français qui faisaient réciter ce poème pour démoraliser les foules parisiennes ont été volés en partie. Malgré quelques conseils perfides distillés aux plus attentifs, les mots menteurs auront passé par-dessus bien des têtes, ne laissant percevoir qu'un rythme généreux, d'héroïsme et d'amour.

Qu'après cela, ce noble athlète de notre poésie lyrique laisse en général une impression d'inachèvement ; qu'il ne surnage qu'en lambeaux aux fatalités de son siècle, il faut en chercher la raison dans notre histoire politique, qui est génératrice, mais aussi dégénératrice des mœurs. De son vivant, le très lucide et très jaloux Sainte-Beuve avait raison de remarquer qu'entre tous les contemporains, Lamartine a le plus perdu à la dispersion et à la suppression de cette société polie de la Restauration qui promettait au goût et à l'art français une renaissance. La Révolution de juillet ramena les lettres et les arts à une sorte d'état forestier et sauvage qui retira aux mieux doués le bienfait de la discipline et du frein. Le goût a pu tester naturellement le partage de ceux, professeurs ou critiques, dont c'était la spécialité : le goût public s'évanouit. À la dissolution du sentiment littéraire correspondit la décomposition des doctrines, qui aboutit à ce mouvement démocratique et libéral, nivelant toutes les écoles philosophiques et religieuses. C'est ainsi que fut donné le scandale, hélas ! lamartinien, des idées de Joseph Prudhomme[102] ou de Calino[103] servies par un langage parfois digne de Pascal et de Bossuet. Il est très vrai, comme le dit Buffon, que les ouvrages bien écrits sont seuls destinés à survivre, mais l'immortalité fera leur châtiment quand ils perpétueront la tristesse d'une émotion sans ordre et d'une pensée en lambeaux.

---

[102] Allégorie caricaturale du bourgeois parisien du milieu du XIXe siècle, créé par Henry Monnier en 1830, puis rendu célèbre par la pièce du même auteur *Grandeur et décadence de M. Joseph Prudhomme* (1852). Infatué, bedonnant, volubile, stupide et conformiste, Monsieur Prudhomme a succédé au Monsieur Jourdain du grand siècle, et sa descendance est aujourd'hui innombrable !

[103] Personnage bouffon, imaginé par les frères Goncourt dans leur recueil de nouvelles *Une voiture de masques* (1856), sur le modèle des acteurs enfarinés de la *Commedia dell'arte*. Calinot, devenu ensuite Calino chez ses nombreux citateurs, est un pitre multipliant les niaiseries les plus diverses.

Un Dante eût surmonté cette erreur de l'histoire. Lamartine n'a pu que sauver à la nage, comme Camoëns[104], ses biens les plus précieux. Mais ces biens-là proclament qu'il posséda personnellement la santé, la plénitude, l'harmonie et ce don souverain, qui manquait à Chateaubriand, de s'oublier soi-même dans une œuvre chérie. C'est notre poète sacré. S'il n'eut guère de disciples en langue française, bien que dix mille poétereaux l'aient voulu pasticher et que les plus grands, les plus rares de ses successeurs, un Verlaine, un Moréas, aient tous subi l'influence de sa langueur ou de sa force, de ses rayons de lune ou de ses rayons de soleil, les Provençaux ne peuvent pas oublier que le grand Bourguignon leur a légué plus qu'un disciple, un fils direct, Mistral.

---

[104] Luís Vaz de Camões, 1525–1580, dit Camoëns, le plus célèbre des poètes portugais, contemporain des grandes découvertes et de l'apogée de la puissance maritime lusitanienne. Il composa son plus célèbre poème lyrique, *Les Lusiades*, alors qu'il était en exil à Macao. Sur le chemin du retour, son bateau fit naufrage au large de l'embouchure du Mékong. Il y perdit son égérie Dinamène, chantée par lui dans de nombreux poèmes, mais réussit à sauver son manuscrit.

L'Historien de François Villon

1913

Ce texte est paru le 25 septembre 1913 dans L'Action française, *repris en 1934 dans le* Dictionnaire politique et critique.

Il n'y a pas cinq jours révolus que je tiens ce *François Villon* de Pierre Champion[105], ou plutôt que je suis possédé par ces deux volumes. Les ai-je lus d'un bout à l'autre ?

Ce n'est pas sûr, mais je les ai certainement avalés, avec leurs images, avec les principaux jugements de l'auteur, avec tous les textes de poètes ou de rimeurs qu'il a insérés dans sa trame. Et c'est un pur enchantement.

Dès 1892, j'avais joui avec délice de l'édition qu'Auguste Longnon[106] avait donnée chez Lemerre. La sûreté du texte, la beauté de son impression, l'abondance des informations d'histoire et de langue distribuées de part et d'autre de ce texte m'ont rendu des services que je ne saurais reconnaître assez fortement. J'aimais déjà ce grand poète, mais l'édition Longnon m'apporta tout ce qu'il fallait pour le bien aimer.

Entre Auguste Longnon et Pierre Champion, entre le premier auteur d'une édition accomplie de l'œuvre et l'historien parfait du poète et de son époque, tous deux Longnon et Champion s'accordent à nommer un intermédiaire, extrêmement précieux à leur gré : Marcel Schwob.[107]

Ils sont mieux placés que moi pour mesurer la valeur et le rôle de Schwob...[108] J'ai connu Marcel Schwob et ne fus point sans sympathie pour sa personne qui était d'un savant et d'un travailleur. Mais son esprit m'horripilait.

Il me souvient du furieux éloignement instinctif que m'inspiraient son art, sa pensée, son jugement, son goût, enfin tout ce qu'il eut de plus personnel et de plus intime. Pour avoir recueilli, un jour, de sa bouche, un

---

[105] *François Villon, sa vie et son œuvre*, deux grands volumes richement illustrés parus en 1913 chez l'éditeur Honoré Champion.
Comme celle-ci les notes suivantes sont des notes des éditeurs.
[106] *Étude biographique de François Villon, d'après les documents inédits conservés aux Archives Nationales*, première édition parue en 1877 chez Henri Menu, à Paris.
[107] Marcel Schwob, 1867-1905, s'intéressa très tôt à l'étude de l'argot. Il fut par ailleurs à l'origine de la découverte des seuls documents historiques (des pièces de procès) que nous possédons sur François Villon.
[108] L'érudit Auguste Longnon, 1844-1911, n'a pris connaissance des travaux de Schwob sur Villon que bien après avoir lui-même étudié le poète ; il n'en est pas de même de Pierre Champion, 1880-1942, qui viendra après Schwob. Leurs hommages respectifs n'ont donc pas la même chronologie. Pierre Champion fera d'ailleurs paraître en 1927 un ouvrage chez Grasset, *Marcel Schwob et son temps*.

éloge d'Eschyle, je ne pus, de six mois, souffrir l'auteur de l'*Orestie*. Pour l'avoir entendu vanter Charles d'Orléans, je pris en grippe le charmant poète pour un laps de plusieurs saisons. De sa voix blanche, égale, claire et sans inflexion, de son style recherché et plat, ce jeune juif cultivé et sagace avait l'heur de froisser et de rebrousser toutes mes tendances profondes.

Il faisait aussi des nouvelles et des contes ; ces histoires où rien n'arrivait, ces tragédies sans catastrophe, avaient commencé par m'inspirer quelque vague intérêt. Mais quand l'étrangeté de la composition finit par s'étendre au langage, rien ne me parut plus insupportable. J'ai découpé dans un journal une certaine « Vie de Titus Lucrétius Carus », que nous nommions, entre Français, le poète Lucrèce, où mon crayon rageur a laissé tous les signes de son courroux. « Avec Memmius, il quitta le temple serein de la forêt »… bon, *templa serena* ! Mais était-il question de forêt, à ce propos, dans Lucrèce ?… Plus loin : « la haute maison »… *Alta domus*, je comprends bien ; mais mes vieux maîtres avaient beaucoup insisté pour me faire sentir qu'*alta domus* et *haute maison* étaient deux. *Alta* veut dire *altière* ou *hautaine*, et le raffinement du juif Schwob ne me paraissait aboutir qu'à l'abject mot à mot de la barbarie.

C'est entre le juif Schwob et le grec Moréas que faillit se jouer, pour notre jeunesse, la partie décisive de l'avenir intellectuel. Mais tout notre cœur et tout notre esprit, toute notre âme française avaient pris position déjà ; même à notre insu, nous travaillions en faveur de la France.

Je vous parle de temps anciens, antérieurs de plusieurs années à l'affaire Dreyfus, quand tout était mêlé comme au chaos d'Anaxagore ; Juifs et Français vivaient ensemble, se fréquentaient et se tâtaient. Ils apprenaient à se connaître, à se distinguer et à se haïr.

Pierre Champion me satisfait quand il parle du « goût étrange » de Marcel Schwob. Mais c'était un grand érudit. Ses reconstitutions du XVe siècle étaient, par leur précision, émouvantes. Que ne s'y était-il tenu ! Il ne le pouvait pas. Il ne le devait pas. Le langage humain, philosophe, de sa nature, oblige à généraliser toutes les fois que l'on échappe au cercle des premiers besoins. En généralisant, Schwob tombait naturellement de son grade d'érudit français à la petite estrade de penseur juif. Il publia, vers 1894, si je ne me trompe, dans la *Revue des deux mondes*, un portrait de Villon, plein de renseignements (on peut même dire, après Longnon, de révélations), qui était du plus haut intérêt, mais (faute de se limiter à ce qu'il savait) gros d'erreur. Cette erreur paraissait dans la tendance générale et dans la conclusion de l'article, qui était que la force, le génie, le mérite littéraire de Villon tenait, somme toute, à ce qu'il avait été l'interprète d'un temps et d'un siècle ; ce n'était plus comme poète contemporain de tous les âges que Villon avait droit à notre attention, mais pour avoir représenté et signifié un certain moment du passé, une anecdote originale de l'histoire, un aspect amusant de la fuite des choses.

La conclusion introduisait l'individualisme romantique dans la critique littéraire.

Brunetière, qui l'imprima, n'y vit que du feu. C'était le moment où le directeur de la *Revue des deux mondes* se préparait, par une évolution philosophique bizarre, à effacer tout souvenir des services publics qu'avait rendus la première période de sa vie littéraire. Il me parut nécessaire de signaler l'erreur, ce que je tentai aussitôt dans un feuilleton de la *Gazette de France*, que je n'ai pas sous les yeux non plus, mais il me souvient que j'opposai énergiquement à la pensée de Schwob les réflexions du premier éditeur critique de François Villon, qui ne fut autre que le gentil Clément Marot, en 1533.

Dans cette page mémorable, Marot dit que François Villon, né et mort au siècle précédent, devenait en partie inintelligible, pour avoir traité dans ses deux *Testaments* de matières « basses et particulières » sujettes à la dent prompte de l'oubli et du temps. Mais il ajoute qu'un élément de ce poète échappait au mauvais destin en raison de la haute qualité de son art, de sa noble valeur humaine, de l'éclat et de la fraîcheur de son coloris : « Le reste des œuvres de notre Villon (hors cela) », dit expressément Clément Marot, « est de tel artifice, tant plein de bonnes doctrines, et tellement painct de belles couleurs que le temps, qui tout efface. jusques icy ne l'a sceu effacer ». Il n'était point malaisé de discerner dans cette réflexion précieuse le germe de tout art français. Ces mots sont à retenir comme le trophée commémoratif d'un naufrage et d'un sauvetage, d'une réussite idéale et d'un grave échec. Qui sait lire est renseigné sur ce que le génie ou le goût classique prescrit de faire et d'éviter.

On imagine bien que, dans l'âpre campagne menée il y a vingt ans contre l'individualisme dans l'art, cette préface de Marot m'aura servi à tout usage.

Ce qui me console de l'avoir répété, ressassé peut-être (non seulement à *La Gazette de France*, mais à la *Revue encyclopédique* et naguère dans la préface à la belle traduction de Dante par Mme Espinasse-Mongenet[109]) c'est que l'insistance n'a pas été inutile.

Antinomie entre la poésie de ce qui ne meurt pas et l'histoire pieuse de ce qui retournera justement à la terre...

Antinomie de la critique attentive à ne démêler que le beau et de l'histoire qui accueille tout ce qui prit part à la vie...

Antinomie... On pourrait allonger le thème indéfiniment. On pourrait surtout le brouiller.

Il n'y a rien de plus facile que de tout mêler sur ces difficiles matières, même en feignant d'y apporter un simulacre de précision.

Essayons d'être nets à propos de ce maître livre.

Nous ne faisons point de débat entre l'ignorance et le savoir ; la science est la bienvenue, non seulement pour Villon, mais pour toute chose. Le vieux Sarcey[110] a raconté comment, jeune, professeur à Grenoble, il eut la fantaisie d'apprendre le droit romain et comment il fit de la sorte de beaux progrès dans l'intelligence de Virgile et d'Horace. *La Cité antique* est venue vérifier depuis la justesse de ce propos. Toutes les notes marginales destinées à nous éclairer sur la signification d'un beau vers, et surtout des pages qui l'avoisinent, ne sont ni vaines, ni frivoles, ni embarrassantes ; elles apportent, au contraire, un surcroît d'émotion et de vie. Aurais-je, pour ma, part, entrepris l'exégèse des relations de George Sand et d'Alfred de Musset si je n'avais pensé que l'intelligence de *La Nuit d'octobre* en dût être avivée et approfondie ? L'histoire est un secours, la biographie est un secours, l'érudition philologique est un autre secours. Où l'on barre la route à Schwob, où il ne faut pas craindre d'arrêter net tous ses pareils, c'est lorsque d'une auxiliaire ils font une reine, d'un utile accessoire, le capital et l'essentiel.

Il suffit de mettre les choses à leur place pour que l'esprit recouvre aussitôt toute liberté. Car enfin, il ne s'agit pas de parquer les auteurs dans un genre déterminé et défini pour l'éternité. Si vous préférez l'histoire à la critique purement littéraire, ou si vous aimez à les mêler l'une à l'autre, ou si dans ce mélange, il vous plaît de donner le pas tantôt à celle-ci, tantôt à celle-là, en vérité, ce n'est pas la peine de vous gêner !

Mais le libéralisme juif de Schwob était tyrannique et oppressif en ceci qu'il tendait à faire croire que les ballades des *Dames du temps jadis* ou les

---

[109] Voir *Le Conseil de Dante*.
[110] Francisque Sarcey, 1827-1894, critique dramatique réputé.

Regrets de la Belle Heaulmière, ou *Corps féminin qui tant es tendre*, étaient de la « petite bière » auprès des particularités de l'argot des coquillards ou de telle autre de ces « bagatelles historiques », comme disait M. Jérôme Coignard[111] « *nugae historiae* » !

Hé ! une fois la vérité dûment rétablie, étant bien entendu que le beau est le beau, que l'éternel est l'éternel, et qu'il n'y a rien dans Villon de plus digne d'intérêt, d'admiration et d'étude profonde que ce qui en a toujours été admiré — par exemple, la chute, d'un pathétique incomparable,

> Ne ma mère, la povre femme ![112]

... oh ! cela réservé, que tout le reste coule à son gré ! C'est entendu, c'est accordé. On n'aura jamais assez de renseignements précis sur une œuvre obscure ; ce qu'on en dispute aux incertitudes, à l'équivoque, à l'ignorance est gagné pour le plaisir esthétique et rentre ainsi sous la loi de la critique proprement dite. L'érudition travaille à accroître les terres de la Littérature. Quel lettré serait assez sot pour s'en priver ?

Grâce à Pierre Champion, qui, du reste, procède avec une modestie qu'il faudrait nommer scandaleuse, nous avons désormais un livre qui peut se lire ou s'entendre de deux manières. D'abord une promenade à travers le Paris du XVe siècle, et dont le poème de Villon porte le flambeau. Puis, une promenade à travers l'œuvre de François Villon éclairée d'un jour merveilleux, par une connaissance approfondie de l'histoire de Paris et de la France au XVe siècle. Vieux Villonniste, vieil amoureux opiniâtre de Villon, j'avouerai bien que c'est le second point de vue qui me plaît le mieux, mais bien que l'auteur m'eût averti de cent déceptions, je n'en ai éprouvé aucune. Ni l'art, ni le goût du poète n'y sont négligés au profit de leurs alentours. L'analyse des deux *Testaments* est admirable (et c'est à quoi se reconnaît le bon critique, le critique-né), admirable, dis-je, de précision, de science et aussi de sûreté, d'instinct, et encore de prudence minutieuse. « Je ne sais rien, mais je voudrais bien savoir quelque chose » dit en commençant le critique. Et à la fin : « Je ne sais rien, je n'y ai rien compris. »

---

[111] Personnage d'Anatole France. L'abbé Jérôme Coignard apparaît dans *La Rôtisserie de la reine Pédauque*, en 1892, puis devient personnage principal, l'année suivante, des *Opinions de Jérôme Coignard*. Anatole France fait vivre cet abbé à la fin du règne de Louis XIV et le fait s'exprimer sur les questions de société dont l'on débat en 1890.
[112] *Ballade pour prier Notre-Dame*.

Adroits détours pris par un sage, qui, même au chapitre le plus affirmatif, celui de la science ou de l'ignorance de François Villon, ne veut pas oublier combien le public passionné et frivole a vite fait de s'emparer du jugement des doctes pour le faire servir à ses intérêts. Pierre Champion, qui se garde, nous garde aussi du mal de l'erreur aventureuse et précipitée. Mais il aura beau faire, nous ne tournerons point les pages du merveilleux album sans en tirer de larges profits.

Outre que, grâce à lui, nous savons positivement ce qu'était un heaulme, et ce qu'était une heaulmière, et comment le *paradis peint où sont harpes et luths* et *ung enfer où damnés sont boullus* correspondait exactement à la fresque de l'église des Célestins, non loin du quai des Célestins, où logeait la mère de Villon ; grâce à lui aussi, nous possédons un corps précieux de nouveaux éléments pour entendre précisément, et pour entendre avec justesse, non seulement les choses dont nous parle avec tant de détails le poète, mais leur poésie, la mystérieuse poésie de Villon. Tout le long de ce qu'il appelle « un voyage d'imagination » à travers le XVe siècle, voyage « tout entier justifié par les documents », il donne le moyen de nous mêler plus facilement à Villon, de comprendre son art « réaliste », son « pouvoir verbal » et la « perfection » de son ordre tragique. Il augmente ainsi la somme de nos plaisirs en nous en expliquant les raisons lumineuses. Un vieux Monsieur, connu de Pierre Champion et dans lequel il me semble reconnaître un ami, a coutume, dit-il, de scander avec volupté les plus insignifiants huitains du poète,

> Item, et à mon plus que père
> Maître Guillaume de Villon...[113]

Eh ! ce vieil amateur des Ballades et des Legs lit aussi et relit telle page où notre historien redevenu critique résume les sensations et les sentiments de tout cœur bien appris, par exemple la belle page qui débute ainsi : « Avoir vingt-cinq ans ; être très pauvre ; éprouver qu'on a devant soi l'avenir que vous assurent la santé, la joie de vivre, de belles relations, un esprit vif... » Tout ce portrait par vraisemblance et peut-être par réminiscence et seconde vue historique, suivi de l'étude morale, plus poussée, du « pauvre petit

---

[113] *Le Legs du pauvre.*

écolier sec et noir, laid, hardi en paroles », ferait assurément honneur, et grand honneur, révérence parler, à M. Sainte-Beuve en personne.

LE MORAL

1914

Ce texte a paru dans *L'Action française* le 1ᵉʳ août 1914.

LE MORAL

La seule chose triste est de penser à ceux qui restent.
(Lettre d'un soldat.)

À l'heure où l'on écrit ces lignes, rien n'est moins assuré que la paix ou la guerre.[114] La paix sourit à tous. La guerre est une charge subie, certes, par tous, mais dont l'essentiel n'est assumé que par quelques-uns. Heureux, on peut le dire aujourd'hui, heureux ceux dont les cœurs et les bras auraient le privilège de combattre, de s'exposer et de frapper ! Leur sort est particulièrement enviable pour ceux qui entrevoient, plus émouvant qu'aucune parole possible, le cortège des filles, des femmes et des mères qui, étreintes d'angoisse, donneront, peut-être avant peu de jours, les embrassements du départ ! Et c'est à elles, à celles qui se voient déjà affligées et meurtries par l'événement, que je ne saurais m'empêcher de demander quelque chose de leur pitié pour les autres, pour ceux, bons Français, qui ne partent pas, bien qu'ils fussent nés aussi pour partir.[115]

Je pense aux vieux soldats. Je pense plus amèrement encore à ceux qu'une cause physique ou morale retient loin des champs de bataille et qui, demeurés conscients de tout ce qu'ils doivent à l'air et à la terre de la patrie, se demandent comment faire pour payer une équivalence du sang que leurs amis et leurs frères s'en vont verser. Pour moi, je ne puis me tenir de me voiler les yeux à la pensée de tel et de tel, et de tel encore, que j'ai vus travailler tant d'années auprès de nous et qui, un de ces jours, devront prendre congé pour la lutte suprême. Ces bons Français, ligueurs, camelots du Roi, étudiants d'Action française ou membres de nos Comités directeurs, auront longtemps étudié, approfondi auprès de nous toutes les raisons d'être du devoir envers la patrie. Ils nous auront prêté les lumières de leur pensée.

---

[114] La déclaration de guerre formelle sera du surlendemain.
Les notes sont imputables aux éditeurs.
[115] On sait que la surdité de Charles Maurras lui avait interdit la carrière dont il rêvait, dans la Marine, a fortiori lui interdit-elle de s'engager ou d'être mobilisé ; en 1914, Maurras, né en 1868, avait 46 ans et il aurait pu sans cette invalidité être mobilisé dans « la territoriale » qui regroupait les hommes les plus âgés à être mobilisés, nés entre 1866 et 1879 (classes 86 à 99).

Nous leur aurons prêté, à notre tour, les nôtres. La plume et la parole auront multiplié et propagé à l'infini les éléments, les conditions, les conséquences de la vérité politique ; et tout à coup, sur un signal au canon, au clairon, ce collaborateur, cet ami nous auront quitté, le fusil sur l'épaule ou l'épée à la main, sans qu'il nous soit possible de marcher auprès d'eux pour les suivre ou pour leur donner, dans notre mesure, humble, certes, mais effective, l'exemple et la leçon de la conformité à ce long enseignement mutuel !

Il n'y a rien de plus pénible pour les esprits chargés d'une pensée certaine, d'une volonté définie, que ce brusque arrêt imposé par la vie devant l'acte décisif qui les réalise. Il est beau de mourir pour l'idée à laquelle on se donne, il n'est pas moins beau de vivre pour elle, quand partout notre vie atteint à ce maximum d'intensité de dévouement, de détachement, —le combat ! Ceux de nous qui ont connu, dans leur jeunesse ou leur maturité le bonheur, la douceur de porter les armes en se préparant à la défense du sol sacré, ceux, moins favorisés, qui, tout enfants, se sont sentis appelés à cette existence sublime, et qu'un sort inflexible en a détournés, ceux-là me comprendront, car nous pouvons nous plaindre ensemble de ne pouvoir donner à la patrie commune que ces ombres sans chair, nos paroles et nos pensées.

Eh ! bien que du moins ces pensées et ces paroles, s'il en est encore temps, lui servent. Qu'elles dressent dans tous les esprits un autel, aussi solide, aussi durable, aussi éclatant que possible, au culte de ces armes que d'autres porteront, à la religion de cette discipline, que d'autres observeront, à l'honneur du drapeau qui sera défendu, hélas ! par d'autres que nous. Si nous n'exerçons pas sur l'agresseur l'action directe désirée, développons du moins une influence utile. Il ne nous appartient plus de donner des conseils ou de tracer sa ligne de conduite à la magnifique jeunesse qui marcha avec nous contre l'ennemi de l'intérieur avant que d'aller affronter l'ennemi du dehors. Mais, comme elle aime ses anciens chefs, comme ils savent qu'elle leur est passionnément dévouée, nous pouvons bien lui dire de reporter son dévouement et cette affection (afin qu'elle déborde, de beaucoup, le simple devoir) sur les chefs militaires que demain peut-être va leur donner. Qu'ils soient des soldats accomplis ! Je ne dis pas seulement des guerriers : le sang français y suffirait. Qu'ils s'efforcent d'être bons militaires professionnels. Que leur docilité, leur impassibilité, leur esprit d'abnégation soient cités en modèle. Il faut des modèles partout. Que ces modèles soient donnés par l'unanimité des camelots du Roi, des étudiants et des ligueurs d'Action française. Il y a des moments où une élite peut tout emporter.

En poursuivant la même hypothèse cruelle, on me permettra de reposer aussi le regard sur ceux de nos amis qui, jeunes ou déjà anciens, iront à la frontière en qualité de chefs. Simples chefs d'escouade, meneurs de compagnie ou d'unités plus vastes encore, leur grave et sereine allégresse nous cause autant d'envie et d'admiration que l'entrain sérieux et l'enthousiasme réfléchi des jeunes soldats. En prenant les responsabilités dont le poids est proportionnel à leur grade et à leur fonction, nous voyons bien qu'ils les ont prises dans la plénitude du sentiment des services sollicités et obtenus par la volonté supérieure de la patrie. Débutants, vétérans, s'ils sentent que la charge est lourde, quelle joie pour eux de sentir aussi que, du moins à quelque degré, il dépendra de leur sang-froid, de leur courage, de leur initiative et de leur science de refouler une invasion, de la refouler loin de la France ! L'esprit que nous leur connaissons nous assure que ce sentiment de haute clairvoyance décuplera la vigueur de leurs facultés.

Les hommes de ma génération ont connu un officier sceptique, le vieux militaire à la Picquart[116], murmurant à la cantonade que la manœuvre ne sert de rien, que la guerre n'aura jamais lieu. D'autres concédaient la possibilité du péril, mais ils mettaient leur confiance dans les idées démocratiques ou libérales, estimant qu'elles seules pouvaient fournir les éléments moraux de l'effort populaire : elles dont l'effet le plus sûr était, au contraire, de détourner le peuple de la discipline militaire en même temps que du devoir national ! D'autres enfin, parmi les officiers de l'ancien style, allaient jusqu'au pacifisme tout net, car, disaient-il, à mettre les choses au pis et en supposant une guerre, nul sentiment que celui de la justice offensée n'était capable de mettre debout la nation qui, alors, serait invincible... On peut parler de ces chimères du passé. Les militaires qui les professaient les ont désavouées, les uns devant l'évidence de la vérité, et les autres sous la poussée des circonstances. Un moment égarés, ils ne peuvent plus s'attarder à de telles vieilleries. Depuis trois ou quatre ans, l'action les a ralliés tous. Mais ces convertis n'ont pas eu à faire la leçon à leurs nouveaux camarades, car ceux-ci étaient tous imbus du même esprit nouveau, qui ressemble au souffle de la respiration d'un peuple rajeuni.

---

[116] Marie-Georges Picquart, l'un des principaux protagonistes de l'affaire Dreyfus, qui était mort d'un accident de cheval en janvier 1914 ; pris ici comme exemple d'indiscipline militaire et de mauvaise tête, la mention qu'en fait Maurras est d'autant plus significative que *L'Action française* cesse début août 1914, à cause de la guerre et pour ne pas affaiblir l'armée, ses rappels périodiques de l'Affaire.

Cet esprit militaire, grave, clairvoyant, incapable d'irréflexion et d'emportement, mais immuablement résolu, c'est celui que, depuis quinze ans, nous enseignons, pour notre part, au reste de la France. Nous n'avons pas la fatuité de soutenir que le moral du corps des officiers puisse nous devoir quelque chose, nous affirmons même l'inverse : c'est au vieil esprit militaire français que nous sommes allés demander nos leçons. C'est lui que nous avons écouté avec une attention et un respect qui n'excluaient pas la raison critique. Tous nos sentiments sur l'autorité, la continuité, la hiérarchie, la responsabilité nous viennent en très grande partie de ce noble esprit. La corporation militaire est fille de l'histoire et de l'expérience autant que du génie et de la science. Ses décisions spéciales nous ont souvent guidés dans nos jugements généraux. Rien d'étonnant donc à ce qu'une sorte d'accord profond, de concordance spontanée ait été remarquée entre les principes de notre milice civile et les règles de l'organisation militaire. Mais nous serions très fiers si, comme on nous l'a dit souvent, la confrontation de notre réalisme politique avec les directions supérieures de l'art de la guerre avait affermi ou développé l'esprit, la volonté, la haute confiance de ceux de nos amis qui peuvent avoir rang de chefs !

Il y a quinze ans que nous nous appliquons non seulement à donner un cerveau, un chef, un chef héréditaire, à la nation française, mais encore à lui retremper le moral. C'est à *L'Action française* que, au moment d'Agadir, un adversaire clairvoyant, M. Étienne Rey, faisait le principal honneur de ce qu'il appelait « la renaissance de l'orgueil français ». Nous avons toujours été opposés à tous les vertiges, celui de l'orgueil comme les autres, celui de l'orgueil personnel comme de l'orgueil national. Mais si, dans l'ombre et à l'écart, en un temps où nous n'étions connus encore que d'une élite, il nous était pourtant possible de servir dans cette direction, nous conservons l'espoir de pouvoir servir encore, au même grand objet. À défaut d'armes, nous nous efforcerons de rendre cette plume utile. Dans ce journal, où parut *L'Avant-Guerre*[117], dans l'organe qui, dès avant-hier, proposait à la presse parisienne la juste conception du devoir militaire et civique, nous essaierons de rendre le même service sacré si les conditions changent, et que la guerre doive éclater. Sans crier : « à Berlin », sans consentir à prendre aucune responsabilité dans les décisions politiques, nous soutiendrons de notre voix

---

[117] L'ouvrage de Léon Daudet, recueil d'articles effectivement parus dans *L'Action française*.

ceux qui courront à la frontière, en essayant d'y mettre tout ce que nous avons de vie, d'âme et de sang !

Après vingt ans : paix ou guerre ? La vie et la mort de M. Jean Jaurès

1914

Après vingt ans : paix ou guerre ?

La vie et la mort de M. Jean Jaurès[118]

Nous nous sommes inclinés hier[119] devant la dépouille sanglante de M. Jean Jaurès, et nous avons immédiatement exprimé la réprobation que nous inspirait cet attentat deux fois criminel, puisqu'il est stupide. L'incomparable honneur qui vient d'être accordé à M. Jean Jaurès de tomber en signe de sa foi et de sa doctrine affranchit sa personne des jugements d'ordre moral sur sa politique et sur son action. Seules, ses idées restent exposées au débat qui ne peut mourir.

L'importante atténuation que les événements l'avaient contraint d'apporter à sa longue espérance d'une paix estimée éternelle et fatale, se charge de répondre, répond seule, mais sans réplique, à la grande question sur laquelle se jugent les intelligences humaines : — Eut-il tort ? ou eut-il raison ?

Depuis une vingtaine d'années, non seulement la France, mais le parti socialiste et démocratique français se trouvait au carrefour d'Hercule[120], entre le maximum et le minimum de l'effort national. Ma jeunesse a connu des socialistes presque chauvins. Il en était même d'antisémites, dont quelques-uns se retrouvèrent à l'affaire Dreyfus, contre Dreyfus ou bien sur un terrain de stricte neutralité. L'hypothèse d'un socialisme nationaliste n'était pas plus improbable qu'une autre vers l'année 1894. Le nationalisme sous-entend une idée de protection du travail et des travailleurs, et l'on peut même, au moyen de ces calembours qui sont fréquents en politique, y faire entrer l'idée de nationaliser le sol, le sous-sol, les moyens de production. Sans calembour, un sentiment national plus intense, avivé par une administration plus sérieuse des intérêts nationaux, en tant que tels, pouvait introduire dans

---

[118] Cet article a paru dans *L'Action française* du 2 août 1914. Ce sous-titre n'apparaît qu'en recueil, dans le premier volume des Conditions de la victoire, en 1916. On sait que Jaurès est mort assassiné par Raoul Villain le 31 juillet 1914. (n.d.é.)

[119] Dès le soir de l'assassinat de Jaurès et dans son numéro du 1er août *L'Action française* avait énergiquement démenti les bruits qui attribuaient à un camelot du roi un attentat contraire à l'esprit et à la lettre des instructions données à nos amis. En raison de la crise extérieure, ils avaient été avertis d'avoir à éviter toute tentative de représailles même envers M. Caillaux, dont le procès venait de finir. « Nous nous inclinons devant la mort », ajoutait la note de *L'Action française*. (Note de 1916.)

[120] Réminiscence de la figure classique d'Hercule à la croisée des chemins. (n.d.é.)

l'esprit de nos lois un compte rationnel des fortes plus-values que la société ajoute à l'initiative et à l'effort des particuliers, membres de la nation. Cette espèce de socialisme nationaliste était viable à condition d'en vouloir aussi les moyens, dont le principal eût dépendu d'un gouvernement fortement charpenté. Si l'État doit être solide pour faire face à l'Étranger, il doit l'être bien davantage pour résister à cette insaisissable étrangère, la Finance, à ce pouvoir cosmopolite, le Capital !

Il fallait aussi renoncer à une bonne moitié de l'idée démocratique et convenir que le membre de la nation n'est pas le premier individu venu, qu'il est autre chose encore qu'un homme, à savoir un Français, né d'une famille française et que cette famille aurait comme lui-même des intérêts, des mœurs, des traditions, des droits particuliers. Auprès et au-dessous de lui, soumis à un droit particulier lui aussi, pouvaient exister des métèques, associés, sujets, hôtes, amis, mais non participants de notre communauté. Cette communauté tutélaire devait avoir les moyens d'être respectée si on lui donnait la charge de protéger. Ce respect était dû plus rigoureusement à l'armée dont les juridictions et l'autorité résument tant de responsabilités délicates, graves, vitales ! Le « communisme scientifique » ne répugnait aucunement, si on le prenait en lui-même, à cette discipline. Il y poussait même un peu. On l'accusait de préparer un avenir en forme de caserne. Eh ! bien, sur la caserne, il était naturel d'arborer le drapeau. À *La Cocarde* de Barrés, j'ai connu, il y a vingt ans, de ces socialistes *d'abord français*, particulièrement communs en Lorraine, et non sans de fortes raisons.

Raisons fortes qui pouvaient se réduire à une seule : la possibilité de la guerre. Mais ces raisons perdaient leur force, elles tombaient à plat si la guerre était impossible, si les progrès de la science, si le tribunal de La Haye, qui devait être établi en 1900, si l'unification socialiste qui devait se réaliser en 1904 nous assuraient une ère de paix européenne et planétaire. Sous une influence métaphysique « trop allemande », M. Jean Jaurès et ses amis embrassèrent cette hypothèse pacifiste. Ils adoptèrent tout ce que l'autre excluait : le parlementarisme, le jeu des partis, le gouvernement sans chef personnel et sans durée ni tradition. Marcel Sembat l'a dit de la façon la plus explicite : les actes républicains et démocratiques des Français ont toujours sous-entendu qu'ils n'envisageaient pas l'hypothèse guerrière ; devant un avenir guerrier, il eût fallu s'unir au lieu de se quereller et donner à l'union pour vivant emblème, le Roi. M. Jaurès et ses amis se montraient donc fidèles à la tradition républicaine ; à peine s'ils se distinguèrent, en en prenant une conscience absolue, en jouant tout, absolument tout, sur cette carte de la paix future, sur l'absurdité qu'ils prêtaient un peu gratuitement à nos retours au moyen âge, comme disaient, il y a quinze ans, ceux qui nous traitaient d'esprits attardés et visionnaires du passé.

Visionnaires, nous ! C'était eux qui nous le disaient ! Et, comme, au contraire, la nécessité d'être forts, en tant que nation, s'imposait de plus en plus à nos esprits ou plutôt à nos yeux et à tous nos sens, par son évidence grossière, nous recherchions avec une anxiété profonde les conditions et les moyens de la force de la patrie. Cette recherche nous avait aiguillés tout droit à la nécessité de l'action royaliste. On lit dans une page de l'introduction à *l'Enquête sur la monarchie* :

> *Cela est très sensé,* me disait un socialiste à qui je communiquais nos premiers travaux, *seulement vous raisonnez comme s'il ne devait pas se produire de transformations...*

Eux, raisonnaient comme si les transformations devaient se produire dans le sens de la pacification graduelle, caractérisée par un état de consommation pure.

Évolutionnistes de formation, concevant l'avenir suivant un développement unilinéaire, à la manière de M. Léon Bourgeois[121], ce fut pour eux un simple jeu d'écriture ou de langage que de prouver par a plus b de combien de façons nous marchions, nous courions au régime de la société des nations, les idées nationales, les faits nationaux devant se décomposer avant même qu'une génération d'hommes eût vécu !

Nous soutenions la thèse contraire, nous montrions que, partout, grandes, petites, avancées, arriérées, les nationalités contemporaines frémissaient, se tendaient vers l'indépendance, vers l'influence ou, pour les plus fortes, vers la domination. Nous attestions toutes les couleurs de la carte. Nous invoquions tous les récits des observateurs attentifs. Nous priions le public de se rendre compte de l'énorme pression exercée devant nous, sur nous, à Paris, par toutes les races de l'univers. Était-ce le moment

---

[121] Léon Bourgeois (1851-1925), est un homme politique français, député radical élu contre le général Boulanger, plusieurs fois ministre, président de la Chambre des députés de 1902 à 1904, théoricien du solidarisme. Il est le premier président de la Société des Nations en 1919 ce qui lui vaut le prix Nobel de la paix en 1920. (n.d.é.)

de permettre à notre nationalité de fléchir ? Nous était-il permis de la laisser s'affaiblir ?

« Cela nous est permis, répondait-on. Cela nous est même prescrit. Oui, c'est bien le moment ! Nous devons cheminer à la tête de tous les peuples, auxquels, comme en 48, il faut déclarer la paix. »

Voilà l'erreur qui a plus ou moins dominé depuis vingt ans la politique française. Elle l'a menée absolument pendant les quatorze ans qui s'étendirent entre Fachoda (1898) et Agadir (1911). Si cette erreur ne l'eût pas emporté, l'État-Major général de l'armée française, ni le Service de renseignements n'auraient eu à subir les affronts, les persécutions et les ruines qu'on leur infligea ; on n'eût pas offensé de parti-pris les arrêts de la juridiction militaire ; on n'eût pas infligé aux armées de terre et de mer l'humiliante direction des André-Picquart-Pelletan[122] ; on ne se fût pas privé, au dehors, de la magnifique influence européenne représentée par notre ambassade du Vatican, on ne se fût pas lancé dans ces vexations religieuses ni dans ces luttes de classe qui, pour être caractéristiques du régime démocratique et républicain, d'après Marcel Sembat, n'en détruisent pas moins les ressources intérieures d'un État qui doit manœuvrer au dehors. C'est parce que le souci extérieur n'existait point que l'on a pu persévérer dans ce régime démolisseur. Depuis 1911, on n'y a persisté que par habitude, et faux point d'honneur, nécessité de manœuvres parlementaires ou électorales : le cœur n'y était plus. Mais que de fois magistrats ou chefs responsables parurent murmurer des sommets du pouvoir : « Si nous avions su ! et si nous avions mieux prévu ! »

Il eût été possible de prévoir comme de savoir. L'histoire mieux interrogée aurait dû prévenir M. Jaurès et les socialistes qui le subissaient tous qu'ils tournaient le dos à leur siècle. L'évolution, comme ils disent, ne va pas à l'unité, mais bien à la diversité. Nous sommes moins près des États-Unis d'Europe, Bainville vous l'a souvent dit, qu'aux temps des Vergennes et des Choiseul, qui en étaient moins près qu'Henri IV, au moment du projet de paix perpétuelle[123], dont le simple rêve était de beaucoup inférieur à cette Unité du monde chrétien que le moyen âge a réalisée. Cette

---

[122] Toutes allusions à l'affaire Dreyfus. (n.d.é.)

[123] La mention d'Henri IV est une allusion au Grand Dessein d'Henri IV, titre qui désigne un projet de confédération européenne progressivement élaboré par Sully entre la fin du règne d'Henri IV et sa mort en 1641, projet précurseur des autres rêves de paix perpétuelle, en particulier ceux de l'abbé de Saint-Pierre (1713) et de Kant. (n.d.é.)

diversification croissante emporte des risques de guerre croissants. Ceux qui ne font que les découvrir d'aujourd'hui ont bien mal lu les avertissements que leur donnaient, dès 1897, la première guerre des Balkans, puis la guerre de l'Espagne et de l'Amérique, la guerre du Transvaal, la guerre de Chine, la guerre russo-japonaise et ce coup de Tanger que nul ne comprit, semble-t-il, si l'on s'en rapporte à l'histoire du parti socialiste et même de tout le parti républicain !... Il fallut l'envoi du Panther[124] pour rouvrir enfin l'entendement d'une moitié environ du monde officiel. L'autre moitié fut irréductible jusqu'à ces derniers jours : ni la guerre de Libye, ni les deux dernières guerres balkaniques, animées d'un nationalisme si décisif, ne réussirent à convaincre un pacifisme invétéré. Les concessions faites à l'évidence l'ont été, pour ainsi dire, sous la pression aiguë de ces dernières heures, Guillaume II avait contraint nos modérés à la loi de trois ans[125] : ce même Guillaume a acculé les jaurésiens à la sensation de la patrie en danger.

Il y avait même un vif contraste entre l'étendue des brutalités germaniques et la modicité des concessions de M. Jean Jaurès. Ce qu'il accordait était, je dois le dire, infiniment moins sensible que ce qu'il réservait encore. Plusieurs lui surent gré de son adhésion partielle à la vérité, mais l'immense majorité continuait de mesurer avec épouvante la gravité immense de son erreur. Sa mort tragique en de tels jours prend donc figure de symbole.

Avec M. Jean Jaurès, s'évanouit l'ancienne façon, humanitaire, révolutionnaire, romantique, de rêver les rapports du présent et de l'avenir. L'homme meurt dans la défaite de son rêve. On dirait même qu'il en est mort. C'est la grande pitié de sa brusque agonie. La balle indigne et sotte tirée contre lui par un fou[126] était pourtant d'un fou que menait l'accumulation des passions du moment, des épreuves de la veille, des aventures politiques suivies depuis vingt ans par Jaurès et par l'importante fraction du pays qui le suivait.

Et si, comme on le dit, le jeune assassin a passé par le Sillon, s'il a été bercé là-bas par la chanson non moins pacifiste et non moins humanitaire d'un autre Jaurès[127], il n'est pas impossible que ce coup de folie tire en partie

---

[124] La cuirassé allemand Panther lors du « coup d'Agadir » en 1911. (n.d.é.)
[125] La loi portant le service militaire à 3 ans. (n.d.é.)
[126] C'était le bruit qui courait alors. (Note de 1916.)
[127] Marc Sangnier. (n.d.é.)

son origine d'un coup de déception et que son acte de désespoir criminel soit né des désillusions radicales d'un esprit mal équilibré.

Villain eût été contenu en d'autres temps par la crainte de la vindicte publique : la situation révolutionnaire, la guerre privée, rendue possible par le scandaleux acquittement de l'assassin de Gaston Calmette[128], venait d'emporter ce frein social salutaire. Que pouvait-il rester en ce point, le plus faible de la société humaine, dans le tendre et farouche cerveau d'un agité dément ? Il y restait le vent qui passe, le souffle des angoisses et des soucis du jour. Je n'explique, ni je n'excuse. Je constate. Au degré le plus bas de l'échelle de l'être, à ce point d'intersection du crime et de la folie, dans ce domaine de l'irréflexion et de l'inconstance sinistres, la nature des choses françaises contemporaines est venue porter un témoignage, aussi douloureux que certain, de la profondeur de l'évolution nationaliste telle qu'elle était annoncée par la sagesse, par le patriotisme et par la raison depuis un laps de plus de vingt ans !

---

[128] C'est avec l'appui de Jaurès et contre Clémenceau que Joseph Caillaux devient, le 9 décembre 1913, ministre des Finances dans le gouvernement Gaston Doumergue. Appuyé par l'extrême gauche contre les forces de gauche bourgeoises et liées aux intérêts financiers, il reprend le vieux thème que constitue l'établissement d'un impôt sur les revenus. Au début de 1914, Gaston Calmette, directeur du Figaro, engage une violente campagne de presse contre Caillaux et sa proposition, compromettant au passage sa femme Henriette. Excédée, Henriette Caillaux se rend le 13 mars au bureau de Gaston Calmette, sort un revolver de son manchon et tue le journaliste. Arrêtée, elle est inculpée de meurtre avec préméditation mais son défenseur, Fernand Labori — ancien défenseur de Dreyfus —, réussira à la faire acquitter le 28 juillet 1914 en plaidant le crime passionnel, invoquant « un réflexe féminin incontrôlé ». On évoqua plus sérieusement diverses collusions susceptibles d'expliquer le verdict : plusieurs jurés étaient liés au parti radical et Caillaux était en rapports anciens avec le juge d'instruction Boucart. (n.d.é.)

Devant l'ennemi

1914

Cet article a paru dans *L'Action française* du 3 août 1914.

Devant l'ennemi

Notre lien le plus fort est celui de la France, notre intérêt le plus pressant est de rester Français. Les circonstances qui rappellent aujourd'hui la vérité longtemps méconnue concourent à faire oublier cette longue méconnaissance, car jamais l'amitié nationale ne s'est exprimée dans Paris par des signes plus beaux. Dans la journée d'hier, parmi les cortèges qui sillonnaient toutes les avenues, promenant les drapeaux, chantant la résolution et l'enthousiasme, je n'ai pas aperçu un signe d'égarement ni d'absence et, ceux qui ont l'habitude des foules pardonneront ce trait direct, je n'y ai pas vu un ivrogne. Les visages des jeunes hommes respirent une volonté grave et forte, et les jeunes femmes qui leur disent adieu, dans l'extrême frivolité du vêtement d'aujourd'hui qui les fait ressembler à de grandes petites filles, n'en incarnent que mieux, droites, fières, sans un sanglot, les formes idéales de la Vaillance et de la Foi.

Les Français se réconcilient, l'esprit français reprend conscience de ses devoirs. Nous ne signerions pas toutes les syllabes de la lettre de M. Gustave Hervé[129] rallié à la France. Nous ne sommes pas sûrs de tout ce qu'il affirme. Mais l'accessoire est l'accessoire, et l'essentiel ici, c'est le cri final décisif de « Vive la France tout court ». C'est aussi notre cri, et nous le reprenons d'autant plus volontiers qu'il emporte la preuve d'une des idées qui nous ont toujours été les plus chères ; ce n'est pas, disions-nous, le cœur de la France qui est entamé, la tête seule est malade. Cette tête guérit par la force médicatrice de la réalité.

Puisse le souvenir des anciennes erreurs de M. Hervé le délivrer de celles qu'il commet encore aujourd'hui. Si la réaction de sa raison peut être complète, qu'elle le soit donc au plus tôt !

Désireux, pour notre part, de faire en ce moment tout effort capable de coopérer à la paix civique, nous suspendons, à dater d'aujourd'hui, le témoignage quotidien du crime commis contre les lois et contre la patrie par

---

[129] Gustave Hervé (1871–1944) était jusqu'en 1912 un propagandiste virulent du pacifisme, de l'antimilitarisme et de l'internationalisme. Il changera du tout au tout, devenant ultra-patriote, puis fasciné par Mussolini après-guerre. On lui doit l'écriture en 1935 de la fameuse brochure *C'est Pétain qu'il nous faut*.
Les notes sont imputables aux éditeurs.

le plus haut tribunal de la République.[130] Nous nous proposons même de nous abstenir d'y faire aucune allusion. Hier, il fallait montrer les causes vives qui risquaient de nous affaiblir devant l'ennemi. Aujourd'hui, l'ennemi est là. Ne pensons qu'à le vaincre.

La même raison nous fait un devoir de demander à la population de Paris le plus grand calme devant les officines d'espionnage et de trahison.[131] Les unes sont désertes, les autres peut-être habitées encore par des gardiens inoffensifs ou que l'ouverture des hostilités a réduits à l'impossibilité de nuire. Saisie depuis longtemps par les dénonciations du grand livre de Daudet[132], l'autorité civile a passé la main à l'autorité militaire. C'est celle-ci que la surveillance de l'espionnage concerne. Il est inutile et périlleux d'y mêler les rumeurs d'une multitude irresponsable et d'ailleurs forcément mêlée. Les bons citoyens s'abstiendront de ces mouvements ; pour ceux qui font partie de nos organisations, ils ont reçu l'ordre formel de s'abstenir de ces tumultes et de recommander le calme, conformément à leur mission de

---

[130] Maurras parle ici de l'affaire Dreyfus que L'Action française rappelait encore très régulièrement en 1914. Le recueil que constitue le premier volume (1916) des Conditions de la victoire, où cet article est repris, insère ici une note :

Allusion au célèbre « talisman » de L'Action française : tableau comparatif du texte de l'article 445 du Code d'instruction criminelle et de l'application qui lui en a été faite par la Cour suprême à un condamné fameux.

[131] Note des Conditions de la victoire :

Ce même numéro de L'Action française publiait un appel de Pujo, intitulé « l'Ordre avant tout » et interdisant à nos amis de se mêler en rien aux petites émeutes contre les boutiques Maggi.

Le court article de Pujo dans le même numéro de L'Action française explique en effet :

La noble et magnifique tenue de la population parisienne dans les jours graves que nous traversons fait l'admiration du monde. (...)

Dans la soirée toutefois, quelques éléments troubles se sont mêlés à cette foule et un certain nombre de magasins allemands et autrichiens ont été saccagés.

Nous nous félicitons d'avoir dénoncé certaines entreprises d'espionnage cachées sous le masque commercial. Nous avons rendu ce service à la défense nationale à l'heure utile, c'est-à-dire pendant le temps de paix. (...)

Aujourd'hui, nous n'avons aucun besoin d'exercer contre ces adversaires mis dans l'impossibilité de nuire des vengeances brutales qui ne nuiraient qu'au pays. Les Camelots du roi qui jugent inutiles les manifestations où l'on crie « À Berlin ! » ne pouvaient que demeurer plus étrangers encore aux scènes de désordre qui se sont produites hier soir. (...)

[132] *L'Avant-Guerre*, sorti le 5 mars 1913, reprenant en particulier les articles de Daudet dans *L'Action française* où il dénonçait, sur la lancée des combats de l'affaire Dreyfus, « l'espionnage juif allemand ».

« gendarmes supplémentaires », telle que l'a formulée mille fois Maurice Pujo. La gravité des circonstances ajoute au sérieux de nos recommandations. C'est dans un vif sentiment de haute et courtoise amitié qu'il faut saluer les manifestations des étrangers, nos hôtes, qui veulent rester nos amis. Beaucoup même voudraient nous défendre à main armée. Il ne dépend pas de nous, mais du gouvernement, de dire si l'aide doit être accueillie. Personne n'a le droit de repousser un concours loyal. Mais chacun doit exiger que l'ordre public n'en souffre pas. Investie par l'état de siège, l'autorité militaire peut accepter, refuser ou choisir.[133]

---

[133] Comprendre : choisir parmi les postulants étrangers dont il est ici question.

LA VÉRITÉ

1914

Cet article a paru dans *L'Action française* du 4 août 1914.

DEVANT L'ENNEMI

La défense nationale tend à rendre unanimes la pensée et le cœur français. Le gouvernement annonce qu'il laissera ouverts les deux cents établissements congréganistes dont la fermeture était annoncée. Les manifestants socialistes, qui se prenaient pour des antimilitaristes, ne seront pas poursuivis et feront de très bons soldats. Ne serait-ce que pour remplacer, dans les hôpitaux et dans les écoles, les instituteurs, les professeurs, les infirmiers qui seront à la frontière, le rappel de soixante mille religieux exilés s'imposerait au nom des mêmes convenances morales, des mêmes nécessités politiques.[134] Il ne faut plus former qu'un peuple. L'intensité de notre lutte extérieure dépendra toujours, dans quelque mesure, de la profondeur de la paix que nous aurons fait régner entre nous.

En proclamant hier, à cette place, une volonté d'amnistie nationale, nous ne prétendons pas amnistier les institutions destructives ni aucune des idées qui feraient descendre ce noble peuple au tombeau. Nous n'oublions pas que la folle arrogance des Barbares vient uniquement des forces publiques et militaires que leur procure leur organisation politique. Nous ne tromperons pas, nous ne laisserons pas tromper le pays sur les vraies causes de l'invasion germanique. La distinction que l'on cherche à introduire entre les peuples allemands et les « castes » ou les dynasties qui les dirigent sont plus que faibles. Voyons les choses et les nations comme elles sont. L'État teuton est l'expression de la nature, de la situation, de l'intelligence et de la volonté teutonnes, ni plus ni moins. Si, de Belgrade à Yokohama, si d'Alep à Rio, l'Allemand est l'objet de la haine de tous les peuples, c'est qu'il est en train de leur voler leur place à tous. À l'étroit sur un territoire à peine supérieur à celui où 39 millions de Français vivent à l'aise, ses 67 millions de nationaux étouffent, essaiment, chicanent, brutalisent en tout lieu sans pouvoir réussir chez aucune race, qu'elle soit rouge, jaune, noire ou blanche, à se faire autre chose que des ennemis obliques ou francs. Leur caractère haïssable, leur appétit inépuisable, voilà les deux facteurs d'un impérialisme qu'il faut voir et juger tel qu'il est.

---

[134] La lutte contre les congrégations était une des obsessions anticléricales de la IIIe République, elle durait encore à la veille de la Grande Guerre.
Les notes sont imputables aux éditeurs.

À quoi bon des erreurs nouvelles ! Une République allemande, à supposer qu'elle se fondât, ne tarderait pas à nous donner un spectacle analogue à celui que nous offrirent vers la fin du XIXe siècle les États-Unis d'Amérique, cette République qui ouvrit en 1898 la série des grandes effusions de sang par sa guerre de Cuba et des Philippines, dont les violences matérielles le cèdent encore à l'indignité de la procédure diplomatique, à la honteuse tragi-comédie du Maine[135], aux pacifiques rapines du traité de Paris. Donnerez-vous une Constitution plus libérale à l'Allemagne ? C'est précisément la Constitution qui florissait au Japon à l'heure où fut commis le guet-apens de Port-Arthur. Les sauvageries de ce genre ne sont pas le fait des régimes, mais des nations : sur ce point-là, l'absolutisme de Guillaume II peut invoquer le patronage du Sénat américain et de la monarchie tempérée du Japon. Aux uns comme aux autres, il n'y a pas à dire à bas la Monarchie, ni à bas la République, mais bien à bas la barbarie ! Il y a six cents ans, le roi de France, Philippe le Bel l'avait jugée et condamnée en deux mots : Troup alemant ![136] Reste à sentir par les trois exemples de l'Amérique, de l'Asie et de l'Allemagne, donnés en seize années à peine, le peu de fonds que l'on doit faire sur les superstitions juridiques et ce respect du droit des gens que tant de bons esprits préférèrent longtemps à nos troupes de couverture.[137] Tant valent la faim, la soif, la jalousie, le fol orgueil de l'Allemand, tant vaudrait l'esprit de justice d'une Allemagne parlementaire.

Ce n'est pas du côté des chimères qu'il convient d'orienter notre esprit public. Dans la concorde revenue, dans les libres communications retrouvées, essayons, répandons et rendons lumineuses les causes vraies,

---

[135] L'explosion du USS Maine, qui blessa 260 matelots américains—dont six moururent des suites de leurs blessures — le 15 février 1898 dans le port de La Havane, précipita la guerre hispano-américaine. Différentes théories existent, toutes vraisemblables, qui voient dans l'explosion un accident, une provocation de cubains hostiles à l'Espagne ou même un faux attentat organisé par les États-Unis pour décider leur propre opinion publique à la guerre. Cette dernière théorie était très en vogue en France au début du siècle, c'est à elle que Maurras semble faire ici allusion.

[136] « Trop allemand », réponse lapidaire par laquelle Philippe le Bel répondit à une lettre présentant des revendications territoriales de l'empereur germanique Adolphe de Nassau qui, profitant des difficultés de la France en Flandre, réclamait Valenciennes et la suzeraineté sur la province.

[137] Le premier volume des Conditions de la victoire, où cet article est recueilli, insère ici une note : « Le jour où parurent ces lignes, le territoire belge était envahi au mépris des conventions européennes signées par la Prusse elle-même. »

profondes, de ce que M. Louis Dubreuilh[138] appelait, à la réunion socialiste d'avant-hier, « un sinistre destin ». Ce destin, au point où il se dévoile, contient de précieuses révélations sur la nature exacte de la force des choses par laquelle, Français, nous ne voulons pas être emportés et qu'il nous appartient de maîtriser, puis de gouverner.

Les socialistes se montrent soucieux de réserver l'orthodoxie de leur doctrine et cet attachement à l'idée directrice fait toujours de l'honneur ; mais l'idée vaut par sa vérité, une idée fausse ne mérite que l'oubli. Il faut, il faut que les hommes de bonne foi, nés bons Français et qui par socialisme, radicalisme ou libéralisme, adhérèrent de près ou de loin aux idées qui font ces faillites éclatantes se mettent en présence de la réalité politique, la voient, la palpent et s'en pénètrent exactement : l'impuissance profonde de l'internationalisme n'est pas un accident, mais un fruit essentiel de vingt siècles d'histoire humaine. Il n'y a pas à rêver que voici la dernière guerre, et qu'on n'en fera plus ensuite, et que les États-Unis d'Europe s'en vont fleurir. Nous ne défendons pas une fleur idéale, mais la fleur réelle et vivante de la civilisation de notre univers. Tâchons de briser l'agression et, l'agression brisée, de créer de solides défenses pour l'avenir.

... Voilà les pensées que l'on roule. Pendant qu'on les écrit, la porte s'ouvre, un Camelot du roi, un Étudiant, un Ligueur, un vieil ami se précipite, nous embrasse ou nous dit adieu et nous laisse pleurant de rage, mais obstinés dans notre ancien effort d'éclaircissement national. En une heure où tant de biens sont mis en commun, et de si grand cœur, afin d'éloigner l'ennemi, n'a-t-on pas le devoir d'y ajouter encore le plus collectif et le plus utile de tous les biens, celui qui grandit sans cesse, au fur et à mesure qu'on le partage : la vérité.[139]

P. S. — C'est une erreur matérielle pure qui a fait insérer hier notre rubrique habituelle du calendrier de l'Affaire Dreyfus. Le souvenir n'en est plus possible devant l'ennemi à la veille des luttes où chacun peut se racheter. Ces quelques lignes périmées ont été fâcheusement substituées par méprise à l'erratum suivant, relatif à l'article sur Jaurès d'avant-hier :

Erratum — Dans mon article de dimanche, vingt lignes avant la fin de la première colonne, une ligne déplacée a rendu la pensée inintelligible : au lieu de « nous assuraient une ère de quereller et donner à l'union pour une

---

[138] Louis Dubreuilh (1862–1924), figure du socialisme français, fut le premier secrétaire général de la Section française de l'Internationale ouvrière (SFIO) de 1905 à 1918.
[139] Le texte des *Conditions de la victoire* s'arrête sur ce paragraphe.

influence » il fallait lire : « nous assuraient une ère de paix européenne et planétaire. Sous une influence » etc.

 Un remaniement ministériel a eu lieu hier. Il nous semble meilleur d'éviter d'apprécier un incident qui ne concerne que les partis au pouvoir. Il ne nous paraît pas moins superflu d'émettre un avis sur le point de savoir si les Chambres doivent se séparer, siéger ou laisser quelque commission permanente. Qu'on fasse pour le mieux. Nous ne donnerons notre avis qu'en cas de nécessité absolue.

Rage de Cyclope

1914

Cet article a paru dans *L'Action française* du 5 août 1914.

RAGE DE CYCLOPE

Il ne suffisait pas à l'Allemagne d'insulter à la fois toutes les nations et toutes les idées. L'offense au genre humain devait aboutir avec une folle rapidité aux lâches attentats contre les personnes humaines laissées à sa merci. Avant-hier, le président du Souvenir français de Metz, Alexis Samain[140], est tombé sous les balles du peloton d'exécution. Hier, à Moineville, l'abbé Gillet[141], et à Mulhouse, dix Alsaciens-Lorrains qui essayaient de gagner la France, ont subi le même martyre pour la patrie.

Un effet de terreur est sans doute escompté par les auteurs de ces massacres. Mais ce calcul, très digne du génie allemand, pourrait bien être démenti par les races supérieures qu'il est également incapable de comprendre et de gouverner. Pour peu que les circonstances veuillent s'y prêter, c'est la réaction d'une implacable colère qui se fera jour. Il y a dans ces infamies criminelles une dose d'imprévoyante sottise à laquelle il faut bien reconnaître une fois de plus les caractères naturels de la barbarie.

C'est la barbarie allemande qui déferle une fois de plus sur l'occident. Sa seule force tint à la solidité de l'organisation politique maintenue pendant

---

[140] Alexis Samain présidait diverses associations patriotiques et sportives pro-françaises à Metz — alors allemande depuis 1870. En 1911 un incident nocturne entre les hommes de Samain et des soldats Allemands avait fait quelque bruit, et Samain avait été traîné en justice. La nouvelle de sa mort, largement répandue par la presse parisienne le 5 août 1914, était fausse : il sera interné par les Allemands, envoyé dans l'est de l'Allemagne, puis libéré. En novembre 1918 il participera même au premier rang aux festivités de la délivrance de Metz. Cette fausse nouvelle avait été répandue par le ministère de la guerre, afin de galvaniser l'opinion. Cette nouvelle comme les deux suivantes sont données en entrefilets dans *L'Action française* de ce 5 août 1914.
Les notes sont imputables aux éditeurs.

[141] Le digne ecclésiastique aurait été coupable d'avoir crié « Vive la France ! » La nouvelle était tout aussi fausse que celle concernant Samain, et lancée pour les mêmes raisons. Mais elle avait un fond de vérité plus tragique puisque Le Temps précisera dans un entrefilet du 19 août 1914 :

> *La Semaine religieuse de Nancy signale que c'est par suite d'erreur de transmission que l'abbé Gillet, curé de Moineville, en ce diocèse, a été mentionné, comme fusillé par les Allemands aussitôt le début des hostilités. On a lu « Moineville » pour « Moyenvic » et il s'agissait de l'abbé Hennequin, ancien curé de Moyenvic, curé de Marthil, au diocèse de Metz, qui fut fusillé à Moyenvic par les Allemands, tout au début des hostilités. L'horreur de l'acte demeure la même.*

que le reste du monde jouait au triste jeu des révolutions ou cédait à une évolution énervante. À l'abri de cette épée et de celte cuirasse, dans le cercle d'effroi que leur cliquetis répandait, l'Allemagne aurait pu faire, d'un pas plus ou moins vif, les étapes du progrès intellectuel et moral qu'elle avait à parcourir encore ; sa longue et ancienne candidature à la civilisation aurait pu aboutir enfin. On le croyait du moins ; mais voici un nouvel échec, un nouveau refus devant le jury de l'histoire moderne. Il est bien établi que la race allemande, prise en corps, était incapable de promotion. Son essence profonde, sa destinée originelle était de s'enivrer, comme d'un vin grossier, des fumées de la force pure. Les manifestations de sa brutalité lui ont crevé les yeux, lui ont perdu le sens, et son carnage de cyclope commence par le meurtre du président d'une société littéraire et d'un prêtre. Pour couronner ce noble début de campagne, il reste à l'Allemagne de condamner et d'exécuter une femme ou deux. Les nouvelles n'en disent rien encore. Comment ne pas présumer que cela viendra ?[142]

POUR UN INCIDENT PERSONNEL

Les obsèques de Jaurès se sont accomplies dans le calme et dans l'ordre qui convenaient. — Je regrette d'avoir à faire connaître l'épilogue un peu moins digne que lui ont donné quelques amis du défunt. Hier, vers deux heures et demie, entrant seul au restaurant de la rive gauche où je prends mon premier repas, je fus surpris d'apercevoir trois ou quatre rédacteurs de *L'Humanité* dont je connais les visages, sans savoir leurs noms et qui venaient sans doute du convoi de Jaurès à la gare d'Orsay[143], toute voisine. Ils

---

[142] Note dans le premier volume des *Conditions de la victoire*, en 1916 : « L'exécution de miss Cavels n'est venue que l'année suivante. »
Il s'agit sans doute d'Édith Cavell—on trouve en effet les orthographes fautives Cavels et Cavel. Infirmière, née en 1865 dans le Norfolk, elle vécut longuement en Belgique. En Angleterre lorsque la guerre éclate, elle rejoint Bruxelles où elle travaille dans une clinique qui soigne des soldats. De novembre 1914 à juillet 1915, Édith Cavell aide des soldats Alliés blessés à s'évader vers les Pays-Bas. Le service de contre-espionnage Allemand infiltre le réseau et elle est arrêtée le 5 août 1915. Le 11 octobre Édith Cavell et cinq autres accusés sont condamnés à la peine de mort. Le lendemain Édith Cavell refuse d'avoir les yeux bandés devant le peloton d'exécution mais s'évanouit à la vue des fusils. L'officier commandant le peloton profite de ce qu'elle est inanimée pour la tuer d'une balle dans la tête. L'histoire émut l'opinion, qui y vit un nouvel et éclatant exemple de la barbarie reprochée aux allemands.
[143] Jean Jaurès fut en effet inhumé en 1914 au cimetière des Planques, à Albi. Ce n'est que le 21 novembre 1924 que ses cendres ont été transférées au Panthéon, à Paris.

achevaient de déjeuner. Ma vue leur fit pousser de bruyantes exclamations. Sans y avoir pris garde, je m'assis à la place que j'occupe habituellement tout près de la porte d'entrée. Alors, ces messieurs, se jetant sur moi, me poussèrent dehors en redoublant de cris. Un attroupement se forma aussitôt, composé des honnêtes gens du quartier ; l'un d'eux m'adjurait de m'éloigner, l'heure n'étant pas aux violences. Je le remerciai, mais l'assurai que je resterais. Il n'y avait d'ailleurs aucun risque de violence, car tous les passants prenaient fait et cause pour moi, s'indignaient du sans-gêne brutal avec lequel des inconnus prétendaient faire la loi dans un établissement du quartier, et comme un de mes agresseurs arguait de sa carte de député, le public répondit, tout d'une voix, que ce titre-là n'effrayait personne. Je me hâtai d'intervenir en invoquant la nécessité de suspendre toutes nos querelles civiles, de respecter et faire partout respecter l'union nationale la plus complète ; j'ajoutai que la nervosité des socialistes s'expliquait par le deuil de leur chef, mais que tout bon citoyen devait s'appliquer à réparer les effets de leurs provocations, aussi ridicules qu'imprudentes, en un pareil moment. Ces messieurs s'éloignèrent au milieu de la réprobation générale et je pus déjeuner en paix.

Je prie formellement nos amis de ne tenir aucun compte de l'incident. Il fallait le faire connaître pour en éviter de pareils. Chacun de nous doit mettre son sang-froid et sa sagesse au service de l'ordre qui est indispensable à la défense du pays.[144]

LES ANGOISSES DE NOS AMIS

L'angoisse nationale qui développe à l'heure qu'il est tant de courages et de vertus ne brouille ni les yeux ni les raisons : « Je ne saurais trop vous encourager à éclairer la France par les fortes et anciennes vérités que vous répandez », écrit à Léon Daudet un modeste retraité qui s'inscrit parmi nos contribuables. Mais quelle contribution aussi que cette lettre d'un jeune fantassin !

« Avant de partir au feu, je veux vous apporter le témoignage de la sympathie qui m'entraînait vers *L'Action française* depuis plus d'un an. Aujourd'hui je suis des vôtres corps et âme. Vive la France, à bas l'envahisseur Teuton ! Vive L'Action française ! qui se découvre à mes yeux

---

[144] Le texte repris dans le recueil des *Conditions de la victoire* (premier volume, 1916) s'arrête sur ce paragraphe.

dessillés comme l'expression la plus parfaite de nos désirs et de nos besoins conscients et inconscients. »

Cette jeunesse héroïque se rend bien compte que nous ne la trompions pas en lui répétant depuis qu'elle existe et qu'elle grandit que cette guerre abominable était possible, était fatale et qu'il fallait s'y préparer par-dessus tout.

Erreurs qui affaiblissent

1914

Cet article a paru dans *L'Action française* du 6 août 1914.

ERREURS QUI AFFAIBLISSENT

Nous sommes décidés à n'opposer d'objection à aucune idée capable de créer de la force. Si, comme l'assure un grand journal républicain qui, du reste, s'excuse de « dogmatiser dans l'hypothèse », si la pensée de faire « la guerre aujourd'hui pour l'égalité des peuples » ainsi qu'on a fait « la Révolution pour l'égalité des individus », quand il ne s'agit que d'équilibre européen, si cette pensée était de nature à ajouter un bras aux bras qui combattent, une arme aux armes qui se lèvent pour le salut de tous, nous prendrions sans effort le parti du silence. Mais il est des idées fausses qui sont nuisibles, et tel dogme hypothétique, le pacifisme par exemple, a failli coûter sa vie nationale à la France.

Est-ce trop ancien ? Voici du récent.

L'antagonisme des pouvoirs civils et des pouvoirs militaires, qui est un résultat du pacifisme démocratique, a déterminé dans les régions supérieures de l'État une série de discours officiels et d'articles officieux qui n'ont peut-être pas été sans action sur l'accès d'espoir fou qui vient de secouer le peuple allemand. Cette folie s'est heureusement développée jusqu'à la cécité, mais il eût été préférable que tant de maux fussent épargnés au monde : n'auraient-ils pas pu l'être sans la crise de verbiage qui s'empara du Parlement français, et qui sévit huit jours entiers par toute notre presse, il n'y a pas trois semaines, à dater des 13 et 14 juillet derniers ! Indiscrétion, querelles, diffamation contre les chefs de l'armée, rien n'a été épargné de ce qui pouvait mettre en goût l'ennemi...

Nous ne voulons pas insister, du moins pour aujourd'hui, sur un sujet cruel à tous. Mais, patriotes, nous avertissons des patriotes qu'ils se montrent bien sévères pour leur pays quand, sur la ruine d'erreurs anciennes, ils élèvent ou consolident des duperies nouvelles ! Quel intérêt y a-t-il à confondre l'égalité des peuples et la politique de l'équilibre européen ? Si on admettait la confusion, signifierait-elle autre chose que l'égale valeur de la barbarie germanique et de notre civilisation ? Et que veut dire et à quoi tend une assimilation impie entre le sauvage Guillaume II et notre Louis le Grand ? Vingt-quatre heures de réconciliation nationale sont-elles si pesantes aux rédacteurs du *Temps*[145] qu'ils aient déjà plaisir à réduire la grandeur de Louis XIV aux figures de danse de Mme de Sévigné.

Notre amour de la paix civique ne va pas jusqu'à laisser offenser les Pères de la Patrie. D'autant plus que la mémoire de Louis XIV mérite un souvenir particulier, dès qu'il est question d'équilibre. Ce fut en revenant à la politique traditionnelle de l'équilibre, en renonçant à la chimère impériale éveillée par l'héritage de Marie-Thérèse, que le vainqueur de Denain, le tractateur d'Utrecht sauva le fruit de ses victoires, nous garda la Flandre, l'Artois, l'Alsace, la Franche-Comté et le Roussillon, enfin nous fit échapper avec lui aux conséquences d'une période d'erreurs. Quel rapport entre ce retour si patriotique, si raisonnable, si sage, accepté vers 1714 par le Grand Roi et la fatale obstination de Napoléon Ier en 1814 ou l'extravagante folie de Guillaume II en 1914 ? Je le demande au Temps, au nom du passé de la

---

[145] Dans son numéro du 6 août, *Le Temps*, journal quasi officiel du régime, comporte un *Bulletin* du jour non signé, daté du 5, intitulé « Cent ans après » :

> (...) *La coalition est nouée. 1914-1814 : cent ans ont passé. De nouveau, contre la domination d'un seul, se liguent les volontés de tous. On nous a parfois reproché de dogmatiser dans l'hypothèse, quand nous parlions de la tendance essentielle qui porte les nations, comme les individus, à cette forme supérieure d'organisation stable qui s'appelle l'égalité et qui se manifeste par l'équilibre. C'est cependant cette tendance qui dresse dans un commun effort l'Europe contre l'Allemagne.*
>
> (...) *Napoléon avait fait contre lui l'alliance de tous. Cette alliance s'est reformée contre l'Allemagne. L'Angleterre, après le blocus continental, a gagné, dans les plaines de Belgique, la bataille des peuples contre le tyran de l'Europe. L'Angleterre, par son adhésion, consacre l'union européenne contre la tyrannie nouvelle. Et qui sait si Waterloo ne sera pas demain le théâtre du même duel ?*
>
> *Tous les dominateurs ont connu ce retour : Charles-Quint, Louis XIV, Frédéric II et l'Empereur. L'Allemagne, cédant à la fatalité, veut tenter la même épreuve. Si grande que soit sa puissance militaire, elle aura le même sort.*
>
> *Dans son discours d'hier, M. Viviani a posé le problème sur sa base éternelle. La France et ses alliés combattent pour le droit de tous contre le despotisme d'un seul. Nous avons fait la Révolution pour l'égalité des individus. Nous faisons la guerre aujourd'hui pour l'égalité des peuples.*
>
> *Ce que l'Allemagne caporalisée n'a pas compris, c'est que la France républicaine vibre aujourd'hui du souffle de Valmy. Ce qu'elle n'a pas compris, c'est que la lutte provoquée par sa violence trouve dans cette violence même son sens historique.*
>
> (...) *Le gouvernement français, en démontrant cette vérité, a fait hier l'unanimité française. L'unanimité européenne lui réserve, dès ce matin, le large écho de la liberté révoltée contre la tyrannie. La France de la Révolution n'a pas changé de drapeau. En avant !*

Il faut préciser que le discours de Viviani évoqué est celui, célèbre, où il appelle à l'Union sacrée.

race, je lui demande compte de ce parallèle entre un grand règne et deux tyrannies.[146]

Est-ce à l'heure où nos soldats hérissent les plaines de Flandre et les cols de Lorraine pour sauver notre avoir territorial qu'il peut être permis de traîner l'histoire de France ou la raison française à de semblables abandons ? Ce sac abominable d'un trésor immatériel équivaudrait à une invasion des barbares : nous serions conquis de tête et de cœur avant que d'être subjugués ! Je ne souhaite ni à nos amis belges, ni à nos amis anglais de défendre leur terre en oubliant leurs morts. Une telle façon de se préparer à la guerre serait capable d'affaiblir même des Français !

---

[146] Le premier volume des *Conditions de la victoire* (1916) où cet article est recueilli ajoute ici une note :
> *Il fallut plus tard s'indigner de l'abominable propos de Gustave Hervé :*
> « *Notre Kaiser Napoléon Ier* ... »

Maggi et l'Avant-Guerre

1914

Cet article a paru dans *L'Action française* du 9 août 1914.

MAGGI ET L'AVANT-GUERRE

Il n'est pas vrai que les sociétés Maggi[147] soient françaises ni suisses.[148] Les sociétés Maggi sont constituées avec des capitaux dont la plus grande partie vient d'Allemagne. Tout ce que nous avons publié sur les services rendus par ces sociétés et leurs diverses filiales à l'espionnage allemand est au-dessous de la vérité. Nous savons que les constatations les plus précises ont été faites ; les autorités sont averties. Cela suffit et doit suffire.

Nous avons prévenu[149] les amis de L'Action française que désormais toute manifestation non seulement serait superflue, mais constituerait un crime contre l'ordre public, aujourd'hui le premier des biens.

Mais, comme on tâche de répandre une légende, ajoutons qu'il est faux que l'alimentation parisienne ne puisse se passer du concours des sociétés Maggi. Les sociétés Maggi n'ont pas de troupeaux qui leur appartiennent, elles ne produisent donc aucun lait. Leur rôle avoué s'est toujours borné à « ramasser » et à centraliser le lait d'une bonne partie des campagnes de notre France. Nous doutons fort que les sociétés Maggi aient pu soustraire aux réquisitions de l'autorité l'outillage matériel et la cavalerie nécessaire. Ce qui est certain, c'est que le soin de ravitailler Paris, aussi bien en lait qu'en toute espèce de subsistances est désormais dans les mains les plus sûres. On ne saurait donc trouver d'excuses aux insinuations et aux rumeurs de presse qui tendent à semer des inquiétudes sur ce point précis. L'explication, non certes

---

[147] Ce pluriel vient du fait que Maggi avait en France plusieurs sociétés et un important réseau de laiteries détaillantes. Léon Daudet, menait alors campagne contre l'espionnage, l'essentiel en avait été recueilli dans *L'Avant-Guerre*, sorti le 5 mars 1913. Daudet avait cru discerner que les laiteries Maggi étaient souvent implantées près des villes de garnison. Au début de la guerre, l'inquiétude était que les plaques émaillées et affiches publicitaires Maggi eussent pu être placées de manière à donner des renseignements aux troupes allemandes. Cette affaire Maggi, agitée par tous les journaux de l'époque, relevait surtout de « l'espionnite ».
Les notes sont imputables aux éditeurs.
[148] Note dans le premier volume des *Conditions de la victoire*, en 1916 : « M. Gustave Hervé déclarait que les bureaux de son journal serviraient de consulat aux Austro-Allemands de Paris et commençait une ardente campagne en faveur des Maggi. »
[149] Dans *L'Action française* du 3 août 1914, Maurras avait déjà évoqué cette affaire Maggi, pour appeler les membres et sympathisants de L'Action française à ne pas participer aux émeutes sporadiques contre les dépôts ou boutiques Maggi.

la plus satisfaisante, mais la plus vraisemblable est que ces campagnes correspondent à un nouvel effort de publicité des Allemands de la société Maggi.

Nous disons et nous répétons : les Allemands, par le canal de personnes interposées, conscientes ou inconscientes, il importe peu ici. Ni sur la nationalité des sociétés Maggi, ni sur la nature de leur rôle, il n'est plus de doute aujourd'hui. Maurice Pujo déclarait hier que « seul le désir profond de maintenir l'ordre devant l'ennemi nous défend d'en dire plus long ». Mais il doit nous être permis d'être aussi nets que *Le Temps* du jeudi 6 août. Le plus grand journal de la République écrivait à cette date :

> Suppression des grandes affiches de publicité. — Les maires de plusieurs communes de Seine-et-Oise ont reçu ordre de faire enlever de tous les murs de leurs localités diverses grandes affiches de publicité qui, d'après certains dires, comporteraient des renseignements sur les routes et l'importance des villages au point de vue topographique et des réquisitions possibles à y effectuer et constitueraient en cas d'invasion un remarquable service d'information.

S'il résulte du ton de ces lignes que *Le Temps* n'est pas très satisfait, on y voit clairement que l'ordre de l'autorité est formel. Et ce n'est pas seulement en Seine-et-Oise, c'est aussi en Seine-et-Marne et, plus loin encore, en Indre-et-Loire, que le même « ordre » a été adressé à « certains maires ». Il est sans doute général. Ou il devrait l'être.[150] Ayant eu communication de cet ordre, et en ayant saisi comme nous le sens, l'un des premiers historiens de ce temps, dans une lettre adressée à Léon Daudet et à moi, dit à l'auteur de *L'Avant-Guerre* :

« Quelle belle campagne vous avez menée ! »

C'est le jugement même de l'Histoire de France formulé et signé par l'un de ceux qui ont qualité pour parler en son nom.

---

[150] Note dans le premier volume des Conditions de la victoire, en 1916 : « Il l'avait été. On verra plus loin qu'au fur et à mesure de leur arrivée, nous avons publié les nouvelles de l'arrachement des panneaux Maggi-Kub par toute la France, mais en nous astreignant à ne pas nommer les Maggi, afin d'éviter le retour de l'émotion publique. »

ALSACE ET LORRAINE

1914

Cet article a paru dans *L'Action française* du 10 août 1914.

ALSACE ET LORRAINE

Quelle journée que ce dimanche d'hier ! Ni excitation, ni ivresse, rien qui sortît des mesures de la grave raison. On ne rit pas, on ne chante pas à l'heure où coule un si beau sang ! Mais de tous les points de la ville, semblait monter un cri de joie, qui, arrêté au fond des gorges, s'échappait des yeux et des fronts comme un trait de lumière ardente.

Nous avions appris, la veille au soir, Altkirch, puis Mulhouse[151] et, les débris[152] de notre rédaction ajoutée au reste de notre équipe de linotypistes, nous avions, au petit matin, bu un verre de vin de France en l'honneur du retour des drapeaux en Alsace et des poteaux frontières bienheureusement arrachés. Le jour s'étant levé, un fiacre attardé nous rapatriait Pujo et moi, dans notre quartier, mais au coin d'une rue nous sommes tombés sur un détachement assez considérable, un bataillon peut-être, de soldats qui, traversant Paris, prenaient quelques minutes de repos. Les premiers feux de la matinée tenaient déjà toutes les pentes du ciel et la bonne nouvelle faisait apparaître plus beau le jour d'aurore que reflétaient ces visages étincelants du patriotisme de la jeunesse. Au fur et à mesure que nous passions devant eux, nous les saluions tous, presque un par un, avec un mélange de respect profond et de confiante amitié ; et puis, comme il nous souvenait que sur la même route, quatre mois plus tôt, s'était déroulé le cortège de Jeanne d'Arc et que nous avions fait halte en ce même point pour regarder passer nos amis des grandes Écoles, qui nous adressaient leurs signes d'intelligence et de

---

[151] Les premiers événements d'août 1914 pouvaient laisser croire à une guerre de mouvement rapidement victorieuse, du moins dans la reconquête des provinces de l'Est. On lit dans ce même numéro de L'Action française du 10 août 1914, sous la rubrique de « la situation des armées » :
> Le ministère de la Guerre nous donne les détails suivants, à onze heures et demie du soir, sur la situation générale de nos armées développées depuis Mulhouse jusqu'en Belgique :
> *Nos troupes tiennent toujours Ferney, Mulhouse, Altkirch, ayant devant elles la lisière de la forêt de Hart qui paraît sérieusement organisée. (...)*

Dès le lendemain Maurras tempérera cet enthousiasme. Les notes sont imputables aux éditeurs.

[152] Il faut comprendre que la mobilisation avait éloigné du journal de nombreux collaborateurs de *L'Action française*.

sympathie, nous eûmes la grande joie de reconnaître, dans la troupe en armes, parmi certains qui répondaient avec plus de vivacité à nos salutations chaleureuses, trois ou quatre de nos Camelots et de nos Étudiants. Plusieurs noms nous vinrent aux lèvres. De quel cœur nous nous fussions arrêtés pour tenter de serrer telles et telles mains amies ! Il nous sembla meilleur de ne pas déranger la perfection matérielle, la pompe stricte et l'ordre sévère de la petite armée au repos, et non loin, la statue de Jeanne d'Arc, deux fois dorée sous le baiser de la lumière, sembla nous faire signe que, en effet, mieux valait suivre notre chemin sans rien mêler qui fut d'amitié personnelle à la grande amitié française unie sous le drapeau, en marche contre l'ennemi.

La journée qui suivit ce splendide matin fut remplie tout entière des mêmes effusions, de leur ardeur soutenue, de leur plénitude exaltante. Quand elle s'acheva, comment ne pas sentir et ne pas se redire à soi-même combien une allégresse nationale apaise, réunit, réconcilie les citoyens quand surtout elle s'interdit, par sagesse, de trop se répandre au dehors !... Minuit n'a pas sonné que les clairons de l'est envoient un nouveau cri de bonheur : le col de Bonhomme couronné par nos troupes, Sainte-Marie-aux-Mines reconquise par nos couleurs et, de cette crête des Vosges qui domine Colmar, les plaines de l'Alsace appelées du regard comme le champ sacré des résurrections de la France.[153]

---

[153] Nous donnons le texte tel que paru dans le premier volume du recueil *Les Conditions de la victoire* (1916) : le texte est conforme à celui du journal, mais il est suivi dans *L'Action française* de deux éléments : d'abord quelques lignes publicitaires pour le journal, ensuite une lettre patriotique « d'un de nos amis », que Maurras n'introduit qu'en quelques mots convenus.

Une souveraine restaurée

1914

Cet article a paru dans *L'Action française* du 11 août 1914.

UNE SOUVERAINE RESTAURÉE

Oui, M. Hervé a raison[154], ce ne sera pas une promenade militaire et le choc sera dur et la victoire nous sera souvent balancée : « croire le contraire serait se préparer de terribles déceptions ! » Mais M. Ernest Lavisse[155] n'a pas tort, lui non plus, et cette extraordinaire pointe en Alsace donne de fameux coups au cœur des Français de mon âge ! Eux qui virent l'ancienne idée de la Revanche se transformer dans le « rêve diminué », « déchu » du pacifisme humanitaire et démocratique ! Eux qui en ont désespéré !

À l'heure où tant d'autres agissent, on n'ose presque pas penser. Il y a des idées qui glissent devant nous, qui nous effleurent et s'envolent sans même nous laisser leurs noms. Mais je sais bien qui elles sont. Ce sont celles que nous aurions, que nous caresserions, que nous tâcherions d'exprimer dans leur vérité la plus belle, si, au lieu d'une plume asservie à l'encrier, nous pouvions espérer de manier bientôt des armes moins légères.[156] Dans cette suspension du mouvement normal de l'intelligence, la ressource est de contempler et d'admirer le spectacle que donne la France, la France d'aujourd'hui, depuis que l'idée et le fait de la Revanche sont enfin remontés à leur rang de souveraineté.

Aux premières années qui suivirent la guerre de 1870, nous n'avions plus de chefs, la confusion morale d'une défaite que la révolution avait compliquée ne nous permit pas de retrouver nos chefs historiques. Mais

---

[154] Gustave Hervé (1871–1944) était jusqu'en 1912 un propagandiste virulent du pacifisme, de l'antimilitarisme et de l'internationalisme. Il changera du tout au tout, devenant ultra-patriote, puis fasciné par Mussolini. On lui doit l'écriture en 1935 de la fameuse brochure *C'est Pétain qu'il nous faut*.
Les notes sont imputables aux éditeurs.
[155] Ernest Lavisse (1842–1922), historien brillant d'abord lié à l'Empire il se rallie à la République. Figure des républicains conservateurs, il devient l'un des grands noms honorés du régime, son œuvre restant attachée à ses manuels d'histoire à destination des élèves, instituteurs et professeurs. De sensibilité patriote, il est le grand rival idéologique d'un historien que Maurras n'apprécie guère, Gabriel Monod.
[156] Rappelons que Maurras rêva d'abord d'une carrière militaire dans la Marine, projet que sa surdité empêcha. Sans cette infirmité il aurait encore eu en 1914, de peu, l'âge d'être mobilisé dans la réserve.

nous fûmes sauvés de la dispersion par le désir de rendre à la nation allemande les coups qu'elle nous avait donnés et aussi de reprendre à la puissance allemande les admirables peuples qu'elle nous avait pris. Si les citoyens se brouillèrent, si les croissantes divisions affaiblirent la cité, cependant, au rempart, le travail militaire put continuer. Il continua sans relâche, car, au-dessous de la division des partis, l'unanimité subsistait très profonde, en tout ce qui touchait aux intérêts majeurs de l'armée. Les querelles religieuses elles-mêmes si frivolement soulevées n'arrivaient point à refroidir la chaleur du patriotisme ; en pleine crise intérieure il arrivait que les crédits militaires fussent votés par les Chambres avec cette unanimité qui vient d'être retrouvée au 4 août dernier. La pensée de reprendre Metz et Strasbourg, la volonté de tout soumettre à cette pensée directrice, régulatrice, modératrice même, formait alors le moteur central de la vie nationale et la cause suprême de notre unité. Cela du haut en bas de la société française ! J'entends encore ce modeste fonctionnaire de l'inscription maritime, provençaliste ardent, mais non moins patriote, qui nous disait en 1891, croyant avoir à redouter de la décentralisation quelque affaiblissement de l'organisme militaire : « Nous ne pourrons la faire qu'après avoir repris l'Alsace et la Lorraine... » L'histoire nous laissait sans roi : l'obsession de cette reprise nous tenait lieu de reine. Et, je l'ai dit cent fois à nos plus anciens lecteurs, jamais reine régente ne fut mieux obéie sur un sol où le sceptre ne tomba jamais en quenouille.

Il ne servirait plus de rien, il serait même beaucoup plus nuisible qu'utile de rappeler l'enchaînement d'erreurs et de faux calculs qui, de 1891 à 1895, oublia Metz, créa nos vingt ans de misère, au cours desquels l'armée, d'abord intacte et demeurée ardente à l'étude, à l'organisation, au perfectionnement de son matériel, finit par être obligée de ralentir l'effort, oh ! sans l'abandonner ! Barrés a bien raison de le dire, les « brutes galonnées » ont reçu impassiblement tous les affronts ; mais, du jour où le pays, réveillé par l'ennemi, par son ennemi en personne, commença à secouer courageusement la torpeur d'une inertie qui menaçait d'être mortelle, il trouva son armée rassemblée, parée, entraînée, prête à la défense comme à l'attaque et qui faisait en souriant le salut militaire... À qui ? Aux autorités, naturellement, à tout ce qui représentait la loi, l'ordre, le droit, la puissance publique, mais par-delà ces figurations discutables et discutées, à la royale Idée régnante remontée sur son trône de 1871, plus claire, plus brillante et plus dominatrice qu'elle ne fut jamais. L'armée française saluait cette souveraine plus vigilante que l'opinion, plus ferme, mieux concentrée et plus continue que le gouvernement : la rumeur des avanies de 1905, de 1908, de 1909, de 1911, puis le bruit des canons tripolitains et balkaniques[157] l'avaient réveillée la première. Comme la princesse du conte, ses beaux yeux se rouvrant disaient : « Ai-je dormi ? » En vérité, non. Cette reine de songe, mais d'un songe plein d'avenir n'avait pas cessé de veiller sur nous, et de vastes portions, d'immenses étendues du territoire avaient toujours explicitement reconnu son ordre et sa voix, dont le reste ne s'était jamais affranchi tout à fait, car ceux qui ne voulaient pas « reprendre » une province tenaient pourtant à faire respecter la volonté française et les goûts français des Alsaciens-Lorrains, ce qui, au fond revenait au même !

Les pensées et les sentiments ne variaient donc guère : mais ces variantes frivoles avaient pourtant suffi longtemps à permettre, parfois même à déterminer des actes discordants jusqu'au jour où la force des choses imposa la restauration de la vérité. Vérité toute pratique ! Vérité qui consiste à obéir à l'idéale impulsion d'une souveraineté sans laquelle on court risque de ne plus avoir ni société, ni vie française, ni même territoire français, parce que, sans elle, l'armée française tombe en morceaux, n'ayant plus de direction, ni de chef, tandis que, à sa lumière et sous sa conduite, cette intrépide armée garde ou retrouve tous les éléments immatériels de sa vigueur native ![158]

---

[157] En 1905 la crise de Tanger ; en 1908 l'affaire des légionnaires Allemands de Casablanca ; en 1911 la crise d'Agadir et de la Panther. La date de 1909 est plus problématique : Maurras vise sans doute la crise de Bosnie-Herzégovine, où l'Allemagne fit s'incliner la Serbie en faisant pression sur la Russie, mais c'est une « avanie » plus indirecte que les précédentes. Les canons de Tripolitaine sont ceux de la guerre italo-turque en Libye (1911–1912) et ceux des Balkans sont là pour rappeler les guerres balkaniques de 1912– 1913 sur fond de libération du joug ottoman.

[158] Nous donnons le texte tel que paru dans le premier volume du recueil Les Conditions de la victoire (1916) : le texte est conforme à celui du journal, mais il est suivi dans L'Action française de deux éléments : d'abord quelques lignes publicitaires pour le journal, ensuite une petite rubrique patriotique « lettres de nos amis », que Maurras ne commente qu'en quelques mots.

Les Ordres du roi

1914

Cet article a paru dans *L'Action française* du 12 août 1914.

LES ORDRES DU ROI[159]

Monseigneur le duc d'Orléans a appris la déclaration de guerre au cours d'un voyage. Le Prince s'est hâté de rentrer à Bruxelles[160] et, dès son arrivée, il a adressé la dépêche suivante à notre ministre de la Guerre :

> Monsieur le Ministre,
> Devant les événements actuels, toutes lois d'exception, tout dissentiment politique doivent tomber ; tous les Français ont le devoir et le droit de reprendre leur place sous les drapeaux.
> Ce droit et cet honneur, je viens vous les demander pour la durée des hostilités, certain que vous saurez comprendre à quel sentiment j'obéis.
> J'attends donc avec confiance votre réponse télégraphique et vos instructions pour partir.
>
> PHILIPPE, DUC D'ORLÉANS.
Hôtel Métropole, Bruxelles.[161]

Au bout de plusieurs jours, Monseigneur le duc d'Orléans a reçu de M. René Viviani, président du Conseil, la réponse suivante :

> *Le Président du Conseil des ministres à Philippe, duc d'Orléans.*
> *Hôtel Métropole, Bruxelles.*
> Paris, le 9 août, 14 h. 40.
> L'état de la législation française ne permettant pas votre enrôlement dans l'armée française, tout en rendant hommage à votre

---

[159] Ce titre n'existe qu'en recueil, dans le premier volume des *Conditions de la victoire* en 1916. *Les notes ont imputables aux éditeurs*.
[160] La loi du 26 juin 1886, dite loi d'exil, interdisait l'accès et le séjour sur le sol français aux chefs des familles royale et impériale ayant régné sur la France, ainsi qu'à leurs fils aînés. Elle interdisait également à tous les hommes de ces familles de servir dans l'armée française. Elle n'a été abrogée qu'en 1950.
[161] Cette mention est omise dans le recueil en 1916, ici comme infra.

initiative, je ne puis que vous faire la réponse déjà faite à d'autres demandes pareilles à la vôtre et vous engager à vous enrôler dans les armées amies ou alliées qui combattent à nos côtés.

N'ayant pu faire accepter ses services en France, le Prince a fait pressentir les Souverains belge et anglais.

Malgré l'indication contenue dans la dépêche de M. René Viviani, Monseigneur le duc d'Orléans a constaté que les puissances amies et alliées conservaient un scrupule et n'envisageaient pas comme possible la présence dans leurs armées du Chef de la Maison de France.

Patriotiquement résolu à ne susciter aucune difficulté dans les circonstances actuelles, Monseigneur le duc d'Orléans dont « toutes les pensées vont à la France », qu'il désire servir par tous les moyens restés à sa disposition, s'est résigné à sacrifier son vœu et son espoir de défendre sa patrie les armes à la main.

Il a pris la décision de demeurer à Bruxelles au milieu des malades de l'ambulance qu'il a organisée au château de Putdaël avec le concours du docteur Depage.

Sa Majesté la reine des Belges, qui est à la tête de la Croix-Rouge de Belgique, a agréé les services de Monseigneur le duc d'Orléans.

Le serviteur fidèle qui est allé chercher en Belgique ces informations et ces documents a rapporté aussi ces paroles du Prince destinées à un royaliste parisien :

« Dites à X...[162] que toutes mes pensées vont à la France.

« Il n'y a plus de divisions politiques qui tiennent.

« Face à l'ennemi ! »[163]

---

[162] La version de 1916 porte ici « M... »
[163] Le texte repris en 1916 dans le premier volume des *Conditions de la victoire* s'arrête ici. Dans le journal suit, sous le titre de rubrique « la politique », un autre texte signé Charles Maurras que nous donnons ci-après. Nous ne donnons pas la sous-rubrique des « lettres de nos amis », commentée par Maurras en quelques mots convenus.

Les étrangers à Paris et dans la Woëvre[164]

Il est matériellement possible de soumettre les étrangers demeurés parmi nous à des persécutions odieuses et ridicules. Il est non moins possible de les traiter chacun et tous comme autant d'amis ou de frères et de nous exposer ainsi à d'affreux malheurs. Mais ne serait-il pas plus que possible, assez facile, de découvrir un moyen terme entre ces deux excès ?

Ce moyen terme consisterait à se tenir sur ses gardes avec courtoisie, mais constance. Le Temps vient de reconnaître sans barguigner que, à l'ouverture des hostilités, « Paris et sa région, comme aussi la frontière de l'est, étaient remplis d'espion allemands ». Comme la Normandie, dont on guigne le Cotentin ! Comme la partie la plus riche et la plus brillante du littoral de Provence, celle qui va de Toulon à Nice, le pays que l'espion Uhde écuma ! Il serait enfantin de supposer que tous ces allemands eussent déclaré leur nationalité au commissaire de police des localités infestées. Tous ceux qui le pouvaient ont dû choisir la patrie la moins compromettante, par conséquent la plus voisine et la plus amie de la France. Italiens, Suisses, Belges, Russes, Anglais me sont plus sacrés que jamais ; mais une élémentaire sagesse conseille de ne point accepter sur parole toute déclaration d'appartenir de près ou de loin à ces peuples amis. La vieille plaisanterie des gens qui se disent Espagnols et qui ne sont pas Espagnols est de circonstance.

Cette défiance nécessaire, non seulement n'implique pas, mais elle exclut l'attitude brutale qui moleste avant de connaître, exécute avant de juger. Il n'y a rien de moins français ! Ni la raison ni la générosité de la race ne saurait admettre ces tumultes sommaires dont les provocateurs internationaux aiment à donner le signal.

Mais, sur un tel sujet, il serait bien vain de se borner à prêcher ! Une bonne et sûre police est la seule garantie sérieuse de l'ordre qui est la condition de la véritable justice, si particulièrement délicate en tout ceci ! Notre contre-espionnage trop tardivement restauré n'a-t-il pas manqué de

---

[164] La Woëvre est une région qui s'étend pour l'essentiel sur la rive droite de la Meuse, sans atteindre les villes de Longwy, Metz et Nancy. Nous rétablissons l'orthographe actuelle, L'A.F. écrit tantôt Woevre tantôt Woëvre, prononciation courante à Paris à l'époque. La Woëvre était en 1914 une région frontalière dans sa partie nord, du fait de l'occupation allemande de la Moselle consécutive à la guerre de 1870.

vigueur contre l'espionnage allemand ? Jetez aujourd'hui un coup d'œil sur la carte ! De tous les points de la frontière, c'est la Woëvre seule que l'ennemi a pénétrée ; maintenant, liez *L'Avant-Guerre*[165] ; vous verrez que la Woëvre fut pendant des années une véritable colonie d'espions allemands. Les faits d'hier donnent donc tristement raison à la sagacité lumineuse de Léon Daudet.

Plus délicate encore est la question de l'espionnage quand il se pratique à Paris ! C'est là qu'il ne faut point se contenter des déclarations ! C'est là que les déclaration authentiques et vérifiées ne suffisent pas. Un déserteur Russe est un vrai sujet russe : est-ce là un Russe ami de la France ? Est-ce un Russe de tout repos et dont le nom seul bannisse la méfiance ? S'il continue à conspirer contre son gouvernement, ne fait-il pas les affaires de la nation qui envahit la Russie ? On peut rêver d'une sozial democratie amie de la France : peut-on même la concevoir amie de la Russie ? Or de ces « Russes » souvent juifs, et social-démocrates plus qu'anarchistes, certains quartiers de Paris en comptent des dizaines de mille. Les prendrez-vous pour de féaux sujets du tsar ? Ces graves distinctions sont affaire d'État. Mais il faut que l'État les fasse.

Un jour, des Français qui avaient rencontré un Hongrois et qui l'entendaient s'exprimer sans douceur sur le compte des Allemands se montrèrent émus et touchés de tant d'amitié prodiguée sur le dos de nos vieux ennemis. Informations prises, les Allemands qu'on venait de malmener étaient ceux de Vienne : le médisant Hongrois était un prussianisant forcené. Tout le Danube en rit encore. Tâchons d'être sérieux aux bords de la Seine.

---

[165] L'ouvrage de Léon Daudet qui en 1913 dénonçait l'espionnage « juif-allemand ».

Le fédérateur allemand

1914

Cet article a paru dans *L'Action française* du 13 août 1914.

LE FÉDÉRATEUR ALLEMAND

Ainsi les faits publics, les renseignements indirects semblent concorder ; oui, les fautes énormes, les manœuvres suicides multipliées par l'empire allemand pendant ces derniers jours, permettent de de penser qu'un plagiat de deux siècles va prendre fin : l'imitation ou, pour mieux dire, la singerie prussienne de la sagesse millénaire de nos rois Capétiens n'aura atteint à la couronne impériale que pour déchoir avant que son demi-siècle soit révolu !

Les Hohenzollern ne s'étaient élevés sur le plus haut lieu que pour y révéler leur inaptitude à poursuivre la tradition du grand Frédéric et de ce Chancelier de fer, auxquels on a rendu une pleine justice quand on les a nommés deux brillants écoliers (mais écoliers germains !) de l'Histoire de France.

La force prussienne et l'unité germanique fondées par leur génie de la contrefaçon se trouvent aujourd'hui compromises, perdues peut-être, par le jeu instinctif des mêmes vieilles causes qui ruinèrent toujours les dominations tudesques antérieures : comme les Othon, les Henri et les Charles, les Guillaume subissent donc le délire et le vertige de la puissance ! On les voit chanceler dans l'ivresse grossière que donne ce grand vin aux têtes et aux cœurs qui ne sont pas faits pour le supporter.

Cet empire allemand, ouvert de toute part, enclavé de nationalités hostiles, créé et soutenu par une race ombrageuse et lourde, d'esprit personnel et jaloux, remplit le moyen âge de ses luttes contre la plus auguste expression de l'unité chrétienne, cette bienfaitrice à laquelle il devait tout. Quand, en fin de compte, le Sacerdoce eut résisté, lorsque la Papauté eut fait la preuve de l'ascendant supérieur d'une sagesse universelle, le génie allemand tira sa vengeance en procédant au schisme affreux du XVIe siècle, qui fut d'ailleurs pour lui le principe d'une autre ruine. Ainsi tout ce qui sort authentiquement des profondeurs de l'Allemagne connaîtra le même destin, portant le même caractère d'outrance rude et vaine, signe d'une ambition véritablement sans objet parce qu'elle est toujours sans mesure.

Ces édifices de burgraves auront croulé l'un après l'autre, pour la seule raison qu'ils n'allaient nulle part et se contentaient d'étaler sous les regards du monde étonné ou moqueur les triomphes béats de la force brute. Toutes les nations allemandes et non la seule Prusse ont donné successivement à l'Histoire l'échantillon de cette erreur. Erreur d'une essence purement allemande. Le sentiment de l'abus ridicule, celui de l'excès criminel, l'idée du correctif, du tempérament et de la limite sont des inventions étrangères qui n'ont pas pénétré le cuir national.[166]

Du haut en bas, c'est la même grossièreté d'intelligence. Mais, plus l'on descend, mieux cela se voit. Les épreuves infligées à nos consuls et à nos voyageurs en font des témoignages d'une ignoble naïveté : une police bien faite est celle qui procède à des bonnes fouilles, la fouille consciencieuse est celle qui s'étend à toutes les parties du corps des patients ; cet intrépide syllogisme teuton aboutit naturellement à la sordide historiette qu'on trouvera plus loin[167] et qui renouvela, sur la frontière de Hollande, l'exploit des Barbaresques en Méditerranée, au siècle où Voltaire contait.[168]

Exception faite pour quelques grands Germains, candidats à L'Humanité, qui ne laissèrent qu'une rare descendance, l'apogée naturel de ces romantiques-nés se reconnut toujours au même goût de la domination pour la domination. La langue, le fidèle et pur miroir de l'âme populaire, en témoigne elle-même, s'il faut en croire ce mystique philosophe et philologue saxon qui remarqua, avec un curieux mélange de vanité et de dédain, que dans les divers idiomes germaniques, le titre de roi et de chef exclut toute autre idée que celle de puissance pure, Koenig, Konnig, Canning : bon pour les pauvres peuples classiques d'enfermer dans leur sens du basileus, du rex, du roi, du chef, ces vaines notions intellectuelles de directeur de peuples, de guide réfléchi ou de tête éclairée par des yeux bien ouverts ! L'orgueil butor

---

[166] Renouvelant, le 12 septembre la même remarque sur l'excès romantique naturel à l'âme allemande, si opposé au « rien trop » de La Fontaine, d'Horace et des Grecs, nous la trouvions vérifiée dans la lettre d'un « professeur américain » à son collègue M. Souriau, de notre Faculté des lettres de Caen, publiée au journal républicain L'Action et parlant de « l'orgueil sans fond et sans frein, que les Grecs nommaient hubris, qui dépose les grands de leurs sièges, l'avant-coureur de la chute terrible dont il n'y a plus de relèvement ». Cette vue d'un habitant du nouveau monde sur le caractère immodéré et irrationnel des nations allemandes, confirme ce qui a été dit constamment par les civilisés de tout temps, sur tous les siècles, toutes les régions, tous les régimes de l'Allemagne. [Note de 1916.]

[167] « Plus loin », la sordide historiette ne se retrouva point : notre secrétaire de rédaction l'avait jugée trop dégoûtante. Il se contenta d'insérer le rapport du Consul de France à Dusseldorf, M. Netton qui eut à subir avec ses compagnons et compagnes de route des visites si minutieuses qu'on ne faisait point grâce à l'interstice « des doigts du pied ». [Note de 1916]

[168] Allusion à l'Histoire de la vieille, chapitre XI de Candide. (n.d.é.)

tiré précisément d'un cas d'infériorité obtuse exprime l'épaisseur et la présomption d'une race.

Tel étant et tel se montrant le Germain cultivé, dès qu'il érige en loi son instinct, jugez des autres : ceux qui manient l'outil, ceux qui portent les armes ! Les sévices barbares exercées tous ces jours-ci sur la personne sacrée de diplomates, de prêtres ou de malheureux prisonniers, ne se comprennent tout à fait que par l'étude de l'Allemagne lettrée. Il me souvient d'un professeur à l'Université de Marbourg, fort occupé d'études romanes, qui s'était fait aussi une spécialité d'analyser la « littérature » de la guerre de 1870, Edouard Koschwitz. En 1896 ou 1897, à l'époque où toutes les forces de l'État français tendaient à nous faire oublier l'idée de Revanche, ce petit vieillard d'un blond jaune qui tirait sur le roux vint en France et prit figure de personnage. Une de ses brochures, traduite pour nous, prétendue « étude psychologique » sur Les Français pendant la guerre est à peu près entièrement consacrée à la négation placide des « atrocités », « mises sur le compte des soldats allemands » par la seule imagination de libellistes chauvins, l'espionnage allemand n'était qu'un mythe solaire, les fusillades de francs-tireurs ou de particuliers inoffensifs, simples racontars de journaux. Le docteur y conclut par un éloge bien senti de « l'action profonde » qu'aurait exercée l'Allemagne au XIXe siècle, influence tellement bienfaisante, déclarait-il, que « les générations futures de la France, rendues plus clairvoyantes, ne méconnaîtront pas ce fait : elles ne regretteront pas même les défaites de la dernière guerre ». Ils sont comme cela ! disait Jules Lemaître en éclatant de rire. C'est ainsi que leurs mères les font !

L'Allemand est persuadé qu'il améliore et embellit le monde en le ravageant. Il a peine à comprendre que le monde ne soit jamais de son avis.

C'est ainsi que l'homme allemand, homme total, excellent (all, man, observe le bon Fichte) a perdu la tête, c'est ainsi qu'il la perdra toujours. Il ne faut pas que le sort l'élève trop haut, car, immanquablement, ce soldat fanfaron devenu aussi le politique fanfaron, réunira l'univers contre lui. Cette fois, pour le garder de son péché originel, il avait les leçons, les exemples et les traditions continues d'une dynastie économe, instruite à la copie de nos bons modèles français. Comme Jacques Bainville n'a cessé de le faire observer ici, il avait ce testament bismarckien qui est la formule la plus nette de l'esprit de conservation dynastique prussien. Personne n'était plus intéressé que Guillaume II et ses fils à s'y tenir, à être en garde contre l'esprit de hauteur ruineuse propre à la Germanie. Or, l'esprit allemand a vaincu l'esprit politique. Malgré l'hérédité et malgré noire loi salique adoptées enfin, la furie germanique est venue à bout des conseils de la monarchie. Le poison national, lampé depuis quarante-trois ans, finit par être le plus fort. Il a noyé circonspections, prudences, souvenir des précédents et des avertissements. L'Allemand éternel titube sur le bord de la catastrophe historique, dans une direction exactement contraire à celle dont ses grands modèles du passé lui avaient donné la notion.

...[169] Le roi de France fut le juge de paix du monde. Sa magistrature consistait à faire l'union autour de lui. Sauf des moments d'erreur vite réparés, sa tâche habituelle était de grouper les États moyens, avec leur clientèle de petits princes, contre le prétendant, quel qu'il fût, à la Monarchie universelle. Ainsi graduellement s'imposèrent le prestige, l'honneur et l'amour de la nation française. Ainsi sa propre autorité se créait, s'affermissait et s'étendait. Son royaume était vaste, mais plus vaste l'immense domaine moral adjacent. On a pu dire qu'il était, de père en fils et, sous les derniers Bourbons, plus que jamais, le Fédérateur de l'Europe. Nous avons aujourd'hui un fédérateur allemand. Mais c'est contre lui-même qu'il sait fédérer les nations. Et c'est à ses dépens que se reforme l'union du monde. Il a su de ses propres mains souder la Russie à la Serbie, la France à la Russie, la Belgique à la France, l'Angleterre à la Belgique ; demain peut-être Italie, Hollande, même Portugal se trouveront-ils insérés dans les mailles de la même coalition du seul fait de sa volonté, de sa manœuvre, et, pour ainsi dire, sans qu'aucune de ces puissances ait eu la peine de le vouloir ou l'audace de le rêver !

UNE LETTRE DU GÉNÉRAL MERCIER : LE CANON DE 75[170]

---

[169] Ces points de suspension étranges figurent dans le journal comme dans le recueil de 1916. On ne sait s'ils signifient une censure. (n.d.é.)

[170] Après ce qu'on vient de lire, le journal insère quelques lignes publicitaires, l'habituelle petite rubrique des « Lettres de nos amis » puis un bref article « La santé de Léon Daudet » : il avait en effet eu un accident quelques jours plus tôt. L'article intitulé « Une lettre du général Mercier », que le recueil de 1916 reproduit ici, ne vient qu'ensuite dans le journal. La mention « le canon de 75 » n'apparaît que dans le recueil.

L'un de nous a reçu du général Mercier une fort belle lettre. L'illustre ami de L'Action française nous pardonnera d'en extraire quelques lignes :

> ... Je vous félicite de l'attitude si digne et si patriotique que l'Action française a prise dans la crise actuelle. Il faut rester fidèle à la devise de notre Prince : « France d'abord ! » Mais comme ce cher Prince doit souffrir de son inactivité forcée dans de pareilles conjectures ! Je suis angoissé quand j'y pense. J'ai naturellement écrit au ministre de la Guerre pour me mettre à sa disposition, avec une entière loyauté, dans la limite de mes forces.
>
> Combien je regrette de n'avoir plus que celles que m'ont laissées mes quatre-vingts-ans ! Enfin, tout semble aller pour le mieux, et je crois vraiment qu'un vent de folie pousse l'empereur Guillaume vers le démembrement de l'Allemagne.
>
> Je vous serre la main de tout cœur, ainsi qu'à tous nos amis de L'Action française.
>
> A. Mercier.

Les regrets du général Mercier doivent être adoucis par le souvenir des immenses services qu'il a rendus à la Patrie, notamment lorsque, ministre de la Guerre de décembre 1895 à janvier 1895, il prit sur lui d'adopter et de faire construire, contre toutes les oppositions, ce canon du colonel Déport qui n'est autre que l'admirable canon de 75.

Cet engin puissant, le chef-d'œuvre de l'artillerie moderne, fut enfin mis en service en 1897, toute l'armée en était pourvue en 1900 et, en 1907, aux premiers engagements marocains, il faisait son entrée dans l'admiration de l'Europe et du monde. Il y a sept ans de cela, mais aucune nation n'a encore trouvé un équivalent du canon choisi par le général Mercier.

La Patrie bien défendue sur les champs de bataille de l'Alsace, de la Lorraine et de la Belgique, témoignera sa reconnaissance à ce grand Français.

Le travail national

1914

Cet article a paru dans *L'Action française* du 14 août 1914.

LE TRAVAIL NATIONAL

Comme on peut trouver temps pour tout et que *L'Action française* s'est toujours donné pour premier devoir de maintenir la vérité, nous discuterons toutes les doctrines historiques, politiques ou sociales qu'on voudra bien nous proposer. On verra plus loin un débat que nous n'aurions pas engagé. Mais, vraiment ! à l'heure qui sonne, mieux vaudrait, de l'arrière où nous sommes placés, seconder l'héroïque effort de la belle jeunesse en marche vers la victoire. Nous ne partons pas, c'est entendu, et nous ne pouvons pas partir.[171] Alors, au nom de ceux qui partent et pour l'amour d'eux tâchons de faire à l'intérieur du pays la concorde publique aussi active, aussi généreuse que nous pourrons afin qu'aucune arrière-pensée d'inquiétude ne détourne les combattants, afin qu'ils sentent derrière eux les foyers aussi tranquilles que la cité !

De toutes parts, dans les organes de la haute société bourgeoise, comme dans les feuilles socialistes, courent les mêmes conseils, les mêmes prières, les mêmes vœux : ce qui importe, c'est d'ouvrir le plus d'usines et d'ateliers possible, c'est de réunir le plus d'argent possible, de mobiliser le plus de bonnes volontés possible ! Un correspondant du *Temps* emploie ce langage, que je n'ai qu'à recopier. M. Jouhaux[172] écrit de son côté qu'il faut du travail, c'est le meilleur, le seul moyen de maintenir la « tranquillité intérieure. Venir en aide à la misère est bien ; prévenir cette misère par l'occupation des hommes valides est mieux. » Il faut favoriser « la reprise de la production utile », il faut créer « de la circulation ».

Je sais qu'on s'y applique. On m'a fait connaître des efforts admirablement combinés.

---

[171] Rappelons que la surdité de Maurras, qui l'avait privé d'une carrière militaire dans la Marine, l'empêchait aussi d'être mobilisé (dans la réserve ce qui l'aurait cantonné à des tâches à l'arrière) alors qu'il en avait encore l'âge en 1914.
Les notes sont imputables aux éditeurs.
[172] Léon Jouhaux (1879–1954), syndicaliste, secrétaire général de la C.G.T. de 1909 à début 1947, fondateur ensuite de la C.G.T.-F.O. dont il reste président jusqu'à sa mort. Il défendra toujours une certaine indépendance des syndicats vis-à-vis des partis politiques, prix Nobel de la paix en 1951. Quand Maurras écrit ces lignes, Jouhaux vient de rallier la C.G.T. à l'Union sacrée au prix de demi-renoncements très symétriques de ceux des royalistes, et faits pour les mêmes raisons patriotiques.

Il y a des maisons de commerce, des industries, des entreprises qui se sont honorées en continuant aux familles de ceux qu'elles emploient et qui sont partis pour la guerre, des traitements pareils ou sensiblement analogues à ceux de la paix. Il y en a qui ont réussi à occuper les femmes, les tout jeunes gens, les enfants et qui peuvent ainsi continuer à marcher. D'autres ont trouvé d'ingénieux procédés de demi-paie comportant la demi-journée du travail féminin. Cela permet à la machine de fonctionner, tant bien que mal, au rendement utile de se produire... Tout vaut mieux que l'arrêt et le désœuvrement.

Pour empêcher l'arrêt, pour parer au désœuvrement, n'y a-t-il point de mesures plus générales à envisager ?

Nous ne sommes ni socialistes d'État, ni socialistes tout court, mais la guerre fait très étroitement dépendre le libre facteur économique de l'autorité politique, et c'est à l'État que revient, dans ces conditions, le droit, le devoir, le pouvoir d'utiliser rapidement tout ce que la situation nationale comporte d'avantages moraux susceptibles de se transformer en avantages matériels. Le crédit qui n'est que le nom technique et financier de la confiance et de la foi dans un avenir prochain, le crédit de la France a pu être ébranlé dans la période incertaine qui a précédé et suivi le 4 août.[173]

Au fur et à mesure qu'elle se définit, la situation s'éclaircit, chacun peut se rendre compte qu'elle est déjà forte et que de beaux atouts se trouvent réunis dans les mains de la France : il y a longtemps qu'elle n'a tenu un jeu pareil. Il n'est plus seulement permis de croire à la victoire, cette espérance est devenue la raison même ; tout ce que l'effroi de la défaite pouvait légitimement ébranler s'en trouve raffermi et consolidé. Et puis l'air est limpide, on voit droit devant soi, on se rend compte de la valeur propre des gages dont l'immense fortune française dispose. Ces garanties matérielles ne bougent pas. Les virtualités du travail national, un moment suspendu, ne sont pas abolies, elles subsistent, et quels que puissent être les dégâts de la guerre, des compensations soudaines, dans une mesure inouïe, s'établiront comme toujours quand reviendra la vie normale. Les financiers et les légistes ne peuvent se sentir bien embarrassés de trouver des symboles fiduciaires correspondant et suffisant à cette situation. Elle est très spéciale, mais les intérêts généraux du pays, les intérêts sacrés de L'Humanité y peuvent

---

[173] Le déclenchement de la guerre.

trouver la matière d'un accord avec l'intérêt sainement entendu des bons citoyens.

LA RÉPUBLIQUE ET LA PAIX[174]

[À l'heure où les événements se chargeront de démontrer qu'aucun régime ne peut promettre une paix perpétuelle,] *La Lanterne*[175] proclame, en avouant son paradoxe, que « la République, c'est la paix. »

> Supposons que la forme gouvernementale démocratique se soit imposée aux États de l'Europe et brusquement l'hypothèse abominable des luttes de violence et de brutalité est aussitôt écartée.

En vérité ? Cependant la forme démocratique républicaine s'est imposée à tous les États américains. Cela n'a pas empêché les guerres sanglantes de la Bolivie, du Chili, du Pérou, du Paraguay, de l'Argentine. Cela n'empêche pas les hostilités entre le Mexique et les États-Unis. Et ce sont les États-Unis qui ouvrirent en 1898 la période des grandes luttes du siècle par leur guerre contre l'Espagne. La Lanterne n'en écrit pas moins : « Sans empereurs et rois, pas de guerres dynastiques ; sans eux, pas de guerres économiques !... »

Alors la guerre de Cuba et des Philippines est un fait à rayer des mémoires si l'on veut que les faits concordent avec les théories ?

> Si la civilisation n'est pas un vain mot, l'antipathie des races ne conduit plus à l'égorgement des peuples sans le signal des rois.

Il y a donc un roi à New-York, à Mexico, à Lima, à Santiago ?... Il y eut même un roi à Paris pour donner « le signal » de ces guerres coloniales qui remplissent l'histoire de la troisième République ?

[Sans guerre, sans mensonges (?), sans violences (?), sans

---

[174] Nous négligeons la rubrique « Lettres de nos amis », que Maurras ne commente que de quelques mots convenus. « La République et la paix » est insérée dans le volume premier des *Conditions de la victoire* (1916) où cet article est repris ; c'est en fait la fin de la revue de presse signée Intérim dans le même numéro de *L'Action française*. Le texte du journal est plus long que celui retenu pour le recueil, nous donnons entre crochets les passages omis.

[175] Journal anarchiste.

diplomatie de bandits et sans procédés de pirates (?), les Allemands avaient pu s'établir partout dans le monde, accaparer chez les Belges le port d'Anvers et chez nous la haute finance. Son harnais militaire rendait quelques services à l'Allemagne dans l'universel accaparement : l'épreuve des armes était seule capable de démontrer enfin que ce n'était à qu'un harnais.]

LA NATURE ALLEMANDE

1914

Cet article a paru dans *L'Action française* du 15 août 1914.

LA NATURE ALLEMANDE

Je vois bien l'avantage qu'on peut trouver à concentrer l'attention publique sur de petits faits particuliers, que provisoirement nous considérons comme exceptionnels, tel le mot des prisonniers de la Woëvre[176] : « Ce n'est pas une guerre nationale, c'est une guerre d'officiers », ou la parole de cet autre arrivé hier à Versailles : « Kaiser kaputt... Ja, ich bin Sozialdemokrat »[177]. Mais si la tendance et l'objectif de ces sortes de considérations sont très clairs, il est encore plus clair qu'elles risquent de jeter l'opinion française sur la pente d'une illusion très dangereuse. C'est très joli de dire qu'on ne fait pas la guerre aux peuples ! Si la manœuvre ne persuade point le peuple ennemi, elle a le grave inconvénient d'exposer le nôtre à des élans de confiance dont il serait infailliblement la victime.

L'exception est l'exception, il faut la connaître, et elle est précieuse, mais c'est le général qui est la règle, qui se présente et s'applique dans la plupart des cas !

Ceux qui ont vu de près l'Allemand se rendent compte, comme Pierre Lasserre l'expliquait ici même il y a peu de jours, de l'importance et de la généralité de la haine qui nous est vouée en Allemagne. Ce ne sont pas des unités d'exception qui agonisent les Français de basses injures et excitent les troupes allemandes à « taper sur les vauriens de Français. » Ce sont les foules qui encombrent les brasseries allemandes. À cela se marque le caractère et en cela s'affirme la volonté naturelle de cette nation. Nous avons dit, nous redirons tout ce qu'il faut penser de la ridicule démence qui s'est emparée de Guillaume II et de ses fils. Toutefois, ce mal-là ne se comprend tout à fait qu'à la condition d'y reconnaître le mal sacré de l'Allemagne éternelle, celui qui fut propre à tous les peuples allemands, à toutes les époques de leur histoire, celui qui caractérisa toutes les « querelles d'Allemand » auxquelles répondirent nos plus beaux « tumultes gaulois ».

---

[176] Région frontalière du fait de l'occupation allemande de la Moselle consécutive à la guerre de 1870, des combats significatifs s'y sont déroulés aux premiers jours de la guerre. Maurras francise ici le nom en Voivre, par souci de clarté nous unifions l'orthographe en reprenant celle utilisée dans l'article du 12 août 1914. (n.d.é.)

[177] Nous rétablissons un allemand moins phonétique que celui retranscrit par Maurras. (n.d.é.)

L'Allemagne contemporaine était gardée et défendue depuis un demi-siècle par la forme héréditaire de son gouvernement, enfin arraché au système électif, qui l'avait séculairement désolée, par une loi successorale imitée du royaume de France et aussi, dans quelque mesure, par certaines qualités de sérieux et d'application qui furent strictement particulières au peuple prussien, le plus excentrique et le moins allemand des peuples d'Allemagne. Mais le *furor teutonicus* a fini par tout envahir et tout dominer. C'est lui, c'est cet esprit de rage grossière, de brutale forfanterie, d'arrogance démesurée qui, avant de s'imposer à la politique, a profondément pénétré les mœurs administratives, remplaçant un esprit de discipline rigoureux, mais formaliste et ainsi un peu garanti contre lui-même, par la sauvagerie innée des instincts de la chair et du sang allemands. Les fouilleurs effrontés de la frontière de Hollande[178] ont fourni un brillant échantillon de ce genre de sauvagerie. On en relève un autre à la frontière de Russie, où des Allemands ont tué la femme d'un officier de gendarmerie qui refusait de leur indiquer le mouvement des troupes russes. Un autre encore, non moins ignoble, aura brillé dans l'évacuation du sanatorium de Francfort que les malades à peine opérés ont dû quitter à la hâte, même une femme en couche avec son enfant !

Que dites-vous encore de l'espionnage pratiqué avec tant de simplicité, de facilité et de naturel ? Comment l'empire a-t-il trouvé tant de brutes retorses à utiliser dans un emploi généralement en horreur aux peuples policés ? Il faut que l'Allemand ait le génie de l'espionnage, comme de l'insolence et de la muflerie. Ces choses-là ne sauraient tenir à la seule impulsion venue d'en haut. Affaires d'exécution, donc affaires de personnes humaines, inhérentes à l'état du cœur de chacun, au degré de la civilisation morale, à l'épaisseur ou à la sensibilité de la fibre. Ces choses-là donnent la mesure exacte de la valeur individuelle allemande. Elles fixent l'état des mœurs d'un peuple avec la précision que le dynamomètre apporte à chiffrer la vigueur d'un muscle donné.

Il est d'humanité et de bon sens élémentaire d'épargner aux Français toute espèce d'erreur à ce sujet, au moins pour tout le temps que cette guerre sera balancée. Oh ! quand nous marcherons en Allemagne, la férocité allemande sera sujette à changer d'aspect ! Elle tournera bonnement en servilité. Tant mieux sans doute. Mais tant mieux à la condition de rester en garde ! Il est inutile de laisser nos soldats se reposer sur la bonne foi ou sur

---

[178] Allusion à l'article du 13 août 1914. (n.d.é.)

la bonhomie du peuple allemand. La méprise pourrait coûter des flots du plus beau sang de France, sang de héros dont nous avons plus que jamais le devoir d'être ménagers. Il y a des rois et des chefs allemands dont on pourra peut-être tirer un parti judicieux : ne les rejetons pas en bloc ; la fable complaisante de la bonne nation opprimée et amie n'est pas non plus à rejeter en bloc. N'adoptons rien qu'avec précaution et vigilance, et réglons tout plan d'avenir sur la vue exacte de ce qui est.

Le rédacteur en chef du Rappel, M. Charles Briand[179], vient d'exprimer dans les termes les plus nobles et les plus éloquents le sentiment de gratitude qu'il veut bien éprouver envers Léon Daudet, auteur de L'Avant-Guerre, et envers moi. Il est bien exact que nous n'avons jamais partagé cette longue erreur sur la bonté allemande et nous nous sommes efforcés d'en préserver quiconque nous écoutait. Mais voici les Français avertis par le fer et le feu : ce n'est pas l'instant de les laisser se jeter dans des erreurs nouvelles ![180]

---

[179] M. Charles Briand écrivait au Rappel du 11 août que l'Allemagne avait trompé les Français : « Ce n'est que justice de rendre hommage aujourd'hui à ceux qui l'ont reconnue sous tous ses déguisements, à ceux qui, pas une heure, ne manqueront de nous mettre en garde contre ses fureurs et ses appétits. Français de toutes les églises, de tous les partis, n'oublions pas, à l'heure prochaine de la victoire, de saluer ces deux Français : Charles Maurras, Léon Daudet. » [Note dans le premier volume des Conditions de la victoire en 1916, où cet article est repris.]

[180] Nous négligeons la rubrique des « Lettres de nos amis », qui n'est pas reprise dans Les Conditions de la victoire en 1916. (n.d.é.)

En avant les civils !

1914

Cet article a paru dans *L'Action française* du 16 août 1914.

En avant les civils !

La question du chômage continue à préoccuper tous les bons citoyens. Le nombre des désœuvrés menace de s'accroître, et cette oisiveté serait deux fois mauvaise conseillère puisqu'elle amènerait fatalement la faim. Cependant rien n'est plus nécessaire à la défense nationale que le calme et la sécurité à l'intérieur. On secondera utilement l'œuvre de nos troupes en s'efforçant de rétablir et de stimuler le travail national.

Beaucoup d'établissements industriels ont fermé du fait de la mobilisation. C'était peut-être un mouvement inconsidéré. On craignait l'absence de la main-d'œuvre : la main-d'œuvre abonde, elle s'offre de toute part, la difficulté n'est que de l'employer. On prévoyait le retrait des capitaux : il semble se dessiner à cet égard un mouvement de retour qui n'est point audacieux, mais simplement fort sage. Alors, pourquoi ne pas mettre à profit, dès le début de la guerre, quelques-uns des bons côtés de la situation qu'elle nous fait ?

Une place splendide est usurpée sur tous les points du globe par le commerce maritime allemand. M. Jouhaux a fait justement observer, avant-hier, dans La Bataille syndicaliste, que cette place, moralement vacante depuis que nous sommes les maîtres de la mer, passera dans nos mains si nous savons le bien vouloir ? Allons-nous laisser un si beau domaine au petit nombre des puissances neutres ? Cette magnifique dépouille sera-t-elle abandonnée à nos vaillants alliés, belges, russes ou anglais ? Eux-mêmes ne comprendraient pas que nous puissions leur céder toute cette besogne quand, sur l'autre champ de bataille, nous prenons si gaîment la large part qui nous revient ![181]

---

[181] Maurras arrête ici l'article dans le premier volume des *Conditions de la Victoire* (1916) où cet article est repris et enchaîne avec un autre article du même jour paru sur la même page, « Pas d'anarchie » qu'on trouvera plus bas. Une note de 1916 explique :
> *La fin de l'article conseillait de faire porter l'effort économique sur telles spécialités comme les préparations pharmaceutiques réservées jusque-là à l'industrie allemande. Une lettre de notre ami F. Michelin nous avait mis en mesure d'aborder les premiers cette question.*

Nous réintroduisons ici le texte de l'article du journal. Nous négligeons en revanche la section « Les réponses de nos amis » que Maurras ne commente qu'en quelques mots.
Les *notes sont imputables aux éditeurs*.

Non, non, tous les armateurs, négociants, courtiers, hauts commerçants que l'âge, la santé ou d'autres causes ont retenu à l'écart des hostilités, doivent immédiatement se mettre à l'œuvre pour restaurer sur des bases nouvelles une prospérité analogue à celle que nous procura, jadis en d'autres guerres, l'industrie de la course. Vieille tradition à reprendre et à adapter ! Les précautions prises par l'Allemagne ne permettent sans doute plus aux particuliers de faire, à proprement parler, les corsaires. Mais ils peuvent obtenir un résultat pareil en courant les affaires que les Allemands ne font plus, en les raflant, en les rapportant à la France, en s'emparant des marchés des deux mondes que l'ennemi ne peut plus approvisionner, en abattant son pavillon, en le remplaçant par le nôtre dans l'instant même où nos soldats replanteront notre drapeau sur la Moselle et sur le Rhin. Le nouvel Iéna[182] militaire pourra être suivi d'un Iéna commercial.

Ce serait un Iéna économique complet si nous savions aussi, dès maintenant, songer à préparer une sérieuse revanche industrielle du long désastre que nous souffrons depuis le traité de Francfort.[183] Assurément, en temps de guerre avec trois millions d'hommes sous nos drapeaux, tant de capitaux immobilisés ou frappés d'intimidation, nous ne pouvons pas nous flatter de mettre sur pieds une concurrence effective à toutes les florissantes industries qui hier encore faisaient le juste orgueil de l'Allemagne et notre juste envie. Les communications, les bâtiments, les matières premières, le combustible, les frais d'établissement, pourraient faire défaut tous à la fois presque au même degré que le personnel, si nous voulions nous mettre tout de suite à fabriquer, par exemple, ces machines-outils que les pays allemands ont presque entièrement monopolisées.

Mais ne pourrait-on pas amorcer sur divers points, pour un certain nombre de spécialités bien choisies, des entreprises que l'on saurait agrandir et développer par la suite ? On commencerait par avoir des organisations de fortune, et ces improvisations donneraient du travail à un certain nombre d'hommes et de femmes ; ce serait déjà un résultat que viendraient féconder les progrès accomplis au retour de la paix.

Notre ami F. Michelin, l'ancien président de La Tradition du IXe dont on connaît la compétence en matière de pharmacie, nous fournit un exemple saisissant de ce qui pourrait se tenter dans sa branche.

---

[182] Référence à la victoire française d'Iéna, le 14 octobre 1806.
[183] Le traité de Francfort mit officiellement fin à la guerre franco-allemande le 10 mai 1871.

Vous savez que nous étions tributaires de l'Allemagne pour l'industrie chimique.

La guerre a fait hausser de suite les produits de cette industrie et a même raréfié certains d'entre eux.

Pourquoi certaines maisons ne s'organiseraient-elles pas rapidement pour fabriquer l'antipyrine et ses dérivés, le sulfate de quinine, car c'est au-delà du Rhin seulement que l'on fabriquait le produit sauveur découvert par Pelletier et Caventou[184] etc. etc.

Il y a des chimistes remarquables parmi les vieux professeurs de nos écoles et deux ou trois jours d'apprentissage suffiraient à former des manœuvres ; l'on pourrait ainsi dans un court délai livrer à la consommation les produits en question.

C'est un devoir patriotique à remplir par ceux qui restent, et les maisons qui entreraient dans cette voie en seraient sûrement récompensées après la guerre, alors que nous serons à jamais débarrassés de la camelote allemande.

Michelin ajoute avec beaucoup de raison que son exemple particulier doit pouvoir être généralisé et ce qu'il dit de l'industrie chimique s'appliquer à beaucoup d'autres ! Michelin ajoute : « La population parisienne ne doit pas vivre dans la fièvre de l'oisiveté. Si la guerre dure longtemps, dans six semaines, dans deux mois, les salariés auront épuisé le pécule que la générosité de beaucoup de chefs d'industrie leur ont laissé avant de partir : les charges de chaque famille sont tellement multipliées par l'aide à apporter aux familles des combattants ! »

Plus il y a de bouches à nourrir, plus il est nécessaire de mettre en œuvre les bras. Tout le monde avoue l'utilité nationale immédiate, urgente, de la réorganisation du travail. Il faut aussi considérer d'un regard prévoyant et sûr une utilité, moins pressante et plus éloignée, mais d'une haute gravité. La guerre actuelle, en encerclant l'Allemagne, annule l'effort économique allemand : c'est un premier appel à ce qui nous reste de vigueur productrice !

Mais si, comme tout l'annonce, cette guerre est victorieuse et nous délivre de l'universel chantage économique allemand, c'est un appel

---

[184] Joseph Bienaimé Caventou (1795–1877) et Pierre Joseph Pelletier (1788–1842), pharmaciens pionniers des recherches sur les alcaloïdes végétaux, ils créèrent leur propre usine pour produire la quinine utilisée pour traiter la malaria mais publièrent leur découverte afin de permettre sa plus large diffusion.

nouveau d'une force inouïe, d'une vitesse irrésistible, auquel, dès maintenant, il serait capital de nous préparer à répondre. La raison, le bon sens, la circonspection, toutes les vieilles et sûres qualités de l'industriel, du commerçant, du bourgeois français, se réunissent donc et se mettent d'accord pour nous prêcher, cette fois, l'initiative hardie et rapide qui sent qu'elle joue à coup sûr. Ce serait folie pure que de nous montrer trop prudents. Le vrai esprit critique conseille de marcher.

Au loin, sur les crêtes des Vosges, aux pentes de Lorraine ou dans le couloir alsacien, nos troupes sont si bien lancées qu'elles chargent toutes seules et que les officiers n'ont même plus besoin de crier : en avant ! Ce beau cri, là-bas inutile, doit être utilisé ici. Reprenons-le, répétons-le. Tout ce qui dispose de quelque influence et de quelque fortune doit le jeter à la population civile pour que la vie et l'action économiques renaissent au plus tôt et partout. La guerre est lointaine et heureuse : ce bonheur dû à la vaillance de notre armée fait régner la sécurité et la paix sur les 999 millièmes du territoire ; sur toute l'aire ainsi protégée et paisible, en avant donc et au travail ! Sachons y recueillir les fruits de cette paix d'autant plus belle et précieuse qu'elle nous est héroïquement achetée !

PAS D'ANARCHIE

Est-ce dans les articles de M. Clemenceau à *L'Homme libre* qu'il faudra chercher désormais les nouvelles officieuses de la guerre ? Nous avons la surprise de lire dans ce journal sous la signature du sénateur du Var[185] :

> Ces beaux succès (de nos troupes sur l'Othain) sont déparés par la retraite en désordre de deux bataillons qui se sont laissés surprendre en Alsace près d'Avricourt. À M. Messimy[186] de faire sans délai un vigoureux exemple sur le chef qui n'a pas compris que la négligence aujourd'hui est une trahison.

Ainsi, d'après M. Clemenceau (qui, par parenthèses, met les villages lorrains en Alsace), il y a eu une négligence ; il y a eu une surprise ; il y a eu

---
[185] Georges Clemenceau fut sénateur du Var de 1902 à 1920.
[186] Adolphe Messimy (1869–1935), ministre de la Guerre du 13 juin au 26 août 1914 dans le premier gouvernement Viviani.

une retraite en désordre. Or, le communiqué du ministère de la guerre, par lequel tout le reste de la France a connu le fait, disait simplement :

> *Un combat à La Garde*. — Deux bataillons qui s'étaient emparés du village de la Garde en ont été chassés par une contre-attaque allemande très supérieure en nombre. Ils ont été rejetés aux Xures.

Pas un mot du désordre, de la surprise, ni de la négligence. De quel droit M. Clemenceau prononce-t-il ces mots ? De quel droit lui permet-on de les prononcer ? Je n'examine pas s'ils divulguent la vérité ou s'ils font courir une fable, car je n'ai aucun moyen de le savoir. Ce que je sais, c'est que de tels propos exorbitent la zone tracée par l'autorité compétente à toute la presse, que M. Clemenceau est sorti de cette zone et que ce n'est plus de jeu. Si la loi commune est violée par un sénateur bien en cour le premier folliculaire venu pourra la déchirer demain : nous retombons dans l'anarchie.

Cette anarchie est d'autant plus dangereuse que M. Clemenceau se permet de la déchaîner, à son accoutumé, contre un chef militaire. Si ce chef a été négligent, que ses supérieurs le punissent. Si la faute est grave, qu'elle soit portée à la connaissance du pays entier. Si elle est irrémissible, que le châtiment le soit aussi. Il n'y a pas à barguigner devant l'ennemi. Mais il n'y a pas non plus à faire de détour par *L'Homme libre* ou par le Sénat ! Il est vraiment inadmissible, il est peut-être odieux que nos officiers, quand ils font face à la frontière, soient attaqués à Paris par des personnalités incompétentes. Dans ces affaires militaires, tout doit se passer militairement. Les opérations des armées ne regardent pas plus M. Clemenceau que nous-mêmes. Son immixtion est ridicule. Il est inouï qu'elle soit soufferte.

Note de 1916. — Cette protestation du 16 août 1914, contre le sans-gêne anarchiste de M. Clemenceau n'était pas la première que nous eussions publiée. Dès le 6, notre administrateur aujourd'hui chef d'escadron au front, Bernard de Vesins, rendant compte de la réunion du Syndicat de la presse, à laquelle il avait assisté la veille, parlait de « la voie dangereuse où M. Clemenceau prétendait engager la presse » et s'engageait lui-même en présentant « une proposition qui, sous prétexte de sauvegarder la *dignité* de la presse, avait pour effet de substituer au contrôle du ministère de la Guerre la censure d'une commission prise dans la presse elle-même. Encore cette censure ne s'exercerait-elle que sur les nouvelles de la guerre, mais non sur les articles, les commentaires ou les discussions que chacun pourrait écrire à sa fantaisie sur ces nouvelles. Et comme on lui objectait la loi adoptée la veille par les Chambres, il se déclarait prêt à désobéir le premier à la loi qu'il avait votée ».

Bernard de Vesins protesta énergiquement.

Le 7, toute *L'Action française* s'associa à cette protestation.

Vers Strasbourg

1914

Cet article a paru dans *L'Action française* du 18 août 1914.

VERS STRASBOURG[187]

Cette descente de la Bruche ![188] Cette occupation du Donon ![189] Cette direction de Strasbourg prise par nos corps avancés quand la mobilisation n'est pas encore achevée à l'intérieur du pays ! De nouvelles plus douces, de sons plus enivrants à l'oreille française, on n'en peut concevoir pour les hommes grandis dans l'espoir et le désespoir, dans le souvenir et dans le désir de Strasbourg et de Metz, de l'Alsace et de la Lorraine, dans ce regret et cette idée fixe d'une France enfin complétée ![190]

C'est à cela que vont manifestement nos armées... Non, ne nous grisons pas, mais, Français de toutes régions, prenons conscience de la grave échéance historique. Presque aussi loin que peut remonter ma mémoire, j'aurai vécu tant en Provence qu'à Paris dans l'étroite amitié de familles originaires des pays annexés ou nées au bord de l'abominable frontière artificielle qui tranche nos Vosges : ces exilés, ces amputés rayonnaient autour d'eux les passions qui nous ont soutenus quarante ans et qui trouvent enfin à se satisfaire. Il y a quatre étés, en compagnie d'un ancien officier supérieur du génie, grand ami de L'Action française, j'ai gravi cette espèce de chemin de croix nationaliste qui s'élève de Strasbourg à la Saale, à travers vignes et sapins, par le plus beau soleil[191], la plus douce campagne et les plus sombres souvenirs de l'histoire du monde. Mon guide qui en savait tous les

---

[187] Ce titre est celui de l'article entier lors de sa reprise en recueil dans le premier volume des *Conditions de la victoire* en 1916. Dans *L'Action française*, il est le titre de la première partie seulement. Divers détails diffèrent entre les deux textes de la seconde partie de l'article, sans modifier le sens — une citation de la « note publiée dans un journal du matin » en particulier a été supprimée au profit de mentions plus courtes de son contenu ; nous conservons la version retenue par Maurras en 1916. (n.d.é.)

[188] La Bruche est une rivière née dans les Vosges, qui conflue avec l'Ill à la lisière de Strasbourg, c'est un sous-affluent du Rhin. (n.d.é.)

[189] Le plus septentrional des grands sommets des Vosges. Les troupes françaises prennent le Donon le 14 août 1914. Ils en seront chassés le 21 août 1914 par les Allemands. Ceux-ci transformeront ensuite le massif en une plaque tournante assurant le ravitaillement de la ligne de front. (n.d.é.)

[190] Rappelons que l'Alsace et la Moselle avaient été annexées par l'Empire allemand après la guerre de 1870. (n.d.é.)

[191] Le commandant Picot me dit qu'à la descente de Saale à Saint-Dié nous eûmes la pluie battante. N'empêche, à la montée, le joli soleil ! (Note de 1916.)

détails me les confiait pas à pas. Mais, depuis ces quinze derniers jours, quel coup de lumière magique à travers les deuils de celle lointaine montée !

C'est un bonheur physique, c'est une paix pour le cerveau de se dire que nos couleurs flottent gaîment par toutes ces pentes, que notre poudre y parle, que notre épée y luit, qu'elle avance, qu'elle court peut-être vers la ville au grand cœur où la nationalité de l'Alsace s'exprime si limpidement, par l'aspect ahuri qu'y revêtent les produits et les importations d'Allemagne, répudiés par le merveilleux Strasbourg médiéval, honnis par l'élégant et fin Strasbourg du XVIIIe siècle ! Il faut voir Strasbourg pour sentir toute l'intensité de ses droits sur la France, des droits de la France sur elle. Mais il faut vivre en ces jours d'août 1914 pour savoir ce que vaut, dans l'histoire de l'homme, un ferme espoir de fidélité enfin couronné.

LE CANON DE 75

Nous avons reçu la lettre suivante :

> Il y a quinze ans, le général de Gallifet, qui était alors ministre de la Guerre, disait du haut de la tribune du Palais-Bourbon : « Messieurs, vous ne saurez jamais la reconnaissance que vous devez au général Deloye. » Les merveilleux effets du canon de 75 qui terrifie les troupes allemandes, permettent aujourd'hui de juger l'œuvre géniale accomplie obscurément par ce grand serviteur du pays qui s'appelait Félix Deloye et qui est mort il y a cinq ans... Lorsque le général de Gallifet rendait cet éclatant et solennel hommage au général Deloye, celui-ci était directeur de l'artillerie au ministère de la Guerre.
>
> Peu de semaines après, le général André remplaçait le général de Gallifet, et son premier soin était d'éloigner le général Deloye du poste où il avait rendu d'inappréciables services. Les ennemis de l'armée ne pardonnaient pas au général Deloye sa noble attitude dans un procès fameux...[192]

Nous avons, en de nombreuses circonstances, rendu à l'éminent constructeur du canon de 75 les hommages que nous devions à sa personne

---

[192] Ce paragraphe est bien entendu une allusion à l'affaire Dreyfus. (n.d.é.)

vivante, ensuite à sa mémoire ! Quelqu'un qui lui tenait de près nous a fait l'honneur de nous en remercier. Mais les mérites du général Deloye, qui construisit et mit en service le canon de 75 sont d'un ordre, ceux du général Mercier qui avait choisi, adopté, imposé le même canon, sont d'un autre ordre, comme les mérites du colonel Déport, le premier inventeur, sont d'un autre ordre encore. Tous les trois doivent être associés dans la juste gloire.[193] Le mot de Gallifet et les applaudissements de la Chambre ont défini et consacré la gloire du général Deloye.

Tant que nous n'aurons pas obtenu la même reconnaissance pour le général Mercier, nous la réclamerons sans cesse, avec une grande pitié pour ceux que les passions politiques rendent iniques ou ingrats pour un général royaliste.

Une note publiée dans un journal du matin ajoute à ces faits connus des précisions qu'il faut utiliser et des imprécisions qu'il faut dissiper. Il n'est pas exact d'écrire que « ce canon merveilleux fut adopté par nous on 1895 ». Le canon de ce type est connu sous le nom de « modèle 1897 ». Et l'époque de son adoption remonte au moins à avril 1894, c'est-à-dire à l'époque à laquelle le général Mercier était ministre de la guerre.

La note déclare qu'en 1898 (ou 1897 ?) il n'existait encore « qu'une demi-douzaine de batteries de 75 », car « l'adoption n'en avait été décidée qu'en principe et en cas de besoin ». Outre qu'une décision de principe était assez nécessaire à l'exécution, on ne nous dit pas d'où venait le retard de cette exécution. Nul ne saurait l'attribuer au général Deloye : mais, de 1894 à 1897, si le directeur de l'artillerie n'avait pas changé, le ministre de la guerre avait été remplacé dès janvier 1895. « L'influence prépondérante » du général Mercier cessa de se faire sentir et l'orientation allemande de notre politique extérieure, accusée en juin suivant par la visite de Kiel[194], rendait tout le monde officiel sceptique sur la nécessité d'armer contre l'Allemagne.

Heureusement, poursuit la note à laquelle nous faisons allusion, le général Billot, ministre de la guerre en 1896, fut prévenu par les voies les plus détournées que l'Allemagne construisait un matériel d'artillerie

---

[193] Le 19 août, nous rappelâmes la part qu'avait prise à la construction du 75 le général Sainte Claire Deville, le 20 août nous rendîmes hommage au colonel Rimailho ; plus tard au commandant de Pistoye. Le choix du canon Déport reste l'œuvre personnelle du général Mercier. (Note de 1916.)

[194] La participation de bâtiments français à la revue navale dans le port allemand de Kiel, en 1895. (n.d.é.)

nouveau. Malgré les dénégations de Picquart[195], alors chef et chef incapable du bureau des renseignements, la nouvelle fut confirmée : Picquart, disgracié fut envoyé aux confins tunisiens et, avec un zèle auquel nous avons rendu hommage en temps utile, le général Billot, patriotiquement soutenu par M. Méline, fit procéder à la construction rapide du matériel que le général Mercier avait fait adopter mais dont la mise en service avait été suspendue par l'anarchie, l'ataxie et la discontinuité du régime : ce fut seulement en 1900 (rappelons ce détail déjà donné par nous) que toute l'artillerie se trouva pourvue du matériel de 75.

Cet exposé découragera-t-il les velléités d'une injustice et d'une ingratitude qui seraient scandaleuses ? Le général Mercier est un de ces Lorrains qui ne se soucient pas de paroles, mais d'actes. Ses actes subsistent, et leurs conséquences foudroient l'invasion allemande. Une décision prise par lui il y a vingt ans sauve, de nos jours, la Patrie. Cela lui suffit. Je me demande seulement si le témoignage des faits, si éloquent soit-il, peut suffire aux besoins de la gratitude française.

---

[195] On sait que Picquart était dans les rangs dreyfusards ; à l'époque à laquelle Maurras fait référence ici, 1896, Picquart dirigeait le Deuxième bureau, poste où il a eu un rôle essentiel dans la réouverture du dossier d'Alfred Dreyfus. (n.d.é.)

Les nouvelles d'hier

1914

Cet article a paru dans *L'Action française* du 22 août 1914.

LES NOUVELLES D'HIER

Nous voici entrés dans l'une des grandes semaines de la campagne. La grosse partie semble s'engager. Dans la Haute-Alsace, « les Allemands sont en retraite sur le Rhin »...[196] La route de Colmar nous semble ouverte. Mais, dans le district de la Lorraine qui mène à Strasbourg et à Metz, nous rompons et nous nous replions. Enfin, sur les champs de la mystérieuse[197] Belgique, de Namur à Anvers, de Namur à Arlon, l'invasion germanique dégorge à pleins flots.[198] Non qu'elle ait remporté aucune victoire, non que la défense ait molli, mais parce que les deux et peut-être les trois armées de la coalition ont eu la volonté de dérober le fer.

L'entrée dans une capitale ouverte est déjà montée au cerveau des Allemands. Ils rêvent de se l'annexer.[199]

Les communiqués officiels s'étendent sur les opérations de la Haute-Alsace. Des éloges et des blâmes y sont distribués, les blâmes pour la phase de la première entrée à Mulhouse, les éloges pour les manœuvres qui ont abouti à la reprise.[200] Si M. Clemenceau n'avait donné hier en tête de son journal une sorte de mise en demeure exigeant la rédaction et la publication de cette critique, nous ne nous permettrions pas d'en rien penser : nous demeurerions fidèles à notre règle qui est d'agir, voire de sentir comme si

---

[196] Communiqué du 21 août. [Note de 1916 dans le premier volume des *Conditions de la victoire* où cet article est recueilli. (n.d.é.)]

[197] « Mystérieuse » parce que les nouvelles en arrivaient parcimonieusement. (n.d.é.)

[198] Le premier paragraphe s'arrête sur ces mots dans Les Conditions de la victoire. Nous rétablissons le texte manquant, comme plus bas. En revanche nous négligeons la rubrique « Les réponses de nos amis ». (n.d.é.)

[199] Cette dernière phrase manque dans le recueil de 1916. Bruxelles était tombée aux mains des Allemands le 20 août 1914. (n.d.é.)

[200] Les troupes françaises avaient pris Mulhouse le 7 août 1914. Devant l'affluence de renforts allemands, les Français se retirèrent jusqu'à Belfort les 9 et 10 août pour échapper à l'encerclement ; le 19 août d'importants renforts français envoyés par Joffre pour laver ce qu'il voyait comme une humiliation tentèrent de reprendre la ville, mais n'y parvinrent que fugitivement après d'importants combats dans un faubourg de la ville, à Dornach, le 19 août. Dès le 25 août les Français durent ressortir de Mulhouse et se replier, le front en Haute-Alsace resta ensuite stable durant toute la guerre et l'armée française ne rentra à Mulhouse que le 17 novembre 1918. (n.d.é.)

toute la direction gouvernementale était aux mains d'une poignée de héros du patriotisme, éclairés par le génie même de la patrie. Mais il nous déplaît d'avoir à constater qu'il a suffi à M. Clemenceau de récriminer pour se voir exaucé dans les vingt-quatre heures. Dira-t-on que M. Clemenceau en porte la grave responsabilité devant l'avenir ? mais cela n'a jamais gêné son incohérence. Ceux qui se laissent méduser par son tonnerre de carton devraient se dire qu'en fin de compte ils resteront un jour tout seuls sous le poids des initiatives prises de compte à demi avec lui.

Dans la rédaction de ces communiqués, je noterai, par contre, deux traits qui honorent les hommes qui en ont eu la pensée. En exposant et en commentant les erreurs ou les fautes qui se sont produites lors de la première occupation de Mulhouse, on ne nomme ni les troupes blâmées, ni le général qui se trouvait à leur tête.[201] Ceci sera connu plus tard, à l'heure de la justice. Nous ne sommes encore qu'à l'heure de l'action. Ce n'est pas le moment de livrer le nom des soldats malheureux aux aigres discussions de la place publique. En revanche, après la description d'un mouvement habile couronné de succès, son auteur est cité. Le premier nom de général inscrit au Bulletin est celui que chacun prononçait à voix basse : le général Pau.[202]

---

[201] La force française attaquant en Haute-Alsace à partir du 7 août 1914 comportait, sous le commandement du général Louis Bonneau, le 7e corps d'armée, les 14e et 41e divisions d'infanterie, une brigade de la 57e division de réserve de Belfort et la 8e division de cavalerie. (n.d.é.)

[202] Paul Pau (1848–1932), membre du Conseil supérieur de la guerre de 1909 à 1913, grand défenseur de l'autorité militaire face aux politiques, il est sorti de sa retraite par Joffre pour diriger les opérations en Alsace dans le cadre du plan XVII mais il doit battre en retraite après des succès initiaux, et devant l'aggravation de la situation générale son armée est dissoute pour renforcer les troupes de la VIe armée sur la Marne. (n.d.é.)

L'Allemagne au-dessous de tout

1914

Cet article a paru dans *L'Action française* du 23 août 1914.

L'Allemagne au-dessous de tout

La loi est dure, mais éternelle : toutes les fois qu'une civilisation affronte une barbarie, la barbarie, même succombante, blesse la civilisation. Il faut s'y résigner ou consentir à une extrémité autrement effroyable, la victoire pure et simple de la barbarie.

Sans doute les civilisés ont le devoir très strict de faire effort pour rester eux-mêmes et dignes d'eux-mêmes, pour maintenir la supériorité de leur cause qui forme leur titre moral à la victoire matérielle ; mais il n'est pas moins obligatoire, il l'est beaucoup plus, d'éviter d'être dupes ! La duperie ici serait une bien sanglante sottise puisqu'elle mettrait au tombeau des armées immenses, unique sauvegarde de grandes nations. Jamais le salut public n'a imposé plus fermement sa suprématie. La nature des choses nous impose, sous peine de mort, de prendre les moyens nécessaires et suffisants pour notre défense. Mais cet honneur du nom français, sans lequel nul ne se résout à concevoir la vie de la France, interdit d'appliquer littéralement le talion des sauvageries allemandes.

Les uns donc parlent de représailles, et, comme le faisait le général Humbel l'autre jour, ils demandent qu'une note énergique du commandement français au quartier général ennemi l'avertisse de la ferme résolution de ne laisser aucune cruauté impunie.

Mais les autres protestent. Ils protestent d'ailleurs avant qu'aucun fait de représailles se soit, je ne dis pas produit, mais esquissé. Et ce sont des actes tout contraires qui ont eu lieu à chaque instant avec un raffinement de magnanimité presque exagérée. Nous avons cité le cas d'un général invitant à sa table un officier Uhlan prisonnier. Au même instant, la Libre Parole relevait, d'après le compte rendu du conseil général des Deux-Sèvres, qu'à Niort les internés austro-allemands étaient traités comme des hôtes de distinction.

La moindre infraction aux règles de notre courtoisie est très vivement relevée. Ainsi, à Montpellier, des cris déplacés, poussés sur le passage des prisonniers allemands, ont provoqué une très belle et très noble protestation du général commandant d'armes... Non, non, les révolutionnaires ont beau s'échauffer, l'autre excès n'est pas à craindre. Le gouvernement lui-même le craint si peu qu'une note officielle, parue hier, avertit qu'on ne saurait

« conserver vis-à-vis de nos adversaires actuels la générosité chevaleresque qui, jusqu'à ce jour, était de règle entre les soldats. Le temps de la guerre en dentelles est passé ». Cette espèce de faire-part du décès de l'antique fraternité des armes, cette lettre de deuil de la chevalerie émanée du Ministre de la guerre de la République française constitue un rappel à la réalité et à la plus dure, à celle de nos jours et de notre temps.

L'histoire dira que la dernière guerre en dentelles, vive mais élégante, a été menée de 1908 à 1914, à l'intérieur de la France, par les adhérents de L'Action française, soucieux d'atteindre leur but national, sans rien détruire de précieux, sans rien casser d'irréparable. Nous opérions dans la Patrie, nous savions quels ménagements nous imposait son sol sacré. Mais nous savions aussi que la prochaine guerre extérieure serait terrible et que les horreurs qui nous seraient faites imposeraient aussi d'implacables ripostes. Ces vérités se dégageaient pour nous d'un simple regard promené sur un univers où le perfectionnement des biens scientifiques et industriels a été accompagné du recul religieux et moral qui, depuis la fin du XVIIIe siècle, sinon du Moyen-Âge, a été constant.

Au fur et à mesure que les passions sont moins réfrénées, les objets de désirs, tout ce que les passions tendent à posséder et à utiliser, sont devenus plus divers et plus désirables : du fait de la rapidité croissante des communications, chacun un peu partout commence à savoir fort bien où se trouve, en chaque ordre et sous chaque ciel, le meilleur : comment les riches plaines belges, comment l'incomparable variété du territoire français auraient-elles échappé aux convoitises des barbares ? Il y a dix-huit ans, un de mes amis, réfléchissant aux destinées de la Toscane, s'accusait, comme d'une véritable folie, d'avoir noté comme un contraste la suavité du paysage florentin et la rude physionomie de la ville. « C'est cette douceur du pays qui fit courir aux armes... C'est elle qui forma l'appareil guerrier de ces murs. Lorsque le paradis régnera sur la terre (et mon ami songeait au paradis matériel de Karl Marx) comptez, disait-il, que toutes les maisons seront fortifiées comme les palais de Florence, car tout le monde aura beaucoup à perdre et à gagner. »[203] Nous n'en sommes pas encore à ce paradis-là. Mais c'est bien pis : nous traversons une époque de paradoxes où les plus puissants organes de la force se trouvent au service de la nation la moins capable de

---

[203] *Anthinéa*, « le Génie toscan », 1897. [Note de 1916 dans le premier volume des *Conditions de la victoire* où cet article est recueilli. Nous négligeons de reprendre la rubrique « les réponses de nos amis ». (n.d.é.)]

l'employer, car elle est la moins dégrossie, le peuple retardataire par excellence et qui fut toujours le traînard de la civilisation. Tout était à craindre de lui au premier conflit, et les conflits ne paraissaient pas évitables : il les cherchait. Écoutez, disions-nous et n'avons-nous cessé de dire à nos concitoyens depuis que nous tenons la plume, écoutez ce que chantent les Allemands : leurs paroles d'orgueil publient que leur race est la première du monde, mais elles font comprendre que le contraire est vrai, c'est l'Allemagne, l'Allemagne qui est au-dessous de tout.

En France, nous craignons de tomber dans le voisinage de sa bassesse par la nécessité où elle nous a mis de lui rendre plaie pour plaie. Mais la plus grande erreur que nous puissions commettre serait ici de céder à notre vieille pente gauloise et de nous former en deux camps selon que nous serions d'un avis ou d'un autre sur le degré et la mesure des représailles françaises. Des camps, des partis sur la question de savoir ce qui doit l'emporter de la patrie française ou de l'honneur français ! Comme si un choix s'imposait ! Comme si de justes mesures ne pouvaient les concilier ! Il devrait suffire en pratique de faire généreusement confiance aux autorités responsables, quelles qu'elles soient, puisqu'elles ont pour agents d'exécution des militaires de sang français. Et théoriquement, si les théories importent encore, il suffit de bannir du code de nos représailles un acte de barbarie quel qu'il soit. Mais les représailles loyales sont toutes absolument de droit contre un ennemi déloyal.

M. Lavisse retrouvé

1914

Cet article a paru dans *L'Action française* du 24 août 1914.

M. LAVISSE RETROUVÉ

Un homme que M. Ernest Lavisse n'aime peut-être pas encore autant qu'il le faudrait, le général Mercier, nous disait il y a sept ans :

— Si vous saviez comme tout change quand l'ennemi est là !

Un éclair humide, accompagné d'un sourire triste, passa sous le voile des paupières, comme pour souligner ces prophétiques paroles. Je ne les ai jamais oubliées. Il eût été impie de souhaiter cette menace des barbares pour assister à la réconciliation des Français. Mais enfin, si le mal est là, emparons-nous des avantages qu'il nous apporte. Si l'ennemi nous met d'accord, savourons ces accords et profitons-en pour le mieux combattre ! Hier, c'était Maurice Donnay qui portait à l'auteur des Amitiés françaises, à l'auteur du Romantisme français, l'aveu de ses doutes anciens et de son adhésion présente : comme Barrés, comme Lasserre, il bannit les Germains de L'Humanité. Aujourd'hui, c'est Ernest Lavisse qui vient ajouter à ses récentes considérations sur l'Alsace et la Lorraine de nouvelles réflexions sur l'unité française, qui sont magnifiques.

Je ne sais si j'oserais dire en termes assez cordiaux notre joie. M. Lavisse nous manquait, à nous qui, peu ou prou, sommes ses anciens écoliers, auditeurs ou lecteurs de ses belles leçons sur la Prusse et enrichis d'une morale politique extraite de ces leçons. Celui qui nous manquait ne s'était-il pas exilé un peu, je ne dirai pas de lui-même, mais des plus hautes préférences de son esprit ? N'avait-il pas quitté l'histoire, ses constatations, ses inductions et ses lois concrètes pour suivre la pente de la métaphysique historique, celle qui se vante de rechercher et de retrouver la loi unique du mouvement de L'Humanité ? Bref, lui qui avait été entre 1885 et 1890 une sorte de Boulanger universitaire, professeur et docteur d'un patriotisme intellectuel des plus militants, il assista au nationalisme et il n'en fut pas ! Il sembla même le combattre. On le croyait rangé du côté pacifiste et résigné à cet abandon de l'idée de revanche qui fut la grande faute des premières années de l'alliance russe et aboutit à la fatale gaucherie de Kiel.

Chose curieuse : au fur et à mesure que M. Lavisse paraissait s'éloigner du séjour naturel et de la maison natale de son esprit, il s'attristait. Son front se plissait, ses yeux se rembrunissaient. On disait : l'âge. Mais l'âge n'y était pour rien. La pensée et le cœur de l'écrivain ont, comme le marin, leur étoile. Quand elle s'obscurcit, tous les deux se troublent. La lueur ranimée ranime aussi la joie. Si cruelles que soient nos journées d'attente anxieuse, les semaines de guerre ont manifestement rapporté à M. Lavisse ce ferme sentiment d'une mâle allégresse qui met l'accent vital sur tous les mots écrits ou dits et donne témoignage de leur résonance profonde. Plus d'hésitation, ni de recherche inquiète. Plus de nuées : elle est retrouvée ! Qui ? Une étoile teinte de sang, mais étincelante au plein ciel.

M. Lavisse coule dans *Le Temps* daté d'aujourd'hui « la découverte de la France par les Français ». Disons mieux, il la chante. Il dit la mobilisation sans retard et sans heurt, l'union et l'admirable élan vers les champs de bataille, de ces Français que tout divisait, « pays, conditions, églises, clans politiques », M. Malvy suspendant « l'exécution des lois contre les congrégations », M. Augagneur « nommant des aumôniers à nos vaisseaux de guerre ».

Tiens ! tiens ! s'écrie le sosie de M. Lavisse, et M. Lavisse feint de s'étonner avec lui, bien que, tout au fond, comme nous, aucun doute ne l'eût pressé !

M. Lavisse ajoute :

> Sans bruit, par un travail qui occupa les jours et entama les nuits, des officiers ont préparé jusque dans le plus petit détail l'œuvre de la mobilisation, ils ont fait un chef-d'œuvre. D'autre part, des ingénieurs de chemins de fer ont désigné les quais, dressé des horaires, calculé, combiné jusque dans le plus petit détail ; ils ont fait un chef-d'œuvre. Or, les Français sont capables éminemment de chefs-d'œuvre de cette sorte, par la précision de leur esprit, leur amour de l'ordre, leur ingéniosité, leur goût pour l'ouvrage « bien faite ».

Enfin, M. Lavisse écrit :

> Remercions de toute notre gratitude les hommes qui, dans les bureaux et dans les rangs, depuis des années, moins honorés qu'il n'eût fallu, humiliés par le protocole des préséances qui exalte les sous-préfets, insultés par maints journaux, souffrant dans leur honneur des affronts à nous infligés par la brutale Allemagne, ont travaillé silencieusement pour obéir au devoir et malgré tout soutenus

par l'espoir d'une guerre réparatrice et vengeresse.

Enfin, M. Lavisse écrit[204] :

> « Être ou n'être pas », a dit l'empereur allemand, et notre peuple a dit aussi : « Être ou n'être pas ». Et alors infiniment petites et misérables sont apparues les questions qui passionnaient ce pays dans les récentes batailles électorales ; ridicules les affiches encore collées aux murs, les échanges d'injures, les rivalités de personnes et de clochers ; et les députés et les sénateurs, un moment assemblés pour écouter debout de simples et grandes paroles, se sont séparés ; l'intrigue ne bavarde plus dans les déplorables couloirs, et la tribune est muette.
> Dans ce silence, on entend battre le cœur de la France.

... À ce battement grave[205], régulier et puissant du cœur de la nation, dans cet heureux silence de la tribune, M. Lavisse voit s'évanouir tout l'artificiel de la vie politique contemporaine. Il voit aussi se dissiper, aux yeux du monde comme à nos yeux, les préjugés qui avaient forgé l'image d'une fausse France, d'une France qui se calomniait plus encore qu'elle ne se déchirait :

> Quel contraste avec la France que nous paraissions être, tuberculeuse, alcoolique, pornographique, divisée contre elle-même, incapable de discipline, de sacrifices et de courage, vouée à la servitude !

Et M. Lavisse conclut, comme s'il écrivait un chapitre d'histoire du Moyen-Âge : « C'est à cette France que les empereurs germaniques ont cru avoir affaire. »

Cette France fictive, tous les Français en sont évadés et ils se rejoignent sur les réalités à défendre, à venger et à protéger. Les dissentiments ne sont pas oubliés, mais les dissensions s'apaisent : si je sens bien, sur quelques sujets, la pensée de M. Lavisse entrer comme une pointe vive dans ma

---

[204] Il y a bien deux fois cet « Enfin, M. Lavisse écrit » à deux paragraphes d'écart, tant dans l'article de *L'Action française* que dans le premier volume des *Conditions de la victoire*, en 1916, où cet article est recueilli. (n.d.é.)
[205] « Ainsi, au battement grave » dans le texte de L'Action française en 1914. (n.d.é.)

pensée, si je n'ignore pas que la mienne peut lui produire çà et là les mêmes effets, tout de même je me rappelle un curieux retour de pensée de Jules Lemaitre[206] dans les premiers temps de L'Action française quotidienne : « Et Lavisse ? aimait-il à dire. Croyez-vous qu'il n'y ait aucun espoir dans Lavisse ? »

Nous hochions tristement la tête... Combien nous nous trompions ! Et combien notre illustre ami eût souri finement à mener son triomphe sur les ruines de notre erreur !

Nous marchons au milieu des tombes. Mais comprenons-en le conseil.

L'autre grand mort de ce cruel mois d'août 1914, Pie X, a répondu à l'Autrichien qui lui demandait de bénir les armes de son empire : « Je bénis la paix. »

N'est-ce pas sur la France qu'est tombée cette incomparable bénédiction ?

Notre incroyable paix française ne nous est-elle pas venue des mains tremblantes du saint Vieillard moribond ? Étendues sur le monde elles ont rencontré notre pays, qui les cherchait ![207]

---

[206] Jules Lemaitre était mort le 5 août. *Les Adieux funèbres à nos morts de l'année* seront recueillis dans un autre volume. [Note de 1916.]
[207] Nous négligeons de reproduire la rubrique du journal « Les réponses de nos amis » que Maurras ne commente qu'en quelques mots. (n.d.é.)

Deuil provençal

1914

Cet article a paru dans *L'Action française* du 25 août 1914.

DEUIL PROVENÇAL

Quelques journaux de diverses couleurs s'étaient mis d'accord ces jours-ci pour déclarer que le silence des bureaux militaires était ce qu'il y avait de pire au monde et qu'un bon petit bavardage serait inoffensif. Nous n'étions pas de leur avis. On a bavardé ; le résultat ne s'est pas fait attendre. Plus direct et plus douloureux que tout raisonnement, il nous a donné trop raison. Un hurluberlu du nom de Gervais, qui est sénateur de la Seine et rédacteur au Matin, ayant découvert que son « inébranlable confiance dans la valeur de nos troupes » lui donnait toute « la liberté d'esprit nécessaire » pour faire des sottises, il s'est fourré en tête de livrer au public les causes de notre insuccès et de notre recul en Lorraine, et il a publié qu'une « division du 15e corps composée de contingents d'Antibes, de Toulon, de Marseille et d'Aix a lâché pied devant l'ennemi. » Le ministère de la Guerre a rectifié. Les quelques coupables ont été châtiés, le journal criminel blâmé.[208] Et le parlementaire ? Est-ce qu'il s'en ira sain et sauf ? L'homme qui lâche pied devant l'ennemi mérite le peloton d'exécution, mais un homme d'État qui lâche le secret dont il a le dépôt, mérite le fouet. Je dis peu.

Fouetté ou non, M. Gervais peut se dire que le mal est fait et qu'il ne dépend même plus de lui de le réparer. Quelque beau coup, un acte d'héroïsme hardi et sauveur réussi on pleine lumière par les Provençaux du 15e corps lavera le nom provençal du crime collectif qui leur est imputé. D'ici là, quoique l'on rectifie et quelques explications que l'on donne de vive voix ou par écrit, le « vieux peuple fier et libre » se croira en deuil de l'honneur. Ceux des nôtres qui sont aux frontières ne le sentiront heureusement pas, puisque la bataille charme toute inquiétude et qu'ils peuvent montrer, en le versant à flots, que leur beau sang n'a pas dégénéré encore.

---

[208] Nous reproduisons le texte tel que paru en recueil dans le premier volume des *Conditions de la victoire* en 1916. L'article dans *L'Action française* comporte ici, à la place de la phrase qu'on vient de lire : « On trouvera plus loin la note rectificatrice et la juste protestation du ministère de la Guerre. Les troupes criminelles ont été châtiées, le journal coupable blâmé. » (n.d.é.)

Mistral est mort à temps.[209] Le vieillard de Maillane eût frémi de l'opprobre du 25 août. Il est vrai qu'il se fût redressé l'autre jour au bruit des applaudissements qui saluèrent l'intrépide traversée de la Lorraine, dirigée au milieu des croiseurs allemands par mon éminent homonyme le commandant Maurras[210], que je n'ai pas l'honneur de connaître, mais qui est né quelque part autour de La Ciotat.

Comme dans les pays de plaine restés quelques temps à l'abri des incursions de l'étranger, les Provençaux n'ont pas toujours fourni un peuple très aguerri. Walter Scott n'apparaît pas mauvais historien quand il nous le montre à la fin du quinzième siècle presque perdu par les délices de la paix. Or, moins de cinquante ans après la réunion à la France, il se lève en Provence des générations singulièrement batailleuses et valeureuses dévouées jusqu'à l'héroïsme dans la défense contre les armées de Charles-Quint ; cela s'est retrouvé pendant les guerres religieuses et les guerres de la Révolution. Mais, de tout temps, ce fut sur mer que le Provençal donna sa mesure. Il suffit au mocô[211] d'avoir de bons chefs et de combattre sous leurs yeux : sa frugalité, sa sobriété, sa prestesse, sa sensibilité prodigieuse aux nuances du point d'honneur et enfin cette ténacité de race, si éloignée de la prétendue « impressionnabilité des méridionaux » dont parle M. Clemenceau ce matin, ténacité qui faisait dire à la vieille France : « têtu comme un Provençal », le rendait redoutable sur tous les océans. C'est avec lui que Suffren a fait ses miracles, et quelques-uns de nos matelots enfermés à Montrouge en 1870[212] n'ont pas laissé pâlir cette réputation.

La mer est une éducatrice. Mais les Provençaux ont connu, depuis, une corruptrice : la politique. On ne saura jamais les torts que la politique a faits à notre race. Les facilités croissantes de naturalisation commencèrent par introduire ces derniers cinquante ans un flot d'étrangers trop divers. Ensuite

---

[209] Le 25 mars 1914. (n.d.é.)
[210] La Lorraine est un navire français que son commandant, nommé Maurras, ramena de New York aux premiers jours de la guerre, échappant aux navires allemands. (n.d.é.)
[211] Appellation traditionnelle du matelot Toulonnais, et par extension Provençal ou de Méditerranée, par opposition au ponentais, généralement Breton. (n.d.é.)
[212] La guerre de 1870 fut essentiellement terrestre, même s'il y eut quelques opérations de la marine française. Des matelots inemployés sur leurs navires renforcèrent les troupes terrestres, en particulier dans les forts protégeant Paris. Le fort de Montrouge, qui a été assiégé par les Allemands, était en partie défendu par des matelots Provençaux. (n.d.é.)

le régime électif surprenant le pays dans une heure de dépression[213] fit jouer ses mauvais ressorts. Une représentation politique désastreuse, fonctionnant au rebours de l'organisation sociale et s'occupant même de la combattre méthodiquement, y réalisa peu à peu, mais de plus en plus et à la lettre, ce que Jules Lemaitre nomma « le gouvernement des pires ». Nous avons expliqué en de vieilles études (Le Mauvais Midi, Le Midi esclave), comment le régime fut dans cette région plus entier que partout ailleurs et put aller jusqu'au bout de sa malfaisance. Opportunistes, radicaux, socialistes, anarchistes formèrent dans le Midi une chaîne continue, commençant aux Rouvier, continuant par les Clemenceau ou les Pelletan et se terminant par ces fauteurs de l'antimilitarisme avoué qui n'ont que trop infesté nos parages, qui n'ont que trop chanté dans le voisinage des troupes :

> Salut, salut à vous !
> Nobles soldats du dix-septième !...

Dans un port de mer qui le mettait d'ailleurs volontiers en minorité, j'ai vu pendant vingt ans, un député de la circonscription, agitateur et doctrinaire, rallier les moins bons éléments du pays contre les plus honorables fonctionnaires de la Marine. La vingt-et-unième année il reparut avec sa cour des miracles habituelle, mais, cette fois, pour récompense, il était ministre de la Marine, et les habits brodés d'argent se tenaient inclinés devant lui au débarcadère... La prime ainsi donnée à un certain talent révolutionnaire élève forcément la cote de l'esprit d'anarchie. Enchérir sur le radical paraît la voie normale des honneurs, des triomphes, d'ailleurs suivis d'assagissements fructueux. La conscience d'aucun peuple ne tiendrait contre cette immoralité en action. Et la fibre morale une fois relâchée, la fibre physique est malade.

Mais, encore une fois, devant l'ennemi, tout change, tout se réforme, quand les énergies du passé veulent refleurir. La mobilisation s'est faite en Provence avec un enthousiasme, un élan auquel nul ne s'attendait, les régiments ont quitté nos villes comme pour une promenade à la campagne, le mauvais esprit ne s'y faisait pas sentir et les renseignements qui circulent

---

[213] La grande agitation électorale menée par Gambetta coïncide avec le phylloxéra. [Note de 1916.]

s'accordent à montrer que les défaillances partielles ont causé une vive horreur parmi les compagnons d'armes des défaillants.[214]

De cette horreur sacrée jaillira bientôt la revanche de nos soldats. Peut-être déjà est-elle obtenue. Nous ne demandons d'ailleurs pas à la connaître, non plus que nous n'aurions demandé à savoir le crime. En de si cruelles rencontres, un seul parti est sage, le parti pris, bien pris, de ne point gêner l'action par la critique. On ne me fera jamais prendre les bureaux officiels pour un organisme infaillible. Ils peuvent et doivent se tromper. Mais ils peuvent aussi paraître se tromper en ne se trompant pas ou en se trompant moins qu'il ne semble : dès lors leur position de gens qui savent n'est-elle pas supérieure à la nôtre, qui sommes aussi faillibles qu'eux, et qui ne savons pas ? Les silences de ces messieurs peuvent avoir tous les défauts et tous les inconvénients énumérés par M. Clemenceau ou par M. Pichon. Mais voici qui doit tout régler : dans l'excès de parole que l'on réclame d'eux ou dans celui que l'on se permet sans leur permission, il peut se cacher tel péril incomparablement supérieur, inconnu de nous et qu'ils savent !

---

[214] Dans le texte de 1914 : « des criminels ». (n.d.é.)

Contre les murmures

1914

Cet article a paru dans *L'Action française* du 26 août 1914.

CONTRE LES MURMURES[215]

Il court de beaux récits de l'héroïque endurance de nos blessés. Si nous voulons bien raisonner sur n'importe quelle question, commençons par lire ces Actes magnanimes. Celui-ci remuera le meilleur de chacun de nous ; il m'est parvenu hier soir de la frontière :

> Un convoi de blessés arrive à l'ambulance tenue par les Dames de la Croix-Rouge. Il y a là trente chasseurs à pied dont le bataillon vient de repousser, après un violent combat, une troupe très supérieure en nombre. Ils sont précédés de cinquante prisonniers allemands dont plusieurs sont également blessés. Parmi ces derniers se trouve un malheureux Alsacien auquel un projectile français, hélas ! a fracassé la jambe. Son caleçon est inondé de sang et le pauvre garçon se console en disant : « C'est presque un pantalon rouge. »

Il me semble qu'en méditant l'exemple donné au loin, en tendant énergiquement les esprits dans la direction des beaux jeunes gens déchiquetés par la mitraille, amputés par la chirurgie, et qui serrent les dents pour guérir ou mourir sans bruit, il serait moins difficile d'avoir le silence à Paris ; peut-être même serait-il possible d'y faire comprendre que les plus grands blessés ne crient pas toujours le plus haut.

Certains hommes d'une réelle capacité, beaucoup d'autres dont la capacité est moindre s'appliquent depuis quelques jours à critiquer la mesure dans laquelle le pays est bien ou mal renseigné sur la guerre. Le trop, le pas assez et le juste milieu se trouvent ainsi dosés, pesés, contre-pesés en d'illustres balances sur lesquelles chaque docteur expose de combien de manières il a raison d'être mécontent, raison de le montrer et finalement de le dire : c'est tantôt leur patriotisme qui saigne et tantôt leur logique, tantôt même leur sens commun. Ne pouvant critiquer les opérations militaires insuffisamment définies, ils censurent le travail de style qui nous en rend

---

[215] Écrit aux premières rumeurs de nos grands échecs de Belgique. [Note de 1916, dans le premier volume des *Conditions de la victoire*, où cet article est recueilli. Nous négligeons de reproduire la rubrique « Les réponses de nos amis ». (N.D.É.)]

compte, et toute objection que suggère leur cerveau ou leurs nerfs est couchée par écrit pour montrer que leur tête est forte ou solide leur cœur. La démonstration, je l'avoue, ne me convainc pas. Elle serait meilleure s'ils savaient opposer un peu plus de calme aux malaises. Fût-on agacé, irrité et blessé mille fois plus profondément, il serait beau et digne d'attendre avec patience afin de juger sur pièces définitives.

Certes, il ne faudrait pas se contenter d'écrire ou de parler, et il faudrait crier, agir si les interventions de cet ordre étaient de nature à améliorer quoi que ce soit. Mais on vient d'en faire l'expérience, les coupables l'ont même avoué : ce courant de critiques vaines et vagues n'a fait qu'aggraver la situation. Les rédactions jugées mauvaises sont devenues pires, et les comptes rendus qui étaient un peu gauches ont été déclarés ensuite tout à fait maladroits, chaque correctif suggéré ou exigé de gauche et de droite ayant abouti à produire des impressions plus fausses que les premières. Sans doute les hommes qui, appartenant à l'oligarchie du régime, ont leurs grandes et petites entrées dans les Ministères pourraient, en s'y prenant avec un soin extrême et une discrétion scrupuleuse, demander, obtenir de réelles améliorations. Seulement, il faudrait intervenir avec tact, prudence, légèreté de main et surtout s'abstenir de crier son nom ou même de le dire. Mais quoi ! l'habitude est plus forte ! Si les Chambres étaient réunies, on verrait ces messieurs à la tribune : ils n'ont que les journaux, ils s'en servent avec l'inconscience de l'automatisme et de la manie. Quant à redouter des sanctions, ils sont au-dessus de telles misères. Avec une superbe qui ne lui était probablement pas perceptible, l'un d'eux, dans un procès fameux, répondait doucement à un témoin qui le menaçait de la loi : « S'il existait des lois qui me fussent applicables... »[216] Jusqu'à la preuve du contraire, je demeure persuadé qu'il n'y a point de loi applicable à M. Clemenceau, ni à M. Pichon, ni à M. Gervais. Les lois sont pour le Peuple maigre, ainsi qu'on disait à Florence ; ces messieurs sont du Peuple gras. La presse leur sert de tribune, nul pouvoir non pas même l'état de siège, nulle autorité non pas même le salut public, ne peut les empêcher d'installer sur cette tribune de papier un tremplin d'où ils comptent rebondir dans quelque ministère en projet. C'est leur jeu naturel, c'est leur art et c'est leur talent... Sembat, dans Faites un Roi, a déjà expliqué comment d'anciens ministres demeurés ministrables ne peuvent s'employer de bonne foi à éclairer, ni à conseiller les

---

[216] Ludovic Trarieux, dreyfusard et premier président de la Ligue des Droits de l'homme, il a prononcé ces mots dans le cadre de l'Affaire, au procès de Rennes. (N.D.É.)

ministres qui les ont supplantés : tout ce qu'ils peuvent faire, c'est d'essayer de leur succéder. — Même en temps de guerre ? Même devant l'ennemi ? — Hélas ! Voyez. Et voyez comme nous voyons : sans récriminer. Ce gouvernement d'opinion est à tout instant menacé de mort par l'opinion qui l'a créé. Mais il est le gouvernement de la France envahie : que pas un mot, que pas un murmure venus de nous n'aident à le rejeter dans le gouffre natal !

Jamais notre paix intérieure n'a été plus digne d'être appelée le premier des biens. Jamais il n'aura été plus utile de tenir les bons citoyens en accord. Les mauvais le troublent ? Eh ! qu'ils le troublent tout seuls ! Blessés souvent à la surface de nos opinions, de nos appréhensions, de nos préjugés, de nos soupçons ou parfois même (tout se peut) dans les profondeurs de nos certitudes, blessés, dis-je, ne crions pas. Soucieux, alarmés, ne murmurons pas. D'autres là-bas, se taisent, qu'on entaille à des profondeurs autrement cruelles !

L'Embusqué

1914

Cet article a paru dans *L'Action française* du 27 août 1914.[217]

L'EMBUSQUÉ[218]

Il est partout question de nommer de nouveaux ministres, sans éliminer les anciens. Des noms sont prononcés : Millerand[219], Delcassé[220], Briand[221]. On a imprimé aussi le nom de Marcel Sembat[222]. Et Clemenceau ?[223]

M. Clemenceau veut-il en être ? Ou se réserve-t-il ? Cela ne regarde que lui. En doit-il être ? Cela nous regarde, nous. Pour répondre à ceci, il faudrait savoir où M. Clemenceau sera le plus dangereux : dans le ministère ou dehors ?

N'ayant pas fait partie du ministère Clemenceau, ni d'aucune combinaison politique, littéraire, scientifique ou mondaine à laquelle M. Clemenceau ait été mêlé, j'ignore ce qu'il vaut comme collègue ni s'il a mérité sa réputation de mauvais coucheur. Ce qui est certain, c'est que sa profession de journaliste et la faculté qui lui est laissée, malgré l'état de siège, de dire à tort et à travers tout ce qu'il peut savoir comme homme public, fait de lui un danger public évident. Aucun devoir qui le limite ne lui est supportable. Il y a des fictions qui peuvent être d'intérêt national : incapable de s'y plier lorsque son caprice est en jeu, il répandra à pleine gorge toutes

---

[217] Les seules différences entre le texte de l'article original et celui recueilli dans le premier volume des *Conditions de la victoire*, en 1916, sont la note 2 ci-dessous, qui ne figure que dans le recueil, et le post-scriptum que comporte l'article original mais que le recueil omet. (Note des éditeurs.)

[218] J'ai plaisir à dire que ce titre excellent appartient à Maurice Pujo, alors mon compagnon de travail, aujourd'hui soldat au front.

[219] Alexandre Millerand (1859–1943) est en effet nommé ministre de la Guerre du cabinet Viviani, le ministère d'Union sacrée, le 26, alors que Maurras ne peut sans doute plus confirmer ces informations en raison des délais de la censure. Entre autres fonctions, il avait déjà occupé ce poste en 1912-1913. (N.D.É.)

[220] Vieux routier de la politique, Théophile Delcassé (1852–1923) devient effectivement ministre des Affaires étrangères. (N.D.É.)

[221] Aristide Briand (1862–1932) devient bien ministre de la Justice. (N.D.É.)

[222] Marcel Sembat (1862–1922) acceptera de rentrer dans le gouvernement Viviani le 27 août, comme ministre des Travaux publics. (N.D.É.)

[223] Georges Clemenceau (1941–1929), qui a déjà été ministre et président du Conseil, refuse quant à lui d'entrer dans le gouvernement Viviani, alors qu'Aristide Briand l'y poussait. (N.D.É.)

les fables qu'il lui conviendra d'imaginer. Grâce à lui, on peut dire que les conseils de la défense se tiennent en plein vent.

Son article d'hier est particulièrement inouï. On y trouve d'abord toutes les sages invitations au calme, toutes les justes recommandations de faire confiance au gouvernement quel qu'il soit : bons conseils qui traînent partout. Mais, ailleurs, ceux qui les donnent, commencent par se faire un devoir de les suivre. Cet homme vraiment libre ne s'embarrasse point de ses propres principes. Il écrit : « Forte ou faible, quelle que soit l'action gouvernementale, nous ne pouvons commettre de plus grande faute que de la contrarier. » « La légalité, l'ordre, le calme comme nos meilleurs points d'appui. »

Cela dit, s'estimant couvert par ces protestations, M. Clemenceau fait ce qu'il peut pour troubler l'ordre, ébranler la confiance, critiquer le gouvernement « dans la mesure où il le rend nécessaire », qui n'est autre que la mesure du plaisir de M. Clemenceau.

Il délivre au généralissime (qu'il n'était pas chargé d'apprécier) un brevet de satisfaction, mais « pour la défensive » seulement ; il fait savoir de cette sorte aux Français et aux étrangers, aux amis et aux ennemis, que la question du généralissime a pu être posée en haut lieu. Et ce premier paquet lâché, il renouvelle le conseil de « patience » et de « tranquillité ».

Alors, l'agitation de M. Clemenceau recommence.

Contre le ministère de la Guerre, cette fois. « Sous prétexte de concentration », on s'en est remis « de tous les services les plus importants » à ce ministère qui est déclaré « hors d'état de les diriger et de les contrôler ». Tous ses « directeurs abandonnés à eux-mêmes ont eu pour première occupation de s'octroyer la plume blanche ». Enfin, les communications dudit ministère à la presse ont besoin d'être « contrôlées ». Par qui ? Par la presse elle-même, particulièrement par la presse de Londres.

C'est une opinion. Peut-être vraie ! Peut-être fausse ! Mais elle contredit l'opinion des autorités responsables et elle correspond aux passions du public, à ses nerfs, à ce que M. de Mun appelle éloquemment les perfides conseils de la fiévreuse curiosité et les tentations de la critique ignorante.

L'article de M. Clemenceau intitulé « La volonté » annonçait de bonnes recettes pour discipliner les réflexes du public : il ne tend qu'à libérer ces réflexes jusqu'à la folie.

Si je publiais les mêmes renseignements, si j'émettais les mêmes affirmations, si je me permettais, chétif, de critiquer bureaux, ministres, président, d'abord on ne laisserait pas passer cette prose et l'on aurait raison. Mais, à supposer qu'elle parût et circulât, le beau malheur ! On sait que les sphères d'informations des écrivains d'opposition sont toujours suspectes aux officiels. Il serait trop facile de maintenir par tous les organes de l'État la vérité gouvernementale audacieusement contestée ! Mais avec M. Clemenceau, c'est une autre paire de manches. Que répondre à l'homme qui écrit : « Ayant reçu la visite de M. Viviani le lendemain, je lui parlais de cette affaire... »

Qu'objecter au sénateur qui ose écrire : « Je m'inscris en faux contre le démenti de M. Messimy[224] qui est bien placé pour savoir de qui je tiens une information accompagnée de cette remarque », etc.

Notez que les points abordés par M. Clemenceau ne sont pas en cause. Que faut-il penser de l'interdiction, puis de l'admission, puis de la nouvelle interdiction du journal le Times ? Ou encore du récit de M. Gervais sur l'abominable incident du 15e corps[225], du démenti que M. Gervais a reçu du gouvernement et du démenti que M. Clemenceau donne au démenti gouvernemental ? Questions particulières ! Sujets dont discuterait indéfiniment en une heure où la discussion est pire que tout ! Mais sur l'indiscrétion avec laquelle M. Clemenceau se mêle de faire juger ces divers incidents, il n'y a pas de doute possible ; le désordre ainsi provoqué peut avoir des conséquences épouvantables, non seulement pour la patrie, mais pour chacun des membres de la patrie, pour vous qui me lisez, pour votre enfant ou votre frère qui est à l'armée, pour le toit sous lequel s'abrite votre paix douteuse... Les nécessités de l'ordre sont aujourd'hui vitales et les désordres sont mortels. Si pareille situation devait s'éterniser, l'Histoire de France dirait qu'une somme effroyable de catastrophes collectives et de deuils personnels porte pour signature la parole légère et l'intempérant journalisme d'un parlementaire fameux.

Que faire donc de cet homme libre, trop libre ? À la place de M. Poincaré, disent quelques-uns, nous donnerions à M. Clemenceau le choix entre un siège au Conseil des ministres ou le passage en conseil de guerre. Mais M. Poincaré a sans doute des objections... Elles peuvent tenir à ce petit fait que, du printemps à l'automne 1906, il fut le collègue de M.

---

[224] Adolphe Messimy (1869-1935), militaire puis homme politique, il est ministre de la Guerre du cabinet Viviani du 13 juin au 26 août 1914. (N.D.É.)

[225] Sur cet épisode, qui formera aussi le propos du post-scriptum, voir les articles des jours précédents, en particulier « Deuil provençal » du 25 août 1914. (N.D.É.)

Clemenceau dans le cabinet Sarrien[226] : ce n'était pas drôle, dit-on. D'autre part, M. Clemenceau peut trouver que l'autorité sans la responsabilité a des charmes, et qu'il est doux de tout pouvoir sans avoir à répondre de rien.

Alors, quoi ?[227]

Alors, le ministère est remanié, paraît-il. À l'heure où j'écris, on annonce que M. Clemenceau, qui a rendu le service d'écarter M. Caillaux[228], ne sera pourtant pas de la combinaison.

M. Clemenceau va donc continuer avec son journal[229] à former un gouvernement à côté, ou, pour mieux dire, un gouvernement au-dessus, qui s'arrogera le droit de contrôler, de critiquer et de censurer le gouvernement nominal : tiraillant à sa guise, en franc-tireur, gênant les opérations de cette troupe gouvernementale régulière, dont nous acceptons la discipline, nous, royalistes !

Il faudrait pourtant que M. Clemenceau prît ses responsabilités directes ou qu'il se tût : chef ou soldat, il n'y a plus à chercher entre ces deux postes un lieu d'intrigues où s'embusquer ![230]

---

[226] Ferdinand Sarrien (1840–1915), président du Conseil en 1906. Poincaré, président de la République en 1914, avait côtoyé Clemenceau dans son gouvernement. (N.D.É.)

[227] Ici une ligne de points indique un passage supprimé par la censure en cette période de guerre. Elle se retrouve dans le premier volume du recueil Les Conditions de la Victoire en 1916. (N.D.É.)

[228] Joseph Caillaux (1863–1944) ; éclaboussé dans la presse par diverses affaires, sa femme Henriette assassine Gaston Calmette, directeur du Figaro, le 16 mars 1914 : l'épisode est bien connu et le procès, retentissant, a lieu en juillet suivant. Quand Maurras écrit cet article, Caillaux a malgré tout été réélu entre temps aux législatives de mai 1914. Clemenceau et Caillaux étaient opposés depuis plusieurs années, et leur inimitié s'était encore accrue depuis décembre 1913, quand Caillaux fit tomber le gouvernement Barthou mais échoua à le remplacer par une combinaison où il se serait attribué la présidence du Conseil avec le soutien de Jaurès, ce qu'empêcha Clemenceau. En 1917, une coalition de fait des droites et de Clemenceau, alors au pouvoir, assimilera ses positions modérées à de la trahison et Caillaux sera condamné, après une campagne de presse menée au premier rang par Léon Daudet. Il ne reviendra en politique qu'en 1924 avec le Cartel des gauches. (N.D.É.)

[229] L'Homme libre, fondé en 1913, dont on sait que face à la censure de la presse au début du conflit, il prit le titre L'Homme enchaîné à partir du 30 septembre 1914. (N.D.É.)

[230] La faveur du mot embusqué datait du XIXe siècle devant un service militaire inégalitaire ; elle avait repris une vigueur nouvelle quand on accusa les députés de « s'auto-embusquer » en s'exonérant des mesures de mobilisation prévues par la loi de 1905, puis par celle de 1913. Notons toutefois qu'au moment où Maurras écrit cet article, la grande polémique de 1915 sur les embusqués n'a pas encore eu lieu et que Clemenceau ne tient pas encore la redoutée rubrique du « Carnet des embusqués » qu'il rédigera dans L'Homme enchaîné entre avril 1915 et août 1916. (N.D.É.)

P.S. — Comme il fallait le prévoir, le honteux bavardage du sénateur Gervais, calomniant quatre des plus nobles villes de Provence, excite là-bas une indignation générale. Mais le patriotisme des Provençaux refusera de s'arrêter à ces vilenies. Mon ami l'orateur et le poète Xavier de Magallon, m'écrit de Marseille à la date du 24 :

> Je suis encore ici, attendant la réintégration de mon grade. Marseille est profondément émue par l'annonce d'une note du Matin tendant à déshonorer devant le monde entier des régiments provençaux pour la joie et le réconfort de tous nos ennemis. Si des sanctions militaires ont été méritées, qu'elles soient prises ! Mais il n'appartient pas au Matin, ni au sénateur Gervais, de les prendre. C'est un crime, et c'est une faute qui écœure, divise, affaiblit. Protestez, faites protester la presse parisienne. Faites observer surtout que telles troupes de l'Est dont les correspondants étrangers ont exalté l'héroïsme sont en grande partie du Midi. Amitiés.
>
> Xavier de Magallon.

Le royal souci de l'unité nationale n'habite ni le cerveau ni le cœur des membres du parlement. Mais les conducteurs et les guides de l'opinion ont gardé en Provence, comme dans le reste de la France, les préoccupations auxquelles ces esclaves publics sont devenus absolument étrangers. Selon le vœu de Magallon, l'acte provocateur du sénateur Gervais a soulevé la réprobation spontanée de tous les journaux parisiens. Je n'ai pas eu à la demander.

La Défense de la langue française

1914

LA DÉFENSE DE LA LANGUE FRANÇAISE

Madame la marquise de Juigné, veuve du marquis de Juigné, député puis sénateur de la Loire-Atlantique, avait été élevée par une gouvernante d'Outre-Rhin, qui lui était restée très attachée. Attachement d'ailleurs réciproque, puisque, mariée et mère de famille, Mme de Juigné l'avait gardée à son service et la raccompagna elle-même à la frontière lorsque la guerre de 1914 apparut inévitable. Cette excellente femme, ayant écrit à sa maîtresse une lettre touchante où elle exprimait le souhait que la guerre prit bientôt fin et fut suivie d'une meilleure compréhension entre les deux peuples grâce à une connaissance plus généralisée de leurs langues respectives, madame de Juigné communiqua cette lettre à Maurras, qui lui répondit la longue et intéressante lettre qui suit.[231]

ACTION FRANÇAISE
Journal quotidien 11, rue Caumartin (9e)
Adresse télégraphique : ACTIOFRAN-PARIS
Téléphone : Louvre 26-49

Paris, le 18 novembre 1914.

Madame,

Veuillez me permettre de me jeter avidement sur votre lettre du 15, et non pas seulement pour vous remercier de la curieuse communication badoise, qui montre si bien comment on arrive à croire l'absurde quand on le désire, mais aussi pour vous adresser la prière d'agréer mes excuses, mes vieilles excuses de la fin de l'hiver dernier. La lettre des deux jolies robes a habité mon portefeuille des semaines, et même des mois, tant je me promettais d'ajouter aux remerciements du journal un mot qui fût personnel. De remise en remise, remises exigées par une multitude de sottes nécessités, à peine consenties par moi, nous voici au-delà de la mi-novembre, en guerre, dans le tourbillon désolé des deuils publics et privés, deuils heureusement pleins de gloire, et j'en suis à bénir la gratitude et la crédulité de la petite allemande qui me permet de vous exprimer sans trop de ridicule

---

[231] Le contenu de la réponse de Charles Maurras, ainsi que l'introduction qu'on vient de lire, ont paru dans le numéro 30 des *Cahiers Charles Maurras*, paru en 1969, d'où nous les avons repris. (n.d.é.)

combien j'avais été sensible aux délicates pensées que vous aviez eu, Madame, la bonté de m'adresser il y a si longtemps ! Il y a donc du bien dans le pire. Espérons que la loi générale se vérifiera particulièrement pour notre Patrie.

La langue allemande ? Jacques Bainville m'avait promis de continuer, de fortifier et aussi de développer en la nuançant la pensée qu'il a exprimée un peu crûment dans un article de *L'Action française* le mois dernier.

La question n'est pas simple, à mon sens. On pourrait commencer par tomber d'accord qu'après la guerre de 1870, du fait de notre défaite et aussi en raison du développement scientifique industriel et commercial de l'Allemagne, nous avons dû faire une part excessive à l'allemand. Nous le devions, et il le fallait. Mais supposons que les lendemains de la victoire soient exploités par une diplomatie intelligente, énergique, bien française, donc pas républicaine, n'y aurait-il pas lieu de mesurer (je ne dis certes pas de détruire) la place faite à l'allemand ?

Vous avez admirablement raison de penser, Madame, que dans la période de guerre et de mise en garde qui devra suivre leur défaite, leur division, leur écrasement, il faudra se tenir en état de surveiller les Allemands. Les carrières politiques, militaires, diplomatiques, sans doute aussi la haute industrie, sont désignées pour cette vigilance et, par conséquent, pour l'étude de la langue allemande.

Mais où l'on a exagéré, c'est dans l'ordre littéraire, où cet excès a eu des effets déplorables et pas seulement en littérature ; la vie politique et morale du pays s'est ressentie de certaine façon de penser et de sentir importées, à titre d'habitudes d'esprit, de méthodes intellectuelles, de la vaine et pauvre littérature philosophique ou économique d'Outre-Rhin. La vogue du socialisme chez les lettrés vient un peu de là.

Pour les sciences, le problème est plus général. Déjà, on se plaint beaucoup qu'il faille savoir toutes les langues du monde pour suivre les progrès d'une seule branche des connaissances, la chimie par exemple ; c'est ce qui fait désirer la fondation d'une langue universelle.

Je crois bien que c'est là un simple oiseau bleu. Mais, toujours dans l'hypothèse où le génie français saurait administrer la paix à son profit (j'avoue que c'est encore plus difficile que de faire une belle guerre), eh bien ! dans ce cas là il y aurait d'heureuses initiatives à prendre pour réagir contre un nationalisme scientifique mal entendu, obtenir que les savants de toute nation reviennent au français, en tout cas déterminer un immense courant de traduction universelle qui peu à peu déterminerait (par la pression de l'intérêt de chacun à être compris par tous) à adopter comme un rendez-vous central, comme un rond-point universel, la langue, notre langue, dans laquelle les traductions seraient faites. Nous sommes admirablement placés pour cela. Nous avons tenu ce rôle aux XIIIe et XIVe siècles, nous l'avons repris aux XVIe et XVIIe. Qu'est-ce qui nous empêcherait de recommencer dans les circonstances redevenues favorables ? Évidemment, cela ne se ferait pas tout de suite. Il y faudrait des dizaines et des dizaines d'années, plusieurs générations de Français intelligents qui travailleraient sur un plan vu de loin et de haut, à l'abri de la continuité politique splendide que peut seule fournir notre monarchie restaurée. Mais, après tout, pourquoi pas ? Et pourquoi tout ce sang magnifique versé n'aurait-il pas toute la fécondité dont il est bien digne ?

Je rêve ? Il faut un peu rêver, même au cœur des plus tragiques réalités, afin de préparer des réalités plus douces dans l'avenir. Quoiqu'il en soit, Madame, de ce rêve, vous ne pouvez pas avoir tort de vous refuser à subir un préjugé de sentimentalité bête ; c'est, comme vous le dîtes si bien, l'utilité qui doit être le guide en cette matière, l'utilité pratique hautement entendue. Cet allemand utilitaire mérite d'être maintenu dans les études aussi longtemps que durera l'utilité correspondante. Celui auquel nous faisons la guerre (pauvre guerre de plumes) c'est l'allemand considéré comme principe de formation esthétique et morale, de culture supérieure enfin ! Nos arrière-grands-pères, nos arrière-grands-mères préféraient l'italien, et qu'ils avaient raison !

Veuillez, Madame, me pardonner la folle longueur de cette lettre, aggravée encore par l'écriture fatiguée d'un homme qui a écrit tout le jour et qui en est au moment de ne pouvoir s'exprimer clairement en peu de mots ; et recevez, je vous prie, avec les vieilles excuses et les sentiments que je vous devais, mes très respectueux hommages.

Charles Maurras.

Après la mort d'Henri Vaugeois

1916

Texte paru dans L'Action française *le 12 avril 1916.*

APRÈS LA MORT D'HENRI VAUGEOIS

La nuit de lundi à mardi aura été terrible pour l'Action française. Elle nous a décapités. Notre directeur politique, notre fondateur Henri Vaugeois nous est enlevé, d'une embolie au cœur.

Il faudrait ici l'impossible. Il faudrait parler de la mort comme si elle n'était pas. Il faudrait que l'accablement de la douleur laissât intactes les libertés et les forces de l'admiration.

Jamais homme par la spontanéité de la vibration, l'éclat instantané de la pensée et du langage, ne nous est apparu plus affranchi des conditions habituelles de l'homme, plus identique à l'esprit pur. Cependant, lui aussi, sans avoir pu mourir à la guerre, comme il l'eût voulu, c'est à cette guerre, à son coup matériel, qu'il succombe.

Les premières graves atteintes à sa santé, celles qui ont porté le frémissement annonciateur de la commotion suprême, datent de ces premiers jours d'août qui ont précédé la défaite de la Belgique. Il a vu tout de suite ce qui devait être. Non qu'il doutât de la victoire, mais il en calculait l'énorme, l'atroce prix. Un peu plus tard, le soir du 28 août, lors du communiqué fameux que nous nous efforcions, quant à nous, d'étouffer, de crainte de répandre plus de trouble que nous n'en ressentions, je le vois, dans le sous-sol de notre cabinet de l'imprimerie, se dresser tout pâle, l'œil encore assombri, le doigt tendu. De cette voix qui nous déchire encore, je l'entends répéter :

— des Vosges à la Somme…

Et le cri jaillit, il éclate : — Ils sont sur la Somme !

Très peu de jours encore, et cette belle voix se couvrit, s'étouffa, dans un espèce de sanglot de la pudeur française quand, arrivé brusquement à Laigle, chez les siens, il leur murmura :

— Les Prussiens… Les Prussiens… Aux portes de Paris !

Si quelqu'un a prévu la guerre, si quelqu'un l'a sentie venir, en a éprouvé les frissons d'angoisse sacrée, en a calculé les désastres, si quelqu'un l'a prédite avec une éloquence proportionnée à cette catastrophe de l'univers, ce fut bien le politique et le patriote qui prit la parole au dernier de nos « banquets de la Classe », la dernière fois que nous groupâmes en temps de paix ces jeunes gens de nos organisations de Paris et de la Seine, que la loi convoquait sous les drapeaux.

C'était le 29 septembre 1913.

Daudet qui présidait avait félicité les Camelots du Roi, les étudiants d'Action française, les ligueurs de la Fédération des actes de haute énergie civique par lesquels ils avaient imposé aux révolutionnaires le respect d'une loi d'acceptation héroïque, la loi des trois ans, et ainsi assuré l'entière liberté de l'opinion française et des délibérations des deux Chambres. La marquise de Mac-Mahon, le baron Tristan-Lambert, Maurice Pujo, le commandant Biot, Maxime Real del Sarte, Gratien Lehodey avaient parlé tour à tour, avec cette netteté et cette vigueur de langage qui participe de l'action. On venait d'applaudir les notes militaires de Marius Plateau.

Après eux, Henri Vaugeois se leva.

Cette fois encore, il m'est possible de témoigner. J'étais auprès de lui. Je le vois, je l'entends. Il tint d'abord ses yeux baissés pendant une longue minute ; puis les releva, promena son regard chargé de pitié, de douleur, de colère, traversé des feux de l'enthousiasme, et commença, à voix très basse et très lente, comme une demi-confidence à ces centaines de jeunes gens suspendus, ce qu'on appellerait indifféremment le plus rare et le plus sublime des poèmes, la plus sainte et la plus véridique des prophéties. On le suivait le cœur battant et, plus il avançait, plus les imaginations et les cœurs adhéraient au secret de cette grande parole anxieuse, qui montait, qui montait comme vers quelque lieu de libération inconnu, qu'elle saurait pourtant découvrir avec certitude. Ceux qui nous collectionnent liront en vain ce numéro du 30 septembre 1913. Ils ne pourront avoir la moindre idée de cela. Mais ils n'y verront pas sans satisfaction, reconstituées par les auditeurs, des phrases comme celle-ci :

> Il s'agit pour la France de savoir si elle veut vivre, c'est-à-dire si, pour la lutte, elle a encore toute sa volonté. Nous sommes dans l'un de ces moments troubles, inquiets, où il faut choisir, où il importe de s'engager à fond. La France du XXe siècle n'est pas seulement en cause. Avec elle l'univers entier, le monde civilisé est en péril. Une nation menace le genre humain de la barbarie. L'hégémonie de l'Allemagne est un désastre pour la civilisation…

Et cela finissait dans un hymne d'admiration, de pitié et d'envie pour ceux qui auraient l'honneur, la gloire, le bonheur, disait-il, d'aller combattre et mourir pour la France.

Aux parlements de France ou d'Angleterre, ces paroles-là sont courantes, mais depuis 1914.

En 1913, elles ne l'étaient guère et notre parlement devait, deux mois après le discours de Vaugeois, renverser, avec une admirable insouciance, le ministère de la préparation nationale. Voilà donc trente mois entiers bien accomplis (dont dix mois pleins avant la guerre), que les lèvres d'Henri Vaugeois, comme si le charbon de feu les eût touchées, laissaient tomber avec une gravité, une lenteur, j'allais dire avec une majesté toute lyrique, ces avertissements, ces calculs, ces appréhensions. Au fur et à mesure que le verbe était plus précis et plus net, les vibrations de la voix, celles du corps entier devenaient plus puissantes et plus profondes ; nous n'oublierons jamais quels applaudissements, quand il se tut, jaillirent de la douleur et de la satisfaction de tous les cœurs épuisés. Nous avons cru longtemps qu'à ce beau soir, son apogée d'orateur, il avait incarné le génie de l'éloquence patriotique. Mais nous nous trompions d'un degré ; c'était l'esprit même de notre patrie anxieuse, gardien du territoire, défenseur de nos morts, de nos arts, de notre raison, qui venait de penser librement devant nous.

Henri Vaugeois est victime de cette guerre. Il eût couru moins de risques et subi moins d'ébranlements si, suivant une idée trop impraticable qui s'était présentée à lui, il eût pu s'engager et marcher avec nos armées. Tant que la menace ennemie donna une réelle inquiétude, le frisson national le quitta si peu que l'on peut dire avec assurance qu'il l'avait concentré presque tout entier.

Après la Marne et l'Yser, son cœur affamé de tristesse battit dans l'étroite communion de nos morts. Il vivait entouré de leurs images, jeunes visages héroïques pressés autour de lui comme des fleurs chéries. Le sacrifice de Montesquiou lui fit sa blessure. La blessure de Maxime Real del Sarte porta probablement le dernier coup. Peu d'hommes furent plus capables et plus dignes de se repaître ainsi des plus nobles substances de la sympathie toujours tressaillante : après son pays, ses amis ! Il en a vécu et il en est mort.

Maintenant, je dois témoigner, je dois dire, surtout à nos nouveaux lecteurs :

— Ce que vous voyez de tout ce mouvement d'idées florissant de toute part dans l'Action française, ce redressement des esprits, cette réforme des doctrines, la renaissance d'un patriotisme ardemment et méthodiquement raisonné, il faut y saluer d'abord, avant tout, l'œuvre de Vaugeois.

Il a eu des collaborateurs, des compagnons d'armes. L'initiateur, ce fut lui. Je l'ai connu aux premiers mois de l'année 1899, en pleine crise dreyfusienne, délivré de l'Union pour l'action morale qui s'était ralliée au parti de la dissociation nationale ; avec ses vieux amis Maurice Pujo, Pierre Lasserre, il cherchait autre chose, et mieux.

La Ligue de la Patrie française ? Oui, certainement, il la fondait ; avec Lemaitre, avec Léon de Montesquiou, avec Amouretti, avec Syveton, avec Barrès, avec Dausset, avec Jacques Bainville, avec moi. Mais ce n'était pas ça. Les partis et leurs idées électorales bourdonnaient déjà dans les comités et son instinct le plus profond, le plus personnel l'avertissait de l'inertie toute matérielle propre à cette politique démocratique. Il voulait une action politique reconnaissable à deux caractères : 1o une haute liberté de l'esprit ; 2o la foi française. Il voulait faire quelque chose d'intelligent et de national, d'absolument intelligent, d'essentiellement national. Mais quoi ? Et comment ?

Avant de le savoir au juste, il agit. Il lança son Action française.

Henri Vaugeois, par sa naissance, appartenait à cette classe moyenne qui (soyons juste) n'a pas toujours gouverné la France, qui ne s'est pas toujours sacrifiée pour la France, mais dans laquelle cette France s'est pensée et formulée de tout temps. Politiquement, il avait une de ces origines complexes qui est, sauf exception, le trait commun d'à peu près toutes nos familles aujourd'hui, y compris la Maison de nos rois. Il y avait chez les Vaugeois des Blancs et des Rouges et des Roses aussi : un de ses grands-oncles, aumônier à l'armée de Condé, un autre Conventionnel, montagnard, régicide. Son père, professeur à la Faculté de droit de Caen, était grand lecteur de la *Revue des Deux Mondes*, et la famille de sa mère lisait *Le Correspondant*. Impossible d'être mieux posté dans la bourgeoisie. Lui, comme tout jeune bourgeois de 1893–1898, comme Jaurès et ses camarades, oscillait entre le marxisme allemand, hautement respecté, en raison de Hegel, et les idées de la Révolution française un peu amendées sur le terrain social. Nationaliste, anti-dreyfusien et antisémite, il n'en était pas moins enthousiaste de Labriola[232] et, dans l'été qui précéda la fondation de *La Patrie française*, il remportait au collège de Coulommiers, où il professait la philosophie, un de ses grands triomphes oratoires en faisant pour le

---

[232] Antonio Labriola, 1843–1904, philosophe marxiste italien. (n.d.é.)

Centenaire un éloge des idées de Michelet, plein de patriotisme et de poésie, et d'une cécité passionnée.

On n'attend pas que je relate ici ni le hasard de la rencontre qui nous fit nous connaître et nous aimer, ni les conversations qui suivirent, ni surtout ce lent, ce long travail de critique et d'élimination qui nous fit trouver ou retrouver les bases de l'accord national entre des Français également dévoués aux mêmes idées, le salut public et l'ordre public, et dès lors résolus à tout subordonner à cet unique souverain.

Vaugeois mettait la patrie avant tout. C'est une idée qui, logiquement appliquée, aboutit et ne peut aboutir qu'à l'obédience des rois fondateurs, constructeurs, pères de la patrie. Quelques années plus tard Henri Vaugeois était admis à l'audience de leur héritier et successeur. Plusieurs personnes ont eu la bonté de m'attribuer l'honneur de cette incomparable conquête. Elles montrent ainsi qu'elles ignoraient tout à fait ce qu'était le mouvement naturel d'un tel esprit. Il procédait par bonds extrêmes et, comme on jargonne aujourd'hui, d'intuition en intuition. *Natura facit saltus* ![233] aimions-nous à dire avec un sourire d'admiration confondue. Telles et telles parties difficiles ou rebutantes de nos premières analyses, il les simplifiait, et les élucidait en trois mots... J'entends encore son : attendez... ou son : permettez... qui annonçait brusquement le dieu... Ce dieu ou, si l'on veut, une espèce de grâce supprimait tous les intermédiaires inutiles, ces béquilles qui servent au commun pour penser. Comme dit l'autre, voyant tout, il abrégeait tout.

Penser en toute liberté, en toute logique, en pleine vigueur de l'esprit critique, ce fut pour lui le premier bien de l'état d'esprit royaliste. À cette volupté, il joignait celle de servir complètement et sans relâche le patriotisme français, l'idée royaliste ayant, en effet, la vertu de faire disparaître une infinité d'antinomies frivoles et de donner du composé français la définition la plus vaste, la plus vivace. Mais ce n'était là cependant que penser et sentir ; les simples conditions de ce qu'il préférait à tout et qui était l'action elle-même. Chaque pas de l'Action française devra lui être rapporté ; il n'en a pas toujours eu l'honneur, il en eut toujours le mérite car l'impulsion était toujours venue de lui. De lui procèdent toutes les transformations de notre œuvre ; soit qu'en 1889 il acceptât mes *Monods peints par eux-mêmes* (ça,

---

[233] La nature procède par sauts : c'est l'inverse d'une citation de Leibniz « *natura non facit saltus* » dans son *Introduction au calcul infinitésimal et à la continuité au sens mathématique*. (n.d.é.)

c'est un acte, disait-il), soit qu'il rompît avec des amis vénérables tels que M. de Mahy, par fidélité à la logique royaliste de son patriotisme, soit qu'il entreprît d'un bout à l'autre de la France ces infatigables campagnes de petites réunions ou de vastes conférences qui soutinrent et qui propagèrent l'Action française, soit enfin que la petite *Revue grise* se transformât en grande Revue, puis en journal quotidien, grâce à la merveilleuse adhésion de Léon Daudet qu'Henri Vaugeois et nul autre sut attirer, saisir, assurer à jamais.

Les derniers progrès de notre vente pendant la guerre sont de lui. Au début de la guerre, dans une crise que nous avons soigneusement dissimulée à nos lecteurs, les secours premiers, ceux qui ont tout sauvé, avaient été recueillis par lui. La magnifique souscription que vient d'amener le lancement de *La Vermine du monde*[234] était aussi son œuvre propre, conçue, organisée, réalisée du coin de son feu. Malade, immobile de corps, ce grand cœur agissait encore et, quelques jours avant l'assaut qui l'emporta, il réunissait toutes les forces physiques et morales dont il disposait pour aller porter à l'Association des jeunes filles royalistes un admirable résumé de la pensée motrice et directrice de toute sa vie.

Je ne demande pas qui nous consolera ? Qui pourra consoler le deuil violent et si rapide de sa jeune femme ? La douleur immense de tous les siens ? Ce sont ses consolations à lui que je cherche.

Ce semeur généreux, ce lanceur d'idées magnanime ne pouvait échapper à l'évidence des résultats déjà obtenus. Mais son cœur était trop français pour échapper au dur sentiment des nécessités du pays. Heureux des progrès accomplis, surpris parfois par leur vitesse, enthousiaste de la qualité morale ou de la valeur intellectuelle de ceux qu'il avait amenés à la vérité (M. Eugène Cavaignac, par exemple), il ne pouvait manquer pourtant d'être sensible, avant l'invasion, au ravage des ennemis de l'intérieur et, depuis, à toutes les énormes facilités que la loyauté du patriotisme laisse et doit même laisser à la fourbe de l'anarchie. Ce malheur le troublait. Et voilà qu'il n'a point connu la grande paix de ceux qui auront le bonheur de fermer les yeux dans une France régénérée par la restauration de l'autorité historique et des libertés nationales. Mais ce jour-là nous irons en pèlerinage à sa tombe et à son berceau ; dans son beau pays normand et latin, province de Corneille, de Poussin, de Fustel de Coulanges, à cette petite ville de Laigle que nous nommions jadis assez gravement Aquilée, la nation dira son souvenir et sa reconnaissance pour le patriote intraitable et sa

---

[234] Ouvrage de Léon Daudet. (n.d.é.)

grande vertu de savoir toujours mettre, au plus intime de sa pensée, notre France au-dessus de tout.

Les Chemins Perrés, voies romaines de son pays, sont à peine comparables en solidité à cette grande route nationale et royale qui ramènera la nation française à la condition nécessaire de l'action et de la force heureuse, de la grandeur.

Les Trois Aspects
du président Wilson
La neutralité
L'intervention
L'armistice

1919

Prologue
Aux Américains de Paris

Le bon chasseur qui tire au vol rira de la méthode approximative et lente employée dans ces notes prises au jour le jour ; on y voit le tireur, le doigt sur la gâchette, attendre et tarder d'aboutir. C'est qu'il ne cesse de se sentir partagé entre deux sentiments assez opposés ; la ferme volonté de voir clair, de faire voir clair sur le personnage extraordinaire jeté tout au travers des choses d'Europe, et la volonté non moins ferme de ne pas réduire les biens, de ne pas accroître les maux qu'il était au pouvoir du nouveau venu de dispenser à la patrie et à l'univers. Tout dépendit de lui. La neutralité et l'intervention, l'armistice et la paix vivaient, non sans tapage, dans les sobres plis de son vêtement ajusté.

Jusqu'à ces derniers temps, un troisième sentiment mesurait aussi nos paroles ; nous devions nous appliquer à ne jamais atteindre nos grands alliés à travers leur premier magistrat. Depuis, le peuple d'Amérique semble s'être chargé de reprendre à son compte cette distinction.

De toute évidence, les bonnes relations franco-américaines sont dans la nature des choses ; elles sont surtout dans l'esprit des deux peuples. En ce qui nous concerne, j'en appelle aux Parisiens de 1918 ; ils n'oublieront jamais la fête inouïe donnée cette année-là le Jour de l'Indépendance de l'Amérique. Pour l'enthousiasme populaire et jailli de l'âme, ce Quatre Juillet marqua une heure unique. Nous avions eu de beaux défilés et d'émouvants cortèges. De nombreux Français, étrangers les uns aux autres, s'étaient vus, s'étaient reconnus et rejoints cœur à cœur. Ils avaient acclamé beaucoup d'Alliés et d'Amis, les uns puissants, les autres vaincus et spoliés. Jamais Paris ne s'était levé de la sorte, entier, comme un seul être, avec ce clair visage de confiance, de remerciement et d'espoir.

À quelle minute tragique ! La pointe de la belle offensive qui devait se déclencher onze jours plus tard n'avait pas encore brillé. Bien peu se rendaient compte de l'effet décisif des mouvements du général Mangin le onze juin. On espérait dans un grave silence. Sur la molle déclivité de cette avenue du Président-Wilson que nous appelions autrefois l'avenue du Trocadéro, je vois encore Poincaré et Clemenceau, assis dans la même voiture, muets, inclinés l'un vers l'autre, et qui ne se regardaient pas. Autour d'eux éclatait en musique vibrante l'harmonie des nations alliées, envahies, menacées, non désespérées. Par l'attitude des deux chefs, par celle de Paris entier, jamais ne s'était marquée avec cette force l'indomptable foi du pays.

Jamais, non plus, les armées alliées n'avaient été regardées avec de tels yeux. Certes, l'Angleterre figurera éternellement la grande amitié de cet épisode de la vie nationale. Cela date du surlendemain des premières hostilités ; du jour où recommença dans les Flandres la lutte six fois séculaire, la lutte nécessaire de nos voisins. Leur amitié représente un soupir de satisfaction tardive, mais définitive. Enfin, nous nous trouvions mis du même côté par la bienveillance des choses ! Enfin, l'estime obscure et latente pouvait éclater ! Enfin, les deux rameaux de cette race celte qui fait une moitié de la Grande-Bretagne comme une moitié de la Gaule pouvaient se joindre et s'identifier pareils au glaive symbolique dont Lamartine a parlé magnifiquement[235] :

> Frère, se disaient-ils, reconnais-tu la lame ?
> Est-ce bien là l'éclair, et la trempe et le fil ?
> Et l'acier qu'a fondu le même jet de flamme,
> Fibre à fibre se rejoint-il ?
>
> Et nous, nous vous disons : — Ô fils des mêmes plages !
> Nous sommes un tronçon de ce glaive vainqueur !
> Regardez-nous aux yeux, aux cheveux, aux visages ;
> Nous reconnaissez-vous à la trempe du cœur ?

Lorsque, à cette cérémonie. M. Lloyd George, reconnu, fut prié de venir prendre sa place dans le grand murmure de l'ovation aux côtés des chefs de l'État français, tout le monde sentit un violent mouvement d'allégresse physique monter du fond des cœurs comme un soupir de nos antiquités retrouvées ; congénères de Galgacus et de Celtill, petits-fils des fidèles du duc Guillaume et des héritiers de Rollon ![236]

---

[235] Il s'agit d'extraits d'un poème écrit par Lamartine le 25 septembre 1838 pour être lu au cours d'un banquet traditionnel de retrouvailles celtes entre Gallois et Bretons de France. L'événement eut lieu à Abergavenny (Pays de Galles, comté du Monmouthshire) et Lamartine ne pouvant s'y rendre envoya cette pièce de 13 strophes de huit vers chacune. Le morceau cité par Maurras comprend les vers 5 à 12, à cheval sur les deux premières strophes. (n.d.é.)

[236] Deux Celtes et deux Vikings, cet équilibre sans Romains ni Saxons n'est certainement pas innocent, sous la plume de Maurras. (n.d.é.)

Qu'est-ce qui divisa ? L'appréciation de lointains intérêts complexes. Avec l'évidence éclatante de communauté d'intérêts simples, profonds, prochains, même immédiats, rien ne s'opposait plus aux sympathies qui naissent de « la trempe des cœurs ». Ils se donnaient ainsi carrière depuis quatre ans.

Rien de plus naturel, rien qui fût mieux dans l'ordre.

Mais avec l'Amérique, nous entrions dans ce féérique et ce merveilleux qui était plus sensible encore au peuple de Paris.

Réfugiés entre un parti de musiciens qui jouaient sur un terre-plein et ce peloton d'officiers, blessés, entre lesquels une main amie tendue à propos nous gara, nous pouvions suivre, sur un grand nombre de spectateurs, les états de cette vibration populaire continuée tant que dura le défilé. Le passage des combattants américains, d'une expression et d'une structure physique si variée, tous si robustes, exprimant la même volonté de retourner combattre et d'aller « gagner la guerre » là-bas, imposait au passage des frémissements d'admiration et de certitude qui tournaient à des explosions de reconnaissance enivrée. La nation éprouvée voyait passer et sentait vivre devant elle l'énergie, la puissance, le bienfait de l'ami sauveur ; transports de cordialité généreuse, exaltés au-delà de tout ce que peignent les mots.

Mais soudainement, à la vue d'une nouveauté saisissante, cet accent changeait. En tête de la troupe amie, quelque chose de plus ami encore arrivait, le témoignage matériel et physique de l'intime union de la France et de l'Amérique ; un, deux, trois officiers revêtus de notre uniforme, commandant aux recrues de là-bas, témoins de l'instruction demandée et donnée, signes animés et vifs monuments de l'ardente collaboration poursuivie. Il y avait des Français et des Françaises que cette vue avait surpris et contractés aux profondes fibres de l'âme. On se reconnaissait, on s'honorait et l'on s'aimait mieux de se sentir ainsi capable de donner quelque chose, et de donner même beaucoup, lorsqu'on recevait tant et tant ! Ces hommes de l'autre rivage sous le commandement des chefs de notre langue élevaient au sublime l'immense frisson du public.

On peut dépouiller nos annales de l'arrière pendant ces quatre rudes années ; nul instant n'est à comparer à celui-là, et si l'afflux américain ouvrait une nouvelle zone de la bataille, ce renouvellement de l'espoir national ouvrait aussi une ère dans la conscience de la nation. Les paroles officielles de la grave journée avaient été brillamment colorées et comme diaprées du feu de cette double aurore. Un discours de M. le haut-commissaire Tardieu récapitulant les improvisations américaines nous avait paru beau comme un conte de fée. Après lui avaient flambé comme un bol de punch les Américains de la Chambre de commerce de Paris ; M. Walter Berry, leur président, lançait l'étonnante et splendide profusion de hautes promesses qu'on salua gaiement comme la corne d'abondance belle et large d'où s'épandraient, en pluie féconde, dollars, navires, usines, hauts fourneaux, produits bruts et produits fabriqués, toutes les réparations, toutes les restitutions que le monde et spécialement l'Amérique, disait M. Walter Berry, doivent verser et par conséquent verseront au génie sauveur de la France.

Esprit ingénieux et cœur magnifique, cet admirable Américain nous déclarait en propres termes :

> — Mes amis de France, avant notre entrée dans la guerre, et nous y entrons à peine aujourd'hui, les États-Unis vous ont consenti des avances financières. Aujourd'hui, nous nous rendons compte pleinement que, pendant quatre ans, c'est pour nous que vous vous battiez. Alors, ces avances, jusqu'au dernier dollar, doivent être annulées. Pendant que votre mur vivant tenait ces hordes enivrées de domination universelle, les tenait pour nous, vos chantiers navals étaient déserts, votre flotte marchande tombait en ruine. Donc, après la guerre, nous serons prêts à vous donner les navires nécessaires et tous les moyens de reprendre pleinement votre commerce maritime. Puisque c'est pour nous que vos villes ont été mises à sac, vos arsenaux incendiés, vos usines démantelées, c'est à nous de vous les reconstruire. Et nous le ferons. Et quand nous aurons fait tout cela, nous rentrerons chez nous, en remerciant encore la France d'avoir sauvé le monde du pangermanisme.

Ces généreuses volontés[237] étaient déjà connues de nous au 4 juillet 1918, mais, écrivions nous au lendemain de leur publication[238], c'est la première fois, semble-t-il, qu'elles s'expriment avec clarté et ampleur.

---

[237] Dans la même pensée, il faut citer la campagne du diplomate qui signe Vigil à *L'Action française*, campagne malheureusement unique dans notre presse, et faite en vue d'insister sur cette évidence que nos alliés et associés ont fait « leur propre guerre » sur « notre champ de bataille ». Vigil en concluait dès lors sans réplique possible que la France possédait d'importantes « créances reconventionnelles » sur eux.

[238] *L'Action française* du 5 juillet.

« La réponse de notre cœur » poursuivions nous, « doit être une fois de plus l'expression d'un remerciement sans mesure. Mais cette gratitude infinie ne doit pas nous dispenser de penser, c'est-à-dire de juger et de mesurer. Les Américains nous estimeront et nous aimeront mieux de tout ce que notre activité personnelle, économique, politique ou militaire saura ajouter à la leur. Ils seront heureux de nous aider. Ils seront fiers de voir que nous savons nous aider aussi. Il ne sera pas pour leur déplaire, j'en suis sûr, de voir ici formuler nos réserves contre un esprit de quiétisme et de rémission qui tendrait à nous amollir. »

Dans ces lignes, nous avions surtout en vue un esprit de rémission et d'abandon à la belle pensée et aux bonnes volontés personnelles de M. le président Wilson. Car celui-ci passait alors pour devoir être notre seule providence. Il était fort loin d'y songer. Nous l'avons indiqué plusieurs fois, très discrètement.

Est-ce pour cela qu'un journal américain alors ami de M. Wilson, le *New Republic*, a gémi d'avoir trouvé chez nous de *l'égoïsme*, puis *un calme cynisme*, puis des propositions *barbares, anti-sociales, inhumaines,* et nous ne savons combien d'autres diableries ? Ces amis de M. Wilson avaient bien tort d'écrire de tels mots ; les seules barbaries, elles venaient de leur grand homme. Néanmoins, il est vrai que nos petites touches quotidiennes aboutissaient à un portrait, flatté sans doute mais inquiétant déjà. Bien avant son fâcheux point d'arrivée, il était difficile de bannir de notre mémoire l'impression d'un point de départ qui nous défendait la confiance proprement dite ; les démarches de M. Wilson au commencement de la guerre révélaient, trahissaient peut-être, des tendances profondes à peu près inexorables à l'égard des Français.

« Nous devons, avait-il écrit à cette date[239], être impartiaux en pensées aussi bien qu'en action, nous devons mettre un frein à nos sentiments qui pourraient nous ranger d'un côté ou de l'autre. »

Les cœurs américains volaient d'eux-mêmes à la France devant l'évidence de l'agression et de l'invasion ; leur mouvement fut arrêté, glacé par les paroles de M. Wilson, et cette violence publique faite au sens spirituel par un magistrat d'ordre temporel, lui-même créature d'un gouvernement d'opinion, éveilla dans le monde entier ce trouble vague que les peuples ressentent à l'aube d'une tyrannie. Nous tâchions, il est vrai, de dissiper ce trouble par la juste attention donnée à la souplesse d'un esprit politique

---

[239] Le 18 août 1914.

soucieux des réalités. L'éloge forcené de son « idéalisme » dans les milieux les plus suspects entretenait les inquiétudes.

L'équivoque était-elle dissipée par l'énorme importance accordée par M. Wilson aux idées juridiques ? « L'homme de la Bible et du Code » laissait transparaître les arrière-pensées d'une médiation qui, en fin de compte, a placé l'assaillant au même niveau que l'assailli, a égalé nos envahisseurs et nos envahis, et, somme toute, n'a classé les belligérants que suivant leur plus ou moins d'empressement à venir se ranger au pied d'un certain tribunal.

Depuis, comme un feu qui confond les traits naturels des choses et des gens, mais laisse un rendu de matières irréductibles, l'état d'esprit métaphysique manifesté par M. le président Wilson a détruit des valeurs de grand prix (comme la vieille Autriche) et respecté plus d'une nuisible vanité (comme la jeune Allemagne). Cela au gré du bon plaisir ! Du moment qu'il pouvait décréter : *ceci est sacré, et impossible d'y toucher,* à propos des idées les plus contradictoires, M. Wilson pouvait se permettre absolument tout. Les décisions de ce Sinaï wilsonien étant communiquées au monde comme autant de lois surhumaines que rien ne fléchirait. Il est de fait qu'elles ne fléchirent jamais que dans le sens qui favorisa les intérêts d'une vaste ambition secrète et les puissances qui en étaient la condition. Puissances ethniques et autres ; coalitions de race, consortiums d'argent.

Le lendemain de sa première élection de 1913, M. Wilson s'était présenté comme un autocrate en herbe à l'assemblée de ses compatriotes. Son affirmation de pouvoir personnel enveloppait-elle déjà quelque prétention à l'empire du monde ? Il est probable que l'occasion a fait le larron. Mais tels journaux et telles revues de son pays[240] en arrivent à l'accuser de vouloir renverser à son profit leur république. Le certain est qu'il a sacrifié aux intérêts de son prestige les plus beaux fruits de notre commune victoire. Il fut un César magnifique à nos dépens. Nous en avions été amplement prévenus par les concitoyens de M. Wilson. Ils se rappelleront sans doute que nous avions, malgré nous et contre eux, espéré. Ainsi, peu confiants, nous faisions confiance. Nous réagissions même, avec Bainville, avec Grosclaude, avec Daniel Halévy, avec Émile Buré[241], contre ces pronostics trop justes que nous voulions appeler des erreurs et qui nous semblaient comporter une part d'outrance. Nous ne le regretterons pas. De toutes

---

[240] En particulier le *Harvey's Magazine*.
[241] Étienne Grosclaude (1876–1952), Émile Buré (1858–1932), hommes de lettres et journalistes de premier plan à l'époque. (n.d.é.)

façons l'Amérique ne décevra personne, si beaucoup ont été déçus par le pieux Américain à qui les grandeurs ont tourné la tête.

C'est dans ce sentiment qu'il faut lire cette analyse au jour le jour ; elle forme à la lettre un journal des « Aspects » de l'action wilsonienne et surtout des idées qui la déterminèrent. Cette action fut distincte de celle du peuple américain, bien que tirant de lui toute sa valeur politique.

Première partie
La neutralité

Le spectateur impartial

12 avril 1915

L'Amérique est un pays neuf où la distinction des Églises et de l'État s'ébauche à peine. Personne ne se prive d'y commenter en public les livres sacrés, le président Woodrow Wilson y monte en chaire et l'onction ne manque pas à ses prônes. Celui que transmet le correspondant new-yorkais du *Daily Telegraph* fera, je crois, le tour du monde, car, malgré le caractère privé de ces pieuses manifestations de haute conscience individuelle, il est bien difficile de négliger absolument le sens politique de la morale enseignée à l'église méthodiste de Maryland par le premier magistrat de l'Union.

> Ce sont des jours de grande perplexité, a dit le président Wilson dans un langage qui le peint lui-même mieux encore que nos sombres jours. Un grand nuage, a-t-il ajouté, assombrit la plus grande partie de l'horizon.
> Il semble que de grandes forces matérielles et aveugles, contenues depuis longtemps, aient été déchaînées et que, cependant, on puisse distinguer au-dessous d'elles la forte impulsion d'idéals élevés.
> Il serait impossible à des hommes d'endurer ce qu'ils souffrent sur les champs de bataille d'Europe, d'affronter les ténèbres où se livre la terrible lutte, s'ils ne voyaient pas ou ne croyaient pas voir grandir la lueur aurorale d'où va s'élancer le soleil...

Les neutres étaient incertains de leur devoir ; ils vont commencer à le découvrir, donc à l'accomplir. M. Wilson n'en voit que l'aube. Patience, lui aussi, saura saluer son soleil.

Il le salue, et doublement dans ces termes curieusement impartiaux auxquels aboutit, non sans surprise, le mouvement de la phrase et de la pensée interrompues. Les peuples ne se battraient pas...

... s'ils ne croyaient pas, *chacun de leur côté*, soutenir *quelque principe éternel* du droit.

LES IDÉALS

« Chacun de leur côté » ou, dans une meilleure traduction, « de son côté », cela veut dire que les compliments de M. Wilson n'étaient pas unilatéraux. Ils s'adressaient à tout le monde. Aux alliés, sans doute, mais aussi à leurs ennemis, Allemands, Bulgares, Hongrois, Turcs. Car tous, suppose-t-il, croient soutenir quelque principe de droit. Tous aspirent à quelque soleil de justice et, même sous les bombes qui détruisent Reims et Senlis, Soissons et Louvain, sous l'éclair des baïonnettes et des sabres qui tranchent le poing aux enfants, éventrent les femmes enceintes ou font subir de honteuses cruautés à de vieux hommes désarmés, nos pauvres prêtres, le président Wilson voit limpidement rayonner des idéals dignes de respect et d'honneur.

Il a de bons yeux, mais surtout une bonne langue.

AU GRAND TRIBUNAL DE L'OPINION DU MONDE

Nous l'avons déjà dit à M. Bergson, qui ne voulait permettre aux Boches que le matérialisme : il y a un idéal boche, et c'est même par la couleur de son « idéal » que le Boche s'est distingué en tout temps du reste du monde.

M. le président Wilson rend justice à cette vérité historique. Et les « idéals » étant égaux entre eux, exactement comme les hommes, jusqu'au moment où la survivance du plus fort fera ressortir quel est le meilleur, ce haut magistrat installé dans la chaire ecclésiastique a signifié en langage d'*aficionado*, son verdict aux gladiateurs :

> Donc, tout autour d'eux, tout autour de nous, siège dans l'attente le tribunal silencieux qui doit prononcer le jugement définitif sur cette lutte, *le grand tribunal de l'opinion du monde*, et je m'imagine que je vois, je crois voir et je prie Dieu qu'il me fasse voir vraiment ces *grandes forces spirituelles* qui demeurent dans l'attente de l'issue de cette guerre pour s'affirmer, qui commencent même à s'affirmer déjà, pour éclairer notre jugement et raffermir nos esprits.
>
> Aucun homme n'est assez sage pour pouvoir prononcer un

jugement ; mais nous devons tenir nos esprits prêts à *accepter la vérité quand elle surgira* devant nous, quand elle nous sera révélée à l'issue de cette lutte titanique.

« La vérité », disait le grand pacifiste de 1840 dans le plus généreux, le plus bruyant et le plus vide des hymnes de paix, « la vérité c'est mon pays ». Il entendait qu'il n'avait d'autre patrie que le vrai. Le fait national était ainsi subordonné à l'idée. M. Woodrow Wilson parait intervertir les termes de la pensée de Lamartine et, pour définir la vérité idéale, il attend, il adjure d'attendre la décision des faits. Ce que nos pères batailleurs appelaient, en l'appréciant certes, mais sans l'adorer, le hasard des combats, la fortune des armes, est ici convié à dire le droit et le vrai. Dans les siècles barbares, le plus fort avait les dépouilles. On lui fait entrevoir pour cette fois qu'on lui fera honneur, par-dessus le marché, de la vérité et du droit.

NI VAINQUEURS NI VAINCUS

24 janvier 1917

On a bu hier soir, dans le banquet France-Amérique, en l'honneur de M. le président de la république des États-Unis. Levons cordialement notre verre à la santé du plus haut magistrat d'un peuple ami et généreux auquel nous devons tant et que nous voudrions remercier de toute manière ! Cela fait, ne nous gênons pas pour examiner et critiquer, non moins cordialement, la morale de M. Woodrow Wilson. Ses compatriotes nous en donnent l'exemple : dans un beau petit livre d'une remarquable âpreté, *Hésitations*, dont l'auteur, M. W. Morton Fullerton, est un Américain éminent, M. Wilson n'est pas ménagé.

J'avoue d'ailleurs que je n'aurais pas eu l'idée d'ajouter un mot si ce pauvre Hervé[242] (toujours là !) n'avait pris soin de reconnaître ses idées dans ce message au Sénat américain : « Tous les républicains français pourront y saluer au passage des idées et des principes qui leur sont chers depuis 1789 », et surtout si, brochant sur notre Hervé, un rédacteur de *L'Humanité* n'avait imaginé de célébrer à ce propos la « haute conscience » de M. le président Wilson.

---

[242] Il s'agit de Gustave Hervé. (n.d.é.)

On est profondément persuadé de la droiture, de la probité, de l'intégrité, de l'honneur et, en général, de toutes les vertus qui décorent M. le président Wilson. Mais je ne sais pourquoi cette façon de le louer éveille ma défiance. Je ne sais pourquoi de telles louanges ont toujours été l'occasion d'un mauvais coup porté tantôt par le célébré et tantôt par les célébrants.

Les ennemis intérieurs de mon pays enguirlandent M. Wilson. Ce n'est pas naturel.

Souvenir singulier

Il convient de lire de près, de relire, en interrogeant les échos indistincts et puis les échos très nets qui bourdonnent dans la mémoire. Quelques mots du message me reviennent avec une insistance inouïe. « Souvenir, souvenir, que me veux-tu ?... » chante Verlaine.[243] M. Woodrow Wilson chante aussi :

> Il m'a semblé nécessaire, s'il existe réellement quelque part un désir sincère de paix, de parler un langage franc. Je suis la seule personne jouissant d'une autorité parmi tous les peuples du monde qui ait le droit de parler et de ne rien cacher.
>
> Je parle comme simple individualité, mais je parle cependant aussi comme le chef responsable d'un grand gouvernement...

Cela ne vous rappelle rien ? « Souvenir, souvenir... » ! Eh ! si fait ! la lettre de Guillaume à son pendard de Bethmann[244], fausse comme sa date, que tout le monde a suspectée, fausse comme sa voix, comme tout ce qu'elle porte et contient. On y a lu presque en mêmes termes :

> Il est évident que les populations des pays ennemis qu'on oblige à continuer cette dure guerre à l'aide de mensonges et de tromperies et qui sont égarés par les combats et par la haine, ne possèdent *aucun homme capable ou ayant le courage moral de prononcer le mot* qui leur apportera le soulagement de proposer la paix. Ce qu'on désire, c'est

---

[243] Premiers mots de *Nevermore*, seconde pièce de la série *Melancholia* des *Poèmes Saturniens*. (n.d.é.)

[244] Theobald von Bethmann Hollweg (1856-1921), chancelier de Guillaume II de 1909 au 13 juillet 1917. Ce « pendard de Bethmann » était intimement convaincu du droit absolu de l'Allemagne à soumettre ses voisins par la guerre. (n.d.é.)

un acte moral qui libère le monde.

Il est encore question de libérer le monde au suivant paragraphe du poulet impérial.

En voulez-vous des principes de 1789, de l'humanitairerie ? Et de la haute conscience ? À rendre baba toute la rédaction de *L Humanité*, de Snell en Bracke et de Renaudel en Veillard ? Malgré l'océan qui sépare les deux hautes consciences de « chef », *Wilhelm rex* a-t-il perçu l'écho qui lui est fait, la rime qui lui est envoyée par M. Wilson ? J'en atteste la suite de la lettre à Bethmann :

> Il est nécessaire pour cela de trouver un chef d'État qui ait une conscience… qui possède la volonté de libérer le monde de ses souffrances.

Ceux qui ont su lire le message de M. Wilson ont observé qu'il demandait une « révolution morale ». C'est aussi un « acte moral » que se propose d'opérer le roi boche. Tout cela vous dégage un petit fumet kantiste et roussien dont on conçoit que les consciences démocratiques soient régalées. On me permettra de témoigner une horreur fervente pour cette cuisine. Droite et sincère chez M. Wilson, parfaitement hypocrite chez Guillaume II, elle représente au point de vue de l'histoire des idées et du langage un état certain de décadence et de barbarie, celui où les genres se mêlent, quand pour parler peinture on fait de la poésie et quand les idées au lieu d'être apportées directement par leurs signes abstraits usent de ces transpositions de figure qui favorisent tous les malentendus, toutes les équivoques, toutes les erreurs, et par conséquent tous les crimes.

LA MORALE UTILISÉE

Avec les intentions très contraires qu'on leur connaît, ces deux chefs d'État commettent le même abus des formules morales et religieuses en un sujet dont l'essence commune est politique.

Prenons un exemple. Une société financière est, aussi bien qu'une nation, tenue de respecter le droit, de faire son devoir, de se montrer secourable et pitoyable, d'allier au sentiment de ses intérêts le respect des intérêts d'autrui ; cependant ce n'est pas pour cela qu'elle est fondée. Que penserait-on d'un administrateur délégué qui remplacerait le compte rendu de sa gestion annuelle ou l'exposé de ses vues sur l'avenir matériel de la situation par une homélie ne tendant qu'à manifester la pureté de ses intentions ?

On penserait, ou que le personnage incline à un doux gâtisme, ou que le formulaire éthico-théologique est destiné à cacher son jeu et à jeter de la poudre aux yeux du pieux auditoire.

Remarquons en passant que l'usage intéressé de cette poudre en Allemagne et en Amérique vérifie l'observation que faisait l'autre jour, à *L'Écho de Paris*, Louis Bertrand : les peuples sont beaucoup plus religieux qu'on ne le croit en France. Nous tournons le dos à l'évidence des réalités ou nous nous abusons grossièrement sur la nature du sens religieux quand nous prétendons retrancher tout avenir à ce qui n'est pas scepticisme ou agnosticisme. Le menteur Guillaume II s'adresse à une Europe embéguinée. Le sincère Wilson parle à une Amérique idéaliste et dévote. C'est comme ça. Je n'y puis rien. Ce que je peux, c'est d'obtenir de mes yeux et de mon esprit qu'ils voient ce qui est, au lieu de transformer leurs visions d'après les partis pris de mon cerveau.

LES INTÉRÊTS ET LES PRINCIPES

Ce qui est, en même temps, c'est que l'idéalisme et la dévotion n'empêchent pas les affaires. Il n'est pas impossible que M. Wilson s'abandonne sans aucune arrière-pensée au cours de ses utopies juridiques ; par devoir d'État il y mettrait certainement un frein si elles gênaient les intérêts vitaux de son pays. De toute vraisemblance, si ces intérêts parlaient avec décision leur impérieux langage, il se résignerait à fermer les yeux sur la violation des sacrés principes.[245] Dès les premières rumeurs du message *Ni vainqueurs ni vaincus*, *Paris-Midi* a très pertinemment demandé avant-hier s'il n'y avait eu ni vainqueurs ni vaincus dans la guerre de Cuba. Et le passage de ce document mémorable où il est dit :

Les garanties échangées ne doivent ni reconnaître ni impliquer une différence entre les nations grandes ou petites, entre celles qui sont puissantes et celles qui sont faibles, ce passage a irrésistiblement évoqué dans

---

[245] Pronostic vérifié par les atténuations apportées par M. Wilson à ses principes et à ses projets dès que l'opinion américaine s'est élevée soit contre l'égalité de race, soit contre des interventions indéfinies en Europe, soit contre l'intervention des nations européennes en Amérique. (Note de 1919.)

mon souvenir le tapis vert du Traité de Paris, le dernier, je crois, du XIXe siècle, où les négociateurs américains du seul fait qu'ils avaient prouvé leur qualité et leur ascendant de vainqueurs, c'est-à-dire de peuple « grand » et de nation « puissante », arrachèrent aux Espagnols vaincus, presque autant de territoires, d'îles, de villes et de ports qu'en avait conquis le canon de l'amiral Dewey !

« JE N'AI PAS CONFIANCE »

Petit ! Petit ! Petit ! C'est ainsi que le cuisinier appelle l'oiseau dans la fable de La Fontaine. L'oiseau bien inspiré s'enfuit. À la place des petits peuples, je n'écouterais pas sans un peu de sagesse méfiante un appel cordial ainsi jeté au monde par le chef tout-puissant d'une Confédération de quarante-huit États riches, peuplés, vivaces. Le cuisinier, pardon, le chef sait que sa conscience pure, comme celle du philosophe de Königsberg, reflète le ciel étoilé ; mais les conséquences politiques dérivées de son appel ne refléteront vraisemblablement que les forces unies des étoiles inscrites sur le drapeau américain. Or, des conséquences de ce calibre et de ce poids dépassent d'ordinaire la portée des intentions, d'un homme mortel.

La philosophie juridique et humanitaire compose dans la vie cruelle du monde une espèce de luxe qui, en vertu de l'éternel *prius vivere*, passe forcément après la satisfaction des besoins de la vie collective des hommes. Il est toujours très dangereux de prendre une nation pour une Académie. Comme une société financière est faite pour gagner de l'argent, une société nationale, c'est-à-dire où les hommes naissent et meurent, est faite pour améliorer les conditions de leur vie. La vraie justice, le véritable droit, l'honnêteté vraiment consciente et lucide consisterait à commencer par exposer, clairement et candidement, les intérêts fondamentaux, les intérêts sacrés qui correspondent à cette fonction des États.

Qu'on les subordonne aux règles supérieures de toute vie, rien de mieux. Mais qu'on se serve de ces règles pour costumer, masquer, maquiller ces intérêts, le carnaval, voulu ou non, et qu'il soit suggéré par basse ruse comme c'est le cas de Guillaume, ou par habitudes professionnelles, comme c'est le cas de M. Wilson, ce carnaval d'idées précipite à des maux artificiels supérieur encore à tous ceux qu'inflige la nature.

DE LE CHAPELIER EN WILSON

On pourra s'en faire une idée approximative, mais que je crois juste si l'on se donne la peine de réfléchir aux analogies éveillées par l'endroit du message où M. Wilson repousse de l'humanité future tout système d'alliances, chacun y devant être protégé par tous :

> ... qu'aucune nation ne cherche à imposer sa politique à aucun autre pays, mais que chaque peuple soit laissé libre de fixer lui-même sa politique personnelle, de choisir sa voie propre vers son développement, et cela, sans que rien le gêne, le moleste ou l'effraie, et de façon que l'on voie le petit marcher côte à côte avec le grand puissant.
>
> Je propose donc que dorénavant toutes les nations évitent les complications d'alliances qui pourraient les entraîner à des rivalités de pouvoir, les envelopper dans un filet d'intrigues et de compétitions égoïstes, et par des influences venues de l'extérieur, les détourner de leurs propres affaires. Il ne saurait exister de complications d'ailleurs dans un loyal accord de puissances ; quand nous sommes tous unis pour agir dans le même sentiment et en vue du même but, nous agissons dans l'intérêt général et nous restons chacun libres de nos propres actes sous la protection de tous.

« Souvenir, souvenir... » Qu'est-ce que nous rappellent de nouveau, ou d'ancien, de telles paroles ? Vous y êtes : en plus vaste, appliqué à l'Europe ou aux deux continents, c'est le système du conventionnel Le Chapelier, c'est le fameux décret qui interdisait aux ouvriers et aux patrons toute association, entente et alliance sur « leurs prétendus intérêts communs ». Un État central tout-puissant se préparait à prendre en mains les intérêts de tous et à les représenter souverainement. Quel gage de paix sociale ! disaient les rêveurs de l'époque. Quelles immenses garanties d'accord !

Il est à peine utile de rappeler que les soixante-dix ou quatre-vingts ans qui suivirent furent l'enfer du monde ouvrier français en même temps que le paradis des capitalistes. On avait décrété l'égalité idéale des grands et des petits. On avait gravé dans la loi l'équivalence juridique du faible et du puissant. Mais même poudrée d'or et confiée à du papier doré sur tranches, cette belle encre n'avait pas transformé les réalités. Les réalités furent pires que les plus fabuleuses horreurs de l'ancien régime. L'ouvrier en conçut un état d'esprit révolutionnaire farouche qui déclara la guerre à l'ordre social tout entier, cet ordre consacrant les plus monstrueux abus de puissance.

On ne peut espérer aucune sécurité de l'avènement juridique et blagologique d'une ère d'égalité européenne où il serait défendu à la Belgique de se mettre sous la protection de la France, de l'Angleterre et de la Russie[246], mais où l'Allemagne garderait le plein de ses territoires, de ses populations, de ses richesses, de ses puissances quand bien même elle trouverait sa limite idéale dans la menace d'un gendarme-fantôme au service des États-Unis du Monde dont la gouvernement serait d'ailleurs à la discrétion d'agents secrets ou d'agents publics armés de son fer ou lestés de son or.

M. Wilson prend pour le régime de l'avenir l'état dont nous venons ; on peut lui répondre que nous sortons d'en prendre, à La Haye. Merci bien.

IDÉALISMES DANGEREUX

28 janvier 1917

... Les situations respectives de M. Wilson, du Gouvernement français et des socialistes français, ont moins changé qu'on ne croirait depuis le commencement de la guerre.

Ce n'est pas de décembre 1916 ni de janvier 1917 que datent les rêves d'intervention et de médiation de M. Woodrow Wilson. Le président américain, dont les idées sont fixes comme son pouvoir est personnel, avait fait un premier pas dans le même sens, absolument dès les premiers jours d'août 1914. La dépêche de Washington portant le texte de sa proposition fut insérée au *Temps* du 7 août, paru le 6 au soir.

Mais le *Journal de Genève* du 10 l'ayant reproduite, aussitôt il s'éleva, comme il convient, un murmure du côté de *L'Humanité* qui, n'ayant pas pris garde à l'information du *Temps*, imagina le 15 août de dire qu'il était

---

[246] Le sénateur Frelinghuysen, de New-Jersey, a posé « à tout Américain intelligent » un certain nombre de questions entre lesquelles celle-ci porte le no 7 : « Si la Ligue des Nations avait existé au moment de notre Révolution de 1776, la France aurait-elle pu nous aider ? Et plus tard, le Texas ferait-il partie de l'Union ? Cuba serait-elle libre ? » (*Harvey's Weekly*, 22 mars.) La réponse des adeptes à ce genre de question ne peut varier. Ils déclarent que les références au passé sont inopérantes ; n'allons-nous pas ouvrir une ère absolument nouvelle et sans rapport avec tout ce qui s'est vu autrefois ?

« fâcheux pour l'opinion française » (à laquelle la feuille socialiste se substituait une fois de plus) « d'apprendre par un journal étranger la proposition » de M. Wilson.

Le flambeau que soutiennent les mains de M. Renaudel et de M. Compère Morel ajoutait avec une gravité impayable qu'il « ne saurait y avoir un avantage à laisser ignorer à la France une démarche aussi importante que celle des États-Unis ». De l'importance de la démarche, les événements postérieurs permettent de discuter. Mais, pour commettre son erreur de jugement, *L'Humanité* avait commencé par se précipiter sur une erreur matérielle. Le jour même, l'Agence Havas rappelait que la dépêche annonçant la proposition américaine avait parfaitement paru en France. *Le Temps* du soir confirma le démenti.

LES FRANÇAIS NE VARIENT PAS

Dans le même numéro du 16 août 1914, *Le Temps* profitait de l'occasion pour donner le texte de la réponse du gouvernement français. Réponse polie, mais telle qu'on pouvait l'attendre d'un État qui ne fait la guerre que parce qu'on la lui fait.

Le Temps ajoutait même un commentaire si net que le plus grand journal de la République (comme cela lui arrive quelquefois) s'y montrait l'interprète du sentiment français. *Le Temps* du 16 août 1914 répondait, en effet, au grognement de *L'Humanité* :

> ... Ce n'est pas du tout le moment de faire entre les belligérants le geste classique des Sabines. Cette guerre n'est pas un débat à peser dans des balances philosophiques. D'une part, une tentative d'asservissement définitif de la communauté européenne à une race ; d'autre part, la défense de la liberté de l'Europe et des principes mêmes sur lesquels est fondée l'Union américaine. Comment imaginer que le président Wilson et son gouvernement parlent *le même langage aux agresseurs et à ceux qui représentent le droit, et les mette sur le même pied ?* C'est un dangereux idéalisme, celui qui n'aboutirait qu'à énerver la force de ceux-ci sans arrêter les premiers. Dans un duel à fond, comme celui que l'Allemagne a voulu engager avec l'Europe entière, il n'y a pas à relever les épées.

En vérité, je le répète, depuis ces trente mois de guerre, rien ne paraît avoir bougé dans les éléments en présence. M. Woodrow Wilson s'obstine à ne pas distinguer entre provocateurs et provoqués, entre agresseurs et défenseurs. Et nos républicains ne cessent pas de ne pas voir que leurs appels aux principes mêmes sur lesquels est fondée l'Union américaine sont aussi inopérants que possible.[247] Le « dangereux idéalisme » continue à sévir à la Maison-Blanche, il continue de trouver crédit au groupe socialiste de la Chambre et à la rédaction de *L'Humanité*.

CELUI QUI A CHANGÉ

Un personnage a changé pourtant, et c'est Guillaume II. Conversion récente ; ayant cassé quelques-unes de ses dents sur la défense militaire de l'Entente, il voudrait bien garder les autres et, puisque l'idéalisme social américain paraît ouvrir une voie de salut, va pour l'idéalisme ! Ça le connaît, comme disent les bonnes gens ! Il n'est pas pour rien le compatriote de Kant et l'élève de Fichte. Fichte a effectué le passage de l'idéalisme et du moralisme libéral à l'idéalisme et au moralisme autoritaire et jacobin par des moyens sensiblement analogues à ceux qui tirèrent de la douce Constituante de 1789 la féroce Convention de 1793, des proclamateurs des Droits de l'Homme les équipes de la Terreur.

La voie inverse, suivie par Guillaume II, ce recours du jacobinisme pangermanisant au libéralisme bêlant qui veut s'armer de « courage moral » pour accomplir, dit la lettre à Bethmann-Hollweg, un « acte moral » destiné à « libérer le monde » des « souffrances » et de « l'oppression », ce nouveau cours n'a rien d'inédit non plus dans l'histoire des doctrines révolutionnaires issues de Kant, Rousseau, Luther ; tout le XIXe siècle a vu les persécuteurs, à peine menacés d'un retour de fortune ou d'un murmure de l'opinion, se remettre à bêler, comme l'empereur allemand, des couplets de pitié suprême et de tolérance mystique.

Guillaume Boche sait son manuel de philo comme il sait son métier. Il faut savoir le nôtre. Il faut comprendre que les « dangereux idéalismes » professés par le président Wilson et par nos socialistes deviennent entre les mains de l'empereur allemand un idéalisme alimentaire, un idéalisme sauveur ; aux temps où sa naïveté ne lui montrait que des proies faciles, Guillaume Boche déployait un réalisme sans merci. Si les chefs socialistes

---

[247] Le langage de la communauté d'intérêt aurait agi moins lentement.

sont assez sots pour se laisser prendre à la manœuvre impériale et travaillent à lui épargner châtiments et réparations, instruisons le pays de leur simplicité et montrons dans quel nouveau fleuve de sang serait plongée la France si l'on avait le malheur de les écouter.

KANT ET M. WILSON

16 février 1917

La *Revue des deux mondes* publie l'analyse parallèle du traité de la *Paix perpétuelle* de Kant et des diverses doctrines manifestées par M. Wilson sur la paix future. Cette étude du plus haut intérêt est l'œuvre de M. César Chabrun dont le nom nous était inconnu. Nous aurions dû le connaître. M. Chabrun est professeur à la Faculté catholique de droit à Lille. Il a vaillamment combattu, il a été blessé. Cet homme de talent est heureusement conservé à la France.

Les curieux se reporteront à la revue du 15 février. Il faut noter pour nous deux points.

Moralistes libéraux

D'abord les rapprochements de M. Chabrun versent une lumière éblouissante sur le cas, déjà très sensible à la simple lecture, de la communauté philosophique ou, pour mieux dire, du *condiscipulat* de M. Wilson et de Guillaume.

II. Les simples textes en déposaient. Il suffisait de relire après les messages divers du président de l'Union américaine le fameux billet à Bethmann-Hollweg en prenant garde au jargon de moralisme libéral. Relisons-le :

> Mon cher Bethmann, j'ai soigneusement approfondi notre conversation. Il est évident que les populations des pays ennemis, qu'on oblige à continuer cette dure guerre à l'aide de mensonges et de tromperies et qui sont égarées par les combats et par la haine, ne possèdent aucun homme capable ou ayant le courage moral de prononcer le mot qui leur apportera le soulagement de proposer la paix. Ce qu'on désire, c'est un acte moral qui libère le monde, y compris les neutres, du fardeau qui l'oppresse.

Il est nécessaire pour cela de trouver un chef d'État qui ait une conscience, qui se sente responsable vis-à-vis de Dieu, qui possède un cœur pour son propre peuple comme pour ses ennemis et qui, indifférent à toute fausse interprétation possible ou voulue de son action, possède la volonté de libérer le monde de ses souffrances. J'aurai ce courage ; m'en reposant en Dieu, j'oserai faire cette démarche.

Veuillez élaborer une note dans ce sens et me soumettre toutes les dispositions nécessaires sans délai.

Signé : Guillaume II, empereur et roi.

Ce n'est pas autrement qu'il a été parlé, de la Maison-Blanche, d'abord aux belligérants, ensuite au Sénat américain. Nous avons eu à souligner, chez les deux auteurs, exprimé dans les mêmes termes, le même sens de leur importance, de leur autorité, de leur pouvoir personnels : « Les populations des pays ennemis ne possèdent, dit l'empereur boche, aucun homme capable ou ayant le courage moral de prononcer le mot... J'aurai ce courage... »

M. Wilson disait : « ... *Je suis la seule personne* jouissant d'une autorité parmi tous les peuples du monde qui ait le droit de parler et de ne rien cacher. Je parle comme simple individualité, mais je parle cependant aussi comme le chef responsable d'un grand Gouvernement. »

Les doctrines philosophiques plus encore que les écoles des rhéteurs ont chacune leurs grimaces propres, leurs tics. L'identité du tic pseudo-stoïcien ou kantien eût aidé à déceler la communauté d'origine si l'identité du vocabulaire n'avait déjà fourni le premier indice révélateur. Ces indices divers sont vérifiés aussi complètement que possible dans le travail de M. César Chabrun. Sa collation des textes est irrésistible. La philosophie de Königsberg a bien introduit le président de l'Union américaine à toutes les notions du droit international.

LE KANTISME WILSONIEN

C'est de ce docteur qu'il dépend. Sa critique s'explique par la critique kantienne. Sa théorie de la pratique, ou, en français, ses vues d'avenir, ses conceptions de la paix future sont également suspendues à la même chaire. Quand nous faisions nos objections habituelles au pacifisme de M. Wilson, c'est bien à Kant, c'est bien à Rousseau et à Luther, à l'esprit de la Réforme allemande et de la Révolution dite française que nous répondions. C'était bien Kant qui décidait de remplacer les garanties précaires mais réelles et appréciables de la politique par les garanties absolues mais irréelles de la justice. C'était Kant qui, au nom de son ordre international incréé, proscrivait les ententes, les alliances et les ligues des petits peuples contre la tyrannie des gros. Paragraphe par paragraphe, et quasiment ligne par ligne, cela est démontré, comme au tableau, par M. Chabrun.

Par parenthèse, cela explique comment au milieu de colères boches provoquées par les actes divers du président Woodrow Wilson, ses « idées » recevaient en Allemagne les plus emphatiques hommages. Il fallait bien y reconnaître une marque de la maison.

LE RÉEL ET L'IDÉAL

Le travail de M. César Chabrun s'arrête naturellement au point où cesse sa matière et où les idées de M. le président Wilson cèdent le pas à l'action. Chacun, je crois, d'un bout à l'autre du monde civilisé, a saisi là comme qui dirait un hiatus et l'on pourrait dire un grand trou. Le premier, je crois, Jacques Bainville l'a vu lorsqu'il a indiqué comment le dictateur américain avait, à l'usage, découvert l'Allemagne et devant cette réalité nouvelle, corrigé ses visions, rectifié la marche et le tir.

C'est un autre point à noter dans le beau travail de M. Chabrun.

M. César Chabrun ne conçoit pas absolument comme nous le rôle de Kant et du kantisme en Allemagne. Il est plus frappé des ressemblances de cette philosophie avec les maîtres de l'Europe moderne et de l'antiquité qu'avec sa postérité germanique et pangermaniste. Cependant cette filiation est étroite, et l'on ne peut pas oublier non plus parmi les ascendants du kantisme le fort élément de dissidence calviniste et luthérienne par lequel s'explique aussi, en partie, Rousseau. Quoi qu'il en soit, M. Chabrun est naturellement amené par son point de vue à distinguer en M. Wilson l'homme d'État et le lettré, à écrire que « la pensée est son domaine autant que les affaires » ; il refuse donc de discuter avec lui « sur le terrain des pures idées »...

Pourquoi ce refus ? Parce que, dit M. Chabrun, nous sommes « engagés dans la lutte », et M. Wilson y entre d'ailleurs à son tour. Ce sera pour lui, ajoute-t-il, l'heure « de quitter les pures théories pour entrer en contact avec les réalités ». Voilà, je l'avoue, qui étonne. Qu'est-ce que des théories qu'il faut quitter devant le réel ? Un banquier n'oublie pas les généralités de l'arithmétique quand l'heure est arrivée de faire sa caisse, et bien au contraire ; plus il y est fidèle et meilleur est son compte. Qu'est-ce que des idées pures que l'on ne peut pas utiliser du moment qu'on est engagé dans la lutte ? Ce doivent être des idées fausses, car, pour des idées vraies, il semble bien que plus la lutte sera difficile, âpre, compliquée, plus il sera bon de se référer pour la débrouiller et pour l'éclairer à la claire lumière et à la haute assistance d'idées aussi pures que possible.

Sans doute, entre l'idée et la réalité, il y a une différence de perfection. Le sens critique et le bon sens sont nécessaires pour adapter et approprier les conclusions abstraites et les déductions logiques à la complexité des faits et de leurs circonstances. Mais chaque science, chaque art, chaque discipline morale contient des préceptes et des conseils en vue de ces applications.

Il y a partout une théorie de la pratique, une pratique de la théorie, qui s'engendrent l'une de l'autre et qui apportent leur appui dans chaque cas. Elles sont distinctes. Elles ne sont pas opposées. La distinction toute normale n'a rien de commun avec cette opposition absolue de l'ordre théorique et de l'ordre pratique affectée dans les actes du président Wilson, reconnue dans l'article de M. César Chabrun et que M. Chabrun trouve très naturelle, tandis qu'elle nous apparaît à nous monstrueuse.

OPPOSITIONS DE MOTS

En vérité, en vérité !... Mais approchons et précisons.

Un homme a médité toute sa vie sur les rapports de la Justice ou de la Morale avec la Politique et, ayant pu d'abord affecter par sa position américaine les allures d'une espèce de pontife spirituel, il a défini en de solennels documents ce qu'il considère comme l'expression la plus générale de la vérité la plus haute en cette matière. Des hommes européens, qui avouent partager sa façon de voir, le louent, le félicitent, l'applaudissent, mais disent :

« Nous ne vous écouterons pas, nous sommes engagés dans l'action... » Lui, pourrait leur répondre : « C'est parce que vous êtes engagés dans l'action que vous avez le plus pressant besoin de ces principes et de l'application que j'en fais... » Pas du tout... Et voici qu'à peine est-il aux prises avec le réel, lui-même doit modifier langage et point de vue, en tout cas procéder, en fait, comme s'il professait une autre doctrine !

Et personne ne s'en étonnera ! Et d'aussi bons esprits que M. César Chabrun s'en consolent par des antinomies verbales : le réel et l'idéal, le théorique et le pratique, le concret et l'abstrait... Comme si l'abstraction bien faite ne devrait pas correspondre au concret ! Comme si l'idée raisonnable n'était pas la plus haute puissance de la réalité ! Autant dire qu'une philosophie qui se charge d'expliquer le monde doit s'évanouir tout naturellement au premier « contact » avec les affaires de la vie ! Autant dire qu'une clef des choses peut être celle qui est trop grande pour entrer dans la serrure ou trop petite pour y peser utilement ! Non, non, la véritable théorie est pratique, je voudrais oser dire, empruntant le langage de nos artilleurs, qu'elle est rustique et peut affronter sans être fatiguée ni endommagée les hauts et les bas, les ravins, les collines, les âpres pentes et les rudes escarpements de l'expérience historique. Des doctrines qu'il faut quitter quand on aborde le front des choses et « le contact des réalités » peuvent être d'amusants bibelots de métaphysique juridique ou morale, mais valent la peine d'être examinées de près ; leur inutilité, qui n'est pas la preuve directe de leur fausseté, en est au moins l'indice quand elle n'en est pas la confirmation.

L'ERREUR VÉRIFIÉE

Les réfutations directes, par voie d'analyse, n'auront manqué ni à Rousseau, ni à Kant, mais la précipitation où vivent les hommes et l'intérêt, hélas ! trop cher payé, qu'ils ont à s'abuser au moyen de mensonges spécieux, suffisent largement à les détourner de ces discussions âpres, fermes et décisives. Ils se détourneront moins aisément du grave témoignage apporté par les faits. Les faits de l'histoire des hommes depuis Rousseau et Kant sont d'autant plus précieux qu'ils vont tous dans le même sens ; il y avait longtemps que la guerre civile et la guerre étrangère n'avaient été aussi meurtrières que depuis le traité de Paix perpétuelle et les rêves de Fraternité humanitaire agglomérés autour de ce traité. De 1789 à 1815, de 1848 à 1870, de 1898 à 1920 la terre n'a cessé de fumer des flots de sang répandus autour de son autel.

LE MAUVAIS SIGNE

Il n'y a pas à établir de rapport de cause à effet entre les ambitions du pacifisme et les cruelles banqueroutes de la paix, mais il y a à constater l'extraordinaire inefficacité, l'inanité monstrueuse de cette prédication. La concordance des deux phénomènes est telle que l'on peut concevoir, sans grande chance d'errer, tout accès de pacifisme international comme un mauvais signe, un signe à peu près certain de guerre prochaine, et c'est ce que nous faisions remarquer, en propres termes, l'année du centenaire de Kant, en 1904, aux rhéteurs optimistes qui célébraient l'avènement d'un nouvel ordre dans les esprits et dans les nations ; non seulement les cent ans écoulés ont enseigné tout le contraire, mais il n'était pas nécessaire d'avoir l'oreille bien fine pour sentir le bruit du canon qui se rapprochait des terres d'Europe. Ce n'était encore que le canon sibéro-japonais de Chemulpo. Hélas ! dix ans plus tard !...

J'ai cru devoir recueillir ce témoignage de la concordance des choses et de nos idées dans mon livre de l'an dernier *Quand les Français ne s'aimaient pas*. On peut dire que ce fut là encore une simple coïncidence. Mais il y en a beaucoup, de coïncidences pareilles ! Quand on en aura noté dix et vingt autres, n'y aura-t-il pas lieu de se demander si une certaine manière de penser, une certaine entente générale des choses n'expliquerait point ces rencontres de l'esprit humain et du cours des événements ? Il faudrait pour cela une philosophie qui ne creusât point d'abîme infranchissable entre les faits particuliers et les généralités souveraines, une philosophie qui expliquerait et servirait...

Je me permets de dédier cette question aux beaux esprits férus d'idéalisme kantien ou hypo-kantien en les suppliant de ne pas me répondre qu'une telle philosophie ne s'est jamais vue. Elle s'est vue, dès Aristote. Elle s'est retrouvée dans le thomisme. Elle s'est reconnue aussi à de nombreux égards dans ce « bon sens systématisé » appelé par Auguste Comte positivisme. Son caractère général est d'opposer les principes qui aident à vivre aux principes qui ne s'appliquent pas à la vie ou qui ne s'y appliquent qu'en trichant et trompant.

Nous avons vu M. Woodrow Wilson obligé de s'en dépouiller pour bien agir. Mais il y a une autre solution ; il y a un autre usage de ces beaux principes faux, c'est de s'en couvrir pour mentir et pour manœuvrer, l'usage et la solution de Guillaume II. Il convient de noter que les hommes commencent à s'en méfier, et l'hypocrisie kantienne ou piétiste les abuse infiniment moins qu'autrefois.

LE PACIFISME KANTIEN CONTRE LA PAIX

19 février 1917

Le monde entier revient d'une duperie où chacun a laissé des plumes. Si le retour n'était pas complet, si la guerre laissait subsister des illusions, ou recommencerait à tout perdre. Voilà pourquoi nous nous sommes efforcé de serrer la question germanique d'aussi près que possible, en insistant sur le point disputé, qui est l'affaire de Kant.

M. Ferrero s'y est arrêté, mais en historien, comme M. Émile Picard s'y arrêta jadis, mais en savant. Nous nous réjouissons particulièrement des éléments d'information venus des philosophes de carrière. Les pages lumineuses de Pierre Lasserre, dans *Le Germanisme et l'Esprit humain* (Champion éditeur), auraient dû mettre d'accord tout ce qui s'intéresse à l'histoire des idées et de leur action.

Mais la question est offusquée par des intérêts politiques, scolaires, sociaux, personnels. Nous venons d'en avoir un bon exemple. En nous appliquant des premiers au beau et curieux travail de M. César Chabrun dans la *Revue des deux mondes*, nous avons montré le parallélisme des vues de M. Wilson et de Kant. Nous y avons joint, texte en main, les vues parallèles d'un kantien n° 2 qui n'est autre que l'empereur Guillaume. La presse entière a noté le kantisme de M. Wilson. *Combien de journaux ont parlé de Guillaume II ?* Cependant la mention était indispensable à la juste mesure des idées morales et juridiques du monde contemporain.

L'IGNORANCE UTILE

L'ignorance où l'on tient les Français permet d'aligner des réflexions puissantes, des raisonnements de haut vol, comme celui-ci, paru à *L'Humanité :* — Si Kant a inspiré Wilson, comment serait-il responsable de la guerre, ainsi que le soutiennent certains théoriciens ?

Si des théoriciens rendaient Kant « responsable » de la guerre, c'est qu'ils ne sauraient pas ce que c'est qu'être responsable, ils seraient trop pareils à ce rédacteur de *L'Humanité*. Ce que l'on dit, c'est que le pangermanisme dérive, pour une part très grande, de la philosophie de Kant et de cette partie du kantisme qui elle-même coule, comme de source, de Rousseau et de la Réforme opérée par « l'homme allemand » Luther. Cela est un peu différent.

Cela a même été démontré. Mais il ne devrait pas être nécessaire de recourir aux preuves en forme, tant est certaine, logique, sensible, la filiation kantienne du père spirituel de Guillaume II, le Fichte des *Discours à la nation allemande*. Des enfants de six ans incapables d'avoir deux idées à la fois se refuseront seuls à admettre qu'une philosophie ayant pour disciples directs Fichte, M. Wilson, Guillaume II puisse également suggérer le pacifisme, canoniser la Révolution et fournir au pangermanisme son premier aliment. La contradiction des trois thèses est-elle, en effet, si forte ?

Est-ce que les promoteurs de notre Révolution n'étaient pas des pacifistes déclarés ? Est-ce que toute leur doctrine n'aboutissait pas à la fédération des peuples et à l'unité du genre humain ? Est-ce qu'ils n'ont pas fait pendant un quart de siècle la guerre la plus rude et la plus sanglante qu'on eût vue jusque-là ? Est-ce que, de Robespierre à Bonaparte, ils ont cessé un seul instant de se montrer et de se dire les enfants directs du premier maître de Kant, leur Rousseau ?

Voit-on d'ailleurs une longue distance du système de l'idylle sociale et de la bergerie internationale aux doctrines de boucherie ? Les plus douceâtres des rhéteurs ont été dans le même temps les plus féroces des terroristes, soit qu'ils aient offert à leurs contemporains, avec une sérénité boche, « la Fraternité ou la mort », soit qu'ils aient ajourné le bonheur du genre humain « à la Paix ». Vraiment, la coexistence des doctrines sanglantes et de la philanthropie rituelle vaudrait d'être examinée. Si l'examen ne donnait rien, on pourrait toujours conclure à une simple coïncidence de fait ; mais si la rencontre est reconnue logique, liée au développement intérieur de certaines idées, par exemple de l'individualisme de Kant, de Rousseau et de la Réforme, eh bien ! le public aura appris quelque chose, il aura profité de l'encre et du papier...

LES FABLES UTILES

— Oui. Mais, dit un parti, il ne faut pas que le public s'instruise aux dépens des idées et des doctrines qui nous élevèrent et qui nous soutiennent. Notre domination comporte des conditions morales et intellectuelles. Celles-ci retirées, nous tombons sur notre séant.

De là l'écran dont je vous ai parlé. De là, le voile officieux et l'obturateur secourable. De là surtout les transcriptions ou les réfutations qui commencent par des travestissements pleins de fruit.

La grande curiosité des « idées de la guerre » sera un jour le joli déplacement de limites opéré dans l'histoire de la philosophie. Du temps où l'intérêt supérieur de la démocratie ne semblait pas mêlé à l'affaire, il était couramment admis que la période germaniste de la philosophie en Allemagne commençait à Emmanuel Kant pour s'accentuer avec ses disciples Fichte, Schelling, Hegel, car Leibnitz était encore rattaché à la Société européenne et au monde de la civilisation latine quelles que fussent au surplus ses caractéristiques allemandes. Le poteau frontière, si l'on peut dira, était entre Leibnitz et Kant. Maintenant, on est en train de le planter sereinement entre Kant et son premier fils spirituel. À Fichte seulement nos professeurs en mission ordinaire et extraordinaire font commencer la damnable Allemagne nouvelle, celle qu'il faut exorciser, car ils ont mandat exprès d'éviter que l'enquête ne remonte à Rousseau.

Il est très beau de voir ces domestiques d'un parti faire ensuite leurs dévotions à l'Universel, au Libre, au Général, au Pur !

Deuxième partie
L'intervention

M. Wilson recourt aux armes

7 avril 1917

W*ashington, 2 avril. La séance d'ouverture de la session a commencé, suivant l'usage par la récitation de la prière qui a été faite par le même chapelain aveugle qui la récita lors de la guerre d'Espagne. « La diplomatie a échoué, a-t-il dit ; la persuasion morale a échoué ; les appels à la raison et à la justice ont été écartés. Nous abhorrons la guerre ; nous aimons la paix ; mais si la guerre nous est imposée ou doit nous être imposée, nous prions pour que tous les cœurs américains battent au même unisson patriotique, pour que le peuple uni se rallie autour du président et lui doive l'autorité voulue pour prendre toutes les mesures jugées nécessaires pour protéger la vie des citoyens américains et sauvegarder notre héritage. »*

Telles sont les premières lignes des dépêches Havas envoyées de Washington en Europe. Nous les avons reproduites afin d'informer notre public. Nous regrettons de ne pas les voir dans tous les journaux. Cette oraison ne montre pas mal la forme exacte de l'esprit public américain, son tour religieux, sa passion patriotique et nationaliste. Bien plus que le document, combien est significatif le témoin qui le porte ; plus que cette prière, combien est significatif le chapelain qui la fait !

Il avait fait, voilà moins de vingt ans, la même prière pour l'ouverture de la guerre de 1898, qui a marqué le premier pas de la puissance américaine dans la direction de l'Europe. Ce n'était pas une guerre de défense, non. Il fallait « affranchir » de belles îles, les unes toutes proches, comme Cuba, utiles et commodes à la vie de l'Amérique, les autres éloignées comme les Philippines, mais jugées essentielles à l'expansion de l'empire de l'Union.

Il aura suffi à M. Woodrow Wilson de déclarer que son présent objectif était désintéressé, c'est-à-dire n'avait d'autre intérêt que de répondre à des offenses, à des insultes et à des dommages matériels, pour déterminer un peu partout dans notre presse des conclusions précipitées sur l'éclipse fatale de l'esprit de conquête ou sa disparition de l'Amérique du Nord. Chapelains laïcs de la démocratie, vous êtes encore plus aveugles de ce côté de l'Océan que votre vénérable confrère de Washington ! Et ceux d'entre vous qui ont gardé des yeux pour y voir tiennent certainement à aveugler ou à abrutir leurs clients quand ils racontent dans leurs journaux, comme Bracke à *L'Humanité*, que « les peuples maîtres d'eux-mêmes garantissent la paix ! »

L'AUTOCRATE D'OUTRE-MER, I

9 avril 1917

M. Milioukof, ministre des Affaires étrangères du Gouvernement provisoire russe, prend acte de l'évolution de M. Wilson.[248] On a connu une « ancienne opinion de M. Wilson » sur les buts de guerre de l'Entente, et elle leur était défavorable. Elle est aujourd'hui favorable aux principes soutenus précédemment par « MM. Briand, Asquith, lord Grey et autres hommes d'État alliés ». Le président des États-Unis reconnaît la nécessité de la victoire pour la paix, il admet nos « buts concrets ».

M. Milioukof a grandement raison d'insister sur le fait de cette évolution accomplie dans le court espace de quelques mois. Elle est allée s'accentuant dans le sens anti-germanique. Elle s'accentuera, n'étant pas terminée. M. Wilson s'est rendu compte assez vite que l'Entente et les Empires centraux n'étaient pas à égalité, comme le lui montrait une illusion de jugement ; il verra peu à peu se dissiper l'autre illusion qui lui fait distinguer entre les populations impériales et leurs conducteurs. En France, nous avons donné en plein, presque tous, dans cette erreur au commencement de la guerre. Un communiqué d'août 1914 mentionnait gravement que des prisonniers boches s'étaient plaints de cette « guerre d'officiers », et le noble Albert de Mun avait admis pour vingt-quatre heures l'extravagance, dont il fit d'ailleurs son *mea culpa* de la meilleure grâce du monde. Entrée tard dans la guerre, située aux confins du monde occidental, il est naturel que l'Amérique retarde sur nos jours et nos nuits. Elle se fera peu à peu aux réalités européennes, et l'inanité de ses appels à la démocratie ennemie s'étant dégagée des faits, elle s'assagira comme les camarades en reconnaissant tout ce que de tels propos ont de creux.

---

[248] Déclaration à un rédacteur du *Temps*.

Un président démocratique

Reste à savoir si, de ce côté-ci de la terre, les partis intéressés à la vogue de ce langage voudront arrêter l'exploitation intensive qu'ils en ont commencée. Ce serait la loyauté, ce serait la sagesse. Mais ce ne serait pas l'intérêt immédiat.

Néanmoins, les faits sont les faits ; les feuilles socialistes font un acte de foi dans l'irréflexion et l'aveuglement de leur public quand elles juxtaposent à leurs cris d'enthousiasme déclamatoire dans avenir de liberté et de pacifisme garanti par l'Amérique tels documents signés par M. Wilson, qui portent le caractère 1o d'un pouvoir personnel quasiment autocratique dans ses dispositions comme dans son langage, et 2o de prévisions positives dont le pacifisme n'est pas le trait dominant.

M. Wilson parle comme Louis XIV :

> Les principes qui trouvent leur expression dans les mesures législatives présentées par le département de la guerre aux Comités militaires du Sénat et de la Chambre des représentants ont mon entière approbation... les hommes nécessaires pour l'armée régulière et la garde nationale seront obtenus, comme c'est le cas maintenant, par des engagements volontaires jusqu'à ce que le président estime qu'un système de conscription combiné avec le tirage au sort soit désirable.

Voyez-vous cette « estime du président » considérée comme limite du désirable et de l'indésirable ! Il ferait beau voir que notre Élysée parlât de ce ton ou seulement donnât son avis.

De plus, l'avis tient compte, pour l'avenir, de l'esprit et de la volonté pacifiques dont le monde recueille les manifestations. Mais il tient compte aussi de leurs bons ou mauvais succès, de leurs succès et de leurs insuccès relatifs, et, en bref, de tous les cas du possible dont l'anticipation est permise et facilitée à l'esprit humain.

M. Wilson dit, par exemple :

> Lorsque ces dispositions pour la paix du monde seront prises, nous pourrons déterminer nos besoins militaires et adapter notre préparation militaire au génie du monde organisé pour la justice et la

démocratie.

« Besoins militaires », « préparation militaire » ! Besoins ou préparatifs qui étaient quasiment nuls en Amérique sous l'ancien régime de la paix armée. Le régime de la paix désarmée se distinguera du premier à ce signe qu'il y aura dans le nouveau monde des besoins et des préparations militaires absolument inconnus jusqu'alors. Tel est l'effet direct des calculs réalistes que fait M. Wilson, mais dont ses admirateurs les chefs socialistes français se gardent comme du feu. Ils ne veulent voir qu'un aspect de l'anticipation pacifiste, celle de l'inertie, de la paresse et de l'incurie, celle qui a permis à leur parti de si grands progrès aux beaux jours de MM. Waldeck-Rousseau, André et Combes, où furent semés nos malheurs.

Je ne note que pour mémoire le mouvement nationaliste et la magnifique guerre aux espions dont Washington après Pétrograd fournit le modèle à Paris, lequel est en guerre depuis trois ans !

Allemagne, Amérique et Angleterre vraies

Quel que soit le zèle intéressé de nos politiciens à déguiser les réalités sous les mots, le public intelligent ne pourra manquer de voir grandir l'écart entre leur langage et les choses. Ce public si nombreux en France comprendra que, si M. Wilson se fait encore quelques illusions sur l'Allemagne, les exploiteurs de la bonne foi française forgent sur l'Amérique un tas de fables qui ne peuvent profiter qu'à eux.

Le dernier mot restera à la vérité.

L'Amérique verra l'étroite cohésion du peuple et des rois germaniques.[249] La France comprendra que l'Amérique est un pays où l'un des Gouvernements personnels les plus puissants qui soient, sinon les plus durables, équilibre une masse énorme de libertés locales et n'est équilibré en somme que par les représentants de ces libertés. Elle verra que, dans une situation différente de la nôtre, ce gouvernement est en évolution profonde et rapide.

Dans quelle direction ? En quel sens ? On peut à peine l'entrevoir. Mais ni son action militaire et maritime, ni sa politique étrangère (que Tocqueville lui interdisait) ne l'orientent vers le pôle démocratique,

---

[249] Il a fallu, pour les séparer, la défaite, et encore ne savons-nous pas quelles obscures tractations ont pu avoir lieu à ce moment. (Note de 1919.)

quelques centaines de milliers de fois que ce nom sacro-saint soit couché avec de l'encre sur du papier.

Ce mot sacramentel est répété en Angleterre par M. Lloyd George, avec l'accent et le cri du prophète ; Lloyd George réserve l'univers à la démocratie, maudit les ennemis de la démocratie, associe contre eux toutes les démocraties. M. Lloyd George est cet ancien destructeur de la Chambre des lords qui, chargé de réorganiser son ministère depuis la guerre, y a fait entrer plus de lords qu'on n'en n'avait vus de mémoire d'homme dans aucun cabinet du siècle.

De son côté, Guillaume II fabrique aussi de la démocratie. Est-il nécessaire d'identifier ce Guillaume ? Ou la neuve démocratie prussienne va-t-elle faire tomber le peuple français dans les mêmes panneaux que le vieux libéralisme prussien qui servit de piège à attraper nos grands-pères ?

L'AUTOCRATE D'OUTRE-MER, II

10 avril 1917

Pour que les Français voient

Nous essayons de prévenir le public français des pièges qui sont tendus à sa bonne foi. Les uns lui viennent d'Orient, les autres d'Occident. Il en est de Russie, il en est d'Amérique. Le tout est de n'y pas tomber. Mais je ne me lasse pas d'admirer l'énergie avec laquelle tout rayon de lumière est écarté, offusqué, détourné par des hommes que leur profession intellectuelle devrait intéresser à la seule vérité. Y a-t-il donc un intérêt supérieur ? Je ne le croyais pas. Mais je commence à croire, d'après ce que je vois, que mon optimisme était faux. Il suffit de crier « citoyens, prenez garde » pour exciter une rumeur. Existerait-il des gens apostés pour que nos citoyens ne prennent pas garde ?

J'ai été seul, absolument seul, dans la presse, à signaler, à souligner le caractère de haute autorité, l'accent de pouvoir personnel qui se marquait dans les communications du président Wilson. Cette revendication du sens propre présidentiel, si elle est réelle, méritait d'être mise sous les yeux du peuple français qui est souverain, c'est-à-dire qui n'a pas de souverain, qui est seul chargé de sa destinée. Il était ainsi prévenu. On lui épargnait des surprises et des contre-sens. On le tenait au courant de la nature de l'autorité dans la République américaine, si différente de ce qui se voit dans la République française... Il paraît que ces informations étaient sans profit. Que l'opinion se trompe, que l'esprit public s'égare, l'important, l'essentiel, l'unique, c'est de distinguer le pouvoir de M. Wilson de celui de Louis XIV que j'ai nommé à cette place hier matin. Il y a un « danger Louis XIV ». Ranke[250] disait en 1870 que les Allemands lui faisaient la guerre. Il n'y a pas que les Allemands qui fassent la guerre au Grand Roi.

Je lis dans un journal que, pour moi, M. Wilson est « un type dans le genre de Louis XIV ». On me fait obligeamment remarquer que ce Louis XIV est « rééligible au bout de quatre ans et jamais réélu au bout de huit ».

Et cela est suivi d'un point d'exclamation.

LE POUVOIR PERSONNEL ÉLU

Nos lecteurs se joindront à moi pour remercier le savant correcteur. Ils ne manqueront pas d'ajouter que la nécessité de se faire réélire est précisément ce qui paralysa M. Wilson pendant les deux premières années de la guerre. Tous ses prédécesseurs avaient d'ailleurs subi la loi du même dommage.

Leurs quatre premières années sont consacrées à préparer leur réélection. Il leur reste un temps égal pour agir. C'est peu. Roosevelt[251] en sait quelque chose ; Roosevelt porté au premier rang, tout comme M. Wilson, grâce aux conjonctures les plus fortuites ! Et cet aspect de leur histoire ne témoigne pas en faveur du régime électif.

Mais il ne s'agissait pas de ce régime dans nos réflexions d'hier. Il s'agissait de l'autorité inhérente aux vastes pouvoirs de la charge, de l'autorité personnelle d'un seul homme que nous avons eu la chance de pressentir dès juin 1913.[252] Ce chef d'un parti que l'on appelle démocrate, mais qui fut longtemps le parti du patriciat aux États-Unis, paraît sentir l'utilité, même la nécessité de dire : *je veux, je dois, je juge, je suis là* ; la nature des institutions de son pays lui semble devoir accentuer encore son inclination personnelle. Que ce ton, ces accents puissent suffire à pourvoir à ces nécessités, j'en

---

[250] Sans doute Leopold von Ranke (1795–1886), célèbre historien prussien. (n.d.é.)
[251] Théodore Roosevelt fut président de 1901 à 1908. En 1912, il se présenta sous ses propres couleurs contre le sortant républicain ; cette triangulaire provoqua l'élection de Woodrow Wilson. (n.d.é.)
[252] Voir *Kiel et Tanger*.

doute ; je ne le crois pas. Que l'autorité sans l'hérédité soit le moteur et le guide dont nous avons besoin, nos expériences françaises de jacobinisme et de plébiscite suffisent à le contester. Mais un élément insuffisant peut être pourtant nécessaire, d'autant que l'autorité pure est demandée à cor et à cri dans nos feuilles de gauche. Je montre de façon indubitable que l'Amérique a réalisé le premier point du programme gouvernemental. Je me trouve être le seul écrivain à le montrer... Et c'est ce qui me vaut d'élégantes nasardes. On plaindrait volontiers pour leur esprit d'irréflexion les auteurs anonymes ou masqués de semblables misères, s'il ne fallait plaindre davantage un pays ainsi renseigné, ainsi éclairé et conduit ! Nos erreurs sur l'Allemagne ont représenté, je l'ai écrit un an avant la guerre, *cinq cent mille jeunes Français couchés froids et sanglants sur leur terre mal défendue.* Que représentent de pareil nos erreurs sur l'Amérique ? Que représentent nos erreurs symétriques sur la Russie ? On se le demande avec une pitié profonde. Et on le demande aux littérateurs sans conscience ni responsabilité. Se figurent-ils qu'il suffise de leur trait de plume pour faire que ce qui est ne soit pas ?

Un grand Américain dont la leçon est à la base d'un grand nombre de nos études disait : « En dépit de la voix haute et salutaire des lois de gradation qui pénètrent si vivement toute chose sur la terre et dans le ciel, des efforts insensés furent faits pour établir une démocratie universelle. » Le génie d'Edgar Poe donnait à ces paroles un accent de commisération et de plainte qui ne s'éteindra qu'avec les suprêmes résonances de l'esprit humain. Car dans l'ordre des faits politiques et sociaux l'insanité de la conduite ne s'expie pas uniquement avec des larmes. C'est le sang qui paie. Les véritables philanthropes sont ceux qui mettent, comme nous, un peu de raison et de clairvoyance au service des aveugles forces du cœur.

Le contact des réalités

16 juin 1917

À pas très lents, mais aussi réguliers que sûrs, M. Woodrow Wilson paraît descendre du Sinaï de la paix blanche. Quand on lira le grand discours qu'il vient de prononcer à la Journée du Drapeau, peut-être sera-t-on tenté de trouver que les belles phrases lancées à Paris par M. Viviani retardent de plusieurs semaines.

« Nous sommes des Américains, à notre tour nous servons l'Amérique et pouvons la servir pour elle-même. »

À quelques mots près, c'est le discours de M. Salandra[253] au Capitole romain de 1915. Le nationalisme universel s'accentue de l'autre côté de la mer, ainsi que l'avaient prévu tous les observateurs perspicaces, notamment M. Morton Fullerton.

M. Wilson a expliqué pourquoi l'Amérique est intervenue dans la guerre : *parce que les Allemands l'ont insultée et l'ont attaquée elle-même.* Voilà le fait. Cette façon d'entendre « la guerre du droit » est compréhensible pour nous. L'état démocratique des pays alliés n'a pas été considéré dans la décision qui nous a rapporté la chance de ce bel appoint. C'est, une fois de plus, Guillaume II qui se montre pourvoyeur excellent de la coalition du monde contre son empire. Une fois de plus, il aura excellemment mérité le sobriquet de « Fédérateur » que *L'Action française* lui décerna, quand il n'était qu'à ses débuts dans le métier, par un acte public en date du 13 août 1914 que l'on pourra retrouver dans nos collections.

Hurrah ! trois fois hurrah ! pour ce prince ! *Heautontimoroumenos* souhaité ! Catoblépas rêvé ! Pour tout dire, Boche accompli !

M. Wilson et l'Allemagne

Avec tous ceux qui connaissent bien l'Allemagne, nous persistons à juger qu'il reste pourtant à M. Wilson certains progrès à faire dans la découverte des Allemands. Comme nous l'avons déjà noté, il continue de rapporter le militarisme allemand à l'autocratie comme à sa cause, au lieu de mettre en accusation le Germanisme, c'est-à-dire toute la substance nerveuse et sanguine de l'Allemagne moderne. Cependant, là encore, il y a correction par complément. M. Wilson s'en tenait naguère à l'Allemagne des féodaux et des junkers. Il découvre celle des professeurs. Il semble soupçonner celle des socialistes et des libéraux, c'est-à-dire une bourgeoisie et un prolétariat dévorés de passions impérialistes. Nous pouvons l'assurer qu'il n'a point épuisé le sujet. Nous ne disons pas à M. Wilson : *Marche ! marche !* mais : *Regarde ! regarde !* Ce sera toujours avec profit.

S'il tient à son reliquat d'erreur c'est peut-être qu'il croit y trouver un moyen moral de distinguer entre le peuple allemand et ses chefs ; il peut

---

[253] Antonio Salandra (1853–1931), président du Conseil italien au moment de l'entrée de l'Italie en guerre. (n.d.é.)

déclarer avoir « une vague intuition » de combattre aussi pour le bien-être et la félicité des bonnes gens, des braves gens qui doivent exister en Allemagne comme partout. En vérité, est-il besoin de s'illusionner sur l'Allemagne pour émettre ces vues de philanthropie et de politesse ? Nous qui n'avons jamais cessé de présenter ici sur le monde germanique les vues exactes auxquelles chacun se rallia peu à peu, nous n'avons pas caché que la redistribution naturelle, traditionnelle, historique des Allemagnes pourrait bien être la condition du bonheur privé allemand. Donc, nous aussi nous sommes germanophiles à nos heures. Nous nous donnons le luxe de penser à la « sécurité », aux « libertés du peuple allemand ». Mais nous le faisons en toute lumière et sans avoir besoin de nous placer sous l'abri éphémère d'une fragile erreur de fait. Au fur et à mesure qu'il se rapprochera de la réalité, M. Wilson verra qu'il n'a rien à perdre de ses bons sentiments ni de ses bonnes dispositions ; il y gagnera de ne commettre aucune de ces méprises fatales qui dictent des fausses manœuvres et qui feraient de nouveaux torts à l'humanité pleine de douleurs et de sang.

LE GÉANT ET LES NAINS

Il serait cruel, il serait sanguinaire de se figurer qu'une révolution démocratique ou libérale serait une garantie suffisante de la tranquillité et de la douceur du peuple allemand.

Il serait désastreux de s'imaginer que l'institution en Allemagne d'un « Gouvernement responsable envers le pays » (comme il y en a un dans l'Empire turc !) suffirait à sauver l'Europe des armes impériales. Le simulacre en est facile, le contrôle en est malaisé, le résultat ne vaut pas cher. Il n'y a qu'un moyen de vivre en bon Européen, ou de restaurer une « chrétienté », ou d'obtenir un statut qui tende à une société des nations : c'est de commencer par diviser l'unité allemande dans le plus grand nombre possible de parties, par conséquent aussi petites que possible. Alors, et alors seulement, le Boche sera inoffensif. Ou bien, les braves et paisibles associés de l'Europe et de l'Amérique seront obligés, selon l'expression même de M. Wilson, de vivre « pendant un temps encore indéfini sous le joug pesant des armes ». Pourquoi ? Parce que, toujours selon le propos de M. Wilson (qui ne s'améliore pas à demi), parce qu'il subsistera au centre de l'Europe « des pays capables de maintenir, sans parallèle possible avec les autres nations, les plus puissantes forces armées ainsi que les armements les plus formidables, et en face desquels les libertés politiques ne peuvent que languir et périr ».

C'est la fable du géant associé avec des nains, ou encore du couple d'éléphants jugé, contrôlé et condamné au dernier supplice par un tribunal de colombes assisté par une maréchaussée de souris. Il ressort bien de là que la politique de la Société des nations, plus qu'aucune autre, exigerait le retour à la politique de 1648. Les socialistes français n'en conviendront jamais parce que le progrès d'un socialisme futur en Allemagne les intéresse infiniment plus que la sécurité française, et le morcellement de l'Allemagne en petits États n'est aucunement favorable à ce « progrès », la *sozial-démocratie* n'existant que par l'Empire et par l'unité. Mais il est déjà sensible que M. Wilson se moque un peu de la *sozial-démocratie* ; il est douteux que nos socialistes le touchent par cet argument si tant est qu'ils osent le lui offrir en clair. Leur déclaration d'hier à la Chambre montre un goût de l'équivoque et un génie retardataire qui est peu français et qui n'a rien d'américain.

Il y a plaisir à exprimer nos félicitations au Président qui tient le drapeau étoilé. Nous n'avions pas tort, un an avant la guerre, de rêver que M. Woodrow Wilson apportait avec sa politique personnelle quelque chose de neuf pour son pays et pour le monde. Ce Boche de Kant avait failli nous brouiller depuis.

Les réalités politiques réconcilient.

LE MESSAGE À M. GOMPERS

5 septembre 1917

M. Wilson continue ce curieux mouvement alterné qu'on pourrait définir la concentration des réalités du pouvoir et le déploiement des fictions juridiques. Aucun chef d'État n'est plus acharné à se réclamer de la démocratie, aucun n'est plus jaloux de la possession et de l'exercice d'une autorité qui confine à l'autocratie.

On sait que le vocabulaire démocratique de M. Wilson ne nous a jamais inquiété, en raison des sens variés, parfois piquants, revêtus par ce terme aux États-Unis d'Amérique. Il y a un demi-siècle, les adversaires de l'esclavage noir et de la chevalerie du sud étaient dits républicains. Aux partisans de ce régime étaient attribuée la qualité de démocrates. Une telle démocratie selon le cœur de Platon, d'Aristote et de ce prodigieux aristocrate virginien Edgar Poe, est certainement conciliable avec tous les régimes qui sont, qui furent ou qui seront en vigueur dans notre Europe entre l'an 1200 et l'an 2000. Nous doutons qu'on en tire quoi que ce soit de favorable aux régimes sociaux ou politiques communément qualifiés de démocratie dans l'ancien continent.

DÉMOCRATIE ET ORGANISATION SOCIALE

Du point de vue européen, M. Wilson, dans une lettre au président de la C. G. T. américaine, M. Gompers, avoue du reste que « la guerre a une tendance à la réaction ». Mais il ne prend pas garde que cette réaction de l'énergie et de l'inégalité se trouve bien compensée dans l'intérêt syndical et ouvrier par des phénomènes d'ascension des classes et de reclassement social. En effet, s'il y a dans le domaine politique pur une réaction déterminée par la nécessité d'un commandement unique, d'une discipline exacte, d'une hiérarchie rigoureuse, d'une entrave enfin mise aux délibérations des bavards (toutes choses dont l'action wilsonienne témoigne très clairement), le domaine social montre l'accroissement de l'importance et de la valeur d'un certain nombre de travailleurs de plus en plus nécessaires à la victoire ; leurs salaires élevés, leur fonction accrue, leurs droits ou développés ou mieux reconnus témoignent qu'ils s'installent de mieux en mieux dans l'organisation générale et que celle-ci s'enrichit d'éléments nouveaux tout à la fois plus libres (puisqu'ils sont plus puissants) et mieux différenciés (parce que c'est dans un travail spécial que leur importance s'accuse et que se montre leur succès).

La guerre produit donc une montée nouvelle, une nouvelle promotion de classes sociales, c'est-à-dire l'heureuse ascension historique d'un élément national, pendant qu'elle oblige la démocratie proprement dite soit à se démettre de ses pouvoirs politiques entre les mains de quelques chefs influents et puissants, tels que le président Wilson, soit à céder à la pression des armées extérieures et des chefs étrangers, comme fait la démocratie russe, soit enfin à osciller douloureusement entre l'organisation militaire et la dissolution politique comme dans un autre pays qu'il n'est pas nécessaire de désigner nommément ; pays où fleurit de la façon la plus nette l'antinomie du national et de l'électoral, du technicien et du politicien, du démocratique et de l'organique.

L'ordre du jour des cheminots

Le président Wilson parle à M. Gompers de tout autre chose, en vue d'aboutir aux actions nécessaires de paix intérieure et d'active mobilisation extérieure. Mais dans un pays aussi ancien que le nôtre, saturé d'oraisons emphatiques et sauvé par son scepticisme, le remède des remèdes est la vérité, telle que nous la disons à M. Wilson, telle que nous la dirons à ces cheminots dont on a lu l'ordre du jour fédératif du 3 septembre.[254]

À notre sens, il faut parler aux cheminots français comme le président Wilson n'a pu parler aux cégétistes américains. Nos cheminots se font une grande illusion ; ils appréhendent une politique de régression, de répression sociales. L'essor industriel développé par la guerre a donné trop d'importance à tous les ouvriers de métier pour que leurs corps d'état n'y trouvent point avantage et avancement médiat et immédiat.

Cette valeur nouvelle a commencé par leur assurer d'abord la vie sauve ; il a fallu les préserver, les garder, les mettre à l'abri dans l'usine, dans la mine et dans l'atelier pour permettre aux combattants de défendre le territoire comme il fallait. Il a fallu en même temps leur attribuer des salaires rémunérateurs. Il a fallu enfin leur accorder dans l'exercice de leur métier soit des prérogatives nouvelles, soit un usage plus étendu des prérogatives anciennes ; l'institution et la reconnaissance des délégués d'ateliers est un signe entre bien d'autres de ces progrès d'organisation sociale qui fortifient et tempèrent l'autorité des employeurs en la limitant et en l'éclairant.

Dans cette voie professionnelle, il semble que la nécessité générale et les intérêts particuliers des travailleurs aillent souvent de pair ; plus l'ouvrier collaborera à l'effort de la guerre, plus il développera sa situation, et je vois bien qu'inversement cette condition développée lui permettra d'être un

---

[254] « La Fédération nationale des cheminots, tout en affirmant sa ferme volonté de se tenir à l'écart de toute politique, mais considérant les répercussions que peut avoir la solution de la crise actuelle sur l'action de la classe ouvrière, considérant la nécessité d'une politique de confiance et de largeur de vues, sauvegardant sa liberté d'action et préparant des libertés nouvelles, proteste, contre la campagne de presse menée à travers certaines personnalités contre la classe ouvrière, et dénonce le but que veulent atteindre les auteurs de cette campagne, qui est de jeter le discrédit sur les organisations syndicales et ouvrières et de paralyser leur action de demain. La Fédération nationale des cheminots déclare qu'en accord avec le prolétariat confédéré elle saura faire échec à toute politique de régression et de répression sociales. » L'espion Almereyda venait de périr en prison, et l'affaire Malvy s'annonçait ; nos politiciens essayaient d'y entraîner la classe ouvrière.

auxiliaire plus efficace dans la défense de la patrie. Les deux causes sont liées très étroitement. Qu'il y ait des heurts de détail et des désaccords accidentels, c'est la vie. D'ensemble, de haut et de loin, la concordance emporte tout ; chacun, État, patrons, ouvriers, soldats, simples citoyens, enfin tout le monde a intérêt à ce que le sentiment de l'intérêt commun domine et règle les conflits éventuels.

UN BON PORTRAIT DE M. WILSON

10 décembre 1917

Il faut lire le livre très beau, très riche et très net que M. Daniel Halévy vient de publier à la librairie Payot sur le président Wilson.

M. Daniel Halévy, voilà quelque vingt-cinq ans, fut le premier à rectifier quelques préjugés intéressés que des anarchistes essayaient d'accréditer en France sur Nietzsche. Sa rectification porte aujourd'hui sur une image trop mystique, et trop idéaliste, que l'on nous a faite de M. Woodrow Wilson. Cette dernière image a été, en partie, et provisoirement, adoptée en France malgré les sages et heureux pronostics de Jacques Bainville. Les mandements de M. Wilson et quelques articles de son programme primitif contraignirent, ou peu s'en fallut, à cette erreur. Mais ceux qui ont vu M. Wilson corriger, modifier, compléter les principes et les conséquences qu'il en tirait au fur et à mesure que son esprit se rapprochait de son objet et avançait dans la connaissance de l'Allemagne, les dociles observateurs, les lecteurs attentifs ont peu à peu discerné le réalisme de Wilson tel qu'il se montre et s'accentue d'une pièce à l'autre, au désespoir des socialisants cosmopolites et philoboches. Nous n'avons eu pour notre part, qu'à revenir au Woodrow Wilson entrevu il y a quatre ans, aux derniers feuillets de la préface de mon *Kiel et Tanger ;* il y est salué comme un nouveau docteur de l'autorité personnelle, de l'ordre incarné et vivant.

INVENTIONS ET EXPÉRIENCES COÛTEUSES

Nous ne partageons pas toutes les idées de son biographe. Notamment sur le kantisme de M. Wilson, qui ne me paraît pas douteux, et dont le fait se concilie fort bien avec d'autres idées plus justes. Mais je voudrais dire surtout que l'auteur de cette excellente et loyale étude de ce que l'on nomme

« la démocratie américaine » se fait, je crois, des illusions sur le pouvoir de l'invention en matière d'organisation sociale et politique. Pour souscrire complètement à ses idées, il faudrait n'être d'aucun temps, d'aucun pays et ne pas sentir que les brillantes expériences sociales et politiques sont exécutées sur la chair de millions et de millions de malheureux vivants, nos concitoyens, nos proches et nos amis. Il ne s'agit pas d'inventer des solutions brillantes, mais de poser le problème par rapport à eux et aux enfants de leurs enfants, je veux dire avec une économie si prudente qu'elle doit aller jusqu'à l'avarice. Un Napoléon dit : « J'ai cent mille hommes de rente. » C'est un bel inventeur. Un Bourbon, deux Bourbons, trois Bourbons — ils s'appellent Louis XVIII, Charles X et Louis-Philippe —, règnent trente-trois ans et, au milieu des pires difficultés, ne font pas une grande guerre. Avant eux, après eux, les empires et les républiques devaient faire et perdre leurs guerres.

Eux, non. Ils n'inventaient pas. Ils se moquaient d'inventer. Ils suivaient la politique nationale et paternelle de leurs aïeux.

Un homme et un État

Cela dit, cette réserve faite, je ne saurais exprimer les satisfactions de tout genre qu'apporte un livre comme celui-ci. D'autres qui viennent aussi de l'Amérique nous racontent toutes sortes de choses. Celui-ci les explique. Et puis il discerne, il distingue. Sur l'admiration déchaînée dans le vieux monde par les institutions du nouveau, M. Daniel Halévy écrit avec réflexion :

> Peut-être eût-il été plus sage d'admirer l'excellence des habitudes civiques qui distinguent les populations de langue anglaise et le bonheur d'un peuple pour lequel les heurts politiques étaient bien diminués par les ressources et l'immensité infinies du territoire sur lequel il vivait dispersé.

M. Halévy nous montre aussi comment Wilson, jeune et alors théoricien, concevait l'autorité dans son livre *Le Gouvernement congressionnel* :

> S'il y a un principe parfaitement évident, écrit-il, c'est celui-ci : dans toute affaire, qu'elle soit gouvernementale ou commerciale, il faut se fier à quelqu'un, afin qu'on sache, si les choses vont mal, qui

doit être puni. Afin de faire marcher votre commerce avec la rapidité et le succès que vous désirez, vous êtes obligé de vous fier, sans arrière-pensée, à votre principal employé, de lui donner les moyens de vous ruiner parce que vous lui fournissez ainsi des motifs de vous servir. Sa réputation, son honneur ou sa honte, toutes ses espérances commerciales dépendent de votre succès. La nature humaine est à peu près la même dans le Gouvernement que dans le commerce des tissus.

Les meilleurs Gouvernements sont toujours ceux à qui l'on donne beaucoup de pouvoirs eu leur faisant comprendre qu'ils seront abondamment honorés et récompensés s'ils en font un bon usage et que rien ne pourra les mettre à l'abri des châtiments les plus sévères s'ils en abusent.

Cette méthode Wilson est naturaliste. Elle observe la nature des hommes en société, leurs sociétés d'aujourd'hui et celles que montre l'histoire... Et lui-même est expliqué par son histoire. Il descend, dans les deux lignes, des premiers émigrants, des premiers colons. Il est né, il a vécu, professé, administré dans te Sud. Il appartient au parti démocrate. Il est donc un aristocrate. Ce qui ne veut pas dire qu'il soit incapable d'entrer en communication avec le peuple.

Lisez cette page saisissante. À la fin d'un beau discours de guerre, prononcé à Kansas-City devant 15 000 agriculteurs, le 2 février :

> Lorsqu'il eut parlé, le président dit à la foule :
> « Je vous demande de me laisser terminer mon discours en chantant avec vous *America*... »
> Les 15 000 assistants, chacun d'entre eux agitant, à la manière américaine, le petit drapeau national dont il était porteur, acclamèrent la proposition de leur chef.
> Le président, lisons-nous dans le *Sun* du 8 février, se tenait dans une attitude dramatique, la main gauche sur la poitrine, la tête rejetée en arrière tandis qu'il chantait. Après qu'eut cessé le dernier son du dernier vers, les assistants voulurent chanter une deuxième fois, et
> M. Wilson conduisit leurs voix avec ses mains tendues.

Ne dirait-on pas quelque prédication de Mistral ?

Eh oui ! ce président, chanteur, professeur et prêtre, ressemble au grand poète politique de la Provence.

Et, si l'on réfléchit à cette ressemblance, elle peut nous aider à préciser l'idée qu'il faut se faire de la vie nationale aux États-Unis. Les Tocqueville y ont vu une manière de modèle, autant dire un type arrivé et usé. C'est autre chose ; moins et mieux, car c'est un germe en voie de se développer, une tige qui n'a encore poussé que ses brins. Son signe de jeunesse extrême, c'est cette confusion de tant de magistratures naissantes, cette réunion du lyrique, du religieux et du politique, dans le cœur et la tête du même personnage. Les différences ne sont pas nées encore. Tous les commencements ont vu de ces beaux mélanges. Avant Mistral, Orphée et David. Mais alpha n'est pas oméga, et commencement est loin de terme parfait. La nébuleuse n'est pas le système. Il semble que M. Daniel Halévy ait profondément vu cela, car il le fait sentir à toutes les pages et, ainsi, son Wilson théoricien et praticien du réalisme guerrier nous dessine enfin une image à laquelle nous pouvons ajouter foi, donner confiance, espérance, sans abdiquer notre raison et sans faire de concession sur les intérêts vitaux de notre pays.

VALEUR DU FORMULAIRE WILSONIEN

10 mars 1918

Les amateurs de paix sanglante, révolutionnaire, caduque, grosse de guerres nouvelles ne pourraient-ils pas être invités à quelque modération dans leurs sentiments, à quelque fixité dans leurs idées ? Hier, ils témoignaient à nos alliés anglais, américains ou italiens une défiance pleine de passion, qui s'exhalait en murmures injurieux devant lesquels nous avons dû secouer ici, plus d'une fois, certains anglophobes du parti Caillaux. Aujourd'hui, c'est une autre paire de manches ; le président Wilson, le ministre Lloyd George ayant parlé en un sens qui paraît favorable à certains systèmes, voici qu'il n'y a plus de salut pour l'Entente hors des doctrines de l'illustre Gallois et du grand Américain ! On doit jurer par elles. C'est un nouveau serment civique, un sacré *Covenant*[255] qu'il ne faut plus transgresser d'un pas.

---

[255] Cela n'empêche pas le *Covenant* du 26 février 1919 d'être mis en morceaux moins de trois mois après avoir été promulgué.

Nous qui nous sommes montrés plus amicaux, plus reconnaissants et même plus civils envers nos hôtes, alliés et amis d'outre-mer, nous nous sentons aussi plus libres.

Chaque pays a ses besoins, chaque nation a son génie, chaque histoire nationale représente un certain degré, un certain stade de développement qui n'est pas, de toute nécessité, le stade et le degré de la nation voisine, si proche soit-elle par le cœur ou par l'intérêt. Le langage politique, surtout quand il est oratoire et s'adresse à de vastes publics populaires, reflète forcément ces états d'esprit, ces dispositions morales. Ce sont des langages différents, dont il suffit que le sens général concorde. Ou, pour faire une comparaison plus précise, ce sont des jugements dont le dispositif doit être identique chez tous les alliés, mais dont les raisons et les motifs peuvent, sans grand dommage, varier d'une nation à une autre nation. Pourquoi pas, en effet ? Qu'importent les motifs invoqués, si, de toute part, les alliés, quels qu'ils soient, quoi qu'ils disent, veulent d'abord faire la guerre victorieuse, ensuite en tirer une bonne paix ?

En France et hors de France

Il y aurait, au contraire, des inconvénients, et très grands peut-être, à vouloir, à toute force, unifier, uniformiser les motifs.[256] Wilson et Lloyd George disent ce qu'ils jugent propre et ce qui est propre, en effet, à entraîner les populations de leur race, de leur langue et de leur patrie. Traduits, leurs sermons restent lointains. Ils agissent un peu sur notre petit monde politicien, qui est de confession analogue ou sur lequel l'idéalisme septentrional a déteint. Mais, par exemple, sur la masse française, grand, immense déchet ! Le résultat est facile à mesurer ; ce langage juridique et religieux dont se repaissent avidement les auditoires des grands pays protestants, ce langage qui les entraîne et les stimule aux mesures de guerre et aux espérances victorieuses, ce langage ne prend et n'agit en France que lorsqu'il est additionné d'excitations pacifistes et défaitistes qui vont à l'encontre du but poursuivi. L'expérience est faite, il n'y a pas à la recommencer.

Pour l'esprit public de la France, cette expérience est peut-être plus ancienne qu'on ne le croit. Elle ne date pas de la guerre.

---

[256] Marcel Sembat a exprimé un autre avis, sans jamais préciser pourquoi.

Pendant cent vingt-neuf ans, les Français ont eu le temps de faire le tour des idées libérales, démocratiques, révolutionnaires ; est-ce la faute de ces idées, est-ce là leur propre ? il importe peu, mais le fait est : si l'anarchie est de tous les temps, de tous les temps l'excitation au murmure, à la révolte, au pillage, au chambard, la forme positive de l'utopie a cessé d'agir. Elle n'encourage plus à l'action nationale.

Obliger les Français à faire la guerre, à risquer leur vie et celle de leurs frères pour des idées qui ne leur chantent pas du tout, pour des rêveries qui ne leur montent aucunement à la tête, c'est une forme de la tyrannie démocratique, du bâillon libéral et du gouvernement d'opinion, qui valait la peine d'être calculée et prévue. Elle existe. Elle essaye de s'imposer. Il importe de la repousser, dans l'intérêt de la victoire, s'autorisât-elle des noms les plus respectés. Le catéchisme de Wilson vaut pour les Américains qu'il entraîne, le catéchisme de Lloyd George pour les Anglais qu'il électrise. Il n'y a aucun motif de l'imposer ici ; non pas même la volonté américaine ou anglaise, qui respecte la nôtre, puisqu'elle passe la mer pour la défendre et la secourir contre les prétentions de la volonté germanique.

LA PAIX PAR LA VICTOIRE

16 juin 1918

La question que nous ne cessions de nous poser se pose aussi par-delà l'océan. Dans sa vigie de la Maison Blanche, l'homme qui incarne les idées de droit et de justice en matière internationale s'est demandé ce que serait la paix tant que l'armée allemande, l'armée d'invasion de la Belgique, de la France, de la Serbie, de la Roumanie, de la Russie et de l'Italie n'aurait pas été détruite et annihilée par les armées de l'Alliance. Le président s'est répondu qu'une semblable paix serait une simple et brève suspension d'armes accompagnée de quelques simagrées sacrilèges. Et c'est là-dessus que, répondant à l'éloquente dépêche de bienvenue de M. Poincaré, M. Woodrow Wilson a écrit, a gravé sur l'airain de la raison humaine la fière phrase rendue publique à la date d'hier qui porte que *« le peuple américain est convaincu qui c'est seulement par la victoire que la paix peut être assurée »*.

Ces mots dits et écrits, il devient absolument exact et juste de penser qu'il y a « étroite et intime coopération » entre les peuples alliés.

Tout ce qui pense, tout ce qui réfléchit parmi eux, tout ce qui s'y élève au-dessus de la sottise des partis sent par l'esprit et par le cœur la vérité du grand programme, très dur mais très nécessaire, qui vient de leur être tracé de Washington.

LA TRADITION AMÉRICAINE

6 juillet 1918

Pratiquement, le discours prononcé avant-hier par M. Woodrow Wilson se résume en quelques paroles d'une énergie noble et directe : « à cette lutte, il ne peut y avoir qu'une issue. Le règlement doit être définitif. Il ne peut comporter aucun compromis. Aucune solution indécise ne serait supportable ni concevable. » On n'est pas plus radical, plus national, ni jusqu'au-boutiste plus résolu. Tel étant le dispositif, peu importent à beaucoup d'entre nous les motifs. Ils applaudiront. Et ils applaudissent déjà. Et ils ont bien raison. Faisons comme eux.

Cela n'empêche pas de lire avec attention les motifs et de faire, non des critiques, ni des réserves, mais les distinctions nécessaires. C'est de quoi *Le Temps* a eu soin :

M. Wilson a formulé hier quatre principes de paix.[257] Ils sont tous conformes à la plus sereine justice. Mais on voit aussitôt que deux d'entre eux resteraient inopérants si l'Allemagne demeurait telle qu'elle est, et que les deux autres consistent précisément à demander la réforme intérieure de l'Allemagne.

Il reste donc à modifier la forme de l'Allemagne, et dans la voie de ces modifications qui peuvent être politiques, mais qui peuvent entraîner des remaniements territoriaux, les préoccupations d'équilibre ne seront pas évitées. Voilà donc une vaste zone d'innovation, qui est bien ouverte et sur

---

[257] Voici les quatre principes :
1. destruction ou réduction de l'autocratie, considérée comme seule cause des guerres ;
2. en tout problème ethnique, considérer la volonté propre et intrinsèque du peuple mis en cause, abstraction faite de l'intérêt ou de l'avantage des autres peuples ;
3. reconnaissance d'une loi morale commune ;
4. Société des nations.

lesquelles on peut tomber d'accord. Mais c'est encore du pratique. N'ayons pas peur de voir le reste de près.

UNE ODE AU PASSÉ ET AUX MORTS

Disons d'abord ce qu'il faut dire. Nous avons affaire à un magnifique discours, dont la beauté est ennoblie et sublimée encore par un sentiment vif, ardent, profond, communicatif, religieux de la tradition virginienne.

La solennité du début en montrera la puissance d'évocation :

> Messieurs du corps diplomatique, Mes concitoyens,
> Je suis heureux de me retrouver avec vous dans le calme de cette retraite, siège antique de tant de délibérations, afin de parler un peu de la grande signification de ce Jour de l'Indépendance de notre nation. Le lieu est paisible et solitaire. Le tumulte du monde ne trouble plus sa sérénité, comme ce fut le cas aux grandes journées d'antan, lorsque le général Washington tenait ici conseil avec les hommes qui allaient, d'accord avec lui, créer une nation.
> De cette modeste colline, ils découvraient le monde et l'embrassaient dans son entier, ils le voyaient dans la lumière de l'avenir.

Et plus loin, la belle reprise :

> Du haut de cette verte colline, nous devrions, nous aussi, pouvoir contempler et comprendre ce monde qui s'étend autour de nous...

Comme eût dit notre poète Auguste Angellier[258], cela est projeté « dans la lumière antique ». Cela fait songer à l'oracle dont parle Fustel de Coulanges, conseillant aux citoyens en péril de placer leurs délibérations le plus près possible du conseil et de la sagesse des plus nombreux ; ils comprirent que cela signifiait le voisinage et l'inspiration de leurs Morts. Si toute la Cité antique reposa sur le cimetière, il faut se rendre compte que la cité moderne ne saurait trouver en un autre lieu des fondements solides. Tel était l'avis du dernier grand philosophe français, qui n'est pas M. Bergson,

---
[258] Surtout connu comme professeur de littérature anglaise, 1848–1911 ; il est mentionné dans *Tragi-comédie de ma surdité*. (n.d.é.)

mais Auguste Comte. Tel est le sentiment vécu et pratiqué par le philosophe qui gouverne le plus moderne et le plus vaste État de l'univers.

Il va demander à la tombe de Washington et, comme il dit en termes d'une poésie rare, à « l'atmosphère du lieu » cette chaude lumière issue du respect du passé, sans laquelle on voit petit et l'on ne conçoit rien de grand.

Trois contrastes

Cela posé, le lecteur attentif de ces éloquentes paroles éprouve en avançant dans le texte le sentiment extrêmement vif des contrastes qui éclatent tour à tour et qui se précisent de plus en plus :
1. Contraste entre ce ton rituel traditionnel et la thèse de révolution, de « révolte », de rupture avec le passé, qui y est professée à certaines lignes ;
2. Contraste entre cette dernière thèse, toute révolutionnaire, toute en défi aux autorités, aux gouvernements personnels, et la très haute autorité, le gouvernement très fort, très vigoureux et très personnel exercé par M. Woodrow Wilson, et non seulement exercé, ce dont l'Entente n'a qu'à se louer, mais avoué et défini par lui, ce dont le genre humain le bénira quelque jour ;
3. Contraste entre la thèse de révolution libérale, de « révolte » systématique, identifiée à l'histoire même de l'Amérique, et cette énorme autorité spirituelle de M. Woodrow Wilson, considéré comme docteur et comme pape des peuples alliés. Sous ce nom, sous ce maître, on tente d'écraser, d'ensevelir en fait, sinon en principe, toute liberté d'apprécier, de raisonner, de penser, comme il est aisé de le voir en ouvrant les journaux socialistes qui, pauvres d'arguments, en reviennent toujours à cette autorité abusive, abusivement invoquée : M. Wilson, M. Wilson...

Entraînés depuis de longs siècles à l'exercice de l'analyse et de la critique rationnelle, les Français ne peuvent pas voir sans malaise une confusion pareille du pouvoir spirituel et des pouvoirs politiques.

Nos trois principes

1. Il n'y a pas de discussion sans liberté d'esprit. Un million d'hommes en armes sur le continent est un million d'hommes en armes. Cela

n'est pas un argument. Nous ne sommes pas libéraux, mais nous n'avons jamais été d'avis de tirer le canon contre les idées. Selon nous, toute la puissance américaine ne suffit pas à ébranler la moindre idée vraie.
2. Inversement, et cette protestation dûment élevée contre l'oppression des cerveaux, nous sommes, quant à l'action, pour l'autorité. Si, comme le disait jeudi M. Pichon, l'on veut « l'indépendance des peuples », il faut voir que c'est une contradiction dans les termes de les vouloir libres de l'étranger et libres d'une autorité nationale intérieure ; l'anarchie appelle l'étranger, on ne s'affranchit de l'étranger que par l'autorité chez soi.
3. Enfin, l'autorité a besoin d'être traditionnelle. M. Wilson associe de très près à son autorité sa tradition. Sans doute, il donne à celle-ci une couleur de révolte contre le passé, même américain. Mais, à voir la chose d'un peu plus près on se rend compte qu'il y a là un malentendu, né lui-même de malentendus plus anciens.

La révolution américaine et la nôtre

Dans le très curieux livre sur *La France d'aujourd'hui* écrit par M. Barrett Wendell, professeur à l'université d'Harvard, qui fut le premier titulaire de la chaire Jame Hazen Hyde en Sorbonne (traduit en 1909 par Georges Grappe), on peut voir pages 305–311 comment naquit ce malentendu. La Fayette et ses compagnons crurent entendre de l'autre côté de l'océan un écho de la philosophie des Droits de l'homme à la mode de chez nous, et, selon moi, ils étaient loin de se tromper complètement ; mais ils ne prirent pas garde à une chose, qui était, selon M. Barrett-Wendell et beaucoup d'autres Américains compétents, « la nature essentielle de la révolution américaine et du gouvernement durable qui en fut la conséquence ».

Ils ne virent pas ce que notre historien expose :

> Nos aïeux américains se servaient des mots de la philosophie philanthropique française, exactement comme nous nous en servons aujourd'hui et comme nos enfants continueront probablement à s'en servir aussi longtemps que durera notre République. Nul d'entre nous ne s'est jamais arrêté à les définir, même pour son propre compte ; en toute vraisemblance nous ne le ferons jamais...

> La liberté pour laquelle la révolution américaine fut faite avait un caractère différent de cette liberté que proclamaient les esprits révolutionnaires de France. Somme toute, à leurs yeux... c'était un profond bouleversement à la fois des croyances traditionnelles et de l'ancienne constitution du royaume qu'ils désiraient réaliser. Pour nous, la liberté signifiait la sauvegarde de notre propre société, lointaine, et un Gouvernement délivré de toute ingérence étrangère... Sauf en ce qui concernait la suppression de sa dépendance envers la Couronne, la constitution de chaque État restait virtuellement intacte...
>
> ... En réalité, notre action fut conservatrice. Ce que nos aînés voulaient, n'était ni la mise en pratique d'un nouveau système de gouvernement, ni les Droits de l'Homme ; c'était le régime qui s'était développé parmi nous au gré du mouvement régulier de la nature. De là notre force véritable.
>
> ... On ne saurait douter que le mouvement révolutionnaire des Français ne reçût un grand encouragement du résultat heureux de la révolution américaine. Les conclusions spéculatives de la philosophie humanitaire semblaient justifiées par ce succès. Personne n'a signalé la différence qui existe entre une révolution conservatrice et une autre destructive, entre une révolution fondée sur des droits déjà anciens et une autre demandant des droits non consacrés par la tradition.

Plus loin (pages 314–318), M. Barrett-Wendell dit encore :

> Cette tentative fut faite avec un enthousiasme sectaire, au sein d'un peuple qui, aujourd'hui encore, demeure *dans le privé, le plus strictement prudent, le plus instinctivement conservateur* de tous les peuples modernes. On ne s'en prit pas seulement aux institutions politiques et aux privilèges officiels avec la volonté d'écarter ces obstacles du chemin. Comme nous l'avons déjà vu, les révolutionnaires supprimèrent la religion du pays, imputant à crime, par décret législatif, ce qui auparavant était considéré comme obligatoire. *Si, de nos jours, des réformateurs passionnés envoyaient en prison, sans avis préalable, tout couple qui prouverait qu'il est légalement uni, ils causeraient à peine un plus grand désordre social.*

On voudrait citer tout ce qu'ajoute de profond et de pénétrant M. Barrett Wendell sur le même thème, étendu même à des matières d'art industriel et immobilier.

Le lecteur peut s'y reporter, il suffit d'avoir fourni le rapide moyen de dégager les éléments de quiproquo dont peut souffrir la lecture du dernier discours de M. Woodrow Wilson.

POLITIQUE ET MORALE

D'ailleurs, l'illustre président nous à fourni lui-même dans ses déclarations antérieures de quoi pénétrer sa pensée au-delà des termes complexes dont elle est cuirassée et parfois obturée.

On connaît les quatre articles de son programme. Le principal, celui qui marque la méthode, est le troisième ; relisons-en les premières lignes :

> Le consentement de toutes les nations à se laisser guider dans leur conduite les unes envers les autres par les mêmes principes d'honneur et de respect pour la loi commune de la société civilisée qui régissent les citoyens de tous les États modernes pris individuellement dans leurs rapports réciproques.

En d'autres termes, l'individu propose à la société l'observance des lois qui le règlent lui-même. Mais cette offre suppose dans la société le plus haut degré de concentration de pensée et de pouvoir, le degré de personnalité et d'humanité ; car il n'y a pas de vie morale sans volonté très définie, de volonté sans mémoire, ni de mémoire sans conscience.[259] Or, un flot de volontés individuelles sans lien, émues et oscillantes sous des impulsions personnelles désunies, ou sous des impulsions collectives irraisonnées, n'a rien d'humain. Une foule n'est pas un homme, ce n'est pas non plus une société d'hommes, c'est une bête, dit le docteur Gustave Le Bon qui a profondément étudié le sujet.

Il ne dit pas assez. La foule n'est même pas animal complet. Elle est ordinairement régie par des lois mécaniques qui la font ressembler, plus qu'à toute autre chose, aux boules du billard et au ludion du bocal. Pour

---

[259] Notre objection a été recueillie dans l'organe des wilsoniens d'Amérique, *The New Republic* du 15 février 1919. Nulle réponse n'a été donnée, en Europe ni en Amérique, à cette vue du bon sens.

humaniser, pour élever à la conscience, à la mémoire, à la volonté, une association d'hommes en tant que groupe social, une mise en ordre, et en ordre vivant, c'est-à-dire une organisation, est indispensable. Des corps d'État y doivent représenter la conscience ; leur permanence, leur stabilité, leur tradition doit correspondre à la mémoire ; leur pouvoir personnel d'entreprendre et de progresser, à la volonté. Si le pouvoir social est émietté, il ne se connaît pas, il ne connaît ni son devoir, ni son pouvoir, il n'a pas plus conscience du bien et du mal que n'en a conscience une foule : comment serait-il moral ? Comment se reconnaîtrait-il des obligations s'il ne se connaît pas lui-même ? Comment encore exercerait-il ces devoirs moraux si, uni dans l'espace, il était divisé dans le temps, recommençait à chaque instant sa vie commune, oubliait le lendemain ses acquisitions de la veille et par conséquent la modalité nouvelle autant que le fond permanent de ses devoirs ? Enfin même conscient et capable de souvenir, que pourrait être sa vertu si la force du vouloir et du pouvoir lui échappait ?

Si vous voulez des sociétés aussi capables de moralité que les individus, il faut leur donner ce que possèdent les individus : un gouvernement personnel.

Le gouvernement personnel de M. Wilson

Cela est si vrai qu'à sa première entrée en charge de 1913, M. Woodrow Wilson étonna les assemblées américaines en leur faisant les plus brillantes et les plus claires apologies du pouvoir personnel. Il leur déclara n'être point, comme tel de ses prédécesseurs, une sèche entité, incarnation pure et abstraite de la loi.

Il se présenta comme un homme, résolu à exercer un pouvoir humain. Il me souvient fort bien que M. André Tardieu fit alors observer dans *Le Temps* combien cette attitude et ces formules étaient neuves dans l'idéologie politique (sinon dans la pratique) de l'Amérique. Mais M. Woodrow Wilson expliquait et légitimait l'innovation par le nombre, la grandeur et la gravité des nouveaux devoirs imposés à l'homme d'État.[260]

---

[260] Nous interprétions alors cette attitude comme un cas de la vieille évolution de l'Amérique vers le gouvernement d'un seul. Le *Harvey's Weekly* du 22 mars 1915 posait six ans plus tard la même question en termes analogues : « Est-ce la fin de la République ? Le président, gardien né de la Constitution se prononce en faveur de sa modification radicale », conclut

Croyait-il si bien dire ? Cela importe peu. Le point sur lequel j'insiste est le suivant : M. Wilson incarne un pouvoir personnel, M. Wilson a formulé, il y a cinq ans, la thèse du pouvoir personnel, M. Wilson ne peut dénier aux peuples alliés le bénéfice de la loi universelle qui, toutes choses égales d'ailleurs, promet le succès, la prospérité, l'avenir à l'ordre politique, mais destine au désordre les solutions contraires correspondantes.

La tradition est bonne pour son peuple ; elle vaut aussi pour le nôtre. L'excellence de l'autorité se vérifie pour l'Amérique. Elle ne peut se démentir pour les Européens, et c'est un abus de langage d'identifier l'autorité avec cette Germanie qui, d'un bien certain, a seulement fait l'ignoble et stupide usage digne d'elle.

Le genre de progrès que l'on demande aux peuples d'accomplir, notamment cette association juridique et morale proposée aux nations de l'Entente (car c'est à elles que, pour le moment, avec grand sens, il limite leur Société), ce progrès à la fois social et moral suppose, au rebours de la thèse révolutionnaire courante, qu'on instituera aussi un pouvoir personnel doué d'autorité, fondé sur une hiérarchie robuste, animé d'une tradition ardente et fidèle. On ne peut pas rêver d'humaniser le monde en le dévertébrant. Si la société doit atteindre à des vertus spirituelles très hautes, il faut lui donner les organes naturels de la spiritualité ; en ravalant ses conditions physiques à celle des mollusques ou à celles des vermisseaux, vous ne pouvez pas obtenir la constitution morale des vertébrés supérieurs.

C'est tout ce qu'il fallait démontrer, ce me semble, pour mettre à nu le léger point de contradiction entre le langage philosophique de M. Wilson et les plans élevés et vastes dans lesquels se complaît cette généreuse pensée.

Les progrès de M. Wilson

4 août 1918

Nous n'avons jamais hésité, quant à nous, à multiplier les critiques et les objections pour toutes les parties du programme wilsonien qui nous ont paru plus voisines des nuages que de la terre. Cependant, au fur et à mesure des événements, il a fallu accorder que cet idéaliste avait de hautes et précieuses parties de réaliste dans les deux sens

---

l'organe anti-wilsonien. J'ignore ce qui a pu être dit de l'attitude de reine adoptée en Europe par Mme Wilson.

du mot ; d'abord, comme chacun le voit et l'entend, en ce qu'il excelle à manier les réalités et à faire arriver l'objet de ses désirs et de ses volontés, ensuite (et ce second sens, moins commun, est le plus précieux), en ce que les idées qu'il évoque sont évoquées dans leur signification concrète la plus précise, la plus saisissable.

Par exemple, dit-il *justice* ? Au lieu de la pâle et cotonneuse déesse d'imprimerie si vaguement évoquée dans nos caboches d'orateurs officiels ou socialistes, M. Wilson voit[261] des criminels punis, des pillards rendant gorge, des spoliés dédommagés et des héros récompensés. Ses idées habitent la terre ou tendent à l'habiter. Le moyen de faire qu'elles soient accomplies est si peu négligé que le théoricien du droit a fini par se confier frénétiquement à la décision de la force.

INTELLIGENCE, VOLONTÉ

Les réalistes européens peuvent donc juger qu'un tel homme est naturellement appelé à comprendre quelques-uns de leurs soucis. Ce n'est pas lui qui désarmera avant d'avoir désarmé l'Allemagne. On ne le voit pas traitant de la paix avec une puissance capable de rouvrir les hostilités au bout de six mois.

M. Wilson a eu le talent de propager ou d'imposer sa pensée parmi ses concitoyens en des termes si nets que les socialistes américains voyageant en Europe font des réponses de patriotes et d'hommes d'État qui éberluent Renaudel et assomment Longuet. Ce trait de caractère tend aussi à faire considérer M. Wilson comme une garantie de l'avenir européen. Mais les autres chefs de l'Entente ? Je ne dis pas : les Italiens. Mais les Anglais ? Les nôtres ? Il n'a jamais été plus nécessaire de souhaiter à l'Entente cette personnalité d'esprit, cette décision, cette volonté politique sans lesquelles il n'y a point de claires vues d'avenir, elles-mêmes indispensables à l'action énergique et heureuse dans le présent.

Le présent s'éclaircit sans doute, mais il se complique certainement.

Nous allons sortir de l'ornière, quitter le chemin tout tracé. Se défendre était relativement simple ! Mais attaquer ! mais avancer ! mais désigner nos garanties, déterminer nos sanctions. Des héros suffisaient ou presque, jusqu'ici. Il va falloir des calculateurs, et, bien plus, des divinateurs. On ne

---

[261] Ne faut-il pas dire, maintenant : voyait ? (Note de 1919.)

saurait trop attirer l'attention de tout ce qui pense sur ce qui va finir et sur ce qui va commencer.

M. Wilson soldat du droit

28 septembre 1918

En lisant le dernier discours de M. Wilson sur les « buts positifs de la guerre », on admirera combien l'idée du droit y devient concrète.

D'abord, elle est intransigeante, aussi intransigeante que put l'être autrefois le programme d'un Bismarck ; or c'est une force que de savoir dire bien haut à l'ennemi que tel programme devra être accepté complètement et sans équivoque.

Ensuite, cette idée du droit s'oriente de plus en plus vers la question de son efficacité.

Troisièmement, les États-Unis font un pas ; ils se présentent en hommes d'armes de ce droit vivant, ils assument la responsabilité complète des accords à intervenir.

Quatrièmement, l'intérêt du monde entier est tout à fait superposé à celui des nations. Mais les nations comme la nôtre n'ont qu'à se féliciter de ce point de vue ; pour le faire sentir, je conseillerai de mesurer l'importance qu'a pour nous l'annexion de la rive gauche du Rhin, à l'importance du démembrement de l'Allemagne : le premier point (simple but national de guerre) représente une satisfaction appréciable, mais grosse de difficultés si le second n'est pas obtenu, et le second sans le premier (but de guerre d'ordre universel), le simple retour de l'Allemagne à sa division naturelle nous assurera la paix, un libre développement économique, politique, moral, sans compter, dans les perspectives de l'avenir, le retour de notre influence sur les régions du Rhin... La France est aujourd'hui placée de telle sorte dans l'Europe et dans l'univers que le bien public, conçu exactement et réalisé dignement, concordera avec son bien le plus particulier.

Ce qui ne peut se raccorder au bien général du monde, c'est le maintien de ce que M. Anatole France a appelé « l'exécrable unité allemande ». Le président Wilson doutait jadis de la valeur de ces questions territoriales. Je serais surpris que ce doute s'éternisât dans sa pensée ; pour que, selon ses propres paroles, « les intérêts des faibles soient aussi sacrés que les intérêts des plus forts », il faut que ces forts-là ou ne soient pas trop forts ou qu'ils soient des anges de loyauté... La force allemande est démesurée au physique, mais n'a jamais connu la mesure morale, depuis deux mille ans qu'on la voit sévir dans l'histoire.

Risques de guerre et Société des nations

28 septembre 1918

Le manifeste socialiste est une pauvre chose où brille surtout le manque de réflexion. Il invite le pays à se défendre des suggestions de l'esprit de conquête et à servir le droit. Mais qu'entend-il par l'esprit de conquête ? Et ce qui est entendu par là (le Rhin, par exemple) ne fait-il pas précisément partie de notre Droit ? Si notre Droit de 1814 et 1815 a été effacé par les « conquêtes » de Blücher, les socialistes auront le devoir de le dire. Le pays saura que pour eux le droit de conquête joue contre nous, mais pas pour nous.

Naturellement, M. Wilson est utilisé dans cette bataille intestine.

M. Wilson c'est leur bras séculier, croient-ils. Nous pourrions dire aux socialistes, comme le fait M. Buré, qu'ils comprennent bien peu les paroles et la doctrine du président américain.

Elle est pacifique, certes, dans son vœu, dans son intention. Ce qui est aussi le cas de notre doctrine. Elle n'emploie pas nos formules. Elle utilise des formules dans lesquelles les socialistes croient reconnaître leur pensée.[262] Mais un regard plus appuyé montrerait aux socialistes que le président Wilson est un esprit trop réaliste, un homme d'État trop pratique pour ne pas s'écarter absolument de leur pensée toutes les fois qu'il émet une prévision de fait sur l'avenir. Il se rend compte que sa Société des nations implique de graves chances de guerres (analogues à la guerre de Sécession américaine, qui n'est pas si ancienne !) et que cette guerre future nous amènerait, nous Français, à en supporter le poids le plus direct et par conséquent le plus lourd. Dans ces conditions, le président Wilson comprend que nous ouvrions les yeux sur le chapitre des garanties. Il les

---

[262] Cette communauté de langue a permis d'ailleurs aux socialistes de circonvenir M. Wilson et de le tromper copieusement sur la France.

ouvre lui-même. Et les socialistes n'ont qu'à feuilleter leur journal, ils en verront la preuve dans *L'Humanité*.

LA PENSÉE AMÉRICAINE

L'ont-ils oubliée ? Que je la leur rappelle. Ils ont donné eux-mêmes en grande pompe, en soulignant le caractère officieux de cette publication américaine, un article de *The New Republic* où l'on disait en propres termes que l'on s'expliquait à Washington l'hésitation des Français à s'engager dans la Société des nations.
— Pourquoi ? Parce que cette Société était trop pacifique ?
— Nullement ; à cause des risques de guerre qu'elle impliquait.
Et justement dans un article plus récent reproduit hier par *L'Europe nouvelle*, sur un sujet voisin auquel nous reviendrons, *The New Republic* s'étonne de nouveau de « l'indifférence que manifestent les penseurs politiques de la France envers la Ligue des nations », mais la réflexion dissipe son étonnement, car *The New Republic* écrit :

> Ils n'embrassent pas avec enthousiasme l'idée d'une Ligue basée sur de bonnes résolutions et des intentions inexécutables qui assureraient à la France une part dans toute guerre future, mais ne lui assurerait pas les secours nécessaires ; la France a trop mis au jeu pour pouvoir adhérer à une Ligue des nations si elle n'a pas la certitude que les autres associés de la Ligue ne se déroberont pas à son appel au moment où elle aura besoin d'eux.

Les Américains comprennent l'hésitation de la France. Et ils en entrevoient le fond.
Ce commentaire est bien caractéristique. Si les socialistes avaient des yeux pour voir, un cerveau pour penser, ils s'y arrêteraient d'autant plus que *L'Europe nouvelle* répète ce qu'avait écrit *L'Humanité* voilà quelques mois : *The New Republic* dispose d'une « influence considérable aux États-Unis ; elle jouit d'une autorité certaine dans les milieux les plus proches du président Wilson ».

Troisième partie
L'armistice

Au fait par le droit

25 novembre 1918

C'est au cri de *Justice ! Justice !* qu'il faudra acclamer le président Wilson à son arrivée en Europe. Nous ne croyons pas, nous n'avons jamais cru, en ce qui nous concerne, à l'opposition radicale, à la contradiction intime et directe des diverses idées sur lesquelles le genre humain a vécu. On peut très bien vouloir le Salut public et ne rien enlever à l'idée de Justice, on peut être un ardent sectateur de l'Ordre public sans rien vouloir envier à la notion de la Vérité, tout au contraire ! Le cas est fréquent où le soin des intérêts les plus généraux de l'Homme concorde point par point avec les préoccupations du patriotisme concret.

Nous en sommes là en ce qui concerne la guerre. Nous pouvons généraliser hardiment. Nous pouvons élever les questions à leurs termes les plus indépendants et les plus exempts de toutes servitudes françaises. Nous pouvons en traiter comme s'il s'agissait de Hurons ou de Patagons ; de toute façon, les principes restent avec nous et militent pour nous. Un dommage gratuit nous a été fait. On nous a attaqués. On nous a envahis, nous n'avons aucune responsabilité ni grande ni petite dans les affreux dommages qui nous ont été faits. Il faut réparer ce dommage. Que la France soit grande ou petite, bonne ou mauvaise et digne en elle-même d'estime ou d'aversion, ces modalités ne font rien à l'affaire : on nous doit, on doit nous payer.

Sans quoi, ayant été lésés, nous resterons endommagés et le dommage immense ne sera pas réparé, ce qui fera une offense flagrante au « droit » dont on nous annonçait sur tous les tons le règne ! Non pas au nom du patriotisme, mais au nom du Droit, non pas au nom de la France martyre, mais au nom de l'Humanité offensée, nous demandons ce qui est demandé dans tous les cas des particuliers molestés.

Dans l'ancien droit public de l'Europe, il était reconnu que la guerre payait ceux qui avaient eu la peine et fait l'effort d'en dicter la fin. On veut imaginer des principes plus jeunes, des lois d'une tradition plus récente. On veut porter l'argument final devant un tribunal international où l'idée de puissance sera sacrifiée à l'idée de justice. Ce nouveau système ne touche en rien au fond des choses, n'y ajoute rien, n'en retranche rien.

Au lieu de réclamer aux Allemands en tant que notre vaincu de juillet-novembre 1918, il s'agira de faire rendre gorge au demi-vainqueur d'août 1914-juillet 1918, et cela reviendra absolument au même. Par quelque bout qu'on l'entame, de quelque instance militaire ou judiciaire qu'on le poursuive, que l'on parle paix de justice ou paix de puissance, le résultat ne change point. La situation matérielle et la situation morale contiennent les mêmes avantages pour nous.

Soyons aussi ardents, aussi énergiques, aussi sages que nos ennemis ; ils ont joué des principes démocratiques et de l'évangile de M. Wilson pour essayer de sauver leur domination, leur patrie, leur existence nationale elle-même ; ayons la même hardiesse et la même activité pour employer, défendre, utiliser nos victoires et leurs sacrifices. M. Wilson ne paraît pas sentir complètement nos raisons de défense nationale et de précautions à venir ; exposons-lui à voix haute nos motifs de morale pure. Je le répète, faisons autour de lui retentir le cri de justice.

Il peut être indifférent aux invasions futures dont nos citoyens et nos soldats sont préoccupés. Mais le passé est le passé, le mal acquis est bien acquis. Il ne peut éviter d'en considérer les dégâts. Ou le Boche nous les paiera ou nous aurons à le payer et dans ce cas, l'amélioration rêvée par les philosophes et les juristes représente une pure fantasmagorie sans valeur que M. Woodrow Wilson, dans la clarté de sa conscience, dans la droiture de son cœur, dans le réalisme de son esprit, sera le premier à désavouer.

Ce que nous disons au nom de notre principe se trouvant corroboré par le principe qu'on nous propose, pour peu que ce principe soit pris au sérieux, il faut nous en emparer et nous en servir hardiment. Laissons les socialistes admettre comme intangibles et irresponsables les États et les nations, à l'heure même où ils viennent de les soumettre verbalement au même régime que les autres personnalités humaines. Leur position est insoutenable. Leur verbiage est fait de mots sans corps. Acceptons les idées générales reçues d'outre-mer pour tenir avec fermeté à l'exacte réalisation de leur sens. Nous devons obtenir par là tout ce qui nous est dû pour d'autres raisons. Des négociateurs intelligents excelleront à faire sortir les réalités utiles des droits les plus rigides et les plus absolus. Ainsi fit Talleyrand à Vienne. L'idée de légitimité, qu'il nous rendit favorable, était une idée juridique. D'une autre idée juridique dûment pressée et précisée peuvent sortir des résultats d'autant plus favorables qu'aujourd'hui, à la différence de 1814–1815, nous ne sommes plus vaincus, mais vainqueurs. Et si des toiles d'araignées filées par des métaphysiciens et des idéologues étaient capables d'arrêter la fortune de la patrie en pleine victoire, les institutions et leurs hommes assureraient des responsabilités si grandes que nulle des fautes passées n'y serait comparable. Ce serait la faillite absolue des unes et des autres.

Franchement, à ce point, je n'y saurais croire. Ni les hommes républicains, ni les institutions républicaines ne sauraient oublier jusque-là ce qu'ils ont de français. Il fut relativement facile au représentant du roi Louis XVIII d'invoquer la raison d'être commune de tous les trônes européens. Il sera au moins possible au représentant des « démocraties » européennes de plaider devant M. Wilson cette idée de justice infinie qu'il a le plus souvent et le plus éloquemment invoquée. Je ne suis ni démocrate ni sectateur des obscures et confuses divinités juridiques invoquées à tout bout de champ ; mais pour le salut du pays, pour la clôture de la frontière, pour la sécurité des générations à venir, pour le bien-être du combattant, l'aisance et la facilité de l'économie générale, je serais, pour ma part, aussi disposé que tout autre à mettre au service du vrai, des arguments flottants et des considérations plutôt vagues.

Telle est ma cynique pensée. Je souhaite à nos plénipotentiaires le même cœur.

La Belgique et le wilsonisme

6 décembre 1918

À les voir de près, il y a autre chose qu'un thème très général dans les importants discours prononcés à l'Élysée hier soir. Des actions y sont en germe. Non précisément ces actions d'agrandissement et de renforcement territorial que tous les bons esprits s'accordent à prédire à la Belgique nouvelle et que Bainville, hier, définissait heureusement en ces termes :

> Tout ce qui est Belge doit être belge. Une Belgique solidement constituée, maîtresse chez elle, bien assise sur ses fleuves, la Meuse et l'Escaut, est indispensable.

Ce ne sont pas précisément ces hauts problèmes qui étaient agités à l'Élysée hier, mais des problèmes plus hauts, plus importants encore. Le roi Albert a ajouté à son rappel des souffrances, des espérances et des victoires communes, un bel acte de foi certaine en l'amitié française, et spécifié que la Belgique devait être « dégagée des servitudes internationales que faisaient peser sur elle des traités que la guerre a profondément ébranlés », et M. Poincaré avait déjà dit que la Belgique serait « débarrassée des entraves de cette neutralité qui n'a pas été pour elle une garantie » et recouvrerait « son indépendance et sa souveraineté ». Là-dessus, en effet, l'opinion est unanime en Belgique et en France. Il ne faut plus que la Belgique puisse s'endormir à l'ombre de la plus trompeuse des promesses internationales. Il ne faut plus que la grande âme de ce peuple héros et martyr puisse être livré aux hasards de la vigilance et de la prévoyance d'une petite poignée de bons citoyens guidés par deux rois de tête et de cœur. Elle a eu Léopold, elle a eu Albert. Avec des esprits moins lucides, des caractères moins trempés, quel piège eût tendu à sa bonne foi et à son amour de la paix le « chiffon de papier » de 1839 ! Autant l'indépendance établie et reconnue huit ans plus tôt par le roi des Français fut un bienfait européen, autant cet accord international qui suivit était décevant, captieux, précaire. Ni Albert Ier, ni M. Poincaré, ni la Belgique, ni la France n'en veulent plus.

WILSONISME OU ANTI-WILSONISME ?

Mais, ce disant et ce faisant, il importe de voir et de savoir ce que l'on fait et ce que l'on dit. On fait, on dit, on affirme et on réalise une doctrine qui tourne absolument le dos à la doctrine de la Société des nations. On pose, on règle, on établit les principes de la liberté des nations du moment que l'on abolit des « servitudes internationales » et qu'à la garantie soi-disant donnée par les puissances à l'État belge, on substitue les risques et, comme dirait Platon, les beaux risques de l'indépendance plénière et de la complète souveraineté.

C'est un pas dans la voie de l'évolution qui emporte l'Europe depuis quatre siècles. Ce n'est aucunement un pas dans le sens des principes du président Wilson.

Le dictateur et pape de l'Amérique ou ne dit rien ou propose un système de servitudes internationales, et ce système lui-même ne serait rien s'il n'apportait une limite à l'indépendance et à la souveraineté des États. Or, en ce qui concerne la Belgique, l'effet matériel de cette guerre, de toutes les souffrances endurées, de tous les efforts déployés, sera d'écarter même sans discussion la garantie juridique et la défense morale représentées par de purs accords internationaux ; la Belgique et son roi demandent à l'Europe qui les aime et les admire, la permission d'user d'une liberté plénière et d'établir leur sûreté par la liberté de leurs mouvements matériels et moraux, de leur activité diplomatique et de leurs préparatifs militaires. Cela est raisonnable et juste ? Cela, direz-vous, est la juste leçon pratique tirée du mépris témoigné par Bethmann-Hollweg aux accords internationaux ? Cela, en somme, participe de la majesté des vérités rationnelles que l'expérience confirme ? Assurément, et c'est pourquoi cela est aussi tout ce qu'il y a de plus anti-wilsonien.

Le wilsonisme serait-il un système réactionnaire ?

Contredirait-il le droit fil de l'évolution ? Eh ! cela n'est peut-être vrai que d'un wilsonisme inférieur, celui dont nous régalent les organes d'extrême gauche. Le président américain nous a souvent paru corriger ce que ses principes ont d'un peu archaïque ou rigide par une acuité de regard, une sensibilité au fait qui remet tout au juste point.

SOCIÉTÉ DES NATIONS OU POLITIQUE D'ÉQUILIBRE ?

7 décembre 1918

Les nationalités garderont-elles leur statut juridique d'aujourd'hui et d'hier ? Resteront-elles indépendantes, souveraines, inviolables, maîtresses de s'allier à qui leur semble, de rompre l'alliance si le cœur leur en dit ? Bref, demeureront-elles pures de ce qui a été appelé vendredi à l'Élysée *servitudes internationales* ?

Ou, au contraire, le type des traités conclus en 1839 et garantissant la neutralité belge sera-t-il prolongé dans l'espace et dans le temps ? Tous garantiront-ils à chacun, chacun garantira-t-il à tous l'inviolabilité du territoire et l'indépendance de la nationalité ? La société limitée fondée (avec quel avenir !) autour de l'État belge deviendra-t-elle une société illimitée dont les organes (à créer) et les forces armées (à mettre sur pied) auront la charge de veiller sur tous les États de l'Europe et du monde ?

L'escadre qui amène M. Woodrow Wilson et son conseil de 150 jurisconsultes et statisticiens apporte ou plutôt rapporte à l'Europe une extension de la méthode de 1839. Les machines diverses qui ont apporté et remporté sur la terre et sur l'onde les rois Albert Ier et George V semblent plutôt être venues déposer sur nos bords un principe favorable à l'autonomie absolue des États.

M. Wilson devant les faits

La conciliation verbale des deux formes de statuts n'est pas impossible, les motions nègres-blanches étant toujours licites dans les congrès, qu'ils soient de socialistes ou de diplomates. Mais d'une part, il ne faut pas se faire d'illusion, il y a là deux idées contradictoires, et même deux « droits » opposés, c'est-à-dire, en puissance, deux termes de conflits aigus. Et, d'autre part, au bout de ces quatre années de guerre, la race humaine, si vaillante et vigoureuse qu'elle soit, ne parait pas d'humeur à s'épuiser, en ce moment, sur des idées pures, si inflammatoires qu'on les suppose.

Dans sa majorité raisonnable et digne, le genre humain est disposé à s'apaiser en s'arrêtant à un moyen terme plus ou moins nettement défini, mais reposant, mais confortable, et qui permette tout à la fois mouvement et ordre. Tel est, tout au moins, notre vœu. Le « chiffon de papier » de 1839 a subi en 1914 une telle disgrâce que nulle école ne saurait demander aux Belges, aux Anglais, aux Français de faire désormais une confiance sans réserve aux engagements de l'Europe. Il semble bien en résulter que plus un instrument diplomatique obtiendra d'adhésions, plus il accroîtra ses risques de dédit. Cette voix du fait est bien propre à faire réfléchir M. Woodrow Wilson, mais il n'est pas douteux non plus que le désir universel de paix future est une force morale qu'il y a utilité à capter pratiquement et, s'il est possible, à transformer en loi positive.

Sans retarder la conclusion du traité, on peut intéresser à son observation et à sa durée toutes les puissances de sentiment et d'intelligence qui sont en vigueur de nos jours. On peut essayer de le sceller à l'effigie de tout ce que les relations internationales ont gardé d'intéressant et de considérable.

Pour vivre en paix, il faut que les hommes puissent communiquer. Ce sont les facteurs de ces communications immatérielles qui importent. Lettres, sciences, arts, et par-dessus tout religion. C'est en développant les bonnes relations de ce genre que l'on oppose aux passions et aux intérêts concurrents, semences de guerre, un correctif solide qui porte en soi la paix.

M. Woodrow Wilson s'appliquera à cet ordre d'idées, lorsque, ayant vu l'Europe et mesuré nos maux, il s'occupera d'en rechercher les remèdes. Son penchant naturel est de croire ceux-ci simples, faciles, directs et comme à portée de la main. Il apercevra la difficulté. Sans doute les statuts d'une société des nations se rédigent sans trop de peine ; le malaisé et même le pénible sera de découvrir le moteur moral, l'aliment spirituel, le pain et le charbon vivants de cette ingénieuse machine humaine. La peur de la guerre ne suffit pas. Il faut trouver la peur efficace de l'injustice. Il faut trouver aussi de quoi limiter les intérêts et équilibrer les passions. Par là, M. Wilson sera en droit de penser que le vieux système de l'équilibre avait matériellement du bon. Et amené aussi à scruter l'état philosophique, moral et religieux de l'Europe, peut-être que, désolé de ce qu'il aura discerné, il se demandera si la sagesse ne sera point d'aller faire un tour du côté de ce Vatican avec lequel on essaya de le mettre en concurrence, mais auquel il serait très sage de proposer une nouvelle « alliance religieuse » sur le modèle que notre Auguste Comte a déjà rêvé.

M. Wilson contre les hommes de désordre

Car, pour ce qui est du concours dont les éléments d'extrême-gauche lui seront prodigues, il aura bientôt fait de voir que les chefs socialistes et même syndicalistes sont bien loin d'être mûrs pour une action vraiment pacifique et humaine ; ces ennemis de la guerre extérieure sont de violents fauteurs de guerre intérieure, et leurs idées ne tendent qu'à la démagogie et à l'anarchie. Il serait trop naïf de prendre ces agitateurs intéressés pour des pacifiques... Le bon ordre est le moindre de leurs soucis. Ils en détestent la seule image jusqu'au fond de la steppe russe, et sa réalité en France les irrite ou les scandalise : — *En vérité, se croirait-on en République ?* disent-ils.

Que diraient ces pauvres esprits de l'ordre américain ! Le président Wilson ou sera déçu s'il ignore absolument ce milieu-là, ou, s'il est averti, les marques de politesse qu'il lui donnera comme à tout le monde seront sans proportion avec les bruyantes manifestations et les enthousiasmes artificiels que ces messieurs préparent. Les amateurs de trouble en seront pour leurs frais, les perturbateurs se trouveront pris à leur piège.

Telle me parait devoir être la vérité certaine. Nos calculs personnels nous semblent confirmés par ce que disent bien des Américains à bien des Français :

« Pourquoi vous méfiez-vous de Wilson avant de connaître ses dispositions actuelles ? Il a suivi, puis dirigé l'opinion américaine vers la guerre, avec toute notre presse, il a uni dans un même hommage de reconnaissance Louis XVI, Vergennes, La Fayette et la Révolution. L'opinion américaine veut une paix sévère et définitive. Wilson la suivra. Ne faites pas de conjectures défavorables. Attendez qu'il ait parlé, ici.

« Que nous gênions les formules de notre presse socialiste par notre façon de pratiquer le régime démocratique, de respecter toutes les libertés, quittes, lorsqu'il le faut, à les abandonner aux mains d'un chef momentanément autocrate, cela n'est pas étonnant. Mais notre manière devrait réjouir les partisans de l'autorité unique du chef qui, chez nous, a été le vrai artisan de la victoire.

« Faites-lui confiance. Faites-nous confiance, nous n'avons marchandé ni notre affection, ni notre sang, ni notre argent. Nous la méritons autant que les Anglais, dont vous venez d'accueillir le roi avec enthousiasme. »

On imagine quelles réflexions peuvent être échangées de ce point de vue. Elles sont la vérité même. Le président Wilson est un philosophe en même temps qu'un homme d'État. Il a réussi à servir (avec quelle hauteur de vue, avec quelle noblesse) la cause de notre Occident civilisé, c'est le service capital dont nous devons lui savoir un gré éternel et c'est le souvenir qui ne peut nous quitter. Quant à sa pensée, homme de pensée, il nous saura lui-même gré de la discuter avec franchise et netteté. D'un libre échange de vues sortira vraisemblablement un accord rapide sur les faits acquis. L'accord sur les principes, sur les faits à instituer, en sera sans doute plus laborieux, mais j'ai la confiance qu'il est possible et sera, malgré tout, facile si l'on s'avise d'orienter l'esprit de M. Wilson vers le plan solide que doit adopter toute action morale dans nos pays.

Ou bien l'action wilsonienne s'adressera à l'enthousiasme idéologique, et ce sera un feu de paille aussi trompeur que les autres, qui durera tout juste ce qu'il faudra pour permettre à l'intrigue allemande d'en profiter.

Ou l'action wilsonienne empruntera les vieilles routes vénérables, solidement construites et fortement battues, des traditions, des mœurs, des cultes et de tout ce qui a constitué les forces spirituelles de l'Occident ; par elles, bien des idées neuves peuvent s'incorporer définitivement aux esprits et aux volontés. Ni les États, ni les dynasties ne seront des alliés méprisables à ce point de vue. Il faudrait pouvoir se servir de tous les éléments de ce qui vit déjà pour instaurer une vie meilleure. Au contraire, un plan neuf avec des matériaux neufs, sur un emplacement neuf, cela suppose une poussée préalable de destruction bolcheviste qui est précisément ce dont M. le président Wilson a horreur, nous assure-t-on.

IL FAUT EXPLIQUER M. WILSON À LA FRANCE

8 décembre 1918

Nous avons cru faire œuvre de bons citoyens en nous efforçant plusieurs fois d'expliquer la France à M. Wilson. Nous ne changeons pas de métier en expliquant aussi M. Wilson à la France.

Son vocabulaire, sa doctrine, son « dogme » y paraissent souvent plus moraux et plus religieux que politiques. Une influence extrême de Kant a dû être relevée autrefois, avant l'intervention. Ce kantisme s'est atténué ; non les habitudes sermonnaires d'une civilisation où, depuis la Réforme, le clergé n'est pas différencié dans l'État, où l'éthique et l'ecclésiastique font corps dans toute exhortation appelée à conduire les hommes. Mais cette confusion de l'ordre moral et du politique n'exclut nullement la vigueur, ni même la violence de ce dernier élément. Rappelez-vous M. Lloyd George. Dans les commencements, il prêchait tout autant et tout aussi bien que M. Wilson. Eh bien, voyez les résultats de ces beaux prêches ; sans coup férir ils ont capturé la splendide flotte allemande tirée des réduits de l'Elbe et du canal de Kiel. Si l'on ne savait quelle action hardie et forte a déterminé ce bienfait, le miracle ferait la paire avec celui des trompettes de Jéricho.

Ou je me trompe fort (ce qui est d'ailleurs possible) ou M. Wilson nous étonnera de la même manière que M. Lloyd George par le sérieux, la fermeté et l'à-propos de son esprit pratique. N'a-t-il pas déjà commencé ? La prodigieuse besogne matérielle menée à bien en moins de deux ans de luttes ne dépose-t-elle pas en faveur de ce sentiment ? La mise sur le pied de guerre d'un pays vingt fois plus grand que le nôtre, aussi vaste qu'un continent, ne répond-elle pas aux reproches de rêverie, d'utopie, d'une philosophie extérieure et inférieure à la vie ? Ce qui étonne, ce qui nous étonne, nous Français, nous sceptiques-nés, c'est la méthode si prêcheuse, c'est le langage de ce prêche si confit de dévotion et presque de superstition ! Mais quoi ! cela même n'est pas inexplicable peut-être, ni irréductible aux conditions dans lesquelles cette parole et cette pensée se font jour.

LA PATRIE ET LA NATION DES AMÉRICAINS

Il faut se représenter les États-Unis d'Amérique dans leur étendue géante comme dans leurs pouvoirs sans mesure. Un nombre d'hommes relativement petit, dont nous connaissons quelques-uns, y nourrissent de hautes, de profondes ambitions nationales. Mais ils sont les premiers à nous en avertir, notamment notre confrère M. Morton Fullerton dans ses beaux livres et ses précieuses brochures[263], leur nationalité se fait, elle n'est pas faite encore. Cette guerre y concourra fortement. Mais pour entraîner des masses aussi nombreuses à affirmer et à constituer, les armes à la main, une nationalité définie, ce serait un cercle vicieux que d'invoquer, d'attester l'argument national. Leurs souvenirs nationaux sont forts, mais limités, ils en ont vite fait le tour. La Fayette et Washington en sont les colonnes d'Hercule dans le passé. Leur patrie aussi est à faire. Précisément, parce qu'il est très vif et très fier, comme il est très récent, le patriotisme américain ne comportant pas de longues réserves dut être ménagé par un homme d'État aussi avisé que M. Wilson ; sensible et exalté à la surface, il a besoin d'être un peu détourné de lui-même de crainte qu'en s'analysant il ne s'affaiblisse. Mgr Baudrillart[264] qui revient d'Amérique ne nous dit-il pas qu'à Chicago il a compté des catholiques appartenant à vingt-six nationalités différentes ? *Nationalités* doit signifier ici, comme au moyen âge, *langues* et même *races*. Ajoutez que les vingt-six foyers primitifs européens ou asiatiques ont pu fournir aussi des adhérents à vingt-six fois vingt-six religions ou sectes différentes. Et vous pouvez conclure que s'il est prudent et politique de fortifier, de doubler le patriotisme américain en faisant des appels vigoureux à d'autres sentiments du même ordre ou d'ordre convergent, ils doivent être choisis aussi généraux et même aussi vagues que possible sous peine de créer des dissensions et des troubles là où il s'agit de cimenter l'union.

---

[263] *Les Grands Problèmes de la politique mondiale, Les États-Unis et la guerre.*
[264] Alfred Baudrillart (1859–1942), recteur de l'Institut catholique de Paris depuis 1907, était déjà « monseigneur » en 1918, contrairement à ce qu'indique sa notice sur le site de l'Académie française, laquelle date de 1921 son accession à la fonction épiscopale. (n.d.é.)

Morale et religion américaines

Encore ne parlons-nous que des villes. Mais dans les campagnes où la population est loin d'être agglomérée, les différences morales sont accrues par les éloignements matériels. Là encore, à plus forte raison, si l'on veut se faire entendre, si l'on veut réunir, rassembler, il faut recourir aux principes fondamentaux de l'ordre élémentaire, absolu, qui ont excité l'enthousiasme raisonné et grave, la foi sérieuse des commencements de l'humanité et de la cité : — *Tu ne tueras point. Tu ne trahiras point. Tu ne mentiras point. Tu ne voleras point. Tu seras humain envers les prisonniers et les misérables. Tu seras juste...* Si hautes et si pures que soient les abstractions morales enveloppées dans ces préceptes, elles sont cependant familières au colon comme au portefaix d'Amérique ; ce sont celles que l'on prêche au temple ou à l'église chaque dimanche, et ce sont celles que répand le prêtre ou le ministre quand le wagon dominical s'arrête au fond d'un pays de défrichement. D'idées générales plus actives, ni plus puissantes, d'idées-forces plus efficaces, l'Amérique prise dans sa masse n'en connait point, réserves faites du souvenir de gratitude gardé à l'intervention de Louis XVI. On eût perdu son temps à lui prêcher une prise d'armes politique contre le germanisme. En prêchant la croisade morale, au nom du Juste et du Bon contre l'Inique et le Mal, M. Wilson a atteint son but qui était le nôtre ; il a été compris, suivi. L'eût-il été autrement ? Voilà ce qu'il faut regarder.

Ce regard sur des réalités moins complexes que les nôtres ne diminue certes pas l'énorme danger, et le danger pressant, que comporte l'application directe et simpliste de principes aussi généraux à des situations aussi difficiles. M. Wilson est innocent de ces répercussions malheureuses. Ce qui est régression de ce côté de l'océan, ce que nous avons le droit de juger trop vague ou trop général pour régler nos affaires, représente là-bas un formulaire naturel et rationnel qui s'explique par les états naissants d'une civilisation, d'une nationalité, et d'une patrie en voie de se définir.

Comprenons bien ce dernier point si nous désirons nous faire comprendre.

Il faut expliquer la France à M. Wilson

9 décembre 1918

Hier, en expliquant M. Wilson à la France, nous montrions que l'origine toute réaliste de son idéologie tient à la nature d'un peuple qui commence, d'une civilisation qui est à son printemps. Si les principes de morale élémentaire qu'il a dû utiliser sont extrêmement généraux, c'est un signe de l'extrême jeunesse des organisations et des unions qu'il fédère. Plus anciennement mêlé aux difficultés de l'Europe, voyant de plus près les hautes différences qui existent entre des contractants éventuels pour lesquels il propose un contrat uniforme, M. Woodrow Wilson atténuerait ou nuancerait ses propositions.

Au fur et à mesure qu'il se rapprocherait de nous, et donc à chaque tour de l'hélice de son navire, M. Woodrow Wilson se rendrait mieux compte des questions concrètes qui, avant de dresser l'acte de société des nations, obligent à examiner l'être physique et moral des sociétaires, leurs vertus, leurs vices, leur vigueur, leurs faiblesses, leur degré de richesse ou de pauvreté, enfin les moyens dont chacun dispose pour obéir au Juste ou lui désobéir, pour composer avec ses ordres ou pour mener contre lui une lutte ouverte. En un mot, plus près de nous, plus près des choses, M. Wilson rendrait à des questions territoriales la faveur, le crédit qu'il leur a refusés. M. Wilson verrait que les solutions juridiques ne se suffisent pas. Leur fermeté, leur poids varient avec les forces qu'elles meuvent, les forces respectives des États contractants, forces nées des situations bien plus que des intentions.

Tout cela, ne demandant qu'un peu de réflexion, irait de soi si les principes wilsoniens ne subissaient en arrivant en Europe un traitement qui en change la forme et le fond à tel point que l'on peut le nommer sans erreur une transmutation véritable. Ce qui là-bas sonnait la vertu, une vertu presque héroïque, celle qui s'arme pour le juste et le beau, sonne par ici le plus bas des vices qui est la lâcheté ou l'inertie quand ce n'est la haine civile. Ce qui là-bas est la volonté d'imposer le respect de vies innocentes devient ici le goût pervers de sauvegarder des vies criminelles. Ce qui là-bas respire la guerre sacrée en vue d'une paix profonde et durable n'affecte, n'emprunte ici un son et un aspect moral que pour fomenter la guerre intestine et impie. Des termes identiques, des formules presque pareilles tirées de ce qu'une humanité jeune renouvelée par une terre neuve peut montrer de plus fier, sont sollicités à signifier les désirs et les vœux qui circulent dans les éléments dégénérés et parmi les milieux décadents d'un état social dont la maturité et la perfection impliquent forcément beaucoup de déchets. Les signes du jeune élan vital américain sont captés et interprétés ici comme s'ils concordaient avec nos régressions, nos fatigues, nos maladies.

Nos hommes malades

C'est, en effet, un véritable malade social que la petite poignée des chefs et agitateurs du socialisme français. Leur autorité depuis la guerre est tombée à rien. Leur reste d'influence réelle ne vaut que par l'État et l'administration, où la plupart de ces messieurs se sont embusqués fructueusement. La masse populaire est fixée sur leur valeur intellectuelle (ils se sont toujours trompés), sur leur valeur morale (inférieure à certains égards à celle des pires politiciens de Tammany[265]).

Lorsque M. Wilson faisait, dans son récent message, allusion aux « gens du peuple » que son programme idéaliste et mystique séduirait, il a pu songer légitimement au peuple d'Amérique et de tel ou tel État européen que je m'abstiens de désigner, ne le connaissant pas ; pour la France, l'erreur serait lamentable et profonde si les chefs socialistes qui lui écrivent, lui télégraphient, se préparent à le recevoir et à l'aller voir étaient considérés de M. Woodrow Wilson comme les représentants légitimes des ouvriers et des travailleurs. Ce ne sont pas des « gens du peuple ». Ces messieurs sont des messieurs. Ils ne font jamais œuvre de leurs dix doigts que pour écrire des professions de foi ou des articles. Leurs mains ne sont pas calleuses. Ils sont les parasites et les profiteurs, mais démasqués, mais déconsidérés, de la politique sociale et ouvrière française. La profondeur du discrédit auquel ils succombent explique la rage violente et la fureur désespérée avec laquelle ils font chez nous le jeu de l'Ennemi.

Quand donc ils s'emparent de certains fragments de proposition wilsonienne, quand ils en développent certains aspects de modération et de justice unilatérale qui semblent favorables au peuple allemand, on peut juger qu'ils infligent à la doctrine américaine exactement le même outrage qu'au peuple français ; ils l'exploitent, ils superposent le parasitisme inné de leur politique intéressée et alimentaire à des vues nobles, désintéressées, généreuses, dont ils espèrent dégager non le bien de la France, non le bien

---

[265] Créée à l'origine pour accueillir et aider les nouveaux immigrants, la Tammany Society était une organisation puissante, aux multiples ramifications souterraines, associée au parti démocrate de New York, qui contrôlait de fait la ville pendant tout le XIXe siècle, jusque dans les années 1930. (n.d.é.)

de l'Amérique, non le bien du prolétariat français ou américain, mais leur bien à eux, leur sale bien, profit et pâture, leur humble et honteux revenu.

En effet, s'ils s'attachent à ces vues, ce n'est point du tout pour les approfondir, les examiner, les adapter, les discuter et, par un échange d'idées, attentif et consciencieux, les améliorer en les rapprochant du réel ; point du tout. Ce qu'ils en tirent tout d'abord, c'est une espèce de formulaire tout verbal à recevoir en article et symbole d'une foi, qu'on assène aux gens comme une pierre ou un bâton. Société des nations joue un rôle de talisman. Ces mots proférés sont supposés imbus d'une vertu magique. Il faut les prononcer. Il ne faut point les discuter. Il ne faut pas les accroître d'un éclaircissement, ni les diminuer d'une méprise ou d'une équivoque. Il faut surtout bien se garder de rechercher ce qui permettrait à ces mots, à cette idée pure, de passer, enfin, dans le royaume des faits. Qui prononce, qui articule ces vocables est le bienvenu. Mais qui veut les comprendre et les interpréter, *raca*, maudit soit-il... Il n'y a pas d'indice plus net de la manœuvre politicienne et de l'intrigue intéressée.

SACHONS CAUSER AVEC M. WILSON

Nous Français, patriotes, en union étroite avec les profondeurs de notre peuple éprouvé et meurtri, nous recevons M. Wilson non seulement comme un ami, et un très grand ami de notre patrie, bienfaiteur et très grand bienfaiteur de l'humanité présente, mais aussi l'un de ceux sur lequel l'avenir national et humain doit compter de plus en plus pour la construction et l'affermissement de la paix sacrée que nous désirons. Mais forts de cette communauté de but, assurés de cette identité de désir, nous ne nous priverons pas, et bien au contraire, de signaler au président l'obstacle où l'écueil aperçu le long de la route commune.

Nous n'hésiterons pas à lui dire que sa foi absolue au droit comporte une attention vigilante donnée aux litiges que les notions de droit sont naturellement capables de faire naître ou d'envenimer. Nous lui ferons observer que surtout après l'exemple russe et ces craintes de bolchevisme qu'il a lui-même ressenties pour l'Allemagne, il faut bien prendre garde de ne pas donner pour support à la paix entre les peuples des conditions qui exciteraient ou faciliteraient la guerre entre les citoyens. Nous le supplierons encore de prendre garde à la qualité de certains pacifistes qui, ennemis de leurs frères de race, ne sauraient être bien sincèrement les amis des hommes qu'ils ne connaissaient pas ; de tels marchands de haine intérieure devraient être mis au ban de tous les États, principalement des États dénommés Unis, puisque ces meneurs ne prêchent que la désunion. Enfin, si l'on regarde la vaste question allemande, le grand réaliste qu'est Woodrow Wilson sera aisément amené à jeter un coup d'œil sur les deux facteurs essentiels qui la dominent et la gouvernent, car l'une est l'histoire, l'autre la géographie.

L'histoire est mal famée sans doute ! Elle fournit des précédents et il est très vrai que les précédents passent pour avoir toujours échoué ; mais le tribunal de La Haye est un précédent, lui aussi ; est-ce qu'il a réussi ? N'a-t-il pas échoué, et plus complètement que le traité de Vienne ou les traités de Westphalie ? Les échecs de la politique d'équilibre ne sont rien comparés aux échecs de la politique du droit. Et comment le droit pour agir, pour s'appliquer, se passera-t-il des données de géographie ? Comment, sans tenir compte de la qualité des parties, juger et surtout faire durer les jugements et faire appliquer les sanctions ? M. Wilson n'y pense pas. Il y songe si peu qu'il tombera parfaitement d'accord avec nous que la méthode politique supérieure ne consiste pas à exclure, mais à combiner.

Une Société des nations qui hébergerait une Belgique sans défense et une Allemagne accrue, juxtaposerait le bourreau et la victime sans autre résultat que de les rapprocher en facilitant le forfait et d'en multiplier l'horreur sous de beaux noms nouveaux qui en resteraient déshonorés pour jamais. La vraie Société des nations comporte la révision de la structure, du statut, des forces de chaque nation, et le débat ainsi ouvert et conduit aboutira à des résultats fructueux.

Est-ce impossible ? Un seul cas nous parait devoir faire dévier ces justes colloques : l'intrusion de la troupe ignorante et fanatisée des chefs socialistes toujours prêts à remplacer le signe d'une idée par la cocarde d'un parti, une objection ou une doctrine par des injures ou de gros mots.[266] Avant de leur prêter la moindre attention, le président américain, tout comme le public français, sera sage de faire une enquête. Leur passé d'avant-guerre et de pendant-guerre les montre si grands amis de l'Ennemi qu'un seul trait doit réjouir et satisfaire de la part de tels philoboches : leur inimitié déclarée.

M. Wilson et le pape

---

[266] C'est exactement ce qui s'est produit.

10 décembre 1918

M. Jean Carrère, journaliste romain[267], s'est souvenu qu'il était le poète des *Buccins d or* pour annoncer à son journal *Le Temps* la grande nouvelle. Le vers alexandrin qu'il en a fait sonne vraiment comme un or pur :

« Le président Wilson rendra visite au pape. »

Le pythagoricien Lysis qui fit les premiers Vers dorés[268] ne pouvait y parler de S. S. Benoît XV, ni de M. Woodrow Wilson, et pour cause. Mais il n'a pas rythmé vérité plus substantielle, ni plus instructive leçon. *Le président Wilson rendra visite au pape !* Qu'est-ce à dire ? D'abord que l'homme d'État américain enfant (et combien dévoué et combien traditionnel) d'un peuple d'origine et de formation religieuse, le descendant des passagers du *Mayflower*, le produit d'une race de persécutés et de saints, n'est cependant en aucune sorte homme de préjugé. Une des grandes forces morales de l'univers ayant son point essentiel d'application en Europe, il ne passera point sur l'ancien continent sans aller lui pointer ses hommages de convenance supérieure. Ensuite, M. Wilson est homme pratique. Puisqu'il a constamment des questions à régler avec les représentants ou les sujets spirituels du Saint Père, eh bien, il va voir le Saint Père et conférer avec lui de façon à les mieux régler à l'avenir.

Concurrence ou complément ?

Est-ce tout ? Il y a autre chose. Le président Wilson rendra visite au pape. Par nationalité, par position, par goût peut-être, M. Woodrow Wilson, souverain temporel, a assumé un rôle spirituel. Cela pourrait être considéré comme un empiétement, soit par les ministres des diverses confessions anglo-américaines, soit par le chef du catholicisme qui est le type le plus pur du souverain spirituel. Mais, de son côté, le pape a fait beaucoup, beaucoup de politique ces dernières années, et de politique internationale, et

---

[267] Jean Carrère (1868–1932) était le correspondant du *Temps* à Rome. Son recueil *Les Buccins d'or* venait de paraître. (n.d.é.)
[268] Lysis de Tarente, disciple de Pythagore, vécut cent ans environ après son maître, dont il transcrivit la doctrine en vers si parfaits qu'on les appela « dorés », au sens de l'Âge d'or. Émigré à Thèbes, il y fut le précepteur d'Épaminondas. (n.d.é.)

d'internationalisme à tendance pacificatrice. De sorte que, s'il se plaignait de l'usurpation de sa suprématie spirituelle par le chef d'État américain, celui-ci, moyennant un grain de fantaisie, pourrait répondre que les plates-bandes de la souveraineté temporelle ont été aussi empruntées par les pas du Saint Père et qu'ainsi l'on est quitte. Deux empiétements égaux ne valent-ils pas un égal échange de respects ?

Cette fantaisie peu respectueuse mise à part, il reste que M. Wilson a dû définir le Juste, le Bon, le Mal, l'Inique et que S. S. Benoît XV a proposé certains accords politiques d'un modèle plus ou moins concordant avec celui de M. Wilson. Pour une raison ou pour une autre, et même à tort ou à raison, ces deux puissances se trouvent donc engagées sur le même plan, occupées des mêmes aspirations humaines, possédées du même souci surhumain. Si donc la règle était suivie du vieux jeu bien connu en France, il s'ensuivrait qu'un choc et un choc violent est promis aux deux personnages, aux deux fonctions, aux deux idées en présence ou, si le choc était évité, il le serait à la seule et expresse condition qu'ils ne se rencontreront pas, qu'ils ne se verront pas, qu'ils ne causeront pas et s'ignoreront avec une passion pieuse et farouche.

Or, pas du tout ; le fait est autre, ils ne veulent pas s'ignorer :

Le président Wilson rendra visite au pape.

Et tout annonce que la visite sera reçue avec la haute courtoisie qui en a arrêté la résolution. On se verra, on causera et peut-être que l'on mettra en commun, afin de mieux servir la cause commune, des ressources de cœur et d'esprit qui ne sont ni rivales, ni même concurrentes, mais complémentaires.

Utilité de la visite

Si j'étais d'humeur d'oser quelques pas circonspects dans la direction des hypothèses plausibles, je dirais que de l'entretien pourrait sortir pour M. Wilson, nourri d'une pensée impétueuse, mais, à bien des égards, indéfinie encore, ces clartés plus précises, ces classifications plus nettes, ces catégories plus fermes et plus réalistes tant en matière de morale que de politique et de droit, que les dignes héritiers de saint Thomas d'Aquin peuvent offrir aux disciples de Kant et même d'Emerson.[269] En revanche, instruit par

---

[269] Ralph Waldo Emerson (1803–1882), célèbre poète et philosophe américain. (n.d.é.)

l'expérience de ses vingt et un mois de guerre à l'Allemagne et de ses rapports fraternels avec les Alliés, M. Wilson serait tout à fait dans son rôle s'il mettait S. S. Benoît XV au courant de certains points de fait qui sont vitaux pour nous, et que nos Alliés ont forcément toujours présents à l'esprit et au cœur. Jusqu'ici, des ambassadeurs (mais non l'ambassadeur de la France) ont pu en parler au pape. Un chef d'État venu au nom des peuples attaqués et envahis par l'ancienne Quadruplice aura plus d'autorité, étant d'ailleurs mieux renseigné que n'importe quel diplomate...

Le président Wilson rendra visite au pape.

Il lui dira ce qu'il faudra dire. Il lui dira ce qu'il lui dira.

Je ne prétends pas que les choses se passeront forcément comme je le dis, ni que les rôles y seront distribués avec cette égale harmonie. Mais le désir n'est pas absurde, le vœu est raisonnable, me semble-t-il. J'en formerai encore un autre : c'est que du Quirinal au Foreign Office et de Zagreb à Lisbonne, en passant par Paris, sans oublier Bruxelles et Bucarest, l'Entente fasse un acte de sagesse analogue au nôtre. Qu'elle prenne la chose comme il importe de la prendre, c'est-à-dire du bon côté, du côté positif, lumineux, utile...[270] Ici, nous n'avons pas à nous faire, comme dit le peuple, une raison et nous pouvons dire de la visite du 23 décembre prochain : *Hoc erat in votis*[271], puisque nous écrivions, samedi, à cette place, que M. Wilson se demandera peut-être si « la sagesse ne sera point d'aller faire un tour du côté de ce Vatican avec lequel on essaya de le mettre en concurrence, mais auquel il sera très sage de proposer une nouvelle alliance religieuse sur le modèle que notre Auguste Comte a déjà rêvé ». Mais en formulant nos souhaits, nous ne pouvons nous aveugler ; il existe des vœux contraires, quelquefois animés d'une véritable passion. Eh bien, souhaitons cette fois que la passion se calme et que le fanatisme ne se mêle de rien. M. Woodrow Wilson agit en sage de la Grèce, M. Jean Carrère met cet acte en vers dans *Le Temps* ; attendons, espérons les meilleurs effets possibles de cet exemple de sagesse et de la musique qui l'accompagne. Tout irait tellement mieux en Europe si des

---

[270] On s'en est bien gardé.
[271] Horace, *Satires*, livre II, début de la satire VI : « *Hoc erat in votis : modus agri non ita magnus hortus ubi...* » c'est-à-dire : « Cela faisait partie de mes vœux : un terrain pas trop grand, avec un jardin... » (n.d.é.)

idées qui veulent examen et réflexion, étaient traitées en idées pures et non violentées à coups d'adjectifs qualificatifs !

— Mais ne voyez-vous pas que la cause alliée va être desservie auprès de M. Wilson par le Vatican ?

— Dans ce cas, ce serait que les Alliés se seraient bien mal servis auprès de lui. Montrez à M. Wilson tout ce qui doit lui être montré, instruisez-le de ce qu'il doit savoir, pénétrez-le du sentiment, des vérités qui nous animent et nous transportent. Il sera armé et équipé pour déposer entre les mains du pape les arguments de fait que le pape ignore peut-être et ainsi il l'amènera, si toutefois un tel voyage n'est point superflu, au point de vue des Alliés qui y gagneront comme nous.

Bref, là comme ailleurs, c'est la méthode positive qu'il importe d'appliquer et de faire appliquer. Des contradictions discourtoises, des polémiques venimeuses nuiraient surtout à nous. Rien n'empêche d'être inflexible sur les intérêts vitaux de la France. Nous le sommes ici. Nous exigeons tout notre dû. Cela empêche-t-il d'examiner les objections qu'on nous prépare ? Cela oblige-t-il à nous créer de nouveaux ennemis ? Non, non, causez, causons, faisons causer. Recueillons l'avis, le conseil de chacun. Ce sera le moyeu d'avoir la paix désirable. En voit-on un autre ? Pas moi.

À Paris

15 décembre 1918

Assis, dans le landau présidentiel, face aux troupes qui présentaient les armes et face au peuple qui lui offrait une indescriptible ovation, M. le président Wilson a fait hier matin une entrée glorieuse et qui ne sortira d'aucune mémoire. L'histoire morale de cette grande journée se décompose ensuite en deux actes : les discours de l'Élysée, l'ambassade Renaudel.

M. Renaudel[272] est un homme peu intelligent, se disant mandataire d'un parti qui ne lui a même pas renouvelé le mandat illégal de 1914. Porteur d'un papier couvert d'idées absurdes, il a lourdement essayé d'établir l'importance de sa personne et de sa fonction. Il a institué un fastidieux parallèle entre les thèmes wilsoniens et les thèses de son parti. M. Wilson lui

---

[272] Pierre Renaudel (1871–1935), un compagnon de Jean Jaurès, il fut directeur de *L'Humanité* pendant la guerre. (n.d.é.)

a répondu poliment qu'il « ne suffisait pas d'établir des principes », il fallait trouver les voies de réalisation.

Cette substantielle et topique réponse confirmait le pronostic donné la veille par Pierre Veber[273] : « Le président a ses directives, il ne s'y tiendra pas obstinément s'il les juge mauvaises. »

Et le rédacteur du *New-York Herald* disait plus loin :

> En ce moment, la propagande allemande veut s'appuyer sur les déclarations que M. Wilson fit en décembre 1916 ; elle espère ainsi modifier l'état d'esprit du Congrès ; c'est une manœuvre bien médiocre. Depuis cette date, la religion humanitaire du président a été éclairée ; si ses principes sont restés les mêmes, leur application a pu se modifier à mesure que des renseignements plus précis parvenaient à la Maison-Blanche.

Lorsque le président Wilson aura considéré de près les infamies et les forfaits allemands en territoire belge et français, chacun pourra voir « si ces principes n'ont pas évolué depuis décembre 1916 ».

Ce coup droit porté à la propagande allemande s'applique évidemment à la propagande de ceux qui estiment leur pays « lié » par la gratitude et l'honneur à toute syllabe de tout article de ce programme wilsonien, dont l'évolution fut si bienfaisante ! M. Gauvain[274] est l'un des doctrinaires qui veulent ainsi nous « lier ». M. Pierre Renaudel en est un autre. On n'est pas étonné de les trouver ensemble et les deux font la paire ; ce serait pour le malheur de leur pays, si les destinées de la France ne passaient haut, très haut, par-dessus de telles misères !

M. WILSON ET M. POINCARÉ

Les discours prononcés au déjeuner de l'Élysée, tournant autour du même problème, l'ont posé et l'ont résolu comme il faut.

---

[273] Pierre Veber (1869-1942), auteur dramatique lui-même, fut critique dramatique parisien pour plusieurs journaux, notamment le *New York Herald*. Il est notamment célèbre pour son duel avec Léon Blum, en octobre 1912. (n.d.é.)

[274] Auguste Gauvain (1861-1931), avocat, auteur de nombreux ouvrages et chroniques sur la diplomatie. En mai 1921, Marcel Proust le compare à Jacques Bainville dans une lettre adressée à Charles Maurras : « [Bainville] n'a guère à faire le modeste, étant de tant de centaines de coudées au-dessus des Gauvain, je ne dis pas même des Recouly... » (n.d.é.)

Après tant de mois d'une coopération éloignée mais étroite, singulièrement courageuse et méritoire, les deux chefs d'État se trouvaient en présence. Qu'allaient-ils se dire ? Des fictions conventionnelles ? Non, la vérité. Qu'allaient-ils manifester ? Des amours-propres personnels ou des entêtements d'école et de doctrine ? Non, mais le sentiment des intérêts les plus généraux de l'Amérique et de la France, auxquels les intérêts du genre humain sont présentement suspendus.

Il ne sera donc pas nécessaire de nous presser sur les pas de M. Wilson pour lui crier « Justice », pour lui demander « Justice pour la patrie ». Ce vœu national a été présenté avec clarté et fermeté au président de la République américaine par le président de la République française.

Nous en avons placé l'essentiel à la manchette de *L'Action française* :

> *Le président Poincaré au président Wilson :*
> ... Votre noble conscience prononcera sur ces forfaits.
> S'ils restaient sans sanction et s'ils pouvaient se renouveler, les plus belles victoires seraient vaines. Monsieur le Président, la France a lutté, patienté, peiné pendant quatre longues années...
> Ce n'est pas pour être exposée à des recommencements d'agression qu'elle s'est résignée à tant de sacrifices. Ce n'est pas non plus pour laisser des criminels impunis relever la tête et préparer de nouveaux assassinats que, sous votre forte impulsion, l'Amérique s'est armée et a traversé l'Océan...
>
> *Le président Wilson au président Poincaré :*
> J'apprécie comme vous, Monsieur le Président, la nécessité de prendre, en décidant des résultats de la guerre, des mesures telles que, non seulement ces actes de terreur et de spoliation seront flétris, mais que l'humanité entière restera avertie qu'aucun peuple ne pourra oser de pareils outrages sans encourir la certitude d'un juste châtiment.

Nous l'avons fait suivre de la réponse donnée par l'hôte de la France. Celle-ci énonce, immédiatement, explicitement, sans autre forme d'examen, une première série d'assurances dans l'ordre moral. Elle promet au peuple coupable un châtiment. Cette sanction en suppose une autre : si le criminel est puni, l'innocent dépouillé et meurtri sera dédommagé, et des garanties effectives le mettront à l'abri de tout retour d'épreuves qui seraient désormais insoutenables.

M. Woodrow Wilson destine à « l'humanité en général » la sécurité et la liberté de la vie. M. Poincaré requiert pour la France, pour l'Amérique, pour tous les Alliés « le mutuel appui dont nous avons besoin les uns et les autres pour faire prévaloir nos droits ». On peut entrevoir en effet dans l'avenue des siècles la perspective d'un ordre nouveau. Cet ordre ne se réalisera qu'au moyen de précautions fortes, souscrites, combinées, épaulées par tous. L'orateur de la France y a insisté avec force, et il a bien raison ! Nous n'avons pas le droit de faire danser nos fantaisies sur un million cinq cent mille tombeaux que la guerre a ouverts sur la terre française. Nous n'avons pas le droit d'oublier que ces tombes ont été creusées par l'esprit d'illusion, d'utopie, de chimère ; si elles avaient eu le sens de la réalité, les générations et, comme on dit, les « classes » qui grandirent sur notre sol durant vingt ans pour cette hécatombe seraient encore pleines de vie parmi nous. Si leur deuil ne nous apprenait pas la prudence et la réflexion, à quelles enchères sanglantes devrait être achetée la future sagesse ?

La réponse de M. Wilson a été naturellement imprégnée d'un état d'esprit un peu différent. En admirer l'idéalisme serait insuffisant. Le fait est que la généreuse et vaste conception du président américain s'est développée sur une terre lointaine ; cette terre semble parfois n'avoir pris sa part des maux de la guerre que parce qu'elle l'a bien voulu. La pensée de M. Woodrow Wilson a bénéficié d'un semblant de liberté et d'immunité par rapport aux menaces du germanisme. Mais cette pensée est trop nette et trop directe pour se laisser décevoir à des apparences. L'homme civilisé et cultivé d'outre-mer était-il à l'abri de ce germanisme qui menaçait tout, l'ouest américain, le sud brésilien, l'ensemble des races humaines ? M. Woodrow Wilson n'a pas cédé au seul penchant philosophique lorsqu'il a universalisé le problème, il l'a vu et posé absolument tel qu'il était. L'Allemagne aspirait à la domination de la terre, c'est la terre entière que M. Wilson a voulu libérer.

Guerre et démocratie

Je me permettrai dès lors de lui signaler un aspect des choses qui n'a pu lui échapper, mais dont l'importance est multipliée ici par la proximité de l'Allemagne, de cette Allemagne d'où souffla toujours la Révolution.

Nous ne savons pas du tout ce qui se passera lorsque l'influence allemande se sera évanouie de la face du monde ; le cœur de l'homme en sera peut-être renouvelé. En attendant, il convient de faire attention et de se garder. M. Wilson prêche la guerre à la guerre ; rien de plus pacifique. Mais il la prêche au nom de la démocratie, et pour une raison ou pour une autre, en Europe, ce nom de démocratie est loin de signifier ni l'ordre public, ni la tranquillité. Par suite de l'influence allemande ou de toute autre cause, beaucoup d'Européens tiennent la démocratie pour synonyme de lutte de classes ou de conflit des citoyens. L'homme au grand cœur venu au secours de la France et qui l'a tant aidée à se défaire de la guerre étrangère, aurait une horreur plus vive encore s'il est possible, d'une guerre fratricide à l'intérieur de nos pays. Or, tel est le vrai fond de l'ambition de ceux qui manifestent le plus d'aversion pour la guerre allemande et qui parlent le plus tendrement de la démocratie ; ce sont les partisans de la guerre de classes, et la guerre civile est leur rêve secret ! Un poète français qui fut longtemps le plus populaire de nos auteurs après La Fontaine, a écrit que « souvent la peur d'un mal fait tomber dans un pire ».[275] Cela est arrivé aux Russes ; effrayés et las de la guerre étrangère, ils se déchirent entre eux depuis dix-huit mois. Cela n'arrivera certes point à notre ardente et confiante France de 1918. Cela pourrait arriver ailleurs. L'attention de l'humanité a été attirée par un grand poète américain sur « la voix haute et salutaire » destinée à nous avertir de ce qu'il y a d'insensé dans les efforts faits « pour établir une démocratie universelle ».[276] La substitution de la guerre civile à la guerre étrangère consacrerait et vérifierait l'avertissement du poète. Mais serait-ce un progrès ? Et, si ce n'est pas un progrès, ceux qui songent à nous épargner les guerres que produisent l'autocratie et la diplomatie secrète ne seraient-ils pas sages de parer aussi à ces autres guerres que suscite la diplomatie publique et qu'engendre la démocratie ?

On peut le demander au président Wilson. Et la même question peut être posée au grand écrivain français, qui paraît conclure dans le même sens que l'orateur et président américain, M. Anatole France.

POLITIQUE ET MORALE

16 décembre 1918

---

[275] Boileau, *Art poétique*. (n.d.é.)
[276] Edgar Poe. (n.d.é.)

Monsieur Woodrow Wilson disait à notre ambassadeur, avant de quitter Washington, que sa Société des nations formait « une association forte, honnête, unie » ; sujette d'une loi commune, elle se dresserait toujours contre les *outlaws*, contre les « hors la loi », contre ceux qui vivraient hors d'elle.

L'existence de ces *outlaws* et le soin de la sûreté commune pourraient faire durer en effet cette association bienfaisante. La méfiance et la surveillance de l'Allemagne seront pour elle principe de la sagesse, de la fédération, de la paix ; comme la méfiance et la surveillance du duc d'Autriche furent principe de la sagesse, de la fédération, de la paix intérieure pour les premiers cantons suisses. Mais, si la force de cet ennemi commun subsiste, un principe de guerre subsistera aussi. Et, s'il s'évanouit, le principe de paix interne aura de fortes chances de s'évanouir avec lui...

Les Alliés ont battu l'empire allemand, mais leur alliance est composée de puissants empires, leurs pavillons divers, couvrant des étendues immenses, représentent des forces en activité ardente, en perpétuelle tension.

Or, toutes les rivalités de ces grands intérêts ont un caractère singulier et bien digne d'attirer l'attention des hommes d'État et des philosophes. Ce sont des procès civils, des litiges d'affaires, et si étendus qu'il n'est pas toujours facile ni même possible d'y dire le droit. Ils éclatent souvent entre deux droits antagonistes, entre deux intérêts dont chacun a sa légitimité. C'est pourquoi de part et d'autre peuvent et même doivent se trouver la même foi, la même passion, donc le même désir de ne rien céder, même à l'arbitrage et, si l'arbitre a prononcé, de courir aux armes.

Les guerres allemandes de 1870, de 1914 ont été des chefs-d'œuvre de perfide cautèle. Mais l'histoire est pleine du cas contraire. Des guerres douloureuses ont été soutenues par des adversaires honnêtes. Dans son esquisse de la Guerre de Sécession, le comte de Paris s'est montré frappé du caractère de résolution farouche et de probité réciproque observé chez les nordistes et les sudistes. C'est l'indice très clair que les plus loyaux des hommes et les plus nobles des nations peuvent en venir aux mains sans être diminués dans l'ordre moral.

À L'ÉGLISE

Que conclure ? J'ai vu très distinctement M. le président Woodrow Wilson au moment où le landau présidentiel débouchait du pont de la

Concorde sur la place. Il ressemble beaucoup, en plus sanguin, en moins ascétique, à certains membres de la Compagnie de Jésus que j'ai eu l'honneur d'approcher. Homme d'État dans l'action, il m'a paru, dans la liberté des spéculations et des rêveries, homme d'Église bien plutôt que philosophe. N'est-ce pas lui, au fond, qui prêchait à l'église américaine de la rue de Berri où il s'est rendu dimanche matin ? Les paroles suivantes ne pouvaient-elles pas être de lui plutôt que du prédicateur ?

> Pour texte de son sermon, il a pris le 9e verset du chapitre XI des Prophéties d'Isaïe. Il a insisté avec force sur la nécessité d'imprégner d'idéalisme la vie politique et civile, sur ce fait que l'Église doit soutenir cet idéalisme de toute son énergie et de tout son pouvoir. Il a indiqué que le royaume de Dieu peut être de cette terre en ce qui touche la vie politique et civile des peuples, et, plus précisément, dans les relations entre les nations. Il a déclaré que l'Histoire nous révèle que le progrès, l'évolution de l'humanité, dont l'existence primitive, dite préhistorique, a été le premier stade, approche maintenant, par la constitution de la Société des nations, de son stade dernier. La Société des nations sera la dernière étape de l'humanité dans la voie ou, depuis le lointain des âges, elle marche, à travers les difficultés, les épreuves et avec des reculs momentanés.

Sauf pour l'appel (d'ailleurs inexact) à l'Histoire, qu'il ne me souvient pas d'avoir lu sous la plume de M. Woodrow Wilson, toutes ces paroles du révérend Chauncey W. Goodrich seraient superposables à telle et telle parole du président. Mais le pasteur de l'église américaine s'est rapproché d'un autre grand personnage ecclésiastique à la fin de son oraison telle que la résume *Le Temps* :

> En terminant, le Révérend Chauncey W. Goodrich s'est élevé contre ceux dont l'orgueil, l'ambition, les convoitises et la barbarie ont retardé la venue de l'heure où la Société des nations pourra enfin devenir une réalité.

Nos lecteurs ont déjà reconnu le thème. Il a été développé avec une ardente éloquence dans une encyclique célèbre de S. S. Benoît XV. L'orgueil, l'ambition, les convoitises, la barbarie, voilà les causes de la guerre. Elles sont morales et sociales ; elles sont humaines bien plus que politiques. La fonction d'une politique saine est de modérer, de régler, de limiter ces causes. Quant à les supprimer si cela est possible, cela est du ressort des doctrines et des arts qui se proposent de changer le cœur de l'homme. L'œil net, l'esprit méfiant, la conscience et l'intelligence lorraines de M. Poincaré ont parfaitement discerné selon nous à quelle confusion de genres tendait le noble idéalisme américain. Les émouvantes et édifiantes cérémonies de la rue de Berri établissent une fois de plus que, dans son esprit, cet idéalisme était religieux.

Ce n'est pas sur un *Washington*, c'est sur un *Mayflower* que ce petit-fils des Puritains a repassé l'abîme atlantique. Sa doctrine politique est la conclusion logique d'une foi. Ah ! si cette foi devenait la foi du monde, tout le reste serait non aisé ni facile (rien de supérieur n'est aisé ni facile), mais possible et, par conséquent, nécessaire. Ôtez ce support, qu'est-ce qui tient ?

POUR ET CONTRE LES QUATORZE ARTICLES

17 décembre 1918

Ainsi, d'après Marcel Sembat, un abominable attentat à peine commis à Lisbonne, un autre « non moins cruel » se prépare à Paris ; si un jeune inconnu a abattu le président Sidonio Paes[277], deux adultes non ignorés se préparent à jeter par terre les quatorze articles du président Wilson, et ces conspirateurs sanglants ne seraient autres qu'Alfred Capus[278] et Charles Maurras, si l'on en croit le directeur de *L Heure*.

Mains tordues et poil arraché, il tourne tristement autour des chers quatorze articles, lesquels d'ailleurs se portent bien et n'ont subi de dommage que sur la seule affaire de la liberté des mers dont l'empire britannique ne peut s'arranger.

Sans me porter garant en rien du sombre esprit de Capus, je peux assurer Marcel Sembat qu'il se trompe sur ma pensée. Certes, je ne crois pas que les quatorze articles soient ce que M. Wilson nous ait adressé de plus précieux.

---

[277] Sidónio da Silva Pais, né en 1872, quatrième président de la République portugaise. Accusé de vouloir instaurer la dictature, il est assassiné le 14 décembre 1918. (n.d.é.)
[278] Alfred Capus (1857–1922), académicien et auteur de vaudevilles, est ici dénoncé par Marcel Sembat au titre de directeur du *Figaro*, fonction qu'il occupe depuis l'assassinat de Calmette en 1914. (n.d.é.)

Il y a ses braves armées, qui ont aidé à la délivrance de notre sol. Il y a ses paroles pleines de cœur et de sagesse qui ont affermi notre espérance. Il y a ses bateaux pleins de fer et pleins de froment qui nous ont armés contre l'invasion et contre la famine. Tous ces admirables bienfaits de M. W. Wilson nous paraissent supérieurs aux quatorze articles, mais, loin de faire fi de ces derniers, nous jugeons au contraire que la plupart d'entre eux expriment les vœux d'une âme belle et puissante, habituée à commander et accoutumée de vouloir.

Passions, intérêts, religions

Jusqu'à quel point commande-t-on à la nature ? L'empire de la volonté pure est-il illimité ? C'est toute la question que soulèvent les doctrines de M. Wilson. Nous y lisons des impératifs. Nous n'y trouvons pas des moyens de les réaliser qui soient proportionnels aux difficultés abordées. Mais ces moyens existent ou ils n'existent pas. Cherchons-les. Nous avons commencé. Rien n'empêche Sembat d'aider notre recherche.

Les deux Français qu'il inculpe d'intentions assassines ne lui en voudront pas de son accusation s'il leur fait le plaisir de fournir un commencement de réponse à leurs curiosités, car enfin, nous n'estimons pas du tout, bien qu'il nous attribue cette pensée, que « l'idée de tuer la guerre » soit « subversive, anarchique et anti-française ». Nous lui demandons seulement de nous en dire les moyens dans l'état présent d'une Europe où les nationalités représentent des associations d'égoïsmes effervescents ; où les mouvements sociaux représentent des jalousies et des haines de classes artistement sur-aiguisées par l'intérêt des partis politiques ; où enfin l'idée religieuse est combattue à peu près partout par les États nationaux et par les partis sociaux... M. Wilson a rédigé ses quatorze articles sur l'hypothèse d'États et de Partis civilisés, domptés, polis et adoucis par une culture morale et religieuse aussi profonde que la sienne.

Pareille culture, Sembat la voit-il, et où ?

Médecine chinoise

Je lui réponds très posément, comme je l'ai fait plusieurs fois ici, par des idées très définies et des raisons très perceptibles. S'il aime mieux crier au meurtre et au complot, libre à lui. Mais tout le monde se demandera avec surprise ce qu'il a, ce qui lui a pris. On dira même que les quatorze articles doivent lui sembler bien fragiles puisqu'il ne peut pas les défendre de sang-froid.

Ou, si l'on s'occupe de trouver une raison plus ingénieuse à son extraordinaire mimique, on pourra se dire qu'il tient à l'énoncé des quatorze articles beaucoup plus qu'à leur pratique et à leur réalisation. Signer, proclamer, acclamer les quatorze articles donnera peut-être au bon peuple l'illusion de leur règne et de leur action. Mais de tels procédés nous ont fait toujours penser à la médecine chinoise qui, à défaut du remède, en fait avaler aux malades le nom dûment inclus dans des boulettes de papier. Seulement Sembat est l'auteur de *Faites un roi* et de maint article du *Courrier européen* où le monde républicain d'avant la guerre était sommé de parler et d'écrire sérieusement ; sinon, disait Sembat, l'idée royaliste viendra fatalement à bout de l'absence d'idée républicaine. Comment croire que d'un raisonneur, d'un dialecticien, d'un critique, les immenses événements où il a été acteur et public aient tiré un adepte du nominalisme chinois ? Et, si l'on refuse d'admettre cette catastrophe, comment concilie-t-il son goût de la liberté intellectuelle, son estime des quatorze articles et l'horreur que lui inspire tout débat sur ce point sacré ? La question est inextricable.

LE MONDE VU DE LONDRES PAR UN HOMME MORAL

29 décembre 1918

Qu'elle était émouvante cette rencontre, à Londres, du roi d'Angleterre et du président américain, les deux chefs des plus vastes agglomérations d'hommes qu'il y ait sur le globe, Wilson, comme il l'a dit « à titre temporaire », George V, de tout temps, depuis le roi Alfred ![279]

Suivant une habitude dont le retour est immanquable et dont nous nous ménageons attentivement le plaisir, le dépositaire de la Couronne anglaise a trouvé l'accent de l'émotion et le point du cœur pour évoquer ses grands souvenirs nationaux. Nul peuple depuis Rome n'a mieux tenu ce noble langage, par lequel le fleuve puissant des majestueuses causes anciennes roule et étend ses flots jusqu'à baigner, jusqu'à porter tous leurs effets qui sont les

---

[279] Alfred le Grand (849–899), roi du Wessex, devenu le premier roi de l'ensemble des Anglo-Saxons après ses victoires contre les Danois. (n.d.é.)

plus proches de nous. Sur la communauté historique de Londres et de New-York, le roi George a dit entre autres paroles :

> À vous non moins qu'à nous appartiennent les grands souvenirs de nos héros nationaux, depuis le roi Alfred jusqu'à Philip Sydney, Drake, Raleigh, Blake et Hampden[280] jusqu'aux jours où a commencé à poindre dans l'Amérique du nord la vie politique héritée des ancêtres anglais. Vous communiez avec nous dans les traditions de liberté, de *self-government*, aussi vieilles que la grande charte.

Comme un orchestre immense, l'enthousiasme de deux millions d'âmes soulevées servait d'accompagnement à ces souvenirs, et chacun pouvait redire comme le roi : « L'heure présente est historique, votre visite marque une date historique. »

L'ÂME DU WILSONISME

Le président Wilson a répondu comme il convenait à ce grand accueil.

Une nuance de son discours frappera. C'est la satisfaction visible, et très hautement avouée, avec laquelle le successeur de Washington et de Lincoln a repris pied sur cette vieille terre, à l'antique foyer des parents de ses grands-parents. Mais il a parlé aussitôt, presque immédiatement, sans transition, de ce qui me paraît être son vrai objet, l'objet profond de sa pensée et de son action : « l'influence que le peuple américain peut avoir sur les affaires du monde ». Il ne faudrait pas nous pousser beaucoup pour nous faire avouer qu'à notre avis là est la pensée essentielle de ce chef d'un État géant. La nature de cette influence, sa qualité, les moyens par lesquels elle s'exercera et les fins qu'elle poursuivra seront certainement débattues avec loyauté et délicatesse dans cette intelligence et dans ce cœur, mais, soyons-en sûrs, cela n'y viendra qu'en deuxième ligne. Évitons l'illusion contraire.

On a déjà tenté de définir le président Wilson un homme dont le réalisme est au service d'un idéalisme passionné. Ce n'est pas bien cela

---

[280] La composition de cette liste de grands hommes anglais en lesquels pourrait se reconnaître la jeune Amérique a pu plonger les historiens dans des gloses infinies ; pourquoi ceux-là, Philip Sydney (poète, 1554–1586), Francis Drake (corsaire, 1542–1596), Walter Raleigh (explorateur, 1552–1618), Robert Blake (amiral, 1598–1657) et John Hampden (homme politique, 1595–1643), et pas d'autres ? (n.d.é.)

encore. Il faut ajouter que ce noble idéalisme est essentiellement national ; ce ne sont pas seulement les forces, les moyens, les matériaux qui sont américains dans M. Wilson, c'est aussi l'idée directrice, et ce qu'elle a d'américain passe avant tout. Plus la nationalité de l'Amérique, réalisée dans une élite d'esprits et de cœurs, semble encore distante de son point d'accomplissement et continue à mériter son vieux titre de nébuleuse, plus ces Américains de la « plus grande Amérique », véritables Pères de la Patrie, sont attachés à leur désir, à leur espoir, à leur passion du développement « d'une grande influence sur les affaires du monde ». Leur dévouement si exalté, leur générosité, leur volonté de servir efficacement sont animés pour une très grande part de ce beau souffle de patriotisme volontaire. N'hésitons pas à ajouter que c'est aussi à ce caractère que nous les reconnaissons pour vrais et dignes frères des grands hommes d'action dont l'histoire politique de notre ancien monde est issue. Nation y fut toujours berceau conditionnel de civilisation.

LE WILSONISME RELIGIEUX

La nuance particulière de moralisme, de dévotion ou de sainteté qu'y ajoute M. Wilson nous est un peu plus étrangère. Inconnue ? Non ; familière sur d'autres plans.

Dans la jeune Amérique, ces plans, encore confus, restent entremêlés, ils ne le seront plus dans cent ans. Alors on distinguera mieux la morale et la politique, la morale et la religion. Alors on sera plus attentif à ne point mélanger trop souvent le point de vue du droit qui est celui des choses sacrées, avec celui des intérêts de fait qui, pour être moins noble, représente l'air, l'aliment, la lumière, le vêtement, la sécurité de la vie pour d'innombrables populations et qui, par là, se rapprochent aussi d'une zone sacrée, celle du devoir.

Pourquoi y aurait-il des Gouvernements s'ils ne devaient défendre, soutenir et développer l'existence des gouvernés ? Le « droit » du président tout en générosité envers les frères éloignés et indifférents ne tend-il pas d'ailleurs à s'oublier parfois lui-même quand il tourne à l'indulgence pour un ennemi criminel ? Les habitants affamés de Lille ou de Sedan n'ont-ils pas en droit véritable un tour de faveur sur ceux de Vienne et de Berlin ? Mais le droit théorique du président américain s'arrête à peine à cette préférence dont la légitimité paraîtra absolue !

Le jugement moral du monde

Il est d'autant plus intéressant de poser de telles questions qu'une phrase très remarquable du discours de Londres semble montrer que l'éminent orateur a perdu de vue même leur existence. Dans une allusion très nette au grand mot de Montaigne et de Pascal sur les trois degrés d'élévation du pôle qui renversent toute la justice, M. Wilson a tranquillement indiqué que, selon lui, ces remarques de contemporains de Shakespeare et de Milton sont aujourd'hui bien périmées. Il a dit que « jamais » peut-être avant notre temps, les hommes n'ont « réellement » compris combien petite était la différence entre les mots « droit et justice sous une latitude ou sous une autre, sous une souveraineté ou sous une autre ».

Voilà, on a le droit d'en avertir cet homme éminent et que sa place élève encore, voilà, sans doute aucun, la déclivité de la plus dangereuse des illusions. Il n'est pas exact que l'on tombe plus aisément d'accord de la Justice qu'autrefois. Et c'est même tout le contraire. Le « jugement moral du monde », comme il dit plus loin, ne tend aucunement à s'unifier. Il faut le dire sans plaisir, comme il faut le voir sans trouble, mais il faut le dire et le voir. Croire que les hommes se comprennent de plus en plus alors qu'ils tendent à la plus sensible et à la plus profonde des mésententes, c'est accélérer sans le vouloir l'ordre des malheurs nouveaux de l'humanité.

Nous nous permettons d'attirer l'attention de M. Woodrow Wilson sur cette erreur de fait. On a le sentiment de lui rendre service en la lui signalant. Toute l'histoire de cette guerre d'alliances, avec ses arrêts fous, de cette alliance elle-même, aux retards scandaleux, alors que l'ennemi avait tout fait et si bien pour nous fédérer dès la première heure, cette histoire constitue à elle seule un témoignage de la plus haute valeur en faveur de l'opinion la plus pessimiste. Cette histoire établit que l'homme moderne, de 1914 à 1918, n'a essentiellement bien compris que les coups, et les coups une fois reçus ; il a fallu l'invasion du sol belge pour appeler l'Angleterre à nos côtés, il a fallu l'invraisemblable succès boche du 21 mars 1918 pour faire l'unité de commandement, il a fallu... Non, non ; si, pour juger, il faut commencer par connaître, jamais les esprits n'ont été plus lents, les intelligences plus paresseuses, les communications intellectuelles plus difficiles à établir. De ces lenteurs et de ces imperfections dans la connaissance sortent les plus extrêmes variétés et contradictions dans les jugements. Je promets à M. Wilson de beaux étonnements sur la variété du « jugement moral du monde » s'il a le malheur de se fier à cette dernière et crépusculaire idole de la fantasmagorie criticiste.

Vers la tour de Babel

Nous allons à la tour de Babel, voilà la vérité. Un regard sur l'Europe moyenne, centrale, orientale, confirmera ce sentiment. Quant à la force morale qui voudra la débrouiller, il est permis de lui souhaiter beaucoup d'agrément ; pour ce qui est du travail, cela ne lui manquera pas.

Au surplus, que M. Wilson fasse une expérience. Qu'il la fasse non pas de nation à nation, mais dans un même pays anglais ou français (tous deux divisés par l'âpre contention des partis sociaux et politiques dans des conditions sensiblement analogues, ce qui ne veut pas dire qu'elles soient très semblables). Que M. Wilson prenne « le jugement moral du monde » chez les chefs et militants socialistes de France et d'Angleterre et qu'il le compare au jugement moral du monde dans la moyenne du reste de l'opinion ; il verra quel particularisme insensé, quelle catégorie nouvelle d'exilés à l'intérieur, quelle sorte de corps étrangers a développé dans la masse des deux nations voisines une agitation sociale fondée par une faction sur une doctrine économico politique. Les peuples modernes tendent à se dissocier à l'intérieur par la lutte des classes, les rivalités nationales les opposent entre eux. Ces deux ferments pernicieux n'emporteront sans doute pas la civilisation, nous avons confiance qu'ils seront vaincus quelque jour, mais il faut commencer par travailler à les vaincre. Faire comme s'ils étaient vaincus d'ores et déjà, procéder comme si le double problème, si redoutable, était résolu, c'est mettre de nouveau la charrue avant les bœufs et, si l'on se soucie du bonheur du genre humain, y travailler en rêve pour une Ville des Coucous et des Nuées[281] qui n'a rien de commun avec notre ville ni avec ses faubourgs.

---

[281] Néphélococcygia, c'est la ville des *Oiseaux* d'Aristophane, qui revient souvent sous la plume de Maurras ; voir par exemple la note 4 de notre édition de l'article sur *L'Industrie*, écrit en 1909 après le vol de Blériot. (n.d.é.)

M. Wilson à Rome

5 janvier 1919

La visite de M. Wilson au Vatican a été commentée, admirée et donnée en exemple ici au moment où l'annonce en causait une assez forte surprise à Paris. Nous n'avons pas à revenir sur nos impressions, qui étaient justes.

M. Wilson s'est conduit en homme de goût et en homme de bien, ce qui ne l'a pas empêché de se montrer aussi homme pratique, politique avisé et sincère ami de la paix ; il eût été inouï de passer les mers pour tenter d'établir l'amitié entre les hommes par le moyen d'un instrument politique et de vouloir se priver du concours de la plus haute autorité morale de l'univers, celle qui régit le plus grand nombre d'esprits et de cœurs dans l'humanité.

M. Wilson n'a pas commis cette erreur. Cela nous donne confiance dans son action. Nous ne la croyons ni infaillible, ni impeccable. Mais nous avons la certitude qu'elle reste de toute façon et dans tous les cas d'un fort degré supérieure à certaines formules dont s'enchante et (très visiblement, à Rome) s'égaie son esprit et son éloquence. On remarquera et l'on admirera dans les discours d'hier et d'avant-hier le plus curieux ton de détente. Le président américain semble avoir respiré, du Capitole au Janicule, je ne sais quelle composition hilarante dont la subtilité, sans faire tort à sa raison, l'a exaltée, affinée, sublimée, et parfois un peu égarée vers de beaux nuages couleur d'émeraude et de pourpre, d'espoir et de domination.

Capitole romain et Capitole américain

Comme toujours, l'orateur prenait les précautions les plus solides, il s'ancrait tout d'abord aux réalités fermes et par exemple avant de partir pour l'azur, il commençait par dire tout net :

> Il est aisé de parler de droit et de justice, il est quelquefois malaisé de les faire passer dans la réalité, et cela exigera une pureté de mots et un désintéressement d'intentions dont le monde n'a jamais été témoin jusqu'ici dans les conseils des nations.

Pas de précédent. Donc, attention et gare ! dit le bon sens américain. Mais cela dit (et fait), le président s'embarque dans des constatations dont le défaut est d'être remarquablement unilatérales... Oui, il a raison de le dire, « de grands empires sont tombés en morceaux », c'est le fait capital de cette guerre, mais ce n'est pas le seul ; d'autres empires se sont resserrés, concentrés et fortifiés, il faut donc y penser. Oui encore, ce qui rattache les hommes dans les États, ce qui peut rattacher les États entre eux, c'est l'amitié. Aristote l'avait déjà dit. Est-ce l'amitié seule ? Il y a des intérêts qui le plus honorablement du monde ont su unir de grandes nations, après les avoir divisées ; l'Angleterre et la France ne l'ont-elles pas éprouvé dans les plaines de Flandre ?...

Le président dit encore que l'amitié est le seul trait d'union international « si vous écartez la force ! » Mais le plus beau est que vous ne l'écartez pas de la Société des nations ; vous êtes obligés de créer une force internationale, et cette force est passible de toutes les objections dont les forces nationales sont si curieusement accablées aujourd'hui.

Alors ? Alors, il y a beaucoup de fantaisie, de mousse, d'humour philosophique et doctoral dans ces magnifiques discours et quand on lit, d'autre part, ce regret :

> Si l'Allemagne avait attendu seulement le temps d'une simple génération, elle aurait possédé l'empire commercial du monde. Elle se refusait à faire cette conquête par les moyens de l'intelligence, de l'esprit d'entreprise, de la réussite commerciale...

Ici, on ne peut s'empêcher de rêver et, le rêve achevé, de se dire qu'un empire purement commercial peut être terriblement oppressif, homicide et dévastateur. La Société des nations nous y exposera-t-elle ? Ne haussez pas l'épaule, ne vous confiez pas au destin des belles idées et fuites (je ne vais pas vous donner un petit modèle), faites, faisons tous comme le roi d'Italie, riche en sourires radieux pour la Société des nations, mais qui a commencé un paragraphe de son discours en des termes aussi sages et puissants que ceux-ci :

> L'Italie ayant désormais réuni à elle ceux de ses enfants depuis longtemps éprouvés par l'oppression étrangère et retrouvé les frontières qui seules peuvent lui donner, avec la sécurité, une véritable

indépendance...

Victor-Emmanuel III est décidément de l'avis de M. Clemenceau. Société des nations tant qu'on voudra ; mais des frontières, des armements, des alliances et l'équilibre des forces de terre et de mer en Europe et dans le monde entier. Ce système peut être ancien. Il est. Tout ce qu'on peut dire de l'autre est qu'il n'est pas encore apparu capable de vie.

ROOSEVELT ET WILSON[282]

8 janvier 1919

C'était une étrange figure, tout en force, tout en doctrine, tout en passion. Ne criez pas aux contradictoires, Roosevelt avait la passion de la doctrine de la force, et cette force enseignée avec cette passion était pour lui la plus haute expression de la morale et de la vertu, le plus digne hommage qu'un homme conscient pût adresser au droit. Ce qui chez le président Wilson affecte volontiers les fugitives apparences d'une opposition paraissait plutôt chez le président Roosevelt une composition.

Mais, en fait, ils pensaient de même et ces deux adversaires de là-bas font figure de co-religionnaires ici.

Assurément, l'un veut freiner, l'autre exalter, l'un adoucit et rêve de pacifier, l'autre prêche la guerre sainte contre l'existence du « type flasque » et ne croit qu'aux énergies d'une activité enivrée d'elle-même. Ces contrastes s'expliquent par des diversités de profession et de carrière ; Wilson a toujours été professeur, Roosevelt a mêlé la guerre à la politique. Mais leurs différences les plus extrêmes ne laissaient pas d'obéir aux mêmes principes et de le rapporter au même américanisme. Tous deux étaient les fils d'une Amérique triomphante, tous deux auront été des nationalistes et j'allais dire, en dépit de leur intervention magnanime, des particularistes américains.

En voulez-vous la preuve ? Des deux, c'est le belliciste qui a mis sur pied la plus petite armée et la plus petite marine, et c'est le pacifiste qui a fait passer l'Atlantique au drapeau étoilé, ombrageant deux millions de soldats !

---

[282] Théodore Roosevelt vient alors de mourir. (n.d.é.)

L'HUMANITÉ NOUVELLE ET LA FRANCE

À tous les deux, la France dévoue, doit dévouer une gratitude sans borne. L'apôtre de la paix Woodrow Wilson nous a, en fin de compte, apporté les ressources, l'or, le fer et le cœur même de sa patrie. Le prédicateur de la guerre Roosevelt, après avoir prodigué, pour la cause de l'Entente, tous les efforts de sa parole et de sa plume, lui a envoyé ses quatre fils, dont l'un dort l'éternel sommeil dans un repli de notre terre abreuvée de son sang. Théodore Roosevelt n'aura pas longtemps survécu à Quentin Roosevelt. Il conviendra que nos drapeaux pendent sur son cercueil. Cet homme si semblable aux hommes de son pays était aussi différent de nous que possible, mais c'était un vrai homme et c'est contre la bête allemande qu'est née l'occasion de nous connaître, de nous estimer et de nous aimer.

Avancerons-nous encore dans l'heureuse voie que nous ouvre la découverte, graduelle et chaque jour plus claire, des Anglo-Saxons par les Français et des Français par les Anglo-Saxons ? Cela se fera si nous savons prendre également conscience de nos différences et de nos ressemblances. La raison de nos sympathies est à n'en pas douter de l'ordre du cœur. À la droiture innée, au goût du bien moral si vif chez nos voisins correspondent, chez nous, en développements symétriques, le goût du vrai, celui du beau et le sentiment de l'honneur. Ce qui nous étonne toujours un peu, c'est l'attention immense et presque sans mesure donnée par l'Anglo-Saxon au thème de l'énergie et de la vertu personnelle ; les peuples de culture latine ne sont pas « individualistes » de cette façon et même ils ne le sont pas du tout. Les trésors indivis du langage, des arts, de la poésie, de la science et de la raison, les acquisitions sociales, voilà leurs points de départ favoris ; c'est d'une belle émotion impersonnelle ressentie en commun ou d'une brillante démonstration rationnelle et comprise ensemble que nous nous élevons à l'imitation des héros et des saints de notre patrie. Bref, il faut que l'intelligence soit de la partie, qu'elle ait son compte dans le jeu ou dans le labeur. Deviendrons-nous moins « cérébraux » au contact de l'Amérique et de l'empire anglais ? Ou nos amis anglo-saxons se laisseront-ils prendre et charmer à notre façon de penser l'action ou la sensation tout en les vivant avec énergie ? L'avenir le dira peut-être. Il dépend de nous de le décider, et la décision importe si l'intérêt du monde est toujours que les races nourries et modelées aux leçons des deux Romes ne perdent pas de vue leur rôle magistral, trois fois millénaire, d'humaniser et de spiritualiser l'univers.

La noble race des Théodore Roosevelt et des Woodrow Wilson aura décidé du principal en écartant de l'avenir, il faut l'espérer, toute candidature de la barbarie boche à l'Empire. Cet effort s'est fait dans la guerre. Il se continuera dans la paix. À nous de faire le nôtre et de l'accentuer ; l'effort qui ne peut être fait que par nous, l'effort dont le premier effet est de nous rendre à nous-mêmes et le second de nous mettre à même d'employer tout le plein, tout le bon de nos qualités. Si, comme tout l'annonce, la barbarie anarchiste et révolutionnaire, la barbarie d'en bas, qui alarmait Macaulay[283], subit le sort de la barbarie germanique, la réorganisation intellectuelle et morale de notre patrie nécessaire dans tous les cas, devient pour elle le plus délicat des devoirs de la gratitude ; comment remercier nos sauveurs si ce n'est en leur distribuant avec plus d'abondance toutes les douceurs, toutes les lumières et toutes les forces que la France d'autrefois leur a rayonnées ?

M. WILSON AU SÉNAT

21 janvier 1919

Nous ne regrettons pas d'avoir rappelé, l'autre jour, le tour excellent des discours prononcés, pendant la guerre, par M. Antonin Dubost.[284] Décidément, le vieil Allobroge parle bien. Son allocution au président américain dans le déjeuner sénatorial d'hier lui fait honneur ainsi qu'au pays.

Visiblement, M. le président du Sénat a tenu à parler au nom de la France et non d'un régime ou d'un parti exclusifs. Il a marqué la continuité nationale. Il s'est déclaré, avec le Sénat, continuateur d'une « histoire qui compte déjà quinze siècles ». À la bonne heure ! Et le « soyez bienvenu, vous et vos idées » ne manquait pas d'allure non plus.

Il a proposé à M. Wilson un autre excellent point de vue, celui de l'Allemagne éternelle qui explique tout, substitué à celui de « l'autocratie » qui n'éclaire rien. Il y a des autocraties pacifiques ; exemple le malheureux tsar Nicolas. Y a-t-il des gouvernements allemands qui aient laissé la paix au genre humain ? Non. Jamais. Au temps de son anarchie la plus sauvage, la

---

[283] Citation récurrente sous la plume de Maurras. Voir par exemple le point II de l'introduction du *Dilemme de Marc Sangnier*. (n.d.é.)
[284] Antonin Dubost (1842–1921), radical et franc-maçon, maire de la Tour-du-Pin pendant plus de quarante ans et président du Sénat de 1906 à 1920. (n.d.é.)

plus barbare et bégayante, l'Allemagne était déjà, il y a deux mille ans, la perturbatrice du monde. M. Antonin Dubost, né, je crois, au bord d'une voie romaine du Dauphiné, la définit telle qu'elle est : « race de proie », faisant sa « poussée séculaire ». Il eût pu dire : millénaire. « Race qui semble elle-même poussée par quelque obscur, quelque ancestral besoin de migration » ; devant cette race, à courte distance de cette poussée, se trouve placée notre patrie. Telle est sa destinée et sa fatalité. Ce mot, souvent impropre, est ici où il faut.

Fondons, établissons un ordre nouveau, soit. Organisons le monde suivant les généreux projets du président Wilson : « Cet ordre nouveau devra toujours s'appuyer sur une force quelconque... Cette force, la France en sera, en définitive, la sentinelle la plus avancée et la plus exposée ». Que ce nouvel ordre nous libère du cauchemar de l'invasion ; mais, pour le moment, près de 1 400 000 Français viennent encore de donner leur vie, faute d'être suffisamment protégés ! On les protégera ? Soit. Et tant mieux. Mais pas d'excès de confiance ; voici que, pour une part de l'Europe, à la guerre étrangère succède l'anarchie, c'est-à-dire « la haine et la discorde » et toujours les coups. Ce que nous voyons doit nous rendre prodigues et hardis dans la multiplication des défenses.

QUE LES IDÉES DE M. WILSON SOIENT LES BIENVENUES !

Comme toujours, la réponse de M. W. Wilson a été empreinte d'un grand charme. Il suffit de la lire pour avoir idée d'une cordialité rayonnante et aussi pénétrante. Il a repris la comparaison de la sentinelle. Il a évoqué avec l'éloquence de la tragédie « la ligne imperceptible de la frontière » qui nous séparait des armements monstrueux de notre ennemi éternel. Il a donc ratifié en somme, quant à l'essentiel, l'esprit des objections qui lui avaient été si amicalement et si franchement exposées. Quant à l'avenir, sa parole la plus rassurante contenait l'idée que voici : « Beaucoup d'éléments nouveaux » sont nés ; ils doivent nous inspirer confiance...

On disait la même chose en 1790. De grandes guerres ont suivi. On disait la même chose en 1815, on redoublait en 1848. De grandes guerres ont suivi. Les mêmes choses étaient reprises en 1898. Les grandes guerres n'ont pas manqué... Cette concordance est impressionnante... De manière générale, il est sage d'être en garde contre l'hypothèse de transformations destinées à changer l'ordre prévu et stable de la nature sociale. En 1898-

1900, prévoyant la guerre, nous élaborions l'*Enquête sur la monarchie*. Un chef socialiste, comme nous l'avons raconté dix ans plus tard, lut notre ébauche et prononça que le projet paraissait sensé.

— Alors, lui dîmes-nous, pourquoi ne pas vous y rallier ?

— Parce que, nous répondit-il, il se produira d'ici peu des transformations qui changeront tout...

Les transformations se sont produites, en effet. Mais elles étaient, point par point, de l'ordre, de la direction et du sens que nous avions prévus.

Il faut défendre l'Europe contre la Germanie

24 janvier 1919

Cette note, tout a abord intitulée « La déconvenue à prévoir », était écrite au lendemain des ouvertures faites aux révolutionnaires russes, que l'on conviait à d'étrange conversations dans une île de la mer de Marmara. On sait le résultat de l'équipée de Prinkipo.[285]

À entendre les socialistes du centre et de la gauche, on dirait quelque grande victoire nationale. Ce n'est rien, c'est une simple défaite, disent-ils, des représentants de la France, MM. Clemenceau et Pichon, par MM. Lloyd George et Wilson. Une voie sûre est abandonnée. On adopte la voie indirecte et longue, semée de fondrières, au bout de laquelle il faudra bien que tout le monde revienne sur ses pas. Les Cachin, les Longuet et leurs tristes émules ne se tiennent pas de plaisir. Un faux pas de l'Entente, un pas de clerc de la France, c'est tout ce qu'il leur faut pour s'extasier.

Laissons-les à leur triste joie. Nos sévérités ne les troubleront pas. Ni cris d'appel, ni mots de pitié ne les remueraient. Le bandeau sur les yeux, un bandeau fait de mots médiocrement agencés, ils vont. Dans quelque temps, bientôt peut-être, mais certainement tôt ou tard, ils rendront au pays le spectacle de leur stupeur vaine et de leur sotte angoisse, le même qu'ils donnèrent, si beau, dans les premières semaines d'août 1914, après que Jaurès eût vainement recherché dans un lexique allemand-français une autre

---

[285] Cette conférence qui devait reconstruire l'équilibre européen avec la participation, au titre de la Russie bolchévique, de Léon Trotski, n'eut jamais lieu. Dix ans plus tard, l'île de Prinkipo devait être la première étape de l'exil du même Trostki. (n.d.é.)

signification aux vocables de guerre que le télégraphe apportait. Alors, pour quelques jours, la réplique du fait avait rabattu le caquet de leur verbiage.

Ils annonçaient la paix entre les nations. Le feu et le sang accoururent. Ils annoncent la constitution d'une Europe nouvelle à la Wilson. Un effondrement inouï qui surviendra les confondra.

L'Europe est-elle condamnée ?

Laissons-les. Pis que des coquins et des brutes, ce sont des sots. Mais, indépendamment de leur sottise épanouie qui, par contraste, donne à un Gustave Hervé figure d'homme de bon sens, il nous faut encore admirer l'esprit d'aveuglement qui préside aux conseils de l'Europe et du monde. Sans doute, il convient de parler avec quelque réserve des intérêts communs de notre planète, car ils sont à peine définissables, et le genre humain épars sur les îles et sur les continents est lui-même, par les diversités de son habitat, entraîné à de surprenants effets de concurrence et de haine. Cependant, il ne nous semble pas conforme aux destins généraux de la terre et de l'humanité que notre vieille Europe sombre dans le chaos des divisions, des conflagrations, des révolutions, mal tempérées par des organisations à la boche. L'Europe peut avoir des défauts, des torts, des lacunes ; c'est un édifice de géographie et d'histoire qu'il n'est pas téméraire de nommer un grand bien. Il est de l'intérêt de l'humanité de le maintenir et de le défendre. Il serait sauvage de le détruire. Voudrait-on ce malheur ? Tout se passe comme si on le voulait.

Pour guérir l'Europe, il eût fallu que la Conférence de la Paix à peine réunie s'attaquât en principe à la question d'Allemagne. De là était venu le mal, là devait être appliqué le remède. Quel remède ? Eh bien, le fer chaud, si le fer chaud était nécessaire ! La maladie du germanisme étant mère du bolchevisme, le bolchevisme ne pouvait vraiment être abordé et traité que là. Là seulement aussi pouvaient être posés et résolus les problèmes émis par les peuples périphériques slaves, latins, gallo-latins. Nous le disions bien avant l'armistice, dès le milieu des mois d'été : méditez la question d'Allemagne ! On a préféré méditer des questions qui, sans celle-là, ne peuvent même pas être conçues, et l'on aboutit de la sorte à la co-existence de ces deux douloureux résultats : le raffermissement de l'autorité en Allemagne, l'obscurcissement et le trouble portés dans toutes les autres nations, dans toutes les autres questions.

Nous avions appelé M. Woodrow Wilson un nationaliste américain. Mais nous n'avons jamais admis que le nationalisme du président pût se confondre avec une formule d'abaissement et de diminution pour le peuple ami que ses armes ont sauvé, et sans lequel il serait envahi lui-même. En nous refusant les précautions et les protections nécessaires contre un ennemi éternel, M. Wilson ne peut penser qu'il fasse les affaires de l'Amérique. Ou son erreur serait si grave qu'elle serait indigne de lui.

Le monde anglo-saxon tout entier est encore plus intéressé qu'il ne croit à la vie et à la vigueur d'une Europe affranchie des épouvantes du germanisme. La ceinture d'argent et d'azur de la Manche, les abîmes océaniques eux-mêmes sont de petites garanties contre l'essor du rapace malfaisant de Berlin ou de Weimar. Si la justice, le droit et le devoir pouvaient devenir lettres mortes pour eux, « ceux qui parlent anglais » feraient sagement de se dire qu'à Rome, à Paris, à Bucarest et en quelques autres villes choisies, mais non très nombreuses pourtant, ni très populeuses, ils ont des amis qui les défendaient en se défendant ; oui, ces amis se sacrifiaient à quelque chose comme un bien vital indivis entre eux et nous. Personne n'eut jamais raison de laisser périr de semblables amis, mais, quand on commet cette négligence, on la paie. Le continent européen abandonné sans défense aux menaces prochaines de son foyer central, serait sans doute fort à plaindre ; plus à plaindre peut-être ses ingrats ou ses négligents débiteurs !

Intentions et résultats

27 janvier 1919

Un Français qui écrit au *New-York Herald*, journal américain de Paris, notre confrère Pierre Veber faisait toucher du doigt, hier matin, à M. Wilson le douloureux contraste, trop saisissable, entre des intentions magnanimes et les résultats obtenus. Ils ne sont encore que moraux. Mais d'autres peuvent suivre. « Les mystiques », dit M. Pierre Veber, « ont beau faire appel aux plus nobles idées, ils en viendront forcément à l'emploi de la force pour imposer leur volonté. Il serait paradoxal que, de cette Assemblée pacifique, il sortît une guerre nouvelle ! » Paradoxe dont les annales du genre humain ont toujours regorgé.

Nous ne ferons pas reparaître notre vieux tableau des instructives concordances entre le courant pacifique et le courant guerrier. La vie et la mort du dernier empereur de Russie, fondateur du défunt tribunal de La Haye, illustrent d'un jour triste et cru cette vérité. Au dehors, au dedans, il a voulu la paix. Au dehors, au dedans, il a subi la guerre. Et lui aussi rêvait de la faveur de « l'opinion du monde » ! Lui aussi, cet autocrate tolstoïen, professait qu'il convenait de tout remettre « entre les mains du peuple » ; son mysticisme teinté de fatalisme d'Orient n'était pas si éloigné du mysticisme wilsonien, tout animé de la généreuse activité des nations d'Occident... Orient, Occident, ces notions se confondent sur la planète ronde, et le sentiment du messianisme biblique laïcisé se laisse voir aux deux extrêmes ainsi rejoints. Malgré les différences et les contradictions, ce parallèle donne un désagréable frisson.

Fermons les yeux. Ne souhaitons rien de russe, ni de slave, à la riche, féconde et magnifique Amérique. Mais que les hommes d'État américains prennent enfin garde à ces puits de misères qu'ils sont en train de nous creuser, de creuser à tous, eux-mêmes compris ! Il suffirait que les collaborateurs de M. Wilson voulussent bien attirer l'attention de leur chef sur la qualité des gens dont il recueille ici l'approbation tapageuse. Ce ne sont pas des honnêtes gens. Ce ne sont même pas d'honnêtes esprits. On ne peut les désigner que du nom le plus haï de la loyauté anglo-saxonne : ce sont des fraudeurs.

Dans la division des esprits, quand l'intérêt est de se mettre d'accord au moyen de la raison et de la vérité, ces spécialistes de la fraude oratoire et littéraire font ce qu'ils peuvent pour empêcher entre Français, entre Alliés, un échange d'idées cordial et franc marquant les points d'accord, les points de dissidence et cherchant à les régler par effort commun. C'est aux passions, aux préjugés, aux illusions, aux plus grossières rêveries mythologiques d'une foule enfant que l'on tente de s'adresser pour obtenir les perturbations dont le président américain serait l'artisan, dont sa philosophie fournirait le prétexte. Pour ce résultat l'on ne dédaigne point de l'aduler parfois d'une façon si plate qu'il en doit être écœuré, parfois aussi d'une manière insinuante, subtile, délicate même et capable de surprendre quelque faiblesse d'un grand cœur.

Mais un ami vrai le mettrait en garde et lui rappellerait ce qui est dit, à l'apocalypse de Jean, du petit livre doux à la bouche et qui est fort amer au ventre ; le solitaire de Patmos en eût dit tout autant de tels journaux de Paris.

Il ne manquera pas à Washington de voix austères pour le lui rappeler un jour.

Avant ce jour, le premier venu des Français peut conseiller au président Wilson de considérer l'envers de ces flatteries. Les mêmes qui se vautrent à ses pieds tournent des regards de fiel et des propos de haine contre leurs propres compatriotes et, sans que la raison y soit pour rien, l'intolérance de l'intérêt et de la passion est si forte qu'il suffit à un écrivain du rang de Capus d'émettre dans le tour le plus impersonnel, des objections de l'ordre le plus général pour se voir appliquer le reproche de diverses hypocrisies et de grossier jésuitisme, terminé par des murmures de ton guerrier ; comme s'il était impossible à certains esprits de rêver paix extérieure sans se peindre aux couleurs de la guerre civile !

M. WILSON À LA CHAMBRE ET NOTRE INDÉPENDANCE

4 février 1919

En prenant place à la tribune de la Chambre, dans cette Assemblée qu'il a jugée si exactement, M. le président Wilson s'est-il rappelé les sentences émises autrefois dans son livre *L'État, éléments d'histoire et de pratique politique* ? S'est-il rappelé en particulier les phrases qui servaient de manchette à notre numéro du 17 janvier ? Elles disaient :

> La responsabilité ministérielle a rapidement fait place en France, dans les dernières années, au Gouvernement par les Chambres ou, ce qui est pis, au Gouvernement par la Chambre des députés...
>
> ... La Chambre des députés est notoirement un corps sans modération...
>
> ... Et la France faiblit sous cette pesante, cette intolérable forme de gouvernement...

La « brillante conception de la France » qu'il nous apporte d'Amérique et qu'il a laissé entrevoir dans son discours d'hier n'a que des rapports très lointains avec ces aphorismes. Ce qui lui paraît désormais « briller » parmi nous, c'est l'élément sous lequel notre pays lui paraissait faiblir. Au contraire, ce qu'il paraît traiter avec quelque indifférence, même quelque dédain, c'est l'élément national, l'esprit d'indépendance, la force militaire, tout ce à quoi nous devons d'exister et de respirer après quatre ans.

Étranges variations ! M. Wilson se félicite de la paix conclue, enfin, d'égaux à égaux avec l'Angleterre. Il prodigue à plusieurs reprises les marques d'estime et d'amitié au général Pershing. Mais à nous, que dit-il ? Il croit pouvoir demander, en pleine Chambre « un peu d'abandon de notre indépendance d'action » et promet, en échange, quoi ? La sécurité, ou pour mieux dire, l'assurance d'une sécurité dont il ne paraît distinguer encore ni les moyens réels, ni les solides garanties. Ainsi le cœur du président américain se révèle animé de sentiments généreux et même magnifiques, mais un peu protecteurs et nous ne sommes même pas absolument certains que les conditions réelles de cette protection soient devenues entièrement sensibles à son esprit. Ce qu'il a la grande bonté d'en dire suffirait sans nul doute s'il suffisait au pays de se croire défendu. Mais la France a besoin d'être en sûreté véritable. Elle ne peut pas croire au pouvoir des mots pour cela.

LA VISITE DE REIMS

M. le président Wilson est allé à Reims. Qu'a-t-il vu ? Qu'en rapporte-t-il ? Une donnée intellectuelle ou sentimentale relative au péril allemand ? Pas tout à fait. Nos malheurs se sont offerts à son esprit sous l'aspect scolastique d'une erreur générale de conduite, plus morale que politique, à rectifier.

Voici : avant que la ville et la cathédrale fussent ruinées, les dirigeants du monde, paraît-il, avaient pensé aux relations entre les gouvernements, mais avaient oublié les relations entre les peuples. Ils se préoccupaient de manœuvres et de relations internationales. Ils auraient dû être préoccupés « des destinées des hommes et des femmes et de la sécurité de leurs foyers ». Ils « auraient dû prendre souci de voir leurs peuples heureux parce qu'étant à l'abri du danger ». Je peux assurer à M. le président Wilson qu'il commet une double erreur de fait. Toutes les politiques (je ne parle que des politiques dignes de ce nom) ont et ont eu toujours présent à l'esprit ce truisme que, sous les affaires et les tractations des gouvernements, il y a les intérêts, il y a la vie matérielle des peuples, c'est-à-dire des hommes, des femmes et des enfants. *Quicquid delirant reges...*[286]

Tous les Français, qu'ils soient royalistes ou républicains, ont plus ou moins souvenir de la fable que La Fontaine a intitulée *Les Membres et l'Estomac*, où sont indiquées les suprêmes répercussions de la politique ; tous les Français ont lu, ou l'on a lu pour eux, la magnifique page de la *Politique* de Bossuet où il est dit :

> La joie rend les corps sains et vigoureux et fait profiter l'innocent repas que l'on prend avec sa famille loin de la crainte de l'ennemi et bénissant comme l'auteur de tant de biens le Prince qui assure la paix, encore qu'il soit en état de faire la guerre et ne la craigne que par bonté et par justice.

L'Action française est une école qui se singularise par bien des points. Elle n'a jamais songé à réclamer comme une distinction originale le fait d'insister à tout bout de champ sur les rapports des moindres intérêts particuliers et de l'intérêt général, de la sûreté de l'État et de la sûreté des hommes, des femmes et des enfants. Conclure une alliance nationale ou signer un traité de commerce sans avoir évoqué d'abord cette pensée des familles et des individus ne peut être le fait que de rhéteurs psittacistes ou de juristes devenus étrangers à la matière de leur savoir.

M. le président Wilson commet une autre erreur. Si l'on n'a pas fait la faute qu'il indique, on en a fait une autre qu'il n'indique pas. On n'a pas assez fait de politique véritable. On a négligé cette étude, cette gestion de nos intérêts les plus généraux. On n'a pas tenu à jour au degré où il l'eût fallu les conversations de notre gouvernement avec les gouvernements étrangers. On n'a pas su constituer à l'avance, contre l'Allemagne, cette Ligue des nations que les hasards de la guerre ont formée peu à peu, automatiquement et trop lentement. Les gouvernements et, entre tous, les nôtres, n'ont pas fait leur métier de gouvernement.

Pourquoi ? Serait-ce pour des raisons de vaine diplomatie ? M. Wilson le croirait-il ? En ce cas, il ferait une troisième erreur. Cette politique extérieure n'a pu être faite parce que la politique intérieure nous dévorait. Les

---

[286] Horace, *Épîtres*, livre I, II, 14 : « *Quicquid delirant reges, plectuntur Achivi* », c'est-à-dire : « Toutes les folies des rois [il s'agit principalement de Pâris et d'Achille], les Achéens en portent la peine. » (n.d.é.)

politiques n'ont pas rempli leur fonction, ils ont manqué à leur devoir parce qu'ils étaient ou opprimés et gênés par les politiciens ou eux-mêmes embauchés dans cette tribu de malheur. M. Wilson peut en croire, non pas notre témoignage qui lui serait (bien à tort) suspect, mais le rapport de ce médecin de village que je publiais à cette place hier.

Voici, m'écrivait le docteur Moret, de Courlon-sur-Yonne, un petit récit que je vous dédie pour corroborer ce que vous dites. Je vous livre les noms, le mien comme ceux du monsieur pour les publier au besoin, si vous le voulez ; nous vivons dans un temps où il faut mettre les points sur les *i*, les noms sur les personnes, et ne pas se contenter de la polémique anonyme.

Or donc, en septembre 1913, j'assistais, comme conseiller municipal, à la distribution des prix des élèves des écoles de mon village de Courlon (Yonne). La présidence était dévolue au conseiller général de mon canton : M. Chéreau, vieillard falot et terne, qui eut la malencontreuse idée de nous servir comme morceau d'éloquence la lettre de Léon Bourgeois, célébrant l'inauguration du palais de la paix à La Haye, d'où il résultait clair comme le jour (et ça ne faisait de doute pour aucun des assistants) que la paix était garantie à jamais, et la guerre désormais impossible. Après ce ridicule *factum*, l'orateur ajouta des réflexions de son cru, aussi dépourvues de bon sens que la lettre de Bourgeois ; le commentaire valait le texte et tout était à l'avenant.

Placé derrière le personnage, vous pensez si, nourri de la lecture de *Kiel et Tanger*, je bouillais à l'audition de ces inepties. Je passe pour un violent, à tort, comme Daudet. Si je l'avais été, si j'avais écouté ce que me dictait l'indignation, j'aurais empoigné le personnage par les épaules et je lui aurais fait vider l'estrade et crié à l'imposture. Je me contentai, en guise de protestation, au moment des applaudissements, de lever les épaules le plus haut que je pus, et d'enfoncer mes mains au plus profond de mes poches.

Mais je pris ma revanche. Huit jours après la déclaration de guerre, rencontrant dans les rues de son village le stupide vieillard, disciple et thuriféraire de Bourgeois, je l'abordai en ces termes :

— Eh bien, monsieur Chéreau, maintenant que les événements vous ont donné un tel démenti, que pensez-vous de votre discours de distribution de prix à Courlon ? Vous aviez de telles illusions ?

— Je les avais, me repartit le personnage.

— Eh bien alors, lui dis-je, on peut appeler cela l'erreur de l'aveugle qui se fait chef. Eh bien, Monsieur, ce m'est en ce moment un soulagement de vous dire comment j'accueillis votre discours : en haussant les épaules et en mettant mes mains au plus profond de mes poches.

Je ne serais pas pressé de livrer ce récit à la publicité. Mais puisque Bourgeois reparait sur la scène du monde après toutes les raisons qu'il a d'en sortir, on peut craindre que ses lieutenants en fassent autant. Il faut, comme dit le populaire, leur mettre le nez dans leurs confitures.

Dans nos moindres petites agglomérations a sévi la triste manie de la lutte intérieure ; mais, quand un esprit prévoyant y parlait des menaces étrangères, de la nécessité d'armer, de la certitude de la lutte extérieure, il y avait au Conseil municipal ou au Conseil général quelque mystagogue enivré pour évoquer l'autorité de Léon Bourgeois et de Jean Jaurès assurant que l'ère des violences était terminée, que la guerre était morte et que la Vigilance était affaire d'un autre temps. Voilà, monsieur le président de la République américaine, pourquoi la ville de Reims a été brûlée, ravagée et mise à sac par l'agresseur et l'envahisseur. Voilà la vraie raison. Elle est matérielle ; nous n'étions pas assez forts. Elle est morale ; on nous avait empêchés de maintenir d'abord, ensuite de reconstituer notre force. Voilà ce qu'atteste non l'imagination juridique, toujours un peu arbitraire, mais la réalité consultée. Il est fâcheux de la voir négliger de si haut.

Le « *noli timere* » de M. Wilson

En accueillant M. Wilson, M. le président de la Chambre avait fait ce qu'il avait pu pour ramener du ciel sur la terre cette étrange théogonie. Il a parlé avec fermeté, courtoisie, netteté des garanties territoriales, militaires, économiques, financières indispensables. Il a parlé non du concept, mais de la réalité de la France, et son Allemagne a été celle qui se voit et se touche, celle des « moyens d'agression ».

Il a méritoirement déclaré :

> Nous avons été trop souvent envahis pour ne pas veiller toujours.

Les plus ardents pangermanistes furent les libéraux et les démocrates de 1848. Le Parlement de Francfort fut le précurseur de Bismarck. En 1914, toute l'Allemagne a voté les crédits de guerre, égorgé la Belgique et tenté d'assassiner la France.

Puissent ces paroles semer dans l'esprit de l'auguste visiteur à qui on les a destinées des réflexions plus fructueuses que la vue éloquente et stérile des ruines de Reims !

Nous apprécions à sa haute valeur d'intention le *noli timere*[287] du président Wilson, nous mettrions à plus haut prix une vue, une idée, une décision qui bannirait effectivement les sujets de craindre.

DE FRANKLIN À WILSON

5 février 1919

La question de souveraineté a été posée lundi devant le Parlement par un chef d'État étranger admis à la tribune de la nation. M. Wilson y a prononcé cette phrase dont la France était le sujet :

> Un peu d'abandon de son indépendance d'action ne peut pas être mis en parallèle avec l'incessante menace d'une autre catastrophe.

L'idée d'un parallèle semblable ne se serait présentée à l'esprit d'aucun Français. Les Français, depuis deux mille ans, ont préféré à la dépendance, petite ou grande, la mort. Mais, comme nous le faisions observer dès hier, ce que M. Wilson nous propose en échange du plus noble et du plus précieux de tous les biens est très précaire. C'est une sorte de garantie de neutralité du type que l'Europe libella (définitivement, croyait-elle) en 1839 pour le royaume de Belgique ; la Belgique d'alors était à l'Europe ce que la France de demain serait à la Société universelle de demain. Soixante-quinze ans plus tard, on vit ce que valait la garantie diplomatique de l'Europe pour la Belgique du temps de Guillaume II ; nous n'attendrions pas trois quarts de siècle pour vérifier, pour éprouver à nos frais ce que vaudrait la garantie

---

[287] « Ne crains pas ». (n.d.é.)

diplomatique de la Société des nations pour une France contemporaine du très prochain *Attila III*.

M. WILSON, CHEF ET PRÊTRE

Il paraît que M. Wilson parle d'abondance. Il n'écrit pas : donc, contrairement à la coutume observée entre chefs d'État aux époques barbares de la diplomatie régulière et secrète, M. Wilson ne remet pas à son collègue et partenaire le texte de son discours avant de le prononcer. Donc, rien de concerté, rien de préparé. Cette grâce familière et sauvage donne sans doute du piquant et de l'imprévu aux solennités politiques où l'on se rencontre. Mais l'absence de protocole pourrait avoir des inconvénients de toute sorte, car, si l'histoire enseigne quelque chose, c'est certainement que le retour à la nature précède de peu la ruée de la barbarie. La pauvre reine Marie-Antoinette ayant voulu voir de près l'homme naturel, sa bergerie, comme tant d'autres, a dû finir parmi les loups. Qu'il me soit permis d'exprimer plus d'une crainte sur la pastorale d'aujourd'hui. Ce n'est plus seulement la reine de France qui est en cause. C'est la France même. C'est la souveraineté de la nation sur le domaine du sol, sur l'obédience du sang. Comme citoyen de la France, je suis libre aujourd'hui. Le serai-je demain ?

Marcel Sembat qui n'aime pas les curés et qui a horreur des chefs raffole du président Wilson qui « l'air à la fois d'un prêtre et d'un chef », selon sa propre et judicieuse remarque. Nous n'avons cessé de contester avec autant de fermeté que de respectueuse courtoisie la doctrine, sacerdotale en effet, et aussi magistrale, la doctrine de maître, la doctrine de directeur et de chef que nous apporte le président des États-Unis. Sembat compare cette mission spirituelle, morale et politique à celle de Franklin. Dans les deux cas, l'imagination de Sembat exagère. Franklin venait offrir à la nation française rangée autour d'un roi puissant l'occasion d'exercer les plus hautes vertus de la fraternité humaine ; l'historien et le politique ont le droit de distinguer entre cette offre précieuse et les idées moins précieuses que Franklin distribua et sema. Cette distinction est d'autant plus facile que, très peu d'années plus tard, ces idées causaient à la France un préjudice plus que séculaire, la jetaient dans une anarchie dont nos amis d'Amérique eux-mêmes rougirent, et la soulevaient en partie contre son roi, le roi de 1778, le roi libérateur pour lequel l'Américain Thomas Payne prit hautement et courageusement parti à la Convention. Les idées de Franklin furent au moins mal comprises à Paris. Cela n'empêche pas le voyage de Franklin d'honorer immortellement Franklin et la France.

La même distinction s'établit d'elle-même entre le glorieux voyage du président Wilson et certaines nuances de ses idées. Elles sont sans doute excellentes pour son pays. L'universalité qu'il désire pour elles leur fait encore défaut, non peut-être essentiellement, mais parce qu'elles ne sont pas au point. La religion dont il est prêtre nous ne la professons, ni ne la pratiquons, nous, Français, Marcel Sembat compris, malgré tous les airs dévots et confits que nous lui voyons prendre. Quant à la haute allure de Chef des Chefs adoptée (avec quel brio) par l'illustre voyageur, nous attendons Sembat et nous le voudrions voir au premier désaccord sur quelque point de fait où seraient engagés et un peu passionnés les intérêts de son parti ; de quelle allure aussi nos socialistes parisiens renverraient leur hôte éminent à son temple et à son logis ![288] En quoi ils auraient bien raison, pour une fois.

LES PRÉCÉDENTS DU PACIFISME

Nous croyons certes à l'universalité de certaines idées politiques justes. Mais pour être applicables partout, il leur faut porter sur des objets vraiment généraux et valoir indépendamment de la variété des cœurs, des esprits et des corps particuliers à telle ou à telle nation. Si cette abstraction est faite mal à propos, si par exemple l'on veut raisonner de l'homme en soi sur un sujet où ne valent que les traits distinctifs du Germain et du Français, de l'Anglo-Saxon et du Russe, on aboutit à des méprises profondes et qui peuvent devenir cruelles, une fois transportées du champ de bataille des idées au champ de bataille des gens.

Nous avons commis ce genre d'abstraction malheureuse en 1789 et la philosophie, évidemment pacifiste et philanthropique, émanée de nos voisins de Londres, de Genève et de New-York, a eu pour résultat de longues guerres entre nous, dont quelques-unes fort sanglantes, et des guerres plus longues, plus sanglantes encore avec les autres nations. Une prédication douce jusqu'à la fadeur, chargée de baisers Lamourette, comme la prédication d'avant-hier était terminée et fleurie d'un « baiser wilsonien », a abouti aux épouvantables carnages intérieurs ou extérieurs, qui allèrent de 1792 à 1815, dont la suite a rougi toute la course du siècle écoulé et dont

---

[288] Cela s'est produit point par point.

l'évolution en Allemagne a provoqué finalement cette tuerie universelle de quatre années. Tel étant l'effet du principe libéral ou démocratique ou franckliniste ou wilsonien, il ne serait que sage de chercher à fonder la paix sur d'autres principes que ceux qui ont souffert ou soutenu, subi ou causé tant de guerres.

Du rêve à la réalité

26 février 1919

« Tous les peuples d'Europe » se sentent-ils « légers » ? Et se fient-ils à « un esprit d'espérance » ? M. Woodrow Wilson vient de le déclarer au peuple de Boston accouru pour l'accueillir et pour l'applaudir ; cette peinture de nos préoccupations et de nos soucis représente une façon si poétique, si optimiste et si heureuse de rédiger l'histoire contemporaine que nul des anciens hôtes du président américain ne lui en fera un reproche. On lui saura gré, au contraire, de ses récits de paix et de guerre qui tiennent du poème homérique et de la saga :

> Des hommes combattaient, les muscles tendus et la tête baissée… Ils sentaient qu'ils combattaient pour leur vie et pour leur pays. Et quand ils entendirent, aux accents qui leur venaient d'Amérique, tout ce qui était en jeu, ils redressèrent leurs têtes et levèrent leurs yeux au ciel. Alors ils virent des hommes en kaki qui venaient de l'autre côté de la mer, animés d'un esprit de croisés, et ils trouvèrent que c'étaient là d'étranges hommes, non seulement indifférents au danger, mais indifférents, parce qu'ils semblaient voir quelque chose qui faisait que le danger valait la peine d'être couru. Des témoins m'ont affirmé, en Europe, que nos hommes étaient possédés de quelque chose qu'on ne peut appeler que d'un mot : une ferveur religieuse. Nos hommes n'étaient comme aucun autre soldat. Ils avaient une vision, ils avaient un rêve, et ils combattaient dans un rêve. Et comme ils combattaient dans un rêve, ils firent tourner tout le flot de la bataille et ce flot n'est jamais revenu en sens inverse.

Ces belles imaginations perdraient un peu de leur puissance de persuasion si on les comparait à la froide réalité.

Les deux vagues de l'idéalisme

À l'heure où les Américains par leur courage vinrent ravir d'enthousiasme le cœur de l'Europe, la vague de l'idéalisme avait passé une fois et deux fois sur les combattants, elle ne les souleva point une troisième fois.

La première fois, en 1914, différents orateurs officiels, pour amortir l'opposition de quelques poignées de sans-patrie, firent circuler le mot d'ordre : *nous faisions la dernière guerre* ; si dangereuse que fût une telle promesse, dont nul ne peut répondre, nul n'étant à même de la tenir, un petit nombre d'exaltés la prit au sérieux et leurs convictions s'en nourrirent. Mais, peu à peu, l'effet tomba soit par l'inanité profonde de la doctrine, soit que l'ambiance militaire, la joie de la victoire de la Marne et des premiers avantages qui l'ont suivie, le retour aux usines de la plupart des combattants socialistes eussent achevé de rendre superflu un appel à des conceptions aussi peu résistantes que peu substantielles. Comment se fussent écoulées les longues, lourdes, lentes saisons de la guerre immobile si le soldat n'eût pas connu la solide consolation du patriotisme sous les évidences de la nécessité ? Même vers le milieu de 1916, cette idéologie démocratique apparaissait déjà plus défaitiste et dissolvante que fortifiante ; des chefs socialistes, comme Sembat, comme Renaudel[289], se montraient inquiets de voir l'esprit de la Révolution se séparer ainsi d'avec la cause de la France et c'est pour arrêter ce courant douloureux que, vers ce moment, nous précipitâmes notre propagande pour la *Part du Combattant*, plus propre qu'aucun « idéal » suranné à fournir des réponses au « pourquoi te bats-tu ? »

Il n'y avait donc plus en présence que le patriotisme nationaliste et l'anarchie anti-militaire. Quelques rares fidèles du militarisme révolutionnaire en souffraient. En mars 1917, la Révolution russe leur rendit un peu d'espérance. J'en sais un, combattant dévoué, qui tomba à la fleur de ce rêve d'une Europe orientale régénérée par la démocratie ; ses lettres recueillies par *L Humanité* qui les a publiées depuis, font foi de ce que l'on peut appeler la seconde vague de mysticisme pacifiste et guerrier. L'intervention américaine à peine annoncée par les feuilles n'y fut pour rien. Et ce mouvement lui-même dura trop peu. Les honteux événements de Russie se fussent chargés de le dissoudre si, de son propre élan, par les excitations de ses doctrinaires du *Bonnet rouge*, il n'eût conduit aux mutineries de mai-juin qui introduisaient parmi nous la guerre civile. Ces

---

[289] Au Congrès national d'août 1916.

événements malheureux brisèrent le courant idéaliste en le faisant apparaître ce qu'il était sans doute au fond : une propagande de désunion nationale et de désarmement devant l'ennemi.

Pourquoi pas de troisième vague

Lors donc que les admirables troupes du président Wilson firent au printemps 1918 leur éclatante apparition sur nos champs de bataille, il y avait de graves difficultés à ce que l'on prit garde à autre chose que leur valeur, leur courage, leur indomptable ténacité et leur dévouement héroïque. Militaire ou civil, le public continental fit entendre un applaudissement prolongé, moins prolongé peut-être que la reconnaissance de notre cœur ! Mais, quant aux idées, non : elles ne furent pas aperçues, volant comme en un rêve au-dessus du drapeau fédéral, de ses couleurs brillantes, de ses bandes et de ses étoiles, ou c'est à peine si l'on se soucia de la présence ailée de ces nobles déesses. Saturé d'évocations oratoires, l'ancien scepticisme français avait repris le dessus. La douleur du sol ravagé, des villes menacées, d'une belle jeunesse fauchée par milliers d'âmes cédait parfois, souvent, à des passions moins sombres ; mais c'étaient celles de nos espérances nationales rigoureusement maintenues, le désir de chasser l'ennemi, de punir le traître, l'incompressible volonté de libération, de salut, de résurrection. Ces idées, car de telles passions sont aussi des idées, monsieur le président Wilson, ces idées ne s'arrêtaient pas forcément à la nation française, elles s'étendaient de tout cœur à nos alliés et au monde, mais elles étaient pures, ou à peu près, du séraphisme éthéré, du messianisme stoïcien que M. Wilson prête à ses soldats et aux nôtres. Il n'y a pas eu de troisième vague d'idéalisme durant la résistance de Foch ni durant les cinq mois de son offensive immortelle. Le fait historique est aisément vérifiable. Les saturnales de l'idéologie pacifiste ont commencé beaucoup plus tard, c'est-à-dire la guerre à peu près finie. Ce fut un grand bonheur pour le monde ; que fût-il arrivé si l'Allemagne eût continué d'être armée pendant que les vigilances et les intelligences auraient été méthodiquement endormies de notre côté ?

De la famille à la patrie, de la patrie à l'humanité

Quand le repos aura succédé à ce long voyage et qu'il se verra face à face avec les images des choses dans le silence de son cabinet de travail, M. le président Wilson distinguera certainement deux objets très différents : d'une part, sa doctrine, avec ses nobles élans vers les hauteurs d'une vie humaine comparable pour la pureté, la dignité et la blancheur à quelque vol de cygne éployé sur des champs de neige, et d'autre part l'usage, l'emploi, l'exploitation de cette doctrine par des éléments qui ne sont pas ce que l'Europe compte de meilleur. Ces deux objets, il le verra, imposent deux devoirs à nos peuples d'ici : étudier la doctrine avec le sérieux dont elle est digne, en mesurer sévèrement l'application à ceux qui s'efforcent de la faire tourner à leurs mauvais desseins.

Que dirait M. le président Wilson si, étant par fortune l'inventeur de la première table de la loi instituant une discipline générale de la Cité, dans un milieu jusque-là composé seulement de familles sans liens, si les premiers, les plus ardents zélateurs de son innovation étaient surtout de mauvais fils, de mauvais pères, des frères atroces, des sœurs toutes souillées du sang fraternel ? Une semblable clientèle lui ferait horreur. Il dirait que, pour pratiquer des préceptes plus hauts, une enceinte de lois plus vaste, il faut commencer par être soi-même en règle avec les maximes élémentaires du stade inférieur ou prochain. Soyez bon père et bon fils avant d'ambitionner un brevet de bon citoyen, dirait-il. En quoi il aurait bien raison.

Mais, si, un parricide ou un fratricide ne peut pas faire un patriote, comment de mauvais citoyens ou de mauvais amis de la patrie, insurgés contre la vie nationale, ou mal pliés à ses nécessaires obligations, feront-ils de bons éléments, des éléments sûrs de la vie internationale ? C'est sur l'élite nationaliste qu'une bonne Société des nations devrait s'appuyer. Dans ses réflexions de la Maison Blanche, M. Woodrow Wilson verra peut-être qu'il a trop négligé ce point de vue. Un peu étouffé dès son arrivée par la confuse acclamation des pires ou des moins bons, il ne s'est pas assez dit que ce halo fâcheux altérerait les véritables nuances de sa pensée qui nous arriverait ainsi sous un jour faux, dans une mauvaise lumière... Ne vous semble-t-il pas que l'erreur reconnue des deux parts devrait être rectifiée sans délai ?

L'ALTÉRATION DES IDÉES WILSONIENNES

L'abus qui se commet au nom des idées wilsoniennes militera pour cette ratification. Un journal financier, la Revue des valeurs américaines, signalait jeudi dernier une déformation des idées du Président qui est courante, donc colportée au profit de l'Allemagne par tous les philoboches de Paris et de la banlieue. Notre confrère traite de notre « droit à l'indemnité au titre de nos dépenses de guerre » :

> Il n'y a pas un mot dans les quatorze points du 8 janvier 1918 sur les indemnités ou la réparation des dommages dans leur ensemble. Ni l'une ni l'autre question n'était envisagée. Le président, manifestement, en avait traité au point de vue américain, neuf mois avant, lorsqu'il disait, le 2 avril 1917, dans son message au Congrès qui a précédé de quatre jours l'entrée en guerre des États-Unis : « Nous ne désirons ni conquêtes, ni domination, nous ne recherchons aucune indemnité pour nous-mêmes — *no indemnities for ourselves* — aucune compensation matérielle pour les sacrifices que nous allons librement consentir. » Les seuls mots « nous ne recherchons aucune indemnité » eussent été suffisamment clairs. Le président ajoutant « pour nous-mêmes » souligne le fait qu'il ne s'agit et ne peut s'agir que des États-Unis.
>
> La situation financière et économique des belligérants engagés depuis trois ans dans la plus terrible des guerres était telle à ce moment-là qu'il paraissait évident qu'un engagement de cette nature, de la part du chef de la grande nation la plus riche du monde, tout en impliquant un désintéressement rare, ne pouvait compromettre l'avenir du pays. La correspondance des gouvernements alliés et du président immédiatement avant l'armistice ne touche que deux questions : celle qui a trait à la liberté des mers et les précisions sur les compensations dues aux civils des nations alliées pour tout dommage à leurs personnes ou à leurs propriétés résultant de l'agression de l'Allemagne sur terre, sur mer, dans l'air. Cette réserve répondait à une interrogation précise : « L'ennemi accepta les quatorze points, le faites-vous ? » Elle n'avait pas à envisager la question des indemnités de guerre, tenue en dehors des quatorze points. Quant aux clauses de l'armistice, l'article 19 réserve expressément, après avoir spécifié la réparation des dommages, tous les droits et réclamations ultérieures des Alliés et des États-Unis.
>
> Le droit à indemnité pour le coût de la guerre demeure donc entier en ce qui regarde les Alliés. Si les États-Unis y ont renoncé « pour eux-mêmes » dans le message du 2 avril 1917, leur président ne s'est jamais prononcé sur le droit des Alliés d'en poursuivre le

recouvrement, et n'avait pas à le faire.

Tel est le langage des faits. Voulez-vous avoir maintenant celui des farceurs payés pour plaider en France contre les intérêts français ? Prenez le second des journaux de Téry, celui qui paraît le soir. Le « journaliste » qui fait la revue de la presse cite un article de M. le député Louis Puech exposant l'impôt sur le capital dont nous sommes menacés et priant le gouvernement de commencer par fixer le chiffre de la contribution de guerre allemande ; arrivé à ce point, le collaborateur du *louchissime* fronce les yeux, pose la plume et demande si M. Puech oublie « que la paix wilsonienne exclut toute contribution de ce genre ».

Alfred Capus avait émis le même vœu. « M. Capus l'oublie-t-il aussi ? » demande l'homme de Téry.

Pacifiques ou guerriers, les principes wilsoniens ne servent, on le voit, dans certaines feuilles, qu'à minimiser les droits de la France et qu'à passer au bleu l'intérêt du pays. Le Président se rendra compte que nul Français digne de ce nom ne peut le confondre avec de tels personnages ; mais nous sommes bien obligés de déplorer qu'ils se collent à lui pour le compromettre, pour le diffamer, pour associer son nom admiré et respecté à d'abominables besognes.

VALEUR, PRÉVISION, PRUDENCE

7 et 8 mars 1919

Pour exprimer les forces en présence dans cette guerre « mondiale », l'Europe disait : *germanisme et civilisation*. M. Wilson a dit : *autocratie et démocratie*. On a vu le résultat de cette erreur de fait. Se figure-t-il qu'elle lui a du moins valu une popularité quelconque ? La haute estime dans laquelle il est tenu, la gratitude que lui ont vouée les gouvernements et les États procèdent de raisons toutes différentes. Comme il appartient à la véritable grandeur, ses méprises sont déplorées et ce juste regret sera redoublé si la cause en est aggravée.

Nous lisons en gros caractères dans *L'Humanité* sous le titre significatif : « Les hommes d'État aveugles, les peuples clairvoyants, un avertissement solennel » deux extraits d'un discours prononcé par M. Wilson au Metropolitan Opera. Ils donneront lieu à de sérieuses méditations :

> La Ligue des nations n'est ni plus ni moins qu'une convention par laquelle le monde s'engage à maintenir les principes dont il vient d'assurer la revanche au prix du sang le plus précieux qui fut jamais versé.
> Ceci n'est pas sorti du conseil des hommes d'État.
> L'Europe est secouée dans ses entrailles à l'heure actuelle, car elle s'aperçoit que les hommes d'État n'ont pas de vision, et que seuls les peuples ont eu la vision. Ceux qui souffrent voient. Ceux qui subissent l'injure voient combien est désirable le droit à la justice.

Aucun gouvernement, d'après M. Wilson, aucun État (eh quoi, pas même le sien ?) n'a eu l'inspiration d'adoucir les souffrances, d'arrêter la tuerie, d'appeler la justice :

> Et c'est le peuple qui a eu cette vision. Mes amis, je voudrais que vous songiez à ceci : la vision de ce qui est nécessaire pour entreprendre les grandes réformes a rarement été accordée à ceux qui dominent les nations. Cette vision a été accordée au besoin et à la volonté et elle s'est ouverte devant les revendications des grandes masses des hommes qui cherchaient la liberté.

Nous n'entrerons pas dans le détail de cette psychologie où le pragmatisme et l'apocalypse tiennent trop de place pour nous. Le lecteur rêvera ou devinera. M. Wilson poursuit :

> Et je suis stupéfait — je ne suis pas alarmé mais je suis surpris — qu'il y ait dans certaines sphères une telle ignorance de la situation mondiale. Ces messieurs ne se rendent pas compte de ce qu'il y a de justice dans l'esprit des hommes actuellement. Tout le monde autour d'eux s'en rend compte. Je ne sais pas où ils ont été renfermés. Je ne sais pas quelles influences ont pu les aveugler, mais je sais qu'ils se sont trouvés en dehors des grands courants d'idées de l'humanité.

Quel ton pour décrire un état de méprise et d'erreur qui est au juste celui de l'orateur !

> Et je désire donner cet avertissement solennel, non pas comme

une menace, car les forces du monde ne menacent pas, elles agissent : les grands flux et reflux du monde ne préviennent pas, ils montent et vont ; ils montent, dans leur majesté et leur puissance irrésistible et ceux qui se trouvent sur leur passage sont submergés. Maintenant l'âme du monde s'est éveillée et l'âme du monde doit être satisfaite.

Ne vous arrêtez pas à vous imaginer un instant que le malaise des populations européennes est entièrement dû à des causes ou à d'arrière-motifs économiques. Son origine est plus profonde. Ces populations ont vu que leurs gouvernements n'ont jamais été capables de les défendre contre l'intrigue ou contre l'agression, et que dans aucun cabinet moderne, il n'y a ni valeur, ni prévision, ni prudence.

Les cabinets européens pourront être quelque peu surpris de s'entendre destituer par ce collègue de toute valeur, prévision, ou prudence. Quelques grands services qu'ait rendus M. Wilson, nous ne sommes pas sûrs que le mode tardif de son intervention lui donne le droit de traiter de si haut ce que nous appellerons, dans son langage, le Prochain. Car enfin, le Prochain a aussi sa valeur... M. Wilson fait abstraction de sa valeur propre, de la dignité des ministres et des chefs d'État. Mais le Prochain aura le droit de lui crier gaiement, et toutefois avec quelque sérieux, dès le débarcadère :

— Monsieur Wilson, Monsieur Wilson, déjà l'hiver passé vous agitiez des antithèses bien anciennes et bien usées, des antithèses contemporaines du vieil Hugo, dans votre opposition des démocraties aux aristocraties, et elles ont ainsi fait pas mal de dégâts. Prenez garde de n'en point faire de nouveaux qui seraient plus graves, en opposant les populations aux gouvernements. Les unes et les autres vivent en paix. Ils ne demandent pas mieux que de continuer. Ne leur donnez-pas de mauvais conseils. Ne les brouillez pas. Jusqu'ici, souvent, vous avez ressemblé à un bon père, ou à un bon frère. N'altérez pas votre œuvre. Ne gâchez pas votre bienfait. Ne donnez pas raison à ces diables de sénateurs américains qui disaient l'autre jour que la principale vertu de votre système était d'ajouter un ou deux numéros inédits au catalogue des causes de guerre. Les luttes intestines sont aussi des fléaux.

Nul n'attaque M. Wilson

Personne n'attaque M. Wilson. On le respecte, on le salue et on l'acclame et, si l'on ne met pas ses idées au-dessus de la discussion, si on ne lui accorde ni l'infaillibilité papale, ni davantage la demi-divinité, c'est que personne, du moins parmi les bons Français, ne veut le couvrir de flagorneries indignes de lui. Une pensée jeune, neuve, inexperte, mais généreuse et ardente, amoureuse de controverses, doit préférer des contradicteurs comme nous à des approbateurs de la pâte de Jean Longuet ou de Charles Rappoport.

Quant à la roideur fréquente de telles ou telles paroles échappées à la verve de la raison française, aucune n'est à comparer au mot désormais historique de M. Woodrow Wilson sur les cabinets européens qui n'auront eu, selon le président américain, « ni valeur, ni prévision, ni prudence ».

Si la sentence n'est pas expliquée ou démentie, qu'est-ce qui pourra empêcher les hommes d'État de la vieille Europe de montrer au porte-parole de la jeune Amérique, à côté du cabinet italien entré dans la lutte pour la beauté du monde et le salut de l'homme dès le dixième mois de la guerre, le cabinet anglais que cette sainte cause arma dès le second jour et le cabinet belge qui fut sous les armes dès le premier ?

Valeur, prudence, prévision, ô vertus cardinales du moraliste américain, où étiez-vous à cette époque ? Dans le cabinet d'Albert Ier, de George V et de Victor-Emmanuel III, souverains héréditaires de l'ancien continent, ou dans le cabinet de l'autocrate élu du nouveau monde à qui il fallut plus de deux années et demie d'hésitation avant de se résoudre à sauter le terrible pas ! Ô Valeur, ô Prudence, ô Prévision, tirez-nous de doute ! Prévision, Prudence, Valeur, répondez !

Épilogue ou
Vertige de la puissance

Au peuple américain

« Valeur ! Prudence ! Prévision !... » Nous avons arrêté à ces mots ce recueil de nos touchants efforts pour expliquer M. Wilson à la France et la France à M. Wilson. Ces étranges cris de dédain nous ont fixés ; de là date l'altération définitive du portrait que nous avions aimé à nous faire du président américain.

Proférées par M. Wilson entre deux voyages en Europe contre les gouvernements de l'Europe amie, ces offenses ont révolté des Américains éminents qui sont venus nous le dire et qui le lui ont dit avant de le lui prouver. Car, s'ils ne détruisent pas son œuvre internationale, ils l'ont déconsidérée pour toujours.

Il ne dépendait plus de nous d'échapper à l'évidence de la vérité. L'œuvre du vertige était faite : dans le cas de M. Wilson, l'élément passionnel recouvrait, effaçait ce qui avait été un esprit.

Mais à quel moment ce vertige avait-il commencé ? Le discours du 4 mars 1919 n'en est que le suprême éclat. Il ne s'explique bien que si l'on remonte à l'armistice de novembre précédent, surtout si l'on a soin d'écarter d'une main hardie certains manteaux de Sem que nos mains (prudemment, patriotiquement) avaient étendus sur l'homme d'État ou le philosophe en sommeil. Autant, jusqu'à l'armistice du 11 novembre, on avait senti chez M. Wilson une attention profonde donnée aux signes du réel et un art véritable de se réformer pour se conformer au vrai, autant cette faculté précieuse a paru ralentie et comme atrophiée depuis cette date. Avant l'armistice, l'on eût dit que, d'un jour à l'autre, il se rapprochait de la vue exacte des lointaines choses d'Europe. Après l'armistice, et bien que son voyage de la mi-novembre l'eût installé sur le vieux continent, les yeux, les oreilles, les narines et tous les autres sens politiques de l'homme semblent s'être refermés chez M. Wilson. L'armistice conclu, il semble remonter une fois pour toutes par l'escalier mystérieux dont il a seul la clef dans une tour inaccessible. De là, il ne découvre même plus les étoiles, jugées des corps trop matériels ; il vit tout à fait isolé dans le tête-à-tête de ces simples signes de signes par lesquels ses rêves abstraits lui sont désignés. Pour comble de malheur, cette ascension dans la plus subtile atmosphère ne le délivre d'aucune impulsion du cœur et de la chair.

Ces puissances intérieures se déchaînaient tout au contraire, et rien n'était plus naturel ! M. Wilson venait de voir et d'entendre une vingtaine de trônes s'écrouler devant lui et, si l'évidence de la raison ou des faits en attribuait l'honneur à Foch et aux armées alliées et associées, rien au monde ne pouvait empêcher quelque murmure insidieux d'affirmer à M. Wilson que le fracas de cet écroulement immense n'avait obéi qu'à sa voix.

Que s'était-il passé en fait ?

Quelques récits de source allemande nous l'ont fait connaître depuis. Nous avons été instruits des scènes de Spa où Guillaume II étala d'abord l'entêtement de ses refus fébriles, puis sa résignation accablée et enfin sa fuite sans grâce. Nous avons vu, du côté de son entourage, transparaître un calcul de politique nationale à longue portée, conçu et exécuté par une oligarchie de vrais dirigeants qui ne perdait pas le nord. Ah ! M. Wilson attribuait la guerre aux autocrates austro-allemands, non à l'Allemagne même ? eh bien ! le vrai coupable, qui était le germanisme, allait saisir cette erreur au bond et la manœuvrer en maître.

M. Wilson ne veut plus d'empereur, ni de rois ? Aux ordres de M. Wilson ! L'Allemagne se sauve par cette voie. Le naïf président qui joue de la trompette croit voir tournoyer dans l'abîme à chacune de ses sommations les Dominations et les Trônes, et les autres Puissances du Mal européen. De grand cœur et grand train, l'Allemagne sacrifie les décors du théâtre pour le salut de la seule réalité : Jéricho de Berlin ! Jéricho de Vienne et de Dresde, Jéricho de Bade, de Munich, de Stuttgart, de Carlsruhe, des autres hauts lieux germaniques ! Toutes les Jérichos de carton s'étant écroulées, M. Wilson n'eut pas la fermeté de douter de lui-même. Il en oublia tout ce qui n'était pas lui. Les « Notes » où avait été dactylographiée la céleste milice de ses Principes lui firent perdre de vue la valeur des choses concrètes que Pershing, Foch, Douglas Haig et Diaz personnifiaient seuls ; il s'est cru et senti l'auteur unique, l'auteur direct de cette félicité plénière de trente peuples empressés à lui décerner son brevet d'autocrate temporel de la Liberté et de pontife spirituel de la Démocratie. Les contradictions intimes de ces grands titres ne l'affectaient pas ; est-ce que le Babylonien pouvait s'étonner de se trouver simultanément bête et roi ? Le nouveau Josué entrait sans difficulté dans la peau d'un nouveau Nabuchodonosor.

Nous sommes trop près des événements pour savoir au juste ce que deviendra le pouvoir temporel de M. Woodrow Wilson. Mais, bien avant sa courte maladie, quelques parties de ce pouvoir tombaient en ruines. L'égalité des races a dû céder aux inquiétudes causées par le Japon et au sentiment de l'Amérique contre les nègres ; l'idée d'intervenir à jet continu en Europe a rendu une seconde jeunesse à la doctrine de Monroe qui exclut l'Europe de l'Amérique et réciproquement. Nous ignorons ce qui adviendra de la suite de ces débats dans le Nouveau monde. Ce qui est sûr, c'est que M. Wilson n'a pu quitter l'ancien sans se rendre compte de l'éclipse totale qu'y avait subie sa pensée.

Lui-même en donna des nouvelles à son second retour chez ses compatriotes en juillet 1919, puisque son premier mot fut pour atténuer, presque pour retirer sa chère antithèse des peuples et des gouvernements, autrefois point central d'une malheureuse doctrine et le thème essentiel de son discours du 4 mars. Il s'était figuré qu'une Allemagne sans empereur ni roi serait inoffensive et loyale. Il a dû découvrit la férocité de la vieille Allemagne qui est une Allemagne éternelle dans la mesure où l'éternité appartient aux groupes humains. Pareillement, M. Wilson dut reconnaître dans le bolchevisme qu'il avait si longtemps protégé, un régime « plus sanguinaire que le tsarisme », et cela obligea Lénine à lui rendre gracieusement ses qualités en l'appelant « le plus grand hypocrite de l'Histoire ».

M. Wilson avait dû abandonner dans les mêmes conditions le tyran juif de la Hongrie, Bela Kun, et consentir en fin de compte un minimum de justice envers nos meilleurs alliés orientaux, les Roumains. Par exemple, il s'exécuta sans bonne humeur. Fut-ce par rancune ? Et cette Roumanie royale, faisant la guerre pour la paix, donnait-elle un démenti trop vif aux idées de M. Wilson qui faisaient la paix pour la guerre ?

Il n'était pas besoin des exemples russes, hongrois, turcs, caucasiens pour montrer que la paix révolutionnaire et démocratique tendait à des luttes sans fin. L'histoire de son continent aurait pu révéler à M. Wilson ce que lui découvraient les conflits de la République arménienne et de la république d'Azerbeidjan ; la république, en soi, n'a aucune horreur naturelle des guerres ni du sang. Au contraire ! La moindre réflexion aurait pu faire comprendre aussi à M. Wilson combien le Droit, cet enfant des dieux lancé parmi la race humaine, y doit devenir, à coup sûr, un stimulant de conflits armés… Mais que pouvaient valoir expérience ou réflexion, comparées au plaisir de débiter de belles fables !

Ce plaisir a été payé sans grand retard par les dures rectifications de la vie : M. Wilson a dû se rétracter et se renier d'abord en fait. C'est ce qui a commencé à retourner contre lui tout le monde.

Les socialistes français qui furent les derniers à cesser leur alliance avec lui ont dû finir par la rompre tout à fait, l'ayant exploitée jusqu'à l'os. Ces messieurs adressent à leur ancien ami et protecteur un flot de critiques amères, non sans ramasser, pour le monter en épingle, tout ce que sa propre patrie lui décoche de désobligeant. Lorsque M. Lincoln Colcord raconta dans *The Nation* que M. Wilson est « sincèrement insincère » ou qu'il « peut voir blanc quand c'est noir », nous aurions tout ignoré de ces gentillesses sans les traductions qu'en a faites le journal officiel du parti socialiste français ; chacun venge comme il peut la déconvenue de l'esprit.

Elle avait été formidable : de la fin de l'hiver à la fin du printemps 1919, les principes du *Covenant*, promulgués en janvier, s'étaient écroulés un par un.

Plus de diplomatie secrète, avait dit M. Wilson, et quatre ou cinq hommes réglaient le sort de l'univers dans un tête-à-tête mystérieux. Il avait ajouté : plus d'amitié particulière entre les peuples, plus d'alliances séparées de la grande alliance commune ; or, sans compter que le traité du 28 juin ne put être accepté par la France qu'à la faveur d'une alliance spéciale, avec Londres et Washington, il n'était question en Europe que de tractations et de soustractions clandestines ou demi-publiques faites avant, pendant et après la Conférence que M. Wilson dirigeait. Que l'on voulût réaliser ou dissoudre ces alliances, l'entreprise imposait les mêmes embarras à Fiume, à Smyrne, en Syrie, ailleurs. L'autorité morale de la Société des nations avait été le grand cheval de bataille de M. Wilson : elle est bafouée partout depuis le rappel désordonné des troupes de Russie ; pour son autorité légale, elle est compromise au moins en Amérique. La paix internationale future ? Le militarisme prussien est debout ! Règne de la justice pure ? Les Français, les Belges, les Italiens ont été dépouillés au profit des peuples qui les ont assaillis et rançonnés. Désarmement ? L'armistice n'a même pas été une suspension d'armes ; on s'est battu, on se bat et l'on se battra à Odessa, à Arkhangel, à Buda-Pest, à Mittau, à Riga. Partout les soldats de l'Entente ont fait de longs séjours sur les lisières orientales du Centre européen et le fait de ces campements aussi peu brillants que prolongés et coûteux apparaît d'autant moins utile que le soldat expatrié n'évite pas de se demander chaque jour :

— Alors, pourquoi pas à Berlin ?

Or, Berlin était intangible. Pourquoi ?

Du moment que la Force juste continuait d'être requise dans les innombrables guêpiers créés de main de philosophe et de politique, pourquoi n'attaquait-on pas au centre et au cœur la capitale de la Force brute qui restait la cause de tout le désordre et contre laquelle on avait déclaré « se croiser » ? Pourquoi s'était-on acharné à déchirer la faible Autriche dont le jeune souverain n'avait pourtant abdiqué que plusieurs jours après le roi de Prusse et pourquoi laissait-on l'unité allemande fortifiée, l'empire prussien, ce fléau du monde, intact et même resserré ? Depuis l'heure où l'on a vu la réaction se faire en Allemagne, la restauration monarchique y menacer, pourquoi M. Wilson a-t-il hésité, et, finalement, s'est-il refusé à exiger l'extradition et le jugement de Guillaume II ? Si M. Wilson n'avait pas de secrètes obligations à ce prince comme on l'en a accusé, les actes wilsoniens ramenaient toujours l'attention sur les mêmes faits, curieusement concordants : les vœux personnels, le rayonnement de M. Wilson, l'action vivante du wilsonisme convergeaient régulièrement en faveur de notre plus grand ennemi. Pourquoi ? Les raisons d'ordre intellectuel et moral commençaient à manquer au wilsonisme sur ce point-là. Nous étions obligés de répéter : *Pourquoi ?* Pourquoi gouverner Buda-Pest, Constantinople, Sofia, non Berlin ? Pourquoi viser Moscou et Pétrograd, non Berlin ? Pourquoi respecter ainsi le centre commun de ce qu'on voulait combattre, le Pangermanisme, la Révolution ? Il y avait difficulté croissante à ne pas répondre que Berlin semblait défendu et même garanti comme Francfort, par tel ou tel élément de haute finance influent et puissant sur l'esprit de M. Wilson.

C'est alors, que, malgré les ménagements de la discrétion, nous sommes devenus indiscrets. Nous avons serré nos questions. Il y a des peuples divers en Allemagne ; comment le droit de disposer d'eux-mêmes ne leur a-t-il pas été reconnu ? Comment la Bavière révolutionnaire, le Hanovre légitimiste, la Rhénanie républicaine ont-ils été sacrifiés ? Pourquoi ce libéral sublime n'a-t-il pas défendu les antiques libertés du Germain contre le Prussien ?

Ces doutes étaient graves, portant sur des sujets du plus haut intérêt commun. Il y aurait eu de fortes raisons d'utilité à comprendre ainsi, à appliquer ainsi dans la ligne traditionnelle, vérifiée par l'histoire, les principes généraux de M. Wilson. Mais il y avait aussi à cela un intérêt wilsonien : une Société des nations ne peut s'échafauder sans l'équivalent de ses sociétaires. Nul équilibre continental n'est possible avec une Allemagne de 60 ou 70 millions d'habitants flanquée d'une poussière de nations petites ou moyennes : dès lors, comment se faisait-il que M. Wilson considérât toujours comme contradictoires deux régimes qui se complètent et se sous-entendent l'un l'autre ? Le régime de la Société des nations est impraticable sans le régime de l'équilibre, il n'y a pas de justice internationale si l'un des plaideurs est plus fort que le tribunal et la maréchaussée qui le jugent. Autrement, c'est comédie pure, et l'on fait juger le tigre et le jaguar par le mouton et la colombe assistés du lapin et de la fourmi !

De même, il n'y a pas d'équité internationale sans indemnités complètes allouées aux victimes de la guerre : mais en admettant qu'on les ait allouées en théorie, ce qui n'a guère eu lieu, quelle espérance de les percevoir sur la formidable agglomération de personnel et de matériel que représente l'Unité allemande ? Celle-ci paiera ce qu'elle voudra et rien de plus. Le retour au particularisme allemand faisait d'abord déclarer « biens sans maîtres » toutes les propriétés de l'empire et fournissait ainsi le premier élément matériel de la satisfaction ; puis, rien qu'en divisant la difficulté, permettait le recouvrement des créances. C'était trop clair ! On préférait l'obscurité et le trouble, l'illogisme et l'incohérence ! Ses principes philosophiques posés, ses buts moraux fixés, la politique de M. Wilson avait soin de s'en interdire les conséquences et les moyens. Jamais la volonté de la justice, de la liberté et de la paix n'a été proclamée avec cette emphase ; jamais la paix, la liberté et la justice n'ont été plus cruellement démunies et sacrifiées.

Dès lors, sur un seul point, d'intelligence pure, le Juste obtenait la satisfaction exigible : mais c'était aux dépens de M. Wilson. Pendant toute la dernière période de son séjour à Paris, ce magistrat, monté si haut, fut dans l'obligation de redescendre un par un les degrés conquis. Son orgueilleuse confiance dans son étoile n'a servi de rien. On l'a vu tel qu'il était. Son insuffisance a reçu, elle a subi, mais n'a pu relever les défis de la conscience et de la raison. Lui si prompt à la controverse, il a baissé, puis amené le pavillon. Pris entre des doctrines revêtues de son nom et des déductions justes qu'il ne pouvait ni admettre, ni contester, il s'est tu pitoyablement. Pour n'en citer qu'un exemple, le jour où il osa limiter et rogner de la façon la plus arbitraire nos gages sur nos débiteurs, agresseurs, envahisseurs et voleurs, on avait proposé à M. Wilson d'ajouter la signature de son pays au reliquat des pauvres garanties qu'il ne chicanait plus. Comme il tergiversait en silence, on lui dit :

« Ou, ces garanties étaient suffisantes ; alors quel risque courez-vous en y joignant la vôtre ? Ou vous voyez un risque, et c'est qu'alors elles sont précaires ; vous ne pouvez nous empêcher d'exiger nos garanties premières dans toute l'ampleur légitime... »

Intellectuellement, M. Wilson n'est pas sorti de là. Et personne n'en fût sorti. En fait, s'il ne nous a pas rendu l'intégrité de nos gages, et s'il a persisté à refuser de garantir la signature allemande, l'arbitraire, non la raison, la force, non le droit, le silence, non la parole ni l'écrit, ont seuls gardé sa position. Il n'a pas répondu, et il ne l'a pas pu.

Quant à l'échappatoire d'une offre (acceptée, hélas !) d'intervention anglo-américaine au cas où nous serions attaqués « sans provocation » par les Allemands, elle déplace la question sans la résoudre ; il ne s'agissait nullement de prévoir une agression ou provocation allemande, mais d'envisager le refus de l'Allemagne à tenir ses engagements et à payer ce qu'elle doit. M. Wilson a eu la chance de n'être pas solidement happé entre les deux branches de l'alternative. Nulle volonté énergique, nulle raison puissante n'a su l'obliger soit à briser son parti-pris d'amitié germaine, soit à lier à notre fortune financière ses patrons et amis, les Juifs allemands d'Amérique. Mais, en tirant sa politique de ce mauvais pas, il y a laissé son honneur intellectuel. Triste histoire en définitive que cette conférence ouverte par un professeur passé homme d'État et ajoutant à la magistrature politique une sorte de souveraineté morale et religieuse. Il était venu offrir au monde l'application du « jugement moral » aux affaires publiques ! Il ne s'était pas rembarqué que l'événement le forçait à se réfugier dans l'expression d'une volonté sans raison...

Il n'était même plus possible de concevoir que cette volonté fût pure et que des intérêts inférieurs n'en eussent pas altéré le métal. Nous avons soupçonné. Puis nous avons appris. On finira bien par tirer au clair ce qui n'est presque plus un secret : l'influence décisive exercée sur M. Wilson par un très petit nombre d'êtres humains, boursiers de profession, campés entre Hambourg, Francfort et New-York.

La raison sociale de ces louches intrigants parmi les peuples alliés et associés s'appelait pour les profanes l'Association pour la Ligue des Nations libres. Elle avait son siège en Amérique et comprenait, entre autres personnes, M. Félix Frankfurter, président du *War Labor Policies Board*, le grand banquier Jacob H. Schiff, plus des Cohen, des Blumenthal, des Chapiro, sans oublier Mme Mary Sunkovich. M. Wilson s'est brouillé depuis avec quelques membres influents de cette association d'idéologues financiers, sinon avec tous, mais il a commencé par les subir complètement. On en connaît des témoignages écrits ; il n'est pas possible qu'ils ne soient pas révélés un jour.

Le monde entier saura que tel verdict condamnant les Italiens, les Polonais et les Français a été prononcé par une poignée d'intellectuels peu éclairés, mais opulents, d'origine germano-juive pour la plupart ; fin mai 1919, cet arrêt ayant été transmis par câble à M. Wilson, il obéit de point en point. Pourquoi ? Mystère, Ce qui est sûr, c'est que le libellé définitif du traité signé le mois suivant garde l'indélébile cicatrice des coups ainsi portés aux alliés vainqueurs sur l'article des Réparations, de la Sarre, de la Haute-Silésie, de Fiume et de Dantzig. Ce tort fait à la paix du genre humain comporte quelque chose de plus que l'humiliation de M. Wilson ; il a signifié la faillite de l'esprit humain plié sous des forces d'intérêt, de parti, de confession, de race, soudées par les vertus de l'or.

Apprenant en juillet ou en août suivant ce qui s'était passé entre monsieur Wilson et ses instigateurs secrets, un homme politique en deuil de beaucoup d'illusions se contenta de répliquer avec son flegme :

— Alors, tout s'explique.

Cela s'explique, en effet, par le rythme de la domination croissante d'une race agioteuse et révolutionnaire sur les peuples producteurs, conservateurs, civilisateurs. Cela manifeste le triomphe de la richesse sur la pensée et du minéral sur l'humain. Mais, cette explication, la seule, n'étant pas très bonne à produire, M. Woodrow Wilson aima mieux renoncer à défendre aucune de ses « idées » contre la discussion et contre l'examen. M. Wilson se résigna à devenir une excellente machine à dire : *je veux ou ne veux pas.*

Déjà, quand il s'était permis d'adresser aux Italiens, par-dessus leur gouvernement, le message incorrect qui leur refusa Fiume, de mauvais applaudissements avaient appris à l'univers que le pape puritain de la Paix et de la Justice avait « donné un grand coup de poing sur la table » ; ces façons bismarckiennes firent désormais les délices de la petite cour de divagateurs continentaux dont le président se vit entouré[290], les uns socialistes

---

[290] La camarilla dénoncée en août 1918 par Maurice Pujo dans *L'Action française* était soupçonnée dès janvier : voir les « fraudeurs » dénoncés et signalés *supra*. Cette camarilla était toute formée à la veille de la première visite du président Wilson. En étaient tous les « petits

indépendants comme l'ineffable Paul-Prudent Painlevé, les autres unifiés comme ce Paul Lévi, militant bolcheviste au *Populaire* et à *L'Humanité* sous le pseudonyme de « Phédon », directeur de la *Revue bleue* sous le faux nom de Paul-Louis et, sous le voile du plus complet anonymat, directeur de tous les services de politique étrangère d'un grand journal républicain populaire comme *Le Petit Parisien*. Cet entourage d'ennemis publics plaidait à qui mieux mieux contre les intérêts vitaux des peuples martyrs. Ce plaidoyer prononcé en France donnait du cœur contre la France à M. Woodrow Wilson. Quant à la cause de l'esprit, du cœur, de la logique et de la justice, il se chargeait de la liquider tout seul, au profond désespoir de libéraux sincères qui se perdaient dans ces abîmes d'inconséquence ou de faiblesse morale, navrés d'assister à la démission de l'intelligence devant un consortium de complices et d'amis du peuple agresseur.

C'est en Amérique, naturellement, que la critique des *veto* et des *volo* de M. Wilson atteignit au plus haut degré de lumière. Les libres esprits du *New York Tribune* en venaient à crier comme nous :

— Il ne prépare pas la paix, mais la guerre.

Là-bas comme ici, tant d'actes qui ne furent ni réfléchis, ni justifiés, ni justifiables amenaient à poser la simple et grande question de fait, extérieure et supérieure à tous les systèmes : pour maintenir actuellement la paix du monde, qu'est-ce qui sera pratique ? qu'est-ce qui sera efficace ? Vous dites : l'unité de tous les peuples du monde ? Mais comment la faire si l'agressivité allemande subsiste ? Si elle dispose de la puissance ? En maintenant la forte et turbulente unité allemande, comment maintiendrez-vous la paix à l'intérieur de la Société des nations ?

L'on mâchait et l'on remâchait ces grosses vérités pour les rendre plus claires et plus assimilables. Ce que nous avions été seuls à dire d'abord, tout le monde le répétait. On montrait que l'Allemagne restée une serait forcément très puissante, et ne saurait même pas résister aux tentations de cette force. Comme à l'école du soir où vont les ouvriers incultes, comme à l'école maternelle où s'asseoient les tout petits enfants, on s'ingéniait à trouver des paroles pour montrer à M. Wilson qu'il fallait toujours en revenir à poser la question de l'État germain, la question du Reich et de l'unité. Cela était murmuré, dit, crié sous vingt formes autour du tribunal de l'arbitre universel. Il était devenu muet. En fallait-il admettre la bizarre

---

Français », tous les partisans d'une plus petite France : voir *L'Œuvre* du 13 décembre 1918 : « Pourquoi un Français doit être wilsonien », article de ce malheureux Jean Hennessy.

explication américaine d'après laquelle M. Wilson n'aurait été que le metteur en œuvre d'un roman d'idéologie politique publié en 1912 sous un pseudonyme par le colonel House, son mentor ? Après avoir été, plus longtemps et plus loin qu'un duc de Bourgogne, le disciple docile de ce Fénelon galonné, M. Wilson aurait-il fini par oublier sa leçon ? Alors pourquoi n'apprenait-il pas la nôtre ? Elle était nette, elle était juste et humaine. Elle était la vraie. Il ne pouvait pas se défendre de voir et d'entendre. Il était résolu à ne rien savoir.

Vertige d'amour-propre ! Devant la « table » de ses « contradictions » dressée par l'inexorable évidence[291], il était fait échec et mat au point de se voir interdire de demander à s'éclaircir ou d'articuler, parole libératrice, quelque simple et modeste : *je ne comprends pas bien...* Docteur de son métier, mais, par intérêt de carrière, retranché des communications normales avec le réel, philosophe déchu réalisant en perfection ce type (si commun) de l'ancien intellectuel, plus implacable que les plus durs praticiens envers les pauvres idées pures qui n'ont, pour se défendre, ni sabre, ni bourse, ni corps, M. Woodrow Wilson s'enfonça avec un entêtement farouche dans l'activité silencieuse et brutale ; incapable de motiver les décisions qui troublaient l'Europe, il ne les mettait pas moins en vigueur dans la mesure de ses moyens. Meurtries et spoliées, les nations avaient la ressource de retourner contre la muraille tous les portraits du faux libérateur qui, l'année précédente, faisaient le naïf ornement de tant de chaumières et de palais. Mais cette explosion de sentiments de regret n'arrangeait rien. Qu'importait que le désappointement universel trouvât sa voie dans la risée ou l'ironie, devenus les masques décents de l'indignation ? Ce que détruisait M. Wilson était bien détruit. Ce à quoi il interdisait l'être ne naîtrait point. La plus juste satire n'avait rien de réparateur.

L'amitié non plus ne pouvait être réparatrice ! Je songe à tant d'Américains loyaux et fidèles, généreusement perspicaces. Je songe à ceux qui écrivaient au *New-York Herald* en faveur de la part de notre combattant[292], je songe aux écrivains qui avaient aperçu et annoncé aussi

---

[291] M. Maurice Muret (*Gazette de Lausanne*).

[292] La Cour suprême des États-Unis ayant confirmé le jugement qui octroyait 30 000 dollars à James Longacre, dont le pied avait été coupé par un tramway, un Américain de Paris écrivait au *New-York Herald :* « Si la Cour suprême des États-Unis admet que le pied d'un citoyen américain vaut 30 000 dollars, comment les délégués américains de la Conférence de la paix pourraient-ils trouver exorbitantes les exigences de la France qui estime la vie d'un soldat français à 10 000 ou même 20 000 dollars ? (Hélas ! cette estimation idéale n'avait même pas

bien que monsieur W. Morton Fullerton, cette « course à l'abîme » dont nous étions finalement les premières, mais non les dernières victimes. Je veux aussi songer au sénateur Lodge, à tous ceux du parti républicain opposant qui réclamaient contre le scandale en faveur de la justice, en notre faveur ; mais ce retour sur d'heureux sujets particuliers ne faisait pas que nous ne fussions déçus et volés. La plus substantielle des consolations entre Français consistait désormais à recueillir dans la mémoire de leurs yeux et de leur cœur la honteuse violence avec laquelle la machine wilsonienne osait passer sur le corps de la vérité, toute raison, toute lumière étant comptées pour rien ! M. Wilson tenait la place. Il occupait le clavier du dactylographe. Tout se brisait contre ce fait de possession et d'occupation, expression pure et simple d'un pouvoir matériel supérieur aux opérations de l'esprit, simple signe sensible et hélas ! décisif des canons, des vaisseaux, des dollars et des régiments.

Quelque falsification qu'ait subie l'histoire des peuples passés, je défie de trouver l'exemple d'une plus complète occlusion aux forces de l'esprit chez aucun des magistrats qui autrefois s'offrirent pour prêtres de l'Esprit comme l'a fait M. Wilson. Les tyranneaux antiques n'étaient pas professeurs de droit. Ils avaient cette loyauté de voiler les images de la Justice ; c'est à son autel que le Juste est égorgé ici.

Rien de pareil non plus dans la « nuit » du plus intolérant moyen âge. Personne n'y a fait cela. Nul pape. Nul concile. En admettant que le spirituel ait pu être entraîné à des pressions temporelles excessives, le fameux recours au bras séculier fut entouré de claires et puissantes opérations de l'esprit. C'est ici très exactement le contraire. La puissance est dans les canons. La loyauté, d'ailleurs incontestable, dans les dollars. Dollars et canons étant en mesure d'étouffer le moindre murmure hostile à leur avis, le trait de plume wilsonien dévasta le monde en toute candeur. Il y donna force de loi à ce système qui fait de lui le vrai père de la vie chère et de toutes nos crises économiques ; l'agresseur vaincu sera déclaré insolvable et inviolable, la créance de l'assailli victorieux sera frappée de caducité de sorte qu'il périsse sous l'énorme fardeau de tous les frais de la victoire ! Ne pas faire payer les

---

été faite.) En ces temps où certains intérêts financiers bochophiles essaient d'influencer les délégués de la Conférence de la paix pour ne pas « ruiner » cette pauvre Allemagne, y aurait-il un être assez borné pour croire qu'une nation actuellement composée de plus de 60 millions d'habitants, et qui dans un demi-siècle en aura 200 millions, ne pourra, dans cet espace de temps, payer, disons 200 milliards de francs à la France ? » Marques d'amitié qui sont inoubliables de peuple à peuple.

frais de la guerre au criminel enfin désarmé devait en centupler la charge pour le juste vainqueur. Quelle extravagance philosophique ! Elle comporte un criant abus de pouvoir en faveur de l'Allemagne et elle est doublée d'un tel coup de force contre la confiance et contre l'amitié que, bientôt, les représentants de la culture et de la science américaine, craignant d'avoir à en rougir jusqu'à la racine des cheveux, prendront nécessairement le seul parti honorable : notre parti. Ils conviendront de définir l'idéalisme wilsonien comme la raison du plus fort et du moins éclairé. Ces Américains intègres et libres se demanderont ce qu'un Guillaume de Hohenzollern eût tenté ou rêvé de pire. Le monde entier leur répondra : mais rien du tout !

La presse wilsonienne qui fonctionne en Europe a-t-elle pressenti ces menaces de l'avenir ? Pour les détourner ou pour les braver, elle a eu l'art d'ajouter à son ridicule tragique un élément de haine qui achève de la peindre, elle et son chef.

Quand nous disions à cette secte qu'il n'y a pas de Société des nations possible sur l'ancien continent si les composants trop inégaux disposent de forces disproportionnées et que, massé au centre de l'Europe, entraîné aux armes, le Reich uni menacerait dangereusement tous les autres peuples divisés par d'inévitables rivalités d'intérêts ; lorsque nous répétions qu'on ne met pas dans une même cage, ni dans la même compagnie, des fauves de la jungle et de douces palombes, des carnassiers sylvestres et des bêtes de basse-cour ; quand, de la vulgaire évidence, nous réitérions notre preuve que les conditions d'une Société des nations étaient d'abord l'identité de mœurs et de civilisation, ensuite l'équilibre des forces (sans l'équilibre européen, pas de Société des nations concevable), quand nous disions et redisions ces vérités si sûres que, de leur violation, a déjà découlé un état de paix armée analogue à celui de 1913 et s'annoncent déjà des guerres nouvelles, pires que celle de 1914–1918 (la Société des nations sans l'équilibre européen, c'est la guerre fatale) ; quand enfin nous disions que le retour de l'Alsace-Lorraine elle-même resterait quelque chose de précaire et de contesté si une Grande Allemagne demeurait en état de s'agiter et d'agiter ces provinces contre la France (nulle revanche de droit n'est sérieuse sans un équilibre de fait) ; toutes les fois que nous écrivions l'axiome ou démontrions le théorème, la secte ne nous opposait ni raison, ni idée, mais, bavarde séquelle de son héros muet, usait d'un double expédient : l'affirmation gratuite et la calomnie.

D'abord, grâce à son argent, elle publiait à des millions d'exemplaires la commode formule du *Covenant* que « le seul moyen d'éviter la guerre future », l'unique moyen de « paix stable » était le sien, évitant d'ailleurs de produire l'atome d'une preuve accessible au cerveau humain ; puis elle accusait de vouloir la guerre tout contradicteur suspect de nourrir une méfiance ou d'élever un doute contre un moyen de paix aussi précaire et inopérant que le sien ; accusations à grand tirage, symbolisant par un énorme tas de papier imprimé l'*ultima ratio* des disciples de ce Grand Roi des dollars, des obus, des vaisseaux et des régiments !

La presse wilsonienne ne privait même pas de laisser entrevoir de façon explicite l'argument d'autorité massive tiré de la toute-puissance du président. Dollars, canons, vaisseaux, régiments ne se contentaient pas d'agir à leur manière de réalité décisive, ils étaient invoqués et brandis comme des poignards. La Raison, la Justice, la Civilisation, tous les biens spirituels de l'Europe, toutes les idées, tous les droits ont été écartés, balayés et brutalisés par ce procédé matérialiste flagrant.

Comme nous comprenons que nos amis américains, amoureux de leur jeune nationalité, aient frémi ! Il leur était cruel de voir le premier magistrat de leurs États confédérés provoquer de Bruxelles à Rome et de Paris à Bucarest la réalité de la colère et de la raison.

Il ne s'agit plus de nations, mais du monde ; d'égoïsmes locaux, mais de paix générale. Or la Paix et le Monde gisent assassinés. Les victimes montrent du doigt une humanité inhumaine, un panjurisme injurieux, un idéalisme asservi à la plus abjecte finance, un libéralisme tourmenté de générosités idylliques pour les peuples brigands, inflexible et sévère pour les peuples martyrs. Ceux à qui échappent les causes doivent tomber d'accord des faits. Les négociateurs japonais ont accusé leur « regret poignant ». Une « déception poignante » a été confessée par un sénateur français. Notre planète retentit de l'erreur criminelle commise par M. Wilson. Le silence forcé de celui-ci avoue.

Quand donc se produira, comme une sorte de condamnation à terme, la vérification de nos claires critiques ou de nos douloureuses alarmes et lorsque, suite naturelle de la paix wilsonienne, la guerre wilsonienne aura éclaté sur la tête innocente de la France, de l'Italie, de la Belgique, de la Roumanie ou des Britanniques, il y a des Français que je connais et dont nous serons, qui ne manqueront pas d'accomplir le funèbre pèlerinage dont en juin 1919 ils ont fait vœu et serment ; ils se rendront au cimetière de Suresnes, à la place où, hélas ! par centaines, reposent les soldats d'Amérique tombés pour une paix de justice et d'honneur. Au lieu fatal où le Président répandit sa libation de fausses paroles, nous reviendrons prendre ces héros à témoin des avertissements qui lui furent donnés, des calculs trop certains qui lui furent communiqués et de toutes les prévisions trop claires que l'orgueil ignorant méprisa et foula aux pieds :

— Camarades, ô camarades, c'est le règne de sa folie qui fait rouler sur nous la nouvelle vague de sang ! Camarades, ô camarades fauchés pour le règne de la justice, de la paix et de la raison, voyez l'effet de l'œuvre de ce président de malheur. Quelle « valeur » ! Quelle « prudence » ! Ah ! surtout, quelle « prévision » !

Stendhal contemporain
Préface à *Rome, Naples et Florence* de Stendhal

1919

Pour juger à son prix cette belle et savante édition[293] critique de l'un des livres de Beyle[294] où apparaît le plus clairement et sous les couleurs les plus fraîches son éternel portrait de l'auteur par l'auteur, il eût fallu un érudit considérable, bon et sûr amateur de ces raretés, ou quelque stendhalien fini. N'étant rien de pareil, tout au plus si je saurai prendre prétexte de cet admirable travail pour méditer à l'aise sur l'idée de notre Stendhal.[295]

Aux premières années du XXe siècle, lorsque se dessina l'orientation nouvelle du goût, l'un de ceux qui devaient y tenir un rôle de maître, Pierre Lasserre[296], s'étant donné la peine de compulser certain fatras de discussions littéraires conduites par un de ses compagnons durant toute la décade qui précédait, s'étonna de n'y rien trouver d'un peu copieux, sinon de complet, sur un homme de l'importance de Beyle. Et c'était singulier, mais vrai. Le plus vivant et le plus actif de nos maîtres était celui dont nous avions parlé le moins. Pour son romanesque charmant et terrible, l'auteur de la « *Chartreuse* » et du « *Rouge* » était classé au rayon de la poésie ; pour la lucide profondeur des recherches et des découvertes, au rayon de la connaissance. Il était admiré, il était consulté ; mais ce docteur pressé de questions parfois saugrenues, cet ami confident avec qui correspondre en prose et en vers n'était guère le client de notre critique. Très rarement jugé, il lui suffisait d'être lu.

Entre tous les écrivains d'imagination de son siècle, quel privilège, et de quel rang !

---

[293] Ce texte est la préface donnée par Charles Maurras à l'édition de *Rome, Naples et Florence* de Stendhal parue à la librairie Honoré Champion en 1919. Il est aussi paru dans *La Minerve française* du 15 novembre 1919 sous le titre « Stendhal contemporain ». Il y a eu un tiré à part de cette préface chez Champion. Le texte a ensuite été repris dans le *Dictionnaire politique et critique* (1932) puis dans le recueil posthume *Critique et Poésie*, toujours sous le titre *Stendhal contemporain*.
Comme celle-ci, les notes suivantes sont des notes des éditeurs.
[294] Rappelons pour mémoire que Stendhal était de son vrai nom Henri Beyle, 1783-1842.
[295] Ce premier paragraphe n'existe que dans l'édition Champion.
[296] Pierre Lasserre, 1867-1930, fut le premier critique littéraire de *L'Action française*. Il contribua puissamment à la querelle autour du romantisme par sa thèse en Sorbonne, en 1907, intitulée *Le romantisme français : essai sur la révolution dans les sentiments et dans les idées au XIXe siècle*. Il s'éloigna de l'Action française à partir de 1914, irrité par la vulgarisation qu'il estimait exagérée de ses idées. Il a exercé une certaine influence sur Carl Schmitt (*Politische Romantik*, 1921).

On le fréquentait de plain-pied. On n'avait même pas à faire le petit effort d'attention adaptée que requiert le fertile et monstrueux Balzac. S'il ne nous parlait point, comme on dit, de bouche à oreille, c'était bien d'esprit à esprit : pas d'intermédiaire entre le lecteur et lui, non plus qu'entre les choses et leurs noms ; l'expression et le sens absorbaient, dévoraient le matériel du langage. En voilà un qui menait loin de Hugo, de Chateaubriand !

« Monsieur de Chateaubriand m'impatiente », nous disait-il. « C'est un homme d'esprit qui me croit trop bête. » La persistance de l'œuvre de Beyle, avec son curieux et splendide essor final des années 1880, 85, 90[297], vient de ce qu'il avait aiguillé tout au rebours de Chateaubriand : il avait parié pour l'intelligence et, par-dessus l'injure naturelle du temps, désiré le suffrage du petit nombre des favoris qui composent le genre humain. Leur groupe est peu de chose pour chaque époque ; mais d'un âge à l'autre, il grossit par voie d'adjonctions volontaires ; puis, quand l'autorité et l'exemple s'en mêlent, l'imitation et l'influence, peu à peu il acquiert même le contingent des sots. S'il n'y a pas encore eu de sots en stendhalisme, il y en aura. Mais il fut, quant à lui, libre de leur souci. Il visa, sans plus, l'esprit pur.

Comme il était inévitable, ces traits lancés de loin ne vont pas tous au but, et beaucoup auront rencontré d'autres obstacles que la sottise ou l'indifférence ; ils se seront brisés contre les objections du faux goût, ou de systèmes faux. Longtemps une doctrine ou une coutume s'interposa entre cet art simplifié et l'œil ou la pensée de nos « artistes littéraires ». Il fut des jours disgraciés dans lesquels un Ernest Renan plaidait en vain la cause de « l'élément rationnel » dans les effets de la poésie, de l'architecture et des autres arts. Des critiques aussi fins que les Goncourt transcrivaient son sentiment comme un inintelligible blasphème : penser des émotions vraies avant de les dire ! les mûrir et les distiller au lieu de les répercuter toutes crues ! Quel défi ! Et quel paradoxe ! Ce qui importe n'est-il pas de savoir « la couleur du papier de sa chambre » ![298] Cependant la raison devait finir par avoir raison.

---

[297] On sait que, comme l'auteur lui-même l'avait prévu, l'œuvre de Stendhal mit du temps à être reconnue à sa juste valeur hors du cercle de ce qu'il appelait lui-même *the happy few*.
[298] La formule est dans *Sébastien Roch*, d'Octave Mirbeau, au chapitre II : « Peut-être vais-je dire une grosse sottise ? J'attribue à la couleur du papier de ma chambre, mes tristesses, mes dégoûts, mes déséquilibrements d'aujourd'hui. »

Dès que l'esprit eut cessé de rougir de soi, l'amitié de Stendhal ne put manquer de renaître ou peut-être même de naître absolument. Elle se présenta soutenue par les raisons les plus générales, étrangères à la tradition romantique, parnassienne ou naturaliste, supérieures aux curiosités des collectionneurs. Les fils et disciples de Renan et de Taine, Paul Bourget, Maurice Barrés, prirent, comme de juste, une grande part à ce premier « beylisme », puisque c'était en eux, après une éclipse fort longue, que notre France littéraire recommençait à se penser. Stendhal compta parmi les héros, les modèles de leur réflexion ; intercesseur ou directeur de conscience, il fut aussi le signe auquel se reconnaître et se distinguer dans la pambéotie courante. Mais ils eurent bientôt à reculer saisis d'une espèce de crainte. Ce maître d'analyse devenait le docteur d'une nouvelle immoralité ; il enseignait à la génération qui suivait un sens de la vie effrénée. Temps des Robert Greslou[299], temps des Henri Chambige[300] ; cela est déjà assez loin.

Moins appliqués que nos anciens, moins étourdis que leurs élèves immédiats, nous n'étions guère alors que voluptueux sans doctrine : il nous suffisait de demander à ce grand écrivain de l'âme les agréments d'une compagnie très diverse. Nous l'appelions de mille noms, comme autrefois les dieux d'Asie. Que son plaisir fût trop mêlé, n'étant pas toujours le plus réglé, ni le plus noble, ni le moins canaille parfois, on le voyait, on l'avouait, mais la censure était nuancée d'un regret, marquée d'une indulgence et, disons-le, pervertie, presque corrompue par l'ensorcellement des hautes mesures de l'art. Qui tenait contre ce plaisir ?

— *Le plaisir, le plaisir ! Mais quel plaisir peut bien trouver à des fanfaronnades de jacobinisme ou à des défis d'impiété un esprit monarchiste, surtout respectueux et ami du catholicisme ? Un livre comme* Rome, Naples et

---

[299] Robert Greslou est avec Adrien Sixte le protagoniste principal du *Disciple* de Paul Bourget, paru en 1889, et qui s'inspire d'un fait-divers de 1878.

[300] Henri Chambige, 1865-1909, avait eu une célébrité considérable dans la rubrique des faits-divers en 1888, en tuant sa maîtresse, non loin de Constantine. Les sept ans de prison auxquels il avait été condamné une fois purgés, il fera carrière dans le journalisme. France, Tailhade ou Barrès, par exemple, ont écrit sur le personnage, qui prétendait avoir tué sa maîtresse à sa demande, mais avoir ensuite manqué le suicide qu'il lui avait juré. La famille de sa victime prétendait, elle, que Chambige l'avait violée sous suggestion hypnotique puis assassinée. L'affaire fit grand bruit comme l'on s'en doute, alimentée par les controverses de médecins et les confessions de Chambige publiées dans *Le Figaro*. Gabriel Tarde s'est intéressé au cas dans ses travaux criminologiques. On peut noter que la partie civile, la famille de la victime, était représentée au procès par Ludovic Trarieux, avocat, sénateur de la Gironde, futur dreyfusard véhément et fondateur de la Ligue des droits de l'homme.

Florence *déborde de sordidités ! Chez ce roué bourgeois, c'en est la trame et l'armature. Ôtez cela, que reste-t-il ? La pensée de Stendhal y fait corps avec ses deux rages contre les prêtres et les rois. Soit, négligeons la politique !*

Soit, considérons avec indulgence le satirique et le moraliste qui poussent des cris de fureur aussitôt que le monde prend la moindre liberté de gêner la leur, respectons les privilèges de leur métier. Mais votre Beyle, ah ! non. Trop est trop. Avec lui, on se lasse et l'on s'impatiente d'un excès cruel, odieux. Et, en fin de compte, on s'en va...

Eh ! bien, non : l'on ne s'en va pas, ou l'on revient. De petites idées dans un esprit supérieur font un premier effet désagréable : elles finissent par élever à son comble le plaisir de penser parce qu'il s'y ajoute le vif plaisir de contredire et l'agrément de discuter, mais (comme il le faut avec ce seigneur) de discuter bien : en mesure et pour aboutir. En mesure parce qu'il aime à moraliser par saillie. Pour aboutir, parce que sa clarté d'esprit le permet. Discussion d'une fécondité délicieuse : soit que, après enquête et contre-enquête, le lecteur en vienne à classer préjugé pur ou simple humeur tant de froides violences par lesquelles ce fils de royalistes dauphinois contredisait ses origines et peut-être son propre fond, soit aussi que la pente des pires pages de Stendhal conduise, par un beau détour inattendu, à quelque vue assez différente des siennes et qui néanmoins cadre avec elles parfaitement.

Le fait est qu'il apporte pas mal d'eau à notre moulin.

Mon ami Eugène Marsan[301], plus stendhalien que moi, et mon ami Pierre Lasserre ont considéré cet aspect.[302] On commence par écouter Stendhal sans le croire quand il raconte que sa grande dispute avec de jeunes Italiens tient à leur goût excessif pour la république. Mais il donne cette raison, que l'on reçoit d'oreille distraite : « le plus sûr chemin du despotisme militaire, c'est la république. » Seulement il ajoute : « Pour avoir une république, il faut commencer par se faire île ». Cette vue de naturaliste commence à faire réfléchir. Et le moyen de ne rien voir de jeune et de nouveau quand il conclut que « parmi les modernes si corrompus, le rouage le plus nécessaire à la liberté, c'est un roi » ! En plein romantisme libéral voilà qui montre un homme au courant du mécanisme des rapports de liberté et

---

[301] Eugène Marsan, 1882-1936, écrivain, journaliste et critique littéraire. Il tiendra plusieurs années la critique littéraire de *L'Action française* sous le pseudonyme d'*Orion*. Maurras le connut très tôt, dans le milieux proches de Moréas et de *La Plume*. Henri Clouard qualifiait sa pensée de « Maurras en dentelles » ; il est aussi l'auteur de l'un des premiers ouvrages en français sur Mussolini.

[302] Cette phrase n'existe que dans l'édition Champion.

d'autorité. Ainsi se fait la conviction que ses chimères mêmes pourront servir. L'homme qui s'applique à se distinguer des « niais importants » par cette caractéristique de « n'avoir jamais cru que la Société lui dût quelque chose » apparaît plus voisin de Comte que de Rousseau.

Dès lors, son fanatisme des « deux Chambres » peut divertir quand cette rêverie reçoit dans sa tête le tour ou la flamme de la passion et devient la mesure des souhaits, des promesses qu'il fait à la belle Italie : cependant, s'il s'avise de donner ses raisons, ni le salon Broglie, ni la chaire Guizot ne tiennent devant l'incomparable analyste pressé du besoin de penser et d'écrire vrai ; il découvre que, « au fond », le gouvernement libéral « n'est que méfiance et examen personnel ». Les hommes de notre âge tomberont en arrêt devant une saillie qui amorce, en 1816, toute la critique positive de ce système, de ce principe et de ce Règne de la Méfiance comparés aux besoins vitaux de la politique d'une nation.

La politique est un art de l'action commune. Elle diffère, par sa nature, et par son objet, de l'intelligence vérificatrice et critique. Si le pas est donné aux hésitantes lenteurs de la Méfiance, aux balancements du Débat, l'œuvre propre du politique avorte, ou elle impliquera d'effroyables déperditions.

Comme la méfiance de soi érigée en obsession dissout l'énergie individuelle, ainsi le contrôle constant des pouvoirs collectifs par d'autres pouvoirs collectifs, cette critique des Cabinets par les Assemblées, ôtent à ce régime jusqu'au moyen de respecter sa propre puissance et de ne pas la déchirer, de ne pas la ruiner, de ne pas se détruire, parfois avant de s'exercer. La Méfiance ainsi élue pour reine, sacrée déesse de la constitution, peut tout donner, hormis son contraire : crédit ou foi. Sans crédit ni foi, rien n'avance.

La morphologie des États tire un jour éclatant de la morphologie des êtres. Et puisque ce rayon de vérité aiguë est donné par un adversaire, comment ne pas remercier ? Cependant, dirons-nous qu'il ne le faisait pas exprès ? Et mettrons-nous ce doctrinaire fantasque mais sincère dans l'ironique position du rêveur qui détruit ses points de départ parce qu'il les a oubliés ? L'hypothèse est plausible encore : jusque chez les plus grands, la pensée est beaucoup plus forte que l'homme qui pense. Cependant il n'est pas inutile de prendre garde que le penseur et sa pensée sont facilement réconciliés, tôt ou tard, par l'expérience lorsqu'elle les instruit. Un demi-siècle après le premier jet de *Rome, Naples et Florence*, Stendhal ne s'était pas encore dégoûté des deux Chambres ; huit jours avant de mourir il les déclare « la seule chose passable » qu'aient inventée les Anglais et déplore avec amertume que les Français n'aient jamais su copier cela : naturellement, le gouvernement de Juillet et la monarchie parlementaire lui semblaient porter tout le poids de l'essai raté. Il manquait à Stendhal l'expérience du parlementarisme sans prince. Nous l'avons faite, et elle sera mieux comprise si l'on entend comme il convient le curieux enseignement à rebrousse-poil de cet esprit qui avançait sur lui-même et sur ses discours. Il reste très vrai que ses notes politiques ne sont que tangentes à son œuvre et en marge de ses préoccupations d'écrivain ; un sujet où il ne donnait pas son fort n'est certes pas son sujet de prédilection. Mais telle est l'unité de l'esprit humain : une intelligence profonde, fût-elle saturée de passions et de préjugés, ne regarde en vain nulle part. Avec son aisance divine, celle-ci a le don de poser en toute netteté, souvent avec une correction admirable, les plus ardus problèmes de fond. Du point où nous vivons, après les leçons de *quatre quarts de siècle*, cette position si nette dégage pour nos yeux des solutions qui sont rarement celles que Stendhal eût recommandées : les meilleures pourtant et aussi les moins défavorables à ce qu'il a le plus aimé !

Essayons de nous figurer l'extrême diversité de cette âme. Essayons même d'y correspondre et de l'évoquer. Vous êtes là, Stendhal. Et c'est à vous que nous nous proposons de soumettre ce que le Temps qui brasse les idées et les choses a pu faire ou fera de vos maximes ou de vos sentiments préférés. Il n'y a pas de doute possible sur ce qui faisait battre votre cœur et flamber le meilleur de votre génie : vous recherchiez la vérité ; mais vous lui préfériez les vérités, pour le plaisir de les atteindre et celui, plus vif, de leur dire adieu ; vous mettiez au-dessus de tout la force des passions, et, dans un désordre sincère, les clartés de l'intelligence, puis la liberté de l'esprit, l'exaltation du sentiment de votre vie, délivré autant que possible d'illusion et de préjugé.

Et c'est pourquoi, en tête-à-tête avec les livres ou devant quelque beau signe matériel des ardeurs et des audaces du genre humain, vous ne laissez pas de communier amoureusement même avec ce que vous accabliez des dérisions et des sarcasmes habituels : le système se dissipait, l'objet seul, et sa lumière, vous gouvernait. Dans cette direction, il vous est arrivé d'écrire avec une répugnance comique : « Je ne puis pas me le dissimuler, j'ai de l'amour pour le Moyen Âge de l'Italie. » Et vous deviez marquer pour le Moyen Âge dantesque un si injuste parti-pris que le nom de Racine en resta sacrifié au grand Florentin. Relisons si vous le voulez, face à face, le curieux passage où se dévoile votre aristocratisme, ô beau Jacobin ! Précisément, page 370 du livre que voici, vous rapportez cette curieuse conversation suivie de l'inévitable retour sur vous-même :

> J'ai cru jusqu'à ces derniers temps détester les aristocrates ; mon cœur croyait sincèrement marcher comme ma tête. Le banquier R*** me dit un jour : « Je vois chez vous un élément aristocratique. » J'aurais juré d'en être à mille lieues. Je me suis en effet trouvé cette maladie : chercher à me corriger eût été duperie : je m'y livre avec délices.
>
> Qu'est-ce que le *moi* ? Je n'en sais rien. Je me suis un jour réveillé sur cette terre ; je me trouve lié à un corps, à un caractère, à une fortune. Irai-je m'amuser vainement à vouloir les changer, et cependant oublier de vivre ? Duperie : je me soumets à leurs défauts. Je me soumets à mon penchant aristocratique, après avoir déclamé dix ans, et de bonne foi, contre toute aristocratie. J'adore les nez romains, et pourtant, si je suis français, je me soumets à n'avoir reçu du ciel qu'un nez champenois : qu'y faire ?[303]

Je me permettrai de passer ici une page divagatrice où il est question des « Romains comme d'un grand mal pour l'humanité », d'« une maladie funeste » qui a retardé la civilisation du monde, car, dit le pauvre Stendhal, sans eux, nous en serions peut-être déjà en France au gouvernement des États-Unis d'Amérique : « Ils ont détruit les aimables républiques de l'Étrurie. Chez nous, dans les Gaules, ils sont venus déranger nos ancêtres : nous ne pouvions pas être appelés des barbares ; car enfin nous avions la liberté. » Les kangourous et les chacals ne l'ont-ils pas ? Mais voici le grief : « les Romains ont construit la machine compliquée nommée monarchie ; et tout cela, pour préparer le règne infâme d'un Néron, d'un Caligula, et les folles discussions du Bas-Empire sur la lumière incréée du Thabor. » Ni César ni Auguste, ni la Paix romaine ne doivent plus compter dès lors.

Néanmoins le retour au bon sens ne se fait pas attendre :

> Malgré tant de griefs, mon cœur est pour les Romains. Je ne vois pas ces républiques d'Étrurie, ces usages des Gaulois qui assuraient la liberté ; je vois au contraire dans toutes les histoires agir et vivre le

---

[303] Stendhal, *Rome, Naples et Florence*, Florence, « Les inscriptions » (passage daté de Velletri le 6 février).

peuple romain, et l'on a besoin de voir pour aimer. Voilà comment je m'explique ma passion pour les vestiges de la grandeur romaine, pour les ruines, pour les inscriptions. Ma faiblesse va plus loin : je trouve dans les églises très anciennes des copies des temples païens. Les chrétiens, triomphants après tant d'années de persécution, démolissaient avec rage un temple de Jupiter, mais ils bâtissaient à côté une église à saint Paul. Ils se servaient des colonnes du temple de Jupiter qu'ils venaient de détruire ; et, comme ils n'avaient aucune idée des beaux-arts, ils copiaient sans s'en douter le temple païen.

Les moines et la féodalité qui sont maintenant le pire des poisons, furent d'excellentes choses en leur temps : on ne faisait rien alors par vaine théorie ; on obéissait aux besoins. Nos privilégiés d'aujourd'hui proposent à un homme fait de se nourrir de lait et de marcher à la lisière. Rien de plus absurde : mais c'est ainsi que nous avons commencé. Pour moi, je regarde saint François d'Assise comme un très grand homme. C'est peut-être en vertu de ce raisonnement, formé à mon insu, que je me trouve un certain penchant pour les églises cathédrales et les cérémonies antiques de l'Église ; mais il me les faut vraiment antiques : dès qu'il y a du saint Dominique et de l'Inquisition, je vois le massacre des Albigeois, les rigueurs salutaires de la Saint-Barthélémy, et par une transition naturelle(!) les assassinats de Nîmes, en 1815. J'avoue que toute mon aristocratie m'abandonne à la vue hideuse des Trestaillon et des Trufémi.

Ainsi erre de siècle en siècle votre radotage charmant, mais, diraient nos Anciens, de telle succulence que bien peu, Stendhal, l'ont valu ! Laissons Trufémi oublié, Trestaillon mieux connu et réhabilité[304], cœur d'aristocrate

---

[304] Trestaillon et Trufémi (ou Truphény, ou Truphémy selon les sources) sont deux personnages qui s'illustrèrent par leur violence sanguinaire durant la Terreur blanche de 1815 dans le Midi. Trestaillon, porte-faix de Nîmes, se livra par vengeance, avec une bande dont il avait pris la tête, à diverses exactions dans la ville. Il y acquit ensuite une certaine influence politique. L'épisode donna lieu à une ample littérature alimentée par les arguments des deux camps qui recoupaient en gros la division de la ville entre catholiques et protestants. Cette abondante littérature explique que la référence semble familière à Stendhal comme encore à Maurras. La « réhabilitation » dont parle Maurras semble quelque peu excessive et partiale : tout au plus peut-on imaginer que si Waterloo avait tourné autrement, Trestaillon aurait fait partie des victimes plutôt que des bourreaux. De plus des motifs de basse cupidité n'étaient pas toujours étrangers aux agissements des bandes que dirigeaient Trestaillon ou Trufémy. Sans doute faut-il mettre l'indulgence de Maurras sur le compte de l'histoire régionale et des

sensible aux « ridicules de la liberté », tête de libéral et de césarien assez hardie pour dénier à *Buonaparte* « tout talent politique », assez lucide aussi pour regretter *Buonaparte* ou le désirer pour le dessèchement des marais pontins, Stendhal, qui vous sentiez même « tout royaliste » « devant la pauvreté prude des républiques », nul critique chétif ne vous proposera le vain simulacre d'un ordre à introduire dans votre délicieuse Babel, mais, puisque j'ai notre expérience à vous raconter, me voilà certain de vous voir subitement ému de l'offre, et vous asseoir, croiser vos jambes, darder les mêmes yeux que les pères gaulois quand ils écoutaient les histoires des voyageurs à quelque carrefour de l'antique forêt.

Nous aussi, Stendhal, avons fait le grand voyage que l'homme ne choisit pas. Nous en avons souffert et couvert les rudes étapes et, à vous retrouver au bout des temps subis, les distances morales en deviennent plus faciles à mesurer. Ah ! que vous êtes loin ! Vous vous aimiez et nous nous aimons, hélas ! comme vous. Mais ce qui vous charmait le plus profondément dans ce narcissisme intellectuel, où cela est-il aujourd'hui ? Je veux dire : qu'est-elle devenue, votre liberté ? Pas un esprit bien né qui ne traîne des fers pesants. Écoutez-nous, Stendhal : pas un qui ne les aime. Vous verrez pourquoi, tout à l'heure. Je demande pour le moment, où est ce sentiment de libération intellectuelle qui fut comme la pulsation et la respiration de votre pensée.

Pour *vous* mieux libérer, vous aimiez courir aussi loin que possible de vos cadres originels. Après de spacieux séjours à l'étranger que vous abandonniez au hasard des rencontres et des paresses, il vous plaisait de revenir, de pensée ou de corps, dans les parages du foyer pour y goûter l'âcre plaisir de comparaisons dédaigneuses et d'acerbes critiques des travers du pays natal. N'avez-vous pas écrit que le patois de votre pays vous représentait toutes les idées basses de votre enfance ? Il vous paraissait très beau et très doux de comparer à cette enfance votre maturité, à cette stagnation votre libre

---

tentatives de justification qu'elles produisit de part ou d'autre au long du XIXe siècle. On peine aujourd'hui à imaginer l'âpreté et l'importance politique qu'avaient encore localement ces questions un peu plus d'un siècle après les événements. Encore en 1932 le *Dictionnaire* semble n'y être pas étranger et précise en note :

> Comment Stendhal n'aime-t-il point ce héros de la vengeance ? Voilà un homme à qui, pendant les Cent Jours, les bleus firent la gentillesse de violer sa femme, de raser ses oliviers, de brûler sa maison. Quand il cessa d'être proscrit, il rechercha les cinq coupables de ce forfait, les avertit publiquement et les poignarda un par un dans les rues de Nîmes.

pèlerinage, à l'inexpérience le trésor des acquisitions, aux habitudes complaisantes la notion claire et haute des incommodités de la maison natale, à la cave ou au lit, au verger ou au potager ! « Étonnant voyageur ! » comme dit le poète. Votre censure du « chez nous » n'entraînait point d'aveuglement sur les autres pays : vous ne vous privez pas de témoigner votre pitié discrète ou publique aux révolutionnaires qui n'eurent point la chance ou l'honneur de naître Français. Ce genre de patriotisme, où le cœur était tout, coïncidait avec la confiance de votre esprit dans le nouvel essor de l'Europe moderne vers les idées que la France passait pour avoir inventées ; on allait, tout allait vers le plus complet affranchissement ; l'homme, hier citoyen de Grenoble ou de Paris, serait demain le Milanais ou l'Américain qu'il voudrait...

De votre temps, Stendhal, ces tendances diverses réunies dans le même esprit, y faisaient excellent ménage. Un jeune homme à la vue perçante, l'auteur de l'*Histoire de trois générations*[305], nous a fait assister depuis aux métamorphoses par lesquelles cette cohabitation est devenue d'année en année moins facile. Il est né une Allemagne. Il est né un empire britannique. D'autres empires se préparent à l'ouest. D'autres, à l'extrême-orient. À ces nouveautés politiques correspondent d'autres nouveautés dans les âmes. Entre ces idées et ces sentiments, qui d'abord concordèrent, il s'est marqué tout d'abord des différences ou des distances, puis de l'incompatibilité. Cela est très sensible chez les Français contemporains, mais les changements de votre Italie adorée en seront des témoins plus décisifs encore. Oh ! certes vous l'aviez prévu ! Les petits princes de légende, les petites cours d'opérette ne vous avaient pas dissimulé le visage du grand peuple naissant. Moyennant les « deux Chambres » et la suppression de « l'infâme tribunal du Cardinal vicaire »[306], vous comptiez que la facilité de la vie, la liberté de l'esprit, l'énergie des mœurs privées et l'effort national continueraient de converger paisiblement. Or, quelque chose de cela s'est soutenu, mais quelque chose a varié. Et voici bien changé ce qui vous apparut la moitié de vous-même. Écoutons le rapport d'un autre messager.

---

[305] L'ouvrage de Jacques Bainville paru en 1918.
[306] Tribunal qui, au XIXe siècle à Rome, avait à connaître des affaires de mœurs ; le Cardinal vicaire avait en outre un rôle de censeur de la morale publique qui lui donnait des pouvoirs très étendus et souvent arbitraires. Si bien que pour les tenants des idées libérales du temps de Stendhal, cette institution avait parfois pris une valeur d'exemple et paraissait d'autant plus odieuse qu'elle semblait avoir restreint la liberté de mœurs vantée par les écrivains voyageurs qui précédèrent Stendhal à Rome au XVIIIe siècle.

Cette année même M. Lucien Corpechot[307] a donné des nouvelles de la jeune Italie. Comme il la visitait pour le compte de sa patrie, il avait bonnement projeté de fonder sous le nom de *Maison de Stendhal* une sorte de Cercle franco-italien en vue d'entretenir et d'améliorer nos rapports avec nos amis et alliés.

Il prenait bien son temps !

> Mon cher ami, lui dit un jeune écrivain de talent, le député professeur Borgese, il est incontestable qu'une maison franco-italienne au milieu de Rome présenterait mille avantages. Nous en accueillons le principe avec enthousiasme et vous nous trouverez tous prêts à vous aider de toutes manières à mettre ce projet à exécution. Mais ce que nous n'aimons pas, je préfère vous le dire franchement et vous arrêter dans une voie où vous trouveriez trop d'obstacles parmi nous, c'est le vocable sous lequel vous voulez placer cette maison !
>
> — Comment, m'écriai-je, Stendhal ! Mais trouvez-moi au monde un écrivain qui ait aimé l'Italie comme lui, qui l'ait chérie au point de vouloir sur sa tombe une épitaphe qui le naturalisât citoyen de votre pays : *Arrigo Beyle, Milanese*.
>
> Et Borgese de me répondre :
>
> — Eh bien ! non ! Stendhal a aimé dans notre pays tout ce que nous détestons, il représente tout ce qui nous déplaît dans notre passé ; l'Italie auberge du monde ! patrie du dilettantisme, les petites principautés armées les unes contre les autres, le particularisme régional, les danseuses de San-Carlo, les ténors de la Scala, et par-dessus tout une Italie que les autres nations de l'Europe aiment comme une femme, mais qu'elles prennent en pitié, une Italie courtisane dont nous rougirions si elle avait vraiment existé, un magasin d'antiquités, le bric-à-brac du *Quattrocento* et de l'Empire romain ! Non, mille fois non !
>
> Je vous avoue, mon cher ami, que je demeurai court ; et si le prince de Broglie n'avait été là, et avec une extrême habileté n'avait tourné la difficulté en proposant la fondation d'un Cercle franco-italien, c'en

---

[307] Lucien Corpechot, né en 1871, journaliste et écrivain, proche de l'Action française et des milieux nationalistes, il fut notamment rédacteur en chef du *Gaulois*. Ses *Souvenirs d'un journaliste* sont certainement l'ouvrage le plus connu qu'il ait écrit. Il a consacré un livre à *Charles Maurras poète* et c'était un amateur de jardins, sur lesquels il a écrit plusieurs volumes.

était bien fini de nos projets...

Corpechot ajoutait pour son compte avec l'étonnement de la déconvenue :

Quant à ce qu'un Italien cultivé peut penser d'Henri Beyle, je crois bien démêler qu'il lui préfère infiniment Nietzsche. Le philosophe de *Zarasthoustra* avait séduit nos voisins bien plus que nous-mêmes. Ils en avaient fait leur dieu, et professaient avec lui le mépris de cette culture historique à la Stendhal qu'ils considèrent comme hostile à la vie, propre à saper et à diminuer ce qui est actif et vivant.

J'ai beau protester que l'auteur de *La Chartreuse de Parme* représente pour nous tout autre chose ; ils tiennent sa pensée pour un article de luxe ; et, estimant ne pas posséder encore tout le nécessaire, ils regardent le superflu comme un objet de haine, selon la maxime nietzschéenne : — Le superflu est l'ennemi de la nécessité.

L'enseignement qu'ils vont chercher chez leurs propres auteurs, chez Dante, dont la prise sur les esprits n'est jamais diminuée, chez Carducci, chez Manzoni, c'est celui du courage, de l'activité créatrice, de l'énergie et non plus ce scepticisme du promeneur dans le jardin de la science, cette griserie du passé qui, comme celle de l'opium, nous arrache à l'action et brise peu à peu en nous les ressorts de l'effort.

L'évolution s'est faite ainsi contre vous, Stendhal. Elle s'est faite aussi par vous. Les Cavour et les Garibaldi étaient de vos hommes. Vous les avez un peu pressentis, un peu provoqués à la vie. C'était en leur honneur que vous faisiez valoir l'aphorisme de leur poète que, « en Italie, la plante humaine naît plus robuste que partout ailleurs » et vous en attestiez volontiers comme Alfieri l'atrocité des crimes qui se commettent sur cette terre brûlée. Innocente et coupable, frivole et sérieuse, âpre à la vie, au gain, bravant toutes les morts, nourrie de la confusion des idées de Nation puissante et de Liberté populaire, de l'ivresse des arts et de l'apothéose du génie, cette Italie seconde a commencé par recueillir et accorder vos plus belles contradictions. Mais la suite ! Mais l'autre, la troisième Italie, celle de « l'égoïsme sacré », des puissantes années de la guerre des peuples ! Mais le dogme d'airain que cette évolution supra-révolutionnaire implique et signifie, non seulement en Italie, mais partout ! Cette Italie, cette Civilisation tout entière, réduites à se défendre contre une barbarie opaque, organisée très puissamment ! D'abord épanoui de malignes joies, votre œil reflète ici des progrès d'une telle couleur qu'il vous faudra bien les nommer une reculade tragique.

Ah ! Stendhal, Stendhal, écoutez. L'Italie et le monde entier ont obliqué. Tout fait retour. D'un certain point de vue, réjouissez-vous : si à Versailles la monarchie bourbonienne vous a paru « plate », c'est-à-dire insuffisamment agitée et de glace pour la passion, voici venir des règnes neufs, qui sont corsés, qui sont farouches. Ils vivent dans le goût de vos « républiques héroïques » de l'antiquité moyennant des Marathons et des Salamines autrement meurtriers ! Si l'âme de Racine s'est étiolée à défaut de commotions dignes d'elle entre la paix de Westphalie et la paix d'Utrecht, par la faute du grand monarque ou de la dynastie, il se fonde entre les nations un mode d'existence où votre poète observerait à son aise, dans le réel immédiat, des drames à la taille de l'Agrippine ou du Joad. Seulement si la discipline de la Cour lui fut un fardeau, ce dont personne ne peut rien dire, une autre discipline lui serait imposée dont son âge ni le vôtre n'eurent idée.

Comment la supporterait-il ? Et vous-même, Stendhal !

Car cette discipline ne s'arrête plus ni aux corps ni même aux paroles et aux usages. Car l'esprit y sera enrôlé et immatriculé comme le dernier des conscrits, l'activité littéraire réquisitionnée comme une meule de foin. Pis même, nul gendarme n'aura à s'en mêler. Ou à peine ! Cet embauchage des personnes et des idées obéira à la pression d'une contrainte moins physique et plus décisive. Ce n'est pas l'État, la société, ni le service d'état-major qui fera cet appel nominal des esprits, car nul ordre n'y pourrait rien : l'intelligence se contraindra elle-même, et pour son salut. Un corps de dogmes poétiques et moraux, produit par la nécessité de vivre, proposera, imposera les parti-pris de l'« égotisme » national jusque dans ces recoins de l'âme où de telles interventions n'auraient été ni rêvées ni supportées autrefois. Citoyens de chaque État, patriotes de chaque patrie devront comprendre et voir qu'à ces infâmes intrusions, à cette violation effrénée du plus secret asile des consciences correspondent utilité, convenance, nécessité, obligation spirituelle sacrée. Sans ces maux, quels maux plus cruels ! Nous nous trouvons placés entre la plus stricte observance des conditions de toute liberté et de toute vie ou la rapide éclipse de ces deux biens.

Les conditions de la liberté de l'esprit et de la vie physique sont devenues nationales. Elles s'effondrent sans la nation. Sans cette plante, pas de fleur, mais la servitude et la mort à coup sûr. Il n'y a rien à espérer d'une subversion populaire. Ou ce remède indésirable emporterait des désastres supérieurs. À la barbarie du dehors s'ajouterait le barbare d'en bas qui lui tendrait la main, comme nous ne l'avons que trop vu déjà. Plus leur valeur sera grande, haute leur dignité morale et intellectuelle, plus la Patrie moderne devra demander au poète et à l'orateur, au philosophe et au savant le coûteux sacrifice de victimes choisies au profond de leur âme. Au plus sublime de leur ciel intérieur, admirez-le, les Muses mêmes seront liées pour servir afin de ne pas périr. Quelque pays qu'elles habitent, Éthiopie ou Thulé brumeuse, leur poésie sera sommée de soutenir que nulle part un territoire ne découvre de paysage plus délicieux, ne porte fruits plus doux, ne donne de vins comparables, ni de pain si substantiel et n'abrite de meilleures mœurs, ni plus libres, ni cependant plus vertueuses, les femmes y jouissant de l'égal monopole du bien et du beau et les honteuses proportions d'adultère et de bâtardise étant mises à la charge de tribus d'hommes établies sous les autres climats.

Stendhal, Stendhal, vous vous récriez et faites valoir l'extrême différence de ce patriotisme presque impie avec celui que vous avez connu : mesuré, sérieux et puissant. Mais c'est le même. Il n'y a de changé en lui que le temps auquel il a affaire. C'est le même sentiment vrai. Enfant, comme l'Amour, du besoin et de la richesse, il s'impose sans le vouloir : ne croyez pas que nous en soyons venus aux articles d'un covenant artificiel ou d'un chant frivole, il ne s'agit plus de fiction morale. L'*ananké*[308] génitrice montre ici son visage contracté de douleur, sa puissante et savante main. La loi nouvelle sort du genre de la vie qui n'est du reste pas nouveau : l'histoire antique l'a connu au temps des migrations médiques, puis germaniques. Nos dures inventions du jour sont ce qu'elles furent jadis : des mesures de conservation, de salut ! Je ne dis pas qu'elles soient douces ni pures de maux. Je dis qu'à leur succès s'attache le destin de l'homme. Elles sont bonnes comparées à ce qui *sans elles* serait.

Du temps de Miltiade et de Thémistocle, ce nationalisme intellectuel a sauvé. Le serment de la jeunesse de la cité antique sauva l'Europe de l'Asie. Plus tard, et faute de s'être gardé, et parce que le moraliste Sénèque, trop charitable au genre humain, l'avait emporté sur le poète Horace, si justement inquiet du destin de l'État, et parce que l'esprit stoïque prévalut sur l'esprit romain, l'indifférence du monde occidental à l'assaut barbare, sa négligence relative des règles d'effort défensif le livrèrent pour des siècles à ces convulsions qui furent aussi les mères de son sommeil. Très exactement nous

---

[308] En grec : la nécessité.

vivons sous le coup des mêmes menaces : germaniques, islamiques, extrême asiatiques. Il faut choisir de Miltiade ou d'Augustule.

Nous n'avons même pas affaire à des conjonctures qui permettraient un choix véritable. Les choses ont choisi pour nous. Si les choses sont telles, si, par exemple, l'armée doit embrasser toute la nation ; la guerre, intéresser et offenser la totalité du corps social ; si l'existence et les biens de chacun et de tous (et non seulement leurs éléments communs) sont mis en question par l'agresseur et l'envahisseur ; si les chocs des nations, jadis, politiques et militaires, visent à présent l'économie, autrement dit la maison et la vie privée ; si le domaine public va tout envahir, alors, la mise en garde devra mobiliser dans les mêmes proportions tout notre privé à moins que nous soyons résignés à périr.

La garantie de la liberté de chacun comportera une servitude de tous. Et vraiment tous, jusqu'au dernier : autant que la jeunesse, la vieillesse ; autant que le mâle adulte, la femme et l'enfant ; autant que le matériel militaire, industriel et domestique, le spirituel des écoles et des corps savants, théâtres, salles de conférences, livres, journaux. Plus de cénacles retranchés, ni d'académies inactives ; plus de bois sacré ni de lieux d'asile, plus d'inamovibles loisirs. Tout cela étant, pour une part, de la force, est arraché à l'autonomie de l'esprit, lancé au gymnase, ajouté au pentathle. Au travail, tout et tous ! Au service intégral et universel ! Ni laboureur à sa charrue, ni commerçant à son comptoir, ni artisan à son établi ne peut se dispenser de cet écot universel. Plus que pas un, l'esprit le doit, comme il se doit à la communauté si elle lui conserve existence et honneur.

Mon libre Stendhal, il sera même demandé beaucoup plus que votre liberté : car il faudra que celle-ci soit aliénée de bonne grâce ! Entrain réfléchi, enthousiasme soutenu, on exige le cœur du cœur. Personne ne pourra sans injustice ni opprobre se réfugier au-dessus de l'universelle mêlée. Quand tout se donne et se prodigue, par quelle scandaleuse exception, seul l'esprit, le puissant esprit, se réserverait-il ? Comment ce qui peut faire tant de force morale n'y tendrait-il pas ? Ce serait une trahison. Aucun homme d'honneur ne la désirera, ni aucune tête soucieuse de l'avenir. L'esprit, Stendhal, n'était pas libre dans les « républiques héroïques » par lesquelles d'ailleurs tout a été rêvé, inventé, mis en train : comment serait-il libre dans un monde bien plus menacé de finir au midi de son âge que ne le fut l'ancien d'avorter à son plus humble commencement ? Dans leur maturité splendide nos beaux fruits, étant réputés, sont disputés : ils imposent une défense au moins égale à celle qu'inspirèrent, en 480[309], les promesses de fleurs qui ne crevaient pas le bouton.

Considérons quiconque se soustrairait à l'auguste, à l'harmonieuse convenance morale tirée de la nouvelle forme physique de notre destin. Non seulement ces non-conformistes seront aussi injustes et aussi lâches que les conformistes courront le risque d'être « plats », mais voyez ! la révolte intérieure de quelques-uns contre l'intérêt de la vie de tous ne signifiera ni leur affranchissement ni leur énergie ; elle exprimera seulement leur ignorance irréfléchie, leur oppression par l'apparence, et l'incapacité de faire un choix générique et fort.

Une pensée attentive à son point vital se discipline : elle préserve ainsi le reliquat des possibilités et des réalités de la liberté. Au contraire, par intérêt mal compris, entreprend-elle la révolte et fait-elle l'indigne et misérable refus de collaborer : elle aventure tous ses biens, elle se trahit elle-même. Très faible en soi, cette anarchie a tort devant des circonstances où la soumission sera la raison et le droit. Il faut une cité debout, des murs intacts, des frontières sûres, un ordre intérieur à peu près résistant pour maintenir la vie commune de l'esprit ailleurs que dans la grotte des ermites ou dans la cave de conspirateurs ignorés, les uns et les autres incapables d'assurer nulle transmission, nul progrès. Pas de vie intellectuelle, pas de cercle pensant si l'on ne maintient une société générale qui seule garde ses trésors, ordonne et polit ses acquêts. Même en ce XVIIIe siècle évoqué, regretté à tort et à travers, l'élégance de la liberté dissolue était protégée par des forces : les forces mêmes que peu à peu elle détruisit.

Mais voyez aussi comme les mœurs de la liberté ont été peu capables de durer par leur propre effort : qu'elles ont peu survécu à leurs génitrices ! Les hautes sphères de la vie ont un besoin spécial de substance protectrice et de point d'appui. C'est ce qu'il faudrait sentir et prévoir en tout. Certes, d'autres forces défensives sont nées ; mais précisément celles-là qui ont posé des conditions draconiennes à la vie, à la pensée, aux arts, à la paix, à la guerre. Ni leur libéralisme ni leur démocratie ne représentent quelque chose de très malin ni de très humain. Admettons que, pour la liberté de l'esprit, nos ancêtres de l'ancienne France eussent peu. Nous avons moins encore. Ils avaient visé mieux. Mais nous avons beaucoup plus mal. Comparée dans

---

[309] L'année 480 avant J.-C., l'année de Salamine où Athènes, menée par Thémistocle que Maurras a cité plus haut, l'emporte sur les Perses.

toutes les règles à notre guerre et à notre paix, ni la guerre de Louis XIV, ni la paix de Louis XVIII ne s'en tirent à leur dommage.

Alors ?

Alors, Henry Beyle, merci.

Il en sourirait ou grognerait ou, fanfaron de vice, blasphémerait la démocratie pour se soulager, disant, par exemple, ce qu'il en a écrit : « Au XIXe siècle, la démocratie amène nécessairement dans la littérature le règne des gens médiocres, raisonnables, bornés et plats, littéralement parlant. » Et, par ce soupir étouffé, disons par cette porte ouverte sur un certain beylisme, ce que nous avons de réponses à sa furie contre le pape ou les jésuites, contre le parti prêtre ou la Restauration, n'apparaîtrait pas trop éloigné de son cœur. Nous pourrions rire ensemble plus largement et plus librement de son admirable Nathan[310], ce « lapidaire juif », « passionné pour la religion », qui « pousse à un point étonnant une sorte de philosophie tranquille et l'art fort utile de payer peu pour toutes choses », Aujourd'hui qu'un Nathan[311] est devenu maire de Rome, et que d'autres sont rois à Paris, à Londres et à New-York, sans parler de ceux de Moscou (tant le spinozisme a fait de chemin dans le monde), on parvient à comprendre et même à regretter quelques-unes de ces « vexations » affreuses dont les « pauvres » compatriotes de Nathan, les « malheureux Juifs », étaient abreuvés par la méchante Rome papale : on les envoyait au sermon une fois l'an ! on les y condamnait à dormir, faute de bon prédicateur, et pour les mieux humilier on les faisait passer par cet arc de Titus où l'on voit des Juifs enchaînés depuis deux mille ans ! Ces raffinements de cruauté sont mesquins. Cependant ne valent-ils pas mieux que ceux de Lénine ? Notre Stendhal n'oublierait pas de trouver à ceux-ci un air de grandeur farouche ; mais y verrait-il une preuve des progrès et des aises du genre humain ? Il en douterait à demi. Ses changeantes doctrines feraient probablement une espèce de demi-tour définitif, comme le jeu de fiches de Benjamin Constant.

Peut-être aussi que dans la nouvelle existence que nous lui composons, la grande affaire de ses discours et de ses pensées, ce qu'il tenait pour le seul intérêt vrai de la vie eût décidément absorbé les considérations politiques et religieuses dont il a gonflé tous ses livres et qui y font parfois, avec les cancans des saisons et des pays, un petit effet de fatras. La tristesse des temps l'eût

---

[310] Cf. Stendhal, *Rome, Naples et Florence*, Florence, « Un philosophe juif » (passage daté du 27 janvier).
[311] Ernesto Nathan, maire de Rome de novembre 1907 à décembre 1913.

rabattu sur les travaux de sa science et de son art, dans le domaine où il fut maître, où la voix d'un demi-siècle l'appelle roi.

Ce grand empire baissera-t-il ? Ou ne fera-t-il que durer ? Ou bien grandira-t-il encore ? Pour nous, l'autorité de l'analyste, du psychologue et du poète semble reposer sur un socle de diamant.

Comme Paul-Louis Courier, de qui le style fait honte aux idées, mais beaucoup plus haut pour l'intérêt de la matière et la valeur de l'esprit, Henry Beyle est incomparable quand il s'agit de sentir juste, de voir clair et à fond, de donner en quelques paroles très simples l'abrégé des méandres d'une vie ou d'une pensée. La peinture y égale la pénétration : la première, de touche surveillée, volontaire, aiguë, la seconde conduite par les ardeurs et les violences d'une curiosité sans frein. Toutefois, comme l'écrivain, le moraliste est gouverné par un goût résolu de l'essentiel, du pur : il y va droit, revient de même, et la vivacité du récit qu'il en fait trahit seul ce que cette essence secrète, goûtée à fond, lui a communiqué de délices. Le style, justement réputé pour sa sécheresse excessive, mais pétillant d'un feu caché, parfois doré ou argenté d'une magnifique lumière, m'a toujours fait penser à ce que dit Jean Moréas de la beauté d'un arbre qui « se sert à peine de notre vue pour ébranler notre âme ».

Le même Moréas qui le juge, en certains de ses livres, « distingué, puéril et plein de manies », devait être sensible aux fautes de conduite ou de jugement prodiguées d'une page à l'autre : l'étourderie, l'impertinence, la fatuité presque sans limite, tous défauts auxquels le connaisseur ne se trompait pas. Cependant, moraux ou littéraires, ils auront servi. Sans son obsession cruelle et bouffonne du *moi*, il n'eut jamais appris à deviner autrui dans le miroir intérieur avec tant de sûreté et de certitude. Sans la brusquerie de ses partis-pris que lui dictait la voix du dieu mystérieux, il eut manqué plus d'une perception de l'universel. Sans le goût du trouble et de l'aventure, on sentirait moins clairement vivre et agir sa passion du vrai, sa haine militante du faux en matière de sentiment. Enfin, si on lui retranchait ce qu'il est permis de trouver étroit et borné, sa rage voltairienne du clair, du net, du défini, ne faudrait-il pas renoncer aux plus savantes réussites et aux gageures les plus fines d'un art achevé ?

Cet art se cache. Le récit se dérobe à l'apparence de viser à aucun effet. Il insiste le moins possible sur les « beautés ». Il les ignore ou les enveloppe. Dans la page fameuse où quelques acteurs de la *Chartreuse* ne font qu'échanger leurs émois depuis le retour de Fabrice, il écrit à la hâte que « les premières lueurs de l'aube vinrent avertir ces êtres qui se croyaient malheureux que le temps volait ». Une aussi excellente rapidité de touche, comble de l'art et de l'esprit, n'empêche pas Stendhal de savoir mettre en saillie l'image colorée et forte dont tout homme chantant et écrivant aimera d'habiller sa vérité ou son amour. Mais il la veut rare et sublime. La pudeur est une parure, la nudité en est une autre. Une ligne élégante se suffit, comme une taille belle et svelte élancée d'un jet pur. Néanmoins il y a de grasses complaisances, des mollesses voluptueuses dont Stendhal ne s'est pas interdit non plus l'abandon et le mouvement détendu non exempt de grandeur.

Il peut écrire : « Nous trouvons sur cette colline cet air frais, dont on ne peut connaître le charme que dans les pays du midi. Couché sous de grands chênes, nous goûtons en silence une des vues les plus étendues de l'univers. Tous les vains intérêts des villes semblent expirer à nos pieds ; on dirait que l'âme s'élève comme les corps ; quelque chose de serein et de pur se répand dans les cœurs... » Ce qui suit ressemble à la page quelconque d'un traité de géographie, vivifié de place en place par l'éclair de la poésie : « Au nord, nous avons devant nous les longues lignes des montagnes de Padoue, couronnées par les sommets escarpés des Alpes, de la Suisse et du Tyrol. Au couchant, l'immense océan de l'horizon n'est interrompu que par les tours de Modène ; à l'est, l'œil se perd dans des plaines sans borne. Elles ne sont terminées que par la mer Adriatique qu'on aperçoit les beaux jours d'été au lever du soleil ; au midi, autour de nous, sont les collines qui s'avancent sur le front de l'Apennin ; leurs sommets... » Je défie qu'on lise la page à sa place dans le livre sans ressentir jusqu'à l'obsession les syllabes du cri sacré : *Italiam, Italiam !* Ce grand art de la composition du réel n'a qu'à se déployer pour élever la simple nature de la majesté de l'histoire humaine à la dignité du symbole demi-divin. Ce n'est pas autrement que les pulsations de la lampe de Clélia[312] atteindront aux secrets de la mystique de l'amour. Les justes répugnances d'un goût très vif mesurent d'ailleurs cette veine en ne tolérant que l'exquis. C'était le nécessaire et le suffisant pour ce naturaliste de l'âme prédestiné à ne cueillir que ces beautés du monde, honneur de nos jardins, raison d'être de nos vergers.

Une discrétion farouche qui ressemblait à de la timidité, sans en être, le fit peut-être hésiter ou même retarder sur le démon créateur. Il lui est arrivé aussi de se lancer. Exemple, l'occasion fameuse où il a osé rassembler tout

---

[312] Clélia Conti, le personnage de *La Chartreuse de Parme*.

un système de pensées et d'analyses dans un véritable mythe tiré des entrailles du globe et qu'il « va se permettre », comme il dit, d'appliquer à la génération des choses de l'âme, dernier point des rêveries de l'humanité :

> On se plaît à orner de mille perfections une femme de l'amour de laquelle on est sûr. On se détaille tout son bonheur avec une complaisance infinie.
> Laissez travailler la tête d'un amant pendant vingt-quatre heures et voici ce que vous trouverez.
> Aux mines de sel de Salzbourg on jette dans les profondeurs abandonnées de la mine un rameau d'arbre effeuillé par l'hiver. Deux ou trois mois après on le retire couvert de cristallisations brillantes ; les plus petites branches, celles qui ne sont pas plus grosses que les pattes d'une mésange sont garnies d'une infinité de diamants immobiles et éblouissants ; on ne peut plus reconnaître le rameau primitif.
> Ce que j'appelle cristallisation, c'est l'opération de l'esprit qui tire de tout ce qui se présente la découverte que l'objet aimé a de nouvelles perfections.[313]

Ce brillant phénomène de la cristallisation naturelle était digne d'être sublimé du règne minéral jusqu'à cette demeure de Psyché Uranie. Le bel objet réel sert d'âme explicative, comme de lustre étincelant, à toutes les doctrines du livre *De l'amour*. Son nom mystérieux mais net y reparaît de chapitre en chapitre. Cependant la clef d'or en resta incomplète ou elle-même inexpliquée. C'est longtemps après la naissance de son livre, très peu de jours avant sa mort, que Beyle songera à préciser comment lui est venue cette vue décisive et à rendre public le récit du détail de sa descente dans la mine de sel gemme, les discussions, comparaisons et généralisations qui suivirent : curieux fragment qui ne ressemble à rien qu'à du Stendhal, mais tient de la *Fête galante* et du *Dialogue* platonicien.

En approfondissant cette beauté subtile, une Provence médiévale eût élu notre Beyle pour grand maître d'amour. Il n'est pas un cœur d'homme ou de femme qui n'y distingue quelque chose de soi, et la raison universelle en reste éblouie et comblée comme il arrive chaque fois que l'esprit de l'homme se fait servir, se fait traduire par l'heureux choix des nobles matières

---

[313] Stendhal, *De l'amour*.

appropriées. Leur clarté ajoutée à la sienne la multiplie comme un corpuscule dans une flamme. Le mot portant quelque juste et utile image rend des services comparables à ceux de la pure pensée.

HENRI V

1920

La Politique

Ce texte a paru dans *L'Action française* du 29 septembre 1920, repris dans le *Dictionnaire politique et critique*.

I Henri V

En donnant l'ordre de faire célébrer à Paris, dans la paroisse des rois de France, le centenaire de la naissance du duc de Bordeaux, Monseigneur le duc d'Orléans pourrait bien avoir obligé beaucoup de Français à des méditations qui sont lourdes de sens.

Celui que nous appelons Henri V n'a pas régné. Sa destinée normale a été déviée par les circonstances : erreur des peuples, erreurs des chefs. Cependant, ce qu'il avait représenté à la France de 1820, c'était l'avenir. Avenir idéal qui n'a pas été, mais qui n'a pas été aboli tout entier.

Le vaincu de 1830, de 1849, de 1871, de 1873, gardait dans sa défaite autre chose qu'un drapeau sans tache dont on le conviait à s'envelopper comme d'un linceul. Il gardait le principe mainteneur et sauveur qui, en toute rencontre, lui donna l'avantage et le privilège d'avoir raison. Il en gardait en outre la conscience et, comme on disait autrefois, comme il faudrait toujours dire, l'esprit.

Le comte de Chambord avait confié aux autorités de l'esprit les hautes prévisions que le sens national avait inspirées à sa grande âme ; l'histoire qui a suivi n'a fait qu'en recueillir les vérifications plus émouvantes, plus instructives les unes que les autres.

Nos catastrophes devinées et publiquement annoncées par le roi sont le chant séculaire de l'erreur des révolutions. Le gouvernement de Juillet, qui eût pu faire une si belle Régence, était déjà une erreur. Le second Empire et la seconde République étaient d'autres erreurs plus fortes. La troisième République en était une nouvelle. Nous avons payé et nous payons encore tout cela.

Quand le pays saura relier l'effet à la cause et comprendre comment la méprise intellectuelle devait amener la ruine matérielle, il dira tout entier ce que tant d'esprits commencent à dire ou à penser : — Ah, si nous n'avions pas fait la bêtise ! Ah ! si nous avions gardé la puissante organisation, l'autorité et les libertés d'autrefois !

II Le siècle du piétinement ou du recul

En relisant les lettres, les discours, les « conseils de sagesse prévoyante » de ce véritable et nouveau « roi prophète », de ce pape de la Légitimité, les Français comprendront de quelle façon le pèlerin errant et le triste exilé que l'Europe et le monde ne pouvaient même pas saluer de son nom véritable avait été vraiment, hors de France, loin d'elle, l'esprit de la conservation politique, providence impuissante mais lucide de son salut.[314]

Il est certain qu'avoir raison ne suffit pas. Cependant cela est indispensable. Et c'est par là qu'il faut commencer. Et si l'on a commencé par avoir tort, il faut quitter l'erreur, revenir sur ses pas pour rattraper le point à partir duquel on avancera et on progressera, au lieu de tourner en rond, de reculer ou de piétiner.

Songez, Français de 1920, que nous en sommes encore à chercher les moyens de la continuité politique, de la liaison et de l'autorité dans l'État ! Songez même qu'il a fallu quatre ans de guerre et quinze cent mille morts pour rendre évidents ces besoins élémentaires dont L'Action française était presque seule à s'occuper il y a dix ans ![315]

III L'honnête homme

Évidemment, de telles lacunes, et si profondes, au centre et au sommet, devaient déterminer d'énormes faillites dans la politique de chaque jour. C'est à propos d'une de ces faillites (la réalisation à notre barbe de l'unité allemande en 1866), que le comte de Chambord, avec sa douce et claire opiniâtreté de voyant, donnait, vers la fin de sa lettre au général de Saint-Priest, cette esquisse du programme conciliateur et réparateur :

---

[314] L'article tel que publié dans *L'Action française* insère ici le paragraphe suivant :
> Notre ami M. de Roux, dans une page aussi forte que belle, résume plus loin ce que fut la politique sociale, la politique étrangère et le formulaire constitutionnel de celui qui avait raison quand tout le monde se trompait.

Le même numéro de *L'Action française* comporte en effet un article de Marie de Roux intitulé « Le comte de Chambord et la notion de souveraineté ».
Les notes sont imputables aux éditeurs.

[315] La mention d'actualité suivante est présente dans l'article paru en 1920, elle disparaît ensuite : « Songez que l'erreur de la démocratie régnante et du parlementarisme à l'anglaise est à peine flairée des constituants que mobilise la volonté de M. Millerand ! »

Un pouvoir fondé sur l'hérédité monarchique, respecté dans son principe et dans son action, sans faiblesse comme sans arbitraire ; le gouvernement représentatif dans sa puissante vitalité ; les dépenses publiques sérieusement contrôlées ; le règne des lois, le libre accès de chacun aux emplois et aux honneurs, la liberté religieuse et la liberté civile conservées et hors d'atteinte ; l'administration intérieure dégagée des entraves d'une centralisation excessive ; la propriété foncière rendue à la liberté et à l'indépendance par la diminution des charges qui pèsent sur elle ; l'agriculture, le commerce et l'industrie constamment encouragés, et au-dessus de tout cela une grande chose : l'honnêteté, qui n'est pas moins une obligation dans la vie publique que dans la vie privée. L'honnêteté qui fait la valeur morale des États comme des particuliers.

Quel beau langage ! Et quelle douce et claire sincérité dans le timbre de chaque mot ! Les Français de mon âge sont dégoûtés de l'idéalisme électoral et du moralisme professoral comme de deux formes inférieures du spiritisme et de l'hypocrisie. Nous n'avons pas envie de crotter de nouveau notre jugement et notre raison dans cette triviale métaphysique. Cependant tout ce que de belles âmes ont pu mettre de confiance et d'admiration en des mots décevants, en des illusions menteresses trouverait, je crois, sa pâture dans la pure lumière, dans l'accent raffiné de cette doctrine où le simple nom de l'honnêteté, écrit avec une foi paisible, développe des résonances mystérieuses. La prétendue « mystique républicaine » est tissue de contradictions qui aboutissent à la faillite, au massacre et à la ruine. Mais la politique réaliste de ce fils de saint Louis confine par la généralité des idées, et par L'Humanité du cœur, à je ne sais quel ciel de héros et de sages qui comprend et rassemble tous les Pères de la Patrie.

IV LA FUSION

Le comte de Chambord, après avoir fondé cette tradition de la monarchie enseignante, s'occupa de l'assurer pour la perpétuer. Il l'assura par la fusion. Il l'assura par cette réconciliation de la Maison de France que le noble duc de Nemours avait amorcée vingt ans plus tôt.

On ne dira jamais avec quelle piété exacte, scrupuleuse, le comte de Paris a su recueillir à la mort du comte de Chambord cette tradition de la monarchie légitime, de sa raison, de son droit et de sa doctrine. Les témoins et les confidents de ce règne en exil, si appliqué et si laborieux, admirèrent surtout combien la sociologie du comte de Paris, si haute et si sagace, tendit de plus en plus à vérifier les voies de son auguste prédécesseur. La fusion qui s'accomplissait de la sorte était la vraie ; celle des idées, celle de l'esprit. L'esprit qui avait construit la France, les idées capables de la relever.

En 1883, à la veille de la maladie qui l'emporta, le comte de Chambord, voulant inviter Monseigneur le duc d'Orléans à un séjour auprès de lui, avait chargé quelqu'un de son entourage de tâcher de s'informer des « goûts du petit ».[316] Ceux qui connaissaient bien le jeune Prince ou qui savaient lire un peu dans son avenir auraient pu répondre sommairement que les goûts du petit seraient assurément ceux d'un grand souverain ; le goût de l'autorité familière, le goût de l'ordre dans la cordialité, et, comme il écrivit plus tard, dans « la bonne humeur ». Les curieux sont priés de se reporter aux récits de ses dures expéditions dans les mers polaires et au recueil des paroles royales qu'il a codifiées et intitulées *La Monarchie française*.[317] On y voit, certes, un homme et un Français, mais il est difficile de ne pas être saisi, d'abord, par le visage et l'esprit du Roi.

---

[316] Le duc d'Orléans est né le 6 février 1869, et le décès du comte de Chambord date du 24 août 1883. Le « petit » avait donc légèrement dépassé les quatorze ans.
[317] Ouvrage paru en 1907 à la Nouvelle Librairie nationale.

« La Politique »
Article quotidien

L'Action Française du 11 septembre 1921

I M. Balfour et le désarmement

Nous n'avons aucune envie d'établir de mauvais rapports avec les Anglais ; s'il nous arrive quelquefois de recourir à un langage vif, c'est dans l'intérêt de la justice et pour que des procédés détestables ne soient pas restés sans réplique. Mais nous sommes persuadés que l'avenir est aux explications franches, et nous avons la certitude d'y parvenir en nous fondant sur des faits corrects.

Le fait qui se présente à nous aujourd'hui vient de cette Société des Nations où chacun peut confronter et mesurer son expérience politique à celle de son voisin. Les dépêches en rapportent les échos du discours de M. Balfour. Tous nos lecteurs savent la haute sympathie avec laquelle nous avons souvent commenté les paroles de cet homme d'État. Des Anglais nous ont dit parfois en riant que c'était l'enfant chéri de L'Action française. Non. Mais des paroles justes et sérieuses sont toujours examinées ici avec amitié. La vraie philanthropie honore d'abord le bon sens. Il est vrai qu'elle oblige à contredire et à combattre le déraisonnable toutes les fois qu'il se présente. Nous le faisons avec plaisir quand il emprunte les traits de M. Lloyd George, avec peine si c'est un homme d'esprit comme M. Balfour qui déraille. Avouons que celui-ci y met de la distinction et même de l'éclat. On ne saurait formuler le contre-sens politique avec plus de grâce et d'autorité.

Répondant à lord Robert Cecil qui s'était montré assez amer sur les résultats obtenus en matière de désarmement, M. Balfour a dit : « Le désarmement est vraiment bien difficile à effectuer dans un monde où le désordre et les conflits continuent. Il ne serait possible que dans un monde véritablement tranquille et pacifié. »

Ce qui signifie que le problème cesserait d'être hérissé de difficultés s'il ne se posait pas. Si le monde était tranquille et paisible, il ne serait pas en guerre et s'il aimait la paix, il ne préparerait pas la bataille. Sancho Pança l'a dit, suivons tous sa doctrine ! M. Balfour ajoute à ce choix remarquable de pétitions de principes dignes d'un intérêt croissant, une sorte de gémissement qui peut revêtir l'apparence d'une conclusion pratique : « Quelqu'un considérant la situation actuelle peut-il affirmer que les guerres ont cessé et que les rumeurs de guerre se sont éteintes ? Assurément non. Dans ces conditions il est donc bien difficile de faire quelque chose de positif. »

Ce qui est une nouvelle façon d'expliquer que le tort est tout entier à la situation et qu'elle serait simple si elle n'était pas compliquée, pacifique si elle n'était guerrière, et désarmée si elle n'était, malheureusement, très armée. Tombons impartialement d'accord que n'importe quel Latin ou Celte[318], engagé comme M. Balfour dans l'impasse du désarmement, se verrait obligé comme lui au même aveu d'impuissance. L'eût-il exprimé et l'eût-il pensé dans la même forme naïve ? En d'autres termes, eût-il ainsi passé, sans lui donner un regard, à côté de la vérité essentielle et générale qui explique et signifie tout ?

II Axiomes sur le désarmement

Le désarmement est une bêtise. Si 60 millions d'hommes ont envie de garder ou de fabriquer ces armes de guerre, on ne les en empêchera pas. On les en empêchera d'autant moins qu'on les a laissés groupés en un État compact dont un lien étroit et court relie toutes les communautés. Ce qu'on se fait livrer et ce qu'on fait détruire, c'est le matériel d'une armée à un moment donné. Ce qu'on peut empêcher, c'est la constitution ou la réunion d'un matériel nouveau, le rassemblement des effectifs d'une armée nouvelle, *par les voies, moyens et modalités que l'on connaît* et que l'on peut surveiller et interdire. Contre des moyens nouveaux on est impuissant. Les métamorphose des divers corps dans lesquels a paru se décomposer et se dissoudre l'armée allemande de 1918, ont été relevées minutieusement, et les observateurs sérieux ont fini par conclure à l'impossibilité de saisir ce Protée. Tous ceux qui avaient lu et compris leur histoire avaient prévue et prédit cette impossibilité.[319] L'opération de Noske et de ses successeurs en 1919 et 1920, avait été faite sur une plus petite échelle par leur aïeux d'après Iéna. Napoléon leur avait interdit de former de grandes armées par les méthodes connues de son temps. Ils imaginèrent une autre méthode et le grand Napoléon fut roulé. Nous le sommes de même. Et nous devions l'être du moment que nous recommencions sa sottise,

---

[318] Opposés ici aux anglo-saxons. *Les notes sont imputables aux éditeurs.*
[319] Rappelons que l'Histoire de l'armée allemande de Benoist-Méchin, qui pourrait paraître ici une référence presque transparente, n'était pas encore écrite, et que Jacques Benoist-Méchin ne s'intéressera au sujet qu'à partir de 1923, année où il fera son service militaire en Rhénanie.

L'Action française l'avait annoncé au lendemain de la première Marne.[320] Il en est du matériel comme du personnel. Nos agents, les agents des puissances font consciencieusement leur métier et dans ce jeu d'à bon chat bon rat, il est nécessaire que les opérateurs se fassent quelque illusion à eux-mêmes. Cependant beaucoup d'officiers intelligents en mission dans l'Europe centrale nous ont dit et écrit leur scepticisme accru, et l'on peut accepter sous cette réserve ce propos de M. Cambon dans L'Information d'hier :

> La majorité de nos autorités militaires est encore attachée au principe d'une armée de fusils, de baïonnettes, voire de chevaux et de sabres. C'est ce qui s'explique pourquoi elle s'imagine désarmer le Reich en recherchant minutieusement toutes les armes à feu de la grande guerre qui se cachent dans les caves ou ailleurs. Au fond, les Allemands en sourient, car ils savent bien que rien de tout cela ne leur servira dans la prochaine offensive. C'est dans les laboratoires de pyrotechnie ou de matières colorantes, ce qui est tout un, laboratoires d'aéronautique ou d'aviation, laboratoires de recherche d'alliages nouveaux dont la liste, déjà longue chez eux, ne fait cependant que commencer.
>
> Là nos contrôleurs ne peuvent pénétrer. J'ajoute même, pour m'en être rendu compte personnellement, que la plupart d'entre eux ne se doutent pas que là est le danger certain.
>
> Et nos insouciants compatriotes, nos paisibles citadins ne se doutent pas davantage qu'ils seront alors plus exposés que les soldats qu'on enverra au front.
>
> Quelques grosses bombes d'avion ou quelques mètres cubes de gaz asphyxiants de la dernière formule et ils auront vécu.

Il peut aussi lui[321] arriver de disparaître sous le bombardement d'une nouvelle grosse et plus grosse Bertha.[322] — Mais, dira-t-on, des engins de

---

[320] La première bataille de la Marne, en septembre 1914. Le numéro de *L'Action française* du 11 septembre 1921 comporte un court article « L'Anniversaire de la Marne ».

[321] Le peuple, ou le public, là où Cambon parlait de « nos insouciants compatriotes ». Il est probable que Maurras n'avait pas le texte sous le yeux en écrivant son article et n'en avait que le sens à l'esprit. La correction n'a pas été faite au moment de composer.

[322] Maurras avait publié en 1918 une série d'articles sur le sujet, qui seront recueillis en 1923 dans *Les Nuits d'épreuve et la mémoire de l'État*.

cette taille se voient et se contrôlent. — Oui, s'ils sont faits sur le territoire du contrôleur. Mais on peut les faire fabriquer autre part. On peut y employer des équipes d'ouvriers dévoués et fidèles. On peut s'arranger pour que les expéditions par voie fluviale ou ferrée suivent de peu de jours l'éclat de la guerre prochaine. Simple affaire d'argent et d'organisation d'État.

— Alors que faire ? nous dira M. Balfour.

Il faut lui répondre :

— Laissez-nous faire.

Et il nous faut appliquer, nous, notre politique française.

L'organisation d'État qui seule permet le réarmement n'existerait point si l'on eût empêché les Allemands de ne former qu'un État ou plutôt si on les eût autorisés et adroitement provoqués à en former plusieurs. Les moyens financiers de fabrication n'eussent jamais été réunis si l'Allemagne eût été partagée entre une trentaine ou une quarantaine de petits États à budgets limités et dont le contrôle eût été facile.

Mais qui parlait aux Alliés d'une politique de prudence et de révision à l'intérieur de l'Allemagne était traité de réactionnaire et éconduit à coups de promesses de désarmement. Le désarmement, c'était le moyen pratique de garantir la paix, la paix éternelle. Nous apprenons de M. Balfour qu'il faudra désormais renverser les termes. Les hommes auront d'abord la paix et quand la paix sera acquise, quand cette grande question de paix sera résolue, eh ! bien, la Société des Nations aura toute facilité pour faire procéder au désarmement ; pour l'heure, il « est bien difficile à effectuer dans ce monde où le désordre et les conflits continuent. »

Nous en croyons sans peine le flegmatique bon-sens de M. Balfour et peut-être son ironie inconsciente. Il eût fait sagement d'en croire la réflexion, la raison, et la logique de Celto-Latins qui faisaient connaître la chose bien avant qu'elle fût tombée sous son regard.

III « L'ÉTAT ÉCHOUE PARTOUT »

On trouve plus loin l'analyse d'un article dans lequel Capus[323], en se défendant d'exagérer, a constaté en, quatre petits mots, la

---

[323] Plus loin dans le même numéro de *L'Action française* : Maurras fait ici référence à sa propre revue de presse du jour. Capus, c'est Alfred Capus (1857–1922), journaliste et écrivain, académicien français, il dirigea le *Figaro* après la mort de Calmette et durant toute la guerre.

plus générale des vérités politiques du jour. Ne craignons pas d'en recueillir les premières lignes :

> Il est impossible de ne pas constater un fait. Soit que l'État, dans la personne du préfet de police ou d'un ministre essaye d'empêcher de honteuses spéculations, soit qu'il essaye d'intervenir dans une grève pour la terminer équitablement, l'État échoue partout.

Capus aurait pu multiplier les exemples de cette vérité. Il la retrouverait dans les prétoires de juges et dans les écuries de la maréchaussée. Il la reconnaîtrait dans tous les ordres où, selon la spirituelle observation de Robert Havard, la presse républicaine elle-même a constaté que nous n'avons pas de politique. Pas de politique du Rhin. Pas de politique du pétrole. Pas de politique du charbon. Il n'y a pas de politique partout où il n'y a plus d'État. Je ne cesserai de redire que le dernier État qui ait fonctionné en France un peu efficacement est celui que Guillaume II installa pendant quarante ans[324] à nos frontières et sur nos département envahis : en nous obligeant à détourner de nous son épée, il fixait une direction à la République. En lui arrachant l'adversaire qui l'obligeait à l'organisation et à l'activité, la victoire l'a rendue à ce magma de services enchevêtrés les uns dans les autres sans aucune communication ni subordination qui faisait dire à Anatole France en 1896 : « Nous n'avons pas d'État, nous n'avons que des administrations. »

C'était l'ombre d'une ombre. Nous en avons vécu longtemps. La vitesse acquise s'épuise, du moins dans l'ordre pratique, et les vieux matériaux administratifs, qui étaient solides et tenaces, n'ont pu être toujours remplacés par des éléments de même qualité. Le nouvel État démocratique et républicain a évolué selon sa formule, qui est celle du suicide : vingt directions qui se succèdent en quinze ans n'en font pas une, vingt directions de ministres ou de sous-secrétaires qui sont simultanés et sans chef, ou dont le chef et président n'a que des pouvoirs dérisoires ne composent même pas une direction pour chaque fraction du temps. Ça ne dure pas, ça ne dure pas dans tous les sens, ça se décolle en vérité, comment cela agirait-il ?

---

[324] L'article de *L'Action française* porte ici « quatre ans ». Or Maurras parle bien des quatre décennies—un peu plus en réalité—de 1870 à la guerre, durant lesquelles l'Alsace-Moselle fut annexée à l'Allemagne. Nous corrigeons.

Il reste un mot et un beau mot. Il reste un grand souvenir. Les Français, Capus a raison de le dire, s'en font une très haute idée. C'est que leur pays a donné longtemps le modèle de l'État. Un État sans étatisme. Vigoureux là où il était concentré, dans la haute fonction de direction et de répartition. Très lâche, très libre, très absent quoique partout représenté, dans les endroits où l'intérêt le plus général n'était pas engagé. Donc en son centre très monarchique. À son extrémité, franchement et profondément républicain, formé d'une véritable poussière de républiques dont les traces sont déterrées à chaque pas dans les archives. On dit : les Bourbons ont détruit les libertés, détruisant ainsi leur autorité. Les Bourbons n'ont pas tant détruit. Sous le roi qui disait « L'État c'est moi », les conseils de paroisses et de petites villes exerçaient une autorité qui ferait bien pâlir les maires d'aujourd'hui ! Non rationnelles ni délibérées, mais raisonnables et qui sortaient de la nature des choses comme de celle des hommes, logeant le pouvoir où était la compétence, mettant tout en haut la souveraine autorité politique comme elle distribuait en bas toutes les libertés, cette combinaison établissait ainsi la variation, la lutte, le conflit public aux points où ces agitations causaient le minimum de dégâts, tandis que le maximum de stabilité et de durée était constitué et défendu aux postes nécessaires. Les gens qui disent que ce passé et passé, mais ne peut revenir, affirment certainement ce que personne ne peut savoir, mais ils devraient sentir que la république n'est pas seulement l'absence ou le contraire d'une monarchie, elle est la diffamation de tout ce que tant de républicains voudraient emprunter à la monarchie : la structure et l'esprit d'une démocratie implique la croyance aux vertus de l'instabilité, de la compétition, de l'anonymat, de l'irresponsabilité, enfin de tout ce qui compose un régime d'opinion, de parti, une souveraineté de nombre ! Que le respect et le pouvoir de l'État se dissolve à un pareil jeu, c'est le contraire qui serait surprenant.

Faisons même l'aveu pénible pour ceux qui respectent la France : la qualité médiocre ou détestable des chefs d'une tel régime. Les choix des foules, ceux des assemblées se portent uniformément sur des artisans de parole. Les uns sont honorables. Beaucoup et trop ne le sont pas. Voilà un orateur venu d'on ne sait où qui a commencé par défendre l'hervéisme[325] et

---

[325] La doctrine de Gustave Hervé (1871–1944). En 1921, ce socialiste, ultra-pacifiste avant 1914, avait déjà largement entamé l'évolution qui le mènera vers le fascisme. Maurras évoque ici, sans avoir besoin de le nommer, Aristide Briand, président du conseil en exercice en

prêcher la sociale révolutionnaire[326] la plus avancée ; en même temps que député socialiste, il est l'avocat conseil des trois grandes firmes industrielles de son département, dont chacune lui fait une annuité de 25 000 francs, ce qui leur permet de déchaîner ou d'arrêter les mouvements ouvriers à leur fantaisie. Tels ont été ses moyens de vivre. Et maintenant il est l'État, il va à la Chambre, au Sénat parler au nom de l'État, il passe le canal pour aller dire à M. Lloyd George qu'il est la France, peut-être ira-t-il raconter la même fable de l'autre côté de l'océan. S'il ne ment pas, si l'État c'est ça, comment voulez-vous qu'ici ou là-bas on l'obéisse ou on l'écoute, Capus ? Et comment voulez-vous que son histoire ne soit pas un échec continu ?

---

septembre 1921, or Briand avait en effet été proche d'Hervé avant-guerre et avait même été son avocat durant plusieurs procès retentissants qui lancèrent la carrière politique de Briand.
[326] Comprendre : la république sociale révolutionnaire, comme on parle de « la sociale » dans les rangs de la gauche de l'époque.

La Politique Générale

1922

La Politique générale

*Ce texte a paru dans l'*Almanach d'Action française *pour l'année 1922.*

Qu'y aurait-il de changé si demain la République était remplacée par la Monarchie ? En 1914, on répondait trop modestement qu'il n'y aurait en France qu'un Français de plus. En 1922, la force des choses, la nécessité publique, la prudence même obligeraient vraisemblablement le Prince à déclarer qu'il y aurait en outre un principe de plus. Précisons : ce principe, convenablement appliqué, pourrait tout rétablir et renouveler.

Le principe de la Monarchie nationale comporte en effet les deux plus fécondes forces de la vie politique essentielle, particulièrement nécessaires dans le monde moderne : l'unité de commandement et le respect profond de la variété et de l'originalité des énergies ainsi commandées. Disons pour être net : *autorité puissante et décentralisation généreuse.*

Cela n'est pas possible sous le régime des partis. La preuve en est faite. Mais, voyons comment pourrait s'y prendre la Monarchie pour poser, raisonner, traiter et résoudre ces mêmes problèmes que sa rivale indigne a laissés pendants. Accordez à la monarchie d'être elle-même, d'avoir comme elle l'a, le sentiment de la tradition et l'obsession de l'avenir : vous lui accordez tout le reste.

Au premier plan ce fait qui accable : l'énormité du problème financier, lourd héritage. Les finances d'avant-guerre n'étaient pas fameuses. La guerre victorieuse au terme de laquelle la diplomatie républicaine n'a pas pu imposer les compensations nécessaires, cette guerre a tout obéré. La guerre a développé dans des proportions folles cet étatisme économique et social qui fait exécuter par des organes d'État les travaux auxquels ils sont le moins aptes. Même sous la pression de l'ennemi, le flegmatique désintéressement du travailleur-fonctionnaire et administré était un élément de gaspillage fou. Depuis la guerre, la poursuite d'une telle politique est devenue sans excuse. Il faut rendre à l'initiative privée, aux personnes, associations, compagnies, toutes les fonctions qui dans l'État, accomplies par l'État, font effet de parasites stérilisants : stimulées et régénérées par l'idée légitime du légitime profit, elles feront de la richesse au lieu d'en dévorer ! On verra plus loin[327] comment notre éminent collaborateur financier procède à une redistribution hardie de l'immense domaine né des empiétements et des usurpations de l'État. Les politiciens crient. Ils crieraient moins s'il s'agissait de vendre Tahiti aux États-Unis d'Amérique : céder les allumettes ou les P.T.T. à une entreprise française, c'est l'abomination de la désolation. Esprit de l'étatisme qu'engendre l'élection vénale ! L'État monarchique en est libre. Il ira droit devant lui, pour éliminer les tissus adipeux qui l'engorgent et recouvrer la saine liberté des muscles et des nerfs.

La Monarchie augmentera son budget de recettes, mais par les moyens éternels : au lieu de s'attarder dans un système d'impôts d'origine métaphysique et électorale elle s'occupera d'avoir des impôts justes mais faciles à percevoir. Le bon impôt est celui qui rentre le mieux. Le bon impôt est celui dont le taux, léger ou médiocre, est multiplié par le nombre de ceux qui le paient. La popularité des « quatre vieilles »[328], le regret qu'elles éveillent, le souvenir de leur étonnante fécondité n'a point d'autre cause.

Les finances françaises ne seraient pas redressées par ces réformes intérieures si la besogne de destruction accomplie par l'Allemagne n'était pas réparée par l'auteur du dommage. Mais là, rien ne sera obtenu par simples arrangements de financiers et d'économistes. Intelligentes ou grossières, les combinaisons proposées sont étroitement dépendantes de la direction, de la force de notre politique extérieure, et celle-ci vaudra ce que vaudra notre rapidité à mettre en action nos moyens. Ces moyens sont militaires et liés à notre prestige militaire universel, à l'existence d'une grande armée française puissamment outillée sur les marches de l'Allemagne. Par là, nous pouvons imposer un certain nombre de dédommagements qui sont dus par nos ennemis. Hors de là, nous ne pouvons rien. Avec cela, nous pouvons beaucoup cette année encore : moins que l'année dernière, plus que l'année

---

[327] Référence à un article suivant dans le même *Almanach*. *(Comme celle-ci les notes suivantes sont des notes des éditeurs.)*

[328] Les quatre impôts directs traditionnels du siècle précédent : trois datent de 1790, ce sont la contribution foncière, portant sur tous les terrains ; la contribution mobilière, portant sur tous les revenus qui ne sont pas tirés du commerce ou de la terre (rente, industrie) ; la patente, qui taxe les professions selon des signes extérieurs ; l'impôt sur les portes et fenêtres fut quant à lui établi en 1798 par le Directoire. Rappelons que c'est la Grande Guerre qui permit à la République d'instaurer l'impôt sur le revenu, jusque-là bloqué par les oppositions, en particulier celle du Sénat.

prochaine. Le temps travaille contre nous. Nous pouvons l'arrêter en prenant des dispositions telles que l'ennemi ait fort à faire.

Nous ne le pourrons pas, non plus, tant que notre politique restera subordonnée, je ne dis pas à l'alliance anglaise, qui a ses grands avantages, mais à une alliance quelconque. Nous pouvons tout avec les autres. Sous les autres nous ne pouvons rien. Mais si nous réussissons à faire en Europe centrale quelque chose d'utile sans les autres, dès lors nous serons en état de distribuer de telles primes que loin d'être isolés, comme on le redoute enfantinement, notre amitié sera recherchée de tous.

Cette politique active au dehors est la clef de toute reconstruction au dedans. Il est clair que cette action est impossible à la République. Nous lui avons dit pendant la guerre qu'au fond elle avait un chef : Guillaume II. En nous envahissant, il imposa la nécessité de lui répliquer ; quand il a dû se retirer, la République n'a plus su que faire. C'est qu'elle était sans tradition et sans regard sur l'avenir. Les républicains instruits et sincères en conviennent. Le Prince qui, selon le mot de Lemaître, *connaît l'Europe comme un bourgeois sa ville*, ne serait sans doute pas exempté des embarras, des difficultés, des obstacles. Mais il serait armé pour les voir, les mesurer, les résoudre ; il ne pourrait donner ce spectacle burlesque d'un gouvernement comme le nôtre appliquant le gaufrier de sa politique intérieure la plus simpliste aux problèmes de la Volga, du Danube et du Rhin.

Nous avons deux aspects : en corps de nation, la France ne paraît même pas capable d'élaborer une volonté ni de concevoir un programme ; individuellement, les Français les mieux recommandés par leur gouvernement, les plus appuyés en haut lieu, ne sont pas les plus honnêtes, et, lorsqu'après leurs peccadilles, leurs scandales sont étouffés, leurs fautes couvertes, l'étranger s'attend forcément à des moissons de fautes nouvelles. Il faudra du temps pour effacer ce discrédit moral qui permit récemment à un républicain ancien ministre, M. André Lebon, de prononcer dans une conférence aux Arts et Métiers, ce mot affreux : « Nous ne sommes pas très loyaux. » Il faudra moins de temps pour cicatriser et guérir les atteintes portées à notre considération collective. Quelques actes heureux y suffiront.

Résultat immédiat : une nation qui ne perd pas de temps en pourparlers avec l'ennemi et qui ne demande pas de permissions inutiles à ses alliés, une nation qui occupe la Ruhr quand il le faut, qui négocie, quand il le faut, pardessus la tête du Reich avec les collectivités économiques, géographiques, politiques, dont se compose l'Allemagne vraie, une nation qui sait prendre de l'argent où il y en a, le faire revenir où il faut, qui applique ce qu'elle a de force à créer des forces nouvelles, cette nation se refait de l'autorité morale, de l'influence économique, des avantages financiers. On prête aux riches, mais aussi aux sains et aux forts. La force et la santé de notre politique étrangère assureraient considération, confiance, avance, crédit, tout à notre souhait. Nous avons eu toutes les ressources qu'il a fallu tant qu'a duré la guerre parce que nous nous battions bien. Manœuvrons bien : rien ne nous manquera non plus. C'est le désordre de notre manœuvre qui éloigna intérêt et foi, amitiés et coffres-forts ; ces malheurs cesseront quand la cause en sera ôtée et remplacée par son contraire : l'intelligence et l'autorité d'un chef permanent.

Ainsi s'évanouiront les inquiétudes que les patriotes conçoivent sur notre organisation militaire. « Pas d'argent, pas de Suisses ! »[329] Nous avons bien refusé de toucher à notre armée ; il faudra y venir si nous ne possédons de quoi entretenir et surtout perfectionner l'outillage technique, car la guerre scientifique est chère. Cet outillage comprend, qu'on le veuille ou non, celui d'une Marine étroitement conjuguée à l'Aéronautique. La liberté de nos alliances disparaîtra, si nous demeurons faibles du côté de la mer. Un empire colonial sans bateaux pour y aller, c'est un boulet aux pieds ! Un empire colonial sans bateaux pour le défendre appelle les coups.

La renaissance financière doit restaurer notre marine militaire. Quant à la marine marchande, l'État lui doit tous les concours, mais toutes les libertés. Il n'y a rien à ajouter à ce que les républicains ont dit de l'incapacité de leur gouvernement à ces deux points de vue, sinon que la Monarchie a montré, toutes les fois qu'elle l'a voulu, sa supériorité dans les deux directions : François Ier, Louis XIII, Louis XIV, Louis XV, Louis XVI. La raison explique l'expérience : une marine vit d'autorité et d'initiative, meurt de routine et de compétition.

L'exploitation de notre empire colonial suivra la restauration de notre marine. Croit-on qu'elle puisse le précéder ? Et quand nous aurons assez de bateaux pour verser les fruits du domaine d'outre-mer sur les champs de la métropole, il restera à régler et à harmoniser les deux productions de telle

---

[329] Formule attribuée aux mercenaires suisses de François Ier lors du siège de Milan en 1521 ; le roi n'ayant pas de quoi payer d'avance les Suisses, il se serait entendu répondre « Pas de sous, pas de Suisses ». La formule signifie donc : pas de service sans rétribution. Elle est parfois détournée de manière plaisante par les Suisses eux-mêmes en « pas de sous, pas de Suisse ! »

sorte qu'au lieu de contrarier notre effort agricole et industriel sur le continent, la production coloniale le complète. Affaire de coordination : donc monarchique. La République a toujours laissé et elle laissera toujours ce délicat travail d'ajustage, cette besogne d'adresse et d'art, à la résultante brute du jeu matériel des grandes forces en présence. Tantôt nos sociétés d'agriculteurs l'emporteront, tantôt nos syndicats de coloniaux ! Un temps, le dommage ira aux uns ; un temps, la stagnation et l'inertie écraseront les autres. Mécanique indigne de l'homme, exclue par l'État royal où tout est pesé et pensé dans un esprit ordonnateur, responsable et intéressé au bon résultat : il voudra résoudre les contradictions naturelles en harmonies préméditées, d'une façon stable, et durable. L'État royal n'a pas à laisser se battre le commerce et l'agriculture, les colonies ou la métropole, il n'a pas non plus à choisir l'un plutôt que l'autre. Il choisit l'un et l'autre : les convoquant tous les deux dans son conseil, il les oblige à conclure des accords fructueux au lieu de s'amoindrir en des luttes funestes !

On s'est réjoui du magnifique enrichissement de nos agriculteurs pendant et depuis la guerre. Nul ne pourra leur rendre tous leurs admirables enfants fauchés, mais le sort bienveillant a accordé aux paysans français de tels profits matériels qu'ils ont pu arrondir leur terre quand elle était franche ou bien l'émanciper de l'usure qui la rongeait. Ce fait historique, d'un imprévu bonheur, n'est malheureusement pas aussi définitif qu'on l'imagine quelquefois. À supposer que tout aille bien, sans guerre nouvelle, sans révolution tapageuse et sanglante, même sans reprise fiscale, l'agriculture française est de nouveau menacée de retomber dans une vingtaine d'années, au plus tard, sous le joug du capital mobilier qui l'a tant opprimée ! Cela résulte du jeu mécanique de notre régime successoral, tel que l'a déterminé le Code civil. Le partage et la division du petit domaine condamnent l'héritier à des emprunts onéreux : son bien finit par ne plus lui appartenir qu'en apparence. Plusieurs hommes d'État républicains voient la nécessité de remanier notre loi de partage. On entreprendra tout, excepté cela, sous la République. La Monarchie nationale ne peut connaître ce scrupule : tous ses fidèles sont acquis à l'étude d'un système qui concilierait les besoins et les habitudes, même les préjugés, avec les libertés nécessaires à la conservation du sol et aussi de la Race.

Car le salut de la population rurale, c'est-à-dire nationale, dépend de cette défense du sol : il ne faut plus que le paysan ait intérêt à n'avoir pas d'enfants, il ne faut plus que les calculs de la sagesse et de la raison individuelle soient autorisés ou stimulés par l'impératif de mauvaises lois. Ces lois mauvaises qui obèrent l'avenir doivent être abrogées et corrigées, le plus tôt possible, de manière que le fruit de la réforme tarde le moins possible. Néanmoins, ce fruit ne peut être immédiat : l'état démographique de la France ne s'en ressentira qu'au bout d'une génération, délai minimum, soit quinze ou vingt ans. Et d'ici là les « classes » viriles nombreuses en Allemagne, auront poussé ferme ! Raison de plus d'avoir pendant ces quinze ou vingt ans, comme une couverture dans l'ordre du Temps, une sérieuse politique allemande, européenne et universelle ! Il faut agir dans cette zone pour ne pas y être agis désastreusement.

La Monarchie, qui a l'expérience des siècles, est au surplus trop sage pour confier l'avenir de la race à de simples réglementations d'intérêt matériel. Elles sont indispensables. Mais il faut les compléter par une politique morale et religieuse. Là où la République dit : *Séparation*, la Monarchie dit : *Liaison*. Liaison avec le pouvoir spirituel, entente et accord avec lui. Il existe un ordre moral où tous les pouvoirs, spirituels, curés, pasteurs, rabbins, s'accordent à peu près. Je dis : à peu près. Eh bien ! là, au lieu de les exiler et de les exclure sous prétexte de neutralité, on les appellera, comme pendant la guerre pour le maintien de l'union sacrée ou la collecte de l'or. Naturellement, le plus puissant, le plus actif, le plus utile, celui dont les services sont les plus anciens sera aussi le plus honoré. Quoi d'étonnant ? Le privilège catholique est une affaire de justice dans un pays né et développé en religion catholique. Cela n'empêche ni le respect ni la tolérance ni ce goût de la paix qui veille à rassurer les minorités défiantes. La collaboration des clergés est indispensable, au retour de mœurs normales et d'un esprit public, sain, honnête, courageux, confiant.

La bonne gestion de l'État, son sentiment de l'avenir, sa prévoyance sera un élément favorable à l'élan multiplicateur de la vie en France. L'Allemagne était un désert après la guerre de Trente ans. À qui doit-elle le coup de fouet de sa renaissance physique ? À Fichte et à Blücher, au vieux Guillaume[330] et à Bismarck ! Et d'où vient notre décadence ? De la Révolution, du Code civil, de l'Empire plébiscitaire et de la République parlementaire. La démocratie tue les hommes dans l'œuf.

Pas de bon moral sans justice. On n'amortira les douloureuses revendications « pour le droit » qu'en veillant avec scrupule et vigueur à

---

[330] Guillaume premier, « vieux » par rapport à Guillaume II dont la guerre avait fait une figure familière pour les Français.

l'administration du droit de chacun. C'était la grande affaire des Rois de France. L'épée était au service du sceptre, parce qu'au bout du sceptre brillait la main de justice. Et cette main s'étendra sur les profits indus, rallumera la Chambre ardente, relèvera le taux des sanctions, pour les voleurs du peuple qui seront Impitoyablement châtiés sans acception de parti, de religion, de condition, ni d'origine. Mais, les nouveaux Français en seront frappés au double et au triple. Si celui qui vole est notre hôte, le vol se complique de trahison. Le bon sens de la Monarchie répondra de la sorte à ceux qui nous objectent qu'il y a des financiers voleurs qui ne sont pas juifs. Assurément, et ceux-ci sont coupables de rapines, mais les autres doivent expier par-dessus le marché un abus d'hospitalité.

La question juive n'est pas seulement financière. Elle tient aussi à ce que tel Juif d'Orient, proxénète ou usurier, acquiert vite le vernis du bourgeois européen dont il est devenu l'égal par la fortune, envoie son fils au lycée, en fait un avocat, un professeur, un homme de théâtre, un écrivain, un homme politique, un journaliste, et celui-ci exerce, sur l'âme du pays, une action qui tend à peu près toujours à la désaxer, à la déséquilibrer et à l'affaiblir. Il faut surtout compter sur l'esprit corporatif et l'esprit local pour créer la défense, imposer aux nouveaux venus une vigoureuse discipline indigène, exclure et retrancher de nos compagnies honorées les éléments les moins désirables. Cette défense à deux ou trois degrés vaudrait peut-être mieux que l'expulsion, peu réalisable, ou qu'un système de prohibition pure et simple qu'il serait difficile de maintenir et qui laisserait à l'intérieur du pays, hors des frontières morales de l'État, une population hostile comme celle dont la Russie tsariste a subi le poison. La décentralisation et l'organisation professionnelle sont des éléments de prophylaxie anti-juive ; une bonne échelle de pénalités spéciales contre les Métèques et les Juifs en serait une autre. Si enfin le rigoureux retrait de la nationalité française aux Juifs devenait, malgré tout, indispensable, des distinctions devront être faites en faveur des familles ayant rendu des services au pays.

Tout dépendra peut-être de la manière dont la finance et l'intelligence juives se comporteront à l'égard de la révolution. Il est inadmissible qu'elles concourent à encourager et à envenimer la mésentente dans le monde du travail et spécialement dans la grande industrie. La féconde pensée de l'Économie nouvelle constate la communauté d'intérêts aux trois étages du travail. Il y a plus d'intérêts communs entre patrons, employés et ouvriers de même industrie qu'entre ouvriers, qu'entre employés et qu'entre patrons d'industries différentes. L'effort d'un État paternel doit tendre à rendre ces communautés qui sont réelles moins insensibles, moins latentes qu'elles ne sont. Si, dans cette œuvre de concorde et de philanthropie, l'État rencontrait l'intrigue sourde et la manœuvre perturbatrice d'Israël, son devoir serait de sévir à fond. L'État républicain d'aujourd'hui ne sévit pas, parce que l'or juif l'a domestiqué, autant que l'idée juive. Libre de l'idée juive, étant l'idée française, libre de l'or juif, étant le sang français, la Monarchie osera sévir pour la protection des multitudes que les congénères de Trotski[331] voudraient exploiter.

Pourtant son œuvre intérieure n'est pas de sévir, mais d'organiser. Elle réorganisera le statut administratif en émancipant la vie communale ; urbain, en rendant aux citoyens leurs fonctions égarées dans les bureaux de préfecture ; rural, en étendant et en consolidant le cadre géographique municipal, en ramenant au siège de l'arrondissement les pouvoirs, les facilités, les services égarés au chef-lieu du département et, en ramenant au chef-lieu de la province une foule d'attributions que Paris confisque. Économies et libertés ! Le rôle de l'État sera du juge de paix et de l'homme d'armes. Il maintiendra l'accord. Il ne voudra plus substituer sa vie à la vie.

Ces mêmes procédés monarchiques guériront les deux plaies que le laisser-aller politique et le césarisme administratif ont ouvertes aux flancs Est et Nord de la France. En Alsace-Lorraine, comme partout ailleurs, restauration des autorités municipales et provinciales ; mais, comme ailleurs aussi, un gouverneur armé de grands pouvoirs représentant l'État central et national avec franchise et force auprès des États locaux. Dans les pays libérés, même principe, celui même que le marquis de La Tour du Pin recommandait dans la revue *Le Correspondant*, dès l'automne de 1918 : action locale conciliant tous les intérêts en jeu, gouverneur représentant l'État français dans toute son autorité. C'est vers ce double remède que se tourne le vœu des populations harassées de démarches, rassasiées de formalités. Ces populations sont-elles monarchistes sans le savoir ? Elles souhaitent les méthodes de la monarchie. Ces méthodes sont inapplicables en République. Une autorité faible et molle ne créera point une délégation forte, et elle aura peur de rien lâcher du peu qu'elle a. Une autorité élue voudra toujours tenir ses électeurs par ses agents. L'intervention locale est pour elle une question de vie ou de mort. Je l'ai mille fois démontré. Les événements l'ont démontré mieux que moi. Cependant pas d'avenir pour le

---

[331] Qui effectivement était juif, de son vrai nom Lev Davidovitch Bronstein.

pays sans autorité centrale puissante, libre des partis, souveraine. Pas de renaissance nationale sans décentralisation locale et professionnelle.

L'Étatisme administratif et économique nous affaiblit. Mais l'absence d'un État politique vigoureux ne nous tue pas moins sûrement. Or, la Monarchie reconstitue l'État politique, et elle se délivre de l'Étatisme.

Quel peut être l'avenir de la République ? Les intelligences en doutent. Elles lui échappent. Elle-même manque à ce soin, à ce goût, à cet amour de l'intelligence qui fut toujours un des honneurs de l'État français. Elle assiste, animée quelquefois de bonnes intentions, mais frappée d'impuissance, à la misère de nos laboratoires, à la ruine des études (qui est de sa faute directe), à la décadence de la culture supérieure. Où trouverait-elle cette autorité et ce respect des libertés qui sont l'honneur de la Monarchie ? Mère, avec l'Église, des universités, la Monarchie a compris le service des lettres et des sciences comme la protection des libres efforts et des spontanéités autonomes. En République, l'idée d'un libre enseignement congréganiste fait reculer les meilleurs, et cependant ce serait la solution ! Solution financière et solution morale, pour les trois degrés de l'enseignement. Mais la saine émulation l'effraie : si le cœur, si la conscience de l'électeur venait à changer !

Il a changé, il change, l'électeur d'après-guerre ! Ce changement, même en beaucoup mieux, ne servirait en rien à la patrie si les servitudes du régime électif n'étaient pas secouées et si les erreurs et les fautes d'un mauvais parti étaient simplement remplacées par les erreurs et les fautes fatales d'un bon parti qu'elles déconsidéreraient à jamais.

Qui veut des réformes, des progrès, des institutions de salut et d'ordre ? Pas un mot des lignes qui précèdent qui n'aient au moins trois garants : la parole des princes, la démonstration de nos maîtres ou la nôtre, la vérification de l'expérience ancienne ou nouvelle. Nul esprit ne peut hésiter.

Avec ses trois présidents de la République, ses trois ou quatre présidents du Conseil, ministre de la guerre, ministre des affaires étrangères, 1920 aura été l'année de l'incohérence et de la discontinuité ; 1921 a permis aux mauvais, aux pires, de s'emparer d'une autorité déchiquetée et d'en livrer les restes à l'esprit de parti. Si 1922 n'est pas l'année réparatrice, qu'arrivera-t-il de la France ?

Qu'il y a deux Paul Valéry

1922

Ce texte a paru dans L'Action française *du 28 mai 1922, repris en volume dans le recueil* Poètes *édité par la revue* Le Divan *en 1923.*

Ainsi, le numéro du *Divan*, qui contient l'hommage à Paul Valéry, a fini par paraître. J'espérais bien qu'il tarderait de quelques jours encore et qu'il me serait possible de me joindre aux amis et admirateurs du poète sacré. Essaierai-je de les rattraper ? En ce cas, les lecteurs me pardonneront de mêler une fois de plus à la politique les Lettres. Les bonnes Lettres importent au bien de l'État, et je ne fais de digression qu'en apparence.

Paul Valéry n'est pas tout à fait sorti des demi-clartés de cette littérature d'arrière-sanctuaire et de crypte que Paul Mariéton appelait justement « confessionnelle », et je ne suis pas sûr que le lecteur non prévenu tombant sur un de ses poèmes pris au hasard le trouvât d'une parfaite limpidité.

Ces chants mystérieux, ombrés, n'en ont pas moins grand charme. Certes, la clarté est préférable aux ténèbres, et les lectures faciles valent mieux que les difficiles, toutes choses étant égales d'ailleurs, mais le fait est qu'elles sont rarement égales. Il y a des nuits magnifiques et des midis fort plats. Il y a de rudes montées au bout desquelles l'horizon embrassé nous paye de toutes nos peines, tandis que certaines voies planes et douces ne vont nulle part. Et puis les énigmes de Valéry, fussent-elles décevantes, ont pour elles leur merveilleuse mélodie ; dans les équipes d'aujourd'hui, autant que je puis en juger, ce poète me semble le chant incarné.

J'ai connu, il est vrai, un Valéry assez différent. Il y a vingt ou vingt-cinq ans, ce jeune homme donnait à de jeunes revues de Montpellier et d'Aix des vers mallarméens, lustrés, brillants, d'un poli de perfection étonnant ; style pur et cadence juste, élégante fuite des formes, des couleurs, des idées, dans un langage dont le caractère était la distinction la plus délicate. Il fallait bien y saluer comme le point extrême du Parnasse des Parnassiens dont l'enseignement, la tendance étaient reconnaissables au choix précieux du vocabulaire et de la matière, surtout à la double interposition d'on ne sait quel cristal étincelant et froid d'abord entre le lecteur et l'auteur, ensuite, j'oserai l'écrire, entre le poème et le poète. L'œil attentif distinguait bien sous la glace légère quelque corps azuré de naïade parfaite, glissant dans l'onde lente, d'une rigidité voisine de la mort. On ne pouvait mieux faire que d'admirer cet art consommé, ou tout au moins de l'estimer très haut. Mais, dans les mauvais jours, les jours de critique et de hargne, il fallait bien se demander si ce genre de perfection ne relevait pas d'une calligraphie sublimée, ne ressortissait pas aux arts mécaniques enseignés par l'ermite de la rue de Rome, il y a trente ans.

Ce culte de l'encre et des plumes qu'un vieil adepte loue encore au *Divan* d'hier avec une innocente puérilité.[332]

Par bonheur, il n'y a plus ou il ne semble plus y avoir ni plume ni encre ni culte fétichiste de ces accessoires matériels dans le Paul Valéry que nous ont brusquement démasqué les années récentes ! Ou du moins l'obsession, l'application de ces recettes d'écriture se sont bien effacées de sa libre chanson. Ces poèmes secrets, ces symboles couverts, ces strophes d'allusions et de suggestions plus ou moins confidentielles peuvent porter en soi tels rébus qu'il leur convient ; je l'ai dit, quelque chose emporte tout, le don poétique. Cela chante, chante juste et chante bien. Ne me rappelez pas combien l'homme est intelligent, l'écrivain raffiné, ces évidences me toucheraient peu. Mon goût de sa Poésie est tout sensitif. Ce Paul Valéry de 1918-1919-1920, si différent de l'Ancien, nous fûmes quelques-uns à tomber en arrêt devant sa révélation inouïe parce qu'au premier mot de sa phrase rimée était ressenti ce mouvement délicieux, cinquième essence du

---

[332] *L'ermite de la rue de Rome* est bien entendu Stéphane Mallarmé ; et *le vieil adepte* est Henri de Régnier, une des bêtes noires de Charles Maurras. Voici le sonnet qu'il consacre à Valéry dans le numéro spécial du *Divan* du 15 mai 1922 ; tout s'y ramène à Mallarmé :

> Celui chez qui nous nous connûmes,
> Cher poète Paul Valéry,
> À son exemple nous apprit
> Le culte de l'encre et des plumes.
>
> Dédaignant tomes et volumes
> Où la main au hasard écrit,
> Les richesses de ton esprit,
> Au vers rare, tu les résumes.
>
> Ô toi qui sus unir si bien,
> Mariage racinien,
> Hérodiade avec le Faune,
>
> Souviens-toi de ce temps charmé,
> Où la chaise valait un trône,
> Aux beaux Mardis de Mallarmé !

On ne saurait être plus en opposition avec la thèse défendue par Maurras !
Comme les suivantes, cette note est une note des éditeurs.

plaisir de la poésie. J'ai à peine besoin de savoir à quelle notion claire s'ordonne sa belle chanson et je me résigne volontiers à attendre que cela se débrouille pourvu que le chant y soit. Mais si mon attention approche, si mon esprit s'arrête, interroge la nymphe aux savantes ellipses et lui arrache peu à peu, comme des voiles, ses secrets, le sens qui se déplie manifeste à son tour un élan intime et une cadence profonde ressemblant comme frère et sœur à la suite divine des beaux sons enchanteurs ; le rythme de la pensée et du sentiment me reproduit le rythme extérieur du poème, et c'est tout naturel, car il l'a produit et engendré tout d'abord... De cette unité découverte, de cet accord latent de la pensée génératrice avec la douce voix perçue par le sens corporel, il naît un repos et un enchantement non pareil qu'apprécieront de plus en plus, ce me semble, les véritables amis de la poésie, si, comme je l'espère, cet élément d'harmonie lyrique continue à grandir et à prévaloir dans la poésie de Valéry, l'élément descriptif fût-il un peu sacrifié.

Au bout d'un long apprentissage qu'il n'appellerait peut-être pas ainsi, maître et maître absolu de toutes les finesses de ce qui s'enseigna, Paul Valéry a retrouvé la fonction du poète qui est de faire chanter dans le verbe de l'homme tout son esprit et tout son corps.

D'autres exercices le feront honorer et admirer. Ceux-ci le feront suivre, aimer et conserver au plus profond de nos mémoires pour n'avoir pas refusé la charité sublime d'un vers qui distrait, qui délivre, qui emporte au plus haut du ciel. Quels vers, au juste ? Eh bien, si l'on veut, ceux-ci, faits à la gloire de cet arbre du désert qui porte la palme et son fruit :

> Ce bel arbitre mobile
> Entre l'ombre et le soleil
> Simule d'une sibylle
> La sagesse et le sommeil.
> Autour d'une même place
> L'ample palme ne se lasse
> Des appels ni des adieux...
> Qu'elle est noble, qu'elle est tendre !
> Qu'elle est digne de s'attendre
> À la seule main des dieux...
> Cependant qu'elle s'ignore
> Entre le sable et le ciel,

> Chaque jour qui luit encore
> Lui compose un peu de miel.
> Sa douceur est mesurée
> Par la divine durée
> Qui ne compte pas les jours
> Mais bien qui les dissimule
> Dans un suc où s'accumule
> Tout l'arôme des amours.[333]

L'hommage rendu par les poètes contemporains à une telle poésie contient un bon signe, avec lequel on est heureux de s'accorder, et le directeur de la Revue qui l'a provoqué, M. Henri Martineau[334], mérite les félicitations et les remerciements de tous les lettrés réfléchis.

---

[333] Ce sont les troisième et cinquième strophes de *Palme*, la dernière pièce des *Charmes*.
[334] Henri Martineau (1882–1958), médecin poitevin, spécialiste de Stendhal, fondateur du *Divan* en 1909. Cette revue bimensuelle de poésie, animée par une équipe proche de l'Action française, parut jusqu'à la mort de son directeur.

« La Politique »
Alexandre Ribot
Article quotidien

L'Action Française du 15 janvier 1923

I Alexandre Ribot

Respectueux comme il convient devant la mort, je cherche à quel moment de cette longue existence parlementaire et politique l'esprit du patriote, du patriote réfléchi et prévoyant, aurait pu se sentir pleinement d'accord avec l'action et la parole de M. Alexandre Ribot.

Ce n'est certes pas à l'époque du Parlement, journal où le libéralisme aigu de l'ancien magistrat de l'Empire s'opposait à ce qu'il y avait de meilleur et ouvrait les voies à ce qui se préparait de pire. Ce n'est pas au moment où M. Ribot coopéra avec force et succès à la chute de Gambetta et de Ferry en deux occasions où, somme toute, les deux tombés avaient raison contre leur tombeur républicain, les non-républicains pouvant seuls invoquer le motif d'un intérêt supérieur. Ce n'est pas au moment de l'alliance russe, M. Alexandre Ribot ayant précisément fait immédiatement la faute qu'il ne fallait pas faire et s'étant laissé entraîner par Pétersbourg dans l'orbite allemande ; on dit partout que M. Ribot a déterminé le premier accord avec le tsar, on oublie d'ajouter qu'il a envoyé nos vaisseaux dans les eaux germaniques de Kiel.

À quel moment donc approcher M. Ribot dans un sentiment de sympathie un peu complète ? Sera-ce à l'époque du sauvetage des chéquards du Panama ? Choisirons-nous les quatre années d'opposition à Combes et à Jaurès ? Il est fâcheux que cette opposition ait revêtu un certain brillant seulement dans les questions morales, juridiques, religieuses, et ne se soit déployée qu'avec une extrême timidité, et avec moins d'éclat encore que de succès, dans les questions nationales. Son talent oratoire, son autorité parlementaire auraient pu signaler avec des accents efficaces le désarmement du pays sur terre et sur mer, le sabotage de notre matériel militaire et naval ; mais, dans ce domaine, M. Ribot restait muet ou effacé. Avec les idées qu'il avait, mieux eût valu lui donner à diriger un institut ou un monastère qu'un État ou un parti. Ou bien M. Ribot ne vit pas le carnage qui se préparait, ou il y était insensible, et ses coups incertains ne portèrent jamais. Avec quelle mollesse, avec quelle faiblesse, avec quelle indigence de vues, de raison, de passion, il avait essayé de s'opposer à la deuxième révision de l'affaire Dreyfus ! Les brutaux à la Jaurès et à la Combes se jouèrent de lui comme des chats robustes d'une énorme souris dénuée de crocs.

Il ne voyait donc pas l'État où l'État est et doit être. Son libéralisme juridique s'y opposait. Il croyait parvenir à empêcher l'État d'envahir le terrain propre des citoyens. Mais la logique de sa position était plus forte que sa pensée et que son cœur. Il devint radical, et l'étatisme eut raison de toute sa doctrine. Ses auditeurs des dernières années de la paix le voyaient évoluer peu à peu vers la position jaurésienne et s'empêtrer de plus en plus dans les fils d'une trame qu'il ne discernait pas. Comment une parole toujours claire pouvait-elle jaillir de cet esprit parfois brouillé ?

II M. RIBOT ET LA GUERRE

Printemps de 1914. M. Ribot pressent la guerre. Il a la gloire d'être, pour ce fait, renversé par la Chambre Malvy-Caillaux, alors toute neuve. Mais M. Ribot aurait pu « pressentir » cette sombre échéance d'un peu plus de deux mois, et, par exemple, manœuvrer autrement de 1901 à 1905.

La guerre arrive. Enfin, M. Ribot prend les finances ; nous payons aujourd'hui beaucoup, beaucoup d'erreurs flagrantes de M. Ribot financier. L'affaire de l'or de la Banque de France n'est pas éclaircie, et il y a de graves responsabilités.[335] L'autre soir, Salle Wagram, le nom de M. Ribot venait tout le premier à l'esprit de Valois dans le dénombrement de nos grands gaspilleurs.[336]

Valut-il mieux comme politique ? Une fois au moins, fin 1916, de l'aveu conjoint du *Bonnet rouge* et du *Temps*, nous avons dû à M. Ribot le maintien de Malvy à l'Intérieur. Ce fait attesté par deux grandes autorités est probablement ce qui fait espérer à un admirateur de M. Ribot « que l'Histoire rendra pleine justice à sa clairvoyance », telle ayant été « la qualité maîtresse » de l'ancien président. Peut-être que l'auteur de l'éloge funèbre pensait à la phrase lapidaire par laquelle M. Ribot fit répondre à mon sage avertissement, quinze jours environ avant les mutineries :

— Non, le moral est excellent.

Ou encore à la formule, belle comme l'antique, par laquelle M. Ribot définissait la grande guerre : « un triple procès ». Peut-être, enfin, veut-on nous faire admirer le chef-d'œuvre de diplomatie auquel collabora M.

---

[335] Cet or a été transféré aux Banques d'Angleterre et d'Amérique, en garantie (garantie étrangement superflue) des crédits que nous consentaient nos amis et alliés.
[336] Volonté d'écarter le nom de Valois avec lequel la rupture était consommée ou simple effacement de la mention d'un événement tout circonstanciel, cette phrase a disparu de la version de 1928. (n.d.é.)

Jonnart : cette déposition de Constantin de Grèce, que M. Ribot laissa aller vivre en espion prussien à Lucerne. Qu'eût bien pu imaginer de mieux M. Ribot si la clairvoyance n'avait pas été sa qualité maîtresse ! C'est encore M. Ribot qui, le premier, publiquement, sans que rien l'en pressât, lâcha, et renia, dès juin 1917, le principe qui eût soumis l'Allemand agresseur, envahisseur dévastateur, pillard, à une amende ou même à des dommages intérêts qui eussent force d'indemnité ! Et c'est par une contradiction dans les termes qui crie encore, c'est au nom de la justice invoquée, que M. Ribot désarma cette revendication de justice et frappa d'un coup violent mais définitif toute l'action préparatoire de l'armistice et du traité ! Ce renoncement spontané de M. Ribot autorisait le wilsonisme et lui ouvrait d'avance toutes les voies. On comprend qu'il ait combattu, si âprement, toute idée de la Part du Combattant. « Il ne faut pas, disait M. Ribot, faire concevoir trop d'espérances dans les fruits de la victoire... » Il s'appliquait déjà à la stériliser !

Sans doute, ce vétéran du barreau du second Empire avait le culte et la passion des formes. Quand il frappa injustement L'Action française, son collaborateur d'alors au ministère, M. Denys Cochin, homme excellent, nous dit : « Ribot m'écoutera, Ribot a le sens juridique... » Il l'avait en effet, jusqu'à un certain point. La révélation (visible depuis si longtemps) de la trahison du Bonnet rouge l'effara, quand il put la toucher de la main. Le chèque Duval[337] ne pouvait s'escamoter comme un chèque du Panama ; M. Ribot mit la justice en mouvement avec une hâte de somnambule, mais en continuant de se murmurer à lui-même de fortes réserves. Il fallut qu'on lui fît connaître, à cette place, le sens cambronnophagique du nom d'Almereyda[338] pour le délivrer de ses scrupules envers toute la bande ; elle manquait aux formes, elle était décidément capable de tout ! Mais, je le demande, un esprit aussi formel n'est-il pas, lui aussi, capable de s'ouvrir à tous les vents du mauvais conseil, de la détresse et du malheur ?

III M. RIBOT ET LA PAIX

---

[337] Émile-Joseph Duval, chroniqueur au journal anarchiste *Le Bonnet Rouge* fondé par Almereyda, fut arrêté à la frontière suisse en possession d'un chèque tiré sur une banque allemande. Il fut condamné pour trahison et fusillé le 17 juillet 1917. (n.d.é.)
[338] L'anagramme est facile : Y a la...

Non : plus j'y songe, plus il me semble clair que ce Ribot du printemps et de l'été 1917, même ce Ribot justicier, n'était en rien notre homme. Cependant, à la même époque, se place un épisode qui fait le plus grand honneur à M. Ribot. Cet épisode, l'épisode Lancken[339], apparaîtra un jour le Thabor de sa carrière. C'est là que les patriotes les plus éloignés de lui pourront le prier de planter une tente commune afin d'y respirer un air sans agitation et sans différends.

On se souvient de la gaffe énorme commise alors par M. Briand. Au commencement de l'année, M. Briand, président du Conseil, avait suivi une bonne piste. D'Espagne, notamment, et aussi d'Autriche, il avait reçu des commencements d'ouvertures pour une paix séparée avec Vienne : avec raison, il ne les avait pas repoussés. Averti aussitôt de ces négociations en herbe, Guillaume II s'était hâté de faire commencer à Bruxelles une contre négociation personnelle comportant les offres perfides d'une paix blanche avec Berlin. Tout autre que Briand eût senti que le roi de Prusse essayait de défaire ce que le roi de Hongrie avait ébauché. M. Briand se figura, tout au contraire, que les deux actions, au lieu de se contredire, se continuaient ! Il prit les offres de Bruxelles, les offres Lancken, pour la suite des offres Vienne-Madrid ! Quoique tombé du ministère, ou parce qu'il en était tombé, il se jeta aveuglément, avidement, dans cette fausse voie. Il eût pu y causer d'effroyables malheurs à la France.

L'équité politique exige donc de nous que nous répétions sur la tombe de M. Ribot ce que nous avons dit plusieurs fois de son vivant : M. Ribot s'honora en résistant ici à M. Briand avec la plus extrême énergie, en lui montrant son erreur folle et, comme l'autre refusait de comprendre, en le combattant et en le menaçant jusque devant la Chambre en comité secret. Voilà bien, il faut le redire, un moment où, sur un point, les patriotes réfléchis et clairvoyants ne firent vraiment qu'un avec l'esprit de M. Ribot.

Il est vrai que ce moment-là fut aussi le même où M. Ribot contraria avec la violence et l'esprit d'un novice les ouvertures espagnoles et autrichiennes, celles-ci apportées très directement par le prince Sixte. D'autres causes, dont plusieurs hors de France et hors de notre alliance, chez l'ennemi, contribuèrent à l'échec de cette mission, mais M. Ribot la traita

---

[339] Le baron von der Lancken, gouverneur allemand de la Belgique occupée, fut chargé au printemps 1917 par Guillaume II d'engager des pourparlers secrets pour une paix séparée avec la France. Il a beaucoup été spéculé sur la réalité et la sincérité de cette mission. Une rencontre en Suisse avec Briand aurait été prévue, elle n'a jamais eu lieu. (n.d.é.)

constamment en adversaire. Au fond, son attitude fut celle de M. Briand, retournée. Où celui-ci avait dit oui à tout, M. Ribot dit non à tout. M. Ribot mit la main dans le sac, il traita par la même confusion les suggestions d'Alphonse XIII ou du prince Sixte et la manœuvre Lancken, la paix faussement dite « blanche » et la paix séparée, une paix criminelle et une paix humaine, l'intérêt de Vienne conciliable avec le nôtre et l'intérêt de Berlin, notre ennemi-né.

Comme M. Ribot n'avait pas les excuses de M. Briand, n'étant ni ignorant ni sot, on doit se dire qu'il savait ce qu'il faisait et ce qu'il servait ; il faisait, il servait la grandeur et la force de cette démocratie universelle, antiautrichienne, pro-allemande, parce qu'elle est anti-catholique et anti-latine, qui devait démembrer l'empire des Habsbourg et resserrer l'unité de celui des Hohenzollern ; cette démocratie universelle, qui porta un instant le nom de M. Wilson et qui, démasquée lentement, a trouvé depuis peu un nouveau nom officiel. On l'appelle aujourd'hui la Finance internationale, celle qui nous collait à l'alliance anglaise et à laquelle l'alliance anglaise, reconnaissante, nous collait.

IV Né au siècle de Trafalgar

Comme M. Ribot tenait à cette expression ethnique, religieuse, économique, financière de ses idées directrices profondes ! Il avait été faible envers l'Allemagne en 1895. Mais la vraie patrie des faiblesses de son cœur, c'était le monde anglo-saxon. Là étaient, là vivaient les choix naturels de ses goûts et de son esprit. Comme on comprend que, dans l'étrange affaire obscure de l'or de la Banque de France, il ait surtout réagi en ami confiant de l'Angleterre et de l'Amérique ! Amitié, confiance, abandon total à la loyauté de nos chers alliés ! Il était de ceux qui disaient le plus volontiers : alliances d'abord ! Notre politique lui semblait devoir être naturellement subordonnée à la conservation d'alliances si productives. Qu'il songeât à nous, à notre vie, à nos intérêts, rien de plus vrai ! Mais sa confiance en nous, Français, était petite. Il ne nous voyait point marcher droit tout seuls.

Tel fut le sens d'un de ses derniers discours au Sénat. En adjurant le gouvernement français de ne jamais se séparer de Londres, de ne jamais s'éloigner ni se détourner de Londres, son bras gauche démesurément étendu et prolongé dans la direction de l'Ouest et du Nord-Ouest semblait, au récit d'un témoin, jeter ou du moins amorcer quelque immense pont sur la Manche qui ferait la pige au fameux tunnel ! On comprendra peut-être un jour tout ce bizarre aspect de cet étonnant sénateur du Pas-de-Calais, si l'on s'avise que, peut-être, il représentait, plutôt que la terre ferme du noble pays artésien, la glauque étendue qui le borde, dominée depuis plus d'un siècle, depuis la fin de la Monarchie, par le pavillon concurrent. L'empire britannique s'imposait à lui comme une obsession de géographie naturelle. C'était toute sa réaction, depuis Trafalgar.

Soyons justes. Quel orateur ! Quelle facilité ! Quelle abondance ! Quelle mémoire ! Quel à-propos ! Quelle information ! Quelle promptitude dans l'exposition la plus détaillée, dans la contradiction la plus amère, dans la conciliation la plus gracieuse et la plus réfléchie ! Quel art de maître ! Et aussi quelle complaisante souplesse et docilité de disciple, s'il fallait absolument se taire, et écouter, et feindre de s'assimiler le contradicteur ! Puis, quel frémissement pour se redresser, contester, repartir pour une de ces grandes fresques dont la politique, après tout, n'est que le prétexte et qui font défiler toutes les plantes et les bêtes de la création devant le gros œil arrondi et charmé d'une vaste assemblée, qu'elle soit composée de jeunes conscrits ou de vieillards recrus !

Les grands succès de M. Ribot furent-ils au Sénat, à la Chambre, à l'Institut ? Un de mes amis que je sais, venu de province, royaliste très ferme, esprit d'une remarquable solidité, revint un jour du Luxembourg me dire ce qu'il avait entendu de la bouche de ce musicien : la musique de la persuasion... non pas même ! celle de l'expression toute pure, tressée d'idées communes qui semblaient distinguées et qui, bon gré, mal gré, par la qualité du discours, la tenue de l'éloquence, ne laissaient point d'élever le débat et d'obliger cet auditeur difficile à se dire :

— Enfin, voici du bon français ! voici enfin des propos clairs qui débrouillent et débarbouillent tout à la fois...

C'était la conclusion qui était souvent faible, en raison de la faiblesse des principes directeurs, pétris de toutes les erreurs de la période de 1860, année à laquelle M. Alexandre Ribot eut ses beaux dix-huit ans. Il y a longtemps de cela. Le monde a marché. Des expériences ont été faites. Elles ont instruit bien des hommes. M. Ribot n'en a guère été touché ni curieux. Pendant que son siècle passait de la révolution à la réaction, il faisait la route inverse, cette longue vie justifiant donc, à bien des points de vue, le trait barbelé que Jaurès lui lançait, il y a bien quinze ans : — Ô Phocion[340], tu es long et amer comme le cyprès. Prends garde de n'être pas comme lui stérile !

Est-il rien de plus amer, rien de plus stérile, aujourd'hui ni hier, que l'état d'esprit révolutionnaire chez ce bourgeois bien né, sinon son gros volume de fautes et d'erreurs multipliées au cours d'une guerre cruelle et ses gauches manœuvres contre les véritables conditions de la paix ?

---

[340] Général athénien contemporain de Démosthène et d'Alexandre. On le connaît par le récit de sa vie fait par Plutarque, car son œuvre elle-même, d'orateur et de philosophe, a été perdue. Mais il y a une imprécision, qu'elle soit de Maurras ou de Jaurès, en citant de mémoire la *Vie de Phocion*, XXIII, 2. Dans le texte de Plutarque, c'est Phocion qui dit à son adversaire, le démagogue belliciste Léosthène : « Jeune homme, tes discours ressemblent aux cyprès qui sont grands et hauts, mais qui ne portent pas de fruit. » Nourris de culture classique, Jaurès comme Ribot pouvaient s'échanger ce genre de perfidies. (n.d.é.)

« La Politique »
Article quotidien

L'Action Française du 1er novembre 1924

I L'Angleterre est une île

Un lumineux article de Jacques Bainville à *La Liberté* d'hier soir a expliqué la différence des arrêts électoraux en Angleterre est en France. Ils ne sont parfaits nulle part, mais c'est en Angleterre que la moyenne en apparaît le mieux ou le moins mal fondée en raison, et le plus sagement conservatrice même en des circonstances qui sembleraient le plus favorable à l'esprit révolutionnaire. À quoi cela tient-il ? demande Bainville, qui répond

> *Toujours et tout simplement à ceci : que l'Angleterre est un île.*

Et une petite île. Tellement surpeuplée que, même cultivée à fond, elle ne nourrit pas ses enfants.

> L'Angleterre n'est plus seulement une île comme au temps de Michelet. C'est une île surpeuplée qui produit de quoi nourrir ses habitants deux jours par semaine. Les cinq autres jours, il faut, pour donner des vivres à tant de bouches, vendre des marchandises, en transporter, payer les aliments avec des produits industriels, des objets fabriqués, des bénéfices de fret, etc.
>
> L'Anglais peut être socialiste tant qu'il croit à une meilleure organisation de la société et à une plus juste répartition de la richesse. Mais il y a une chose qu'il est de temps en temps obligé de voir, par exemple quand le chômage s'accroît : c'est que si l'on distribuait entre tous les Anglais toutes les richesses du royaume, il faudrait encore, cinq jours par semaine, gagner et acheter au dehors la nourriture de 45 millions d'individus.
>
> Le parti conservateur représente justement la prospérité du commerce, la grandeur de la marine, la défense et l'expansion de l'Empire britannique, bref tout ce qui contribue à apporter des vivres.

Le parti conservateur est le parti de la politique d'Empire. Et la politique d'Empire, plus ou moins modérée, plus ou moins active, est imposée par la situation insulaire.

II Un esprit public homogène

C'est donc là qu'il faut venir. La situation insulaire inspire, suggère, impose presque un esprit public, c'est-à-dire une conception homogène du bien public. On peut être anti-patriote, anti-militariste subversif, anarchiste, révolutionnaire, pour toutes les causes d'espoir et de désespoir qui agitent le cœur et la cervelle des hommes. Mais si l'on est national, on ne peut l'être là-bas que d'une façon. Le parti national est le parti de la mer et du commerce avec toutes leurs conséquences dont l'évidence est limpide.

Il n'y a rien de plus important pour la vie politique d'un peuple. Un bien public homogène, une vue homogène de l'intérêt public. Au temps où L'Action française avait ses catacombes à l'Institut d'Action française, bien avant la création du journal quotidien, nous avions coutume d'attirer sur ce point l'attention et la réflexion de nos premiers collaborateurs. L'étude des politiques de Fustel de Coulanges nous avait amenés à conclure avec le maître de l'histoire qu'il n'y a pas de grand État républicain sans une aristocratie. Les démocraties républicaines sont condamnées à la démagogie ou au césarisme, à la dictature (militaire ou civile) ou bien à l'anarchie.

Il n'y a de grande république, forte, durable, véritablement gouvernante, que l'aristocratie, naturellement pourvue d'organes de durée et d'autorité (exemples : Rome, Carthage, Venise) et c'est une république impériale de cette sorte, gouvernée par une aristocratie élargie, une république bourgeoise, que Fustel désirait pour son pays. Il se dissimulait si peu combien le rêve était difficile à réaliser qu'il plaçait à la Fronde, quand la noblesse française n'était pas affaiblie, le moment où une grande aristocratie républicaine aurait pu régner sur notre pays.

III Les aristocraties : leurs succès, leurs échecs

Ce scrupule ayant éveillé les nôtres, nous avons examiné à sa suite... Car nous nous sommes aperçu que, si l'aristocratie est nécessaire à la république, elle n'est pas suffisante pour la faire vivre. En effet, les régimes d'aristocratie républicaine n'ont pas tous également réussi. Beaucoup de républiques à constitution patricienne n'ont ni prospéré ni duré, elles ont été dévorées et consommées rapidement par le fléau naturel des aristocraties qui est la rivalité des hautes Maisons, le conflit séculaire des Grands, qui font naturellement de la République « une dépouille ».

Quelle est la loi de ces fameux échecs ? Et quelle est la loi des succès du même régime ? C'est la question que nous nous sommes posée alors. La plus brillante, la plus heureuse, la plus durable des aristocraties devait être, si l'on considère le génie, l'intelligence et les dons naturels d'un peuple, l'aristocratie athénienne. Que lui manquait-il pour durer autant que la romaine ou la vénitienne ? Comment s'est-elle épuisée si rapidement ? Tant de héros, tant de grands hommes, tant de citoyens philosophes qui ont marqué avec une lucidité si cruelle la nature et la cause des maux publics au fur et à mesure qu'ils étaient annoncés ! On parle de leur légèreté de cervelle. Effet ! Non cause. Comment des hommes si intelligents pouvaient-ils être si légers sur leur essentiel ? Il faut qu'une cause plus générale ait créé ces mœurs de dissipation et de légèreté. Ne les exagérons pas, du reste. On se tenait à l'assemblée, comme nous à l'église. Le bien public était pour beaucoup une passion. Les meilleurs étaient fort nombreux. Ils ont tous échoué successivement. Pourquoi ?

Il est bien difficile de contester qu'une dualité profonde fut au cœur de la république des Athéniens, qu'on la suive dans ses mouvements chez Thucydide ou chez Aristote dans la structure de ses institutions. La guerre entre la ville et le Pirée, c'est-à-dire le patriciat (urbain ou rural) et le port de commerce avec ses armateurs, ses capitaines, ses contremaîtres, ses marchands, n'était pas seulement la lutte de deux classes ou de deux civilisations, d'une thalassocratie et d'une grosse bourgeoisie conservatrice, c'était le conflit de deux esprits politiques dont chacun pouvait être sincère et désintéressé, c'était le conflit de deux biens publics également légitimes, au moins en apparence, et qui pouvait par conséquent passionner en sens contraire, de la meilleure foi du monde, les meilleurs citoyens. La nature des choses légitimait, si j'ose dire, le conflit civique au cœur même de la cité. La division était fatale, éternelle. Il eût fallu, soupire quelque part le fameux Xénophon (dans une phrase si curieuse qu'elle a été reprise par Montesquieu), il eût fallu que l'Attique, au lieu d'être une presqu'île, fût une île.

Quel trait de lumière ! La position insulaire eût unifié, homogénéisé le bien public athénien. La politique d'Athènes n'aurait pas été tiraillée entre la Terre et la Mer. Ni le faux Xénophon[341] ni Montesquieu n'ont remarqué les conséquences de cette vue. Le bien public était homogène à Rome ; de la terre au paysan soldat, et encore de la terre, et toute la terre italique ! La république aristocratique décline quand la politique navale et coloniale vient opposer au vieux patriciat latin la population mobile d'un autre Pirée, les dictatures s'annoncent et la situation que l'anarchie allait dissoudre ne peut être sauvée que par la fin de la République, la Monarchie des Césars. Le bien public était plus homogène encore à Venise, vieille aristocratie qui régna sur un si vaste empire et si longtemps qu'elle y put mourir de sa belle mort. Là, l'ordinaire plaie des aristocraties, la rivalité des familles, peut s'étendre et s'approfondir, l'intérêt commun reste si clair, si net, si fort qu'il impose toujours l'unité suffisante : il était impossible à l'esprit public gouvernemental de méconnaître que tous les problèmes de l'État dépendaient de la sûreté et de la puissance de la mer. Ni l'esprit de faction ni l'esprit de compétition ne pouvaient se dérober à cette évidence vitale. L'aristocratie dominante était donc serve d'un bien public évident qui dictait, au jour nécessaire, toutes les conciliations, toutes les unions, toutes les actions qu'il fallait.

État de fait très analogue à celui de l'Angleterre, sauf que le nombre légal des personnes et des familles associées au pouvoir est beaucoup plus grand en Angleterre qu'à Venise, que le livre d'or de l'aristocratie n'y a jamais été fermé et que, d'autre part, les Anglais ne se sont jamais résolus à se séparer de leur vieille monarchie qui rend infiniment plus de services matériels, idéaux, symboliques et moraux qu'on ne raconte. On a beau dire que le pouvoir des Communes est sans limite, une espèce de loi très forte, très traditionnelle le dit, mais une autre loi non moins forte fait que la haute administration, que les corps de l'État monarchique, Amirauté, Office colonial, Office extérieur, y disposent d'une telle puissance réelle qu'ils ont influencé Lloyd George et Mac Donald sans que ni Mac Donald ni Lloyd George les influençât. Ces institutions traditionnelles ajoutent donc beaucoup d'ancres et de lest à la « democracy » élective, mais celle-ci, même livrée à elle-même, subit encore, comme les aristocraties vénitienne et

---

[341] Les œuvres de Xénophon contiennent sous son nom un traité hostile à la constitution d'Athènes, traité dont l'attribution à Xénophon était reconnue pour fausse dès l'antiquité. On parle donc habituellement du pseudo-Xénophon.
Les notes sont imputables aux éditeurs.

romaine, la discipline de ce bien public homogène et unifié, qui manquait à la république Athénienne et faute de quoi celle-ci s'est perdue.

IV L'ISTHME FRANÇAIS N'EST PAS UNE ÎLE

Reste l'inévitable retour : et nous ? Ceux d'entre nous qui rêvent de république nationale, de république modérée, de république bourgeoise, voire de république aristocratique, seront sages de concéder que si nous avons une noblesse et une bourgeoisie, nous n'avons pas d'aristocratie proprement dite. — Bah ! diront-ils, faisons-en une. Le pauvre mage Albert Jounet[342] avait dans sa poche une recette pour fabriquer une aristocratie. Napoléon aussi, du reste. Admettons. Quoi que l'on fasse, cette aristocratie, cette bourgeoisie, ou ces « cinq millions de français éclairés » auxquels voulait se fier Fustel de Coulanges en 1875, poseront sur la terre de France qui, elle, ne change pas de forme, de caractère ni de produit ou en change très lentement. Quel est donc le caractère du bien public français ? A-t-il la clarté, la simplicité, la grossière et splendide évidence du bien public anglais, vénitien ou romain ?

Ne sommes-nous pas plutôt comme les Athéniens sur une terre très variée où de grands intérêts, non pas certes contradictoires, mais différents, pères et mères d'idées et de partis adverses, peuvent et doivent créer, dans une atmosphère de bonne foi passionnée, des conflagrations irréductibles en de telles conditions que l'État, au lieu d'être gouverné par la somme de ses bons éléments, soit exprimé seulement par la différence entre Bleus et Verts, Blancs et Noirs, gros-boutiens sérieux et petit-boutiens tragiques ?[343] *L'Histoire de France* de Bainville[344] montre ces conditions avec une clarté qui devrait faire réfléchir quiconque est capable de lier deux idées. Prenons une histoire particulière, l'histoire de notre marine. Une marine a toujours été indispensable. Elle devient de plus en plus nécessaire. Qui osera dire que l'esprit public français contient et comprend la nécessité de la flotte ? Il s'en occupe si peu que le meilleur interprète de l'opinion conservatrice républicaine, M. Millerand, donnant un programme politique complet dans

---

[342] Albert Jounet (1863–1923), écrivain et vice-président de l'Alliance spiritualiste.
[343] « Bleus et Verts » : les deux principales factions byzantines ; « Blancs et Noirs » : référence aux factions guelfes ; les gros-boutiens et les petits-boutiens sont eux une référence aux *Voyages de Gulliver* de Swift.
[344] L'ouvrage venait de paraître en 1924.

son discours d'Évreux, n'oubliait que l'organe nécessaire de la communication avec nos colonies. Il n'y avait pas à Venise de parti conservateur qui pût se dire anti-naval. Il n'y a pas de loyaliste parti anglais qui se prononce contre la défense et l'expansion sur mer. Chez nous, le difficile est d'avoir une ligue maritime puissante, un parti de la mer. Il existait en Allemagne ? oui, grâce à l'empereur. Veut-on un autre exemple ? Nos Affaires étrangères : le clan des yes et le clan des ja[345] comme dit Léon Daudet. Cette division, dans laquelle je ne méconnais point la part des méchancetés humaines ni de leurs trahisons, n'en a pas moins sa racine dans la structure même du pays français. Nous avons des intérêts économiques en Allemagne, nous avons des intérêts économiques en Angleterre. Si ces intérêts luttent librement sur notre sol, au point de pouvoir participer à la confection, à la génération des gouvernements, les directions politiques gouvernementales seront exprimées par la différence des forces entre le clan anglais et le clan allemand : c'est le pouvoir de l'étranger au centre même de l'État.

Telle est la situation naturelle, la situation brute de la France. Comment l'action humaine de la politique peut-elle y remédier ? En arrachant l'État aux partis, en créant un État indépendant des volontés et des intérêts, en demandant à un autre organe que la volonté des électeurs ou que le caprice des grands, la constitution du chef. C'est ce qu'ont fait, en acclamant leurs rois, nos admirables pères. Et, comme par un bon fait exprès de l'Histoire, du temps qu'il y avait des rois indépendants, les partis ne se disputant pas le pouvoir, on avait une politique étrangère indépendante et si l'opinion paysanne et militaire, puissante dans le conseil du roi, ne comprenait pas toujours la nécessité d'une marine, c'est un fait que toutes les fois que la France a disposé de flottes importantes, il s'est trouvé qu'un roi était à sa tête. Le roi de France parti, le roi d'Angleterre a mis la France hors de combat. Cela doit vouloir dire quelque chose.

Ceci, je crois. Un pays fait comme la France ne peut être régi par la résultante de ses forces, elles sont trop complexes, trop variées. Il lui faut les choix d'une intelligence et d'une volonté. Encore cette volonté directrice ne doit-elle pas être désignée par les partis, cela ramènerait la situation qu'il faut éviter. Le pouvoir doit être indépendant et trouver en lui-même sa loi de renouvellement. Il le faut héréditaire. Patriote anglais, je pourrais être

---

[345] Maurras et Daudet écrivent généralement ya, pour indiquer la prononciation à des lecteurs pas toujours germanophones... Nous corrigeons pour la clarté du propos.

républicain dans leur île. Patriote français, il me faut opter pour le roi. La monarchie traditionnelle est la seule forme possible de l'unité et de l'homogénéité politiques en ce pays-ci.

Lettre à Schrameck

1925

Cet article a paru dans *L'Action française* du 9 juin 1925.[346]

I Lettre ouverte à M. Morain, préfet de police

Monsieur le Préfet de police,

Pour être absolument en règle avec les usages, je viens m'acquitter auprès de vous d'une formalité dont il me semblait que les événements anciens et récents pouvaient me dispenser.

Le 22 janvier 1923, l'assassin Germaine Berton, qui, disait-elle, me cherchait, a tué Marius Plateau, mon ami, parce qu'il était mon ami et qu'il travaillait à la même œuvre nationale que moi.

Le 25 mai 1923, un autre assassin qui, de son aveu, me cherchait aussi, le nommé Taupin, est venu tirer des coups de revolver dans une salle de mon journal en manière d'avertissement, disait-il.

Le 26 mai 1925, un troisième assassin, Marie Bonnefoy, qui me cherchait aussi, dit-elle, a tué mon ami Ernest Berger parce que, dit-elle toujours, Ernest Berger me ressemblait.

Maria Bonnefoy sera certainement acquittée comme Germaine Berton[347], ou condamnée à quelque peine dérisoire, comme Taupin. Les émules éventuels de ces trois assassins comptent sur cette impunité, et, dans ces conditions, Monsieur le préfet de police, il n'y a pas au monde un être sensé qui puisse concevoir que je sorte sans armes ; il n'y a pas non plus un homme sensé pour concevoir que mes amis, ceux qui me ressemblent par le visage ou par les idées, ceux qui travaillent avec moi, puissent se reposer du soin de leur sécurité sur les forces dont vous disposez.

---

[346] L'appellation « lettre à Schrameck » recouvre deux réalités éditoriales. D'abord l'article paru dans *L'Action française* que l'on va lire, composé en fait de deux lettres, l'une au préfet de police de Paris, l'autre au ministre de l'Intérieur. Ces deux lettres seront reprises ensuite dans un recueil intitulé *La Lettre à Schrameck*, accompagnées d'un abondant matériau relatif au contexte de l'article et à ses suites. L'article ayant été très tôt appelé *Lettre à Schrameck* et cette appellation ayant imposé son titre au recueil ultérieur, nous conservons ce titre consacré par l'usage même s'il ne figure pas dans l'article tel que paru dans *L'Action française*. Les notes sont imputables aux éditeurs.

[347] Sur les circonstances très politiques du procès de Germaine Berton qui amena son acquittement alors même qu'elle avait avoué le meurtre, voir dans *l'Almanach de l'A.F.* pour l'année 1925 le long article d'Abel Manouvriez — chroniqueur judiciaire de *L'Action française* — intitulé « Les deux crimes de la Tchéka : Marius Plateau, Philippe Daudet ».

Payant l'impôt comme les autres, ils ne sont pas protégés comme les autres. Ils sont réduits à se défendre par les moyens qui dépendent d'eux et non de vous, Monsieur le préfet de police.

Ces jours-ci, votre personnel a fait admirer sa promptitude et sa célérité quand il s'est agi de retrouver le bijou perdu d'une reine de la République, belle-sœur du secrétaire particulier de M. le président du Conseil. Mais les instigateurs de l'assassinat de Plateau courent encore, et ceux qui les connaissent ont été prudemment supprimés. Les assassins de Philippe Daudet[348] sont encore en place, non loin de vous, Monsieur le préfet de police.

Ni les communistes assassins de Marseille[349] ni ceux de la rue Damrémont[350] n'ont payé leur dette. Ils ne sont pas à la veille de la payer. Nous avons dit, écrit, imprimé, démontré par l'aveu patent des coupables, quelle camarilla de police s'opposait aux libres recherches de la justice dans l'affaire Philippe Daudet ; nous avons publié leur délibération criminelle tendant à peser et pesant en fait sur le gouvernement précédent pour arrêter l'œuvre du ministre, du parquet et du juge : nous n'avons pas vu l'ombre d'une sanction contre ces coupables certains.

Plus récemment enfin, nous avons connu avec clarté votre point de vue lorsqu'à la veille de la fête de Jeanne d'Arc[351] (le 7 mai 1925) vous avez dit à

---

[348] Fils de Léon Daudet, Philippe Daudet mourut en 1923 dans des circonstances mal élucidées. *L'Action française* a toujours défendu, non sans vraisemblance, la thèse de son meurtre par des militants anarchistes. Les liens étroits entre les protagonistes de l'affaire et la police sont en revanche hors de doute, comme la partialité des autorités jusqu'au plus haut de l'État dans l'enquête qui a suivi.

[349] Le dimanche 12 février 1925, après une réunion de la Fédération nationale catholique à Marseille, plusieurs centaines de manifestants de gauche s'en prirent aux participants qui quittaient les lieux. Les Camelots du roi assuraient le service d'ordre. L'attaque très violente fit deux morts parmi les catholiques, MM. Ville et Vian.

[350] Il y a eu plusieurs manifestations violentes rue Damrémont dans les premiers mois de l'année 1925, impliquant le plus souvent des communistes contre des militants des Jeunesses patriotes de Taittinger. Maurras fait sans doute plus spécifiquement référence à celle du 23 avril, où quatre manifestants furent tués par balle. *L'Action française* et Daudet commencèrent alors à s'en prendre plus violemment qu'avant à Abraham Schrameck, le « Juif gallophobe » « spécialiste en traquenards », l'accusant d'avoir instrumentalisé des assassins communistes.

[351] Témoignage de l'escalade qui devait conduire à cette « Lettre à Schrameck », *L'Action française* du 14 mai 1925 écrivait : « Le circoncis Schrameck doit même regretter de ne pouvoir brûler une seconde fois cette impertinente réactionnaire, symbole du sabre et du goupillon. Cracher sur la France et sur ses gloires, c'est la tradition de la nation juive. Le mot

un témoin digne de foi que vous protégeriez tous les Parisiens hormis les royalistes qui auraient à se débrouiller avec les communistes. Il est vrai que, le jour où ces paroles scandaleuses furent connues et publiées, un autre témoin également digne de foi est venu nous dire que vous démentiez et désavouiez ce propos. La valeur de vos deux sincérités successives n'est pas douteuse : vous avez dit, vous vous êtes dédit. Mais votre conduite ultérieure a bien montré quel était votre véritable sentiment. On pouvait hésiter là-dessus jusqu'à l'attentat de la rue Hermel[352] ; depuis que vos agents ont désarmé les royalistes pour les livrer sans défense aux coups de scélérats internationaux, la preuve est établie, l'opinion est faite, tous les patriotes et tous les honnêtes gens vous diront comme moi, Monsieur le préfet, qu'ils seraient criminels et fous de compter sur vous et sur vos services pour les défendre et les garder : vous êtes trop occupé à préparer de mauvais coups d'accord avec les bandes que vous êtes censé combattre. Rue Hermel (des journaux qui nous sont hostiles, comme les Débats, l'ont constaté) il y avait le même soir deux réunions : l'une était tenue par les amis des assassins de la rue Damrémont, l'autre par les amis d'Ernest Berger, de Philippe Daudet et de Marius Plateau. La cause est entendue, Monsieur le préfet de police : ceux que vous avez ordonné de désarmer étaient les amis des victimes, non les amis des assassins.

Jamais un homme en place n'accorda une couverture aussi large à l'assassinat. D'autres épargnèrent le crime. Vous collaborez avec lui.

Cela dicte notre devoir. Ferait-il bon marché de son existence, un citoyen digne de ce nom sait ce qu'il doit à la patrie et à la société. Aucun Français de cœur n'abandonnera son pays à la horde anarchiste qu'un infâme régime soudoie, manœuvre, couvre et appuie par tous les moyens. Aussi longtemps que ces idées, ces mœurs, ce personnel règneront, notre légitime défense fera du port du revolver non pas un droit, mais un devoir.

J'ai l'honneur de vous adresser, Monsieur le préfet, le salut de cette arme qu'il ne m'est pas permis de quitter.

---

d'ordre de Léon Blum, Je vous hais, ne peut qu'être suivi d'enthousiasme par Abraham Schrameck. »

[352] Le 5 juin, L'Action française organisait une réunion rue Hermel, à Paris, non loin de la rue Damrémont. Le ministre ordonna à la police de fouiller les participants : une cinquantaine d'armes de poing furent trouvées et autant de membres de L'Action française arrêtés. Des incidents violents eurent lieu à l'issue de la réunion, opposant L'Action française aux manifestants de gauche, qui, eux, n'avaient pas été fouillés ni désarmés par la police.

II Lettre ouverte à M. Abraham Schrameck, ministre de l'Intérieur

Monsieur Abraham Schrameck,
Des informations sûres permettent d'affirmer que vous êtes l'instigateur, l'initiateur, l'auteur responsable du guet-apens de la rue Hermel : c'est par votre ordre exprès que d'honnêtes gens ont été brutalisés, fouillés, désarmés pour être livrés sans défense aux ennemis de la patrie et de la société. Vos subordonnés ont eu le tort d'exécuter des ordres indignes, mais ces ordres viennent de vous.

D'autres informations non moins sûres permettent d'affirmer, monsieur[353] Abraham Schrameck, que vous préparez autre chose, et mieux ou pis, comme on voudra. Les circonstances vous y obligent en effet ! Voici Daudet solennellement désigné par le suffrage des conservateurs de l'Anjou pour succéder à Jules Delahaye et se dresser à la tribune comme une statue vivante de la Justice. Voici l'affaire Philippe Daudet engagée dans la voie qui ne peut aboutir qu'à déchirer d'affreux mystères et à engager les plus hautes responsabilités. Monsieur Abraham Schrameck, il vous faut une diversion. Alors, sous le prétexte fallacieux d'une action imaginaire contre les communistes que votre ami Léon Blum et votre ami Krassine[354] vous obligeront toujours à ménager et à respecter, vous préparez contre les Jeunesses patriotes et contre L'Action française une opération du même ordre, mais qui sera sérieuse : sièges centraux, journaux, permanences, domiciles particuliers à Paris, en banlieue, en province, seront semblablement et simultanément visités. Vos sicaires, monsieur Abraham Schrameck, n'auront qu'un but : nous désarmer. Vous rafflerez tous les revolvers que vous pourrez trouver. En une heure où des officiers allemands

---

[353] Maurras respecte généralement l'usage qui est de mettre une capitale à l'initiale des titres, « civilités » et appellations quand on s'adresse directement à la personne ainsi nommée. Il y a parfois des incohérences, souvent attribuables à la simple composition typographique. Dans cet article, Maurras a respecté la règle pour « Monsieur le préfet de police » dans la lettre ouverte précédente. Il ne le fait pas pour « monsieur Abraham Schrameck », toujours sans capitale à l'initiale de monsieur lorsque c'est possible dans le texte. Nous ne corrigeons pas cette particularité, de toute évidence voulue et significative.
[354] Leonid Krassine (1870-1926), proche collaborateur de Lénine, il fut le premier ambassadeur d'Union soviétique à Paris en 1924-1925, puis occupa le même poste à Londres jusqu'à sa mort.

préparent à Paris, et dans certaines régions fort bien connues de vous, des révolutions analogues à celles de Moscou, de Munich et de Budapest, lorsque l'ennemi public se prépare à saisir les particuliers au saut du lit, à les prendre pour otages, à les emprisonner et à les torturer, vous, ministre de l'Intérieur, vous vous disposez à aplanir la route de l'émeute et à leur livrer, avec femmes et enfants, les maisons des bons citoyens préalablement désarmées.

Voilà le crime auquel vous donnez, en ce moment, tous vos soins. Avant qu'il ne soit commis, je viens vous exposer une bonne chose, monsieur Abraham Schrameck : il vaut mieux pour vous qu'il ne soit pas commis, car ce crime sera très certainement châtié.

Je vous en parle avec la sérénité tranquille d'un homme qui a presque tout vu.

J'ai vu sur leur civière, sur leur lit d'hôpital le corps inanimé de Marius Plateau, de Philippe Daudet et d'Ernest Berger. Deux de ces bons Français ont été tués, en partie à cause de moi. Le troisième avait le tort d'être le fils d'un grand Français qui s'était rendu coupable de certains attentats sur la personne de quelques traîtres.[355] Devant ces crimes, j'ai dû faire la constatation, toujours amère pour un homme d'ordre, que les Français en deuil pouvaient se plaindre et accuser, c'était en vain, toujours en vain ! Vos services de police ou de justice leur opposaient la même constante volonté d'inertie. Mais j'ai vu autre chose, monsieur Schrameck. J'ai vu les yeux rougis et les poings serrés d'une noble et pieuse multitude française gonflée des révoltes de la justice, du sentiment de la plus sainte des vengeances. Cette foule énergique n'attendait qu'un signe de nous, j'oserais presque dire un signe de moi, pour se ruer sur les responsables et les châtier.

J'ai cru de mon devoir de m'interdire ce signe et d'arrêter cette colère. Qu'il soit ou non de la police, l'anarchiste professionnel sait tuer pour un oui ou pour un non. Les citoyens civilisés savent que la peine de mort ne doit être appliquée qu'à des criminels homicides et en des circonstances où la culpabilité certaine apparaît dans une évidence irrésistible. Nous avions de graves soupçons et des indices sérieux sur les vrais instigateurs de l'assassinat de Plateau. Mais ce n'étaient que des probabilités, et l'enquête judiciaire qui les eût précisés a été tuée dans l'œuf. L'enquête sur la mort de

---

[355] L'allusion n'est peut-être pas tant à Joseph Caillaux, cité plus loin, et Louis Malvy qu'aux milieux anarchistes eux aussi combattus par Daudet durant la Grande Guerre et dont il obtint la condamnation, en particulier celle de Miguel Almereyda.

Philippe Daudet, conduite par le père de la victime, va lentement et sûrement. Mais le rideau ne fait que se lever, et toutes les forces de la Chancellerie, présidées par M. Steeg[356], tendent à ralentir et à retarder la lumière. Il est au moins douteux que l'on sache jamais la vérité sur le mystère de la mort d'Ernest Berger. Dans ces conditions, notre devoir est d'arrêter la juste colère publique. On ne sait pas : comment juger, comment punir ? En revanche, il est vrai, voici un point placé en dehors de toutes les zones du doute : la tentative de désarmement de la rue Hermel est votre œuvre, monsieur Abraham Schrameck. Il n'y a pas non plus de doute possible sur l'auteur des préparatifs de désarmement dont les patriotes sont menacés. Cet auteur c'est vous. Ce ne peut être que vous. Parmi les gouvernants qui s'associent moralement à votre crime, parmi ceux qui l'inspirent dans les insaisissables délibérations des Conseils, aucun n'est placé comme vous pour commander et décommander l'entreprise. Il dépend de vous de l'arrêter ou de la mettre en mouvement. De haut en bas, dans l'ordre de l'exécution, tout doit passer par vous. Donc, prenez-y garde ! inversement aussi, de bas en haut, l'itinéraire est le même, c'est par vous que tout doit passer.

Or, par bonheur ou par malheur, suivant le point de vue, il se trouve que votre personnage est éminemment représentatif.

Plus représentatif que celui de Caillaux. Plus que celui de Briand. Plus que celui de personne au monde.

Il est vrai que, par votre personne, vous n'êtes rien. Personne ne sait, nul ne saurait dire d'où vous sortez. Pas un Français sur 500 000 ne serait capable de renseigner là-dessus ceux qui sont de chez nous et dont on connaît les pères et les mères. On sait, on sait fort bien que votre collègue Steeg qu'une bouffonnerie du sort a mis à la Justice, est le fils d'un pasteur allemand qui n'a jamais pu produire ses pièces de naturalisation. De vous, rien n'est connu. Mais vous êtes le Juif. Vous êtes l'Étranger. Vous êtes le produit du régime et de ses mystères. Vous venez des bas-fonds de la police, des loges, et, votre nom semble l'indiquer, des ghettos rhénans. Vous nous apparaissez comme directeur des services pénitentiaires vers 1908 ou 1909. Là, vous faites martyriser Maxime Real del Sarte et ses compagnons coupables d'avoir manifesté pour la fête de Jeanne d'Arc. Vos premiers actes

---

[356] Théodore Steeg (1868-1950), alors ministre de la justice après être passé par divers portefeuilles dont l'Intérieur, il sera président du Conseil en 1930. Protestant et professeur de philosophie, il était le fils de Jules Steeg (1836-1898), pasteur, député de la Gironde, proche collaborateur et disciple de Jules Ferry.

connus établissent votre fidélité à la consigne ethnique donnée par votre congénère Alfred Dreyfus le jour de sa dégradation : « Ma race se vengera sur la vôtre ». Votre race, une race juive dégénérée, car il y a des Juifs bien nés et qui en éprouvent de la honte, la race des Trotski et des Krassine, des Kurt Eisner et des Bela Kuhn[357], vous a chargé maintenant d'organiser la révolution dans notre patrie. Mais cela se voit un peu trop. C'est un peu trop clair. Vous symbolisez parmi nous, de façon un peu trop visible, l'Étranger qui s'est emparé par surprise du gouvernement et qui le fait servir à des fins anti-gouvernementales et anti-nationales. Par la force d'un rôle ingrat, et faute de vous être arrêté à temps, vous êtes ainsi devenu, monsieur Abraham Schrameck, l'image exacte et pure du Tyran sur lequel les peuples opprimés ont exercé en tout temps leur droit établi et vérifié, à la liberté. Vous nous appartenez aussi. Vous êtes à la lettre, notre homme. La légende et l'histoire s'accordent pour vous dévouer au glaive ou à l'arc justicier d'Harmodius[358] ou de Guillaume Tell.[359] En d'autres termes, par position et définition, vous êtes extrêmement bon pour le châtiment.

Tel quel pourtant, vous nous rendrez cette justice : on vous a laissé tranquillement à la place qui n'est pas la vôtre, et vous n'y avez été ni inquiété, ni menacé, ni provoqué. Par amour de la paix et de l'ordre, on n'a songé à punir ni vos usurpations ni même votre domination. Oui, je le dis en rougissant, cette domination est soufferte, elle a été, elle est soufferte courageusement. Elle le sera encore. Mais jusqu'à l'acte d'oppression, je vais plus loin jusqu'à la menace, jusqu'à vos menaces de mort exclusivement. Nous ne souffrirons rien au-delà. Et, comme voici vos menaces, monsieur Abraham Schrameck, comme vous vous préparez à livrer un grand peuple

---

[357] Une grande partie de la presse du temps avait été vivement impressionnée par la présence notable d'israélites dans les diverses révolutions ou tentatives de révolution communistes depuis celle d'Octobre. Le sanglant régime des conseils de Bela Kun, en particulier, avait souvent été présenté comme un régime dirigé pour l'essentiel par des juifs. Quand cet article est écrit, Bela Kun est alors en exil en Union soviétique, où il est devenu un dirigeant important du Komintern. Tout cela explique les positions ici affirmées par Maurras, qui pourraient autrement paraître un amalgame arbitraire. Il faut noter enfin que l'orthographe Kuhn, plus proche de Cohen que Kun, est habituelle dans les années 1920, on ne peut y voir une manie graphique propre à Maurras.

[358] Harmodius et Aristogiton, les deux tyrannoctones, assassins du Tyran athénien Hipparque en -514.

[359] On oublie souvent que le célèbre épisode de la pomme transpercée sur la tête de son fils n'est qu'une péripétie dans la lutte qui conduit Guillaume Tell à tuer le bailli impérial Gessler.

au couteau et aux balles de vos complices, voici les réponses promises. Nous répondons que nous vous tuerons comme un chien.

Les dernières nouvelles sont tout à fait claires. Le communisme dispose de ressources énormes. C'est de compartiments de première classe, de chemins de fer, c'est d'avions coûteux, de luxueux aérostats que pleuvent sur les paisibles foules françaises les appels à la révolte et à la boucherie. Les armes perfectionnées abondent partout aux mains de l'émeute et du carnage organisé. Tout est prêt pour mettre à feu le pays et, ceux qui veulent résister, vous les désarmeriez ? C'est possible. Mais voici le certain. Il restera une arme pour vous abattre, vous !

Pour qu'il n'y ait pas de malentendu anthume ou posthume, j'en donne ici l'ordre formel à ceux qui veulent bien accepter mon commandement. Jusqu'à l'attentat que vous préparez, j'ordonnais la patience et j'interdisais la riposte. Cette fois, j'ordonne de riposter sur vous. Les ordres qui partent de cette maison sont obéis, vous le savez. Quand il a fallu se taire et se tenir devant les corps glacés de Marius et de Philippe, on s'est tu, on s'est retenu. Quand, le 31 mai 1923, trois hommes politiques se rendaient à une assemblée pour y faire l'éloge de l'assassinat de Plateau, il a fallu, par des violences légères, mais mesurées, les ramener au sentiment du juste et du vrai, MM. Moutet, Viollette et Sangnier ont été purgés, encrés et bâtonnés comme ils le méritaient dans la proportion que j'avais prescrite. J'avoue que ces corrections artistes comportent des difficultés, il y faut beaucoup de concert, de discipline et d'accord. Mais le coût mortel que vous mériterait l'attentat que vous méditez serait infiniment plus simple. Il n'y faut qu'un homme de cœur, et nous en avons des milliers. Cœur frémissant d'hommes d'élite que vos menaces et vos injustices ont soulevés. Nous les contenons à grand'peine. Il suffira de lever la herse : monsieur Abraham Schrameck, vous y passerez. Il vous suffira d'essayer de nous désarmer et de nous livrer à vos bourreaux chinois[360], vous subirez la peine à laquelle vous vous serez condamné. Je vous en donne la parole d'un homme qui a coutume de parler sérieusement et qui ne ment pas.

---

[360] Les « bourreaux chinois » qu'emploieraient les communistes est une sorte de figure de style obligée, qui vient d'exactions prêtées dans la Russie soviétique à des unités sibériennes de soldats au type asiatique plus ou moins accusé. La presse populaire de l'époque, volontiers illustrée, tira de grands effets de ces « bourreaux chinois » hauts en couleurs, les faisant passer au rang de stéréotype largement partagé. On retrouve l'expression sous les plumes les plus diverses, jusque sous celle de Winston Churchill.

Ce que je dis sera. Je serai obéi, parce qu'on sait que l'ordre donné ne s'inspire d'aucune rancune personnelle et satisfera seulement aux suprêmes nécessités de la justice et de la patrie. J'ai, on le sait bien, négligé, méprisé de sanglantes injures qui s'adressaient à moi et aux miens pour qu'il ne fût pas dit que le pouvoir moral dont je disposais était dissipé au profit d'un sentiment particulier. Seul l'intérêt public vous jugera et vous frappera par ma voix.

Je n'ai d'ailleurs aucun grief personnel contre vous, monsieur Abraham Schrameck. Il m'est même arrivé de m'associer un jour à vos réclamations du sénateur des Bouches-du-Rhône quand l'intérêt électoral vous mit dans la nécessité d'appuyer des réclamations des pêcheurs de ma petite ville natale. C'est sans haine comme sans crainte que je donnerai l'ordre de verser votre sang de chien s'il vous arrive d'abuser de la force publique pour ouvrir les écluses de sang français sous les balles et les poignards de vos chers bandits de Moscou. Ce jour-là, les plus lâches des spectateurs ne pourront même dire que je vous aie causé le moindre mal, car vous l'aurez voulu, vous vous le serez fait à vous-même, vous aurez commis le forfait que je vous engage à vous épargner.

Il ne m'est pas possible de vous saluer, monsieur Abraham Schrameck, mais je vous avertis. Remerciez-m'en.

P. S. — Les deux lettres que l'on vient de lire sont parties ce matin.

La Pompe à l'huile

1925

*Ce texte a paru dans l*Almanach de l'Action française *pour l'année 1925. Nous donnons la présentation générale des recettes de pâtisseries, où Charles Maurras ne signe que la recette provençale.*

LA CUISINE

Quelques pâtisseries de nos provinces

La pâtisserie est le sourire de notre belle cuisine.

Après le potage réchauffant, l'irritant hors-d'œuvre, le poisson évocateur, le gibier redoutable, le grave rôti, le tendre légume, le fromage pervers[361], la pâtisserie vient avant la fraîcheur du fruit, comme une douceur, comme le repos, dans sa robe d'or ou d'argent, toute scintillante et brodée, et renouvelant l'appétit grâce à son parfum délicat.

En vacances, à la campagne, on la réserve pour goûter. Les enfants surveillent sa préparation, encombrent de leur aide affairée.

Ils rivent sur le four ou la poêle des regards pleins d'angoisse et sautent d'allégresse quand, parfaite, joyeuse, bouillante, elle s'étale sur le plat, délivrée du moule.

Toutes nos provinces ont leurs « licheries » : en voici quelques-unes. Nos lecteurs, s'ils en ont de meilleures, pardonneront à notre ignorance : la science culinaire est infinie.

Provence – La Pompe à l'huile

On prend un kilo de pâte à pain, que l'on pétrit avec de la bonne huile d'olive bien fruitée, pour bien l'assouplir. Ensuite, on partage cette pâte en deux morceaux. On creuse le premier et on y met des filets d'anchois, une douzaine si l'on en aime bien le goût (moi, je vous dis tout bas que je mettrais deux douzaines). On y verse un peu d'huile. Puis on place dessus l'autre moitié que l'on a bien aplatie, pour le fond du couvercle. Puis on remonte la première partie en l'arrondissant autour du couvercle pour que l'huile ne s'échappe pas. Si le pâtissier a bon goût, il fera des dessins par-dessus, en versant encore un peu d'huile. Pour

---

[361] Nous sommes de ceux qui affirment que le fromage doit être servi *avant* l'entremets. Manger le roquefort après le saint-honoré, c'est vouloir gâcher le vin.

un kilo de pâte il faut en tout un litre d'huile. Ensuite il faut mettre cette pâte dans un four très chaud et laisser cuire.

[Suivent les recettes des autres régions.]

René de Marans

1925

René de Marans[362]

Notre ami René de Marans est mort à Dax le 14 juin dernier. C'est une grande perte, une diminution grave pour nous. Marans était entré en ligne en 1904. Nous le connaissions depuis plusieurs années, nous n'avions pas mesuré sa valeur. Au moment de nos premiers débats avec le *Sillon* il nous apporta une lettre rectifiant avec force et clarté les prétentions de ces démocrates-chrétiens à toute parenté avec l'école des chrétiens sociaux. On trouvera ces lignes décisives dans mon *Dilemme de Marc Sangnier* (au vol. de *La Démocratie religieuse*[363]). Ainsi fut fondée une longue amitié d'esprit.

Plus encore que la question sociale l'histoire nationale passionnait Marans. Il en avait l'instinct, le goût, le sens. Il méditait depuis longtemps une *Histoire de France* qui eût été complémentaire du chef d'œuvre de Jacques Bainville. À l'histoire de l'État écrite par notre grand ami, il eût ajouté une histoire de la nation. Je considère comme un malheur public le degré d'inachèvement où est laissé ce travail. Peut-être sera-t-il possible d'en sauver quelque chose. Il y manquera toujours cette touche suprême que le goût difficile et la critique intraitable de Marans pouvaient seuls lui donner.

Quel malheur ! je relisais il y a peu son rapport sur un concours d'histoire où sa plume marquait avec tant de justice et de force la tare commune de nos historiens ! Ils ont adoré, loué, salué, tous les « schismes » français, mais tous ont été insensibles et comme indifférents à la réussite de l'effort national : Gaulois au temps de César, Algibeois au XIIe siècle, Anglais au XIVe, protestants au XVIe, frondeurs et camisards au XVIIe. C'est rarement qu'ils s'avisent de se ranger au parti de la nation, de l'unité, du roi. La Révolution seule les rallie. Est-ce parce qu'elle marque le commencement des revers nationaux ?...

Ainsi jugeait Marans, et avec quel luxe de preuves ! Il n'est plus là pour les rassembler et les exposer. Il n'est plus là pour nous assister de ses conseils et de ses critiques à tous les instants de l'effort et de la pensée. Nous n'aurons plus ses lettres rares et lentes, mais substantielles, où l'essentiel était pesé, compris et défini !

---

[362] Article paru dans l'*Almanach de l'Action française* pour l'année 1925. (n.d.é.)
[363] *La Démocratie religieuse*, parue en 1921, regroupe des versions quelque peu modifiées des ouvrages suivants : *Le Dilemme de Marc Sangnier, La Politique religieuse* et *L'Action française et la Religion catholique*. (n.d.é.)

À notre dernière rencontre, j'eus le plaisir de le voir attentif au problème complexe du contrôle parlementaire. Atténue-t-on les prérogatives parlementaires en les réduisant à une œuvre de contrôle ? Qui se dit contrôleur dit supérieur. Si l'on ne veut pas que le souverain soit le parlement, il faut lui retirer le contrôle, et, pour qualifier la fonction parlementaire, il faut chercher dans la direction des *doléances* et des *remontrances* dont se contentaient nos Anciens qui étaient, soit dit en passant, moins bêtes que nous.

Ainsi devisions-nous avec une sorte de gaîté, interrompus de temps en temps par l'œuvre de la tristesse et du délabrement physique où René de Marans s'enfonçait de plus en plus. Sa tête seule résistait. Je suis persuadé qu'elle n'a cédé qu'à la mort. Elle était de toute premier ordre. De très longtemps nous n'en reverrons de si claires et de si puissantes.

« La Politique »
ARTICLE QUOTIDIEN

L'Action française du 13 juillet 1926

I Sur le dictateur espagnol

J'ai eu le plaisir d'entrevoir, dans la soirée d'hier, les deux manifestations qui attendaient M. Primo de Rivera[364], premier ministre du roi Alphonse, à la gare d'Orsay. Les acclamations des Français hommes d'ordre et des Espagnols loyaux étaient si fortes et si vives que M. Morain dut avouer qu'il n'avait jamais vu d'homme d'État étranger si bien accueilli dans Paris.

Quant aux malédictions, c'était peu de choses. J'avais lu avant-hier les affiches Rouges du parti de même couleur. Elles ne disaient rien de net et intéressaient peu. Sans parler des Espagnols qui doivent au « Dictateur » les bienfaits de l'ordre et de la paix, quel Français réfléchi peut élever un grief contre lui ? Nous lui savons gré de sa collaboration efficace contre nos ennemis du Riff. Il nous est reconnaissant d'un concours de même nature. Lui bouder ne signifierait absolument rien, ne correspondrait absolument à rien. Le jour viendra sans doute où l'observation politique pourra s'emparer, pour l'histoire et pour la chronique, de l'utile aventure de M. Primo de Rivera. Quelques leçons en seront tirées. On fera voir comment dans une monarchie un peu fléchissante, mais qui n'a point laissé se créer d'irréparables séparations de classes, un homme du monde, doublé, dit-on, d'un homme d'affaire et de plaisir, a pu conduire une entreprise fort complexe dans le sens du relèvement et de la réorganisation du pays.

Mais un pareil succès supposait le succès préalable du grand Canovas del Castillo[365], de l'illustre restaurateur d'Alphonse XII qui, lui, ayant dû commencer par le commencement, s'était tout d'abord fait connaître comme professeur à l'Athénée de Madrid... C'est dans les temps tranquilles,

---

[364] Miguel Primo de Rivera y Orbaneja, général et homme politique espagnol. Il dirige le pays de 1923 à 1930, formant un régime autoritaire fondé sur l'ordre et le progrès social. Le faible Alphonse XIII ne l'accepte que sans enthousiasme, mais Primo de Rivera bénéficie d'un appui populaire certain, le régime précédent n'ayant pu venir à bout des insurgés du Riff. Malade, confronté à une agitation croissante de la gauche et des régionalistes, mal soutenu par certains milieux de droite, il se retire puis s'exile à Paris en 1930, où il meurt rapidement. C'est son fils José Antonio Primo de Rivera qui fondera la Phalange en 1933.
Les notes sont imputables aux éditeurs.

[365] Écrivain et homme d'État espagnol (1828–1897) conseiller et ministre d'Alphonse XII dont il prépara activement le retour au pouvoir après la révolution de 1868. Il fut assassiné par un anarchiste en 1897. *Voir notre édition de l'Allocution pour la réception de Charles Benoist à l'Institut d'Action française* (1929, parue en 1930).

comme ceux où vivait Molière, que les hommes de qualité savent tout sans l'avoir appris. *Tempora si fuerint nubila*[366], lorsque les eaux ont été brouillées, il faut bien s'adresser à des pilotes qui sachent le nom et l'emplacement des écueils.

Venu en des temps relativement calmes, cinquante ans juste après Canovas, Primo de Rivera a pu se donner le grand luxe de réprimer l'intellectualisme révolutionnaire et rappeler à l'ordre les académiciens brouillons de l'Athénée. Il ajoute à l'ordre de l'ordre, et il a bien raison. Que n'avons-nous son pareil en France ! C'est le cri général. Hélas ! Pas de Primo sans Alphonse XIII. Le cri contraire n'est poussé que par une poignée de perturbateurs assez mous. Je les ai vu onduler fort gauchement sous les charges de la police. Les jeunes amis qui m'accompagnaient soulignaient en riant le maigre entrain de l'anarchie. Il n'y a d'entrain à Paris que pour la cause de la Patrie, de l'ordre et du Roi. Quant au coup de couteau qui a éraflé la main d'un agent, on peut dire qu'il n'était, de toute certitude, ni parisien ni français.

II La mosquée

Quelques rues du centre de Paris sont égayées par de très belles robes de nos visiteurs marocains. Il y en a de vertes, il y en a de roses, il y en a de toutes les nuances. Certains de ces majestueux enfants du désert apparaîtraient « vêtus de probité candide et de lin blanc » si leur visage basané et presque noir ne faisait songer au barbouillage infernal. Que leurs consciences soient couleurs de robe ou couleur de peau, leurs costumes restent enviables : notre ami Eugène Marsan m'est témoin que le plus négligent des hommes serait capable des frais de toilette qui aboutiraient à ces magnifiques cappa magna, à ces manteaux brodés de lune et de soleil. Notre garde républicaine elle-même, si bien casquée, guêtrée et culottée soit-elle, cède, il me semble, à la splendeur diaprée de nos hôtes orientaux.

Toute cette couleur dûment reconnue, il n'est pas moins vrai que nous sommes probablement en train de faire une grosse sottise. Cette mosquée en

---

[366] Ovide, Tristes, I, 9 :
  Donec eris felix, multos numerabis amicos
  Tempora si fuerint nubila, solus eris
soit : « tant que tu seras heureux, tu compteras beaucoup d'amis, si le ciel se couvre de nuages, tu seras seul. »

plein Paris ne me dit rien de bon. Il n'y a peut-être pas de réveil de l'Islam, auquel cas tout ce que je dis ne tient pas et tout ce que l'on fait se trouve aussi être la plus vaine des choses. Mais, s'il y a un réveil de l'Islam, et je ne crois pas que l'on en puisse douter, un trophée de cette foi coranique sur cette colline Sainte-Geneviève où enseignèrent tous les plus grands docteurs de la chrétienté anti-islamique représente plus qu'une offense à notre passé : une menace pour notre avenir. On pouvait accorder à l'Islam, chez lui, toutes les garanties et tous les respects. Bonaparte pouvait se déchausser dans la mosquée, et le maréchal Lyautey user des plus éloquentes figures pour affirmer la fraternité de tous les croyants : c'étaient choses lointaines, affaires d'Afrique ou d'Asie. Mais en France, chez les Protecteurs et chez les Vainqueurs, du simple point de vue politique, la construction officielle de la mosquée et surtout son inauguration en grande pompe républicaine, exprime quelque chose qui ressemble à une pénétration de notre pays et à sa prise de possession par nos sujets ou nos protégés. Ceux-ci la tiendront immanquablement pour un obscur aveu de faiblesse. Quelqu'un me disait hier : — Qui colonise désormais ? Qui est colonisé ? Eux ou nous ?

J'aperçois, de-ci de-là, tel sourire supérieur. J'entends, je lis telles déclarations sur l'égalité des cultes et des races. On sera sage de ne pas les laisser propager trop loin d'ici par des haut-parleurs trop puissants. Le conquérant trop attentif à la foi du conquis est un conquérant qui ne dure guère.

Nous venons de transgresser les justes bornes de la tolérance, du respect et de l'amitié. Nous venons de commettre le crime d'excès. Fasse le ciel que nous n'ayons pas à le payer avant peu et que les nobles races auxquelles nous avons dû un concours si précieux[367] ne soient jamais grisées par leur sentiment de notre faiblesse.

III La campagne d'Alsace

C'est aujourd'hui le seizième jour de prison de notre ami François Girard (de Mulhouse). Son nom est inscrit au tableau d'honneur de L'Action française que l'on trouve en troisième page. Il me semble équitable de l'associer, lui et son compagnon de chaînes Georges Acker qui a fait si jours de prévention, aux dignes et fiers sentiments que fera

---

[367] Durant la Grande Guerre.

naître dans le cœur de tout ami d'Action française la lecture d'un article que je viens de lire.

Je trouve cet article dans un hebdomadaire républicain patriote, *La Nation*, organe du groupe Marin. On y juge en ces termes notre manifestation de Strasbourg et son influence sur les menées autonomistes au sein de l'Union républicaine populaire d'Alsace :

> Une élection au Conseil général du Haut-Rhin amena une cuisante défaite du candidat de l'U.P.R. qui vit le mandat échoir à un indépendant ayant fait sa campagne électorale sur le terrain anti-autonomiste.
>
> Puis, l'autre jour, L'Action française organisait à Strasbourg une manifestation d'une ampleur extraordinaire et à laquelle assistèrent des milliers de catholiques alsaciens que le manque de franchise nationale de certains chefs de l'U.P.R. et l'attitude inexplicable des journaux de ce parti avaient poussés dans les rangs royalistes.
>
> Plus encore que l'élection de Masevaux, l'intervention des royalistes – disons au moment psychologique – retint l'U.P.R. de rouler dans l'abîme autonomiste. C'est seulement plus tard qu'apparaîtra toute la signification et que se révélera l'immense portée de l'entrée en scène de l'élément royaliste pour l'idée française en Alsace.

Ainsi parle d'une manière qui honore son impartialité dont nous le félicitons, ainsi parle un journal républicain de « l'immense portée de l'entrée en scène de l'élément royaliste » « pour l'idée française en Alsace ». Malgré le silence des journaux quotidiens de Paris, telle est d'ailleurs l'impression unanime là-bas. Cette unanimité a pu surprendre et même scandaliser certains esprits. Quelqu'un s'est même demandé comment tel journal alsacien, centraliste à outrance et subventionné par le gouvernement républicain, a pu rendre à la vérité des hommages aussi éclatants. C'est d'abord que le coup porté par nos amis était imprévu. C'est ensuite que, l'incendie menaçant, on s'est rué aux pompes, fussent-elles ornées de fleurs de lys. Est-ce qu'à Paris un socialiste que nous n'avons jamais ménagé, Georges Weill, n'a pas avoué à M. Roger Deleplanque, du *Petit Bleu*, que « le parti royaliste français » rallie « dans une proportion considérable » les éléments que le séparatisme, même masqué d'autonomie, épouvante ? Est-ce que la socialiste Freie Press, qui avait commencé par nous accabler d'ironies, n'a pas écrit à peu près :

Quelque chose est changé. La cause est à chercher dans le fait que l'organisme qui, jusqu'à présent, n'avait que peu de partisans, en a gagné subitement beaucoup et au détriment des cléricaux. Voyez dimanche passé, le grand nombre d'auditeurs. C'est la preuve. Une exemplaire organisation et une réclame monstre y ont contribué pour une grande part et même, tout cela mis de côté, il en restait assez pour permettre aux royalistes de proclamer leur première réunion un succès complet... L'A. F. en a gagné, l'aile nationaliste a passé au drapeau de Daudet. Il est vrai que la persécution répugnante a dégoûté pas mal de gens de la République — mais l'idée française n'a pas été tuée. Les joyeux héritiers sont les Camelots du Roy (aujourd'hui du moins).

Aujourd'hui et demain. Comme l'a bien vu de Paris notre confrère *La Nation*, un succès comme celui de Strasbourg est fait pour s'étendre et grandir. Voilà pourquoi il faut reporter, en grande partie, l'honneur de ce succès à ceux qui ont su se battre et souffrir pour le décrocher. Georges Acker et François Girard ont été de ces Ligueurs qui, selon le rapport de La Libre Lorraine ont valeureusement « dispersé la police ». L'avenir est aux hommes qui savent oser et risquer.

IV LA PROPAGANDE GÉNÉRALE

Mais de tels résultats ne sont pas isolés. Il y avait Strasbourg le 27 juin. Il y a eu Nîmes le 11 juillet. Et cette réunion de Nîmes peut aussi doit aussi avoir dans tout le Midi royaliste et nationaliste des conséquences d'une incalculable portée. Cela est si nécessaire que Nîmes reçoit de la presse parisienne le même honorable traitement que Strasbourg. Nîmes est passée sous silence avec la complicité des agences : notre agence Havas, qui monte en épingle une insignifiante bousculade en gare de Montpellier, une non moins insignifiante réunion communiste, s'est gardé de dire un mot de l'afflux de près de quarante mille royalistes, sous la présidence de M. de Bernis, dans la ville de Reboul et d'Alphonse Daudet. Nous attachons le prix qu'il faut à ces aveux silencieux. Mais nous ne pouvons dissimuler le dommage provisoire qui en découle. Le mouvement irait plus vite si un journal d'information (celui que nous a saboté cette basse canaille de Gressent-Valois[368]) était aujourd'hui à notre disposition pour rétablir ces humbles vérités de fait sur de pareils événements.

Les choses se passeraient autrement si nous avions le moyen de donner toute l'extension, toute la publicité nécessaire à notre campagne contre les monopoles d'État. Car aucun des journaux soutenus par la haute industrie et le haut commerce ne fait de propagande à cet affermage des monopoles qui, seul, sauverait les classes moyennes, qui, seul, sauverait la France et le Franc... Ce silence est bien remarquable. Il montre quels intérêts particuliers sont défendus sous le vocable de l'intérêt général. Nous sommes seuls avec *La Croix* pour agir en ce sens.

Des hommes de grande valeur et profondément respectables nous disent : faites une pétition.

Nous savons trop le sort des pétitions en République. Qu'est-il sorti de l'admirable pétition Prache contre la Franc-Maçonnerie ? À défaut d'une grande presse libre, d'un grand quotidien contrôlé par L'Action française, il faudrait une campagne d'affiches. Une campagne d'affiches qui dirait aux contribuables :

— *Si vous êtes écrasés d'impôts,*
Si les emprunts extérieurs vont ajouter encore au poids de ces impôts,
C'est parce que le parlement de la République refuse d'aliéner les riches monopoles d'État,

---

[368] On sait que Georges Valois, de son vrai nom Alfred-Georges Gressent (1878–1945) a eu un parcours chaotique qui l'a fait osciller entre les radicalités de gauche et de droite, y compris pendant longtemps L'Action française, dont il s'écarta en 1925 pour fonder son propre mouvement d'inspiration fasciste, le Faisceau et son propre journal *Le Nouveau Siècle*, cela avec l'appui du richissime parfumeur François Coty et de Jean Hennessy, des cognacs du même nom. Maurras considéra cette trahison avec un dépit sévère dont témoignent quantité de textes ou d'allusions.

Habile marketeur comme on ne disait pas encore, viscéralement anti-communiste, Coty, de son vrai nom corse Joseph Marie François Spoturno, soutiendra les Croix de feu, rachètera plusieurs journaux dont Le Figaro, financera quantité d'initiatives politiques, sociales et propagandistes plus ou moins heureuses qui le laisseront presque ruiné après avoir été considéré comme l'un des hommes les plus riches d'Europe. Personnage énigmatique pour ses contemporains, Maurras le surnommait « le ploutocrate » ; Léon Daudet le décrivait un « crétin juché sur un monceau d'or », et l'avait accusé de « vendre la France à l'Amérique pour une poignée de dollars ».

Quant au journal de Valois, il périclita en 1928.

C'est parce que le Parlement de la République ne veut rien retrancher à la nourriture de quelques grands électeurs.

Seulement, le papier d'affiche comme le papier de journal est cher, les campagnes politiques sont chères : ce n'est pas nous qui pouvons être favorisés par l'égoïste ploutocratie !

Il nous faudrait au bas mot deux cent mille francs, pour poursuivre immédiatement notre avantage en Alsace.

Nous ne les avons pas.

Il nous faudrait trois cent mille francs pour étendre, renouveler, intensifier notre campagne de propagande générale. Nous ne les avons pas non plus. Nous les demandons à nos lecteurs, ligueurs et amis.

En avant des difficultés sociales qui menacent de toutes parts, que ceux de nos amis qui sentent la nécessité d'affirmer, d'exploiter et d'utiliser les grands succès obtenus se hâtent de venir au secours de notre espérance. Isolément, ou par groupes, qu'ils nous adressent, le plus tôt possible, l'indispensable nerf de la guerre. Il serait trop mortifiant d'être ainsi arrêté dans le plein essor d'un progrès si puissant.

« La Politique »
Article quotidien

11 novembre 1926

I « La loi d'un an et le Conseil supérieur de la Guerre »

Nous avons lu avec intérêt une note du *Temps* d'avant-hier soir. Le plus grand journal de la République reçoit des informations officieuses en général exactes. Celle-ci nous paraît tout à fait caractéristique de la situation :

> À la séance du Conseil supérieur de la Guerre, qui a eu lieu hier à l'Élysée, sous la présidence de M. Gaston Doumergue[369], il a été surtout question du nombre minimum de divisions que la France doit entretenir en temps de paix. *Tous les membres militaires du Conseil supérieur de la Guerre* ont approuvé les propositions du chef d'état-major général de l'armée, conformes au projet de loi de M. Paul Painlevé[370], ministre de la Guerre. *Tous ont déclaré qu'en aucun cas la France ne doit descendre au-dessous du nombre de 20 divisions d'infanterie*[371] *comme organisation du temps de paix sans quoi sa mobilisation serait exposée à de graves difficultés.*
>
> Le Conseil supérieur de la Guerre a ensuite examiné la question d'augmentation des cadres subalternes de l'armée (sous-officiers rengagés, militaires de carrière se liant au service militaire pour de longues périodes), qui doit être résolue avant que le service d'un an puisse être appliqué.

---

[369] Gaston Doumergue (1863–1937), président de la République de 1924 à 1931.
Les notes sont imputables aux éditeurs.
[370] Paul Painlevé (1863–1933), mathématicien, professeur à la faculté des sciences et à l'École polytechnique, il entre en politique à l'occasion de l'affaire Dreyfus et devient membre de la Ligue des droits de l'homme. Il est député socialiste de Paris puis de l'Ain, ministre de l'Instruction publique, puis de la Guerre, il devient président du Conseil en mars 1917, au moment de l'offensive Nivelle : c'est lui qui fait appel à Pétain. Il occupe différents postes ministériels après la victoire et est notamment en charge de la Guerre de novembre 1925 à octobre 1929, hors une brève interruption en 1926. Il fera bien voter la loi d'un an dont il est question dans cet article, en 1928.
[371] Soit 300 000 hommes si l'on retient le nombre de 15 000 hommes par division ; nous donnons cet ordre de grandeur afin de comparer aux chiffres que va citer Maurras infra pour les troupes allemandes.

Cet avis des *membres militaires* du Conseil supérieur de la Guerre apporte donc de fortes nuances à l'approbation du projet Painlevé. Un nombre minimum est fixé : *vingt divisions*, parce qu'elles sont indispensables à la mobilisation. Il est seulement stipulé une condition de qualité et de temps : ce service militaire ne peut être « appliqué » si les cadres subalternes ne sont pas « augmentés ». Le service d'un an implique des cadres renforcés en quantité et en qualité. Pas de réforme ni d'amélioration des cadres inférieurs, pas de service d'un an ! Telle avouée, donc filtrée par les *membres politiciens* du Conseil qui renseignent la presse, telle paraît être la volonté de ses *membres militaires*.

Nous souhaitons que cette volonté triomphe, parce qu'elle est de salut public. Pour qu'elle triomphe, nous souhaitons qu'elle s'affirme, se définisse et, pour parler net, qu'elle se manifeste le plus clairement et le plus brillamment possible. Nous n'avons jamais désiré que les chefs de l'armée jettent leur nom dans la polémique parlementaire. Mais, tant pour leur honneur que pour le salut du pays, tant pour dégager la responsabilité d'hommes éminents que pour garantir le peuple français d'une catastrophe, nous osons exprimer explicitement le désir qu'ils fassent connaître leur pensée nue, claire, pure et entière. Que le pays électoral passe outre à leurs paroles, c'est possible, probable même : le pays vrai la connaîtra et l'utilisera. Cette haute utilité ne sera pas seulement politique et civique. Elle sera aussi morale. Les chefs qui auront su dénoncer le péril seront mieux écoutés, mieux suivis, mieux obéis par leurs troupes. À l'autorité de leur commandement légal s'ajoutera la juste influence née de conseils, d'avis, de prévisions et de calculs dont la réalisation témoignera de combien de façons ils étaient dignes de commander.

II Pour fêter la victoire

Nous faisons des cadeaux de fête, de fête de la victoire[372], à nos agresseurs et envahisseurs d'il y a douze ans. *Paris-Midi*[373] annonce aux Allemands la bonne nouvelle...

---

[372] Rappelons que cet article est daté du 11 novembre 1926, huit ans jour pour jour après l'armistice de 1918.
[373] C'est l'édition de la mi-journée de *Paris-Soir*, journal fondé en 1923 par le militant anarchiste Eugène Merle. Le journal s'assagira à tel point qu'en 1930 le titre sera racheté par Jean Prouvost, représentant de la fameuse famille capitaliste lainière du Nord.

Mais *Paris-Midi* ajoute :

> C'est donc que l'Allemagne a satisfait en tous points à ses obligations... Une brochure vient de paraître à Berlin sur le dénombrement des forces militaires de l'Allemagne. Il y est dit que les associations militaires comptent plus de deux millions de membres, armés, équipés et organisés, auxquels on peut ajouter trois millions d'hommes de la *Reichsbanner*[374], constituée militairement, 60 000 hommes du corps communiste des « combattants du front », les 130 000 hommes de la police de sûreté, les 100 000 hommes de l'armée régulière sur lesquels on ne compte que 36 000 simples soldats, et une marine comptant 14 000 officiers et 36 navires.

Jusques à quand les représentants de l'intelligence et du patriotisme dans les deux Chambres oublieront-ils l'étroit devoir de mettre, le plus tôt possible, le traître Briand[375] en accusation ?

III Toujours la guerre des dogmes

Un autre cadeau de fête pour l'Allemagne serait entre l'Italie et la France une brouille sanglante. Le traitre Briand y travaille de son mieux, mais ni Stresemann, ni Hindenburg[376] ne se sont endormis. Le résultat, on le voit, on le mesure. C'est l'abîme de sang au bord duquel on eût voulu nous faire glisser les uns et les autres.[377]

---

[374] La Reichsbanner Schwarz-Rot-Gold, organisation para-militaire de la République de Weimar, inspirée par les partis et les syndicats qui s'y partageaient le pouvoir (la « Coalition de Weimar », regroupant socialistes, libéraux et parti catholique). Initialement composée d'anciens combattants, elle comptera jusqu'à trois millions de réservistes censés défendre le régime contre les menaces d'extrême droite comme d'extrême gauche. Le cas est à peu près unique d'une organisation para-militaire constituée pour défendre une coalition modérée et centriste d'intérêts hétéroclites ; arrivé au pouvoir sans que la Reichsbanner ne s'y oppose, le N.S.D.A.P. la dissoudra, par une mesure tranquillement légale, en 1933.

[375] Rappelons que l'A.F. faisait à l'époque de violentes campagnes contre la politique d'entente franco-allemande d'Aristide Briand, ministre des Affaires étrangères, accusé de donner des gages bien réels à l'Allemagne contre des « chiffons de papier ».

[376] Alors respectivement ministre des Affaires étrangères allemand et président de la République de Weimar.

[377] Les jours précédents avaient été marqués par un rebondissement inattendu et singulièrement embrouillé dans les affaires des assassinats de Marius Plateau et Philippe

Nous l'avons dit et redit :

Mieux gouvernée que nous, l'Italie aurait eu le moyen d'être plus sage que nous. Mais les difficultés intérieures et les progrès extérieurs ont dû lui monter à la tête. Nos vœux sont pour la paix, la confiance et l'accord. Quant aux pronostics, nous estimons sage de ne pas en faire.

L'Italie peut dire : « changez vos gouvernants. » L'action fasciste s'est faite rapidement grâce aux concours qu'elle a rencontrés dans la structure de l'État monarchique, dynastique, aristocratique italien. Elle avait été précédée d'une évolution nationaliste non moins rapide qui avait été servie par les mêmes facteurs. Au fond, les hommes de *Regno* et de *l'Idea nazionale*, comme ceux de *l'Impero* et du *Popolo d'Italia*, les Federzoni[378] comme les Mussolini avaient le cœur de l'État pour eux. Nous l'avons contre nous. L'œuvre est plus difficile. Elle est plus lente : elle se fait. À travers les assassinats de héros, le martyr d'un enfant, les intrigues et les trahisons de police, cette œuvre d'Action française marque son progrès tous les jours. Les fascistes italiens devraient souhaiter qu'elle se termine avant que la maçonnerie et la juiverie aient réussi à jeter les deux nations latines l'une contre l'autre au grand bénéfice des Allemands.

IV Sur un conte

Après la lettre de Mgr l'évêque de Montauban et surtout la réponse vengeresse que nous avons publiée avant-hier, il nous semblait convenable, presque obligatoire, de fermer les yeux, les oreilles,

---

Daudet : le ressortissant italien Ricciotti Garibaldi, portant les mêmes nom et prénom que son père, et petit-fils du « héros des deux mondes », était apparu lié à la Sureté générale française, régulièrement mise en cause dans ces assassinats et les enquêtes qui s'y rapportaient. On parla un temps d'un complot ourdi de France contre Mussolini, par l'entourage de Briand — Peycelon était en particulier en cause. Rétrospectivement « l'abîme de sang » qu'évoque Maurras paraît un peu exagéré, mais la tension avait pu paraître vive entre la France et l'Italie durant plusieurs jours, avant que des communiqués apaisants ne soient délivrés de part et d'autre, si bien qu'on en vint à dauber sur le complot de « Ricciotti Panopli ». Georges Valois, dont il va être question plus bas, était lui aussi apparu comme lié à la fois à l'Italie et à la Sûreté générale.

[378] Luigi Federzoni (1878–1967) nationaliste italien qui eut un rôle dans l'engagement de l'Italie aux côtés des alliés lors de la Première Guerre mondiale. Il devint ensuite un membre influent du parti fasciste, fut ministre de l'Intérieur entre 1924 et 1926, président du Sénat de 1929 à 1939. Lors de la session historique du Grand Conseil fasciste du 25 juillet 1943, il vota pour la motion qui devait précipiter la chute de Mussolini.

la pensée elle-même à certaines provocations venues de la presse libérale et démocratique-chrétienne. C'était, nous semblait-il, le désir évident d'un grand nombre d'esprits autorisés. Il nous suffisait que, en réponse au débordement, il s'élevât de temps à autres des protestations comme celles que signait d'un pseudonyme, dans le *Courrier de Bayonne*, journal qui n'est pas des nôtres, un catholique, un prêtre animé des nobles sentiments que nous avons coutume de rencontrer dans le clergé français. Citons ces belles lignes, fraternelles et justes :

> L'attitude si digne des catholiques d'Action française indique qu'ils sauront tenir compte des remontrances pontificales et prendre les mesures nécessaires.
> Mais il eût été si beau de voir les autres catholiques se taire ! Quand un père fait des observations ou des remontrances à quelques-uns de ses enfants, ne convient-il pas que les autres s'abstiennent de manifester une joie indécente et qui dénonce une fâcheuse désaffection ? Cette joie est-elle uniquement inspirée par l'amour de la saine doctrine ? Hélas !

Depuis que cette plainte d'un noble cœur nous était tombée sous les yeux, je m'abstenais même de compulser le triste feuilleton que l'on débitait contre nous.[379] Mais on me communique, tirées du journal La Vie catholique, des lignes que j'ai le devoir de rectifier :

> Nous tenons de haute source et de manière sûre que l'intervention récente avait été décidée par Pie X en 1914. Le cardinal de Cabrières intervint pour que sa publication fût suspendue jusqu'après une rétractation qu'il se faisait fort d'obtenir de Charles Maurras. Pie X consentit à ce sursis, et le cardinal vint à Paris où toutes ses démarches auprès du chef de L'Action française échouèrent. La guerre survint, Pie X mourut, l'affaire resta en suspens sans jamais avoir été abandonnée.

---

[379] L'article, à partir de la phrase suivante et jusqu'à la fin du titre IV, est reproduit dans le recueil *L'Action française et le Vatican*, dans la section « Le cardinal de Cabrières » elle-même insérée dans le chapitre neuvième intitulé « Pie X et Charles Maurras ». Dans le recueil figure une phrase d'introduction : « Les 11 et 23 novembre, Maurras avait déjà rétabli la vérité à propos d'un conte pour lequel on avait invoqué la mémoire du cardinal de Cabrières. »

Il n'y a pas un mot de vrai.

C'est à la mi-janvier 1914 que le pape Pie X avait arrêté les poursuites dont mes livres étaient l'objet. Le colonel Larpent, dans la généreuse brochure consacrée à ma défense (*Pour connaître Charles Maurras*), rapporte les paroles de Pie X à ce sujet. Tout le public intéressé les a lues. Tout ce public peut les relire aux pages 14 et 15 de l'opuscule.

À la fin de juillet 1914, ces paroles étaient confirmées par le pape à notre éminent et cher ami Camille Bellaigue qui les a fidèlement rapportées dans une lettre que tout le public intéressé a certainement lue aussi.

— Mais, dit-on, le pape avait changé d'avis par la suite.

Comme le pape Pie X est mort le 20 août de la même année, il faudrait situer dans un espace de quelques semaines le revirement que l'on imagine. Admettons. Il faut admettre aussi que le cardinal de Cabrières a fait, à cette époque (à la veille, au début de la guerre !) des « démarches nombreuses » auprès du « chef de L'Action française », et qu'elles ont échoué. Le cardinal de Cabrières n'a jamais fait ni ce voyage à Paris ni ces démarches auprès de moi. Supposons-les. Elles ont échoué. Soit. Mais quel sentiment eût gardé le cardinal à notre égard ? Assurément, le moins sympathique. Il est pourtant de fait qu'en 1920, le cardinal de Cabrières daigna nous inviter dans la cathédrale de Nîmes à la cérémonie commémorative des morts de l'A.F. C'était le 18 avril. Devant Maxime del Sarte, devant moi, ce prince de l'Église en chaire fit le panégyrique de nos morts et daigna remercier nos vivants des services rendus à la cause de l'ordre et de la paix catholique. Quand il eut béni notre cénotaphe au cimetière, le cardinal daigna aussi nous recevoir à sa table, il poussa même la bonté jusqu'à présider l'assemblée toute politique et civile dans laquelle nous prîmes la parole, Maxime et moi. Le cardinal de Cabrières avait l'âme grande, mais l'esprit haut, difficile et pur. Il savait où placer ses amitiés, il ne transigeait pas avec les devoirs de sa charge. Les marques solennelles de sa bienveillance publique ne se seraient pas attardées sur moi si le conte de *La Vie catholique* renfermait la moindre parcelle de vérité.

Cependant ce conte courait. Il court encore. Quelqu'un de bien placé a voulu en avoir le cœur net. La réponse autorisée a été ce qu'elle devait être : il n'y a rien de vrai, tout est imaginaire dans le roman de ce prétendu « repentir » de Pie X. Ni il n'a signé, ni il n'a rien voulu signer de contraire à l'acte de la mi-janvier 1914.

Cette rectification catégorique était due à la haute source et à la manière sûre de *La Vie catholique*.

V COURSES D'UN RAT EMPOISONNÉ

Les journées de Gressent[380] se passent à courir pour se couvrir. Le misérable essaye d'échapper au chef de haute trahison, comme il a tenté d'échapper à celui de trahison simple : en invoquant des patronages, en alertant des autorités, en essayant de provoquer des témoignages favorables, italiens ou français. À travers ces fuites désordonnées, il meurt de peur à la pensée que le gouvernement aurait, après tout, le moyen de le mettre en prison.

L'idée que Briand le garde, naturellement, le rassure. Alors il reprend son antienne Monzie, son antienne Finaly, parle de caviar, mais la poutargue dont il le régale ne peut avoir donné d'indigestion à M. de Monzie et le nom du collaborateur valoisien-finalyste Alexinsky reste inexorablement caviardé. Gressent ne se résout pas à expliquer pourquoi ni comment le rédacteur chargé par lui des affaires franco-italiennes avait été choisi citoyen italien, ni pourquoi ce compatriote de MM. Mussolini et Nitti prenait par téléphone le mot d'ordre de l'ambassade où Gressent-Valois ne connaît personne, dit-il.[381]

---

[380] Georges Valois, de son vrai nom Alfred-Georges Gressent (1878–1945) oscilla toute sa vie entre des radicalités qui nous paraissent aujourd'hui opposées et qu'on pourrait dire de droite et de gauche : tour à tour anarchiste, sorélien, communisant, il adhère à l'Action française par anti-capitalisme et y devient l'animateur du Cercle Proudhon. Il collabore à la *Revue critique des idées et des livres*. On a pu dire que sa volonté d'allier maurrassisme et syndicalisme révolutionnaire préfigurait le fascisme. En 1925, il quitte l'A. F. et fonde Le Faisceau, premier parti fasciste hors d'Italie, avec l'aide du richissime parfumeur Coty et du producteur de cognac Jean Hennessy. Le mouvement se dote d'un journal, *Le Nouveau Siècle*. Le parti comme le journal périclitent dès 1928. L'A. F. et Maurras en voudront sans mesure à Valois de cette « trahison » et le poursuivront plusieurs années de leurs articles vengeurs. Valois sera ensuite socialiste sans parti, corporatiste, se décrira comme « non-conformiste » et finira dans la Résistance. Il meurt en déportation en février 1945.

[381] Ces allusions tournent autour du fait que Valois avait confié la rubrique des rapports franco-italiens, dans son journal, à un Italien qui se révéla être un agent d'influence de l'ambassade italienne. Qui était alors payé ? l'Italien ? Gressent ? les deux ? l'Italien était-il un agent double ? Quels liens ces gens entretenaient-ils avec des financiers et politiques français ? Nous n'expliquons pas plus avant les allusions de Maurras, il faudrait pour les éclairer utilement reproduire des articles entiers de *L'Action française* des jours précédents. *Monzie*

Mon pauvre Gressent-Valois, ça sent mauvais pour vous. Votre cuisine sent très mauvais. Vous êtes communément traité de casserole, de casserole de Briand, et le gouvernement italien qui, croyant subventionner un ennemi farouche du gouvernement maçonnique français, s'aperçoit avec étonnement que ses subventions sont allées à un simple valet de plume d'Aristide. Ainsi la vilenie de votre caractère rabaisse d'un degré, presque au plan de l'inconscience, l'acte matériel de votre haute trahison payée.

Du temps où je n'avais à vous reprocher qu'une trahison à l'égard de L'Action française, j'avais coutume de dire que je vous savais l'esprit trop brouillon pour admettre votre responsabilité entière. On vous répétait ces propos, et vous les preniez pour des compliments. C'est même ce qui vous faisait dire que je ne croyais pas aux accusations énoncées par moi ici même. Vous voici éclairé peut-être. Peut-être aussi qu'une fois de plus vous ne comprendrez qu'à moitié.[382] Alors il faut changer de style et vous parler, comme à Schrameck[383], un dialecte approprié :

— Allons, ouste, coquin !

Explique-toi réponds ou tais-toi, va-t'en, disparais !

VI LA QUÊTE D'AVANT-HIER SOIR

---

c'est Anatole de Monzie (1876–1947), prototype du politicien de la Troisième République, dix-huit fois ministre, il est alors parlementaire de la gauche démocratique. *Finaly* c'est Horace Finaly (1871–1945), banquier d'origine juive hongroise dont l'influence fut immense durant le Cartel des gauches (Caillaux s'irrita de ce qu'il bénéficiait d'un bureau au ministère des Finances sans y avoir de fonction officielle), et qui sera un ferme soutien du Front populaire, ce que *L'Action française* lui reprochera par une campagne de presse acerbe ; mais Maurras avait déjà mis en cause Finaly dans les malversations de Philippe Berthelot, secrétaire général du Quai d'Orsay, en 1921, lors du scandale de la Banque industrielle de Chine. En 1940 Horace Finaly se réfugiera à New York ; il y mourra en 1945.

[382] Explicitons : c'est que la formule employée par Maurras est susceptible de deux lectures contraires ; soit Maurras sait l'esprit de Gressent trop brouillon pour que Maurras admette la responsabilité entière de Gressent, dont le caractère brouillon jouerait alors comme une demi-excuse ; soit Maurras sait l'esprit de Gressent trop brouillon pour que lui Gressent, en raison même de cet esprit brouillon, admette sa responsabilité entière.

[383] Abraham Schrameck, ministre de l'Intérieur en 1925 : Maurras lui avait adressé en juin 1925 une lettre publique de menaces, le tenant pour responsable d'une vague de violences contre des militants de L'Action française que par ailleurs la police désarmait pour qu'ils ne puissent se défendre. L'épisode était encore dans toutes les mémoires.

Ma charge de quêteur me fait un devoir d'adresser un remerciement ému aux innombrables Parisiens qui ont bien voulu répondre à l'appel de nos jeunes amis qui leur tendaient la main pour *L'Action française* à la sortie de nos deux réunions.

Dans la nuit de mardi à mercredi, j'avais à mes pieds un énorme carton, c'était le produit, monnaie et billets, surtout monnaie, des beaux présents recueillis à la salle Wagram : 2 942 Fr. 20. Un autre lourd paquet formé d'une épaisse couverture de laine solidement liée contenait 1 675 francs de piécettes reçues au Cirque de Paris : à part était mise une forte liasse de coupures (dont l'immense majorité de moins de cent francs) faisant une somme de 2 555 francs. Bref, bien près de 7 000 francs[384] ainsi recueillis sou à sou...

Autrement dit, il y avait un peu moins de 4 000 francs en pièces de monnaie, et celles-ci étaient au nombre de 4 800 !

Quel indice de la véritable composition de notre public ![385]

---

[384] Afin de donner une idée des sommes en cause, convertissons en euros de 2010 ce total arrondi en francs de 1926 : 4220,37e.

[385] Ses adversaires soupçonnaient alors Georges Valois de toucher, outre les fonds de Coty et d'Hennessy qui étaient ses financiers officiels, des fonds italiens. L'insistance de Maurras sur les petites pièces et la modestie des donateurs populaires de L'Action française est sans doute un écho de ces soupçons quant à l'origine, sue ou supposée, des fonds de « Gressent-Valois ».

« La Politique »
Article quotidien

23 novembre 1926

I DE L'ALLIANCE ÉLECTORALE

Les élections se suivent et se ressemblent. Qu'elles soient législatives et conduisent au Palais Bourbon ou sénatoriales et aboutissent au Luxembourg, les conditions étant les mêmes déterminent les méthodes et les résultats. Le problème constant est un problème d'alliance, nul parti n'étant assez fort pour obtenir la totalité des mandats : s'il avait cette force, nulle condition de justice ni de raison n'arrêterait aucun parti dans le développement de son ambition. Tel est, disait le baron Sellière, l'impérialisme de nos partis. Un dicton provençal, que M. Sellière ignore sans doute, prétend :

> *Qu'à la Cieuta*
> *Amon mies tout que la mita.*
> À la Ciotat
> On aime mieux tout que la moitié.

Telle est la morale des partis politiques. Telle est leur justice.
La nécessité seule les conduit à la transaction.
Mais quelle transaction au juste ?
On cherche tout d'abord la plus naturelle. Les fédérés-Marin[386] ou progressistes tentent d'obtenir l'union des radicaux modérés, les radicaux modérés craignent généralement d'être compromis et préfèrent chercher un appui à gauche, radical-socialiste ou socialiste pur. « Pas d'ennemis à gauche. » Cela dépite les malheureux progressistes. Iront-ils vers la droite ? Non. D'abord ils croient dur comme le fer, que, de fondation, de destination, sans condition les suffrages de droite leur appartiennent absolument et que ceux-ci ne peuvent, sans forfaiture criminelle, se refuser au devoir de les soutenir. Donc, pas un pas, pas un geste, pas un clignement

---

[386] Appellation plaisante pour les élus ou militants appartenant au mouvement de Louis Marin (1871–1960), président de la Fédération républicaine depuis 1925. Lorrain, proche de Barrès dans sa jeunesse, il fera de la 1re circonscription de Nancy son bastion électoral et en sera député de 1905 à 1940. Il est avec Albert Lebrun et François de Wendel l'une des grandes figures politiques régionales. En 1926, la Fédération républicaine est, comme son président, de droite modérée et fidèle au régime, c'est-à-dire exposée par le jeu des radicaux aux affres électorales que va décrire Maurras. La Fédération évoluera dans les années 30 jusqu'à se retrouver sur des positions proches des ligues et de L'Action française.
Les notes sont imputables aux éditeurs.

d'œil vers la droite. Au contraire, hélas ! Elle sera regardée d'un visage sévère, ou on lui tournera le dos tandis que l'on prodiguera des sourires à l'ennemi. L'ennemi ne se détend pas. L'ennemi continue à faire son métier d'ennemi ? Qu'à cela ne tienne ! on multipliera de nouveau les avances et les courbettes ; il donnait un soufflet, on tendra l'autre joue, et les autres, et les autres. Que ne fera-t-on pas pour arracher au radical modéré un regard de condescendance et un mot de pitié !

Ce regard et ces mots ne viennent toujours pas. Que faire ? Que faire ? D'autant plus qu'il faut des alliés, des alliés à tout prix... ? La situation, dans le Puy-de-Dôme, étant juste celle que je viens de dire, j'ai le plaisir de lire dans *L'Écho de Paris*[387] de curieuses menaces de M. Jacques Bardoux :

> Et si, par hasard, dans les départements où, comme dans le Puy-de-Dôme, nous disposons d'un nombre de voix suffisant, sinon pour arracher des sièges, du moins pour imposer un arbitrage, nos délégués assuraient, au premier tour, le succès total ou partiel des listes socialistes ? L'état-major radical serait fauché.
>
> Nos troupes sont exaspérées. MM. Ponsot, Chaumet et consorts auraient tort de l'oublier.
>
> Si les radicaux avaient à Bordeaux exprimé quelques regrets et affiché quelque modestie, l'oubli eût été plus facile. Ils ont, au contraire, plastronné et pavané, dénoncé l'injustice des critiques et célébré les mérites de leur œuvre, rien retiré et tout maintenu...

Alors ?

Alors M. Jacques Bardoux se déclare « désolé » « d'acheter à ce prix », au prix de l'alliance socialiste, « un échec radical », en une heure où tout démontre l'absurdité et le péril du socialisme, mais quoiqu'il a beau se tourner vers Jupiter-Poincaré et tenter un acte de foi et d'espérance dans la protection de ses préfets, ce qu'il propose, ce qu'il conseille, ce qui, en tous cas, lui paraît la conséquence naturelle de l'intransigeant despotisme radical, c'est un vote des modérés en faveur du régime mitigé des Pires à seule fin d'échapper à celui des Mauvais tout puissants.

Ni je n'approuve ni je ne blâme M. Jacques Bardoux. Je le cite. Je me fais son témoin et son greffier, son historien et son chroniqueur. Bien ou mal, il

---

[387] Le journal d'Henri de Kérillis, publication conservatrice, se voulait aussi nationaliste, mais républicaine.

a dit cela M. Jacques Bardoux. Bien ou mal, il a agité cette menace. Bien ou mal, il a réédité la tactique si souvent reprochée à certains groupes de droite, principalement dans notre midi, où, pour échapper à la tyrannie des opportunistes ou des radicaux, les Blancs se décidaient à donner momentanément leur voix aux Plus Rouges qui les délivraient du joug que faisait peser sur eux le Rose ennemi.

Naturellement, le Rose battu faisait flétrir cette politique dans les journaux parisiens où il avait accès. Écho, Temps, Débats, et cette coalition « immorale », comme la plupart des coalitions, avait alors un mauvais quart d'heure à passer. Il me plaît singulièrement de voir dans l'Écho M. Bardoux, le fils ou le neveu d'Agénor Bardoux[388], se montrer ingénument dans le fâcheux appareil du même péché et en train de céder au même attrait de la politique du pire, tel que le mécanisme électoral le lui impose à peu près nécessairement.

II Vers le Sud-Est

Les graves avertissements que nous avons donné hier à cette place sur le dispositif italien à la frontière des Alpes ont ému l'opinion. Comme dit Jacques Bainville dans *La Liberté*, un conflit franco-italien serait absurde, mais le plus sûr moyen d'épargner à notre front une violation imminente, c'est de le protéger, de l'armer, et ainsi de protéger l'Italie d'elle-même.

Au lieu de lancer l'invective contre la dictature mussolinienne, on ferait mieux, en France, de ne pas irriter l'Italie tout en lui donnant l'impression que, derrière ces menaces verbales, il n'y a ni une escadre ni un régiment et qu'on pourrait entrer dans le territoire français comme dans du beurre.

Le Temps recueille nos avis et il le faut bien : la mise en défense silencieuse serait presque aussi vaine que l'absence de précautions ; les éléments

---

[388] Agénor Bardoux (1829–1897) député du Puy-de-Dôme en 1871, plusieurs fois ministre, sénateur inamovible en 1882. Il reste surtout connu aujourd'hui pour ses amitiés littéraires, avec Flaubert en particulier. Son fils Jacques Bardoux (1874–1959), que Maurras cite ici, fut élu en 1938 sénateur du Puy-de-Dôme sous l'étiquette « radical indépendant ». À ce titre il vota les pleins pouvoirs au Maréchal Pétain et fit partie du Conseil national instauré par le régime de Vichy. Condamné à l'inéligibilité à la Libération, il est relevé de cette peine par un jury d'honneur dès juin 1945 et est élu à l'assemblée constituante ; il aura un rôle important sous la quatrième république. Valéry Giscard d'Estaing est un arrière-petit-fils d'Agénor Bardoux.

d'effervescence du monde fasciste ne seront tenus en échec que par l'évidence de notre volonté et de notre action défensive.

Un patriote corse m'écrit d'autre part :

> Votre article d'aujourd'hui, 22 novembre, projette une terrible lumière sur le dangereux état d'esprit que n'a pu manquer de créer en Italie le fait, trop évident, que Nice et la Corse se trouvent, du point de vue militaire, à peu près entièrement abandonnées et découvertes.
>
> Vous avouerai-je pourtant que l'hypothèse de votre correspondant niçard, bien que digne d'attention, ne me semble guère réalisable ?
>
> Je n'ai pas lu — pas encore — le livre « Les Fils de la Louve » de mon compatriote Pierre Dominique, mais si cet excellent écrivain y parle d'une expédition italienne en Corse, analogue à celle de d'Annunzio, j'imagine que ce doit être sur un ton plutôt « railleur » que « sérieux ». Les Italiens savent bien qu'ils n'ont rien à faire de ce côté-là.
>
> Je n'ignore pas qu'il existe en Corse un petit groupe de très braves gens qui, imputant à la France les erreurs et les méfaits du régime, préconisent à grands cris un séparatisme chimérique. L'envoi en Corse d'un Thalamas, d'un Marlier — *Baccala per Corsica*[389], dit-on, la Corse dépotoir de la République — n'est pas pour contenter une province honnête et patriote. Mais l'Italie n'y gagne rien.

Il est superflu d'insister sur ces antiques antagonistes. Nous n'avons aucune intention de les attiser, mais j'ai tenu à recueillir cette protestation parce qu'elle témoigne hautement du patriotisme loyal de l'Île de Beauté et de ses nobles fils qui sont, en grand nombre, nos adhérents et nos amis.

III L'UNION DES CORPORATIONS ET L'ACTION FRANÇAISE AGRICOLE

---

[389] Littéralement : « de la morue pour la Corse ». L'origine de l'expression remonterait aux temps où, dit-on, Gênes exportait sa morue avariée vers la Corse qui était alors sa possession, en étiquetant les caisses Baccala per Corsica.

Il ne m'a pas été matériellement possible d'assister hier aux deux séances de l'Union des Corporations françaises qui a ouvert notre Congrès. Le regret a été d'autant plus vif que j'aurais été très heureux d'applaudir aux résultats magnifiques obtenus en un an par l'admirable Pierre Chaboche et des collaborateurs dévoués qu'il a su grouper et, si j'ose dire, lancer. À une œuvre de tape-à-l'œil et de verbiage, il a substitué l'organisation véritable et l'action. Action tenace, opiniâtre et méthodique dont on voit déjà les effets profonds et dont il est aisé de prévoir l'extension rapide. Il en sera de l'Union des Corporations comme de L'Action française agricole. L'une dans le monde industriel et commercial, l'autre dans les vastes étendues de nos campagnes seront les pionniers et les éclaireurs de l'effort politique central, non seulement pour la restauration de la monarchie, mais pour le bon fonctionnement et le réenracinement de l'institution restaurée, double réseau d'action économique immédiate dont l'effet politique portera loin.

J'admire beaucoup le système des délégués à la propagande tel que le pratique L'Action française agricole. Il y a un délégué par arrondissement, cette année. Il y en aura un par canton l'an prochain. Je voudrais que notre quotidien pût avoir, d'ici six mois, un délégué par commune : cela ne ferait que quarante mille en tout. Est-ce trop d'ambition ? On peut tout demander à un public, à une Ligue, à un ensemble d'organisations politiques et sociales qui comptent à leur tête des Pierre Chaboche et des Ambroise Rendu.

IV LE CONTE BLEU[390]

La Vie catholique n'a pas encore compris qu'on lui avait fait un conte sur Pie X et le cardinal de Cabrières. Elle se glorifie d'avoir affirmé :

1. Que Pie X lui-même avait donné une pleine et entière approbation à un document qui jugeait tout aussi sévèrement les doctrines des dirigeants de L'Action française que la lettre du cardinal Andrieu approuvée par Pie XI ;

---

[390] Ce titre IV est repris dans le recueil de 1927 *L'Action française et le Vatican*, dans la partie du chapitre IX consacrée au cardinal de Cabrières.

2. que la publication de ce document fut suspendue, le cardinal de Cabrières se faisant fort d'obtenir une rétractation du chef de L'Action française ;
3. que le cardinal de Cabrières échoua dans ses démarches ;
4. nous disions enfin et surtout que nous tenions cette information de haute source et de manière sûre.

M. Ch. Maurras prétend qu'il n'y a rien de vrai, tout est imaginaire dans le roman de ce prétendu « repentir » de Pie X.

Pour le moment nous nous contenterons de maintenir notre affirmation : l'éminente personnalité qui, fin septembre, nous avait une première fois exposé ces faits en nous indiquant de quelle haute source elle les tenait, nous déclarait, fin octobre, qu'elle en avait eu, de la même source, une nouvelle et décisive confirmation.

Je répète à La Vie catholique qu'elle est trompée ou qu'elle trompe.

Indépendamment des renseignements recueillis à la seule source possible, dont parlait mon article du onze novembre, l'intervention du cardinal de Cabrières, sans laquelle le conte bleu ne tient pas debout, n'est pas seulement invraisemblable, elle est impossible.

J'en ai donné plusieurs preuves. Il y en a d'autres. Des amis me rappellent un déjeuner auquel ils ont assisté après la guerre et au cours duquel le cardinal de Cabrières me prodigua toutes les marques de la bienveillance et de l'amitié. Un ami du cardinal avec lequel l'évêque de Montpellier ne cessa pas d'être en rapport de 1906 à 1921, avait bien voulu mettre à ma disposition tout ce qu'il a gardé de leur correspondance dans laquelle il est fait de fréquentes allusions à la haute intervention de Pie X en 1914. J'y suis désigné tantôt sous mon nom, tantôt sous un pseudonyme, « le Sourd », « notre Sourd ». Ce détail fait juger de l'intimité et de l'abandon de ces entretiens écrits. Pas un mot qui autorise le Conte bleu. Mais plusieurs mots, en revanche, qui le démentent.

Le 21 août 1913, le cardinal veut bien signaler à : son ami mes articles « politiques, historiques, littéraires », avec un éloge que je ne peux transcrire, mais comme « très utiles » avec cette recommandation : « Faites-les lire à vos grands fils ».

Le 18 juin 1914 (donc entre l'acte du 14 janvier et les paroles si bienveillantes dites à Camille Bellaigue en juillet suivant) cette note rapide : « Nous avons parlé de Maurras et j'ai vu le Saint Père très résolu, et heureux de l'avoir protégé. »

Enfin, le 11 août 1921, c'est-à-dire après les « prétendues démarches » et leurs prétendus échecs, le cardinal écrit :

« Si vous avez une minute, esquissez-moi un peu les principales vues de Maurras. Je ne sais si elles se rencontrent avec les miennes, mais je suis plein d'espérance, non pas tant pour la monarchie que pour la France elle-même. »

De telles marques de confiance et d'amitié ainsi réitérées ne s'accordent pas avec le roman de *La Vie catholique*. Veut-elle quelque chose de plus ? Je ne me lasserai pas de redire une vérité dont j'ai les mains pleines.

Le 3 août 1920, quelques mois après l'émouvante réunion de Nîmes, où il avait accordé en chaire et en réunion publique de si magnifiques éloges à L'Action française, le cardinal me faisait l'honneur de m'écrire ses condoléances au sujet de la mort de notre grand ami le moine bénédictin Dom Besse, qu'il serait à peine inexact d'appeler un de nos fondateurs. Cette lettre, fort belle, se termine par la formule suivante, qu'il est de mon devoir de transcrire :

> Au revoir, mon cher Maurras, et bien respectueusement à vous, dans le souvenir du Pape Pie X, dont la volonté expresse vous a gardé pendant la guerre, pour le bien de notre pays.
> Le Cardinal DE CABRIÈRES, évêque de Montpellier.

Cette lettre a paru dans *L'Action française* du 6 août 1920.

On ne fera croire à personne que l'éminent évêque de Montpellier ait jamais écrit en ces termes au héros du Conte bleu que publie La Vie catholique. Il s'ensuit que les démarches dont elle parle n'ont pas échoué, comme elle le raconte, pour la simple raison qu'elles n'ont pas eu lieu et n'ont jamais été demandées par Pie X.[391]

---

[391] L'article comporte un post scriptum :
P. S. — En raison de l'étendue des rectifications qu'elle appelle, il me faut encore ajourner l'insertion de la lettre de M. Pirazzoli. À demain si je suis en vie, le terrible aigrefin, provocateur agent-double et payé Georges Gressent-Valois criant à tue-tête qu'il me va zigouiller ou plutôt faire zigouiller. Zigouillé ou non, je ne lui en rappellerai pas moins sa trahison envers L'Action française, sa haute trahison envers la Patrie. Que je sois mort ou vif, il n'est pas moins à la merci du gouvernement républicain qui le tient par de nouveaux nœuds. Il n'en est pas moins tout ce que j'ai dit qu'il était. Il n'en est pas moins resté silencieux sous mes accusations qui seront continuées, renouvelées et précisées de toute façon.

« La Politique »
Article quotidien

22 janvier 1927

I Idées réactionnaires de bons républicains[392]

Nous citions l'autre jour la page utile et méritoire dans laquelle Monsieur Maurice Schwob en venait à poser la question de l'héritage et des lois de succession absolument dans les mêmes termes que toute la « réaction » française depuis plus de cent ans. Le partage égal y est enfin reconnu pour ce qu'il est : un crime contre la terre et la patrie.[393]

En voici bien une autre du même tour ! M. Schwob[394] est un écrivain indépendant : je présente un personnage officiel, M. Pasquet[395], sénateur des Bouches-du-Rhône. M. Pasquet ferait sûrement une maladie si, en le nommant, j'oubliais de dire qu'il fut toujours à l'avant-garde de la démocratie méridionale : M. Pasquet opine de même façon que les Blancs, les pires des Blancs, les nationalistes, sur la question de l'immigration et sur le problème de l'assimilation des métèques.[396]

II Le tardif repentir

La dernière décade du XIXe siècle commençait à peine que nous attirions l'attention du pays sur cette plaie qui se formait : Barrès, d'abord, au *Figaro*, Barrès et nous en sa *Cocarde*, Paul Bourget

---

[392] Ce texte est paru dans *L'Action française* du 22 janvier 1927. Seul le titre III, « Vérités rétablies », est repris dans le recueil de 1927 *L'Action française et le Vatican*, au chapitre neuvième, où il est introduit par la phrase : « Les 22 et 27 janvier, Charles Maurras apportait de nouvelles précisions. »
Les notes sont imputables aux éditeurs.
[393] C'est la suppression du droit d'aînesse qui est ici en cause : elle était accusée depuis le début du XIXe siècle de morceler les propriétés paysannes au-delà du raisonnable et d'entraîner par conséquent la dénatalité.
[394] Maurice Schwob (1859–1928), directeur du journal nantais Le Phare de la Loire. C'était le frère de l'écrivain Marcel Schwob.
[395] Louis Pasquet (1867–1931), sénateur de gauche radicale des Bouches-du-Rhône de 1920 à 1931 et ministre du Travail du 19 au 23 juillet 1926.
[396] Rappelons deux évidences : le terme métèque, sous la plume de Maurras, n'est pas tant une insulte qu'une référence à l'institution athénienne antique de la météquerie ; les « Blancs » dont il s'agit ici ne sont pas à prendre au sens racial, mais au sens de la désignation politique des royalistes méridionaux.

dans son *Outre-Mer*, Barrès encore dans ses magnifiques *Déracinés*. Il y a là-dessus toute une vaste littérature réactionnaire antérieure même à l'affaire Dreyfus, attenante à l'antisémitisme de Drumont et qui le poussait. On ne voulut pas nous entendre. On refuse de prévoir les maux nécessaires engendrés par un système de nationalisation[397] sans paliers ni étapes.

Mais maintenant il commence à en cuire. C'est pourquoi M. Louis Pasquet élève la voix. Il écrit au *Journal* :

> En vérité, l'immigration comporte certains périls, si, par ailleurs, elle répond à des besoins inéluctables. Elle peut affaiblir l'originalité et la pureté de la race.
> Le moment est venu de réglementer, de façon minutieuse, et sévère, comme aux États-Unis, notre politique d'immigration.

Cette rencontre, cet accord, font le refrain de Béranger : *Quel honneur ! quel bonheur ! ah Monsieur le sénateur...*

Mais non : le sénateur de Bouches-du-Rhône fait encore une erreur. Le « moment » dont il parle était venu depuis longtemps. Seulement, il ne l'a pas vu. Il lui a fallu les coups de bâton de l'expérience pour s'apercevoir d'un péril que la simple raison discernait depuis près de quarante ans. Hélas ! pour marcher au pas du *Temps*, pour en deviner les stades et les détours, il lui aurait fallu penser en homme libre. Il avait des idées qui lui fermaient les yeux.

III Vérités rétablies

J'ai le regret de lire dans *La Croix* d'hier, sous des signatures vénérées, que « la condamnation » de mes livres portée (dans la plénitude de son droit) par Pie XI, l'avait été déjà par Pie X. Il peut être fâcheux que cette allégation soit fausse, mais, ne pouvant faire qu'elle soit vraie, je ne puis échapper au devoir de défendre la mémoire du grand bienfait qui est l'honneur de ma vie. Je défends, avec elle, la vérité dont j'ai la preuve, contre les fraudes de Mgr Esser[398], Allemand.

---

[397] Nous dirions : naturalisation.
[398] Herman Joseph Esser (1850-1926), devenu Thomas Esser quand il prit l'habit chez les dominicains, cardinal en 1917, responsable de l'Index au moment des délibérations romaines de 1913-1914 sur Maurras et l'A.F.

D'abord les fraudes sont bien de lui. Lorsque le 18 janvier dernier je dévoilai le nom et la nationalité de l'ancien secrétaire de l'Index, qui trompa les membres de sa congrégation sur les paroles du pape Pie X, je tenais cela de renseignements sûrs, mais tout personnels ; depuis je les ai vus corroborés par *La Documentation catholique* : le moine qui, sous Pie X, venait, *comme un chien*[399] réclamer ma condamnation et qui, en pleine guerre, a renouvelé sans vergogne ces vaines instances auprès de Benoît XV, était bien l'Allemand natif d'Aix-la-Chapelle qui m'avait été signalé. Et d'un.

Les feuilles du syndicat de condamnation, à la tête desquelles la simoniaque *Vie catholique*, essaient de contester la qualité que j'ai donnée à l'informateur oraculaire de S. É. la cardinal de Bordeaux, M. Passelecq.[400] M. Passelecq qui, d'après son libelle, est un faussaire indubitable, n'est pas défendu sur ce point : on se contente de nier ses tendances gallophobes en alléguant diverses charges et fonctions dont le gouvernement belge l'aurait investi et qui l'établirent en enquêteur et en juge des déprédations allemandes. Mais l'essentiel est de savoir comment il s'est acquitté de cette fonction. Demandons-le aux Allemands : ils le couvrent de fleurs. On lit dans le *Politischer Almanach* pour 1926, de Muller, à l'article « Libre Belgique ».

> Collaborateur le plus important : Passelecq, qui a déjà souvent, dans la question des réparations, défendu des idées raisonnables ; a été adversaire de la saisie des biens privés des Allemands en Belgique et est une des têtes les plus claires du journalisme belge. *La Libre Belgique* ne met pas souvent des gants pour parler de la France.

Le seul intérêt de leurs haines entraîne donc des écrivains dits catholiques à tromper le public sur leurs alliés.

La même *Vie catholique*, invoquant les dires d'un prélat dont le nom me semble étranger, prétend tenir du lui que le pape Pie X avait refusé de me recevoir. Or, j'ai deux documents écrits adressés l'un à un journal au mois de décembre, l'autre dès septembre à un cardinal (ils n'en ont tenu de compte ni l'un ni l'autre) : dans ces pièces, un religieux, prêt à renouveler son témoignage, a déposé que, se rendant à Paris en 1913, il reçut du

---

[399] La parole est attribuée à Pie X dans les témoignages invoqués par Maurras.
[400] Avocat belge, rédacteur d'une brochure malveillante contre l'A. F. dont la lettre du cardinal Andrieu avait repris plusieurs arguments.

cardinal de Cabrières « la commission suivante : — Voyez Maurras, dites-lui combien Pie X a apprécié sa défense (mon livre *L'Action française et la Religion catholique*). Il le recevra l'année prochaine.

Texte n°2 : « ... le cardinal me pria en décembre 1913 d'assurer Maurras que le pape le recevrait l'année suivante... »

Les mœurs intellectuelles du syndicat[401] sont connues. Ni le vrai, ni le faux, ni le tort ni le droit ne lui font chaud ni froid. Cependant, le vrai est, et le faux n'est pas. Le faux se dissipe devant le vrai. On alléguait contre moi le cardinal de Cabrières. J'ai fait rentrer ce mensonge dans la gorge de l'ennemi. On alléguait le cardinal Mercier. Autre mensonge ravalé. On ravale, on rumine avec fureur, mais on n'avoue pas. On ne se tait pas. On dit autre chose.

Tactique de tous les menteurs. Elle ne viendra pas à bout de la vérité, même en lui opposant les inventions énormes dont j'aurai à dire un mot d'ici peu.

---

[401] Maurras désigne sous ce nom la coalition d'intérêts passant essentiellement par quelques journaux et maisons d'édition catholiques, coalition qui défend alors en France de manière passionnée les thèses des catholiques opposés à l'A.F.

« La Politique »
Article quotidien

27 janvier 1927

I LES FINANCES POINCARÉ[402]

Quelque jugement que l'on porte d'ensemble sur le caractère et la politique de M. Poincaré[403], sa réussite d'un semestre est un fait constaté. Il a trouvé un million dans les caisses de l'État le jour où il est revenu au pouvoir. Aujourd'hui, ses adversaires des gauches ricanent en disant que nous sommes trop riches, il n'y a plus qu'à jeter le Trésor dans la mer. Raille qui veut, méprise qui peut ! Il reste que M. Poincaré a obtenu les facilités nécessaires et qu'elles ne seraient pas allées à lui sans la confiance qu'a naturellement inspiré au Français moyen, bourgeois-né, la réputation de M. Poincaré, son esprit de méthode et d'ordre, ce qu'il représente de mesure et de fermeté. À première inspection (et le public n'y regarde pas à deux fois) il parait absolument dégagé du redoutable et périlleux idéalisme démocratique. On conclut donc (bien légèrement !) à son réalisme. Longtemps même, son parti douta qu'il fît passer la République avant la Patrie, et cela lui valait de bien injustes soupçons. On ne peut dire qu'il en soit tout à fait purifié, mais l'attaque de gauche est moins vive et le lent esprit des masses ignorera longtemps encore les faiblesses, les timidités, les contradictions qui ont marqué la politique extérieure de M. Poincaré (1923–1924) et qui ont déterminé la reprise de nos malheurs. Bref, on disait moins Poincaré-la-guerre, et l'on disait encore Poincaré-la-victoire[404] : ces conditions étaient favorables à l'heureuse opération qu'il vient d'accomplir.

Il y a mis je crois tous ses talents, clarté, activité, labeur opiniâtre, mais, cette fois, il s'est imposé de ne pas sortir du cadre que la démocratie militante

---

[402] Ce texte est paru dans *L'Action française* du 27 janvier 1927. Seul les titre III et IV sont repris dans le recueil de 1927 *L'Action française et le Vatican*, au chapitre neuvième. *Les notes sont imputables aux éditeurs.*

[403] Raymond Poincaré, 1860-1934, ministre de l'Instruction publique et des Finances dans divers gouvernements. Il fut partisan d'une laïcité sans anticléricalisme, ce qui l'éloigna des gouvernements radicaux et socialistes et en fit une figure des modérés, la droite républicaine. Durant l'affaire Dreyfus, il adopta une attitude très prudente puis se rallia finalement au camp dreyfusard. Sénateur de la Meuse, président du Conseil entre janvier 1912 et janvier 1913, il avait été élu à l'Académie française dès 1909. Président de la République entre 1913 et 1920, il est l'un des artisans de l'Union sacrée. Il redeviendra président du Conseil de 1922 à 1924 et de 1926 à fin 1928. Son nom reste attaché aux réformes financières et monétaires autour de la dévaluation du franc Germinal en « franc Poincaré ».

[404] Deux surnoms datant de la Première Guerre mondiale. Ils suivirent Poincaré tout au long de sa carrière.

impose à ses administrateurs provisoires. Il a travaillé dans l'instant et pour l'instant, il n'a pas recherché le degré de solidité et de force que la structure du régime non seulement excluait, mais par principe haïssait d'avance. De là ce qui est jugé fragile, instable et précaire dans cette construction de six mois.

II Devant les monopoles

Avec Bainville, avec Romier, avec Barlatier, du Sémaphore de Marseille, nous nous sommes arrêtés, avec scandale, devant le contraste d'un État qui ne cède rien et d'un contribuable que l'on dépouille de tout. M. Poincaré n'est pas indifférent au spectacle. On dirait sans se tromper qu'il le désapprouve : cela semble résulter de quelques passages de ses discours lorsqu'on les presse pour en exprimer le suc. Mais, voyant que cet ordre de considérations mène à l'affermage des monopoles, ce dont les prêtres de l'étatisme démocratique ne veulent à aucun prix, il s'interdit d'avoir sur ce sujet aucune opinion de principe. Néanmoins, une opinion fausse sur ce principe a détruit nos finances, et c'est l'opinion contraire sur le même principe qui seule les restaurerait.

L'affermage des monopoles, de tous les monopoles, réduirait les impôts. Il fonderait l'avenir sur d'autres bases que de dispendieux jeux de bourse. Les dogmes officiels obligent M. Poincaré à professer que ces deux points de vue ne l'intéressent pas. Il affermera un petit monopole, celui des allumettes, si toutefois l'opinion de la Chambre le lui permet. Mais il se gardera de poser la question de confiance le jour où il fera sa proposition.

Ces projets feront grandir jusqu'au scandale l'étonnement de tous les bons esprits.

Libres comme on ne l'est peut-être qu'à L'Action française, nous avons établi de tous temps le principe de l'affermage comme nécessaire et même urgent, mais aux premiers mauvais bruits qui ont couru sur les modalités de l'opération préparée, nous y avons fait écho et nous ne le regrettons pas. Précisément parce que nous souhaitons la réforme, nous ne voulons pas qu'elle soit sabotée d'aucune façon. Elle peut l'être par des tripotages parlementaires et financiers. Elle peut l'être aussi par une participation excessive de l'Étranger à cette industrie déséatisée. Nous ne voulons pas qu'elle soit dénationalisée. Si les contrats que l'on est en train de conclure étaient immoraux, l'opération serait frappée d'un juste discrédit. Mais, obliger l'État à se dépouiller pour enrichir d'autres nations que la France serait digne du seul Gribouille. Moralité sévère, recours modéré, surveillé, prudent, très limité au capital étranger, la double règle d'or est de simple bon sens.

Pour éclairer notre religion, pour forger notre conviction, on nous apporte des dossiers, on nous propose des débats. À la publication nécessaire des objections on nous oppose des réponses de toutes sortes. Nous devons faire savoir au public que ces réponses existent, mais que la solution finale ne nous regarde pas.

Nous ne savons encore si l'on est disposé à donner au public la moindre garantie et si Germain Meyer, aujourd'hui le grand homme de l'Allumette d'État, ne sera pas demain le directeur général de l'Allumette affermée. Ce sujet peut être disjoint. Il se peut que la compagnie qui fait des offres soit tout à fait apte et digne. Il se peut que son alliance avec une puissante compagnie suédoise et américaine soit assez bien conçue pour maintenir l'indépendance de son caractère français. Nos doutes, nos questions, n'étaient pas des affirmations. C'étaient, ce sont, des mises en garde, des avertissements à l'adresse des responsables. Ceux-ci, avant de se prononcer, doivent examiner. Mais cette lumière obtenue et cet examen fait, et s'ils ne rejettent pas avec horreur la proposition comme immorale ou antinationale, s'ils l'admettent, s'ils l'adoptent, ils ont le devoir de la soutenir à fond. Ou il y a là quelque chose d'indigne de la France et de dangereux pour la France : alors M. Poincaré et les bureaux de M. Poincaré doivent agir pour l'écarter avec la dernière rigueur. Ou, si le marché est propre, s'il est français, l'allégement qu'il nous apporte, le précédent qu'il crée, la politique qu'il inaugure, sont de tels biens qu'il n'est plus possible de les patronner sans les patronner tout en les patronnant. Ce petit jeu n'a pas rendu en 1924.

III POUR UN « CANONISTE »

La Croix reproduit d'après une autre publication un petit dialogue entre « un canoniste et un publiciste » sur les récentes mises à l'Index.

Ni il ne m'appartient, ni il ne me convient d'entrer dans la discussion. Là-dessus, on le sait, je n'ai jamais rien contesté, ni que tels de mes livres ne fussent pas destinés à l'imagination catholique (j'ai été le premier à le déclarer), ni que, dans cette affaire, la décision appartînt au pape régnant.

Un domaine est seul bien à moi. Le canoniste du dialogue croit pouvoir dire que le décret de 1914 a été « approuvé expressément par Pie X » et je dois répliquer qu'il n'en est absolument rien ; la prétendue approbation n'est fondée que sur le paragraphe suivant du décret de 1926 :

> III. Le 29 janvier 1914 : « Le secrétaire, reçu en audience par le Saint-Père, a rendu compte de tout ce qui s'est fait dans la dernière Congrégation. Le Souverain Pontife se met aussitôt à parler de l'Action française et des œuvres de Ch. Maurras, disant que de nombreux côtés il a reçu des requêtes lui demandant de ne pas laisser interdire ces œuvres par la Sacrée Congrégation, affirmant que ces œuvres sont cependant prohibées et doivent être considérées comme telles dès maintenant ; selon la teneur de la proscription faite par la Sacrée Congrégation, le Souverain Pontife se réservant toutefois le droit d'indiquer le moment où le décret devra être publié, s'il se présente une nouvelle occasion, de le faire, le décret qui prohibe ce périodique et ces livres sera promulgué à la date d'aujourd'hui. »

Ces paroles de Pie X sont rapportées par le secrétaire de la Congrégation de l'Index. Ce secrétaire était Mgr Esser, allié naturel des libéraux français contre nous, puisqu'il était Allemand, natif d'Aix-la-Chapelle, et si hostile à notre œuvre que, en pleine guerre franco-allemande, après la mort de Pie X, il osait demander à Benoît XV la condamnation d'un ennemi de sa patrie. Son témoignage est donc suspect. Mais il n'est pas seulement suspect, il est détruit, il est détruit de fond en comble par la force des témoignages de ceux que Pie X a entretenus directement de cette affaire. J'ai cité plusieurs de mes témoins vivants. En voici un autre et qui, certes, n'est pas des moindres. D'après un témoignage écrit, joint à mon dossier, un prélat français déclare avoir recueilli ces paroles de la bouche même de Pie X :

> *« Tant que je vivrai, Maurras ne sera pas condamné. »*

On comprendra que, moi vivant, je ne puis laisser circuler l'opinion contraire, fondée, comme elle est, sur le fragile et le suspect. Tant que je pourrai écrire et parler, je me réclamerai de la haute faveur de Pie X.

IV Une déclaration solennelle

N'en déplaise à Son Éminence le cardinal Gasparri, ce n'est pas de notre côté qu'est « l'absurdité » dans la manière de poser le problème, de discuter les témoignages. Nous ne marchons qu'à pas comptés. Nous ne mettons un pied devant l'autre qu'après avoir sondé attentivement le terrain et, sans nommer personne, nous nous efforçons de nous mettre en état de nommer tout le monde. Encore une fois, patience ! Et, qu'on en soit persuadé, nous n'avons épuisé ni les témoignages ni les raisons. Certains morts que nous pouvons faire parler se taisent encore. Des vivants généreux demandent à être entendus.

C'est ainsi que sur la question de savoir si le pape Pie X aurait refusé de me recevoir, pour des raisons d'ordre religieux, j'ai transcrit, samedi dernier, deux dépositions de la plus haute gravité. L'auteur de ces témoignages, le témoin vivant, m'a fait l'honneur de m'adresser, à peine m'eut-il lu, cette déclaration solennelle :

> J'affirme sur l'honneur et je suis prêt à déposer sous la foi du serment que j'ai été chargé par le cardinal de Cabrières d'apporter à M. Maurras l'expression des sentiments de Pie X à son égard, sentiments de la plus haute bienveillance, et de lui annoncer que le Souverain Pontife avait décidé de le recevoir l'année suivante.
>
> Le délai que s'imposait le Pape n'avait d'autre cause, comme il ressortait du reste de la conversation avec le cardinal, que l'agitation créée à Rome par ceux qui demandaient la condamnation du directeur de L'Action française, agitation que S. S. Pie X voulait et espérait voir se calmer, avant la période des vacances d'août. Aux vacances d'août, ce fut la guerre.
>
> Cet entretien avec le cardinal de Cabrières remonte à décembre 1913.

Comme toujours, je ne publie pas tout ce que je pourrais publier. Cette note comporte une suite.

Je la réserve, je réserve le nom de mon vénérable témoin, pour le jour où la discussion sera enfin engagée en des conditions dignes du procès.[405]

---

[405] L'article de Maurras dans *L'Action française* est suivi d'une note :
Les Gad'Zarts d'Action française. — Je signale avec joie à la chronique de la Ligue d'aujourd'hui la belle circulaire de nos amis G. Langevin, Jean Poulain et Victor Gay aux anciens élèves de l'École d'Arts et Métiers. Les cendres de Félix Mauchamp, gad'zart d'A.F. mort à la guerre, en seront émues doucement. Dans mon enfance à Aix, cette école passait pour un foyer de radicalisme maçonnique. J'eus le plaisir, il y a quelques années, de voir, à l'Hôtel de Ribbe, où j'avais eu le bonheur d'être convié, cent gad'zarts écouter une conférence d'Action française avec une attention, et, j'ose dire, une amitié passionnée. Ces tout premiers commencements d'un effort déjà admirable et d'un essor déjà puissant me donnent un peu le droit d'être des premiers à crier : vivent les *gad'zarts d'Action française* !

L'École laïque contre la France

1928

*Ce texte est paru dans l'*Almanach d'Action française *pour l'année 1928.*

L'ÉCOLE LAÏQUE CONTRE LA FRANCE

Un système d'abêtissement

Il faut en finir avec le carnaval de la liberté de l'esprit. Il faut en finir avec la plus sournoise mais la plus odieuse oppression intellectuelle qui ait pesé sur un pays. Il faut en finir avec la théocratie kantienne et roussienne qui accable écoliers et contribuables français.

Il y avait autrefois, en France, deux livres de classe, très inégalement respectables, d'une antiquité inégale, d'une popularité inégale aussi en fait comme en droit, mais qui représentaient ensemble la somme de l'esprit national. C'étaient le *Catéchisme* diocésain et (l'adjonction est de Nisard[406]) les *Fables* de La Fontaine.

Le catéchisme propageait tout l'essentiel de la morale et de la religion, il apprenait aux bambins ce qu'il faut faire et ce qu'il faut éviter, et comment et pourquoi ; le pourquoi naturel et le pourquoi surnaturel, la raison du devoir, la sanction du devoir, et ces précisions réalistes n'empêchaient pas d'entrouvrir à l'intention des âmes les plus fines, ou peut-être, en vue des moments les plus heureux des âmes communes, le royaume supérieur de la grâce et du pur amour. Le curé de village qui enseignait ainsi la morale et la foi philosophait pour toute l'âme. Il en intéressait toutes les parties basses, moyennes ou sublimes. Ainsi agissait-il. Ainsi obtenait-il des résultats spirituels et moraux dont toute la vie de notre France témoigne. Mais l'école laïque a supprimé le catéchisme. Elle l'a remplacé. Elle a substitué au catéchisme le manuel de morale laïque. Elle a substitué à la morale catholique ce stoïcisme germanique de Rousseau et de Kant, qu'il est bien

---

[406] Désiré Nisard, 1806-1888, homme politique, écrivain et critique — à ne pas confondre avec son frère Charles. À l'appui de cette parenthèse de Maurras sur le rôle de Nisard, citons l'étude de Ralph Albanese, *La Fontaine à l'école républicaine : du poète universel au classique scolaire*, Rookwood Press, 2003, p. 8 :
> Saluant en La Fontaine le créateur d'un genre particulier, Nisard considère les *Fables* comme une sorte de catéchisme laïque, d'où la valeur œcuménique du poète dont l'œuvre rapproche les esprits et fait disparaître les antagonismes de tout ordre. Grâce à son bréviaire poétique propre à tous les âges, La Fontaine incarne l'esprit de la « formation permanente » nous offrant une sorte d'itinéraire spirituel à travers la vie.

Comme celle-ci les notes suivantes sont des notes des éditeurs.

permis d'appeler le dégoût solide et durable de toute raison, l'écœurement fondamental de toute intelligence claire et de tout esprit bien constitué, le haut-le-cœur essentiel du simple bon sens. Le bien pur pour le bien sec ! Le devoir de croire au devoir ! L'absolu désintéressement « sur la terre comme aux cieux » à la racine de tous les actes méritoires ! La vertu si cruellement escarpée qu'il n'y ait d'autre accès vers elle que l'hypocrisie. Et, par bonheur, trop de pathos et de charabia pour être assimilé même en surface non seulement par les enfants, mais par leurs maîtres ! Au total, une fois sur dix, éducation pervertie, neuf fois sur dix, néant d'éducation, d'où il résulte que le « petit sauvage » demeure inéduqué et qu'il se produit un formidable développement de criminalité dans l'enfance et dans la jeunesse.

Il est vrai que l'école laïque ne s'est pas contentée de détourner au profit du manuel le catéchisme, elle lui a sacrifié aussi les *Fables*, elle a écarté aussi le répertoire exquis du bon sens national. Toute cette sagesse, toute cette malice, toute cette réflexion matoise et profonde a dû céder à des sentences utopiques, dans lesquelles le monde se conçoit renversé sens dessus dessous.

De là, un prodigieux abêtissement.

Le paysan et le pâtre d'il y a septante-sept ans voyaient peut-être voler dans la nuit de Noël des angelots joufflus et des étoiles surnaturelles, mais ils savaient parfaitement à quelle catégorie particulière appartenaient ces êtres d'élite et d'exception : ils n'en concluaient pas au bouleversement des rapports naturels ni des rapports sociaux, ils ne croyaient pas au pouvoir international d'un programme de député, et l'idée que la guerre ou tout autre fléau pût être terminé par le tribunal à Genève n'entrait pas dans leur imagination. Ni la foi ni la poésie n'y faisait de tort au bon sens.

Il n'en est plus de même, le *Manuel* a mêlé le Ciel et la Terre. Les fables vraies, les justes fables de La Fontaine qui gardaient et qui défendaient, ont cédé aux fables menteuses et niaises, aux fables qui livrent et trahissent, les fables de Léon Bourgeois[407] et d'Édouard Herriot. Et le pis est que ce malheur n'est pas, comme pourrait le croire l'historien de l'an 3000, un résultat involontaire et inconscient d'une aveugle dégénérescence de race. Il est voulu. Il est visé. Il est systématiquement poursuivi. Nous payons pour

---

[407] Léon Bourgeois, 1851-1925, est un homme politique français, député radical élu contre le général Boulanger, plusieurs fois ministre, président de la Chambre des députés de 1902 à 1904, théoricien du solidarisme. Il est le premier président de la Société des Nations en 1919 ce qui lui vaut le prix Nobel de la paix en 1920. Aujourd'hui encore sa mémoire est particulièrement honorée par le Grand Orient de France.

qu'il soit touché. Une part de nos contributions annuelles est portée à l'État pour que, à chaque petit Français qui atteint l'âge d'aller à l'école, des sommes soient versées, des frais soient faits pour lui ôter des mains le catéchisme, lui rendre les *Fables* suspectes et lui imposer, avec toutes les marques et estampilles de l'État, le stupide petit *Manuel* qui lui enseignera de véritables billevesées sur la nature essentielle du réel et du possible, du bien et du mal !

Une religion d'État

Tout le régime d'enseignement désigné sous le nom de laïcité représente un système complet d'embrigadement et de domestication des intelligences et des consciences populaires. Hors du peuple, dans les classes aisées, moyennes et supérieures, il y a des voies ouvertes toutes grandes pour échapper à cette trituration administrative des cervelles et des cœurs selon le procédé de Rousseau et de Kant qu'imposa la bande des huguenots sectaires et des kantistes bismarckiens qui entouraient Jules Ferry vers 1880 ! Un fils de famille bourgeoise a chance d'apprendre une autre morale que la prétendue éthique indépendante et ses burlesques faribolies : un enfant du peuple, non. Le pauvre petit avalera Rousseau et digérera Kant mis en pilules de la marque Buisson-Pécaut-Monod[408] et Cie. Il n'aura pas le moyen de recevoir une autre éducation, ces sottises lui seront imposées par la loi de l'État, et avec l'argent de l'État, c'est-à-dire notre argent à tous. La secte kantienne et roussienne ne paye pas des établissements pour propager ses chimères anticatholiques et anticritiques, lesquelles sont aussi, par-dessus le marché, tout à fait anarchiques. Ce groupe s'est emparé de l'État, il s'y est installé, et c'est de là, par là, que sa marchandise anti-intellectuelle s'écoule.

Que mon lecteur ne se fâche point des épithètes un peu rudes. Elles sont au-dessous de la vérité. Toute la France finira par savoir quel mécanisme d'abrutissement (et aussi quel instrument de démoralisation), constitue la morale rousso-kantienne dans l'enseignement primaire. Cela tue le pays. Cela tue l'esprit du pays. L'Université le sait bien, et tout ce qui pense dans l'Université, enseignement secondaire et supérieur. Mais cette haute Université est bâillonnée. Elle ne peut parler. Elle est d'État. L'État la tient

---

[408] Ferdinand Buisson, Félix Pécaut, Gabriel Monod : toutes figures très politiques de l'enseignement officiel de la troisième République.

et il la tue, comme il est en train de tuer, cet État républicain, toute bonne chose française.

On le voit, c'est à un point de vue national, au point de vue de l'intelligence non confessionnelle, comme à un point de vue de simple moralité effective, que je me place pour éclairer le pays sur la véritable réalité du laïcisme : ce régime, cet État, est un régime de théocratie ou de sacristie, tous les mots d'ordre secret y sont d'ordre religieux et une dogmatique implicite y est imposée à ses adhérents de cœur et d'esprit, à ceux, qui ont véritablement reçu l'initiation aux derniers mystères, ou qui doivent voir, comme ils disent, la lumière du trente-troisième appartement.[409]

On me dira :

— Quelle dogmatique ? Quelle idée enfermée dans ce dogme ?

Je réponds :

— C'est bien simple : *l'anticatholicisme*, c'est-à-dire la haine des idées, des sentiments, des images du culte et de l'ordre, qui ont composé les 90 centièmes de la tradition mentale et morale du peuple français.

Oui, nous payons des prêtres, et de véritables congrégations de prêtres et de docteurs, dans les écoles normales primaires, pour entretenir cette religion d'État contre l'État.

Oui, l'État paye de son argent et de notre argent, pour faire fermenter ces graines d'anarchie et le mieux renverser, révolutionner et ruiner, lui, État.

Est-il au monde rien de plus bête ? Et le mystère de nos consomptions et de nos convulsions n'est-il pas suffisamment défini par ce contre-sens meurtrier ?

Ça ne peut pas durer. La France ne peut entretenir, couver, payer une école contre la France. Notre école primaire doit être « nationale ». Elle ne l'est plus.

L'HISTOIRE DE FRANCE À L'ÉCOLE

C'est l'enseignement de l'histoire, de l'histoire de France qu'il faut surtout considérer dans cette école.

Je ne m'arrête pas aux dispositions des instituteurs dernier cri qui jugent toute Histoire inutile ou même dangereuse *faute de certitude :* les méthodes de la critique transcendante ont été mises aux mains d'esprits

---

[409] Pour un lecteur de 1928, ces expressions désignent et visent de manière transparente la franc-maçonnerie.

enfants qui ne sont pas encore parvenus au point où ils se rendraient compte que n'importe quelle discipline de l'esprit humain, philosophique ou scientifique, spirituelle ou morale, tombe sous les mêmes objections, expose aux mêmes risques, le néant seul ou la foi nihiliste pouvant échapper (jusqu'à un certain point) à des doutes pareils.

Restons dans la zone, moins absurde, des maîtres d'école qui croient à l'histoire et enseignent l'histoire, mais, du point de vue révolutionnaire, contestateur, opposant, schismatique, tel qu'ils l'ont appris des fondateurs de l'enseignement. L'esprit de leurs leçons peut se définir une sorte de religion de tous les échecs, de tous les ratés de l'histoire de France. Si nous avions dans nos annales quelque relation de la manière dont nos brunes populations de Ligures et d'Ibères furent vaincues et refoulées par les grands diables blonds du type gaélique, ces historiens s'attendriraient et pousseraient de grands soupirs sur tous les malheurs issus de l'événement. Ils prennent leur revanche avec la conquête romaine. Ah ! si le grand diable blond Vercingétorix l'avait emporté sur le petit brun qui venait de Rome ! Ah ! si César avait été vaincu ! Cependant, les Français, tels qu'ils sont, sont les fils de la victoire des Gaulois sur les Ibéro-Ligures et des Romains sur les Gaulois. N'importe. Il faut gémir. Il faut regretter. Clovis s'est-il converti ? Ah ! s'il était resté bon païen, bon Germain ! Il défait les Goths ariens : ah ! si l'arianisme l'avait défait ! Surviennent Charles Martel, Charlemagne ; ces maladroits ont refoulé les cavalcades sarrasines et de ce fait, la belle civilisation arabe n'a pas fleuri chez nous, quel malheur ! De la civilisation catholique et romaine maintenue et développée, pas un mot, ou des mots dédaigneux et rapides, pires que le silence. Les Capétiens s'installent : s'ils ne s'étaient pas installés ! Si l'anarchie féodale ou communale l'avait emporté ! Le nord vient à bout du midi, le catholicisme de l'albigisme : c'est un désastre ! c'est un deuil ! Les magnificences du XIIIe siècle, le règne européen de la France, l'apothéose de saint Louis ne compteront pas. Mais quand, aux XIVe et XVe, la France envahie, puis déchirée, se débarrasse avec Jeanne d'Arc de l'hégémonie anglo-normande, même chanson en sens inverse : l'affreux triomphe des Armagnacs et des Dauphinois alliés à la bonne Lorraine a empêché la formation d'un puissant royaume du Nord qui eût commencé aux îles Orcades et se fût arrêté à la Loire ! Mais Charles VII, mais Louis XI, mais Louis XII, la prodigieuse prospérité de la fin du XVe siècle seront escamotés jusqu'à l'approche d'un nouveau sujet de regrets et de larmes : la non-conversion de la France au protestantisme. Comme on aimerait cette chère patrie si elle se fût faite huguenote !

Mais non : Henri IV abjure, et ce sont Richelieu, Louis XIV, cent cinquante ans d'influence, une gloire qui semble comparable, peut-être supérieure, à la période correspondante du Moyen Âge. Ne croyez pas que nos historiens en soient le moins du monde touchés.

Ils ne reprennent de cœur qu'à la Révolution. C'est que la Révolution leur semble « la revanche commune des vieux Ibéro-Ligures sur les Gaulois, des Gaulois sur les Romains, des Francs païens et des Goths ariens sur Clovis, des Arabes sur les Carolingiens, des manichéens sur les Capétiens, des Anglais sur les Valois, des protestants sur les Bourbons. Par exemple, la décadence causée par cette belle revanche ne les émeut pas : ni la fin de notre marine à Trafalgar, ni les cinq invasions poussées jusqu'au cœur du pays, de 1792 à 1914, ni la baisse de la natalité, ni la hausse de la criminalité, ni la diminution de notre influence par le monde entier ne sont retenues. On n'aimait pas l'histoire qui avait fait la France : comme on adore celle qui la défait !

LES INSTITUTEURS ET L'ÉTAT

Nous ne nous laisserons pas entraîner dans la diversion que peut désirer l'adversaire. Il ne s'agit nullement d'injurier les instituteurs, ni de les accuser d'antipatriotisme. Nous disons qu'ils sont des victimes. « Ils », c'est-à-dire leur très grande généralité. Leblaye[410] est un instituteur antipatriote jusqu'à la trahison, comme Malvy, Turmel, Duval, Caillaux, Almereyda[411] sont des radicaux et des socialistes

---

[410] L'affaire de l'instituteur Leblaye date de 1925 : il s'agit d'un instituteur accusé d'avoir eu un comportement qualifié par l'Action française de traîtrise et qui fut réintégré dans l'enseignement après en avoir été chassé. Malgré l'agitation faite autour d'elle, l'affaire Leblaye ne prit jamais vraiment. C'est que d'autres scandales lui faisaient alors concurrence en particulier sur le thème des libertés universitaires ; de plus une lutte violente avait lieu entre Action française et partis du Cartel des gauches alors à peine parvenu au pouvoir. La mise en minorité du ministre par le Sénat sur l'affaire Leblaye apparaît dans ce contexte comme une simple péripétie parlementaire du printemps 1924.

[411] Tous personnages combattus par l'Action française durant la guerre de 1914 et après-guerre parce qu'elle les considérait avoir trahi. Au moment de l'affaire Leblaye évoquée par Maurras la réprobation à leur égard commence à fléchir et l'on parle même ouvertement à gauche de leur réhabilitation.

antipatriotes qui ont poussé au même crime la logique de leur doctrine. Mais les fautes et les crimes sont personnels. Si, comme on le prétend, sur 150 000 instituteurs publics, il y en a 15 000 de communistes, n'ayant de patrie qu'à Moscou, c'est tout d'abord un grand malheur dont il faut demander compte au mode de formation de ces fonctionnaires publics. Comment s'y est-on pris pour qu'une élite populaire chargée d'enseigner au peuple l'État et la Nation, se soit ainsi tournée contre l'État et contre la Nation ?

On dit qu'une élite de cette élite s'est bien battue.[412] Mieux elle s'est battue, plus il faut avouer qu'elle était digne d'un enseignement supérieur et d'une formation meilleure. Ceux qui ont vu dans le livre du père Bessières[413] l'histoire des instituteurs que ce jésuite a connus au front savent quels sentiments animaient ces héros. C'est pour nous une raison nouvelle de demander pourquoi, par quelle perversion intellectuelle ou morale les programmes républicains ont refusé à ces enfants du peuple la nourriture qui était mise à la portée des seuls enfants de la bourgeoisie.

Il y a une doctrine nationale, sociale, politique, élaborée entre 1850 et 1900 par les plus fortes têtes du siècle écoulé et qui, ruinant l'essentiel de l'esprit romantique et de l'esprit révolutionnaire, sauvait de la critique anarchique et ouvrait à l'esprit des directions presque convergentes. Il ne sert de rien de dire que c'étaient des voies royalistes ou catholiques. Renan et Taine inclinaient plutôt à la confession protestante si Comte et Le Play tendaient à se rapprocher du catholicisme. Comte, Taine, Fustel concluaient à une République aristocratique, ou bourgeoise, ou sociocratique, si Renan et Le Play inclinaient à la monarchie. Un État républicain, résolu à préférer la paix intérieure à la guerre civile et le progrès dans l'ordre à la dissension sur les ruines eût naturellement porté l'attention de ses élèves-maîtres ou de leurs professeurs sur ces études d'accord social où la conscience nationale se fût affinée dans le respect du passé et l'espérance de l'avenir. Pas une de ces doctrines qui ne fût, en un sens, laïque, même celle de Le Play (elle attribuait à la concurrence et à l'émulation du protestantisme et du catholicisme la splendeur du progrès moral au XVIIe siècle). Pas une de ces doctrines qui

---

[412] Durant la grande guerre.

[413] En novembre 1915, le jésuite Albert Bessières transforma « l'apostolat de la cigarette » — l'envoi de colis aux soldats par les enfants catholiques — en un mouvement davantage tourné vers l'eucharistie : la « Croisade des enfants » appelée à devenir la « Croisade eucharistique ». Cela explique la grande popularité après-guerre du père Bessières chez les catholiques français. Il sera en outre un auteur prolifique édité jusque dans les années 1950 pour divers ouvrages, dont des souvenirs de guerre.

ne pût entrer le plus naturellement du monde dans une doctrine d'État, large, modérée, respectueuse des idées respectables, même assez tolérante des autres pour ne pas éloigner de la ligne du moindre mal. Ces doctrines diverses représentaient la leçon spontanée que de très grands esprits, infiniment supérieurs aux maîtres de la Révolution, avaient tirée soit de nos épreuves intérieures, soit de notre défaite d'il y a cinquante ans. Elles étaient le fruit direct de la libre réflexion d'un peuple désireux de vivre ou de revivre. Lorsque, en 1900, à défaut de l'État inerte ou hostile, l'Action française en eût opéré la synthèse, ces doctrines entrèrent pour une grande part dans cette renaissance de l'orgueil français qui aura fait le caractère des quatorze années qui suivirent. Notre enseignement libre, ajouté aux enseignements religieux, qu'il doublait, secondait, au lieu de les contredire, notre enseignement fit ce que l'enseignement officiel avait manqué. Mais pourquoi celui-ci l'avait-il manqué ? Sous quelle suggestion ? Par quelle trahison ? Comment l'État pouvait-il donner de tels enseignements contre lui-même ? La réponse est simple : ce contre-État est sorti d'une contre-Église. Si les vieilles idées antiphysiques, antiscientifiques du XVIIIe et du XIXe siècles se sont « confusément réfugiées » dans nos écoles normales, si des générations d'élèves-maîtres et de jeunes maîtres ont été méthodiquement élevés et dressés contre les meilleures des acquisitions les plus laïques du XIXe siècle, c'est par la volonté et pour l'utilité d'une secte ou plutôt de la section d'une secte, celle qui a voulu obtenir par l'école, sous la troisième République, ce que le prêche avait manqué sous François Ier.

QUE CHACUN PAIE LES FRAIS DE SON CULTE

Il est bien, fâcheux que les 50 ou 60 000 Français et Françaises à qui était due la fondation du *Quotidien*[414] n'aient pas procédé pour le laïcisme de l'enseignement de la même manière que pour le laïcisme de journal ; de petites actions de cent francs auraient pu être souscrites, le capital constitué eût été affecté à la distribution, de la morale de Rousseau et de l'évangile de Kant. Ce groupe privé eût ouvert des écoles privées et les parents à qui la chose eût convenu y eussent librement envoyé leurs enfants. La leçon de morale indépendante aurait tout naturellement formé un certain nombre d'anarchistes. Mais ces ennemis de la communauté n'auraient pas

---

[414] Lancé en 1921, *Le Quotidien* est le journal du Cartel des gauches.

été fabriqués au nom de l'État, organe central de la communauté : les contribuables qui n'aiment pas l'anarchie n'y auraient pas été de leur poche.

L'expédient de la neutralité est, en fait, une rêverie. Ni mille ans, comme l'élection capétienne, ni un an, ni un jour, cet *expédient* ne passe dans les faits. C'est une idée pure et, comme telle, pas bien fameuse. Les manuels scolaires de l'école officielle française sont-ils des livres neutres ? Entre Rome et Genève, entre la morale indépendante et la morale traditionnelle, entre le réalisme national et l'idéalisme révolutionnaire, ces petits livres pratiquent-ils la neutralité ? Est-ce qu'ils peuvent la pratiquer ? Est-ce que les inspecteurs, évêques du laïcisme, qui surveillent la lecture et la récitation de ces pauvres bouquins, sont des évêques neutres ?

Ce qui a existé, c'est l'école rituelle de l'église dont MM. Buisson, Rabier, Liard, Monod, Lapie et quelques autres ont été les prélats, les papes et les clercs. Et cette école a donné les affreux résultats dont témoignent : 1° l'état d'esprit d'une forte minorité d'instituteurs socialistes et communistes ; 2° le développement de la criminalité ; 3o la baisse de la natalité et tous les fléaux publics dont ce pauvre Hervé tient le registre plaintif après les avoir aggravés, jadis et naguère, tant qu'il a pu.

Mais on pourrait négliger ce fait, d'ailleurs patent, que cette école est une très mauvaise école. Du point de vue de la justice, il suffit pour condamner cette école que, enseignant *la doctrine de quelques-uns*, elle soit payée par *tous* et obligatoire pour tous, en particulier pour ceux qui n'ont aucun moyen de se défendre contre ses inventions, ses conjectures, ses frénésies et ses fanatismes.

L'école de quelques-uns doit être payée par quelques-uns.

L'école que tous paient ne doit enseigner que ce qui peut être admis et approuvé par tous. Il n'y a pas à sortir de là.

Un enseignement moral dressé contre les mœurs sociales, un enseignement historique dressé contre le passé du genre humain et contre la gloire de la nation, voilà ce qu'aujourd'hui le contribuable français est obligé de subventionner et, qui plus est, d'avouer, d'autoriser, de patronner au nom de la France ! Voilà ce que commande et impose, pour ses fins d'intérêt propre, le petit groupe qui s'est emparé de l'État, à l'ensemble des autres Français. Mais, plus l'exigence est absurde et inique, plus le moindre murmure qu'elle soulève aussi l'indignation dans le groupe des profiteurs. Que l'État ne recommande plus, ne subventionne plus des doctrines qui le détruisent, que le contribuable non roussien, non kantien et non monodien ne soit plus astreint à payer les frais du culte monodien, kantien et roussien, ces prétentions si justes, si naturelles et si simples donnent des attaques de nerfs au petit groupe conquérant qui trouve si commode de nous faire payer pour lui !

Preuve que la forme de sa conquête ne le rassure pas.

Il s'est imposé par surprise. Il sait qu'il ne durerait pas si ses titres étaient considérés de près.

Réflexions et souvenirs
Les humanités classiques

1929

LES HUMANITÉS CLASSIQUES
RÉFLEXIONS ET SOUVENIRS[415]

DANS L'ANCIENNE FRANCE

À une époque où l'État n'avait aucun budget de l'Instruction publique, où l'Église, les particuliers, les corps communaux et autres pourvoyaient à tout, vers la fin du XVIIIe siècle, avant la Révolution, les petits établissements d'enseignement foisonnaient par tout le pays. J'en ai retrouvé des traces, comme on en retrouve partout, dans une petite ville qui, ayant alors huit mille âmes, possédait son petit collège où quelques régents enseignaient du latin et des mathématiques. Naturellement, l'orage disperse les maîtres, confisque les fondations, et tant que la nation est occupée pendant vingt-trois ans à faire la guerre au monde, le latin, les mathématiques, les collèges et le reste passent au second plan. Enfin, la paix revient. Le roi revient. Les habitants supposent que leur collège va revenir. Mais les maîtres sont morts, l'argent est dissipé. En 1816, on offre au conseil municipal, qui l'accepte, une compensation : ce sont deux bourses entières au lycée du chef-lieu. Que sont devenues ces bourses ? Mes recherches n'ont pu l'éclaircir encore. Peut-être l'administration du lycée de Marseille voudra-t-elle tirer d'embarras le chercheur. Les deux bourses n'existent plus. Faute de candidats, peut-être. Peut-être faute d'initiative locale. Car, au siècle *stupide*[416], tout a décru ou disparu de concert. Quoi qu'il en soit, tout le monde me rirait au nez dans ma petite ville si je demandais le chemin du collège. Elle a eu le sien cependant ! Disparu. Elle gardait dans mon enfance une école d'hydrographie. Disparue. C'est le progrès, dit-on.

Ailleurs, à quelques soixante kilomètres de là, dans un bourg moins important (trois mille habitants), je voyais tout enfant sur l'avenue de la Gare un bel écriteau : *Collège de Roquevaire...* Autre vestige de l'ancien régime. On y enseignait du latin pour mener les jeunes gens au seuil de la

---

[415] Le texte a paru dans l'almanach de l'*Action française* pour 1929, en deux parties ; il a été repris sans grands changements dans *L'Étudiant français* du 25 janvier 1937, texte que nous reproduisons ici.
Les notes sont imputables aux éditeurs.
[416] Allusion à l'ouvrage de Léon Daudet *Le stupide vingtième Siècle*, paru en 1922.

quatrième ou de la troisième. Vingt ans plus tard, l'écriteau avait disparu et le collège. Toujours le progrès.

Ces vestiges et leur simple souvenir gardent quelque chose d'auguste. Ils nous enseignent ce que valurent en ce pays-ci les initiatives combinées d'un pouvoir spirituel libre et de pouvoirs locaux et professionnels puissants. Ils redisent quelle fut la culture de nos pères et à quel degré de perfection et de politesse ils avaient élevé sur la fin de l'ancien régime l'usage de la langue, sa correction, sa limpidité, sa beauté. Je fais, pour ma part, un délice de la lecture des archives communales où sont conservés les discours, adresses, vœux libellés à certaines occasions. Du style officiel, soit. Mais tous les styles officiels ne se ressemblent pas, et ceux qui aiment le beau français, pur et vert, prendraient le plus grand deuil s'ils comparaient les crus de 1788 ou même de 1813 ou 1816 à la triste piquette d'après 1850 ou 1870.

Les restaurations enrayées

Quoiqu'il en soit, l'histoire locale permet de voir le fruit sérieux du libre développement collectif, originaire du Moyen Âge. Plus encore que les guerres religieuses du XVIe siècle, la Révolution a tout saccagé dans l'ordre scolaire, et l'effort de l'âge suivant, effort pénible, méritoire, lent par force, n'a pas pu rétablir l'équivalent de ce qui existait avant elle : non content d'échouer, il a fallu réduire, il a fallu rabattre sur toutes les ambitions et les intentions les meilleures de l'État restaurateur. Celui qui jettera un coup d'œil sur le tableau des programmes du baccalauréat depuis quarante ans s'en rendra un compte parfait : la dégression y est constante. Mes professeurs ecclésiastiques m'ont fait faire des vers latins, ce dont je les remercie : on n'en faisait plus dans l'Université, et le « nouveau » programme du baccalauréat ès-lettres ne comportait déjà plus de discours latin. Tous les esprits sérieux s'en plaignaient. Ils s'en plaignirent dix-sept ans. Leur plainte aboutit à la célèbre enquête de la commission parlementaire présidée par M. Ribot et qui concluait énergiquement à la restauration des humanités. Réponse : le programme de 1902 ! La fatalité républicaine et démocratique répondait par un *non* formel, par une destruction directe aux volontés intelligentes des hommes français, républicains ou non républicains. Ils disaient : construction. Elle répondait : destruction. C'est la destruction qui se fit.

Cela se passait en 1902. M. Leygues était ministre. Jaurès régnait. Jaurès n'était-il pas de l'avis de M. Bracke[417] sur les humanités ? Il me semble m'en souvenir. C'est lui qui traitait de barbares les hommes de droite coupables de je ne sais quelle irrévérence ou distraction à l'égard des Anciens. Cependant, il laissa faire ce que M. Leygues fit, et qui est l'une des œuvres les plus honteuses de ce régime.

L'AFFAIRE DREYFUS ET LA RÉFORME DE 1902

Bien des causes expliquent d'ailleurs ce lâche coup porté à la tête de la patrie. Mais il ne faut pas oublier parmi elles l'affaire Dreyfus. Dans la curée de la victoire dreyfusienne, parmi les satisfactions promises aux partis avancés, il y avait d'abord la diminution du service militaire, qui fut réalisée en 1905 (21 mars), ensuite l'accession la plus large possible des élèves et des maîtres à l'enseignement supérieur sans passer par l'enseignement secondaire.

On ne pouvait pas diminuer le temps du service militaire sans supprimer aussi les dispenses attachées à certains diplômes, les licences des lettres et sciences en particulier. Ces dispenses qui avaient remplacé le volontariat d'un an étaient fort appréciées de la classe moyenne et de la classe supérieure. Beaucoup de jeunes bourgeois poursuivaient leur licence pour « ne faire qu'un an ». D'où les clameurs socialistes. Cependant c'étaient ces dispenses qui depuis douze ou treize ans peuplaient les bancs jusque-là déserts de la majorité de nos facultés. Si on les supprimait, à quoi servirait l'enseignement supérieur ? Allait-il s'évanouir faute d'élèves ?

La question était d'autant plus aiguë que les maîtres des facultés s'étaient, pour la plupart, ardemment dévoués à la cause de Dreyfus, tandis que les professeurs de lycées et de collèges s'étaient montrés plutôt anti-dreyfusiens, avaient adhéré en masse à la Patrie française, et lui avaient fourni ses premiers

---

[417] Alexandre-Marie Desrousseaux, 1861–1955, dit Bracke, parfois Bracke-Desrousseaux. Helléniste réputé, Bracke-Desrousseaux adhère au marxisme, rejoint le Parti ouvrier français puis la SFIO lors de la fusion des différents courants socialistes mais restera toujours une grande figure du guesdisme. On lui doit l'adoption du sigle SFIO par les socialistes français en 1905. Député de la Seine de 1912 à 1924 puis député du Nord de 1928 à 1936, il fut également conseiller municipal de Lille. Il a été le premier traducteur en français de Rosa Luxemburg. Tout cela explique sans doute l'ironique « citoyen » que lui accole d'habitude Maurras, habitude qu'il reprendra au dernier paragraphe de cet article. Il ne faut pas le confondre avec son père, Alexandre Desrousseaux, chansonnier qui eut son heure de gloire.

fondateurs comme Dausset, Syveton, Amouretti[418] et d'autres que je ne veux pas compromettre. Mais en 1902, on se demandait s'il ne serait pas immoral de laisser les Purs, les Parfaits, les Vainqueurs de la haute Université languir et dépérir dans leurs chaires faute d'élèves, tandis que les collègues des lycées et collèges continueraient d'élever de nombreux enfants dans le doute sur l'innocence et dans la haine de la Trahison.

On estima qu'un tel résultat ne serait pas seulement inique, mais dangereux pour la République et l'on s'appliqua à forger un programme d'études secondaires tel que la force des choses en dégageât graduellement l'équivalence avec un bon primaire supérieur. Le latin étant le signe visible de la différence, on fit du latin une spécialité, on lui donna d'autres spécialités pour égales, on appela baccalauréat un examen qui pouvait ne comporter ni une page de latin ni une page de grec, et ainsi fut construit en partie, en partie amorcé, le pont qui menait directement du primaire au supérieur sans entremise d'aucune sorte. Un public était garanti aux professeurs de faculté. Des carrières nouvelles étaient assurées à de prétendus « humanistes modernes », et la barbarie démocratique eut un nouveau moyen d'action sur les multitudes et sur les élites de ce pays.

Souvenirs, souvenirs…

Il faut que les humanités complètes revêtent, pour tout enseignement secondaire, un caractère de nécessité. Si la pancarte « latin facultatif à telle date » reste affichée dans l'enseignement secondaire, ne voit-on pas que la maladie endémique des classes inférieures, au chapitre du latin comme à celui du grec, sera la langueur ?

Ce qui soutient, anime et mène les études élémentaires, c'est l'aspiration, c'est l'appel des études supérieures. N'en doutons pas pour tout ce qui vaut la peine d'être enseigné. Sauf le cas très rare de vocations personnelles spéciales très précoces, il ne faut pas compter sur le prestige des matières facultatives : arts d'agrément, escrime, italien, espagnol ! Je n'ai pas besoin de dire que le préjugé scolaire contre le dessin, contre la musique, les armes ou les langues méridionales apparaît un préjugé des plus ridicules. Il existe. Tenons-en compte. L'enfant attache une importance grave aux idées

---

[418] Fondée en 1898 dans les remous de l'Affaire, elle entendait fédérer les anti-dreyfusards.

d'obligation et de nécessité. Usons-en, jouons-en ou désespérons de l'éducation.

Plus j'y pense, plus je me trouve confirmé dans ce sentiment par la réflexion et aussi par mes souvenirs d'écolier, qui sont d'une grande netteté, et, je crois, d'une grande généralité.

Je n'étais pas entré en huitième comme un barbare. Malgré mes huit ans, j'arrivais de ma petite ville à notre capitale, Aix, assez dégrossi : j'avais appris à la maison plusieurs douzaines de fables de La Fontaine et un poème de Lamartine, avais fait dix-huit mois de latin à l'école du vicaire, plus de l'histoire sainte, et avais lu le gros tome de l'histoire romaine d'Émile Lefranc jusqu'à trois fois, par passion pure.

Eh ! bien cette petite avance ne me servit de rien. L'année me fut plus que mauvaise. D'abord le professeur changea. Le dernier venu, qui était très bon, passait pour excellent. Il n'y avait personne à lui comparer pour l'exactitude, le soin, la ponctualité des récitations et des corrections.

Ce grammairien parfait aura peut-être un nom dans l'histoire littéraire nous ayant un beau jour, quelques années plus tard, amené par la main le jeune Emmanuel Signoret, le poète futur, dont il était l'oncle ou le parrain, je ne sais, mais certainement le compatriote, étant né à Lançon comme celui qui devait chanter :

  Lançon, je bâtirai sur ta colline austère...[419]

---

[419] Emmanuel Signoret, né à Lançon en 1872 et mort en 1900, était poète et critique d'art. Il fit ses études à Aix-en-Provence, puis, installé à Paris, il fréquenta la plupart des cercles littéraires et participa à des revues. Il fonda en janvier 1890 la revue *Le Saint Graal*, qu'il rédigea seul jusqu'à sa mort. Il publia plusieurs recueils d'une poésie rappelant souvent Nerval. Établi en 1897 à Cannes, il y mourut prématurément en 1900, à vingt-huit ans. On ne peut que souligner un certain parallélisme de destins avec Amouretti. André Gide préfaça le recueil complet et posthume des œuvres de Signoret. Le vers, cité approximativement par Maurras, est tiré du sonnet suivant, publié dans *Le Saint-Graal* en 1898, deuxième d'un ensemble de poèmes sous-titrés *L'Églogue héroïque* :

 Lançon, je veux bâtir sur ta colline austère
 Un temple à la Splendeur ; tes vallons d'églantiers
 Y porteront le flot des peuples de la terre
 Et ses flancs contiendront les peuples tout entiers.

 Ses hauts toits d'or perdus dans le ciel solitaire
 Jetteront des torrents de flamme à tes sentiers :
 J'ai taillé dans le marbre, instruit d'un vieux mystère,
 Sa blanche colonnade aux chapiteaux altiers.

À cet excellent maître de huitième, qui n'obtint rien de nous, ce qui manqua était peut-être le prestige de la soutane et peut-être un rayon de feu sacré. On ne pouvait l'accuser de sévérité. Quand nous désobéissions, c'est-à-dire toujours, il se bornait à flétrir notre imprévoyance, en attestant nos familles ou monsieur le supérieur. Nous remarquâmes que l'éloquence l'égosillait un peu et lui rosait encore le bout du nez qu'il avait fort beau, veiné, doré et pourpre à souhait. Nos travaux dégénérèrent ainsi en jeux médiocres, tendant à cultiver le sens des tristes ridicules de la vie. Bref, une année perdue sans qu'il y eut faute à personne qu'au démon de l'enfance, à son absurdité et à la folie.

L'année suivante, changement à vue. Nous trouvâmes en classe un bon abbé[420], tout rond, tout brun et déjà chauve, revêtu ce matin-là, qui était frais, d'une ample houppelande doublée de violet. Hou ! l'ambitieux sifflèrent quelques esprits pointus. Les plus hardis lui demandèrent : « Vous êtes évêque, M. l'Abbé Bouchez ? » M. Bouchez ne nia point : « mais, reprit-il, en attendant, je vais vous faire faire une bonne septième. » Il tint parole.

Il commença à la vieille mode par nous répartir en deux camps rivaux, Romains et Carthaginois, qui se contrôlèrent l'un l'autre, ce qui le déchargeait de nous marquer les fautes. Ensuite, ce fut le cours le plus révolutionnaire, le plus moderne, le plus libre : imaginez les fameuses leçons de Jules Lemaitre au Havre[421], mises à la portée de bambins de neuf à dix ans. À notre portée ? C'était une question peut-être pour les collègues et les chefs de notre professeur. Pas pour nous, très certainement ! Il allumait la curiosité et l'enthousiasme jusqu'au délire. C'est lui qui nous parla pour la première fois les procédés de composition littéraire de Feli[422] de Lamennais.

    Sur l'autel le soleil trônera dans sa gloire.
    Là le saint vendangeur tordra la grappe noire,
    Le moissonneur aux vents lancera la moisson.

    Phidias te chanta, Sagesse, un chant de pierre :
    Des paroles de vie harmonieux maçon,
    Moi, Splendeur, j'ai construit ton sacré sanctuaire.

[420] Le texte de *L'Étudiant français* donne ici en note le nom de l'abbé : *Bouchez*. Nous le rétablissons dans le cours du texte, où Maurras ne le désigne que par « Bo... »

[421] Jules Lemaitre, agrégé de Lettres en 1875, y fut professeur en classe de rhétorique au début de sa carrière.

[422] Les deux versions de 1929 et 1937 portent bien ici le curieux diminutif de *Feli*, pour *Félicité* de Lammenais.

C'est lui qui nous conta l'assassinat de M. de Rossi et la fuite de Pie IX à Gaëte. C'est lui dont le lyrisme napoléonien me donna l'idée de l'état d'esprit des survivants de Béranger. C'est lui qui nous peignit monsieur Thiers parcourant l'Europe en 1870 sous les traits de l'Homère d'André Chénier. Il n'y avait rien de plus chaleureux ni de plus nourrissant, car tout cela était matière à thème et à version. Et il montrait à quoi nous serviraient la version et le thème, je dis à quelle ardente ascension des neuf cieux :

« Mes enfants, disait-il, vous avez lu sous le cloître (*un cloître gothique de la Restauration, grand quatre fois comme celui de Saint-Trophime d'Arles ou de Saint-Sauveur d'Aix, avec jets d'eaux, abeilles, tilleuls et néfliers du Japon, qui fut volé par la République quand la propriété n'était pas encore sacrée*) vous avez lu le nom des trois classes supérieures. Aucun de vous ne peut imaginer ce que c'est que la Philosophie. Mais la Rhétorique ? Mais les Humanités ? Eh bien ! les humanités vous ouvriront les trésors de l'esprit humain. Vous y apprendrez l'élégance du genre humain, vous pénétrerez sommairement parmi ces délices, car vous aurez toute la vie pour les approfondir. Et puis, l'année suivante, la rhétorique vous permettra de mettre de l'ordre dans ces acquisitions merveilleuses, vous les réglerez par l'art de bien dire, qui prépare le bien penser, car il faut connaître le sens des mots et de leurs rapports fixes avant de s'en servir avec quelque bon sens. »

Nous ouvrions de grands yeux, mais, je vous en réponds, sans inquiétude, ni ennui, nous figurant comprendre et, dans tous les cas, admirant. L'admiration est la première vertu qu'il faille inculquer aux enfants. Notre abbé Bouchez parlait avec un feu naturel qui nous communiquait sans peine la certitude que nous avions de magnifiques horizons devant nous à cette seule condition de faire nos devoirs et d'apprendre nos leçons avec un peu d'âme et de goût. Ne croyez pas qu'il négligeât le détail. Comme l'un des bons maîtres de notre maître Anatole France, il enflammait le *De Viris*[423]. Grâce à lui, les guerres de Rome avec les peuples du Latium ne tardèrent pas à nous dévoiler leurs moindres secrets. Nous consultions d'autres auteurs que ceux du programme. Cornelius Nepos, Tite-Live étaient appelés. — Et la grammaire ? — La grammaire n'allait que mieux.

Je me rappelle encore une certaine explication de *jactat*, d'où *jactance*, où furent appelés en témoignage la coquetterie et les élégances d'un de nos jeunes condisciples, Marseillais un peu musqué, qui avait rapporté de la grande ville une paire de belles bottes dont il se montrait assez fier. L'abbé

---

[423] Le bien connu *De viris illustribus Urbis Romae*, de l'abbé Lhomond.

Bouchez ordonna là-dessus tout son commentaire de *jactat* et le petit élève, qui avait bon caractère et ne manquait pas d'esprit, lui donna la réplique sur le ton le plus gai. — Il allonge la botte gauche : *jactat !* — Il se dandine sur la droite — *Jactat !* — Il la cire à grand bruit dans un coin de la cour. — *Jactat !* — Il pérore, que dis-je, il blague. — *Jactat !*... Cela finit par une absolution solennelle donnée au luxe de la chaussure, « car, nous dit-il, vous apprendrez l'année prochaine que les Grecs se vantaient de leurs belles bottines, devant la muraille de Troie ».

Mais, le thème valant mieux encore que la version, en quoi Léon Daudet a mille fois raison, M. L'abbé Boucher s'était mis en tête de nous faire faire des thèmes à nul autre pareils. Au lieu d'aligner péniblement des mots latins en face des mots français, « mes enfants, nous dit-il, laissez ce latin de cuisine. Si nous usons de la langue de Cicéron, essayons d'arriver à nous faire entendre de lui ». Il montrait que l'arrangement des mots latins n'était pas le même qu'en français et que l'accent de la pensée n'y portait pas sur les mêmes points : le génitif avant le nominatif, le verbe après le complément, parfois à la fin de la phrase, une syntaxe tendant à exprimer une volonté, une intention, plutôt qu'à éclaircir une pensée, et, de cette façon, très belle, très forte, et d'une beauté qui nous éblouissait... Comprenions-nous ? L'essentiel oui ! Il y a, comme toujours dans l'enfance, une part de mimétisme : il nous arrivait d'appliquer ces recettes inouïes à tort et à travers. Est-ce que les premières crinolines apparues en Guinée n'ont pas été utilisées comme casques de guerre ? L'enfant est un petit sauvage, dit Le Play. Tout de même, ces hardiesses de bon éducateur stimulaient, entraînaient. Des horizons brillaient. On avait envie d'avancer... Les sages grondeurs avaient tort, qui accusaient M. l'abbé Boucher d'un zèle excessif et prématuré. C'est lui qui voyait juste. Cette année de septième, « Apollon à portes ouvertes », fut pour notre jeune équipe des plus riches et des plus fécondes.

Ce maître remarquable nous était venu d'Aubagne sur l'Huveaune, la blanche Albania, patrie du docte abbé Barthélémy, le chroniqueur d'Anacharsis[424]. Quel hasard l'avait fait changer de diocèse ? Je n'ai plus entendu parler de lui depuis longtemps, mais je ne me retourne jamais sans vive gratitude vers le souvenir de ce prêtre modeste, que son goût des lettres, son instinct d'humaniste avaient porté à nous servir un banquet un peu fort

---

[424] Prenant prétexte de la figure d'Anacharsis, l'abbé Barthélémy publia en 1788 des *Voyages du jeune Anacharsis en Grèce*, qui est une vaste description de la Grèce antique, principalement à l'usage des élèves pour les familiariser avec les lieux grecs et la géographie classique.

pour nous. Pas une de ses paroles qui n'éveillât dans l'esprit de l'enfant, s'il est studieux et vif, le fameux : *quand je serai grand...* qui le développe tout seul.

L'affaiblissement de l'ouïe, d'abord graduel et insensible, me prive un peu de points de comparaison pour les années qui suivirent. Cependant, ce mauvais destin lui-même fut surmonté lorsque, à quinze ans, je rencontrai sur le plan des humanités proprement dites l'éducateur incomparable à qui je dois tout.[425]

Il n'y a que Ronsard, remerciant son maître Dorat, qui ait traduit le frémissement des révélations intellectuelles qui remplirent pour moi ses premières leçons :

> Quand je l'enten, il me semble
> Que l'on m'emble
> Tout l'esprit ravi soudain,
> Et que loin du peuple j'erre
> Sous la terre
> Avec l'âme du Thébain,
> Avecque l'âme d'Horace :
> Telle grâce
> Remplit sa bouche de miel,
> De miel sa Muse divine
> Vraiment dine
> D'être Sereine du ciel.[426]

Qu'enseigna-t-il en somme ? Une récente communication qu'il a faite en 1922 à l'Institut catholique de Lyon, montre que les méthodes de celui qui était naguère encore Mgr l'évêque de Moulins n'avait pas varié depuis quarante ans. Alors comme aujourd'hui, il ouvrait ou montrait les chemins qui montent. Il rendait manifeste, sensible et flagrant l'intérêt des idées, des disciplines, des études, quelles qu'elles fussent. Il faisait sentir que ni le vrai ni le beau ne sont facultatifs, mais que ce sont des nécessités, dont l'appel n'est pas niable et qu'il n'est pas possible de repousser. L'esprit de paresse et de faiblesse ainsi réduit à se taire, privé de toute « option » et de toute liberté,

---

[425] Il s'agit bien sûr de l'abbé Penon (1850–1929), futur évêque de Moulins.
[426] Ronsard, *Gaietés, Le Voyage d'Arcueil*. « Que l'on m'emble » : *que l'on m'enlève* ; « dine » : *digne* ; « Sereine » : *Sirène*. « Le Thébain », c'est Pindare.

que sont alors les difficultés ? Elles sont un moyen d'obliger à marcher. Il n'y a rien de tel que de mettre l'enfant, l'adolescent ou même l'homme en demeure de s'élever au-dessus de lui-même. Il ne va certes pas partout où l'on voudrait, ni aussi haut qu'on souhaiterait. Mais il sort de lui, il se dépasse et c'est tout l'art d'instruire si l'on veut y mettre une semence d'éducation.

Hardi !

On me pardonnera d'avoir fait le grand tour pour aboutir à ce principe que quiconque peut accéder aux humanités complètes doit y être conduit ou trainé mort ou vif.

Le profit sera ce qu'il sera. Il sera toujours, et précieux. Si l'on veut à tout prix une bifurcation, que les « scientifiques » aient la faculté de ne faire que du grec, les « littéraires » continuant grec et latin.

Et qu'on ne craigne pas d'avoir trop de monde ! Il ne faut pas croire que la diffusion des Lettres ait été pour quoi que ce soit dans la Révolution française. La Révolution française, horrible et stupide, l'eût été cent fois plus si nos grands-pères eussent été ignorants et grossiers. Un grand esprit qui a rendu d'immenses services, M. Taine, s'y est trompé, faute de s'être débrouillé dans la hiérarchie des causes, la philosophie allemande lui ayant fait oublier quelques règles du « bien penser ». En profitant de ses travaux, nous ne sommes pas obligés de partager ses erreurs. Nous devons maintenir qu'en un âge où la parole imprimée ou sonore tient une place si considérable, il importe que le plus grand nombre de Français sachent *le sens des mots* qu'ils emploient : cela ne se peut sans le grec et le latin. Nous devons obtenir qu'en une heure où les technicités professionnelles enfoncent de plus en plus l'esprit des hommes dans les spécialités les plus étroites, une vaste culture générale soit le plus répandue possible ou l'immense majorité ne s'entendra plus parler ni penser : cette culture ne se peut pas non plus sans latin ni sans grec.

Mais pareille extension et diffusion des humanités, qui est affaire de mœurs, de propagande sociale, de réorganisation politique, l'État moderne y peut-il quelque chose, et quoi ? C'est une autre question. Où le citoyen Bracke parlera unité, uniformité, centralisation, nous dirons multiplication des libertés. Et ceci est une autre affaire.

« La Politique »
Article quotidien

L'Action française du 27 décembre 1930

I Les institutions corruptrices

Une lettre énergique et claire, dont tous les mots respirent une haute sagesse, désigne de nouveau Mgr le duc de Guise à l'attention et à la réflexion des Français dignes de ce nom.[427] Le prince s'était déjà exprimé et prononcé, au milieu de l'année en cours, au sujet des assurances sociales et du système d'étatisme qui les commande. Il vient de dire sa pensée sur l'ensemble de la crise politique et morale que traverse notre pays.

Un point sera très remarqué. L'homme public à qui le Prince confie sa pensée appartenait au groupe déjà nombreux des royalistes de raison que l'évidence du péril national, social, moral à persuadés et ralliés. Nous n'avons pas à rappeler à nos lecteurs quels liens de haute gratitude civique et de respectueuse affection personnelle nous unissent à l'illustre auteur des Lois de la politique française et du *Canovas del Castillo*.[428] Son nom dit tout. C'est le nom d'un républicain qui épuisa, on peut le dire, tous les moyens humains de réformer la République, toutes les hypothèses favorables à la conservation du régime ! Si bon républicain fût-il, Charles Benoist était encore un meilleur patriote. Entre le salut de la patrie et celui de la République, il n'hésita point : périssent dix régimes, meurent cent et mille fantaisies constitutionnelles, et que la France soit épargnée ! Il n'y a pas de commune mesure entre nos préférences, nos goûts, nos systèmes et cette grande réalité tutélaire, mère des hommes et des choses : le corps et l'âme de la patrie.

En s'adressant ainsi à lui, Mgr le duc de Guise aura visé la multitude des Français inquiets, dans le cœur et l'esprit desquels est mené le même débat. La paix menacée, la victoire perdue, une prospérité apparente et fugace déjà hors de vue, la République ne fait plus guère que maintenir l'ordre matériel, car l'ordre moral, corrompu ou compromis depuis longtemps, a été déclaré lui-même en faillite tous ces jours-ci[429] : l'alarme publique est donc proportionnée au dégoût. Élevée aujourd'hui au milieu des Français, la

---

[427] La lettre du duc de Guise à Charles Benoist est effectivement publiée sur la même page de *L'Action française* du 27 décembre 1930 que l'article de Charles Maurras.
Les notes sont imputables aux éditeurs.

[428] Voir *l'Allocution pour la réception de Charles Benoist à l'Institut d'Action française* (1929, parue en 1930).

[429] Allusion aux scandales financiers dont il sera question plus longuement dans la suite de l'article.

grande parole du Prince vient rappeler ce qui n'est plus, hélas ! qu'un souvenir, mais ce qui peut redevenir très vite l'espoir général : la figure sacrée d'un *État honnête homme*.

Plus généreux encore qu'il n'est équitable, Monseigneur ne veut pas accabler les malheureux qui sont victimes de « tentations » que le régime a « multipliées ». C'est le régime qu'il accuse et la belle pensée que Philippe, comte de Paris, notre Philippe VII, étendit sur les turpitudes panamistes[430] reparait ainsi sous la plume de Jean III pour définir les responsabilités véritables, les préciser et les limiter tour à tour. Voilà ce qui à notre sens, doit frapper et intéresser le plus les Français dans la royale lettre de ce matin.

II DÉMOCRATIE, PLOUTOCRATIE

Et si, comme tout le montre, si leur pensée est arrêtée sur ce point vital, il leur sera facile de la conduire, par des voies droites, à la cause évidente de la plupart des maux dont ils ont le plus de raisons de se plaindre : dans un peuple noble et ancien, riche, actif et puissant comme le nôtre, il ne peut y avoir de démocratie qui ne soit l'expression de la plus pure ou de la plus impure ploutocratie ; le gouvernement des bulletins de vote y doit équivaloir rapidement au gouvernement des chèques d'Arton[431] ou d'Oustric[432], la souveraineté de

---

[430] Le scandale de Panama date de 1892 et 1893 pour ses principaux développements.

[431] Personnage ayant trempé dans le scandale de Panama.

[432] Albert Oustric est garçon de course, représentant en vins, chanteur amateur dans quelques brasseries, avant de s'intituler banquier en 1919. Il ouvre un bureau rue Auber à Paris, où il officie en tant que gérant d'une banque en commandite au capital d'un million de francs, dont seul un quart est versé. Oustric est un homme intelligent. Il aide fortement aux belles carrières de l'Union-Vie, des Blanchisseries de Thaon, et même de Peugeot.

Jusqu'à 1925, sous couvert de sa banque, Oustric noue de nombreuses relations avec des hommes politiques. Elles lui permettent d'obtenir l'accord du Ministère des Finances et du Ministère des Affaires étrangères pour faire coter à la Bourse de Paris les titres d'une société italienne de soie artificielle : la S.N.I.A. Viscosa. Ce succès personnel lui vaut une confortable récompense du banquier italien intéressé, mais surtout une réputation flatteuse dans les milieux d'affaires.

Dès lors, très sollicité, il accepte de s'intéresser aux sociétés en difficulté leur avançant des sommes importantes moyennant en caution des actions des dites sociétés, actions à vote plural de préférence. Ceci lui permet de prendre le contrôle de ces sociétés et de placer aux conseils d'administration des hommes à sa dévotion. Puis il dépose les titres en garantie à la Banque de France qui lui consent des avances à titre d'escompte. Avec ces liquidités, il prend le

l'électeur s'y transformera très vite en souveraineté du banquier. La raison est simple : il faut de l'argent pour se faire élire ! Les partis sont tellement miteux et besogneux ! Le gros industriel, le gros commerçant, surtout le gros financier sont des pouvoirs tellement plus accessibles et plus utilisables, en tout temps ! D'autre part, si l'élu est la créature directe de l'argent, il est à peu près fatalement conduit à se référer à ce pouvoir « anonyme et vagabond » de qui il tient son existence. Celui qui sait qu'il a été nommé à beaux deniers comptants ne peut éprouver grand scrupule à la pensée de se faire ravitailler, restaurer et, comme dirait M. Pierre Laval, « *soutenir* »[433] de même manière.

Instruite par des expériences sans nombre, dont l'affaire Wilson[434] et le Panama ne furent que les premières en date, la génération, l'équipe de L'Action française enseigne, depuis de longues années, ces vérités éblouissantes qui pénétrèrent peu à peu, tête et cœur, l'élite de la patrie. Ainsi la pensée du comte de Paris et du duc d'Orléans, son fils et successeur, a-t-elle été diffusée. Ainsi a-t-on compris, peu à peu, dans toutes les hautes régions de la nation française, qu'il n'y aura qu'un moyen d'échapper au joug de l'or-métal ou de l'or-papier, maître, maître absolu des démocraties :

---

contrôle de nouvelles affaires : ainsi de la Banque Adam, les chaussures Erlich, Dressoir, Binet, Fayard… Il procède par ailleurs à des augmentations de capital par émission d'actions placées avec facilité et crée par ce biais des sociétés plus ou moins fantômatiques, se finançant les unes les autres, et destinées à se soutenir en cas de difficultés : la holding française Holfra, l'Extension de l'Industrie Française, etc.

En octobre 1929, la Bourse provoque une première alerte sur les titres des sociétés patronnées par la Banque Oustric, puis le 30 du même mois on suspend la cotation. Quelques jours plus tard, la Banque Oustric dépose son bilan et en cascade, la Banque Adam et toutes les sociétés satellites. Une plainte est déposée et Oustric emprisonné. Il sera condamné à 18 mois de prison et 3 000 francs d'amende pour irrégularités des opérations effectuées sur les titres des maisons de chaussures.

Au moment où écrit Maurras, l'affaire rebondit donc depuis plus d'un an, alimentée essentiellement par les révélations de L'Action française et du Canard enchaîné, et met en cause des personnages politiques de plus en plus influents.

[433] Le mot avait fait sourire en raison des sous-entendus sur ces « souteneurs » et de ce qu'on pouvait en conclure quant à ceux qu'ils soutenaient.

[434] L'affaire des décorations, sous Jules Grévy dont le gendre, Daniel Wilson, trafiquait de son influence pour faire recommander à des députés des personnages désireux de recevoir une décoration. Wilson était également député et, protégé par son immunité parlementaire, continua de siéger. Il finit par être condamné en 1888 mais fut acquitté en appel : il avait été poursuivi pour « corruption de fonctionnaire », or un député n'étant pas fonctionnaire la procédure avait été déclarée nulle. Aussitôt il revint à la Chambre, indifférent aux quolibets. Il fut réélu en 1893 et en 1896.

ce sera le retour au gouvernement dont le suprême titulaire sera désigné par le Sang.

Raison, raison très claire : la finance peut faire et, littéralement, créer des gouvernements électifs, les tenir, les remplacer en observant avec scrupule toutes les règles qui président à leur nomination. Le financier fait l'opinion, l'opinion fait ses rois, et ces rois sont des esclaves dont les sujets deviennent les esclaves de l'or, et il n'y a pas un soupir légal, pas une réclamation juridique à élever contre ces procédés de génération politique, ils sont dans la règle du jeu, aucun appel n'est possible, et pour protester, comme les cartellistes[435], contre les méfaits du mur d'argent, il faut posséder les moyens, en argent monnayé, de publier et de propager ses protestations. Qui dit Opinion-reine et Élection-reine doit dire aussi Argent-roi. Il y a un lien de filiation de tout élu à l'argent électeur. L'élection naît de l'argent comme l'enfant naît des parents, très directement. Toutes les fariboles democratico-républicaines peuvent couler des bouches et des plumes sans voiler cette vérité.

Au contraire, on peut y dépenser tout l'or du monde, cet or ne fera pas un roi fils de roi. Le pouvoir que l'hérédité confère et un pouvoir naturel que l'on ne constitue ni par or ni par argent, son origine est différente et hétérogène. On peut en dire et en penser tout le mal que l'on veut, la royauté héréditaire n'en est pas moins tout autre chose que cette souveraineté élue, dont la création et la fabrication sont à la portée des banquiers et des marchands d'or. Elle résulte d'une force naturelle essentiellement distincte : à aucun degré elle ne doit l'existence à l'or. C'est le point vif qu'il faut considérer. Les étourdis le perdent de vue quelquefois.

J'en ai un bon exemple.

III LE POUVOIR QUI NE NAÎT PAS DE L'ARGENT

Dans un bulletin démocrate, intitulé L'École libératrice, organe hebdomadaire du Syndicat national des instituteurs et institutrices publics de France, un inspecteur d'académie à Mâcon, M. E. Bonne, a publié deux articles de « défense laïque » sur une « doctrine anti-laïque »,

---

[435] Allusion au Cartel des gauches.

> C'est la nôtre, Messieurs, sans nulle vanité.[436]

Ces articles sont conçus en termes courtois et volontairement mesurés, ainsi conformes aux meilleurs usages de l'Université. Mais, il est permis de le faire observer à l'auteur, il a très constamment passé à côté de toutes les questions qu'il nous a fait l'honneur de soulever : comment M. Bonne a-t-il pu croire que des hommes de la valeur intellectuelle des Barrès et des Bourget, des Charles Benoist et des Charles Le Goffic aient été, je ne dis pas conquis, mais intéressés à nos doctrines, si celles-ci s'était présentées sous l'aspect, en vérité un peu simplet, qu'il leur a conféré ?

Sur la question de la monarchie héréditaire et du régime électif, telle que nous la rappelons aujourd'hui, je peux dire à M. Bonne qu'il me rappelle un trait des fureurs de ma petite enfance. On nous avait dit que, d'un point O sur une droite AB, je pouvais élever une perpendiculaire et ne pouvais en élever qu'une. Je me jetai sur mon papier et élevai sur la droite AB une douzaine de perpendiculaires plus belles les unes que les autres : je n'avais oublié que le point O ! N'a-t-il pas fait un oubli semblable lorsque pour me confondre et montrer que la royauté serait, autant que la République, sujette des puissances d'argent, il nous cite le cas de Louis XIV obéré faisant des amitiés, des grâces, des courbettes à Samuel Bernard.

Me prend-il pour un charlatan ?

Ai-je dit que la force appelée Monarchie ignorerait la force dite financière ? Qu'elle n'aurait jamais d'épreuve à subir ? Ne serait pas obligée, à certains moments, de composer avec un pouvoir que, la plupart du temps, elle dominerait, ni avec lequel elle traiterait, du moins, d'égal à égal. J'ai dit, mon cher Monsieur Bonne, tout autre chose : j'ai dit que les pouvoirs d'opinion, les pouvoirs élus sont les produits de l'argent, alors que Louis XIV, même obéré, même contraint à faire certaines avances pour en obtenir d'autres, n'était pas le fils ni la créature de Samuel Bernard : il régnait par une autre grâce, en vertu d'autres droits que cette volonté populaire dont l'argent est le maître et joue à son gré !

On peut le voir par l'histoire universelle des démocraties, le problème de la libération du pouvoir (et l'auteur de *L'Avenir de l'intelligence* peut ajouter : de la libération de l'Esprit) par rapport aux puissances d'argent est un problème insoluble tant qu'on demeure dans le gouvernement électif, tant qu'on s'en tient au gouvernement d'opinion. C'est en mettant le

---

[436] À-peu-près sur le célèbre vers du Misanthrope, acte V, scène 4.

gouvernement en sûreté dans des mains royales, en l'y « séquestrant », disait Renan, que M. E. Bonne n'a sans doute pas lu, c'est en rendant au Sang ce qui fut usurpé par l'Or, que la solution désirée redevient possible. L'action humaine peut, dans cette direction, trouver le salut ? Dans aucune autre elle ne le peut. Cela ne dispense pas d'agir ? Non, mais garde d'agir dans la direction ou l'action utile avorte nécessairement et où, en fin de compte, on est réduit à gémir en mourant, comme l'admirable Bolivar : — *Nous avons labouré la mer.*

On laboure la mer quand on veut distinguer ce qui est aussi étroitement confondu que la démocratie et la ploutocratie. Ce n'est pas moi, c'est un socialiste unifié, c'est M. Frossard, qui, dans *Le Soir* de mardi dernier, à propos de l'élection scandaleuse de M. Louis Dreyfus à Cannes, déclarait déplorer « que... À notre époque » (et à toutes les époques, mon vieux !) « Il soit possible d'acheter une circonscription comme on achète du bétail sur les champs de foire. »

Il est vrai que, là, M. Frossard entonnait l'éloge de l'indépendance socialiste, comme si le socialisme était indépendant de la finance et comme s'il n'en était pas le subsidié le plus direct est le plus sûr ! Nous en avons assez dit, tous ces temps derniers, sur les ressources secrètes du Popu[437] et sur les fondateurs de *L'Humanité* (douze Juifs de bourse dont les noms ont été inscrits cent fois ici), et, s'il nous plaisait, nous n'aurions que l'embarras du choix entre des faits aussi pertinents que les anciennes fonctions d'avocat-conseil de sociétés minières tenues par Briand, au temps de son socialisme, ou le cas de ce brave Calmon, du Lot, dont les rapports parlementaires étaient achetés comme de petits cochons par un Rothschild : il a été congédié par l'électeur, son histoire s'étant ébruitée... Mais que d'autres gaillards concussionnaires gardent le baromètre[438] et l'écharpe !

IV Cessons de labourer la mer

Cessons de labourer la mer. Revenons à la norme des possibilités politiques telles que la raison et l'histoire naturelle de l'homme nous les révèlent : les vrais chefs qui nous viennent du fond de l'histoire de France sont ceux avec lesquels tout le monde français peut faire

---

[437] Le Populaire, le journal de la S.F.I.O.
[438] Nom plaisant de l'insigne officiel des parlementaires, appelé ainsi en raison de sa forme rappelant vaguement l'instrument de mesure.

œuvre de citoyen et travailler à ce qu'un de nos rois appelait noblement « la république du royaume », vrai bien public français. La lettre de Mgr le duc de Guise montre la voie. Au royaliste de lui faire écho et de rallier, par la plume, par la parole et aussi par exemple, le plus grand nombre possible de bons français !

V Briand

On lit au Popu d'hier, sous la signature de M. Compère-Morel :

> Mais ce que nous ne permettrons pas, c'est que l'on cherche à atteindre, à travers le scandale Oustric, non seulement une personnalité politique—n'hésitons pas à dire tout haut que c'est celle de M. Briand — mais l'action internationale que l'on désigne sous son nom depuis des années.

C'était la menace du matin. Le soir, elle nous était confirmée par l'information suivante :
— On se préoccupe de blanchir Briand et pour cela on se prépare à passer toutes les responsabilités encourues par le Ministère des Affaires étrangères dans l'affaire de la *Snia Viscosa* sur le dos du nommé Delenda que la commission rappelle de Constantinople pour l'entendre. Cette opération paraît d'autant plus facile que M. Delenda n'est plus fonctionnaire de la carrière, étant passé au service de la Dette ottomane.

Nous n'admettrons, quant à nous, aucune de ces diversions cousues de fil blanc. Les menaces du Popu nous sont indifférentes comme la mise en cause du célèbre Delenda (il sera célèbre demain) ne nous empêchera point de redire : Peycelon ! Peycelon ![439]

Il faut entrer dans la caverne des Affaires étrangères et la commission d'enquête y entrera sous peine de se parjurer.

Ce parjure est-il encore possible ? Doublé de cette forfaiture ?

VI Coté en bourse !

---

[439] Gilbert-Antoine Peycelon, collaborateur et éminence grise de Briand, dont le nom avait été cité dans l'affaire Oustric.

Nous disons, nous, que ces histoires de cote en bourse[440] commencent à être connues et comprises, trop comprises est trop connues d'un immense public, dont nous saurons au besoin compléter l'éducation.

La loi belge prévoit, paraît-il, des peines pour quiconque intervient dans la cotation d'une valeur et y trouve son intérêt personnel contre l'intérêt public.

Briand, Besnard, Gaston Vidal et d'autres, Delenda, si l'on veut, le ridicule Delenda, ont aidé, en 1926, à l'introduction à la cote de la S.N.I.A. malgré l'avis de l'attaché commercial en Italie. Nous posons et poserons à MM. Cheron et Paul Reynaud, qui furent ministres des finances, l'un après l'autre, et eurent ainsi la responsabilité de l'administration de la cote, les questions suivantes :

— Oui ou non les valeurs du groupe Devilder ont-elles fait l'objet, le crédit général des pétroles a-t-il spécialement fait l'objet des rapports nettement défavorables non pas d'un mais de plusieurs attachés commerciaux de France ?

Oui ou non, ces rapports existent-ils eux aussi, en pelure, à la direction du mouvement des fonds ?

Nous posons des questions. Nous les reposerons jusqu'à ce qu'elles aient provoqué les réponses qu'elles comportent ou même celles qu'elles ne comportent pas.

Nous ne voyons d'ailleurs aucun inconvénient à ce qu'un membre de la commission d'enquête pose les mêmes questions utiles qui mettent en cause pour les mêmes responsabilités non pas le pauvre Delenda, mais notre ministre des Affaires étrangères, le riche Aristide Briand.

---

[440] Qui formaient, comme on l'a dit plus haut, le fond de l'affaire Oustric.

Sur les commémorations de Ronsard

1933

I. Le monument de Tours

La Société littéraire de la Touraine ayant entrepris d'élever à Tours un monument en l'honneur de Pierre de Ronsard, Gérard d'Houville (pseudonyme de Madame Henri de Régnier) adresse dans *Le Figaro* une longue et caressante prière au vieux poète du printemps et de l'amour :

— *Ah ! Pour avoir tant aimé les roses et les avoir si bien chantées, pour les avoir tressées tout au long de ton œuvre, telle qu'une guirlande merveilleuse et qui circule à travers elle, comme un sang pur dans un corps vif, que de fleurs ne te doit-on pas en plus de tous tes lauriers !*

Madame de Régnier voudrait un hommage rustique, un autel simple et familier, à l'orée d'un bois qui rappellerait la forêt de Gastine, et des roses, des roses ! apportées par une jeune villageoise de Bourgueil, sans doute en souvenir des douze syllabes délicieusement prolongées :

Aux jardins de Bourgueil, près d'une eau solitaire...[441]

N'importe ! Un peu de marbre et d'airain, un peu de gloire antique, j'entends royale et nationale, ne ferait point mal au monument de ce grand poète si riche, si complet et si fort ! À son naïf et jeune amour de l'amour, le plus fraîchement ressenti, le plus naïvement chanté de toute notre littérature, ce grand homme avait joint le culte et la passion du « vert laurier », de la gloire immortelle, et de tous les sentiments, de toutes les disciplines et de tous les arts par lesquels « l'homme s'éternise ».

Ce serait le diminuer, en ne voyant, dans l'auteur des plus beaux vers d'amour de la littérature française, que l'amoureux. Ronsard fut le poète de la Patrie. Ainsi en Toscane, celui qui murmura le plus doucement les sonnets, les ballades et les cantiques à l'adresse des Dames qui « ont intelligence d'amour » se trouve être aussi le poète de la renaissance de la Patrie.[442] Ainsi, en Provence. Ainsi, à Rome, en Ionie, en Attique. Ainsi partout. Il y a du « chauvin » dans Mistral, dans Virgile et dans Homère, comme dans Ronsard. Les grandes âmes, les âmes fortes, ne comprendraient rien aux « solitudes » de l'amour romantique ; leur chant noble et puissant

---

[441] *L'Amour de Marie*, VII. Il s'agit de l'un des vers les plus célèbres de Ronsard. (n.d.é.)
[442] Maurras parle ici évidemment de Dante. (n.d.é.)

s'élargit au fur et à mesure que l'âge le mûrit, jusqu'à ce qu'elles prennent entière conscience de leur race et de leur nation.

L'Action française, *9 juillet 1911*.

II. LE CINQUIÈME CENTENAIRE

Il ne sera pas dit que le malheur des temps nous aura empêchés de saluer le cinquième centenaire de la naissance du plus divin poète que la France ait porté. Nous en avons de plus parfaits et de plus grands. Mais nous n'en avons pas qui soient éclos sur notre terre par une grâce plus manifeste et plus magnifique de la bonté du ciel. Il réalise véritablement la figure du grand artiste, maître de chœur, créateur et arbitre du goût séculaire en qui, néanmoins, tout est don, invention, création, pure poésie. Tant pis pour ceux qui croient devoir lui immoler des disciples insolents et même récalcitrants comme le fut Malherbe ! De Ronsard à Malherbe, à Racine, à La Fontaine, à Chénier, l'œil attentif discerne plus de suite et de continuité que d'hiatus ou de coupures. Le vrai schisme a eu lieu un peu plus tard, et par bonheur n'a pas duré.

Mon lecteur impatient me demande à quoi je m'emporte, à quoi je pense. Oui, à Millerand, à Painlevé...[443] Et au raisonnement que faisait, en 1871, un critique bien oublié, du nom de Paul Albert. Celui-ci avait confectionné un sonnet tout exprès pour déplorer que, dans les angoisses de la patrie, des lettrés se fussent préoccupés de Ronsard :

> Le deuil est sur la France ! Et c'est dans ce moment
> Que Vendôme à Ronsard élève une statue !

Paul Albert, comme les critiques de sa sorte, ne connaît ni son héros ni l'histoire de sa patrie. Mieux informé, il eût reconnu que Ronsard avait vécu en citoyen. Pas un heur ou malheur du temps qui ne l'ait ému, animé, inspiré. Il sentait la patrie, il sentait l'Église et l'État. Son bon sens passionné lui a valu, autant que son génie, les contestations frénétiques de Michelet.

---

[443] La Chambre du Cartel des gauches, élue le 11 mai 1924, venait de se réunir. Il se confirmait qu'elle allait contraindre M. Alexandre Millerand, président de la République, à quitter l'Élysée. M. Paul Painlevé, un des chefs du Cartel, était à la tête de la conjuration et l'on parlait de lui comme futur président. C'est M. Gaston Doumergue qui fut élu, le 13 juin. (Note du *Dictionnaire politique et critique* en 1933.)

Nous pouvons ouvrir ses poèmes pour lui demander conseil sur la position à prendre demain dans les luttes de notre peuple contre les étrangers du dedans et contre ceux du dehors. Ce poète ami de nos Rois est un père de la Patrie. Parler de lui c'est encore exercer, entraîner et fortifier les Français.

On lit Ronsard au bord des eaux courantes, sous le toit des forêts, à l'ombre des rochers qui pendent sur la mer. Hormis peut-être Jean de la Fontaine et Mistral, il n'y a personne, dans notre langue, qui s'incorpore plus facilement à la rumeur que mêlent dans nos têtes le monde et le désert.

L'Action française, 8 juin 1924.

III. L'EXPOSITION RONSARD

Entre les hasards d'une course, cinq minutes de liberté m'ont permis d'aller voir comment est faite cette exposition Ronsard, par laquelle Pierre de Nolhac a couronné les travaux et les joies de l'année dédiée à notre grand poète.

Le succès est grand et le nombre des curieux qui visitent la Bibliothèque nationale montre bien que celui des lecteurs s'est multiplié depuis Sainte-Beuve dont les peines n'ont pas été perdues décidément ! Non plus que celles de ses admirables successeurs, les Nolhac, les Longnon et tant d'autres.

Et voyez comme le temps bien employé est vite récompensé. Il y avait peut-être un quart de siècle qu'il me souvenait d'avoir lu ces vers :

> Je suis joyaux de pouvoir autant plaire
> Aux bons Français qu'aux mauvais veux déplaire.

Mais où avais-je vu cela ? Hé, parbleu ! Au premier feuillet du *Projet de livre intitulé De la précellence du langage français* par Henri Estienne ![444] Il étincelle là, doucement, sous la vitre. J'ai salué le vieux maître du seizième siècle en le remerciant de prouver ainsi que nous n'avions ni patriotisme ni nationalité avant 1789 !

---

[444] Henry Estienne, 1528-1598, est le fils de Robert Estienne. Tous deux furent imprimeurs. Outre son *Projet*, ensuite réalisé, qui accompagna longtemps les éditions de la *Défense et Illustration de la langue française* de Joachim du Bellay, Henry est l'un des principaux hellénistes de son temps : on lui doit la traduction et l'impression de quantité d'auteurs grecs ainsi que le *Thesaurus graeca lingua*. C'est de son édition que provient le système qui sert encore à citer les œuvres de Platon, la « référence Estienne ». (n.d.é.)

Par contre saviez-vous ces vers sur la musique de Claude Lejeune ?[445] Je les avais, en tous cas, oubliés profondément. Écoutez comme ils chantent juste :

> Quelque vers à sa mesure
> Et l'autre là va cherchant ;
> L'un désire, l'autre endure
> Le mariage du chant.
> Voyez-en la différence,
> Et puis vous direz toujours :
> L'un se joint par violence,
> L'autre s'unit par amours.

Il y a sur ce thème des réflexions de Mistral qui vont au même objet. Tant il est vrai que tout est dit, quand rien n'est dit pour chaque génération qui s'élève !

L'Action française, 20 janvier 1925.

---

[445] Claude Lejeune, ou Le Jeune, 1530–1600, protestant, compositeur puis maître de la musique d'Henri IV, dont de nombreuses œuvres sont parvenues jusqu'à nous. Il était le promoteur de la « musique mesurée à l'antique », qui cherchait à accompagner la poésie d'une musique qui respecte autant que possible le rythme des mots ; ce système ne lui a guère survécu. (n.d.é.)

LOUIS XIV ET LA FRANCE

1936

*Ce texte est paru dans l'*Almanach de L'Action française pour l'année 1936.

J'ai reçu un jour cette lettre :

> Faisant mon service militaire dans une garnison de l'Est, j'assistais le 14 juillet dernier à une instruction donnée aux hommes sur la signification de cette date. Le maréchal des logis instructeur s'exprima à peu près en ces termes :
> « Le quatorze juillet marque la fin de l'esclavage de la France. Tous les rois qui l'ont gouvernée n'étaient que des crapules, y compris le fameux Henri IV qui s'était qu'un s… Quant à Louis XIV, pour vous donner un exemple de sa cruauté, ayant un jour pris froid au cours d'une chasse, il fit mettre à mort un paysan pour se réchauffer les pieds dans ses entrailles ! »
> Et, comme je protestais avec véhémence, il me dit cette phrase que je vous transcris sans commentaires :
> « Ne m'écrasez pas avec votre science ; je sais très bien ce que m'a appris mon instituteur. »
> Je m'inclinai devant l'affirmation de ce supérieur, mais, à la sortie, un petit malin me dit d'un air entendu : qu'il voyait bien « que j'étais royaliste ».

Étrange sort d'un peuple où il est indispensable de passer à l'opposition pour apprendre ce qu'il faut penser des premiers pères de la patrie !

Si l'enseignement primaire dit des bêtises il ne faudrait pas croire que l'enseignement supérieur s'en soit défendu. Rappelez-vous la contradiction classique établie par M. Lavisse[446] entre l'œuvre de Louvois et celle de Colbert.

---

[446] Ernest Lavisse, 1842–1922, historien, d'abord précepteur du prince impérial et collaborateur de Victor Duruy, il se rallia peu à peu à la République dont il devint l'une des gloires universitaires. Directeur de l'école normale supérieure en 1904, il a une influence déterminante sur le système éducatif républicain et ses manuels d'histoire se confondent avec la manière dont la troisième République utilise l'enseignement pour se justifier idéologiquement.
Les notes sont imputables aux éditeurs.

Mon grand ami regretté Frédéric Amouretti qui fut l'élève chéri de Fustel de Coulanges résumait en termes joyeux la pensée de l'histoire officielle sur la grande rivalité politique du règne :

> … Nous apprenons enfin les mérites de Colbert, mais nous apprendrons par la même occasion que de Lionne et Louvois avaient un rôle secondaire et même funeste ; que si la France n'avait pas eu une bonne diplomatie et une bonne armée[447] à cette époque, elle eût été encore plus prospère ; elle aurait pu nourrir tous ses habitants, et, sans doute encore, ceux des autres nations qui auraient voulu se faire nourrir par elle en l'envahissant.

Le Roi a eu certainement raison d'atteler Colbert et Louvois au char de la France : il le pouvait facilement, il n'était pas contraint de subir ces options tranchantes et retranchantes, ces soustractions, ces divisions continuelles qui sont prescrites au gouvernement des partis quand il veut enfin sortir de son inaction. Mais on oublie de nous faire sentir la différence : les beautés de l'ordre nouveau nous seraient moins sensibles si nous n'avions pour professeur le Bonhomme Système, et quelquefois son bourricot.

Parce que son action et son œuvre a duré, elle a été bien légèrement dénigrée par ceux des Français qui, depuis sa mort jusqu'à la Révolution, pendant un temps égal à son règne (1715-1789), en avaient retiré un profit national, social, esthétique, industriel et mercantile sans précédent.

Ne parlons des imbéciles, des malades, des monstres… Mais Montesquieu ! Mais même Voltaire ! Ce travestissement du grand roi de France en mamamouchi de la Perse ! Ces basses ironies destinées à humilier son gouvernement devant le gouvernement des *milords* ! Peut-être vous rappelez-vous la page des *Lettres anglaises* où l'on remarque avec extase que le gouvernement de Londres ait nommé à l'ambassade de Constantinople, non un duc et pair, non un courtisan, comme on l'eût fait immanquablement à Versailles, mais un simple marchand de la Cité ! Or, depuis de très longues années, et précisément depuis le grand Roi, notre corps consulaire par tout le Levant était nommé par la Chambre de commerce de Marseille ! C'est ce dont l'habile Voltaire ne se doutait pas.

---

[447] Domaines de prédilection de Hugues de Lionne pour la première, de François-Michel le Tellier, marquis de Louvois, pour la seconde.

L'abbé Sieyès ne connaissait pas mieux l'antique structure de la France qu'il se flattait de réformer en 1789.

Le libelles ont pullulé sur la guerre de la Succession d'Espagne : elle fut longue, sanglante, onéreuse, si l'on veut épuisante, et ce que l'on en obtint n'était pas ce qu'on avait visé : de là vient que, jusqu'à ces tous derniers temps, de bons juges et de dignes admirateurs en défendirent mal Louis le Grand ; quelques-uns ont tendu à condamner moins la conduite que le dessein de l'entreprise ; il la mettaient dans le même sac que celle de 1809[448]. Ce jugement n'est plus possible. La dernière guerre nous a exercés à ne plus considérer comme un résultat médiocre l'obstacle vivant que le roi de France avait opposé à toute reconstitution de l'empire de Charles-Quint en imposant à Madrid le règne de son sang : de 1914 à 1918, il nous a été fort agréable de ne pas avoir à garder notre frontière des Pyrénées. Cette paix partielle, mais substantielle, obtenue au Midi, c'était la paix de Louis XIV et le fruit de sa guerre, il n'y avait point de diatribe fénelonienne qui vaille. Cette guerre, autant que les autres, aura eu cette particularité de porter son fruit.

Une autre guerre d'Espagne a été menée par la France, mais en vue d'y défaire le bon travail de Louis XIV : aussi coûteuse, aussi cruelle et presque aussi longue, elle a été beaucoup moins reprochée au grand empereur. Son résultat unique fut d'ouvrir aux Anglais les portes de notre Midi. On peut essayer de répondre que, précédemment, les Anglais avaient pris Gibraltar et aussi marqué un point. Que d'autres points n'avions-nous pas marqué nous-mêmes depuis ! Points marqués, points gardés depuis l'établissement de Philippe V, par toute la Méditerranée : deux ou trois trônes italiens occupés par des Bourbons, le Pacte de famille[449], la Corse acquise, première étape vers Alger ; et cette avance continue dans la mer latine, qu'investissait un demi-cercle de forces françaises, correspondait à une avance, presque rythmique, sur le Rhin !

Le vieux romantique Leconte de Lisle a nommé ce règne l'époque organique de notre littérature. La remarque est exacte. En plus de la figure hexagonale de la France, ce règne dessina les cadres politiques, les organes moraux qui devaient soutenir le poids et l'effort de la vie. Pour la population

---

[448] La guerre d'Espagne menée par Napoléon à partir de cette date.
[449] Nom des trois pactes successifs qui au long du XVIIIe siècle marquèrent l'alliance entre la France et l'Espagne. En 1761, outre la France et l'Espagne, il lia la Toscane et le royaume de Naples.

comme pour la langue, l'avenir a été ce qu'il avait été pressenti et conçu alors. Tant que le pays a marché dans les voies favorables, ce règne les avait tracées.

En faut-il, pour cela, prêter à la politique royale des mouvements de prescience ou de prophétie ? Des vues justes ne sont pas des prévisions formelles. Le sens supérieur des directions dans lesquelles certaines grandeurs sont possibles est secondé, servi, par les calculs formels qui mettent en défense contre certaines grandeurs moins sûres. L'instinct des lois du monde aide à mesurer les possibles. Le sens de la figure exacte de la terre fait pénétrer les ambitions des princes, les mouvements des peuples. Érudition ? Nullement. Ni science. Plutôt sagesse, ou, comme disaient les anciens, soumission docile aux règles de la sagesse ; initiation spontanée et juste au cours, au train, à la valeur des choses humaines. Ces vertus de l'esprit pratique ont des effets si pénétrants qu'on peut lui faire honneur des résultats dont il n'a pas eu l'intention.

La digne cause étant posée, le bon effet peut être légitimement attendu, et le choix initial, s'il n'a pas été arbitraire, s'il a été sérieusement médité, comporte un mérite certain. Ce qui vient du bon germe, bien traité, donne des suites correspondantes. La réciproque est vraie, les semences fâcheuses pouvant causer d'incalculables malheurs. Nos esprits forts devraient se le tenir pour dit.

Les révolutionnaires ne nient pas toujours l'intention du grand Roi et de sa dynastie, mais c'est pour ajouter que cette intention fut mauvaise. « *Les visées ambitieuses de la maison de Bourbon !* », disait le Comité de Salut public d'un ton accusateur, tandis qu'il était obligé de confesser les réunions de provinces, effets avantageux de cette ambition ! De son côté, ne pouvant chicaner sur l'évidence du bienfait politique royal, Jaurès manquait rarement de le qualifier d'égoïste... Question : en quoi cet égoïsme me désoblige-t-il ? Qu'est-ce que cela me fait, en dernière analyse, à moi, homme de France, si les résultats me sont bienfaisants, si cet égoïsme m'est charitable, profitable cette ambition, et si, par la vertu de l'acte royal, heureux et bien posé dans la simple série de ses intérêts domestiques, je retrouve, après trois cents ans, une garantie d'intérêt national, par laquelle tous les miens sont encore soutenus, défendus, gardés, protégés ?

Nous sommes placés à la pointe de l'immense pyramide de nos prédécesseurs dans la vie. Par la guerre d'Espagne, nos pères de 1709 avaient souffert d'une dure famine, dans un hiver rigoureux, dont les manuels scolaires parlent encore. Mais, un siècle plus tard, nos prédécesseurs de 1812 ont passé par une famine plus dure, par un autre hiver de guerre d'Espagne dont personne ne parle plus. Eh ! dit Mireur[450], l'archiviste provençal,

> si La Bruyère avait vécu à la sombre époque du Premier Empire, il n'aurait pas oublié de peindre ces « malheureux à la face hâve, crispés par les tourments de la faim ; traînant à travers nos rues épouvantées la plus lamentable existence ! les fours assiégés jour et nuit par des bandes affamées » les familles réduites à se nourrir « d'herbes sauvages ». « Nous ne serons jamais aussi mal que nous l'avons été », écrivait un juge de Draguignan à un ami de Copenhague.

Je n'en fais grief à personne et n'intente aucun procès à Napoléon Ier. Mais, enfin, puisque la cause de Louis XIV est encore pendante, je n'ai pas besoin d'avoir l'oreille très fine pour entendre nos martyrs de 1709 m'assurer qu'ils ont souffert pour quelque chose, et nos martyrs de 1812 leur répondre que leurs souffrances n'ont servi de rien. La guerre d'Espagne de 1709 nous soutenait encore en 1914. Ni alors, ni jamais, nous ne nous sommes aperçus du moindre service que nous avait rendu la guerre d'Espagne de 1809.

Une grandeur est donc stérile, une autre grandeur est fertile. Un héroïsme d'imagination peut ne contenir qu'une belle gloire. Un autre héroïsme a pris racine en des réalités qui fleurissent et fructifient. Cet héroïsme fonde et crée. Sa digne survie est liée aux services rendus, à la trace qui dure, au monument qui tient.

Quelle action demeure et quel être subsiste ? — Rien, personne, répond le moraliste, hypnotisé sur la pauvre pincée de notre cendre.

La sagesse répond que la chute commune n'est peut-être que partielle. Quelque chose est gardé. Quelqu'un, tel ou tel, vit encore et vivra peut-être toujours.

Entre autres, le grand Roi ne s'est pas éteint à Versailles. Versailles même nous l'apprend. Son être prolongé ne tient pas seulement aux splendides lumières que les mémoires en conservent. Sous la gloire, vivent les actes auxquels Louis est incorporé, avec leur effet national et humain, issu de lui,

---

[450] Frédéric Mireur, 1834–1916, historien et archiviste du département du Var, à Draguignan, mais dont la renommée dépassa à son époque les bornes de sa spécialité et de sa région.

mêlé encore à la structure de nos sentiments et la substance de nos idées. Plus que Charlemagne, plus même que saint Louis (socialement si moderne !) plus que le magnifique Valois, François Ier, ce Bourbon, type de sa race et figure de sa patrie, exprima aussi la vie nationale dans la direction du mouvement qu'il lui imprima. On le comparerait à ces dieux souterrains dont le travail édificateur ne s'arrête pas. Quel maître d'œuvre à s'interroger sur les conditions d'une Renaissance dans son royaume ! Son art, son goût, son génie portent conseil, leçon, exemple, par les enseignes qui furent propres à sa grandeur : cette grandeur qui fait les délices et l'orgueil des élites du genre humain parce que son principe n'est pas de briller dans le temps, mais de lutter et de tenir énergiquement contre lui.

MARIANNE SE PLAINT

1937

MARIANNE SE PLAINT
– VOLEURS ET VOLEURS
– LE BON RENOM DE LA PATRIE[451]

Un jour la pie dit au corbeau :
— Oh ! que tu es noir !

On se plaint des entraves à la liberté du travail, même organisé et réglé par la loi.

On déplore les occupations d'usines et de magasins.

On constate les excitations systématiques à la haine de classes, continues et suivies d'effet.

La fortune privée et publique périclite, sans qu'il y ait d'accroissement compensateur de la bourse des pauvres gens à qui la vie chère en fait voir de grises.

Seuls gagnent et profitent quelques gros spéculateurs voisins du pouvoir.

Les actes de violence se multiplient.

Des bambins sont rossés parce qu'ils sortent du patronage, des ouvriers sont estropiés ou torturés parce que la forme de leur nez n'est pas à l'ordonnance et déplait aux puissants du jour.

Les amateurs du drapeau rouge ou du drapeau noir peuvent organiser la tentative d'assassinat dont un officier de sapeurs-pompiers a été la victime. Ce désastre public et le malaise qui l'accompagne ne font pas un très grand honneur au gouvernement du Front populaire, et ses défenseurs ne trouvent pas grand-chose pour les justifier. Ils s'appliquent alors à trouver quelque horreur à mettre au compte d'autrui.

Je ne crois pas faire d'injustice à nos confrères de *Marianne*[452] en disant qu'ils ont dû penser à rappeler l'histoire éminemment suspecte du

---

[451] Cet article est paru dans *L'Action française* du 25 avril 1937, sous le pseudonyme de Pellisson. *Les notes sont imputables aux éditeurs.*

[452] Journal « politique et littéraire » de gauche, fondé en 1932 par Gaston Gallimard. Emmanuel Berl le dirige jusqu'en 1937 ; Pierre Bost en est le rédacteur en chef, André Malraux concourt à la maquette et à la réalisation. S'il était bien connu du grand public pour des photomontages d'actualité publiés en une, le journal qui souffre d'une image élitiste et d'un certain confinement dans les milieux intellectuels de gauche et parisiens, se révèle un échec commercial. Si bien que Gallimard le vend en 1937. Devenu moins politisé, il paraîtra jusqu'en août 1940.

traquenard policier qui valut à Léon Blum une égratignure derrière l'oreille.[453] Mais une lettre qu'ils ont trouvée dans leur courrier leur a paru moins défraîchie...

Cette lettre raconte que, le 30 mars, à Tende, frontière italienne, « des jeunes gens et des jeunes filles » appartenant à une organisation royaliste (ce n'est point la nôtre) ont :
1. adressé à des amis de Marianne de « grossiers quolibets » ;
2. enfoncé la porte d'une chambre d'hôtel ;
3. bouleversé les meubles et la literie ;
4. volé, oui, « volé du linge », et Marianne déclare « penser » : du linge de femme ;
5. lacéré de braves bouquins dont le signataire de l'article, M. Jules Romains, se trouve être l'heureux auteur.

Admettons ! On n'aurait pas le droit de l'admettre, sans enquête sérieuse sur le degré et la nature des « quolibets », enquête où les deux parties seraient entendues. L'accusation de vol, et de vol de linge, est particulièrement pauvre de vraisemblance, si l'on se réfère à la qualité des jeunes gens incriminés. Ne nous demandons même pas si les « voyous » de droite n'auraient pas été l'objet de défis ou de provocations de la part des blanches colombes de Marianne. Ajoutons même de grosses couleurs à la petite scène.

En est-il moins ridicule d'appeler le délit (supposé) un délit royaliste, alors qu'il n'y a pas le moindre rapport entre les faits reprochés et l'opinion de ceux à qui on les reproche ?

Ici, et par tout le monde royaliste, on enseigne la nécessité naturelle, et, donc, le respect de la propriété. Quand on a rencontré des voleurs, alors même qu'ils sont puissants et peuvent faire tirer sur nous, nous crions : à bas les voleurs ! Et, s'il nous arrive de relever un rapport fréquent entre les

---

[453] Allusion à la prise à partie de Blum par des membres de L'Action française lors des obsèques de Jacques Bainville, le 13 février 1936. Que Blum eût pu se trouver par hasard mêlé au cortège a toujours été considéré par l'A.F. comme très douteux, d'autant que cet épisode devait servir à motiver, dès le lendemain, la dissolution par décret de diverses organisations d'A.F. : d'où le terme de « traquenard policier » employé par Maurras. Précisons que lorsqu'il écrit cet article, Maurras est emprisonné pour avoir déclaré que Léon Blum serait à abattre « le jour où » sa politique aurait valu à la France une guerre contre l'Italie — et rappelons que le thème de l'alliance française avec l'Italie pour la détacher de toute alliance possible avec l'Allemagne était alors un des clivages politiques importants. C'est parce qu'il est emprisonné mais arrive quand même à faire passer ses articles au journal que Maurras use alors d'un pseudonyme, stratagème qui ne trompait pas grand monde mais sauvegardait les convenances politiques et les règlements pénitentiaires.

pilleurs de l'épargne publique et le régime républicain, c'est que nul régime n'a été plus fertile en vols, concussions, prévarications, escroqueries d'État, trafics d'influence que la République des républicains, depuis le temps où Arton achetait, chèque en main, toute une majorité de la Chambre, où Daniel Wilson trafiquait de la croix d'honneur dans le palais du président Grévy, jusqu'aux jours où l'escroc d'État Stavisky donnait deux millions et demi pour élire une Chambre, sans oublier le temps où le président Raoul Péret encaissait des mensualités de cent mille francs de cet Oustric, avec lequel Blum et sa famille entretenaient des relations fructueuses et constantes. Blum, marxiste, sait d'ailleurs, par Proudhon, que la propriété c'est le vol : la pratique suivant laquelle il s'approprie les capitaux de l'épargne n'est pas sans rapport avec cette doctrine. Il n'y a pas l'ombre d'un rapport entre l'historiette rapportée par Jules Romains et les doctrines des royalistes. À mettre les choses au pis, l'accident de Tende pourrait montrer que des voleurs se sont faufilés dans un groupe d'honnêtes gens, comme il peut d'y faufiler des policiers en service extraordinaire. Mais la volerie ne se faufile pas. La Volerie, elle se carre, elle s'étale et tend à devenir permanente dans un régime où tout dépend du Vote, qui dépend de l'Opinion, qui dépend de l'Argent, – Argent qu'il faut avoir et que le pauvre politicien besogneux se procure comme il peut.

Nous comparions tout à l'heure M. Jules Romains à la pie étonnée de la robe noire du corbeau. Son cas est bien plus singulier : c'est celui de la pie faisant honte à l'aigle blanc de quelques vagues macules de son plumage.

OÙ ROMAINS VA TROP FORT

Sans doute ai-je grand tort de répondre sérieusement à M. Jules Romains, qui se moque de nous, car il ne doit pas être dupe de sa confusion. Cependant, je n'en suis pas sûr. Écrivain distingué, il me paraît avoir toujours pêché par une disproportion qui doit tenir à une faiblesse du jugement.

En veut-on un signe un peu familier ? La nature ou l'histoire de ses ascendants l'ont doué, l'ont doté du nom charmant de Farigoule[454], c'est à dire, en provençal, Thym... Eh ! bien, s'appelant ainsi, comme un lettré d'Extrême-Orient, Monsieur Thym, il est allé se chercher le sobriquet de

---

[454] Jules Romains était de son vrai nom Louis Henri Jean Farigoule. Maurras, qui en prison ne dispose pas de documentation, orthographie à tort Farigoul, nous corrigeons.

Jules Romains, avec une s encore !... M. Jules Romains est connu, presque célèbre : il serait fameux si ses bouquins avaient été signés Jules Farigoule ou mieux Jules Thym. Pareille faute de départ ne saurait s'excuser que par un manque de coup d'œil. Il n'a pas vu ce qui lui aurait assuré les baisers rapides et soudains de la gloire. Étonnons-nous qu'il n'ait rien compris à la différence d'une anecdote insignifiante avec l'une des plus fécondes constantes du régime !

SES LIVRES !

Autre manque de sens critique et de flair : ce sombre accès de mauvaise humeur que lui a inspiré la lacération des volumes :

> ... Nous sommes fixés. Le jour où ces messieurs, leurs amis ou assimilés, viendraient enfin remettre de l'ordre dans la maison française, nous n'avons pas à craindre qu'ils se montrassent inférieurs aux brûleurs de livres d'outre-Rhin. Et c'est une belle rencontre que M. Charles Maurras ait écrit : *L'Avenir de l'Intelligence*. Ses jeunes disciples nous donnent une vive idée de ce que serait cet avenir.

Jusqu'à M. Jules Romains, il était communément cru que les bûchers de livres avaient brillé ailleurs qu'« outre-Rhin », par exemple en Espagne, par exemple en Russie où l'Index judéo-marxiste n'a pas trop mal fonctionné : Romains est-il bien sûr de ce qui subsisterait là-bas de son œuvre ?... Un autre que lui eût pris gaiement son parti des sévices ainsi endurés par les enfants de sa cervelle ! Tous les grands livres de l'histoire humaine ont été plus ou moins brûlés par les mains des bourreaux. Ils s'en sont du reste tirés comme ils ont pu, mais, à peu près, fort bien ! Les menaces qui, il y a trente ans, m'ont paru compromettre *L'Avenir de l'Intelligence* n'étaient certainement pas celles qui tiennent à la persécution directe de l'esprit. La grande, la seule menace est celle qui tend à asservir l'esprit dans l'intimité de ses profondeurs, l'essence de sa vie, son fonctionnement essentiel : une corruption indirecte et toujours facile, par l'Argent-Roi et par l'Argent-Dieu, dans une société où l'Argent est devenu la seule puissance, parce qu'elle règne sur les révolutionnaires comme elle règne sur les capitalistes : dans les deux cas, l'intellectuel ne subit ni un Code ni un Dogme, ni même une inhibition expresse : seulement, il se voit accorder, ou refuser, les moyens matériels non seulement de vivre (il peut aimer à mourir pour ses idées) mais les moyens d'exprimer, de publier, d'extérioriser sa pensée.

Le régime de la presse actuelle donne une idée de ce raffinement de tyrannie et d'inquisition. Du train dont on va, et par la loi que prépare le Front populaire, on ne brûlera ni on ne lacérera les livres ou les journaux : on les empêchera d'exister.

Patriotisme renversé !

Mais j'ai laissé M. Romains sur son dada. Ayant cru rencontrer des voleurs de linge et des lacérateurs de bouquins dans un groupe de jeunes royalistes, il ne lui a pourtant pas suffi de mettre en cause l'honnêteté de leurs actes ou la correction de leurs propos, il lui faut saccager aussi leur patriotisme. Voici :

> Je ne m'amuserais pas à grossir un tel incident *[zuze, s'il le grossissait[455]]*, s'il n'était pas venu réveiller en moi par analogie toutes sortes d'impressions et de réflexions, fruits d'une expérience de voyageur assez étendue. Elles se résument ainsi : *les pires ennemis de la France au dehors, actuellement, ce sont les Français.* Et, par un surcroît de singularité, des Français qui se considèrent comme les seuls dignes de ce nom, qui se proclament les seuls patriotes, et sui ont fait de l'exaltation du sentiment national l'alpha et l'oméga de leur doctrine.
>
> Mon témoignage ne sera pas contredit, je crois, *par aucun de ceux* qui ont un peu circulé en Europe et ailleurs. Ils se rappellent une scène qu'ils ont vécue bien des fois :
>
> Ils arrivent dans un pays lointain. On les entoure ; on les interroge. Ils ont devant eux des visages fermés, ambigus, inquiets. Peu à peu, la conversation enhardit les gens. Leurs questions cessent d'être vaguement courtoises. Elles se font plus pressantes. Les arrière-pensées se délivrent. Le Français nouveau-venu s'aperçoit qu'il est sur la sellette. Il doit faire face à un interrogatoire serré, qui n'est pas une improvisation, mais qu'il sent appuyé de tout un travail antérieur dans l'esprit de ces gens. Soudain, la situation devient claire. L'accusé

---

[455] Zuze : pour *juge*, c'est du français prononcé en provençal avec un fort accent marseillais ; le mot ainsi formé était déjà burlesque pour Roumanille, entre interjection et verbe servant à la prise à témoin de l'interlocuteur.

reconnait des phrases textuelles qu'il a lues dans certains de nos *hebdomadaires les plus répandus* ; des accusations, mot pour mot, contre nos hommes publics.

Les innombrables amis extérieurs à qui nous avons fait aimer la France riront de la vertueuse tirade. Nous ne lui ferons pas grâce de l'objection préliminaire : *ces hommes publics* que l'on entreprend de nous faire plaindre ont commencé par traîner dans la boue les adversaires qui étaient leurs prédécesseurs. Ni Briand à *La Lanterne* ni Blum au *Populaire* ne s'en sont fait faute. Et tous les chefs de file de l'histoire révolutionnaire ont fait comme eux.

Il est tout de même – pour parler comme M. Jules Romains – « étonnant » que les excitateurs et les bénéficiaires de la violente presse rouge songent toujours à se ranger dès qu'un Louis Veuillot ou un Léon Daudet se saisit de leurs armes et les tourne contre eux et leur en frotte le bas du dos à la même cadence dont ils ont abusé !

Quand ces bourreaux passés victimes se mettent à geindre en se frottant et à se frotter en geignant, ceux qui ont des lettres doivent entendre ronfler à leurs oreilles le grand vers cornélien :

quoi ! tu veux qu'on t'épargne et n'as rien épargné ![456]

Avouons que ces révolutionnaires nantis ont la peau délicate dès qu'il s'agit de la leur. Il est beau d'entendre ces Gracques se plaindre de la sédition ! ces parvenus du libelle et du pamphlet, ces enfants directs, ces légitimes héritiers de Marat et du Père Duchêne, qui ne seraient rien sans ces grands ancêtres poissards, faire les renchéris et les plaintifs pour une épithète gaillarde et un nom d'animal claquant au bon endroit.

Que l'on aille porter leurs basses élégies aux conservateurs libéraux ! Je ne serai jamais dupe de cette blague. Ce qui leur était bon pour détruire l'honneur, la patrie, l'armée, la famille, l'État, peut rendre des services pour les reconstruire. Je ne me passerai pas de ces armes-là.

PRINCIPE

---

[456] *Cinna*, acte IV, scène 2.

Oh ! ce n'est pas qu'il faille les manier comme les bandits que nous combattons. Il y a une loi, c'est la vérité. Si l'on peut et si l'on doit vouloir être juste, il n'est pas toujours facile, dans le dur combat de la vie, notamment de la vie publique, de mesurer exactement le tort et le droit, le dû et l'indu dans les coups destinés au mérite et au démérite de l'ennemi : la mêlée a des surprises, la vérité de la bataille peut avoir ses erreurs. Il serait d'un présomptueux ou d'un orgueilleux de se prévaloir, en tous temps, d'une exacte justice. Qu'elle soit dans les intentions, si elle n'est pas toujours dans les faits. Mais, en fait, on peut se tenir constamment en règle *avec la vérité*. Et cela est facile : il suffit de le vouloir, il suffit de se surveiller pour rester dans la certitude. Puis de s'astreindre à rectifier tout ce que l'on peut avoir, bien malgré soi, hasardé d'inexact.

L'erreur est déplorable. Du moins est-elle réparable. Mais la vérité doit être dite, redite, et, quand elle accable les hommes publics qui, à leur place, doivent donner l'exemple de la probité, c'est tant pis pour eux ! Il ne fallait pas qu'ils y aillent !

J'ai poursuivi Philippe Berthelot[457] pour sa concussion de la B.I.C. pendant tout le second semestre de 1921. Mes « accusations » (comme dit M. Romains, mais c'étaient des démonstrations) sont des premiers jours de juillet : je les ai renouvelées sans cesse jusqu'à décembre et janvier suivants où je l'ai eu, Philippe, et son maître Briand. Où était le scandale ? Dans la concussion des coupables, avérée et avouée ? Ou dans le fait de l'avoir dénoncée et châtiée ? Du moment que la faillite de la B.I.C.[458], accompagnée

---

[457] Philippe Berthelot (1866–1934) fils du célèbre chimiste, fut diplomate et l'une des figures marquantes du quai d'Orsay.

[458] Il s'agit de la Banque Industrielle de Chine (à ne pas confondre avec la Banque d'Indo-Chine, désignée par le même acronyme, et qui figurera, elle, en bonne place dans le scandale des piastres sous la quatrième République). Afin de ne pas être trop dépendant des financiers anglais, le gouvernement chinois favorisa la constitution de la banque française en 1913, apportant une partie du capital. Philippe Berthelot et son frère André faisaient partie des fondateurs. Des épargnants français apportèrent de leur côté 45 millions de francs. On devait découvrir plus tard que la part du capital apportée par le gouvernement chinois reposait sur un prêt de la B.I.C. elle-même, ce qui rendait cette participation chinoise quasi-fictive. La banque leva en outre 600 millions de francs dans le public pour construire la ligne ferroviaire Canton-Chungking. Les désordres politiques en Chine permirent de présenter au public le délai dans la mise en route du chantier ferroviaire comme une précaution nécessaire, mais dans le même temps la banque prêtait les sommes collectées au gouvernement chinois affaibli, de plus en plus impécunieux et bientôt incapable de rembourser. Le scandale éclata en 1921

de désordres sanglants dans le Yunnan, n'était pas sous le boisseau et que tout proclamait que notre secrétaire général aux Affaires étrangères avait prévariqué, eût-il fallu montrer aux nations spectatrices un esprit public français insensible à cette honte ? Ne valait-il pas mieux une opinion révoltée, accusatrice, justicière ?

DE QUI CELA DÉPEND-IL ?

M. Blum aurait pu ne pas être fameux à l'école normale pour ses mauvaises mœurs. Il l'a été, teste Théry cum Sibylla.[459] M. Blum aurait pu ne pas être exclu d'un examen de licence, il aurait pu ne pas frauder à la composition. Il a fraudé. C'est un fait. L'exclusion a suivi, c'est un autre fait. Et Blum aurait pu ne pas être des familiers d'Oustric et ne pas en bénéficier, lui et les siens. Des documents publics officiels ont établi qu'il avait mariné dans ce joli monde. M. Blum aurait pu ne pas nier en pleine Chambre un acte plus que suspect en faveur de gens qui le rémunéraient. Il a fait cette dénégation impudente et des pièces écrasantes l'ont forcé à se démentir lui-même, à la séance qui suivit. Ce sont des faits publics. Aucune épaisseur de matelas n'en préserve la connaissance de l'univers.

— Mais le monde nous épie ?

---

et la banque dut être placée en 1922 sous le contrôle du gouvernement français. Les titres seront cotés jusqu'en 1934 dans l'espoir toujours déçu qu'ils retrouvent une valeur quelconque. La banque ne sera officiellement démantelée qu'en 1950, certaines activités résiduelles concourant à la formation de la Banque Française Commerciale Océan Indien, liée à la Société Générale. Berthelot, accusé d'avoir caché la gravité de la situation et d'avoir trompé l'administration en usant de sa position de secrétaire général du Quai d'Orsay – c'était un grand classique de la troisième République et de ses scandales financiers – dut se démettre mais seul le directeur de la banque, Pernotte, fut condamné à trois ans de prison.

[459] Référence au début du *Dies irae*, en substituant l'avocat Gustave Théry au roi David :
Dies irae, dies illa,
Solvet saeclum in favilla,
Teste David cum Sibylla !
Quantus tremor est futurus,
quando judex est venturus,
cuncta stricte discussurus !

Soit : « Jour de colère, ce jour là — réduira le monde en poussière, — David l'atteste, et la Sibylle. — Quelle terreur nous saisira, — lorsque le juge apparaîtra — pour tout scruter avec rigueur ! »

— Eh ! oui. Et le monde pourrait avoir sous les yeux une France veule, résignée à toutes les indignités de ses maîtres. Alors le monde la mépriserait. Au contraire, sait-il, voit-il nos réactions, cela lui découvre, chez nous, une vitalité morale dont il sera obligé de tenir compte dans le calcul de ses convoitises : le morceau serait dur s'il y mettait la dent, et cette mise en garde fait un juste bouclier non seulement pour la France, mais pour la paix.[460]

À un autre endroit de son article, M. Jules Romains se montre ému, componctueusement attristé d'avoir eu à lire, dans un hebdomadaire français trouvé à Lisbonne, un article intitulé « La boue ». « La boue » dit-il, c'était la France ! Mais non. M. Romains lit de travers. La France dénonçait la boue dont on la couvrait. Ce n'est pas la même chose. Si la France n'eût pas dénoncé cette boue, tous les Portugais informés eussent dit que cette boue, partout visible, et de fort loin, les Français d'aujourd'hui s'y vautraient, pis, s'y endormaient. Voilà ce qui doit être évité à tout prix : et ce sommeil funeste, et la réputation d'y avoir succombé.

AMBASSADES

Il est évident que le bruit de la vérité ne fait pas la jambe très belle à nos diplomates. Mais la vérité toute simple, la vérité sans bruit est connue, et elle leur joue de bien plus mauvais tours.

Ceux d'entre ces messieurs qui ne sont pas des empotés ni des salonnards sans cervelle ont mille façons d'écarter d'un revers de fleuret ce qui peut s'articuler devant eux de gênant contre les hommes publics du pays qu'ils représentent. Mais le plus habile ne joue pas aussi facilement avec le réel !

Je fais toutes sortes de vœux pour que les affaires de la France à Washington n'aient pas à expier les compromissions ministérielles de M. Bonnet dans l'affaire Stavisky. Mais, qui en aura la responsabilité ? Ceux qui ont dévoilé le stupre ? ou ceux qui ont commis la trahison de confier de si hauts intérêts nationaux à un *homme public* d'une aussi éminente vulnérabilité ?

Nous aurions pu fermer les yeux. Mais ceux du partenaire américain étaient fort bien ouverts. Le meilleur ou le seul moyen de parer aux dégâts est encore d'en calculer *publiquement* l'éventualité.

---

[460] Rappelons que c'est précisément pour avoir menacé de mort Léon Blum au cas où sa politique précipiterait la France dans une guerre que Maurras est alors en prison à la santé.

Je sais, je sais, il y a d'autres cas. Briand représentait la France. Blum représente la France... On amoindrit Briand, on amoindrit Blum, et ce défaut d'autorité peut nuire au pays. Mais d'abord on suppose Briand et Blum loyaux, ce qui est en question. Et puis, ce n'est pas ce qu'on dit de Briand ou de Blum qui leur ôte de l'autorité, c'est ce qu'ils sont, c'est ce qu'ils font, c'est ce qui rayonne de toute leur vie et toute leur action.

Tant que l'Angleterre a cru Blum très solide en France, elle a fait du Chacal-Chameau-Chien sa véritable vache à lait, en lui accordant, en échange, quelques avantages de prestige personnel et d'ostentation particulariste. Depuis que l'Angleterre le voit branlant et menacé, elle est plus prudente, elle s'engage moins avec lui.

Peut-être que Stresemann aurait fait l'économie de quelques-unes de ses ruses les plus subtiles et les plus dangereuses – celles qui ont fait Locarno, l'évacuation de Mayence et le reste – si l'opposition nationale française avait réussi à persuader l'Allemagne que Briand branlait dans le manche et finirait par un échec retentissant comme celui qu'il essuya au scrutin de Versailles.

FORCE ET FAIBLESSE

Les jeux de politique extérieure ne sont pas si simplistes qu'on l'imagine. En 1871, Bismarck ne voulait pas entendre parler d'une « monarchie en règle » pour la France, qui eût été trop forte : mais il ne voulait pas non plus de « la République des ardents » qui ne lui eût pas payé son indemnité. Une certaine puissance était souhaitée à nos gouvernants, et aussi une certaine faiblesse. On redoute chez le voisin un degré de force. Mais un degré de faiblesse peut n'y être pas désiré pourtant. Affaiblir l'image internationale de Blum ou celle de Briand peut devenir utile à la patrie dont Blum et Briand sont, au surplus, les fléaux certains, – et ce n'est pas un mal pour la France que la grave pudeur britannique commence à se montrer choquée de ce qui est révélé de l'ignoble livre de Blum sur le mariage, les jeunes filles et l'amour.[461]

La première réflexion est, naturellement : — *Comment les Français supportent-ils ce dégoûtant à la tête de leurs affaires ?...*

La seconde : — *Mais il apparaît bien que cela ne les enchante pas...*

Et la troisième : — *Ne misons pas trop fort sur ce mauvais cheval-là.*

---

[461] Léon Blum, *Du mariage*, 1907.

Et, sauf qu'il ne s'agit pas d'un cheval mais d'un Chacal-Chameau-Chien, le raisonnement est bon. Et il n'est pas défavorable à la France parce qu'il peut la sauver d'un certain nombre de tractations que l'on eût poursuivies avec Blum si on lui eût prêté un crédit qu'il n'a pas de notre côté de l'eau.

Le Vrai seul

Mais, sans entrer dans ce détail, que l'on peut estimer subtil et complexe, le reproche ultra-portatif et tout en mots qu'utilise M. Jules Romains se brise comme verre contre le rocher d'airain de la vérité.

Ou il faut élever autour de la France une muraille de Chine semblable à celle qu'ont bâtie les Soviets autour de leur empire, et alors rien ne se sait, rien ne se voit, rien ne filtre des indignités sanieuses ou sanglantes des hommes publics – ou le pays est libre, et les communications le sont aussi, et l'honneur du pays est intéressé, hautement, à ce qu'il soit bien connu, d'Oslo à Tombouctou et de New-York à Yokohama, que le pays légal n'est pas le pays réel et que – prise au réseau du césarisme administratif le plus dense et le plus stérile qui soit au monde — la France dispose encore d'une tête et d'un cœur assez libres pour juger, condamner, et sans doute un beau jour, exécuter une toute petite poignée de salauds qui vit d'elle.

... Et maintenant, tournez la page de Marianne et sautez de l'article de M. Jules Romains à la jolie image qui en garnit la partie supérieure : vous y verrez un ami de Pellisson dans sa prison[462], en tête à tête avec des rats, une miche de pain, un broc, que sais-je ! L'invention est assez sotte. Je la crois utile. Elle me paraît couronner la leçon de délicatesse et d'honneur français que voulait publier M. Jules Romains...

Je viens de la découper et de la fixer, par quatre fines pointes, à mes murailles, et, je le dois déclarer, elle ne les quittera qu'avec moi : si donc, l'un de mes visiteurs, partant pour Lisbonne ou pour Honolulu, me demande de lui confier cet échantillon des élégances intellectuelles et morales du Front populaire et de ses journaux, – M. Jules Romains peut être

---

[462] Maurras parle bien sûr ici de lui-même.

tranquille – je ne me démunirai pas de ce document dont il vaut mieux lui barbouiller le museau entre nos frontières.

Discours au dîner des amis de l'A.F. au Palais

1938

L'Action française *du 17 février a rendu compte du très beau succès obtenu par le dîner du Palais. Il nous a paru utile de réunir, pour les lecteurs de* L'Étudiant français[463] *, le texte intégral des discours qui furent prononcés.*
[...]
Charles Maurras demande à l'auditoire d'accueillir seulement quelques « observations ».

Je voudrais, dit-il, confier l'espèce de rage qui n'anime à la lecture des organes de l'anti-France, quand, pour satisfaire ce qu'ils nomment « la justice », ils proposent de sacrifier une fraction quelconque des fondements organiques de l'héritage français.

Me de Roux et Me Calzant viennent de parler tous les deux en termes admirables des rapports de la politique et de la justice, de la justice et de l'État, et je m'aperçois qu'ils se sont conformés à une tradition assez ancienne, chez nous, aussi ancienne que la honteuse affaire Dreyfus qui fut notre sale berceau.

Ils ont montré comment la justice est, certes, la fonction de l'État, arbitre naturel, normal, compétent des intérêts particuliers et des intérêts des collectivités ; l'État existe *pour* rendre la justice, c'est une évidence. Ils ont fait observer qu'il y avait néanmoins des intérêts antérieurs, ceux de l'existence même de la société de la nation.

Au temps de la grande Affaire — permettez de tels retours à mon grand âge — il nous arrivait quelquefois de tenir un propos qui nous a été beaucoup reproché.

— Nous pouvons concevoir, disions-nous, et il peut arriver, qu'il existe des sociétés qui, malheureusement pour elles, n'ont pas de justice ; elles sont très à plaindre, elles sont à réformer immédiatement, elles manquent à leur objet. Mais elles existent. Au lieu qu'il n'existe jamais de justice sans société. Par conséquent, lorsque la société et la justice sont menacées ensemble, il est raisonnable de travailler d'abord à sauver la société.

---

[463] Nous reproduisons ce discours de Maurras d'après un article de *L'Étudiant français* du 25 février 1938, p. 3, où sont également reproduits les discours de Marie de Roux, de Georges Calzant et de Léon Daudet (excusé et dont le discours était lu par Georges Calzant). La mention du Palais, Palais de justice bien entendu, ne vise pas le lieu du dîner, mais les « amis de l'A. F. au Palais » groupe informel d'avocats et de gens de justice proches de l'Action française. Le dîner s'était tenu le 15 février 1938, au restaurant Noël Peters — Passage des Princes, rue de Richelieu — nous apprend *L'Action française* du 17 février.
Les notes sont imputables aux éditeurs.

... C'est le système de l'accoucheur. Si vous ne pouvez pas sauver l'enfant sauvez du moins la mère. La société est la mère de la justice. Si vous supprimez la société il y a même plus de possibilité que la justice soit.

Cet avis, sensé mais hardi, que nous avons exprimé jadis à nos risques et périls, je suis heureux et flatté de voir des maîtres du Barreau, des hommes en qui la justice s'incarne, en adopter ainsi le sens.

Ceci posé, il ne faut pas oublier que personne n'a plus intérêt à la Justice, en France, que les nationaux français. Personne n'est victime de plus d'iniquités. Personne n'est plus opprimé. Il ne faut pas oublier non plus l'injustice fondamentale de la domination de leurs adversaires tyrans. De quoi le Front populaire est-il né ? Il est né de la crainte panique éprouvée par les gouvernements radicaux d'avoir à rendre compte des voleries, pillages et assassinats de leur affaire Stavisky.

M. Chautemps est bien placé pour ne pas poursuivre M. Chautemps. Le larron chef de d'État ne s'envoie pas à la potence. On dit bien que, par Romulus et Rémus, la vieille Rome tira ses origines de gens qui étaient « hors-la-loi ». Ils étaient hors-la-loi des autres, mais pratiquaient et observaient la leur. Il ne faisaient pas servir la loi de l'État qu'ils fondaient à le voler, à le détruire ; ils respectaient la légalité dont ils étaient les auteurs. La légalité de Front populaire est le type d'une légalité suicide.

Ils croient ingénieux d'invoquer la raison d'État pour couvrir des iniquités de leur bande, mais, dans leur cas, on le voit trop, le Parti substitue sa conservation personnelle à celle de l'État.

Dès lors, pourquoi dans la presse actuelle, même dite « nationale », ne rappelle-t-on pas cette origine du Front populaire ? Et pourquoi oublie-t-on de dire que ces gens, pour se sauver, se sont réfugiés dans la révolution ? Si l'on notait de tels faits, on leur porterait le coup décisif.

A-t-on peur de ces contre-coups sur le régime entier ?

Que penserait le pays s'il savait et voyait tous ces radicaux, ces élus d'un public qui ne demande qu'à conserver son aisance matérielle ont cherché leur salut dans le système qui ruinait la France ? Qu'ils ont sacrifié l'intérêt public à leur sûreté ?

Le pays reculerait, le pays réagirait. C'est ce dont on a peur.

M. Chautemps est un « honorable » assassin de la France ; mais ses adversaires oublient de le voir, il n'ose rappeler que le beau-frère de

Pressard[464], déjà complices des voleurs, s'est garé du bagne ou — qui sait ? — de la guillotine dans le giron béni de la révolution.[465] *L'Action française* est la seule à maintenir ses vérités historiques et juridiques. Elle en a la vieille habitude : nos sympathisants ont observé que, lorsqu'il existe une vérité un peu rude, on n'est pas très nombreux à la répéter après nous.

Je n'ai donc qu'à reprendre les paroles de Georges Calzant et de Marie de Roux, et répéter avec eux : il faut marcher, aller, enseigner, il faut montrer et remontrer les évidences, dissoudre les fables et les mensonges, porter la parole partout, en lisant en faisant de *L'Action française*.

Ne m'attribuez aucune chimère, je ne pense pas qu'il suffise de l'accord verbal des honnêtes gens pour constituer un gouvernement national ; si je le croyais, je serai républicain. Mais je tiens pour indispensable que le plus grand nombre possible de bonnes volontés se trouvent réunies dans la vérité politique en vue de déclencher, au moment propice, l'action pratique, l'action directe, l'action décisive, efficace, définitive, capable de remettre à la tête de l'État français la personne réelle nationale et royale qui, seule, donnera présence et force à une loi de paix et de concorde entre citoyens.

Nous sommes en 1938 ; les événements vont d'un tel pas qu'il y est parfaitement possible d'instituer une propagande nationale énergique et puissante ; mais cette propagande manquerait complètement de ressort, d'objet et d'effet le jour où elle cesserait de faire corps avec son corollaire logique naturel, — la monarchie.

La France est née du roi, sans lui, elle s'effondre. Si on laisse aller les choses, la république ne ferait assister au partage d'une nouvelle Pologne.

Maintenons le principe de la monarchie héréditaire, traditionnelle, antiparlementaire, décentralisée, et les droits de succession royale des Capétiens représentée aujourd'hui par monseigneur le duc de Guise, S.A.R. le comte de Paris et le jeune prince Henri de France.

— Tout est là. Là-dessus seulement peut être conçu et réalisé un rétablissement sérieux pour notre pays.

---

[464] Beau-Frère de Camille Chautemps, le procureur général Georges Pressard avait fait en sorte que le procès de Stavisky fût indéfiniment reporté. Le terme « honorable » est une allusion au fait que Chautemps était franc-maçon, appartenance qui lui était âprement reprochée par les milieux de droite.

[465] On sait que l'affaire Stavisky ne fut finalement jamais jugée dans toute son ampleur en raison de la mort mystérieuse, très opportune pour le pouvoir en place, de son principal protagoniste.

La Politique

du 20 juillet 1938

I L'ENTHOUSIASME

Nos confrères du Petit Parisien m'ont demandé de prendre part à un hommage d'écrivains et d'hommes politiques qu'ils organisaient en l'honneur des souverains anglais.[466]
Voici le texte de moi qu'ils ont publié :

> L'union, l'étroite union des forces britanniques et françaises procède d'une communauté d'intérêts politiques supérieurs encore aux affinités morales des deux pays. Il leur faut vivre ensemble ou périr de la main du même ennemi.
>
> Devant la ferme volonté de leur nature, que souhaiter à l'un et à l'autre ?
>
> Je réponds : le sens net et lucide de ce qui leur importe le plus.
>
> L'esprit public français paraît en voie de renouvellement. Mais, par toute l'étendue de l'empire de S. M. le roi George VI, le spectateur impartial ne cesse d'admirer, depuis quelques trimestres, les phénomènes de progrès et d'ordre dus à l'action vigoureuse et loyale d'un premier ministre également dévoué à sa patrie et à la paix.
>
> La haute confiance dont l'opinion nationale et royale a revêtu M. Neville Chamberlain constitue un des rares espoirs, et peut-être le plus précieux, de l'heure dangereuse que vit le monde.
>
> Le long cri de Paris : VIVE LE ROI, VIVE LA REINE ! VIVE L'AMITIÉ ANGLAISE, VIVE LA PAIX ! signifiera aussi, pour tous les hommes conscients, une adhésion ardente à ces deux conditions d'un ordre international : les merveilles de la puissance, les mesures de la raison.

Une troisième force entre en jeu, et cela est digne du plus haut intérêt, la belle force que Mme Gérard d'Houville[467] signalait si justement avant-hier : *l'enthousiasme*.

Il est bon, il est juste, il est agréable et utile, il est surtout conforme aux plus favorables de nos destins, que le peuple français prenne conscience de tout ce qui l'appelle à penser, à sentir, à agir aux côtés des peuples et des

---

[466] George VI et la reine Elizabeth avaient débarqué le 19 juillet à Boulogne pour commencer une visite officielle en France.
Les notes sont imputables aux éditeurs.
[467] Pseudonyme de Marie de Heredia, autrement dit Marie de Régnier.

souverains de l'Île bretonne. Ce pays plus celte encore qu'anglo-saxon, très fortement latinisé et, aussi, francisé à la conquête normande, n'est sans doute pas tout à fait prédestiné à ne nous épancher que des biens. Pour le moment, ni lui ni nous, n'avons le choix : si nous voulons vivre et bien vivre, il faut que ce soit la main dans la main, épaule contre épaule, cœur contre cœur.

Je sais tout ce que nos anglophobes peuvent dire des Juifs de la Cité de Londres et des innombrables conspirations maçonniques ourdies de l'autre côté du détroit. Ils savent fort bien que, sur chacun de ces points qui les touchent, je suis loin de leur donner sommairement tort : une attention inquiète doit être réservée à certains éléments du grand empire ami et pratiquement allié. Mais il n'importe ! L'essentiel est l'essentiel, le premier est le premier, ce qui fait la condition de la vie, du salut, de la non-extermination doit être mis et maintenu avec fermeté à son rang. L'ensemble, le vaste corps de communautés ultramarines, régi par S. M. George VI, garde la paix, garde la France, pourvoit à certaines terribles carences de la politique internationale que les maladresses d'après-guerre ont fait découvrir. D'ensemble, c'est là, c'est encore là que se trouve, que peut et doit se trouver la « défense de l'Occident ».

Est-il, pour le moment, plus urgente nécessité ?

II Encore le nationalisme « exagéré ou mal compris » ?

L'étude distinctive entreprise hier me paraît de plus en plus importante. En quoi le nationalisme français n'est-il ni exagéré ni mal compris ?

Je sais voir l'objection des ignorants :

— Mais votre nationalisme n'est-il plus intégral ?

— Simple contresens. Intégral ne veut pas dire outré, ni fanatique, ni compris à rebours. Quand nous disons : *la monarchie est le nationalisme intégral*, nous disons que la monarchie héréditaire correspond à tous les moindres vœux, à toutes les plus petites parcelles des nécessités et des exigences de l'intérêt national. La monarchie fait face, la monarchie suffit, la monarchie satisfait à tout ce que désire le nationalisme sensé.

— Alors, intégral ne veut dire ni outré, ni *violent*, ni *furieux* ?

— Jugez-en vous-même. Le nationalisme hitlérien tend à revendiquer l'attribution au Reich de tous les territoires de langue allemande et de tous les hommes de sang allemand. Ce nationalisme Germain en vient à demander la Bourgogne à cause des Burgondes[468], la Franche-Comté à cause de Charles-Quint, l'Alsace et la Lorraine pour leur dialecte, la Suisse alémanique comme la Hollande, la Flandre, l'Angleterre, en raison du bas-allemand qui est à l'origine de leur parler.

Où a-t-on vu des nationalistes français revendiquer le canton de Genève ou celui de Vaud ? ou la Wallonie belge ? ou les îles normandes, ou le Canada ?

— Mais vous avez voulu le Rhin ?[469]

— Les adhérents du nationalisme intégral n'ont pas, au sens qu'il faut donner à ce verbe, voulu le Rhin. Leur volonté, déclarée et motivée, était tout autre. Les nations allemandes, selon l'observation d'un grand Anglais, savent faire de la puissance, ne savent pas en user : les adhérents du nationalisme intégral voulaient dès lors qu'une mesure de salut public européen fût solennellement prise contre elles, qu'on leur interdit tout accès à une unité nationale quelconque, et que les négociations du traité fussent menées de telle sorte que les diversités d'intérêt, les contradictions de sentiment, les oppositions territoriales et historiques, morales et religieuses existant entre les Allemagnes, fussent utilisées par la diplomatie et servissent à constituer cet État désuni, lâchement fédéré, confédéré à peine, en faveur duquel leurs gens commençaient à manifester. Établir ce principe juridique n'eût pas fait de bobo à un Allemand, ni même une mouche allemande. Cela eut entraîné simplement à créer, contre la férocité de l'esprit unitaire allemand, mieux qu'une digue ou une barrière : un empêchement intérieur, une difficulté intestine que les Allemands auraient eu beaucoup de mal à surmonter. Cette condition remplie, cette dispersion provoquée, la paix du monde était faite, il n'était plus nécessaire de coaliser, ni de gendarmer l'Europe contre la Germanie. Une surveillance sommaire, rapide, légère, suffisait.

---

[468] Les Burgondes étaient, avant de s'installer sur le territoire bourguignon qui gardera leur nom, un peuple germanique dont le foyer d'origine était sans doute sur les bords de l'Oder. L'article porte curieusement Burdigondions, ce qui n'a apparemment aucun sens. Il s'agit sans doute d'une erreur de composition.

[469] Double allusion à l'occupation française de la Rhénanie après 1918, qui fit un temps envisager une république autonome servant d'État-tampon, et plus généralement aux doctrines nationalistes qui voulaient s'assurer des positions sur la rive gauche du Rhin.

— Mais vous ne vouliez-vous pas le Rhin ?

— C'était les nationalistes républicains qui « voulaient » le Rhin. Les nôtres n'envisageaient, à cet égard, que des mesures temporaires. Quand un Buré[470] leur serinait ou leur braillait la nécessité de cette prétendue annexion numéro un, nous répliquions : Attention ! Le Rhin peut être utile et bon. Le Rhin peut devenir nuisible et dangereux. Si vous prenez le Rhin et laissez subsister un puissant noyau intérieur allemand, prenez garde au réveil d'irrédentismes dangereux. Ôtez l'unité allemande, cet irrédentisme n'est plus à craindre. L'attraction du noyau central n'existera plus. Il faut commencer par le supprimer, si l'on veut avoir la paix. Nous voulions les Allemagnes. Il est inexact que nous ayons voulu le Rhin, autrement qu'à titre de couverture transitoire, de défense indispensable contre les affreuses menaces que l'on avait follement laissé s'aggraver.

Il fallait bien garder le Rhin contre les accroissements monstrueux de Berlin, mais cette défense militaire de premier ordre n'eût pas été requise, ou ne l'eût été que très secondairement si l'on eût opposé la question préalable à toute reconstitution du Reich unitaire de Bismarck et de Guillaume II.

Notre nationalisme était celui de la monarchie française qui, par les habiles mesures du traité de Westphalie, assura à l'Europe cent quarante ans de garantie contre toute grande guerre, ferma nos frontières aux germains, y fit régner la liberté, la paix profondes. Les livres de Bainville sont, de *l'Histoire de deux peuples* à *l'Histoire de France* et au *Napoléon*, les colonnes de lumière qui mettent ces vérités dans tout leur plein. Il n'est pas moyen d'en douter pour les hommes de bonne foi. Avant toute vue d'expansion et de conquête, s'impose à nous l'idée de commencer par réduire les méchants, les boutefeux, les fauteurs de guerre à l'impossibilité de nuire. Cette impossibilité était réalisée par la politique française que renouvelèrent sur l'Allemagne Philippe-Auguste et Henri II, Louis XIII et Louis XIV, Richelieu et Choiseul. Nationalisme essentiellement humain, nationalisme de conservation et de protection.

III LE NATIONALISME FRANÇAIS EST UN NATIONALISME DÉFENSIF

---

[470] Émile Buré, chef de cabinet de Clemenceau.

Exactement, c'est un nationalisme défensif. Ce nationalisme ne peut imaginer d'envahir autrui que s'il y est contraint par quelque menace. Que nos amis d'Italie veuillent bien se rappeler certaines de nos discussions. Beaucoup d'entre eux (non pas d'hier, ils étaient bien plus nombreux et bien plus fringants à l'âge de Crispi[471]) parlaient communément de nous chiper la Corse ou Nice comme italiennes : comme si Nice ne s'appelait pas Nice-de-Provence au temps de Cavour, par opposition à Nice-de-Montferrat ![472]

Le prétexte que l'on y parle des dialectes italiens ne vaut pas plus cher. On ne parle pas de dialectes italiens à Nice, on n'y parle niçard, un dialecte provençal, celui dont Sardou[473], le propre père du dramaturge parisien, a écrit la grammaire et le dictionnaire. Ensuite, si les Italiens disent que nous leur devons des terres alpines, nous leur répondons qu'ils se trompent, et que les vrais débiteurs, se sont eux. Au nom du principe qu'ils invoquent. Si d'un point V, placé à Vintimille, on mène du sud-ouest au nord-est, une droite jusqu'à Turin, à peu près tout ce qui est à gauche de cette ligne se trouve parler provençal, franco-provençal ou français. Ce n'est pas nous, intéressés, qui le disons, c'est le philologue allemand dénommé Hermann Suchier[474] dans son livre *Le Français et le Provençal*...

Voilà nos répliques, et elles sont topiques, mais ne veulent point dire que nous élevions des prétentions sur telle ou telle haute région ou que nous rêvions de faire valoir nos droits sur le Valdotain...[475] La frontière ne nous semble pas trop mal tirée, sauf quelque menues rectifications que nous engagions M. Pierre Laval a réclamer de Mussolini en 1935 ! Nous ne demandons pas mieux que de nous y tenir, sans égard ni aux langues parlées ni aux antiques foyers fondés. Ce n'est pas nous qui arguons de ces langues, ni de ses races. Ce n'est pas nous qui avons rien de commun avec ce système, cette doctrine, cette méthode, ce verbiage révolutionnaire que M. René

---

[471] Francesco Crispi (1819–1901), premier ministre italien de 1887 à 1891 et de 1893 à 1896. Maurras le cite souvent en mauvaise part.
[472] *Nizza Monferrato*, ville du Piémont.
[473] Antoine Léandre Sardou, père de Victorien, déménagea sa famille à Paris après que la propriété familiale du Cannet avait été ruinée par un hiver qui y avait détruit tous les oliviers.
[474] Hermann Suchier (1848–1914), philologue, professeur à divers endroits avant d'être recteur de la prestigieuse université de Halle, et qui mena entre autres des travaux sur le français et le provençal.
[475] En toute rigueur, le valdotain est la variante du franco-provençal qui est parlée dans une partie du Val d'Aoste. Le langage est ici mis pour le territoire.

Johannet[476] distinguait autrefois des nationalismes authentiques et naturels, par le nom de « nationalitaires ». Des nationalistes sensés ne se laissent hypnotiser par aucun des facteurs variés de la répartition des peuples ou du tracé de leurs frontières. Ni linguisticisme, ni racisme : politique d'abord ! Une politique nationale envisag *les peuples comme des peuples*, non comme des langues ou des sangs. Des races, si l'on veut, mais des races historiques. Entre tous, l'élément biologique est le plus faiblement considéré et le moins sérieusement déterminé. Dès lors, ces déterminations vagues d'une part, ces faibles considérations, d'autres part, ne peuvent porter qu'un effet : l'exaltation des fanatismes d'où sortent les *exagérations* que le Vatican dénonçait l'autre jour, et l'encouragement aux méprises et aux malentendus d'où procèdent, de la même manière, *les mauvaises compréhensions* dont le Vatican se plaignait dans le même discours.

On vient de voir que le nationalisme français ne peut encourir ni l'un ni l'autre de ces reproches.

---

[476] René Johannet (1884–1972), journaliste et écrivain, collaborateur de *L'Action française* et de la *Revue universelle*, il fut aussi proche de Péguy et de Sorel.

« La Politique »
Article quotidien

L'Action française du 1ᵉʳ octobre 1938

I LA PAIX GAGNÉE — ET COMMENT !

La guerre est évitée, son péril conjuré. Notre *À bas la guerre — non, non pas de guerre, — pas de guerre non, non,* — a été exaucée par l'événement.[477] Nous ne reviendrons pas sur les fortes, les irréfutables raisons qui nous installaient dans cette position inflexible. Si elles avaient été faibles, on les aurait discutées. Parmi tous les adjectifs qualificatifs qui nous ont été décochés, on ne relèverait pas l'ombre d'une idée.

Personne, ce qui s'appelle personne, n'a par exemple discuté notre distinction entre la guerre de défense où tout le monde français eût été d'accord et la guerre offensive que l'on voulait nous imposer en un moment où tout nous l'interdisait : la carte de géographie, et la lugubre histoire de ces vingt années écoulées, entre lesquelles les trois dernières ont si cruellement raréfiés notre production !

Personne ne s'est soucié non plus de répondre à cette autre distinction essentielle entre les différents *non* que peut émettre un état : il y a le *non* verbal, dont les cocoricos de Sarraut, en 1936, sont le type, et dont l'effet pratique fut la honte pure, et les non réels, ceux de Joffre, de Foch et de Mangin, dont il faut commencer par avoir les moyens, lesquels, précisément, nous faisait défaut, défaut qui ne tient ni au courage de nos hommes, ni à la valeur de leurs magnifiques chefs, ni à l'état de notre armée de terre, mais au sabotage de notre armée de l'air, qui formait le point vif d'une offensive « pour les Tchèques »[478].

Ce qui a été fait pour éviter cette guerre devait être, en ces jours-là, une sorte d'adhésion constante de soumission rituelle aux directions de l'Angleterre. Il ne faut pas se plaindre, puisque la paix a été sauvée, mais il ne faut pas s'en louer parce que l'autonomie de la politique française n'y a guère brillé. On a couru au plus pressé et l'on a très bien fait.

Autre remarque digne d'intérêt. On n'a pu obtenir la paix qu'en insérant une correction essentielle dans la politique étrangère de nos dernières années. Les chefs de notre Anti-fascisme ont eu le rare bon sens de consentir, sur la

---

[477] Les accords de Munich sont de la veille, 30 septembre.
Les notes sont imputables aux éditeurs.
[478] Écho d'un article de Léon Daudet sur la même page. La diction singée est celle de Paul Reynaud, qui avait été l'un des plus chauds partisans d'une immédiate déclaration de guerre à l'Allemagne.

demande anglaise, à une entrevue publique et amicale avec le Chef des Faisceaux romains. Le jeune et beau Dunois se plaint que nous élevions sur le pavois M. Mussolini. Qu'il aille porter sa plainte ou il faut ! Nous ne sommes ni président du Conseil, ni ministre des Affaires étrangères. Nous, dans notre poste ici-bas, disions à ces Messieurs qu'il leur faudrait en passer par Rome. C'est ce qui vient de leur arriver. En 1934, Hitler était maté au moyen des régiments que Mussolini mettait sur le Brenner. En 1938, on le modère, on le tempère, on le freine légèrement au moyen de l'arbitrage de M. Mussolini. C'est comme ça parce que c'est comme ça. Nous ne sommes pas assez injustes pour en accuser le jeune et beau Dunois. Il a tort de nous imputer une suite de causes et d'effets que nous nous étions modestement contentés de prévoir. Mais, au Popu[479], qui est le journal de Blum, on a des raisons sérieuses de tenir en une sainte horreur tout ce qui ressemble à une prévision juste. Le patron a tenu boutique du contraire ! Plaignons le jeune et beau Dunois, et disons, encore une fois, que L'Action française avait vu fort à l'avance, c'est-à-dire depuis trois ans, ce qui devait être et à ce qui a été, sur ce point.

II L'ESPRIT PUBLIC

L'Action française n'a pas été seulement pour la paix, mais pour ces conditions nécessaires de la paix.

Elle prend donc allègrement et fièrement sa part des justes acclamations qui ont accueilli M. Édouard Daladier dès son arrivée au Bourget. Le cri public a montré que, tout réfléchi, tout compté, après tant de dures méditations sur un cauchemar de huit jours, l'esprit public et l'intérêt public avaient fini par coïncider. Non que les manœuvres eussent manqué pour les dissocier ! Non que l'on n'eût point fait le possible et l'impossible pour opposer le sentiment de l'honneur français et même celui de son intérêt général éloigné, aux durs impératifs du salut immédiat qui

---

[479] *Le Populaire*, qui était alors le journal de la S.F.I.O., avait été fondé en 1916 par des socialistes pacifistes minoritaires hostiles à la guerre. Blum en a été le directeur politique de 1921 à 1940. C'est par antiphrase et à la suite de diverses passes d'armes par articles interposés que Maurras, d'après une chanson de l'Empire dont il existe aussi diverses versions paillardes, appelle « le jeune et beau Dunois » Amédée Dunois, de son vrai nom Amédée Catonné, qui était né en 1878 et mourra en 1945 après avoir été l'un des animateurs du Populaire clandestin durant la Seconde Guerre mondiale.

disait paix, paix, paix et qui voulait la paix. Cette campagne était horrible par ce qu'elle avait d'impie, d'absurde et aussi par ses causes immédiates et lointaines dont les fils, tenus par l'ennemi public, aboutissaient çà et là à de bon cœurs emmanchés de pauvres cervelles. Jamais, peut-être, depuis le 20 avril 1792, le gouvernement d'opinion n'avait mis la France plus près de sa ruine ! Il y avait quelqu'un pour freiner en 1830, quelqu'un pour le même office en 1840. Mais la catastrophe de 1870 (où il y avait moins que personne) n'eût été qu'un jeu d'enfant auprès du désastre auquel on nous précipitait en 1938.

L'esprit public a été utilement servi par la crainte des justes sanctions portées dans certaines hautes sphères du pouvoir.

Ils ont eu peur.

La saisie de *L'Action française*[480] pour ce que *L'Ère nouvelle* d'hier appelait une galéjade et un pastiche, suffit à montrer que, chez M. Paul Reynaud et chez M. Mandel, la menace des nationaux est quelque chose de présent. Ils sont loin de la mépriser. Ils sont en garde contre elle. S'ils conforment à cette crainte leur action publique, c'est que leur action secrète a dû subir aussi, de ce fait, d'heureux tempéraments. Ces messieurs n'ont pas osé aller jusqu'au terme de leur pensée. Ils n'ont pas osé aller au bout de leur puissance. L'esprit public y a gagné un certain degré de liberté. Le mouvement de l'esprit public a pu collaborer aux joyeux événements d'avant-hier et d'hier. Il ne les a pas contrariés, il les a favorisés, attendus, acclamés. Ni communisme, ni panjurisme[481] n'ont compté : purs et simples fétus agités emportés par le souffle de leur propre folie. Un fait matériel a tout dominé : la libre respiration d'un grand peuple que d'artificieuses manœuvres avaient opprimé et qu'elles n'ont pas réussi à abattre.

---

[480] Le numéro du 29 septembre avait été saisi à Paris et avec plus ou moins d'efficacité dans plusieurs villes de province. Il notait en manchette :
  À la manière de...
    S'ils s'obstinent, ces cannibales,
    À faire de nous des héros,
    Il faut que nos premières balles
    Soient pour Mandel, Blum et Reynaud.
  Parodie des vers de *L'Internationale* :
    S'ils s'obstinent, ces cannibales,
    À faire de nous des héros,
    Ils sauront bientôt que nos balles
    Sont pour nos propres généraux.

[481] L'opinion qui professe que tout peut être réglé par le droit.

À bas la guerre, disait-il. *Non, pas de guerre !... Pas de guerre, non, non !* Et il n'y a pas eu de guerre, et M. Daladier en a reçu des fleurs et des couronnes plein son chapeau, plein sa voiture, plein ses bras et son cœur. Il en recevra d'autres ! Beaucoup d'autres, l'acte de Munich correspondant à toutes les plus urgentes nécessités du moment.

III Mais réfléchissez, prenez garde !

Cependant, on aurait tort de fermer les yeux à certaines clartés légitimes et même indispensables. On trompe le pays quand on dit que l'expérience de jeudi suffit à montrer que l'on peut se tirer de tous les mauvais pas par des ententes pacifiques et que l'échange de bons propos internationaux réglera tout. Cette généralisation est plus qu'imprudente. Elle néglige toutes les expériences des dernières années, elle passe outre aux leçons éclatantes données au Briandisme, au pacifisme, au genevisme par des événements lumineux. Non, non, « la guerre » en soi n'a pas été vaincue par un certain sérum fabriqué à Munich.

L'immense gratitude que nous devons à M. Chamberlain, ne doit pas non plus nous nous voiler la double signification du pacte conclu hier entre lui et Hitler. Hitler a réalisé un des articles de son *Mein Kampf*, il a de nouveau collé, et du plus près qu'il l'a pu, à la puissance anglaise. Pour une concession qu'il lui a faite, il a obtenu un traité de non-agression entre Londres et Berlin, traité qui est classé directement à la suite du pacte naval. Si l'on croit l'incident négligeable, on risque de se faire de nouveaux moucher par l'événement. Car voilà qui dément la politique constante de l'Angleterre ! M. Chamberlain assure Hitler du désir qu'éprouve son peuple de ne point combattre le sien, au moment où Hitler devient par la force des choses l'arbitre du continent européen. On a certes vu des politiques embrasser leurs rivaux, afin de les étouffer. Mais ici, l'embrassade comporte quelque chose d'étonnamment gratuit de singulièrement spontané ! Honorons et remercions M. Chamberlain. Cela ne nous dispense pas d'ouvrir les yeux clairs sur sa politique : au lieu de l'éloigner, la puissance d'Hitler l'attire, et c'est bien dangereux.

Il y a peu de jours, son *Foreign Office* était présenté comme devant militer aux côtés de la France de la Russie (la Russie qui, depuis vingt et un ans, ne s'appelle plus dans les actes internationaux que l'U.R.S.S.) et voilà aujourd'hui la politique anglaise dans la plus cordiale intimité de Hitler.

C'est de l'empirisme, peut-être. Attention ! Que ce ne soit pas de l'empirisme désorganisateur.

Enfin, je lis que cette histoire justifie le pacte à quatre de ce pauvre Henri de Jouvenel![482]

Parce que l'on est entré, par force, en conversation avec le « chien enragé de l'Europe » et, pour lui concéder toute la moelle de son os, moins quelques centimètres de carbonate de phosphate de chaux, la rencontre est recommandée que dis-je ? acclamée. J'ose m'avouer tout heureux et gaillard que ce système n'ait pas été appliqué plus tôt à la pauvre Europe. Une utile conduite si Henri de Jouvenel eût été écouté plus de quelques semaines ! Cela nous a fait perdre la Pologne. Prague subit. À qui le tour ?... Nous subissons aussi la mauvaise fortune. N'en faisons pas la Règle et la Loi !

IV Ce que gagne Hitler

Ce qu'il faut dire, ce qu'il importe de redire, c'est que nous avons été contraints, par les effets de nos malheurs récents, à calculer de plus grands malheurs et à en déjouer la menace. Nous avons fait tout ce qu'il fallait pour éviter le pire, et nous avons bien fait. Mais la situation n'en est pas simplifiée, ni allégée, ni embellie pour cela. Et le bonheur d'Hitler, ce qui s'ensuit et s'ensuivra, aura des effets plus désastreux que tout si nous nous laissions engager le moins du monde, à faire confiance à l'étrange quatrième[483] de ce loufoque pacte à quatre digne de quelque asile d'aliéné international.

La vérité est que notre paix forcée permet à Hitler des gains extraordinaires. La vérité est que, à travers tous les protocoles, tous les accords, tous les instruments diplomatiques, signés ou à signer, il vient de s'ouvrir, sans coup férir, une voie libre et splendide vers l'Orient. La vérité est que non seulement aux yeux de M. Neville Chamberlain, de son propre

---

[482] On ne sait si « le pauvre » est une appréciation politique ou une mention pieuse pour parler d'Henri de Jouvenel, mort à la surprise de ses contemporains en 1935, et dont les espoirs de « pacte à quatre » (Angleterre, Italie, France, Allemagne) avaient pu sembler une solution aux tensions européennes. Le « pacte à quatre » ne fut cependant jamais adopté par les pays concernés, du fait de la guerre italo-éthiopienne de 1935. Les négociations de Munich réunissant les mêmes pays, elles avaient ravivé ce souvenir du « pacte à quatre » prôné quelques années plus tôt par Henri de Jouvenel et Édouard Daladier.
[483] L'Allemagne.

peuple et des peuples circonvoisins, mais de l'ensemble de l'Europe centrale, il apparaît le maître, l'arbitre, le chef. On parle de Sadowa.[484] C'est une bêtise. Sadowa, comme disait Bainville, s'était joué entre Allemands. Et voici l'Allemagne bien dépassée, l'Allemagne emportée elle-même vers des destins danubiens et asiatiques dont personne n'a la mesure, mais, par là même, se constituant des forces nouvelles, qui, brusquement retournées contre l'Ouest, peuvent aussi devenir extraordinairement redoutables...

Nous n'avons envie de rien farder ici. Ce que nous ne cessions de dire, en répétant qu'il ne fallait pas de guerre, et que cette guerre serait un suicide de la patrie, doit être redit de plus belle : l'abandon nécessaire qu'il a fallu souscrire crée de nouveaux devoirs impérieux, urgents et vitaux.

V ALERTE !

Loin de nous endormir sur aucune parole, loin de former aucun acte de foi dans la paix, qui, loin d'être fatale, est la plus contingente des choses, et peut-être la plus fragile, nous disons que le peuple français est cruellement menacé et qu'il n'a plus d'espoir ni d'avenir que dans un sursaut rédempteur. Jamais il ne lui aura fallu autant travailler ni jamais autant se rassembler, s'unir, se réorganiser, refaire les alliances de l'Occident, repasser par Rome où siègent la victoire et la paix, s'armer enfin, s'armer pour le simple salut d'une vie que guettent, en vérité, trop de graves périls.

Alerte ! Alerte ! disions-nous pendant la crise. Il faut le répéter maintenant qu'un sursis nous est accordé, — pour combien de temps ?

Alerte ! C'est ce que tous les vrais Français voient, sentent, disent, écrivent, et je veux terminer par ses lignes de l'un d'eux, parisien patriote, qui ne se laisse pas tromper à de fugaces nuées :

> Si l'immédiat est sauvé, il reste demain. Il faudrait maintenant, avec plus d'acharnement que jamais, compléter notre réarmement encore bien déficient, refaire surtout un bloc national, et refaire nos alliances. Il faudrait surtout rompre une fois pour toutes avec l'ennemi (allié !) de Moscou, et briser le réseau occulte de ses agents en France.

---

[484] La bataille qui vit prévaloir la Prusse sur l'Autriche, en 1866.

Alors, la France, au lieu de suivre péniblement à la remorque, reprendrait bientôt la tête de l'Europe, réparerait avec honneur les capitulations de ces vingt années, et imposerait sa paix, la paix française, c'est-à-dire la vraie paix européenne, la paix humaine dans la justice et la sécurité de tous. Parce qu'elle aura montré sa force, sans, peut-être, avoir à s'en servir.

Mais ! Mais... Inutile de refaire l'énumération des mais qui, dès demain, dès aujourd'hui, vont faire avec acharnement obstacle au redressement du pays. Si, dans l'antre de Moscou, on doit ce matin faire la grimace, il y a en France des cavernes où la joie des bons français doit provoquer des grognements. Si la Bête est refoulée, elle est toujours bien vivante. Quels assauts nous réservent les mois qui viennent !

Seule, L'Action française peut la braver et l'abattre.

Refrain : ce ne sont pas des millions mais des dizaines de millions qui lui faut, non pour reprendre la lutte qu'elle n'a jamais cessée, mais pour la poursuivre jusqu'à la victoire finale, elle-même couronnée par le retour du roi fédérateur et réparateur.

Hors de là point de salut ! Quelques riches français (il en reste bien encore ?) à l'esprit lucide et au cœur bien placé, le comprendront-ils, et voudront-ils ajouter un noble poids d'or aux innombrables oboles de leurs pauvres concitoyens ?

La question est posée. La question du grand mouvement d'opinion qui ne s'arrêtera pas à de faibles figures, ni à de vagues disputes de personnalités sans consistance ni valeur.

Il faut reprendre tout ou presque tout par le fond, depuis le moral du pays légal où les profiteurs sont les maîtres, jusqu'à la zone des idées, où les ignorants, les imbéciles et les impulsifs ont un peu trop tenu le haut du pavé.

Alerte ! Et en avant !

LA POLITIQUE

du 26 novembre 1939

I LA REVUE UNIVERSELLE

En l'absence de son directeur, Henri Massis, qui est aux armées[485], Robert de Boisfleury, président du conseil d'administration de la Revue universelle, nous avise d'une bonne nouvelle : la revue reprendra sa publication régulière à partir du 1er décembre. J'ai été heureux de pouvoir y mettre, pour mon écot, le premier chapitre de « Maîtres et témoins de ma vie d'esprit, Maurice Barrès... »

Ainsi, comme on le faisait prévoir en septembre dernier, l'interruption n'aura pas duré plus des quelques semaines indispensables à la réorganisation des différents services dispersés par les événements. Grâce au dévouement de tous ses collaborateurs de la Rédaction et de l'Administration, la Revue universelle reprend sa place au premier rang des revues françaises. Elle pourra continuer à remplir ce rôle de « laboratoire des choses d'Allemagne » que Jacques Bainville lui avait assigné.

Robert de Boisfleury nous dit aussi que certaines restrictions imposées par les circonstances s'opposent désormais à la vente au numéro. Mais tous ceux de nos amis qui usaient de ce mode d'achat ont à leur disposition l'abonnement trimestriel dont le prix est des plus modiques et qui, me dit-il, a l'avantage de ramener le prix du numéro de 8 à 5 francs — soit une économie de plus du tiers !

II MISE EN MINORITÉ !

Pour la première fois depuis longtemps, les échanges d'idées qui se font, par-dessus le Canal, entre les Français et les Anglais possèdent leur vertu, obtiennent leur effet : on se comprend. À qui cela déplaît-il ?

---

[485] La mobilisation datait du 3 septembre 1939, nous sommes le 26 novembre dans la période appelée « drôle de guerre », où la France et l'Allemagne sont formellement en conflit, mais ne se battent pas encore, sinon en escarmouches : on sait que l'attaque allemande sera fulgurante au printemps 1940. L'ensemble des dispositions du temps de guerre étaient néanmoins applicables, dont la censure de la presse.
Les notes sont imputables aux éditeurs.

Et comment se fait-il qu'il soit devenu pratiquement impossible de publier, en France, la traduction complète d'un article[486] librement publié en Angleterre ?

Mais il y a d'autres scandales.

Il y a celui-ci, — ces lettres, ces dépêches adressées à notre Administration[487] :

A.

Je viens porter à votre connaissance les faits suivants :

À deux sources différentes, j'ai appris aujourd'hui qu'il est impossible de se procurer l'A. F. dans les villes de Dôle, de Lons-le-Saulnier et de Mouchard.

À un mobilisé à Dôle, la dépositaire a expliqué que le commissaire achetait toutes les A. F. dès leur arrivée.

Aux bibliothèques des gares de Lons et de Mouchard, le journal est aussi « ramassé » en bloc. À Mouchard, ce sont les gendarmes qui, ces jours derniers, s'en sont chargés. J'ai pensé qu'il était nécessaire de vous signaler ces faits à toutes fins utiles.

B.

Je crois vous être utile en vous signalant que L'Action française *est toujours saisie à Mouchard et à Dôle. Ceci est assez surprenant de la part du procureur, car à chaque saisie un rapport doit être dressé.*

À Salins, la saisie n'eut lieu qu'une fois le vendredi 10 écoulé.

Par suite du changement d'heure, votre journal édition de 5 heures n'est plus mis en vente que le lendemain matin, au lieu de l'après-midi.

C.

Je vous signale une anomalie : depuis quatre jours et pour un temps indéterminé, L'Action française est saisie chez le dépositaire de journaux de Saint-Claude. Les abonnés continuent de recevoir régulièrement leur numéro quotidien. Si la mesure était générale, cela ne pourrait pas se produire. D'autre part, vous ne parlez pas de cette saisie pour le moins intempestive. Qu'en conclure ?

Telle est la fantaisie qui préside à la vie civile de notre pays !

---

[486] Allusion au numéro de la veille.
[487] C'est-à-dire à l'Administration du journal.

Je ne crois pas que, dans toute notre histoire, ni dans l'histoire d'aucun peuple civilisé, il y ait un exemple d'une telle mise en minorité.[488]

III Raisonnons, tâchons de voir clair

On comprend parfaitement qu'un gouvernement adopte telle ou telle ligne de conduite.
Elle est juste ou ne l'est pas.
Elle est intelligente ou absurde. Mais il est, lui, le responsable, c'est à lui d'en décider.

Il serait ridicule que l'opinion entreprît de se substituer à lui et prétendît soit lui forger des directives, soit lui dicter des initiatives quelconques. Il est maître, là où il est, de mener sa barque comme il l'entend... Ainsi qu'il n'engage en rien les simples citoyens qui délibèrent dans les rues, il n'est (lui, responsable) engagé par aucune de ces délibérations des irresponsables...
....Censuré[489]...
....

Tous les esprits clairs voudront insister avec nous sur cette *division du travail politique.*

Il y a *l'action* gouvernementale.

Il y a *l'opinion* du pays.

Celle-ci peut et doit être élaborée par tous ceux qui y ont des titres, leur capacité, leur passé, etc.

Sauf le cas d'indignité flagrante et constatée, personne n'a le droit d'en exclure personne.

Que l'action gouvernementale n'ait pas à souffrir d'usurpation du parlement ni de la Presse, cela va de soi...
....Censuré...
....
....
....

---

[488] Au sens, un peu vieilli aujourd'hui, d'être traité en mineur d'âge par une autorité.

[489] La censure s'exerçant sur le texte déjà composé pour le tirage, ces mentions s'étendent dans *L'Action française* sur plus ou moins de lignes, donnant une idée de la longueur du passage censuré. Nous avons autant que possible tenté de ne pas trahir ces longueurs en les adaptant à la présente typographie, sauf mention contraire.

....
....
....

Plus on dit « c'est la guerre » plus il y a lieu de répondre : « c'est la guerre, justement ! Parce que c'est la guerre, il importe d'y montrer deux vertus, dont l'une est la prudence et l'autre l'équité. »

L'autre jour, quand nous avons commenté le décret relatif à la suppression des garanties disciplinaires des fonctionnaires de l'État et des fonctionnaires municipaux, nous n'avons pas tenu un langage d'ennemis, en donnant aux puissants du jour un conseil très simple : — N'abusez pas.

Il ferait bon d'y réfléchir. Ce n'est pas seulement à l'abus — qui n'est rien en soi ni pour Hitler, ni pour les *copistes d'Hitler*...[490]

Je pense aux *conséquences de l'abus*. Car celles-ci valent pour chacun et pour tous.

IV LES IDÉES VAGUES

Le plus criant de ces abus est celui qui affecte d'un coefficient de faveur, d'une cote d'amour ce qui se publie en France et hors de France pour faire valoir cette idée qu'il ne faudrait pas, au temps de la guerre, au début de la guerre, penser *à son objet, à son but*, — tout ce qui se dit et s'écrit pour approuver cette autre idée qu'il faut y penser, aussi vague, aussi flou, aussi « théorique » et « moral » que possible.

Nous plaçons à la manchette de notre numéro les termes vigoureux dans lesquels un journal aussi républicain que *L'Ère nouvelle*[491] proteste contre cette absurdité.

---

[490] La phrase semble bien suspendue par la censure, mais il n'y a que des points de suspension dans l'article.

[491] On trouve en effet en manchette de ce numéro du 26 novembre 1939 :
  Nous lisons à l'éditorial de *L'Ère nouvelle* :
  « La plus grave de toutes les erreurs, celle qui fut la source de toutes les autres, il y a vingt ans, ce fut d'attendre la fin de la guerre pour définir les conditions de la paix. La guerre étant terminée, on oublia ce qu'elle eut d'atroce et l'on ne fit qu'une paix de compromis, voire de compromissions.
  « La paix, aujourd'hui, ne peut signifier que la mise hors d'état de nuire, définitivement, de ceux qui ont toujours précipité l'Europe dans la tuerie. Ou la paix remplira cette condition, où elle ne sera pas la paix.

Quel est le malheureux qui se figure qu'il suffit d'avoir la cervelle molle et le cœur en coton pour faire un bon ennemi de l'Allemagne ou un bon allié de l'Angleterre ?

Nos souvenirs historiques sont d'ailleurs là. Nous savons ce qu'il nous en a coûté de n'avoir possédé en 1918 ni un esprit public solide, ni même la simple conception précise des conditions de notre sûreté.

Les tristes métaphores..............................avaient seules cours :

— *Ne déconsidérez pas la victoire, ne dégoûtez pas le pays des fruits de ses efforts.* Ce dégoût, hélas ! n'existait guère, ni cette déconsidération. Une euphorie suprême, un équivoque et universel crédit verbal avaient tout recouvert...

Veut-on recommencer ? Non, je l'espère. Alors que veut-on ?

Je crains que l'on ne veuille rien. Je crains que nous n'ayons affaire à de petits scrupules, à de petites peurs, ou moins encore à de petites appréhensions... Mais ceux qui les éprouvent se croient maîtres de les imposer.

...................................Censuré.......................................

....

....

Je suis, quant à moi bien, tranquille. Assis sur un capital matériel bien acquis de prévisions vérifiées qui sont vieilles de plus de vingt ans, nous pouvons regarder d'un œil de pitié, comme disait Lamartine[492], ces jactances vulgaires.

...................................Censuré.......................................

....

....

....

....

....

« C'est maintenant et dès maintenant, sans plus tarder, que les conditions prises de cette paix doivent être fixées entre nos amis anglais et nous. »

[492] À la fin du poème *À Elvire des Méditations poétiques* :
Vois d'un œil de pitié la vulgaire jeunesse,
Brillante de beauté, s'enivrant de plaisir !
Quand elle aura tari sa coupe enchanteresse,
Que restera-t-il d'elle ? à peine un souvenir :
Le tombeau qui l'attend l'engloutit tout entière,
Un silence éternel succède à ses amours ;
Mais les siècles auront passé sur ta poussière,
Elvire, et tu vivras toujours !

....
....

Beaucoup de Français se rappellent que l'oubli des responsabilités d'avant-guerre a été le commencement des malheurs d'après-guerre.

Hé ! ils y pensaient, ces Français !

Ils y pensaient, hé ! hé ! hé ! Croit-on tout à fait impossible qu'ils y pensent avec une certaine continuité ?

Ne jurons de rien, tout arrive.

V LE DÉMOCRATE HITLER

Il paraît qu'Hitler gêne toute ma « construction politique ».

Cela est dit en toutes lettres dans Le Petit (oh ! très petit) *Démocrate*.

Pourquoi Hitler me gêne-t-il ? Parce que je suis le théoricien de l'antidémocratisme.

Mais, je vous prie, qu'y a-t-il d'anti-démocrate dans Hitler ?

Il est l'idole de son peuple.

Il est le type du dictateur démocratique classique.

On nous raconte au Petit Démocrate que « la démocratie n'est que la possibilité pour le simple citoyen de discuter les actes de l'autorité légitime... » Mais d'abord, cette possibilité, nous ne l'avons pas, — c'est donc — alors ! — une question de savoir si nous sommes en démocratie...

Secondement, la démocratie, c'est le gouvernement du peuple par le peuple.

La démocratie c'est le gouvernement populaire.

La démocratie, c'est le choix *du* chef ou *des* chefs par la multitude.

La dictature élue, comme la dictature d'Hitler, qui a bel et bien été élu par le peuple allemand et qui en reste la créature, le héros et le dieu — cette dictature est un simple cas du régime démocratique.

On peut la définir par toutes sortes de compliments et de fioritures, ce ne sont que des mots, ce sont des adjectifs qualificatifs. La vérité, la réalité, est qu'Hitler est un élu du peuple allemand, comme Napoléon Ier et Napoléon III ont été des élus du peuple français — comme tous les dictateurs de l'histoire grecque et romaine, comme les chefs élus de l'Italie médiévale et des républiques allemandes ou flamandes de la même époque, — incarnèrent aussi un type idéal de démocratie.

Tantôt la démocratie nomme des représentants qui font un parlement. Tantôt elle n'en nomme qu'un, qui fait un césarisme.

Les deux régimes présentent des différences ; ils ont aussi leur identité profonde, et ce ne sont ni les fables ni les blagues, plus ou moins littéraires, du *Petit Démocrate* qui feront un obstacle à cette double évidence de l'expérience et de la raison.

VI Réponse

Il paraît que nous sommes des calomniateurs.

Et même de la pire espèce :

— Celle qui ne sait même pas ce qu'elle dit.

Moi, je veux bien !

Cependant, voyons.

Cette imputation est tirée d'un journal dont le nom commence par ces deux lettres : L'O...[493]

C'est dans son numéro du mercredi 22 novembre que L'O... publie une caricature (assez moche du reste) signée d'un nommé Soro.

Titre : *Définition*.

Personnages : deux types sommairement indiqués, dont l'un tient à la main un journal, dont on distingue parfaitement le titre : « L'A. F. ».

Et dessous, on lit :

« — La calomnie ? La calomnie c'est quand on ne sait rien sur quelqu'un, qu'on le répète à tout le monde. »

Ce n'est pas fort.

Cela veut l'être.

---

[493] Ce ne peut guère être que *L'Œuvre*, journal de gauche qui avait été un ferme soutien du Cartel puis du Front populaire, où écrivait déjà le socialiste Marcel Déat. Le journaliste comme le journal évoluent alors (le célèbre éditorial de Déat « Mourir pour Dantzig ? » est du 4 mai 1939) vers une ligne qui du pacifisme les conduira à la collaboration à outrance avec l'Allemagne.

VII Censuré[494]

VIII Censuré

IX L'esprit des médecins français

Là-dessus, quelques personnes me disent et m'écrivent : — Le cas de médecins est intéressant, mais il n'est pas unique, pourquoi ne parlez-vous que d'eux ?

Je parle d'eux, parce qu'ils se remuent. Je parle d'eux parce qu'ils ont la conscience nette et claire du tort professionnel et du tort matériel qui leur est porté. Je parle d'eux parce qu'ils ont des réactions, — des réactions fortement motivées... Il n'est pas douteux que toutes nos professions sont rongées par le *même ver* ....

Seulement elles oublient trop de le voir ou de le dire.

Le médecin, lui, voit et dit. Je marche pour lui, exactement comme je marcherais pour les autres s'ils se défendaient aussi bien que lui.

Je ne nie d'ailleurs point que le médecin français n'ait des titres spéciaux à la considération, à l'estime, à l'admiration.

J'ai mis de côté, depuis de longs jours, ce qu'en disait le docteur Charles Fiessinger dans le *Journal des praticiens* au mois dernier. Et j'avoue avoir lu avec délectation ces pages qui font le portrait du vrai médecin français :

> Dans l'ordre de l'esprit, une imagination vive, solidement maintenue en bride par les attaches du réel, l'harmonie entre les visions de l'ensemble et les constatations de détail, *ce talent de débrouiller l'accessoire du principal*, de saisir dans un tableau morbide le spectacle des grandes lignes et de lui subordonner la valeur des symptômes secondaires, de mettre en relief et en lumière les sommets

---

[494] Les titres VII et VIII, simplement indiqués par leurs numéros, sont laissés en blanc dans *L'Action française* car censurés. Ils occupent ensemble l'équivalent des trois quarts d'une colonne entière du journal.

qui ouvrent sur de nouvelles perspectives, de ménager des ombres sur des points indiscutés et acquis, tous ces modes d'observation sont familiers au tempérament français et ont trouvé pour le marquer avec éclat des hommes de génie comme Laennec, Claude Bernard, Pasteur, tous trois dignes descendants d'Hippocrate.

La pensée grecque, en effet, s'avère l'inspiratrice de la pensée française. Je veux dire la prédominance de la raison, la justesse du jugement critique, le culte des données pratiques, *le dédain de la parole ornée* et dans le domaine étroit qui enserre nos connaissances de l'heure, la *prescience des inconnues* qui nous échappent et l'intuition de forces obscures qui nous mènent et nous dominent.

Alors que par d'autres peuples, comme les arabes, le legs d'Hippocrate a été déformé, dégradé, mutilé. Alors que chez d'autres encore, comme les Allemands, l'équilibre s'obtenait difficilement entre les constructions de la synthèse et les résultats de l'analyse, et que tantôt prédominaient les conceptions de l'une ou la signification de l'autre, en France, au contraire, le monument primitif persistait dans l'intégrité de ses fondements du premier jour. Il s'agrandissait, s'étendait, s'élevait, mais demeurait immuable quant à la disposition et à la solidité de ses bases...

Trousseau trouvait moyen en vingt lignes de conter l'histoire d'un malade. « Méthode non scientifique » lui a-t-on reproché. Pardon ! La science n'est pas la lourdeur, pas davantage l'opacité. On peut tout dire sans être pesant, et la grâce d'un rayon a droit de traverser la densité d'un exposé. Il faut savoir éliminer et opérer un choix. Travail où l'intelligence française qui a quelque chose de *l'artiste grec*, réussit d'ordinaire à la fois pour l'instruction médicale et l'agrément du lecteur.

Armé ainsi non pas à la légère, mais chargé de bagages *non encombrants et moins lourds*, le médecin français s'avance dans la vie, confiant, hardi à la fois et prudent, allant droit devant lui quand il faut, mais ne se risquant pas dans l'aventure. Sans doute des confrères étrangers, anglais, américains, italiens, espagnols, belges, suisses, roumains, tchèques, polonais, grecs, égyptiens, turcs et tous nos amis de l'Amérique du Sud obéissent à une mentalité de même ordre...

Il y a évidemment un esprit civilisateur, un esprit helléno-latin, où s'accordent fidèlement nos amis de toutes nations. Le docteur Fiessinger a su mettre dans une claire et vive lumière le sens de la raison hellène : il est déductif, certes, mais plus inductif encore, toujours en rapport avec le réel. C'est un esprit où le jugement et la logique ne font que se suivre et se compléter. Dans la suite de la science, il y a l'art. Avec Aristote, Phidias. La médecine est un art.

X Persévérons

Voici dix mille francs d'un anonyme de Marseille. Merci mille fois ! Et voici mille autre francs d'un anonyme de Paris que je remercie de même. Il nous les apporte dans les termes suivants :

> Pour la France immortelle... Une mère de trois officiers, qui veut faire partie des vingt mille. Avec toute sa reconnaissance et aussi ses regrets de ne pouvoir en ce moment vous adresser davantage.

Et voici 300 francs qui s'expliquent ainsi :

> C'est un de récents adeptes de l'A.F. qui vous écrit, sans vous connaître. Après bien du temps, je suis venu petit à petit à la plupart des idées d'A.F. et si l'évolution se poursuit normalement, je serai peut-être bientôt tout à fait d'accord.
>
> J'y suis venu par l'intermédiaire de mon hebdomadaire préféré, *Je suis partout*, et je suis un lecteur quotidien du journal depuis la bienheureuse levée de l'interdiction papale.
>
> Vos idées me plaisent particulièrement par le fait qu'elles sont basées sur le fond solide de l'histoire du passé pour la plupart, et aussi bien entendu parce qu'elles sont vérifiées par les événements...
>
> Il est absolument impossible d'étudier impartialement le passé sans être d'accord avec vous pour la plupart de vos « thèses », en particulier pour ce qui concerne l'Allemagne (il faut vous avouer là que je suis un jeune professeur d'histoire de 17 ans et demi) — et les quatre professeurs d'histoire que j'ai eus pendant mon temps d'aspirant bachelier étaient tous quatre de vos idées.
>
> Je lis tous les jours vos appels à l'aide. Je ne peux bien entendu

vous envoyer beaucoup par moi-même. Mais j'ai pu néanmoins décider ma famille et des amis à envoyer pour l'A. F. le montant d'une « cagnotte » dont on ne savait pas trouver l'utilisation.

Vous trouverez donc ci-joint 300 francs.

Merci !

Les petits ruisseaux feront les grandes rivières. J'essaye bien entendu, d'autre part, d'amener le plus de personne possibles à vos idées, et vous voyez que mon « milieu familial et amical » n'y est pas hostile, puisque j'ai pu les décider à cet envoi assez facilement.

Ne doutons pas de cette facilité, tantôt extrême, tantôt moindre. Mais nous avons de grands complices : le cœur, le passé, l'esprit de la France. Un peu de persévérance nous fera des surprises que nous ne saurions imaginer.

Un prêtre nous écrivait l'autre jour :

Il est beau de servir en tout temps et à tout âge. À 75 ans, ne pouvant mieux faire, je viens vous prier de m'inscrire comme légionnaire, et vous trouverez ci-joint ma carte d'entrée.

Une fidélité de plus de trente ans me dispense de vous crier mon amitié, comme aussi de vous dire banalement ma conviction que la France, ma mère, a besoin de l'A. F. pour vivre. Cependant, je ne puis résister à la satisfaction de vous redire une parole toute récente prononcée à votre sujet.

C'est à X... De graves personnages parlent, plus ou moins en l'air, des choses actuelles. Je puis bien m'exprimer ainsi sans manquer de respect à personne. Tout à coup, quelqu'un du groupe sort ce qui suit : « Il n'y en a qu'un qui ait vu clair dans la suite des événements ; si on l'avait écouté et suivi, nous n'en serions pas où nous en sommes, c'est le groupe de l'A. F. ! »

Un de mes poilus (pardonnez-moi de me donner un coup de pied en retour !) m'écrivait : « Monsieur le curé, si tous les curés de France avaient été comme vous, nous ne serions pas où nous sommes ; car la France aurait connu ou suivi la politique de Bainville. Et ces gens-là ne menaient pas à la guerre... — C..., cultivateur et camelot. »

Ils sont plusieurs comme celui-là. Pourvu que ça revienne pour régénérer le pays.

Oui, cela reviendra, cette régénération se fera. D'hommes morts, ou d'hommes vivants, l'esprit surgit, agit et l'emporte, à une condition : c'est qu'ils ne soient pas oubliés.

Soyons dignes d'eux. Agissons et à fond ! Faisons-les vivre au-delà de nous ! Donc au secours !

Déjà parus

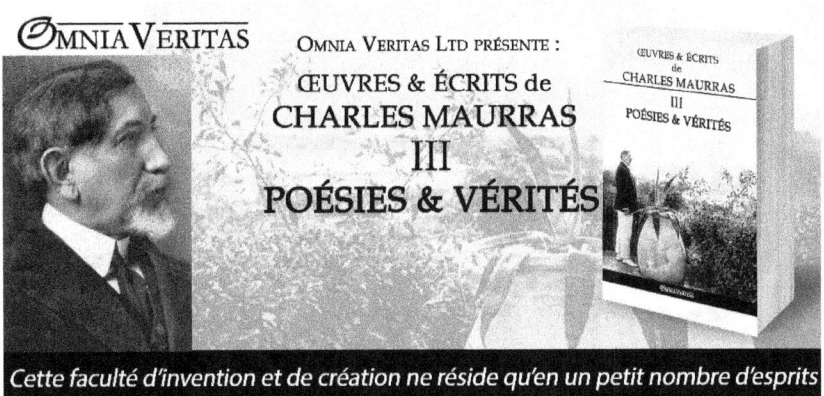

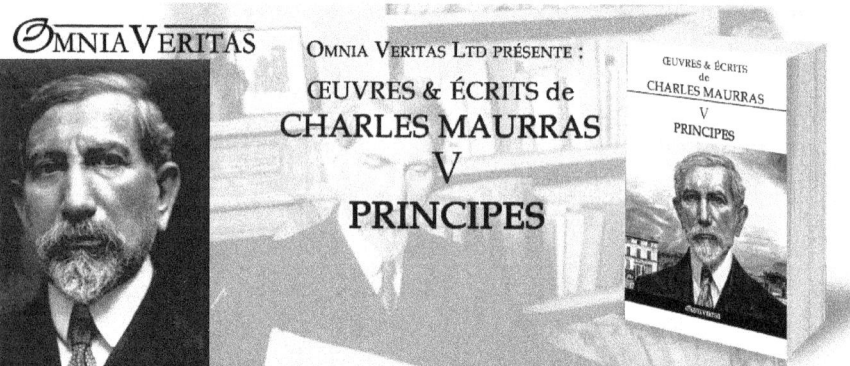

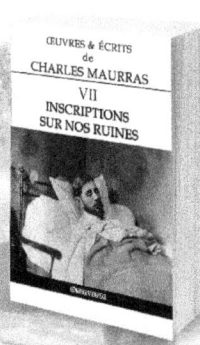

www.omnia-veritas.com

www.ingramcontent.com/pod-product-compliance
Lightning Source LLC
Chambersburg PA
CBHW060309230426
43663CB00009B/1643